税收业务提升好帮手系列丛书

# 房地产企业九大税种稽查实务

余晓敏 编著

图书在版编目(CIP)数据

房地产企业九大税种稽查实务/余晓敏编著. —上海：立信会计出版社,2020.6(2022.11重印)
ISBN 978-7-5429-6452-6

Ⅰ.①房… Ⅱ.①余… Ⅲ.①房地产企业-税收管理-研究-中国 Ⅳ.①F812.423

中国版本图书馆 CIP 数据核字(2020)第 093831 号

策划编辑　张巧玲
责任编辑　陈　瑶

## 房地产企业九大税种稽查实务

Fangdichan Qiye Jiuda Shuizhong Jicha Shiwu

| 出版发行 | 立信会计出版社 | | |
|---|---|---|---|
| 地　　址 | 上海市中山西路 2230 号 | 邮政编码 | 200235 |
| 电　　话 | (021)64411389 | 传　真 | (021)64411325 |
| 网　　址 | www.lixinaph.com | 电子邮箱 | lixinaph2019@126.com |
| 网上书店 | http://lixin.jd.com | | http://lxkjcbs.tmall.com |
| 经　　销 | 各地新华书店 | | |
| 印　　刷 | 固安华明印业有限公司 | | |
| 开　　本 | 787 毫米×1092 毫米　1/16 | | |
| 印　　张 | 28.25 | | |
| 字　　数 | 723 千字 | | |
| 版　　次 | 2020 年 6 月第 1 版 | | |
| 印　　次 | 2022 年 11 月第 3 次 | | |
| 书　　号 | ISBN 978-7-5429-6452-6/F | | |
| 定　　价 | 98.00 元 | | |

如有印订差错,请与本社联系调换

# 前　言

在现代经济社会中,房地产业横跨生产、流通、消费三大领域,在增加财政收入、创造就业机会、改善居住条件、带动相关产业和促进经济发展等诸多方面有着十分重要的作用,在国民经济中的地位十分突出,被称作国民经济发展的"晴雨表"。

2019年6月,作者出版了《税务稽查行业实务指南(房地产业、建筑业、银行业)》(立信会计出版社),从税务稽查角度对三大行业进行了分析,反响较好,但限于篇幅,不够全面和深入。2020年初,应出版社的约稿,作者单独就房地产业这一国民经济支柱行业,也是近年税务稽查高频行业,进行详细解析。本书从一名税务稽查人员的角度出发,介绍税务稽查人员实施税务稽查的主要方法,引导读者理清"营改增"和"国、地税"合并以后,如何发现房地产业的涉税问题和风险点。阅读本书,对于税务人员来说,可以快速了解房地产业涉及的九大重要税种知识,以及相应税种的税务稽查方法;对于行业相关人员来说,可以快速了解税务稽查人员实施检查的主要路径,以及常见涉税风险点,尽早发现、规避自身涉税问题。

本书按照规范、实用、易读的原则编写,主要有以下几个方面的特点:

一是归纳整理房地产业九大税种税收政策。税务稽查是一项政策性非常强的工作,准确掌握税收法律法规是做好税务稽查工作的关键点之一。尤其在国、地税合并之后,税务稽查人员不能再局限于对各自征管税种的检查,而需要快速学习房地产业涉及的税收政策。因此,在后"营改增"时代和后国、地税合并时期,本书详细梳理了房地产业涉及的九大税种最新税收政策,时间截止到2020年5月。

二是详细剖析房地产业税务稽查案源分析方法。面对税务部门大数据、信息化的不断深入,税务稽查方法和途径与之前已有了较大变化,更加突出前期案源分析,尤其是数据收集、计算和分析。本书以税务稽查人员视角,对稽查工作的第一个重要步骤——稽查前期分析进行详细解剖,较为完整的解析了"案件来源""内部数据集成""外部数据收集"和"数据合理性分析"等具体内容,对前期分析的数据来源以图示、列表等方式逐一进行直观列举,对提高税务稽查人员案件疑点分析的准确性有较大帮助。

三是首次对电子查账方法进行介绍。随着企业会计电算化的普遍应用,尤其是大中型房地产开发企业基本都采用财务软件进行财务核算,因此,电子查账也是目前税务稽查在广泛使用的查账方法。作者首次对电子查账的基本方法进行了介绍。

四是整理编写大量房地产业真实案例。本书案例和数据大量来自税务稽查一线,是对稽查实践的总结提炼,更加具有真实性和指导性。同时,还列举了部分司法机关对税务稽查案件的判例,以供参考借鉴。

本书共分为十三章,第一章行业概述,主要包括行业基本情况、组织架构和专业术语;第二章会计核算,主要包括会计核算特点和方法等;第三章稽查检查前期分析,主要包括税务稽查前期准备和具体案源分析方法;第四章房地产业常用检查方法,主要包括可要求企业提供的资料,对企业提供的资料进行比对分析和实地调查;第五章至第十三章为九大税种稽查实务,主要包括最新税收政策、检查要点和案例分析。同时,配以思维导图、表格、流程图等,以求简练直观,通俗易懂。

　　需要说明的是,税务稽查工作是伴随着税收政策不断完善、涉税违法行为不断变换而不断发展的一项工作。本书中所列举的常见风险和提供的检查要点,也会随着时间的推移和形势的发展而出现新的变化。

　　本书在撰写过程中参考了国内研究房地产业税收理论及实务的专家发表的观点和文章,在此表示衷心的感谢。由于作者知识水平有限,书中错漏在所难免,敬请读者批评指正。

余晓敏<br>
2020 年 5 月

# 目 录

## 第一章 房地产业概述 ... 1
### 第一节 房地产业基本情况 ... 1
一、基本概念 ... 1
二、房地产开发业务流程 ... 4
三、我国房地产业概况 ... 15
### 第二节 房地产开发企业组织架构 ... 20
一、通用组织架构 ... 20
二、万科集团组织架构 ... 20
三、龙湖地产组织架构 ... 23
### 第三节 房地产业专用术语 ... 24

## 第二章 房地产业会计核算 ... 35
### 第一节 房地产业会计核算特点 ... 35
### 第二节 房地产会计核算主要内容 ... 36
一、设立阶段会计核算的主要内容 ... 36
二、准备阶段会计核算的主要内容 ... 37
三、开发阶段会计核算的主要内容 ... 37
四、销售阶段及利润分配阶段会计核算的主要内容 ... 37
### 第三节 房地产会计核算方法 ... 38
一、成本核算的基本程序 ... 40
二、确定成本核算对象 ... 40
三、划分成本核算项目 ... 42
四、会计科目的设置 ... 44
五、房屋开发成本的核算 ... 45
六、公共配套设施的核算 ... 54
七、土地开发和代建工程的核算 ... 58
八、开发产品成本的结转 ... 61

## 第三章　稽查检查前期分析 ... 66
### 第一节　税务稽查执法依据问题 ... 66
### 第二节　稽查案源分析 ... 71
　　一、案件来源 ... 71
　　二、内部数据集成 ... 71
　　三、外部数据收集 ... 75
　　四、数据合理性分析 ... 83
### 第三节　税务稽查常用检查方法 ... 126
　　一、审阅法 ... 126
　　二、核对法 ... 128
　　三、详查法 ... 130
　　四、抽查法 ... 131
　　五、顺查法 ... 131
　　六、逆查法 ... 132
### 第四节　税务稽查电子查账 ... 134
　　一、电子查账软件系统的工作原理 ... 134
　　二、电子查账软件系统功能 ... 135
　　三、电子查账的工作步骤与方法 ... 137
　　四、电子查账有关注意事项 ... 139

## 第四章　房地产业常用检查方法 ... 140
### 第一节　可要求企业提供的涉税资料 ... 140
　　一、基本涉税资料 ... 140
　　二、涉及土地方面的资料 ... 140
　　三、涉及土地征用和房屋拆迁的资料 ... 141
　　四、涉及项目建设成本的资料 ... 142
　　五、涉及项目销售的资料 ... 142
　　六、稽查检查取证主要资料清单 ... 143
### 第二节　资料比对核实 ... 143
　　一、核实主营业务收入 ... 143
　　二、核实其他业务收入及营业外收入 ... 146
　　三、核实确定成本对象 ... 146
### 第三节　实地调查核实房地产项目相关情况 ... 148

## 第五章　增值税稽查实务 ... 149
### 第一节　营改增后增值税基本政策 ... 149
　　一、纳税人 ... 149

二、征收范围 ······ 150
　　三、税率和征收率 ······ 150
　　四、计税方法 ······ 152
　　五、销售额 ······ 153
　　六、销项税额 ······ 156
　　七、进项税额 ······ 157
　　八、预缴税款的规定 ······ 162
　　九、税收优惠 ······ 164
　　十、纳税义务发生时间 ······ 166
　　十一、纳税地点 ······ 167
　　十二、房地产业相关发票规定 ······ 167
　　十三、特殊业务类型 ······ 169
　　十四、房地产开发企业增值税的会计核算 ······ 174
　第二节　营改增对房地产业流转税的影响 ······ 185
　　一、营改增对房地产开发企业的影响 ······ 185
　　二、房地产业营改增对税务部门的风险 ······ 187
　第三节　增值税检查实务 ······ 188
　　一、预售阶段常见风险 ······ 189
　　二、完工阶段常见风险 ······ 190
　　三、综合案例 ······ 196

第六章　土地增值税稽查实务 ······ 200
　第一节　土地增值税基本政策 ······ 200
　　一、纳税人 ······ 200
　　二、征税范围 ······ 200
　　三、计税依据 ······ 201
　　四、应纳税额计算方法 ······ 204
　　五、征收方式 ······ 205
　　六、税收优惠 ······ 206
　　七、纳税义务发生时间 ······ 207
　　八、纳税地点 ······ 207
　　九、旧房转让土地增值税政策 ······ 208
　　十、土地增值税会计处理 ······ 211
　第二节　土地增值税清算 ······ 212
　　一、土地增值税清算 ······ 212
　　二、土地增值税清算与企业所得税汇缴规定 ······ 231

三、土地增值税与企业所得税的差异 ·········································· 232

　第三节　关于土地增值税法 ···················································· 234
　　一、土地增值税立法的必要性和可行性 ········································ 234
　　二、立法总体考虑 ·························································· 234
　　三、土地增值税法的主要内容 ················································ 234
　　四、新旧对比 ······························································ 235

　第四节　土地增值税检查实务 ·················································· 239
　　一、预征阶段常见风险 ······················································ 239
　　二、清算阶段常见风险 ······················································ 247
　　三、综合案例 ······························································ 255

第七章　企业所得税稽查实务 ···················································· 262
　第一节　企业所得税基本政策 ·················································· 262
　　一、房地产开发企业所得税政策 ·············································· 262
　　二、房地产开发企业所得税会计处理 ·········································· 267

　第二节　企业所得税检查实务 ·················································· 268
　　一、营改增对房地产开发企业所得税的影响 ···································· 268
　　二、企业所得税检查实务 ···················································· 269

第八章　个人所得税稽查实务 ···················································· 310
　第一节　个人所得税基本政策 ·················································· 310
　　一、纳税人 ································································ 310
　　二、征税对象 ······························································ 314
　　三、税率 ·································································· 320
　　四、应纳税所得额 ·························································· 322
　　五、应纳税额的计算 ························································ 327
　　六、房地产行业相关常见情况应纳税额计算 ···································· 337
　　七、税收优惠 ······························································ 347
　　八、征收管理 ······························································ 349

　第二节　个人所得税检查 ······················································ 353
　　一、个人所得税常见风险 ···················································· 353
　　二、房地产开发企业个人所得税检查实务 ······································ 356
　　三、个人所得税检查案例 ···················································· 365

第九章　印花税稽查实务 ························································ 368
　第一节　印花税基本政策 ······················································ 368
　　一、纳税人 ································································ 368

二、征税范围 ········································································· 368
　　三、税率 ············································································· 373
　　四、计税依据 ········································································· 374
　　五、税金和会计处理 ································································· 377
　　六、税收优惠 ········································································· 377
　　七、征收管理 ········································································· 378
第二节　印花税检查 ········································································· 380
　　一、印花税常见风险 ································································· 381
　　二、印花税检查实务 ································································· 385

# 第十章　契税稽查实务 ································································· 391
第一节　契税基本政策 ····································································· 391
　　一、纳税人 ··········································································· 391
　　二、征税范围 ········································································· 391
　　三、税率 ············································································· 392
　　四、计税依据 ········································································· 392
　　五、税金和会计处理 ································································· 394
　　六、税收优惠 ········································································· 394
　　七、征收管理 ········································································· 399
第二节　契税检查 ··········································································· 399
　　一、契税常见风险 ··································································· 399
　　二、契税检查实务 ··································································· 401

# 第十一章　房产税稽查实务 ························································· 406
第一节　房产税基本政策 ··································································· 406
　　一、纳税人 ··········································································· 406
　　二、征税范围 ········································································· 407
　　三、税率 ············································································· 408
　　四、计税依据 ········································································· 408
　　五、税金和会计处理 ································································· 411
　　六、税收优惠 ········································································· 412
　　七、征收管理 ········································································· 414
　　八、个人住房房产税 ································································· 414
第二节　房产税检查 ········································································· 416
　　一、房产税常见风险 ································································· 416
　　二、房产税检查实务 ································································· 418

## 第十二章　城镇土地使用税稽查实务······423

### 第一节　城镇土地使用税基本政策······423

一、纳税人······423

二、征税范围······423

三、税额······424

四、计税依据······424

五、税金和会计处理······425

六、税收优惠······426

七、征收管理······428

### 第二节　城镇土地使用税检查······429

一、城镇土地使用税常见风险······429

二、城镇土地使用税检查实务······430

## 第十三章　耕地占用税稽查实务······433

### 第一节　耕地占用税基本政策······433

一、纳税人······433

二、征税范围······433

三、税率······435

四、计税依据······435

五、税金和会计处理······436

六、税收优惠······438

七、征收管理······440

### 第二节　耕地占用税检查······440

一、耕地占用税常见风险······440

二、耕地占用税检查实务······441

# 第一章 房地产业概述

## 第一节 房地产业基本情况

在现代经济社会中,房地产业横跨生产、流通、消费三大领域,在增加财政收入、创造就业机会、改善居住条件、带动相关产业和促进经济发展等诸多方面有着十分重要的作用,在国民经济中的地位十分突出,被称作国民经济发展的"晴雨表"。要做好对房地产行业的税务稽查,必须首先了解行业的基本状况,把握其发展趋势。

### 一、基本概念

#### (一) 房地产业概念

房地产业是指从事房地产开发、经营、管理和服务的行业。它包括房地产开发经营、物业管理、房地产中介服务、自有房地产经营活动和其他房地产经营活动。在国民经济产业分类中,房地产属于第三产业,是为生产和生活服务的部门。房地产业关联度高、带动力强,是经济发展的基础性、先导性产业,是我国现阶段的一个重要支柱产业。

具体来说,房地产开发包括土地开发和房屋开发,土地开发和房屋开发一体化,通常称为房地产综合开发。房地产经营广义上包括从房地产开发开始一直到消费为止的整个过程;狭义上则指房地产交易,包括房地产出售和租赁等形式。房地产管理包括房地产产业管理和产权产籍管理。房地产服务包括的内容十分广泛,如房地产估价、信息咨询,经纪公司、经纪人等中介机构和中介人提供的中介服务以及房地产出售或者租赁后的维修保养、清洁绿化、治安保卫和商业服务等。

#### (二) 房地产开发业概念

房地产又称为不动产,是指土地、建筑物及固着在土地、建筑物上不可分离的部分及其附带的各种权益。其具有位置固定、不可移动、使用长期、个别性等特征。根据《城市房地产开发经营管理条例》规定,房地产开发是指房地产企业在城市规划区内国有土地上进行基础设施建设、房屋建设,并转让房地产开发项目或者销售、出租商品房的行为。它贯穿于项目规划、开发土地、房屋建造、经营销售、后续管理服务等全过程。房地产开发经营业具有单件性、投资大、周期长、风险高、回报率高、附加值高、产业关联度高、带动性强等特点。目前,我国房地产业中房地产开发经营业占主体地位。该行业也是税务稽查部门关注的重点行业,因此本书中所称房地产业即为房地产开发经营业。

我国房地产开发与经营形式呈多样性。按开发对象,可划分为土地开发、房地产综合开发;按开发项目,可划分为单项开发、综合开发;按开发进度安排,可分为一次性开发和滚动开发;按开发地点,可划分为城市开发、城镇开发和农村开发等。

房地产开发经营应当按照经济效益、社会效益、环境效益相统一的原则,通过开发土地取得对开发项目实施全面规划、合理布局、配套建设等一系列经济活动,对开发项目开展经营管理,实现综合效益最佳化。

**(三) 房地产业经营范围**

房地产开发与经营业务主要有房地产投资与开发、经营与销售、其他业务等。

**1. 房地产投资与开发**

房地产企业通过投资购置土地使用权及建筑物的行为来展开业务,将投入的货币资金转换为商品资金,是房地产投资与开发的起点。

**2. 房地产经营与销售**

房地产企业在开发过程中或者完成开发项目以后,对外实施房地产产品预售、销售、租赁或对外投资和分配等行为,是一个通过出售产品转换为货币资金的过程,从而获得相应的利润。

不同的房地产企业具有不同的经营模式,但总体上可以划分为以下两类:

销售物业模式:通过土地购买、规划设计、组织施工、竣工验收、产品销售等五个阶段,将开发完成的房地产移交给购买者,并一次性取得销售收入。

自持物业模式:将开发完成的房地产留作自用,通过出租、联营、自营等方式分期取得经营收入。

现有房地产经营的主要产品类型有住宅、商业房地产、工业房地产、旅游房地产、农业房地产和特殊房地产。

住宅是指供人们日常居住的房屋,包括普通住宅、高级公寓、别墅。

商业房地产是指对写字楼、旅馆、商店、酒店、银行等进行经营性服务行业所使用的房屋。

工业房地产是指被物质生产部门作为基本生产要素使用的房屋,如厂房、仓库、实验室和配套服务用房等。

旅游房地产是指公园、风景名胜、历史古迹、沙滩、高尔夫球场等休闲娱乐场所和用房。

农业房地产是指以种植和放牧为主的用房和设施,如农场、林场、牧场、果园等。

特殊房地产是指用途特殊的房屋及配套用房,如政府机关办公楼、学校、教堂、寺庙、墓地等。

**3. 其他业务**

以土地使用权或开发房产实施对外投资开发项目,吸纳外来单位和个人投资实施合作开发等。

**(四) 房地产业特点**

**1. 一般特点**

与其他行业相比,房地产业具有特定的程序性、系统性以及组织的特殊性等特征,具体有以下几点:

(1) 运作环节多。房地产开发从注册登记到售后服务,期间要经过开发用地取得、规划设计、建筑承包、竣工验收、对外销售、售后服务等多个环节。

(2) 投入金额大。由于房地产项目产品的高价值性,且建设开发周期较长,对资金需求量较大,因此房地产企业的自有资金量是否充足、融资渠道是否畅通极为重要。

(3) 产业链长。房地产业上下游涉及建筑材料、施工安装、装饰装潢、家居家电、通信网络、水、电、服务等许多行业,与其他行业关联度密切,具有很强的经济带动性。

(4) 社会影响面广。房地产的经营与开发活动涉及环境改造、百姓安居、劳动就业等,对创建和谐社会和国民经济发展起到举足轻重的作用。

(5) 投资风险高。由于房地产企业属于资金运作密集型企业,主要表现为投入资金的密集性和回笼资金的集中性,其受资金占用量大、投资周期长、市场需求变化快和宏观经济影响大等因素的影响,存在较高的投资风险。

(6) 业务发展地域性强。房地产业务开发与地区经济的发展密不可分,经济较发达的地区,房屋价格持续走高,其房地产行业发展往往也较快。

**2. 分阶段特点**

1) 前期准备阶段的特点

房地产开发的前提是取得土地,目前主要实行招、拍、挂方式,向政府缴纳土地出让金并取得《国有土地使用权证》。

房地产开发企业的开发产品在建设前须经政府审批。一般企业在生产产品或提供服务之前无须报政府审批,具有充分的自主权。而房地产企业在开工前,要通过政府的立项审批和规划审批。

用地审批要对企业产品的规模、种类进行审批,取得《建设用地规划许可证》《建设工程规划许可证》和《建筑工程施工许可证》。

2) 建设阶段的特点

开发过程中受到政府相关部门的控制。建设过程中受到环保、卫生、城管、建委、土地管理等行政部门的监控。

开发产品只有通过政府的验收才可交付买受人。经过消防审批、卫生审批、工程验收、竣工备案等环节后,开发产品才可上市交易。

市政部门的产品和服务是开发产品的重要组成部分。水、电、热、燃气、通信等配套设施必须达到使用条件,开发产品才能交付使用。

对产品的设计要委托专业的规划设计和建筑设计机构来完成。施工要委托具有相应资质的施工企业来完成。

建设周期长,投资大。房地产项目的建设周期一般都很长,整个过程往往几年才能全部完成。房地产企业在开发过程中,一方面,需要投入大量的购地资金;另一方面,开发产品本身的造价很高,又需要不断地投入建设资金。因而,房地产项目的投资额往往都非常大。

3) 销售阶段的特点

销售分为预售和现房销售两个阶段。预售即通常所说的期房销售,是指开发商在建设工程竣工之前进行销售。现房销售即开发商在开发产品完工后进行销售。由于预售可以提前回收资金,目前开发商大多采用此种销售方式。

商品房预售实行许可证制度。开发商进行商品房预售,应当向政府房产管理部门办理预售登记,取得《商品房预售许可证》。

产品交付应以开发产品通过政府审批,即取得政府的竣工验收后才得以实现。另外,开发商还要落实物业管理公司及物业管理方案。

4) 持有阶段的特点

房地产开发企业开发建设的产品,除了对外进行销售转让外,还可能存在长期持有的情况。一般情况下,房地产开发企业长期持有的物业仅包括经营性物业,而不包括住宅物业。

所谓经营性物业,就是指经营性、收益性房屋,如写字楼、商场、购物中心、购物广场以及工业厂房和仓库等。相对于作为最终消费品的住宅而言,经营性物业具有长期收益的特点。房地产企业持有物业的特点如下:

为了规避经营性物业分割销售带来的经营风险,一般情况下,房地产开发企业持有的经营性物业都规模较大。如果经营性物业规模较小,房地产企业会直接将其进行销售,因其一般不具有持有的价值。

房地产开发企业对持有的经营性物业,存在两种经营方式,一是对外出租,取得租金收入;二是进行自营,取得自营收入。

持有物业一般具有增值的特性。房地产开发企业一般是长期持有经营性物业,而不是短期持有。持有物业在开发建设完成初期,因不具备商业氛围而价值较低,但经过较长的培育期后,持有物业将产生很大幅度的增值。

持有物业可以为房地产企业提供充足的现金流。在宏观经济调控之下,房地产企业的可持续经营能力面临考验,依靠内生资金提升业绩、扩展规模的企业更容易受到投资者的青睐,而内生资金主要来源于企业自有经营性物业产生的长期收益。

**(五)房地产产业链框架**

房地产产业链框架如图1-1所示。

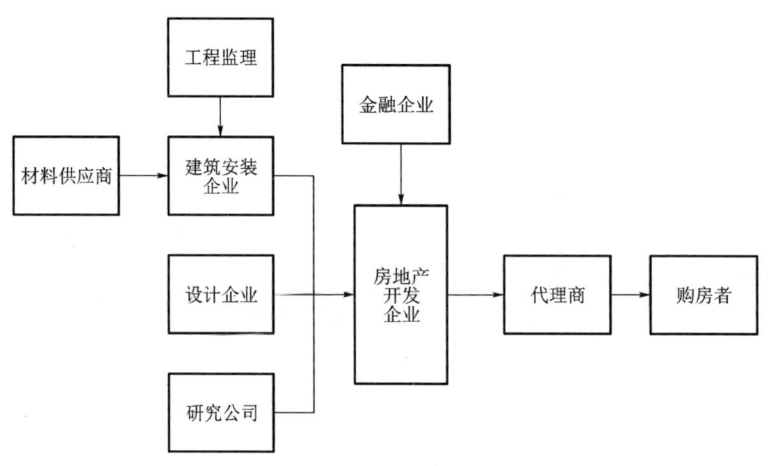

图1-1 房地产产业链框架

房地产开发企业产业链以房地产企业为核心。上游依次是材料供应商、建安企业、设计企业、研究公司等,其中在部分甲供材料的开发模式中,房地产开发企业同时也是材料供应商。作为需要大量资金的房地产开发,金融企业无疑是资金流的重要来源之一,房地产开发企业从金融企业取得贷款,用于购买土地或进行前期工程开发。在产业链的下游则为代理商,最后是购房者(有的房地产开发企业以承销或包销的方式将开发产品转让给代理商,再由代理商向购房者进行销售)。

## 二、房地产开发业务流程

房地产开发企业开发过程主要包括开工准备期、组织施工期、预售和产权转移期等阶段。具体流程包括：注册登记、土地取得、立项与规划、建筑施工、销售管理、产权办理等，又可归结为取得"七证"，分别是《中华人民共和国房地产开发企业资质证书》《国有土地使用证》《建设用地规划许可证》《建设工程规划许可证》《建筑工程施工许可证》《商品房销售（预售）许可证》和《不动产权证》。涉及的主管单位包括国土资源局、国家发展与改革委员会、规划局、建设局、房产管理局等单位。具体开发流程如图1-2所示。

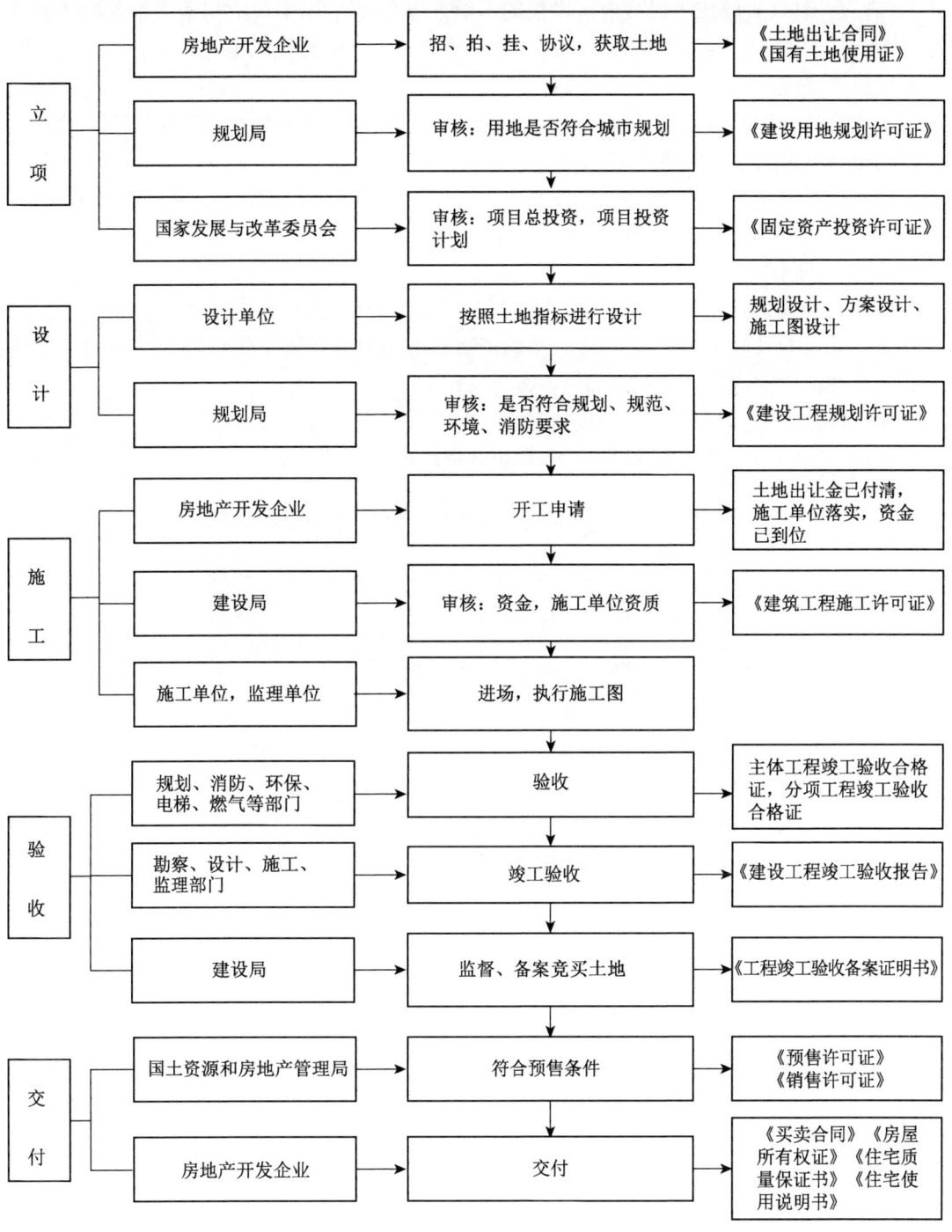

图1-2 房地产开发业务流程

## (一)《中华人民共和国房地产开发企业资质证书》

### 1. 设立条件

根据《城市房地产开发经营管理条例》规定,设立房地产开发企业除应符合《公司法》规定的设立条件外,还应当具有下列条件:① 100万元以上的注册资本。② 有4名以上持有资格证书的房地产专业、建筑工程专业的专职技术人员,2名以上持有资格证书的专职会计人员(省、自治区、直辖市人民政府可以根据本地方的实际情况,对设立房地产企业的注册资本和专业技术人员的条件作出高于上述标准的规定),应当向县级以上人民政府工商行政管理部门申请登记。

工商行政管理部门自收到房地产企业申请之日起30日内,在听取同级房地产开发主管部门的审核意见后予以注册登记。

外商投资设立房地产企业的,除按照上述规定外,还应当依照外商投资企业法律、行政法规的规定,办理有关审批手续。

### 2. 资质证书

房地产开发企业自领取营业执照之日起30日内,持营业执照、企业章程、验资证明、企业法定代表人的身份证明、专业技术人员的资格证书和聘用合同等有关文件证明材料,到登记机关所在地的房地产开发主管部门备案。

根据《房地产开发企业资质管理规定》,房地产开发企业应当按照本规定申请核定企业资质等级,即《中华人民共和国房地产开发企业资质证书》(见图1-3)。

图1-3 房地产开发企业资质证书

未取得房地产开发资质等级证书的企业,不得从事房地产开发经营业务。国务院建设行政主管部门负责全国房地产企业的资质管理工作;县级以上地方人民政府房地产开发主管部门负责本行政区域内房地产企业的资质管理工作。房地产开发企业按照企业条件分为一级资质、二级资质、三级资质、四级资质4个资质等级。各资质等级企业的条件如下。

一级资质:

(1) 从事房地产开发经营5年以上。

(2) 近3年房屋建筑面积累计竣工30万平方米以上,或者累计完成与此相当的房地产开发投资额。

(3) 连续5年建筑工程质量合格率达100%。

(4) 上一年房屋建筑施工面积15万平方米以上,或者完成与此相当的房地产开发投资额。

(5) 有职称的建筑、结构、财务、房地产及有关经济类的专业管理人员不少于40人,其中具有中级以上职称的管理人员不少于20人,持有资格证书的专职会计人员不少于4人。

(6) 工程技术、财务、统计等业务负责人具有相应专业中级以上职称。

(7) 具有完善的质量保证体系,商品住宅销售中实行了《住宅质量保证书》和《住宅使用说明书》制度。

(8) 未发生过重大工程质量事故。

二级资质:

(1) 从事房地产开发经营3年以上。

(2) 近3年房屋建筑面积累计竣工15万平方米以上,或者累计完成与此相当的房地产开发投资额。

(3) 连续3年建筑工程质量合格率达100%。

(4) 上一年房屋建筑施工面积10万平方米以上,或者完成与此相当的房地产开发投资额。

(5) 有职称的建筑、结构、财务、房地产及有关经济类的专业管理人员不少于20人,其中具有中级以上职称的管理人员不少于10人,持有资格证书的专职会计人员不少于3人。

(6) 工程技术、财务、统计等业务负责人具有相应专业中级以上职称。

(7) 具有完善的质量保证体系,商品住宅销售中实行了《住宅质量保证书》和《住宅使用说明书》制度。

(8) 未发生过重大工程质量事故。

三级资质:

(1) 从事房地产开发经营2年以上。

(2) 房屋建筑面积累计竣工5万平方米以上,或者累计完成与此相当的房地产开发投资额。

(3) 连续2年建筑工程质量合格率达100%。

(4) 有职称的建筑、结构、财务、房地产及有关经济类的专业管理人员不少于10人,其中具有中级以上职称的管理人员不少于5人,持有资格证书的专职会计人员不少于2人。

(5) 工程技术、财务等业务负责人具有相应专业中级以上职称,统计等其他业务负责人具有相应专业初级以上职称。

(6) 具有完善的质量保证体系,商品住宅销售中实行了《住宅质量保证书》和《住宅使用说明书》制度。

(7) 未发生过重大工程质量事故。

四级资质:

(1) 从事房地产开发经营1年以上。

(2) 已竣工的建筑工程质量合格率达100%。

(3) 有职称的建筑、结构、财务、房地产及有关经济类的专业管理人员不少于5人,持有资格证书的专职会计人员不少于2人。

（4）工程技术负责人具有相应专业中级以上职称，财务负责人具有相应专业初级以上职称，配有专业统计人员。

（5）商品住宅销售中实行了《住宅质量保证书》和《住宅使用说明书》制度。

（6）未发生过重大工程质量事故。

### （二）《国有土地使用证》

《国有土地使用证》是证明土地使用者（单位或个人）使用国有土地的法律凭证，受法律保护。根据我国法律规定，房地产企业主要有出让、划拨和其他取得国有土地开发权方式。

**1. 出让方式取得**

土地使用权出让是国家以土地所有人的身份将土地使用权在一定期限内让与土地使用者，由土地使用者向国家支付土地使用权出让金的行为。土地招、拍、挂制度是指我国国有土地使用权的出让管理制度。《土地法》及国土资源部相关的部门规章规定，对于经营性用地必须通过招标、拍卖或挂牌等方式向社会公开出让国有土地。其含义是指经营性用地必须通过上述方式出让土地。目前各地基本都是通过国土资源局招标、拍卖、挂牌和协议等方式获得土地使用权，签订《国有建设用地使用权出让合同》（见图1-4），取得《国有土地使用证》（见图1-5）。

图1-4　国有建设用地使用权出让合同

（1）招投标方式取得。招标出让土地使用权是指在规定期限内，由符合条件的单位和个人以书面投标形式，竞投某地段土地使用权，招标人根据一定要求择优确定受让人，受让人在办理完一切手续后取得土地使用权的方式。

（2）拍卖方式取得。拍卖出让土地使用权是指在指定时间、公开场合，在土地管理部门拍卖主持人主持下，竞投者按规定方式应价，竞投土地使用权，由出价最高者获得土地使用权的土地出让方式。

（3）挂牌方式取得。挂牌出让土地使用权是指出让人发布挂牌公告，按公告规定的期限将拟出让宗地的交易条件在指定的交易场所挂牌公布，接受竞买人的报价申请并更新挂牌价格，根据挂牌期限截止时的出价结果确定土地使用者的行为。挂牌出让综合体现了招标、拍卖和协议方式的优点。

（4）协议出让方式取得。协议出让土地使用权是指国家以协议方式将国有土地使用权在一定年限内出让给土地使用者，由土地使用者向国家支付土地使用权出让金的行为。这是一种特殊的取得开发土地使用权的方式。通过协议方式取得土地使用权的，必须经上级人民政府批准。

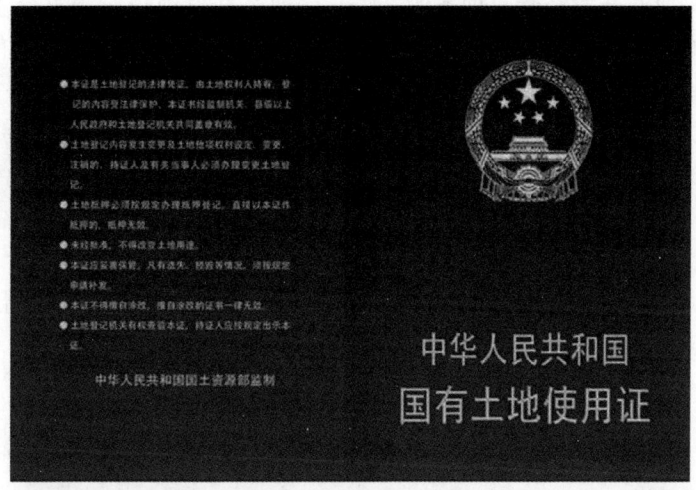
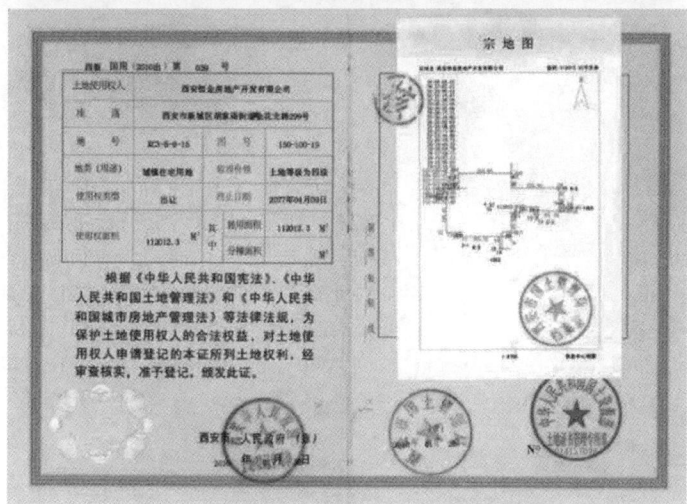

图1-5 国有土地使用证

**2. 划拨方式取得**

土地使用权划拨是指县级以上人民政府依法批准,在土地使用者缴纳补偿、安置等费用后将该土地交付其使用,或者将土地使用权无偿交付给土地使用者使用的行为。一般用于国家机关、经济适用房、廉租房、公益事业等项目。房地产开发企业取得土地开发使用权后,还需要凭借《建设用地规划许可证》,到政府土地行政主管部门申请开发建设用地,办理土地征用划拨或出让等相关手续。

**3. 其他方式取得**

其他方式取得主要是指房地产开发企业在经济活动中通过债务重组、吸收合并、投资等方式取得土地使用权。

**(三)《建设用地规划许可证》**

为保证城乡规划区内的土地利用符合城市规划,依据《中华人民共和国城乡规划法》规定,由城乡规划行政主管部门核发《建设用地规划许可证》,作为建设单位向土地主管部门申请征用、划拨和有偿使用土地的法律凭证。

根据《城市房地产开发经营管理条例》规定,房地产开发项目应当符合土地利用总体规划、年度建设用地计划和城市规划、房地产开发年度计划的要求,按照国家有关规定报计划主管部门批准,并纳入年度固定资产投资计划,进行项目审批。

房地产开发项目立项批准以后,按照"统一规划、合理布局、因地制宜、综合开发、配套建设"的原则,对开发区域内的建筑物、构筑物及配套设施等实行统一规划。由于房地产企业取得的开发项目土地已通过国家有关部门总体规划论证,所以房地产开发企业要在这个总体规划的控制范围内,委托有规划设计资格的单位提出初步规划及建筑设计方案,填报建设用地规划许可申请表,报经城市规划行政管理部门审核同意,核发《建设用地规划许可证》(见图1-6)。

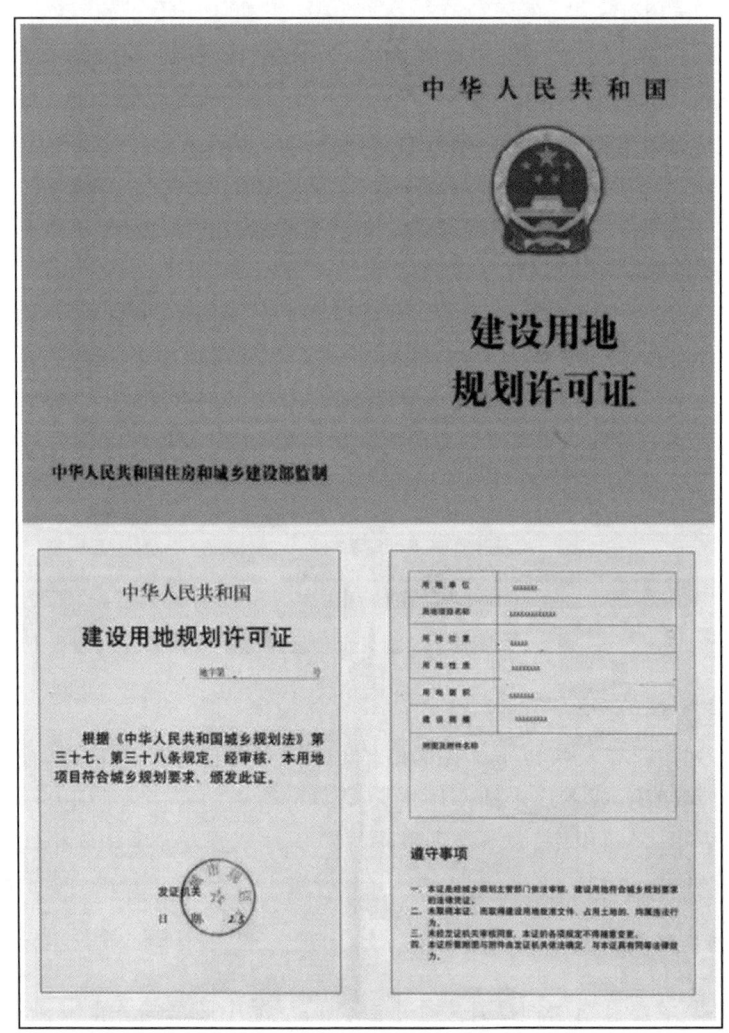

图1-6 建设用地规划许可证

**(四)《建设工程规划许可证》**

房地产开发企业在通过建设用地规划审批后,向建设管理部门及时办理建设工程规划许可审批手续,取得《建设工程规划许可证》(见图1-7)。

第一章　房地产业概述

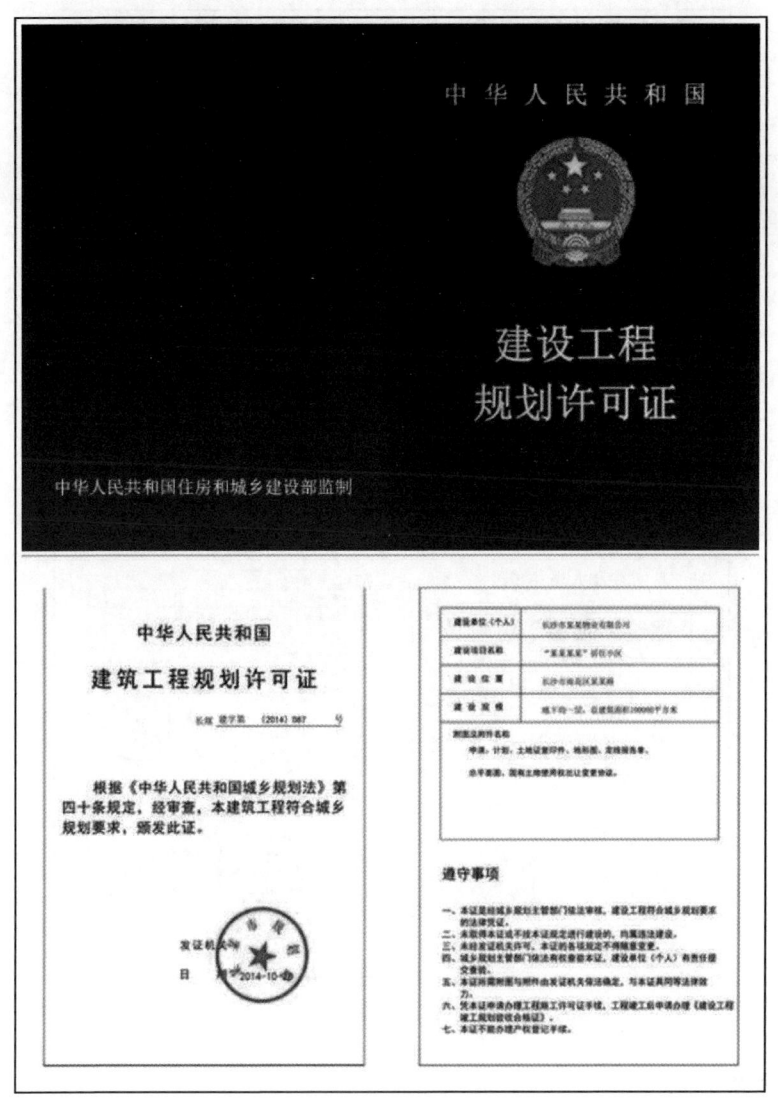

图 1-7　建设工程规划许可证

(五)《建筑工程施工许可证》

房地产开发企业在取得《建设用地规划许可证》《建设工程规划许可证》后,采用工程项目招投标方式选择合适的项目建设承包单位和建设工程监理单位。

建筑项目承包单位中标房地产开发建设项目后,在建筑施工之前,向建筑管理单位申报建设工程项目,申领《建筑工程施工许可证》(见图1-8),并申办建筑工程质量监督和施工图设计审查等事项。

建设项目施工完成后,由城市建设行政主管部门主持综合竣工验收并备案,形成竣工决算报告。竣工决算报告需要经有资质的审计部门出具审计报告。

(六)《商品房销售(预售)许可证》

房地产开发企业在开发房地产过程中,主要采用预售、现售、出租以及其他方式处置开发的房地产。

11

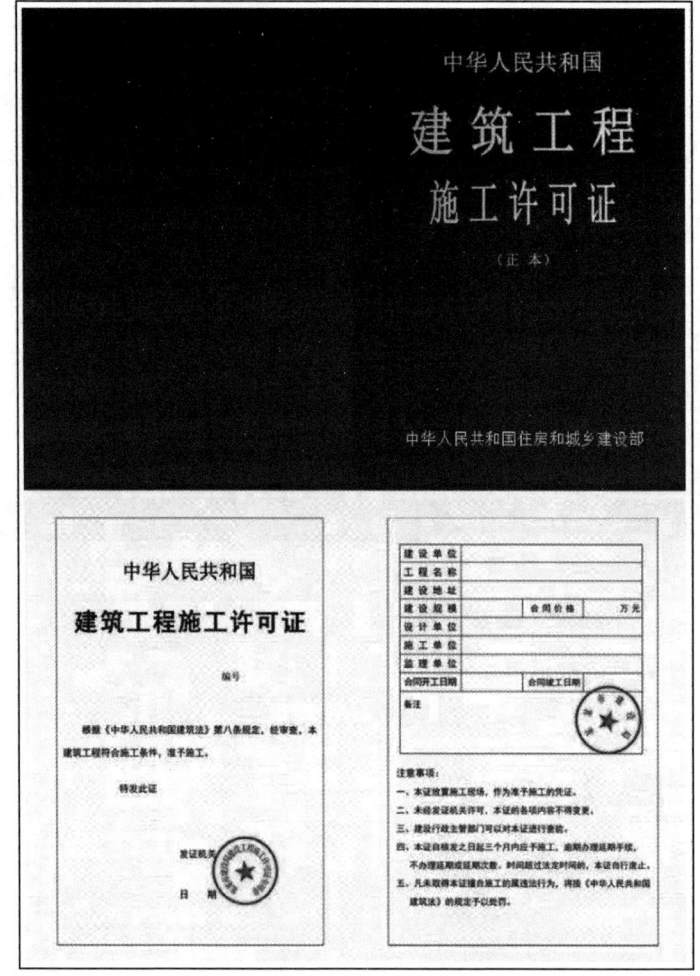

图 1-8 建筑工程施工许可证

**1. 采取预售方式**

采取预售方式,也称"期房销售"。预售方式是指房地产开发企业为加速资金回笼,减少投资成本,将正在建设中的房地产预先出售给承购人,由承购人支付定金或房价款的行为。根据《城市商品房预售管理办法》(建设部令第 40 号)有关规定,房地产企业需要符合下列条件,才能实行预售商品房:

(1) 已交付全部土地使用权出让金,取得土地使用权证书。

(2) 持有《建设工程规划许可证》和《建筑工程施工许可证》。

(3) 按提供预售的商品房计算,投入开发建设的资金达到工程建设总投资的 25% 以上,并已经确定施工进度和竣工交付日期。

商品房预售实行许可制度。房地产开发企业进行商品房预售,应当向房地产管理部门申请预售许可,取得《商品房预售许可证》(见图 1-9)。

商品房预售时,房地产开发企业应当与承购人签订商品房预售合同,并在签约之日起 30 日内持商品房预售合同向县级以上人民政府房地产管理部门和土地管理部门办理登记备案手续。

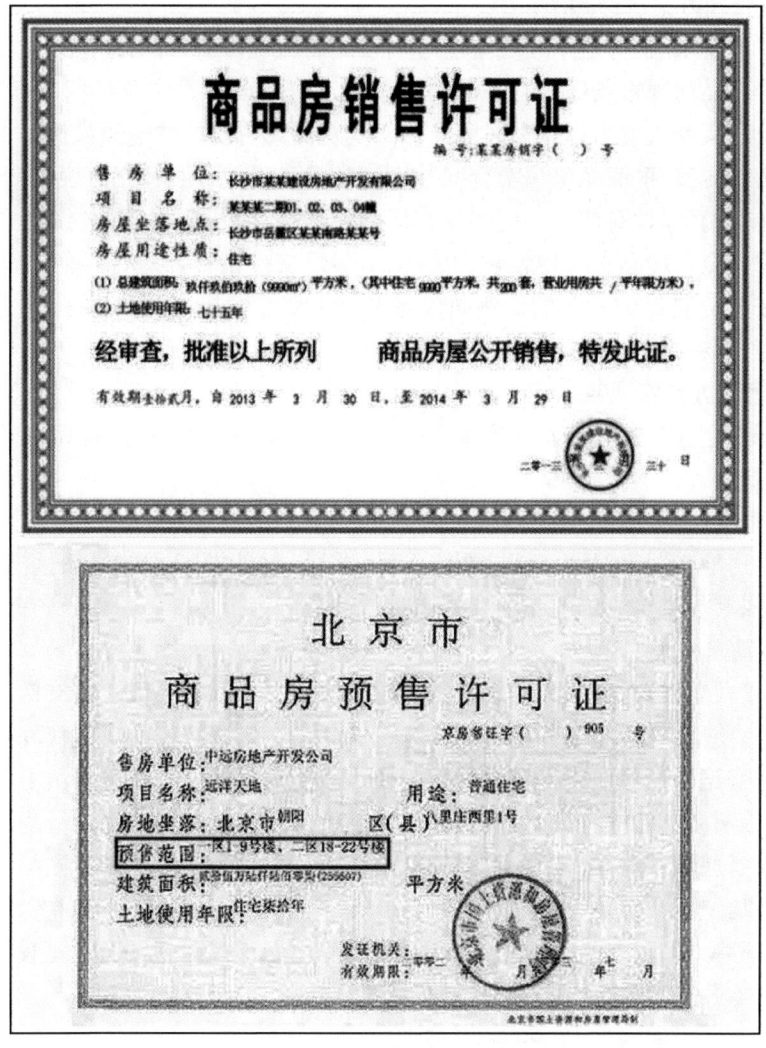

图 1-9　商品房预售许可证

**2. 商品房现售方式**

商品房现售方式,也称"现房销售"。商品房现售是指房地产开发企业将竣工验收合格的商品房出售给买受人,并由买受人支付房价款的行为。根据《商品房销售管理办法》(建设部令第 88 号)规定,对商品房现售,应当符合以下条件:

（1）现售商品房的房地产企业应当具有企业法人营业执照和房地产开发企业资质证书。

（2）取得土地使用权证书或者使用土地的批准文件。

（3）持有《建设工程规划许可证》和《建筑工程施工许可证》。

（4）已通过竣工验收。

（5）拆迁安置已经落实。

（6）供水、供电、供热、燃气、通信等配套基础设施具备交付使用条件,其他配套基础设施和公共设施具备交付使用条件或者已确定施工进度和交付日期。

(7)物业管理方案已经落实。

在符合以上要求后,房地产开发企业应当在商品房现售前,将房地产开发项目竣工验收报告单及符合商品房现售条件的有关证明文件报送房地产开发主管部门备案。销售时,房地产开发企业和买受人应当订立书面商品房买卖合同,并提供《住宅质量保证书》《住宅使用说明书》,买卖双方签订《商品房买卖合同》以及《商品房买卖合同补充协议》。

在商品住房销售时,对住宅共用的配套设施可根据建设部、财政部《住宅共用部位共用设施设备维修基金管理办法》(建住房〔1998〕213号)文件精神,经购房者与售房单位签订,购房者应当按购房款2‰~3‰的比例向售房单位缴交维修基金,售房单位代为收取的维修基金属全体业主共同所有,不计入住宅销售收入。

### 3. 采取租赁方式实现收入

房地产开发企业除了将开发的房地产投放到市场实现销售以外,也将部分房地产用于出租,获取租赁收入。

### 4. 采取其他方式处置开发的房地产

将开发的房地产用于捐赠、赞助、职工福利、奖励、对外投资、用作分配给股东或投资人抵偿债务、换取其他企事业单位和个人的非货币性资产等行为。

## (七)《不动产权证书》

《城市房屋权属登记管理办法》规定:"房屋权属证书是权利人依法拥有房屋所有权并对房屋行使占有、使用、收益和处分权利的唯一合法凭证。依法登记的房屋权利受国家法律保护。"房屋权属登记是指房地产行政主管部门代表政府对房屋所有权以及由上述权利产生的抵押权、典权等房屋其他权利进行登记,并依法确认房屋权属归属关系的行为。房屋权属登记遵循房屋所有权和该房屋占用范围内的土地使用权权利主体一致的原则。

国家实行房屋所有权登记发证制度,自2015年3月1日起,全面启用统一的不动产登记簿证样式,新购商品房办证将由原来分别办理《房屋所有权证》《国有土地使用证》,改为1个部门办理1本《不动产权证书》即可(见图1-10)。

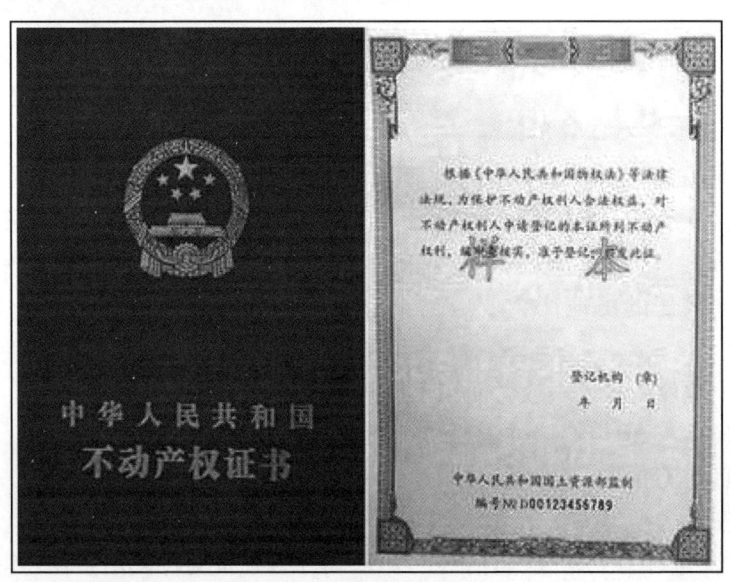

图1-10 不动产权证书

房地产开发企业应当按照合同约定,将符合交付使用条件的房地产按期交付给买受人。对预售的商品房自交付使用之日起90日内,买受人应当持有关凭证到县级以上人民政府房地产管理部门和土地管理部门办理权属登记手续。在办理《不动产权证书》之前,房地产开发企业须向土地管理和房产管理部门提交下列资料:单位资格等级证书、营业执照和法人资格证书(股份制、有限责任公司还应提交公司章程)、物价局核价批文、商品房销售面积测绘认定结果,以测绘认定的面积签订的销售合同(房屋测绘面积报告单)、出售商品房明细表、立项批文、土地批文、土地出让合同、建设用地规划许可证及附图、建设工程规划许可证及附图、竣工平面图、竣工验收备案表、建设项目竣工集中验收、白蚁防治协议及交费发票、地名办证明及物业用房移交清单,有开发地块原有房产证的,须提交原房产证、商品房预售证及其他有关合法证明材料。

房产受让方在办理《不动产权证书》时,应向房产管理部门提供以下资料:产权人身份证、印章、所有权转移登记申请表、商品房购销合同及购买发票,签订预售合同的买卖双方关于房号、房屋实测面和房价结算的确认书,购房户未到法定年龄的须提交监护人证明,测绘表、房屋登记表、分户平面图,开发商房产证、契税完税证、专项维修资金专用收据等相关资料。

### 三、我国房地产业概况

#### (一) 2018年房地产开发投资完成情况

2018年1～12月,全国房地产开发投资120 264亿元,比上年增长9.5%,增速比1～11月份回落0.2个百分点,比上年同期提高2.5个百分点。其中,住宅投资85 192亿元,增长13.4%,比1～11月份回落0.2个百分点,比上年同期提高4个百分点。住宅投资占房地产开发投资的比重为70.8%。全国房地产开发投资增速情况如图1-11所示。

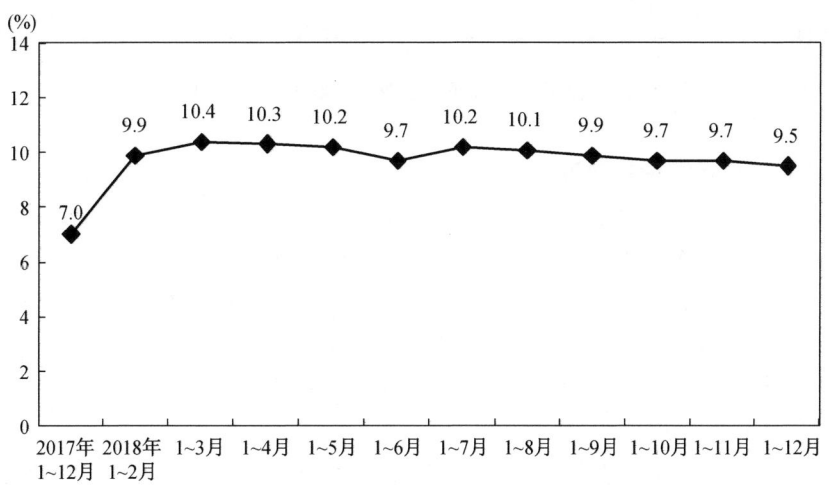

图1-11 全国房地产开发投资增速情况

2018年,东部地区房地产开发投资64 355亿元,比上年增长10.9%,增速比1～11月份回落0.4个百分点;中部地区投资25 180亿元,增长5.4%,回落0.5个百分点;西部地区投资26 009亿元,增长8.9%,提高0.7个百分点;东北地区投资4 720亿元,增长17.5%,

提高1.3个百分点。

2018年,房地产开发企业房屋施工面积822 300万平方米,比上年增长5.2%,增速比1~11月份提高0.5个百分点,比上年提高2.2百分点。其中,住宅施工面积569 987万平方米,增长6.3%。房屋新开工面积209 342万平方米,增长17.2%,比1~11月份提高0.4个百分点,比上年提高10.2个百分点。其中,住宅新开工面积153 353万平方米,增长19.7%。房屋竣工面积93 550万平方米,下降7.8%,降幅比1~11月份收窄4.5个百分点,比上年扩大3.4个百分点。其中,住宅竣工面积66 016万平方米,下降8.1%。

2018年,房地产开发企业土地购置面积29 142万平方米,比上年增长14.2%,增速比1~11月份回落0.1个百分点,比上年回落1.6个百分点;土地成交价款16 102亿元,增长18.0%,比1~11月份回落2.2个百分点,比上年回落31.4个百分点。全国房地产开发企业土地购置面积增速情况如图1-12所示。

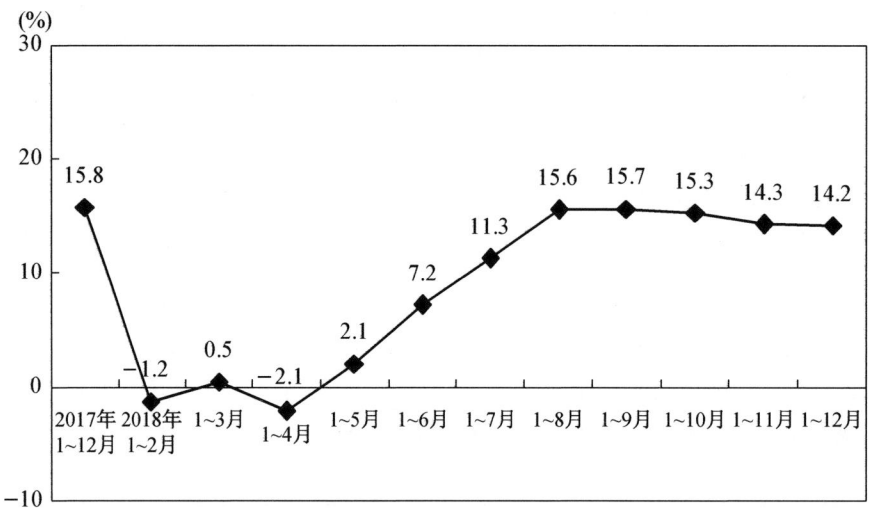

**图1-12　全国房地产开发企业土地购置面积增速情况**

### (二) 商品房销售和待售情况

2018年,商品房销售面积171 654万平方米,比上年增长1.3%,增速比1~11月份回落0.1个百分点,比上年回落6.4个百分点。其中,住宅销售面积增长2.2%,办公楼销售面积下降8.3%,商业营业用房销售面积下降6.8%。商品房销售额149 973亿元,增长12.2%,比1~11月份提高0.1个百分点,比上年回落1.5个百分点。其中,住宅销售额增长14.7%,办公楼销售额下降2.6%,商业营业用房销售额增长0.7%。全国商品房销售面积及销售额增速情况如图1-13所示。

2018年,东部地区商品房销售面积67 641万平方米,比上年下降5.0%,降幅比1~11月份收窄0.1个百分点;销售额79 258亿元,增长6.5%,增速提高0.9个百分点。中部地区商品房销售面积50 695万平方米,增长6.8%,增速回落1.1个百分点;销售额33 848亿元,增长18.1%,增速回落2.5个百分点。西部地区商品房销售面积45 396万平方米,增长6.9%,增速提高0.3个百分点;销售额31 127亿元,增长23.4%,增速回落0.1个百分点。东北地区商品房销售面积7 922万平方米,下降4.4%,降幅与1~11月份持平;销售额

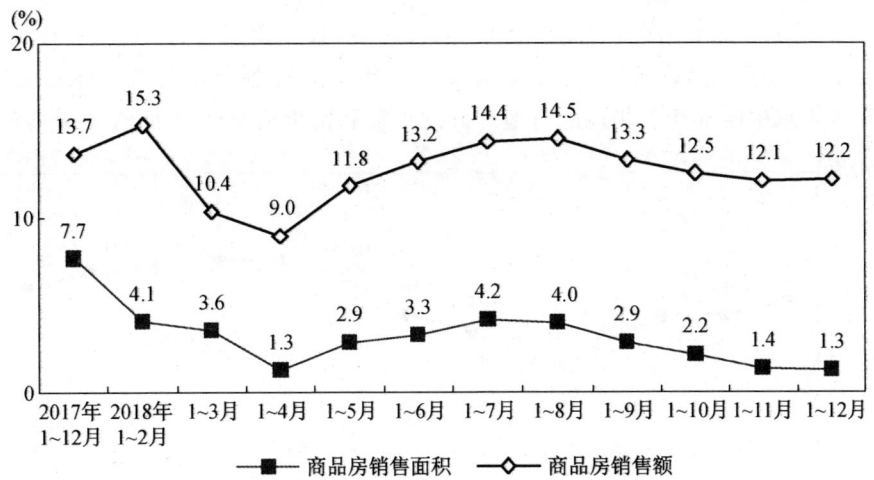

图1-13 全国商品房销售面积及销售额增速情况

5 740亿元,增长7.0%,增速回落0.3个百分点。

2018年末,商品房待售面积52 414万平方米,比11月末减少214万平方米,比上年末减少6 510万平方米。其中,住宅待售面积比11月末减少393万平方米,办公楼待售面积增加93万平方米,商业营业用房待售面积减少166万平方米。

**(三)房地产开发企业到位资金情况**

2018年,房地产开发企业到位资金165 963亿元,比上年增长6.4%,增速比1~11月份回落1.2个百分点,比上年回落1.8个百分点。其中,国内贷款24 005亿元,下降4.9%;利用外资108亿元,下降35.8%;自筹资金55 831亿元,增长9.7%;定金及预收款55 418亿元,增长13.8%;个人按揭贷款23 706亿元,下降0.8%。全国房地产开发企业本年到位资金增速情况如图1-14所示。

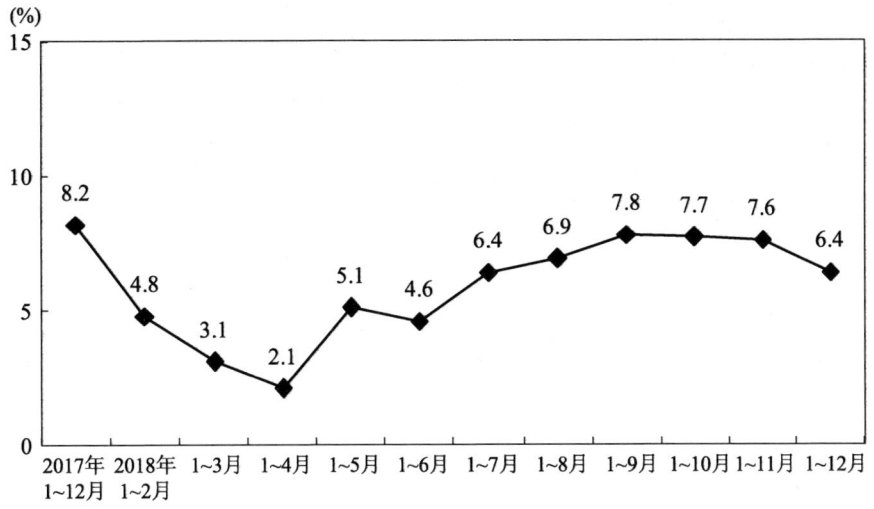

图1-14 全国房地产开发企业本年到位资金增速情况

### (四)房地产开发景气指数

2018年12月份,房地产开发景气指数(简称"国房景气指数")为101.85,比11月份回落0.09点。国房景气指数如图1-15所示。2018年全国房地产开发和销售情况如表1-1所示。2018年东中西部和东北地区房地产开发投资和销售情况如表1-2、表1-3所示。

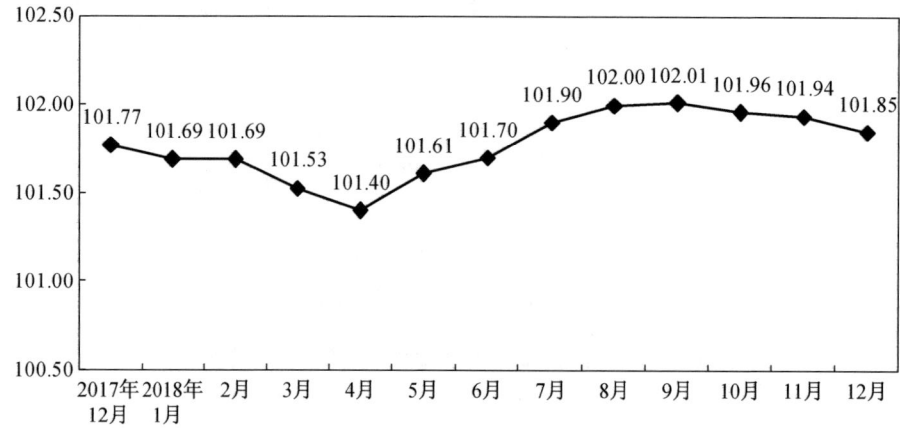

图1-15 国房景气指数

表1-1 2018年全国房地产开发和销售情况

| 指标 | 绝对量 | 比上年增长(%) |
|---|---|---|
| 房地产开发投资(亿元) | 120 264 | 9.5 |
| 其中:住宅 | 85 192 | 13.4 |
| 办公楼 | 5 996 | −11.3 |
| 商业营业用房 | 14 177 | −9.4 |
| 房屋施工面积(万平方米) | 822 300 | 5.2 |
| 其中:住宅 | 569 987 | 6.3 |
| 办公楼 | 35 842 | −0.5 |
| 商业营业用房 | 102 629 | −2.5 |
| 房屋新开工面积(万平方米) | 209 342 | 17.2 |
| 其中:住宅 | 153 353 | 19.7 |
| 办公楼 | 6 049 | −1.5 |
| 商业营业用房 | 20 066 | −2.0 |
| 房屋竣工面积(万平方米) | 93 550 | −7.8 |
| 其中:住宅 | 66 016 | −8.1 |
| 办公楼 | 3 884 | −3.1 |
| 商业营业用房 | 11 259 | −11.1 |
| 土地购置面积(万平方米) | 29 142 | 14.2 |
| 土地成交价款(亿元) | 16 102 | 18.0 |
| 商品房销售面积(万平方米) | 171 654 | 1.3 |
| 其中:住宅 | 147 929 | 2.2 |
| 办公楼 | 4 363 | −8.3 |
| 商业营业用房 | 11 971 | −6.8 |

(续表)

| 指标 | 绝对量 | 比上年增长（%） |
|---|---|---|
| 商品房销售额(亿元) | 149 973 | 12.2 |
| 其中：住宅 | 126 393 | 14.7 |
| 办公楼 | 6 277 | −2.6 |
| 商业营业用房 | 13 349 | 0.7 |
| 商品房待售面积(万平方米) | 52 414 | −11.0 |
| 其中：住宅 | 25 091 | −16.8 |
| 办公楼 | 3 649 | −0.4 |
| 商业营业用房 | 13 793 | −9.3 |
| 房地产开发企业到位资金(亿元) | 165 963 | 6.4 |
| 其中：国内贷款 | 24 005 | −4.9 |
| 利用外资 | 108 | −35.8 |
| 自筹资金 | 55 831 | 9.7 |
| 定金及预收款 | 55 418 | 13.8 |
| 个人按揭贷款 | 23 706 | −0.8 |

表1-2　2018年1～12月东中西部和东北地区房地产开发投资情况

| 地　　区 | 投资额（亿元） | 住宅 | 比上年增长（%） | 住宅 |
|---|---|---|---|---|
| 全国总计 | 120 264 | 85 192 | 9.5 | 13.4 |
| 东部地区 | 64 355 | 45 352 | 10.9 | 14.0 |
| 中部地区 | 25 180 | 18 805 | 5.4 | 10.6 |
| 西部地区 | 26 009 | 17 603 | 8.9 | 13.5 |
| 东北地区 | 4 720 | 3 433 | 17.5 | 20.0 |

表1-3　2018年1～12月东中西部和东北地区房地产销售情况

| 地区 | 商品房销售面积 | | 商品房销售额 | |
|---|---|---|---|---|
| | 绝对数(万平方米) | 比上年增长（%） | 绝对数(亿元) | 比上年增长（%） |
| 全国总计 | 171 654 | 1.3 | 149 973 | 12.2 |
| 东部地区 | 67 641 | −5.0 | 79 258 | 6.5 |
| 中部地区 | 50 695 | 6.8 | 33 848 | 18.1 |
| 西部地区 | 45 396 | 6.9 | 31 127 | 23.4 |
| 东北地区 | 7 922 | −4.4 | 5 740 | 7.0 |

## 第二节　房地产开发企业组织架构

房地产业由于其行业特点,企业组织架构也具有明显特征。

### 一、通用组织架构

一般房地产企业内部组织架构如图 1-16 所示。

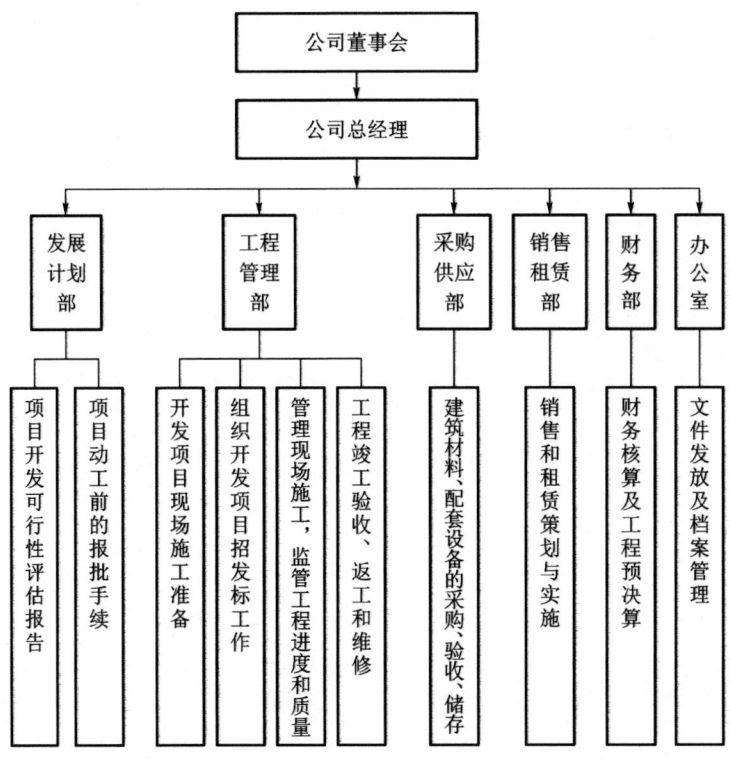

图 1-16　房地产开发企业内部组织架构

### 二、万科集团组织架构

目前,万科集团已将之前的"团体总部—市级公司"的二级架构调整为"战略总部—专业区域—实施一线"为主线的三级架构。经过新设深圳、上海和北京三大区域中心公司,总部部门人事、财务、决策等权柄的下放,使区域中心能够更敏捷地各自应对珠三角、长三角和环渤海的完全实在业务市场。其采取的是中央集权式架构,并采用一定的标准化来不断占领全国市场。

万科地产系统分成三层管理架构:第一层是集团总部;第二层是集团总部下面的 4 个区域本部,作为派出机构;第三层是区域本部下面,按照城市设置公司(万科内部叫做一线公司)。

从框架上来讲,万科的管控模式非常简单,除了在战略、品牌、融资、研发和流程上对一线公司的支持外,集团总部主要从三个方面进行管控:①投资。只有总部有这样的权限,也就是说一线公司要买任何一个项目,要买任何一块地,必须通过总部最后的同意;②财务管控。每个一线公司现金流的管理和财务运营管理,都受总部财务部的直接管理;③人事。一线公司的员工从总经理到普通员工大致分为5级,其中上面3级都是由集团总部直接任命。

除此之外,考虑到地产公司的行业特点,一线公司在运营上拥有非常大的自主权。而区域本部的作用则是代表集团总部为这个区域的所有一线公司做指导和管理。

这种管控体系充分体现了万科的行业特色和文化特色,在集权和放权之间保持了微妙的平衡:

(1) 这种管控方式直接体现了万科对于运营风险的认识:资金安全、土地和人才,所以总部一定要把这三个权利集中在手上。

(2) 地产行业不同于标准化生产和销售的行业,而具有极强的地域性,各地的政策、消费、市场成熟度和居住习惯都有很大的差异,要求一线城市公司拥有很高的自由度和权限,以便应对当地市场的激烈竞争。事实上,万科一线公司的运营自由度相当大,不仅体现在对具体项目的判断和运作上,甚至各个一线公司的组织架构都是不一样的。

万科集团总部组织架构如图1-17所示。

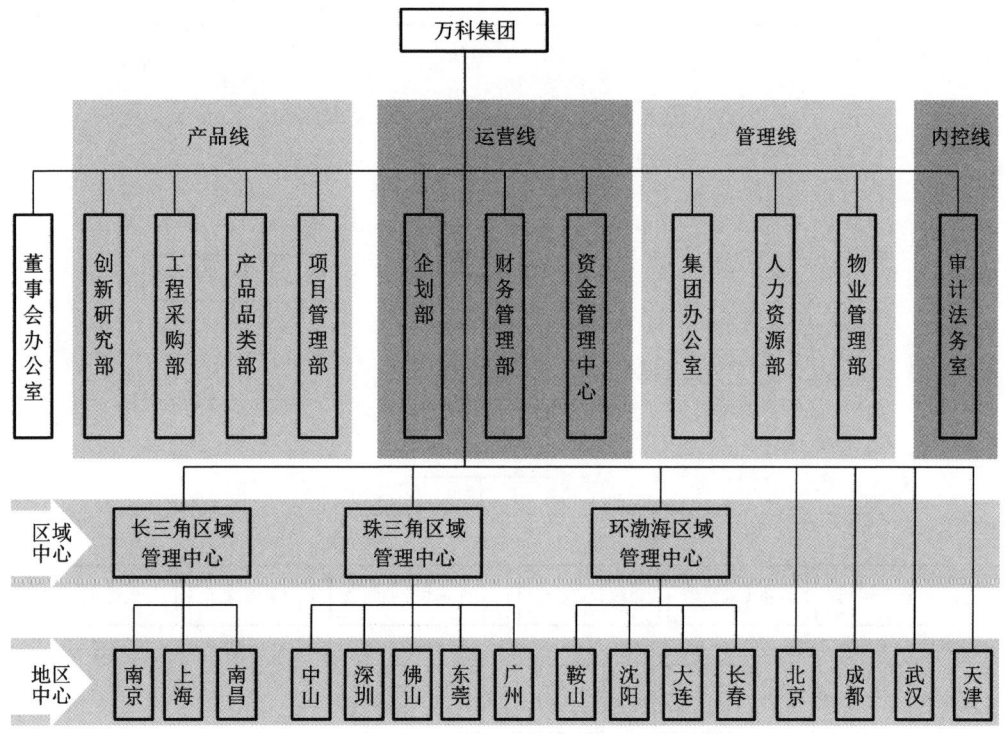

图1-17 万科集团总部组织架构

万科每个城市公司都强调成本管理过程,设立成本管理部,与总部财务部对接;对城市公司而言,管理线条也比较清晰,而且与集团对接。万科某城市公司组织架构如图1-18所示。

万科项目部组织架构,主要以工程管理为主,对进度、质量、安全及部分成本目标负责。万科项目部组织架构如图1-19所示。

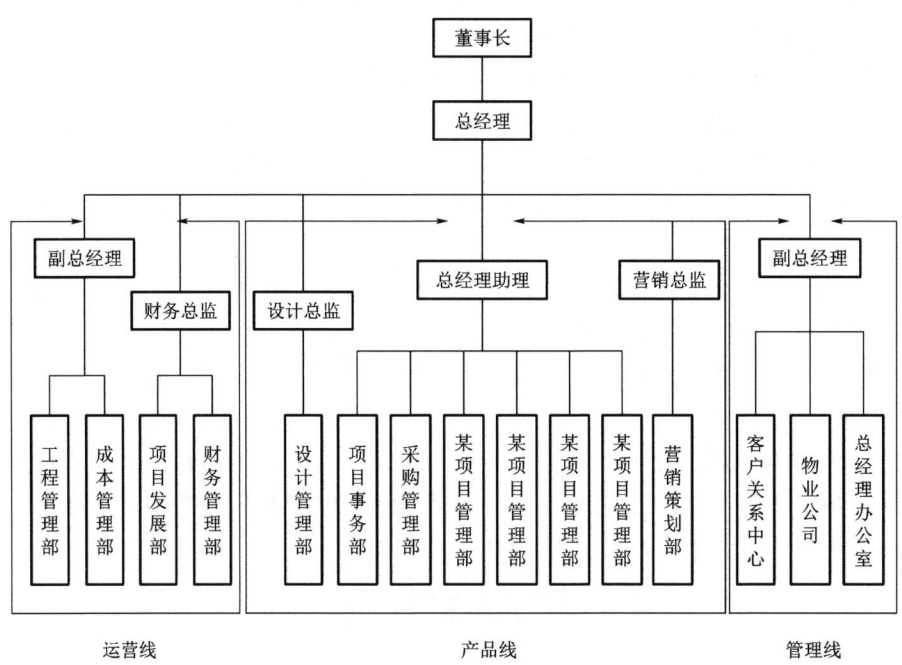

图1-18 万科某城市公司组织架构

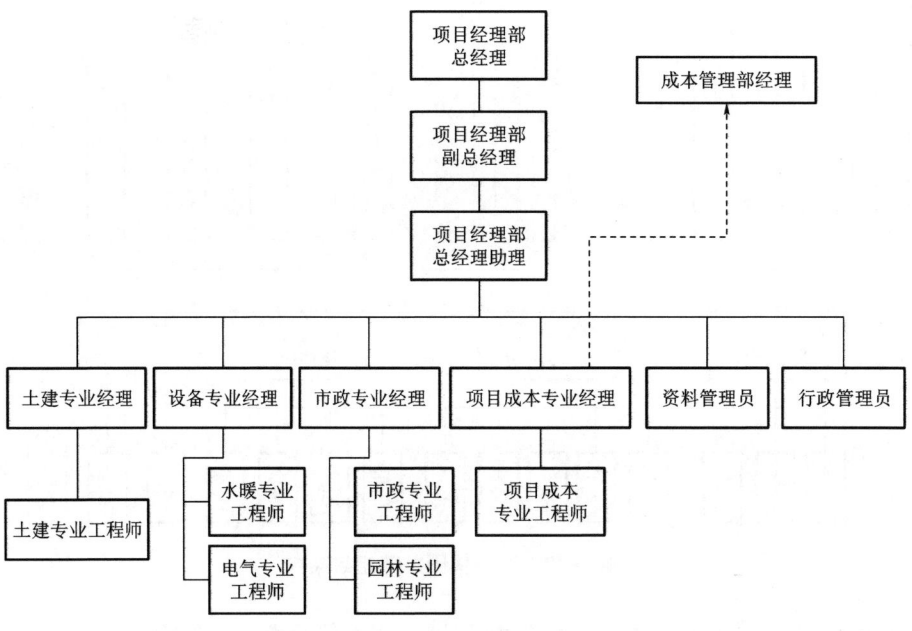

图1-19 万科项目部组织架构

总的来说,万科各区域及城市公司采用介于职能与矩阵管理之间的弱矩阵管理模式,而没有采用项目管理模式;万科是最早提出职业经理人理念的企业,倡导职业化管理,管理比较规范;集团总部为投资决策中心,从事战略高度事宜,各地区为法人治理机制企业,从事产权管理；分公司授权较大，机构尽量精简，总部提供支持和监督功能；重视人力资源管理，强调人才的轮岗和晋升。

### 三、龙湖地产组织架构

龙湖地产组织架构条线分明，形成"一室四部十七中心"的总线职能式组织体系，各部门权责分明。

总经理室：战略审核。

投资及运营发展部：负责项目营销前的所有工作。其中，战略及营运中心主要制定3~5年的长期战略及年度战略。环境与市场变化监控，是集团成本管控的最高决策层级。

客户及公司品牌部：负责公司品牌和项目营销阶段的所有工作。

财务部：业务与资本结构调整。

人力资源部：组织绩效目标设定、组织结构调整等。

龙湖地产组织架构如图1-20所示。

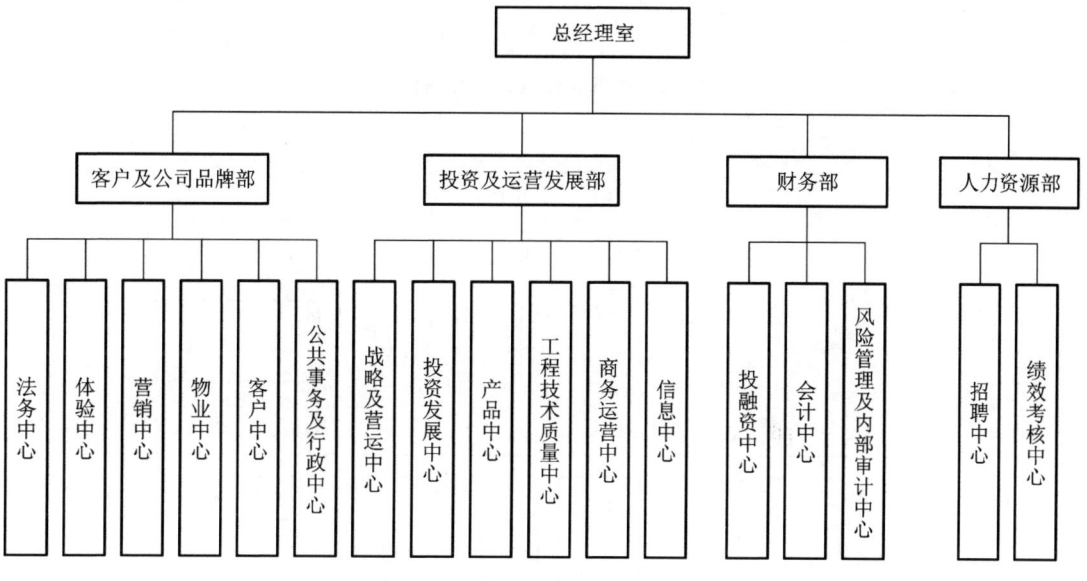

图1-20 龙湖地产组织架构

**1. 总部对区域公司及项目的管理**

集团集权管控各城市的区域公司，区域公司设立完备的采购、研发、工程、营销等部门，但重要节点通过PMO体系由集团总部管控；同时，由区域公司负责人主持的PMO会议将项目关键节点报总部审批。总部对区域公司及项目管理如图1-21所示。

**2. PMO项目管控**

PMO是Project Management Office（项目管理办公室），即将项目相关各职能部门召集在一起开会，协调项目各项进程，减少项目运营摩擦，提高项目开发效率。

从管理层面看，PMO系统能实现集团对各地项目的有效监控；从运作层面看，PMO系统可大幅提高项目运作的效率和各方协调性。

PMO项目管理架构如图1-22所示。

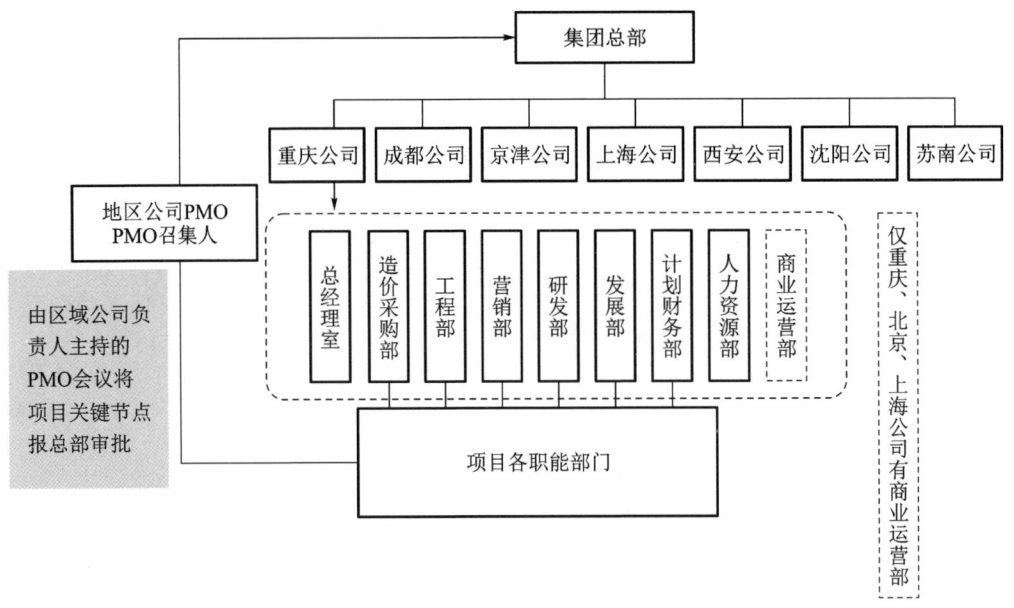

图1-21 总部对区域公司及项目管理

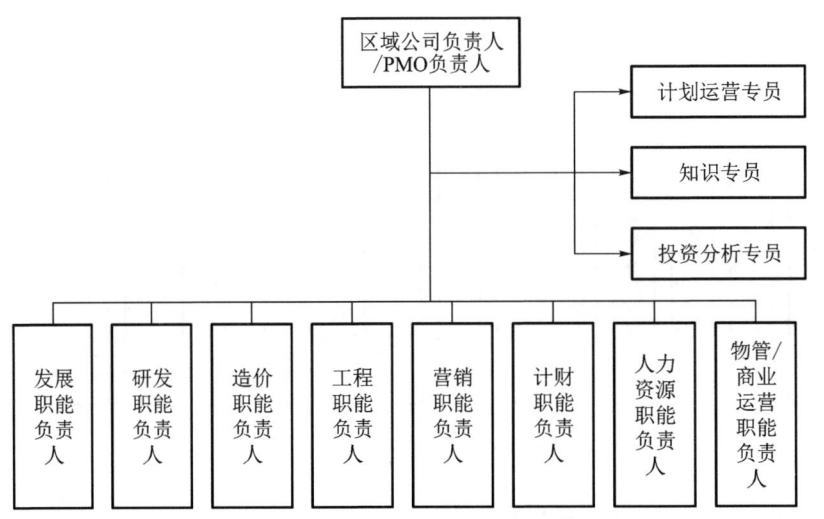

图1-22 PMO项目管理架构

**3. 龙湖管理框架的借鉴**

龙湖管理框架有以下值得借鉴的地方：总部机构简化,提高投资运作效率；项目经理负责制,增加项目权限,提高项目运作效率；PMO系统形成总部对项目的管控,强化集权。

# 第三节 房地产业专用术语

由于房地产是一个比较复杂的行业,专用术语也比较多。

**1. 房产**

房产是指房屋经济形态,在法律上有明确的权属关系,在不同的所有者和使用者之间可以进行出租、出售或作其他用途的房屋。

**2. 地产**

地产是指土地财产,在法律上有明确的权属关系。地产包含地面及其上下空间,地产与土地的根本区别是有无权属关系。

**3. 土地所有制**

现行土地实行的是社会主义土地公有制,分为全民所有制(即国家所有)和劳动群众集体制(即集体所有)两种形式。其中,城市市区的土地全部属于国家所有;农村和城市郊区的土地法律规定属于国家所有的以外,属于集体所有;宅基地和自留地、自留山,属于集体所有;矿物、水流、森林、山岭、草原、荒地、滩涂等自然资源,属于国家所有,由法律规定属于集体所有的森林、山岭、草原、荒地、滩涂除外。但地上建筑物既可以为国家所有,也可以为集体、单位和个人所有。因此,同一宗房地产,其土地与地上建筑物的所有权往往是不一致的。

**4. 土地所有权**

土地所有权是指国家或集体经济组织对国家土地和集体土地依法享有的占有、使用、收益和处分的权能。

**5. 土地使用权的出让**

土地使用权的出让指国家以协议、招标、拍卖、挂牌等方式将土地所有权在一定年限内出让给土地使用者,由使用者向国家支付土地使用权出让金的行为。

**6. 土地使用权划拨**

土地使用权划拨是指政府无偿将土地拨发给使用者使用,一般没有使用期限的限制。以无偿划拨取得的土地使用权,其转让须经政府及土地管理部门同意,补交出让金后方可进行转让、出租和抵押。

**7. 土地使用权转让**

土地使用权转让是指土地使用者通过出售、交换、赠予和继承的方式将土地使用权再转移的行为。

**8. 土地的使用年限**

凡与省市规划国土部门签订《土地使用权出让合同书》的用地,其土地使用年限按国家规定执行。即:居住用地70年;工业用地50年;教育、科技、文化、卫生、体育用地50年;商业、旅游、娱乐用地40年;综合用地或者其他用地50年。另外,加油站、加气站用地为20年。

**9. 房屋居住年限**

房屋一经购买并取得产权后,即作为业主个人所有的财产,并无居住年限的限制,但对该房屋所占用范围内的土地来说,因为土地除属于集体所有的外,均属于国家所有;业主所取得的为该土地的一定年限的使用权;住宅用地的土地使用时间为50~70年,自开发商取得该土地使用证书之日起计算;在该土地使用年限届满后,土地将由国家收回;业主可以在继续交纳土地出让金或使用费的前提下,继续使用该土地。

#### 10. 大产权和小产权

房屋产权本来是不分大小的,只有一种定义,但由于我国的特殊国情,社会上形成了"大产权"和"小产权"的说法。"大产权"和"小产权"在不同情况下有不同解释。

第一种解释:开发商的产权叫大产权,购房人的产权叫小产权。这种说法源于购房人的产权是由开发商的产权分割来的。相对来讲,开发商的大,购房人的小。这种解释对购房人分清买的是什么房没有太大影响。

第二种解释:国家发产权证的叫大产权,国家不发产权证,由乡镇政府发证书的叫小产权。购房人要注意的是,由乡镇政府发证书的房产实际上没有真正的产权,这种房屋没有国家发的土地使用证和预售许可证,国土资源和房屋管理局也不会对购房合同给予备案。

第三种解释:买的房屋再转让时不用再交土地出让金的叫大产权,而再转让时要补交土地出让金的叫小产权。按这种解释,普通商品房就是大产权房,经济适用房就是小产权房。对这个区别,购房人可通过土地使用权的取得形式加以确认。房地产开发企业提供的土地证明,如果是通过划拨得来的,就是这里所说的小产权;如果是通过出让或转让得来的,就是这里所说的大产权。

#### 11. 生地

生地指空间地、田地、未开垦地等不具备使用条件的土地。

#### 12. 熟地

熟地指"三通一平"或"七通一平",具备使用条件的土地。

"三通一平"是指基本建设项目开工的前提条件,具体指:水通、电通、路通和场地平整。水通(专指给水);电通(指施工用电接到施工现场,具备施工条件);路通(指场外道路已铺到施工现场周围入口处,满足车辆出入条件);场地平整(指拟建建筑物及条件现场基本平整,无需机械平整,人工简单平整即可进入施工的状态)。

"七通一平"指的是土地(生地)在通过一级开发后,使其达到具备给水、排水、通电、通路、通讯、通暖气、通天然气或煤气以及场地平整的条件,使二级开发商可以进场后迅速开发建设。

#### 13. 宗地

宗地是地籍的最小单元,是指以权属界线组成的封闭地块。

#### 14. 宗地图

宗地图是土地使用合同书附图及房地产登记卡附图。它反映一宗地的基本情况,包括:宗地权属界线、界址点位置、宗地内建筑位置与性质、与相邻宗地的关系等。

#### 15. 证书附图

证书附图即房地产证后面的附图,是房地产证的重要组成部分,主要反映权利人拥有的房地产情况及房地产所在宗地情况。

#### 16. 城市紫线、绿线、蓝线和黄线划定

(1) 紫线划定。

在编制城市规划时应当划定保护历史文化街区和历史建筑的紫线。城市紫线是指国家历史文化名城内的历史文化街区和省、自治区、直辖市人民政府公布的历史文化街区的保护范围界线,以及历史文化街区外经县级以上人民政府公布保护的历史建筑的保护范围界线。国家历史文化名城的城市紫线由城市人民政府在组织编制历史文化名城保护规划时划定。其他城市的城市紫线由城市人民政府在组织编制城市总体规划时划定。

(2) 绿线划定。

城市绿地系统规划是城市总体规划的组成部分，要按照规定标准确定绿化用地面积，分层次合理布局公共绿地，确定防护绿地、大型公共绿地等的绿线。城市绿线是指城市各类绿地范围的控制线。控制性详细规划应当提出不同类型用地的界线、规定绿化率控制指标和绿化用地界线的具体坐标。修建性详细规划应当根据控制性详细规划，明确绿地布局，提出绿化配置的原则或者方案，划定绿地界线。

(3) 蓝线划定。

编制各类城市规划，应当划定城市蓝线。城市蓝线是指城市规划确定的江、湖、库、渠和湿地等城市地表水体保护和控制的地域界线。城市总体规划阶段，应当确定城市规划区范围内需要保护和控制的主要地表水体，划定城市蓝线并明确城市蓝线保护和控制的要求。在控制性详细规划阶段，应当依据城市总体规划划定的城市蓝线，规定城市蓝线范围内的保护要求和控制指标，并附有明确的城市蓝线坐标和相应的界址地形图。城市蓝线应当与城市规划一并报批。

(4) 黄线划定。

在制定城市总体规划和详细规划时应当划定城市黄线。城市黄线是指对城市发展全局有影响的、城市规划中确定的、必须控制的城市基础设施用地控制界线。城市基础设施包括：城市公共交通设施、城市供水设施、城市环境卫生设施、城市供燃气设施、城市供热设施、城市消防设施、城市通信设施等。编制城市总体规划，应当根据规划内容和深度要求，合理布置城市基础设施，确定城市基础设施的用地位置和范围，划定其用地控制界线。编制控制性详细规划，应当依据城市总体规划，落实城市总体规划确定的城市基础设施的用地位置和面积，划定城市基础设施用地界线，规定城市黄线范围内的控制指标和要求，并明确城市黄线的地理坐标。修建性详细规划应当依据控制性详细规划，按不同项目具体落实城市基础设施用地界线，提出城市基础设施用地配置原则或者方案，并标明城市黄线的地理坐标和相应的界址地形图。

**17. 期房**

期房是指购房者在购买时不具备即买即可入住条件的商品房，即开发商取得《商品房预售许可证》开始，至取得房地产权证（大产证）为止可以销售的商品房。购房者在购买期房时应签商品房预售合同。

**18. 现房**

现房是指购房者在购买时具备即买即可入住的商品房，即开发商已办妥所售商品房的房地产权证（大产证），购房者在这一阶段购买商品房时应签订出售合同，购买后立即可以办理入住并取得产权证。

**19. 经济适用房**

经济适用住房是指根据国家经济适用住房建设计划安排建设的住宅。由国家统一下达计划，用地一般实行行政划拨的方式，免收土地出让金，对各种经批准的收费实行减半征收，出售价格实行政府指导价，按保本微利的原则确定。经济适用房相对于商品房具有三个显著特征：经济性、保障性、实用性，是具有社会保障性质的商品住宅。

**20. 商品房的结构**

房屋架构可分为砖混结构、砖木结构和钢筋混凝土结构。

砖混结构是指建筑物中竖向承重结构的墙采用砖或者砌块砌筑,构造柱以及横向承重的梁、楼板、屋面板等采用钢筋混凝土结构。也就是说,砖混结构是以小部分钢筋混凝土及大部分砖墙承重的结构。砖混结构是混合结构的一种,是采用砖墙来承重,钢筋混凝土梁柱板等构件构成的混合结构体系。适合开间进深较小,房间面积小,多层或低层的建筑,承重墙体不能改动,而框架结构则对墙体大部可以改动。

砖木结构指建筑物中竖向承重结构的墙、柱等采用砖或砌块砌筑,楼板、屋架等用木结构。由于力学工程与工程强度的限制,一般砖木结构是平层(1~3层)。

钢筋混凝土结构是指用配有钢筋增强的混凝土制成的结构,承重的主要构件是用钢筋混凝土建造的,包括薄壳结构、大模板现浇结构及使用滑模、升板等建造的钢筋混凝土结构的建筑物。钢筋承受拉力,混凝土承受压力,具有坚固、耐久、防火性能好,比钢结构节省钢材和成本低等优点。常见的钢筋混凝土结构包括框架结构、剪力墙结构、框架剪力墙结构。

**21. 用地面积**

用地面积指规划地块划定的面积。在实际中,要区分清楚项目规划占地面积以及其中的建设用地面积和代征道路用地面积、代征绿化用地面积等代征地面积。

**22. 总建筑面积**

总建筑面积指小区内住宅、公共建筑、人防地下室面积总和。

**23. 基底面积**

房屋的基底面积是指建筑物底层勒脚以上外围水平投影面积。

**24. 建筑面积**

按照《房产测量规范》,房屋建筑面积是指房屋外墙(本柱)勒脚以上各层的外围水平投影面积,包括阳台、挑廊、地下室、室外楼等,且具备有上盖,结构牢固,层高2.20米以上(含2.20米)的永久性建筑。多、高层住宅的建筑面积,则是各层建筑面积之和。商品房的建筑面积通常包括两个部分:一是套内建筑面积;二是分摊的公用建筑面积。

**25. 套内建筑面积**

按照《商品房销售面积计算及公用建筑面积分摊规则》(试行)规定,商品房的套内建筑面积是指成套商品房(单元房)的套内使用面积、套内墙体面积和阳台建筑面积之和。套内使用面积是套内房屋使用空间的面积,以水平投影面积计算。套内使用面积计算应符合下列规定:①套内使用面积包括卧室、起居室(厅)、厨房、卫生间、餐厅、过厅、过道、前室、贮藏室、壁柜等的使用面积的总和。②跃层住宅中的套内楼梯按自然层数的使用面积总和计入使用面积。③烟囱、通风道、管井等均不计入使用面积。④室内使用面积按结构墙体表面尺寸计算;有复合保温层的,按复合保温层表面尺寸计算。⑤利用坡屋顶内空间时,顶板下表面与楼面的净高低于1.2米的空间不计算使用面积;净高在1.2~2.1米的空间按1/2计算使用面积;净高超过2.1米的空间全部计入使用面积。⑥坡屋顶内的使用面积应单独计算,不得列入标准层使用面积和标准层建筑面积中;需计算建筑总面积时,利用标准层使用面积系数反求。

套内墙体面积是指商品房各套内使用空间周围的维护或承重墙体面积。套内墙体分为共用墙及非共用墙两种。共用墙指商品房各套之间分隔墙、套与公用建筑空间之间的分隔墙以及外墙(包括山墙)。共用墙墙体水平投影面积的一半计入套内墙体面积。非共用墙墙体水平投影面积全部计入套内墙体面积。

阳台建筑面积按国家现行《建筑工程建筑面积计算规范》进行计算：不论是凹阳台、挑阳台、封闭阳台、不封闭阳台均按其水平投影面积的一半计算。

**26. 公用建筑面积**

公用建筑面积是指由整栋楼的产权人共同所有的整栋楼公用部分的建筑面积。分摊的公用建筑面积是指每套(单元)商品房依法应当分摊的公用建筑面积。公用建筑面积和分摊的公用建筑面积的产权归整栋楼购房人共有，购房人按照法律、法规的规定对其享有权利，承担责任。

根据《商品房销售面积计算及公用建筑面积分摊规则》(试行)(建房〔1995〕517号)的规定，各套(单元)分摊的公用建筑面积＝公用建筑面积分摊系数×套内建筑面积，而公用建筑面积分摊系数＝整栋建筑物的公用建筑面积/整栋建筑物的各套内建筑面积之和。其中，整栋建筑物的公用建筑面积等于整栋建筑物的建筑面积扣除整栋建筑物的各套(单元)套内建筑面积之和，并扣除整栋建筑物不应分摊的建筑面积。

公用建筑面积由以下两部分组成：①电梯井、楼梯间、垃圾道、变电室、设备间、公共门厅和过道、地下室、值班警卫室以及其他功能上为整栋建筑服务的公共用房和管理用房建筑面积。②套(单元)与公用建筑空间之间的分隔墙以及外墙(包括山墙)墙体水平投影面积的一半。

《北京市商品房销售面积计算及公用建筑面积分摊暂行规定》(京国土房管权字〔2000〕369号)规定，可分摊的公用建筑面积有：①大堂、公共门厅、走廊、过道、公用厕所、电(楼)梯前厅、楼梯间、电梯井、电梯机房、垃圾道、管道井、消防控制室、水泵房、水箱间、冷冻机房、消防通道、变(配)电室、煤气解压室、卫星接收机房、空调机房、热水锅炉房、电梯工休息室、值班警卫室、物业管理用房等以及其他功能上为该建筑服务的专用设备用房建筑面积。②套(单元)与公用建筑空间之间的分隔墙以及外墙(包括山墙)墙体水平投影面积的一半。

不应计入公用建筑面积的有：①仓库、机动车库、非机动车库、车道、供暖锅炉房、作为人防工程的地下室、单独具备使用功能的独立使用空间。②售房单位自营、自用的房屋。③为多幢房屋服务的警卫室、管理(包括物业管理)用房。

**27. 居住面积**

房屋的居住面积是指住宅中分户门内直接供住户日常生活起居用的卧室、起居室等的净面积的总和，包括卧室、起居室(厅)、厨房、卫生间、壁橱、阳台和室内走道、室内楼梯等的净面积。当分户门内的厅和过道的面积超过6平方米时，可按其面积的1/2计算在居住面积内。

**28. 配套设施**

配套设施是指小区内与住宅开发规模、人口规模相对应配套建设的公共服务设施，道路和公共绿地的总称，包括邮局、幼儿园、小学、社区医院、健身场所、休闲场所、老年活动室、社区警务室、商业网点、停车场等。

**29. 预售面积与竣工面积**

预售面积是指全部按建筑设计图上尺寸计算的房地产建筑面积，它只供房地产预售时使用。竣工面积是指房地产竣工后实测的面积或用与竣工房地产尺寸相符的建筑设计图计算的建筑面积，它为房地产交易、租赁、抵押、竣工验收、产权登记等提供依据。

**30. 销售面积**

商品房按"套"或"单元"出售的，其销售面积为购房者所购买的套内或单元内建筑面积与应分摊的公用建筑面积之和。商品房整栋销售的,其销售面积即为整栋商品房的建筑面积(地下室作为人防工程的,应从整栋商品房的建筑面积扣除)。

### 31. 房屋产权面积

房屋的产权面积是指按照《房产测量规范》的规定,由直辖市、市(县)房地产主管部门登记确权认定的产权主依法拥有房屋所有权的房屋建筑面积,一般是指房屋产权证上记载的房屋面积。一般情况下,由于种种原因,购房者难以及时拿到房产证,但在房屋交付时通常可以获得房产测绘机构测定的面积即确权面积,这时就可以计算出房屋合同面积与确权面积差异。

### 32. 楼面地价

楼面地价是指单位建筑面积平均分摊的土地价格,计算公式为:楼面地价=土地总价÷规划建筑面积=土地单价÷规划容积率。楼面地价是房价的主要组成部分之一,与建造成本、开发利润、相关税费等共同构成了商品房的市场价格。

### 33. 建筑容积率

建筑容积率是指项目规划建设用地范围内总建筑面积与建筑用地面积之比。其中,总建筑面积是地上所有建筑面积之和,建筑用地面积是以城市规划主管部门批准的建设用地面积为准,不含代征地面积。容积率也是反映建筑密度和环境质量的一个重要指标。对于住宅使用人来说,一般情况下,容积率越低越好。一般高层建筑容积率不高于5,多层建筑容积率不高于3。

### 34. 建筑密度

建筑密度即建筑覆盖率,指项目用地范围内所有基底面积之和与规划建设用地之比。建筑密度是反映环境质量的一个重要指标。对于一个住宅小区来说,其建筑密度越小,说明小区活动场所、绿地等面积越大,也就意味着小区的居住环境质量越高。因此,对于住宅使用人来说,一般情况下,建筑密度越小越好。

### 35. 建筑间距

建筑间距是指两栋建筑物外墙面之间的水平距离。建筑间距主要是根据所在地区的日照、通风、采光、防止噪声和视线干扰、防火、防震、绿化、管线埋设、建筑布局形式,以及节约用地等要求综合考虑确定。住宅的布置,通常以满足日照要求作为确定建筑间距的主要依据。对于住宅使用人来说,一般情况下建筑间距越大越好。

### 36. 绿地率

绿地率是指规划建设用地范围内的绿地面积与规划建设用地面积之比。绿地率是规划指标,描述的是居住区用地范围内各类绿地的总和与居住区用地的比率。在计算绿地率时,对绿地的要求非常严格。绿地率所指的"居住区用地范围内各类绿地"主要包括公共绿地、宅旁绿地等。其中,公共绿地,又包括居住区公园、小游园、组团绿地及其他的一些块状、带状化公共绿地。而宅旁绿地等庭院绿化的用地面积,在设计计算时也要求距建筑外墙1.5米和道路边线1米以内的用地,不得计入绿化用地。此外,还有几种情况也不能计入绿地率的绿化面积,如地下车库、化粪池。这些设施的地表覆土一般达不到3米的深度,在上面种植大型乔木,成活率较低,所以计算绿地率时不能计入"居住区用地范围内各类绿化"中。而屋顶绿化等装饰性绿化地,按目前国家的技术规范,算正式绿地。公共绿地内占地面积不大于1%的雕塑、水池、亭榭等绿化小品建筑也可视为绿地。

### 37. 绿化覆盖率

绿化覆盖率简称绿化率。绿化覆盖率是指绿化垂直投影面积之和与小区用地的比率，相对而言比较宽泛，基本上长草的地方都可以计入绿化覆盖率。比如一棵树的影子很大，投影面积都计入绿化覆盖率，但它的占地面积是很小的，所以绿化覆盖率一般要比绿地率高一些。

### 38. 低层、小高层、多层、中高层、高层、超高层

民用建筑高度与层数的划分：①住宅建筑按层数划分为：1～3层为低层；4～6层为多层；7～9层为中高层；10层以上为高层。②公共建筑及综合性建筑总高度超过24米者为高层（不包括高度超过24米的单层主体建筑）。③建筑物高度超过100米时，不论住宅或公共建筑均为超高层。

### 39. 综合技术经济指标

综合技术经济指标是从量的方面衡量和评价居住区规划质量和综合效益的重要依据。综合技术经济指标及其计量单位、是否为必要指标等要求如表1-4所示。

表1-4 综合技术经济指标系列一览表

| 项 目 | 计量单位 | 数 值 | 所占比重（％） | 人均面积（m²/人） |
|---|---|---|---|---|
| 居住区规划总用地 | hm² | ▲ | — | — |
| 1. 居住区用地(R) | hm² | ▲ | 100 | ▲ |
| ① 住宅用地(R01) | hm² | ▲ | ▲ | ▲ |
| ② 公建用地(R02) | hm² | ▲ | ▲ | ▲ |
| ③ 道路用地(R03) | hm² | ▲ | ▲ | ▲ |
| ④ 公共绿地(R04) | hm² | ▲ | ▲ | ▲ |
| 2. 其他用地 | hm² | ▲ | — | — |
| 居住户(套)数 | 户(套) | ▲ | — | — |
| 居住人数 | 人 | ▲ | — | — |
| 户均人口 | 人/户 | ▲ | — | — |
| 总建面积 | 万 m² | ▲ | — | — |
| 1. 居住区用地内建筑总面积 | 万 m² | ▲ | 100 | ▲ |
| ① 住宅建筑面积 | 万 m² | ▲ | ▲ | ▲ |
| ② 公建面积 | 万 m² | ▲ | ▲ | ▲ |
| 2. 其他建筑面积 | 万 m² | △ | — | — |
| 住宅平均层数 | 层 | ▲ | — | — |
| 高层住宅比例 | ％ | △ | — | — |
| 中高层住宅比例 | ％ | △ | — | — |
| 人口毛密度 | 人/hm² | ▲ | — | — |
| 人口净密度 | 人/hm² | △ | — | — |

(续表)

| 项　　目 | 计量单位 | 数　值 | 所占比重（％） | 人均面积（m²/人） |
|---|---|---|---|---|
| 住宅建筑套密度（毛） | 套/hm² | ▲ | — | — |
| 住宅建筑套密度（净） | 套/hm² | ▲ | — | — |
| 住宅建筑面积毛密度 | 万 m²/hm² | ▲ | — | — |
| 住宅建筑面积净密度 | 万 m²/hm² | ▲ | — | — |
| 居住区建筑面积毛密度（容积率） | 万 m²/hm² | ▲ | — | — |
| 停车率 | ％ | ▲ | — | — |
| 停车位 | 辆 | ▲ | — | — |
| 地面停车率 | ％ | ▲ | — | — |
| 地面停车位 | 辆 | ▲ | — | — |
| 住宅建筑净密度 | ％ | ▲ | — | — |
| 总建筑密度 | ％ | ▲ | — | — |
| 绿地率 | ％ | ▲ | — | — |
| 拆建比 | — | △ | — | — |

注：▲必要指标；△选用指标。

综合技术经济指标有必要指标和可选用指标之分。由于综合技术经济指标分析的是居住区内的状况，所以某些指标的含义可能与城市规划中的通常含义不完全相同。对于表1-4中的技术经济指标，解释如下：

（1）居住户（套）数是指居住区内可以容纳的总户（套）数［户（套）］。

（2）居住人数是指居住区内可容纳的总人数（人）。

（3）户均人口是指居住区内平均每住户的人口数量（人/户）。

（4）住宅平均层数是指住宅总建筑面积与住宅基底总面积的比值（层）。

（5）高层住宅比例是指高层住宅总建筑面积与住宅总建筑面积的比率（％）。

（6）中高层住宅比例是指中高层住宅总建筑面积与住宅总建筑面积的比率（％）。

（7）人口毛密度是指每公顷居住区用地上容纳的规划人口数量（人/hm²）。

（8）人口净密度是指每公顷住宅用地上容纳的规划人口数量（人/hm²）。

（9）住宅建筑套密度（毛）是指每公顷居住区用地上拥有的住宅建筑套数（套/hm²）。

（10）住宅建筑套密度（净）是指每公顷住宅用地上拥有的住宅建筑套数（套/hm²）。

（11）住宅建筑面积毛密度是指每公顷居住区用地上拥有的住宅建筑面（万 m²/hm²）。

（12）住宅建筑面积净密度是指每公顷住宅用地上拥有的住宅建筑面（万 m²/hm²）。

（13）居住区建筑面积毛密度（容积率）是指每公顷居住区用地上拥有类建筑的建筑面积（万 m²/hm²）或以居住区总建筑面积（万 m²）与居住区用地面积（万 m²）的比值表示。

（14）住宅建筑净密度是指住宅建筑基底总面积与住宅用地面积的比率（％）。

（15）总建筑密度也称居住区建筑密度、建筑毛密度，是指居住区用地内各类建筑的基底总面积与居住区用地面积的比率(%)。

(16)拆建比是指拆除的原有建筑总面积与新建的建筑总面积的比值。

在综合技术经济指标中,建筑密度和绿地率是反映居住区环境质量的主要指标。与住宅环境最密切的是住宅周围的空地率,习惯上以住宅建筑净密度来反映,即以住宅用地为单位(100%),计算公式如下:

$$住宅周围的空地率＝100\%－住宅建筑净密度$$

居住区的空地率习惯上以总建筑密度来反映,即以居住区用地为单位(100%),计算公式如下:

$$居住区的空地率＝100\%－总建筑密度$$

住宅建筑净密度和总建筑密度越低,其对应的空地率就越高,为环境质量的提高提供了更多的用地条件。绿地率是反映居住区内可绿化的土地比率,它为搞好环境设计、提高环境质量创造了物质条件。此外,住宅建筑面积净密度和居住区建筑面积毛密度(容积率),习惯上也是控制居住区环境质量的重要指标。

**40. "五证"**

"五证"是指《建设用地规划许可证》《建设工程规划许可证》《建筑工程施工许可证》《国有土地使用证》和《商品房销售(预售)许可证》。房地产开发企业在预售商品房时应具备上述"五证"。

《建设用地规划许可证》,是指建设单位在向土地管理部门申请征用、划拨土地前,经城市规划行政主管部门确认建设项目位置和范围符合城市规划的法定凭证,是建设单位用地的法律凭证。没有此证的用地单位属非法用地,房地产开发企业的售房行为也属非法,不能领取房地产权属证件。

《建设工程规划许可证》,是指有关建设工程符合城市规划要求的法律凭证,是建设单位建设工程的法律凭证,是建设活动中接受监督检查时的法定依据。没有此证的建设单位,其工程建筑是违章建筑,不能领取房地产权属证件。

《国有土地使用证》,是指经土地使用者申请,由城市各级人民政府颁布的国有土地使用权的法律凭证。该证主要载明土地使用者名称、土地坐落地址、用途、土地使用面积、使用年限和四至范围(四至指的是土地四周的确定以及分界的所指方)。

《建筑工程施工许可证》,是指建设单位进行工程施工的法律凭证,也是房屋权属登记的主要依据之一。没有此证的建设单位,其工程建筑属违章建筑,不受法律保护。根据"营改增"政策规定,房地产老项目、建筑工程老项目,是指:①《建筑工程施工许可证》注明的合同开工日期在2016年4月30日前的房地产项目、建筑工程项目。②未取得《建筑工程施工许可证》的,建筑工程承包合同注明的开工日期在2016年4月30日前的建筑工程项目。

《商品房销售(预售)许可证》,是指市、县人民政府房地产管理部门允许房地产开发企业销售商品房的批准文件。

**41. "两书"**

"两书"是指《商品房质量保证书》和《商品房使用说明书》。《商品房质量保证书》和《商品房使用说明书》可以作为商品房买卖合同的补充约定,是房地产开发企业在商品房交付使用时,向购房人提供的承诺对商品住宅承担质量责任的法律文件和保证文件。

**42. "一表"**

"一表"是指《竣工验收备案表》,是由建设单位自工程竣工验收合格之日起 15 日内,向工程所在地的县级以上地方人民政府建设主管部门备案所提交的资料。《竣工验收备案表》通常包括以下内容:

(1) 工程的基本情况,包括项目名称、地址、规划许可证号、施工许可证号、工程面积、开工时间、竣工时间、各单位(建设、勘察、设计、施工、监理、质量监督等单位)名称。

(2) 勘察、设计、施工、监理单位意见。

(3) 竣工验收备案文件清单,主要包括工程竣工验收报告,其主要内容为室内环境检测报告和勘察、设计、施工、工程验收等单位分别签署的质量合格文件及验收人员签署的竣工验收原始文件;规划许可证和规划验收认可文件;工程质量监督注册登记表;工程施工许可证或开工报告;消防部门出具的建筑工程消防验收意见书;建设工程档案预验收意见;工程质量保修书;住宅质量保证书;住宅使用说明书;法规、规章规定必须提供的其他文件。

# 第二章 房地产业会计核算

房地产业会计核算由于房地产开发企业生产经营及其商品的特殊性,以及房地产开发各个阶段的不同特点,决定了其会计核算的特殊性。

## 第一节 房地产业会计核算特点

同其他行业相比,房地产开发企业的会计核算具有以下几方面的特点。

**1. 开发模式决定会计核算**

建设方式和经营模式可以统称为开发模式,不同的开发模式涉及的会计核算方法也存在较大的差异。例如,对于开发任务,是成立分公司还是成立子公司进行管理,其会计核算方法存在根本的不同。

子公司是相对于母公司而言的,具有独立法人资格;分公司是相对于总公司而言的,没有独立法人资格,一般不具有独立核算条件,企业所得税由总公司汇总缴纳。对于房地产开发企业来讲,负责具体项目开发的子公司,通常叫做项目公司;而负责具体项目开发的分公司,通常叫做项目经理部。

目前大多数房地产开发企业在开发项目时,选择成立项目公司,即子公司。如果成立分公司,又会担心分公司的开发业务涉及的纳税风险乃至经营风险牵连到总公司。但随着我国《公司法》的不断完善,以及房地产开发企业抵抗风险能力的不断加强,越来越多的大型房地产开发企业会选择分公司的开发模式。

**2. 销售核算与自营核算并存**

房地产开发企业对于开发的产品有两种处理方式,一是对外进行销售;二是留作自用或自营。针对这两种不同的方式,企业会计核算的方法也不尽相同。

如果房地产开发企业开发的项目全部为自持物业,则企业应按照固定资产建设进行操作和处理。然而,大部分房地产开发企业的开发项目为综合性项目,购买的土地是一宗地,在这一宗地上既要建设销售物业,也要建设自持物业。这就存在销售核算与自营核算并存的现象。

**3. 开发节点与收入、成本核算**

房地产开发企业的会计核算与其他行业企业相比,在收入与成本结转上存在差异。开发产品的建设周期长,建设过程中的预售收入作为预收账款处理,并在项目竣工后结转为销售收入。开发建设中的支出计入开发成本,在项目竣工后结转为销售成本。因此,从会计核算的角度看,项目开发节点对房地产开发企业会计核算结果将产生直接的影响。

**4. 针对总承包单位的核算**

房地产开发企业在进行项目开发时,一般不是自行建造产品,而是与具体的建筑施工企业签订建筑施工合同,委托施工企业进行施工建设,这就是我们通常讲的承发包关系。对于规模较大、施工要求复杂的房地产施工工程，需要有不同的专业施工单位进行分工合作，但为了便于管理，一般由一家具有资金和技术实力的施工单位总承包，然后再由总承包单位将工程分包给其他施工单位。在房地产开发企业与施工企业间的承发包关系中存在着诸多会计核算问题，针对承包单位的核算将对房地产开发企业的开发成本产生直接的影响。

**5. 非持续经营假设**

作为房地产开发企业来讲，开发完一个项目，可能会在很长时间都没有新的项目进行开发。另外，有些房地产开发企业的开发模式是开发一个项目就成立一个新的项目公司，从而造成了房地产开发企业的非持续经营，这违背了会计假设中的持续经营假设。因此，房地产开发企业的会计核算与其他行业企业的会计核算相比，其本质具有很大不同。

**6. 借款费用的核算**

房地产行业是资金密集型的行业，房地产开发企业在开发项目时要投入大量的资金，除了房地产开发企业具备一定数量的自有资金外，一般情况下会通过银行贷款筹措资金。因此，借款费用是房地产项目开发成本中较大的支出项目之一，借款费用的核算对于房地产开发企业来讲至关重要。

**7. 公共配套设施的核算**

为了满足购房者除居住外的其他需求，房地产开发企业在开发项目时，往往会在开发区域内建造一些配套设施。房地产开发企业将其提供给居民作为有偿或无偿使用，一般不会对外转让这些配套设施的产权。对于房地产开发企业在开发区内建造的配套设施，有以下两种处理方式：一是房地产开发企业自留产权，房地产开发企业可以取得这部分资产的经营收益；二是房地产开发企业不留产权，房地产开发企业不能取得这部分资产的经营收益。以上不同的处理方式，其会计核算方法也存在较大差异。

# 第二节 房地产会计核算主要内容

一般来说，房地产开发企业会计核算的内容主要有：①筹措开发项目所需资金。②及时、正确地计算土地开发和各种房屋建设的工程成本，加强成本管理，降低成本。③正确核算开发经营收支，加强经营管理，提高经济效益。④强化商品房销售管理工作，及时收回价款。⑤按照国家有关政策，正确地对企业利润进行分配。

由于房地产开发企业的各个阶段特点不同，其会计核算的侧重点也有所不同。具体来说，房地产开发阶段可分为房地产开发企业的设立阶段、开发项目的准备阶段、项目开发阶段、销售阶段及利润分配阶段。

## 一、设立阶段会计核算的主要内容

成立新的房地产开发企业必须按规定办理有关登记注册手续，包括办理企业名称登记、验资、制定公司章程、办理营业执照、银行开户和纳税登记。因此，这一阶段的会计核算重点是注册资本金及筹建费用的核算。核算的难点是对投资方投入的非现金资产（包括存货、固定资产、无形资产）的计价。

## 二、准备阶段会计核算的主要内容

**1. 取得土地使用权的核算**

取得土地使用权是房地产开发企业进行房地产开发的前提，也是开发产品成本的主要组成部分，因此加强土地使用权的核算显得尤为重要。在会计核算中，要注重在不同方式下取得土地的核算。

**2. 取得项目借款**

由于房地产开发项目所用资金量很大，项目借款一般期限较长，在会计上作"长期借款"进行核算。为了反映和监督企业长期借款的借入、应计利息和归还本息的情况，应设置"长期借款"账户。核算的难点与重点是对借款利息费用的核算，包括借款利息的费用化与资本化的计算与处理。

**3. 开发前物资准备**

开发前物资准备包括为开发商品房而购置原材料、固定资产等。会计核算要点是对购入物资的计价以及领用发出时的成本核算。

## 三、开发阶段会计核算的主要内容

房地产开发企业在这一阶段的会计核算重点：一是房地产开发成本的核算；二是房地产开发产品的核算。

**1. 房地产开发成本的核算**

房地产建设项目各项费用的构成复杂、变化因素多、不确定性大，依建设项目的类型不同而有其自身的特点，因此不同类型的建设项目，其投资和费用构成有一定的差异。对于一般房地产开发项目而言，投资及成本费用，可分成三块：一块是开发成本；一块是税费；一块是期间费用。

开发成本由六部分组成：土地使用权取得成本、土地征用及拆迁安置补偿费、前期工程费（筹建、规划、设计、可行性研究、水文地质勘察、测绘、"三通一平"等前期费用）、建筑安装工程费、基础设施费、公共配套设施费等。

期间费用由与房地产开发项目有关的管理费用、销售费用和财务费用构成。

税费包括城市维护建设税、教育费附加、土地增值税、印花税、房产税、土地使用税、综合规费等。

**2. 房地产开发产品的核算**

开发产品是指企业已经完成全部开发建设过程，并已验收合格，符合国家建设标准和设计要求，可以按照合同规定的条件移交订购单位，或者作为对外销售、出租的产品，包括土地（建设场地）、房屋、配套设施和代建工程。为了正确核算开发产品的增加、减少、结存情况，开发企业应设置资产类"开发产品"账户。该账户借方登记已竣工验收的开发产品实际成本，贷方反映结转对外销售、转让、结算或出租的开发产品实际成本。月末借方余额表示尚未销售、转让、结算或出租的各种开发产品实际成本。

## 四、销售阶段及利润分配阶段会计核算的主要内容

**1. 房地产开发企业的收入核算**

从经营的业务内容来区分，具体可分为三个类别：一是开发产品的销售和结算收入，包

括土地转让收入、商品房销售收入、配套设施销售收入、代建房和代建工程结算收入等；二是出租开发产品经营业务收入，包括出租土地和房屋的经营业务收入等；三是其他业务收入，包括商品房售后服务收入、材料销售收入、无形资产转让收入、固定资产出租收入等。

**2. 利润分配阶段的会计核算**

利润分配是指企业根据国家有关规定和公司章程、投资者协议等，对企业当年可供分配的利润进行的分配。计算公式为：可供分配利润＝当年实现的净利润＋年初未分配利润（或—年初未弥补亏损）＋其他转入。

利润分配的顺序：①弥补以前年度亏损。②提取法定盈余公积。③提取任意盈余公积。④向投资者分配利润。企业应通过"利润分配"账户，核算企业利润的分配。年度终了后，企业应将全年实现的净利润或发生的亏损额，自"本年利润"账户转入"利润分配——未分配利润"账户，并将"利润分配"账户所属其他明细账户的余额转入"未分配利润"明细账户。结转后，"利润分配——未分配利润"账户如为贷方余额，表明累积未分配的利润数；如为借方余额，则表明累积未弥补的亏损数额。

## 第三节 房地产会计核算方法

房地产开发企业会计核算重点在开发成本的核算，为了加强开发产品成本的管理，优化开发过程耗费的活劳动和物化劳动，提高企业经济效益，必须正确核算开发产品的成本，在各个开发环节控制各项费用支出。

要核算开发产品的成本，必须明确开发产品成本的种类和内容。开发产品成本是指房地产开发企业在开发过程中所发生的各项费用支出。开发产品成本按其用途，可分为如下四类：

（1）土地开发成本是指房地产开发企业开发土地（即建设场地）所发生的各项费用支出。

（2）房屋开发成本是指房地产开发企业开发各种房屋（包括商品房、出租房、周转房、代建房等）所发生的各项费用支出。

（3）配套设施开发成本是指房地产开发企业开发能有偿转让的大配套设施及不能有偿转让、不能直接计入开发产品成本的公共配套设施所发生的各项费用支出。

（4）代建工程开发成本是指房地产开发企业接受委托单位的委托，代为开发除土地、房屋以外其他工程如市政工程等所发生的各项费用支出。

以上四类开发产品成本，在核算上将其费用分为如下六个成本项目：

（1）土地征用及拆迁补偿费或批租地价是指因开发房地产而征用土地所发生的各项费用，包括征地费、安置费以及原有建筑物的拆迁补偿费，或采用批租方式取得土地的批租地价。

（2）前期工程费是指土地、房屋开发前发生的规划、设计、可行性研究以及水文地质勘察、测绘、场地平整等费用。

（3）基础设施费是指土地、房屋开发过程中发生的供水、供电、供气、排污、排洪、通讯、照明、绿化、环卫设施以及道路等基础设施费用。

（4）建筑安装工程费是指土地房屋开发项目在开发过程中按建筑安装工程施工图施工所发生的各项建筑安装工程费和设备费。

（5）配套设施费是指在开发小区内发生，可计入土地、房屋开发成本的不能有偿转让的公共配套设施费用,如钢炉房、水塔、居委会、派出所、幼托、消防、自行车棚、公厕等设施支出。

(6) 开发间接费是指房地产开发企业内部独立核算单位及开发现场为开发房地产而发生的各项间接费用,包括现场管理机构人员工资、福利费、折旧费、修理费、办公费、水电费、劳动保护费、周转房摊销等。

房地产开发企业成本费用归集过程如图 2-1 所示。

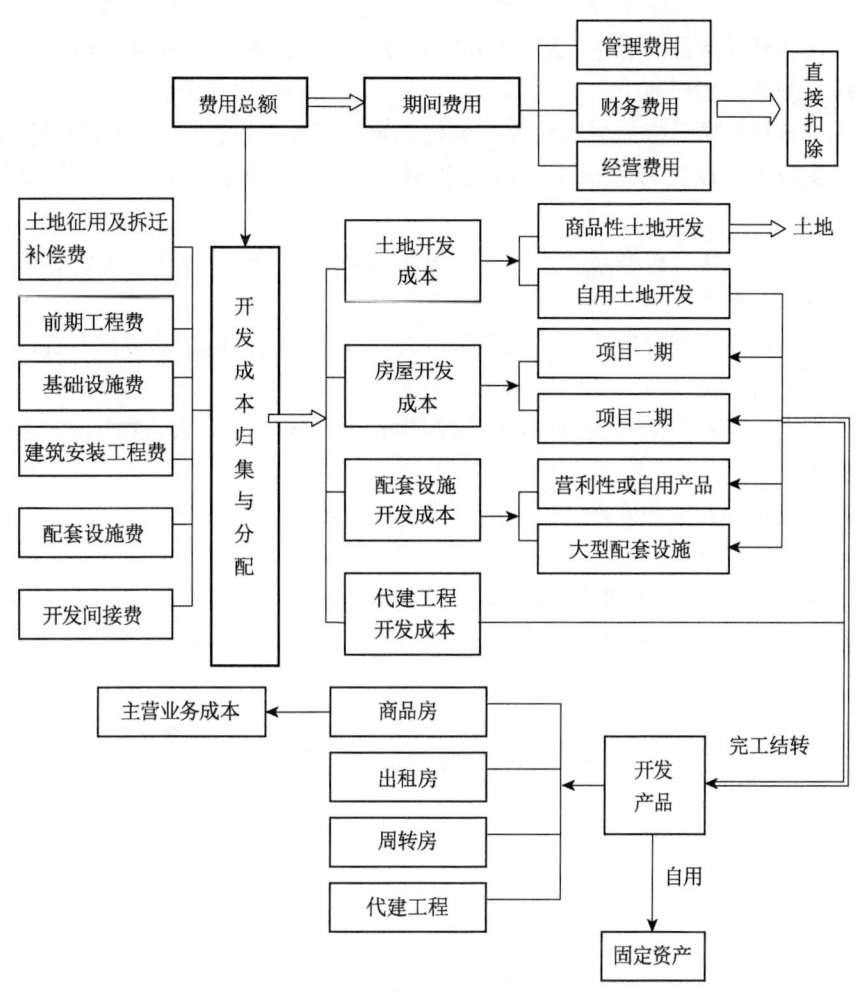

图 2-1 房地产开发企业成本费用归集

由此可以看出,构成房地产开发企业产品的开发成本,相当于工业产品的制造成本和建筑安装工程的施工成本。如要计算房地产开发企业产品的完全成本,还要计算开发企业(公司本部)行政管理部门为组织和管理开发经营活动而发生的管理费用、财务费用,以及为销售、出租、转让开发产品而发生的销售费用。管理费用、财务费用和销售费用,也叫期间费用。它们绝大部分都是经营期间的费用开支,与开发工程量的关系并不十分密切,如果将期间费用计入开发产品成本,在开发产品开发和销售、出租、转让不同步的情况下,就会增加开发产品的成本,特别是在开发房地产滞销时期,将滞销期间发生的管理费用、财务费用和销售费用计入当期开发产品成本,就会使企业造成大量的潜亏,不能及时反映企业的经营状况。同时,将期间费用计入开发产品成本,不但要增加核算的工作量,也不利于正确考核企业开发单位的成本水平和成本管理责任。因此,现行会计制度中规定将期间费用计入当期损益,不再计入开发产品成本。也就是说,房地产开发企业开发产品只计算开发成本,不计算完全成本。

## 一、成本核算的基本程序

为正确核算开发产品的成本,房地产开发企业应严格按照成本核算的程序进行成本核算。成本核算的基本程序如下:

确定成本核算对象。根据成本核算对象的确定原则和项目特点,确定成本核算对象。

归集开发成本。设置有关成本核算会计科目,建立成本合同台账,核算和归集开发成本。

确定成本分摊方法。按受益原则和配比原则,确定应分摊成本费用在各成本核算对象之间的分配方法和标准。

在成本核算对象之间分摊成本。将归集的开发成本费用按确定的方法和标准在各成本核算对象之间进行分配。

计算各成本核算对象的开发总成本。编制项目开发成本计算表,计算各成本核算对象的开发总成本。

正确划分完工和在建开发产品之间的开发成本,分别结转完工开发产品成本,按建筑面积计算完工产品单位成本。

正确划分可售面积、不可售面积(由主管部门划分提供)。根据有关规定分别计算可售面积、不可售面积应负担的成本,按与结算销售收入配比的原则,正确结转完工开发产品的销售成本。

编制成本报表。根据成本管理和核算要求,总括反映各成本核算对象的成本情况。

综上所述,对于房地产开发企业的成本核算来讲,成本对象和成本项目的划分和确定是正确核算开发成本的基础。

## 二、确定成本核算对象

为满足核算企业经营成果需要,必须按照一定的原则和方法确定成本核算对象,以归集不同开发产品成本支出,正确配比不同开发产品的收入和成本,准确核算项目开发经营成果。

### (一)成本核算对象的概念

成本核算对象是指房地产开发企业在开发经营过程中,为归集和分配费用而确定的费用承担者。合理确定成本核算对象是正确组织企业成本费用核算的重要条件。成本核算对象不同于最终开发产品,成本核算对象是具有不同使用功能的开发成本归集单元,可以理解为归集最终开发产品成本的手段和中间步骤。归集不同最终开发产品成本才是成本核算的目的,以实现和不同开发产品产生的收入进行配比。房地产开发企业在确定成本核算对象时,要把握以下前提:

确定成本核算对象之前,要透彻了解开发项目的经营计划,合理确定项目分期,清楚项目立项文件、"四证"等项目合法性文件中关于项目建设内容、土地性质等方面的规定,清楚所有开发产品的处理方式或处理方式可能发生的变化,提高成本核算对象划分的合理性。

确定成本核算对象时,企业财务部门要和预算或成本部门充分沟通,规范成本核算对象使用的名称,保持两个部门成本核算对象划分一致,以提高成本信息的通用性。在项目策划阶段、项目实施阶段和项目决算阶段,要保持成本核算对象划分一致,保持项目预算和项目决算成本核算数据口径一致。

成本核算对象不同于开发产品种类,确定成本核算对象宜细不宜粗,以适应开发产品处理方式可能发生的变化,满足土地增值税计算、对成本核算进行策划和共同成本分配的需要。

成本核算对象的划分应满足成本计算的需要,便于成本费用的归集,适应成本监控的要求。

### (二) 确定成本核算对象的原则

可否销售原则:开发产品能够对外经营销售的,应作为独立的成本核算对象进行成本核算;不能对外经营销售的,先作为一般成本核算对象进行成本归集,然后再将其成本摊入能够对外经营销售的成本核算对象。

分类归集原则:对不同开发地点、竣工时间跨年度或产品结构类型存在明显差异的群体开发的项目,应分别作为成本核算对象进行核算。

功能区分原则:开发项目某组成部分相对独立,且具有不同使用功能时,可以作为独立的成本核算对象进行核算。

定价差异原则:开发产品因其产品类型或功能不同而导致其预期售价存在较大差异的,可以分别作为成本核算对象进行核算。

成本差异原则:开发产品因建筑上存在明显差异可能导致其建造成本出现较大差异的,可以分别作为成本核算对象进行核算。

权益区分原则:开发项目属于受托代建的或多方合作开发的,应结合上述原则分别划分成本核算对象进行核算。

### (三) 确定成本核算对象的方法

根据上述原则,房地产开发企业应结合项目开发地点、规模、周期、开发产品处理方式、功能设计、结构类型、装修档次、施工队伍等因素和管理需要等实际情况,确定具体成本核算对象。具体确定方法如下:

单体开发项目,一般以每一独立编制设计概算或施工图预算的单项开发工程为成本核算对象。

在同一开发地点、结构类型相同、开竣工时间相近、由同一施工单位施工或总包的群体开发项目,可以合并为一个成本核算对象。

对于开发规模较大、工期较长的开发项目,可以结合项目特点和成本管理的需要,按开发项目的一定区域、部位或周期划分成本核算对象。

成片分期开发的项目,可以以各期为成本核算对象。

同一项目有裙房、公寓、写字楼等不同功能的,在按期划分成本核算对象的基础上,还应按功能划分成本核算对象。

同一分期有高层、多层、复式等不同结构类型的,还应按结构类型划分成本核算对象。

根据核算和管理需要,对独立编制设计概算或施工图预算的配套设施,不论其支出是否摊入房屋等开发产品成本,均应单独作为成本核算对象。对于只为一个单体开发项目服的、应摊入开发项目成本且造价较低的配套设施,可以不单独作为成本核算对象,发生的开发费用直接计入单体开发项目的成本。

### 三、划分成本核算项目

开发产品成本核算应视开发产品的具体情况,按制造成本法设置成本项目。成本项目一般包括下列六项。

**1. 土地征用及拆迁补偿费**

土地征用及拆迁补偿费是指为取得土地开发使用权而发生的各项费用,主要包括以下内容。

土地征用费:支付的土地出让金、土地转让费、土地效益金、土地开发费,缴纳的契税、耕地占用税,土地变更用途和超面积补交的地价、补偿合作方地价、合作项目建房转入分给合作方的房屋成本和相应税金等。

拆迁补偿费:有关地上、地下建筑物或附着物的拆迁补偿支出,安置及动迁支出,农作物补偿费,危房补偿费等;拆迁旧建筑物回收的残值应估价入账,分别冲减有关成本。

市政配套费:是指向政府部门缴纳的大市政配套费,征用生地向当地市政公司缴纳的红线外道路、水、电、气、热、通信等的建造费、管线铺设费等。

其他:如土地开发权批复费、土地面积丈量测绘费等。

**2. 前期工程费**

前期工程费指在取得土地开发权之后、项目开发前期的筹建、规划、设计、可行性研究、水文地质勘察、测绘、"三通一平"等前期费用。主要包括以下内容。

项目整体性报批报建费:项目报建时按规定向政府有关部门缴纳的报批费。如人防工程建设费、规划管理费、新材料基金(或墙改专项基金)、教师住宅基金(或中小学教师住宅补贴费)、拆迁管理费、招投标管理费等。

规划设计费:项目立项后的总体规划设计、单体设计费、管线设计费、改造设计费、可行性研究费(含支付社会中介服务机构的市场调研费)、制图、晒图费,规划设计模型制作费,方案评审费。

勘测丈量费:水文、地质、文物和地基勘察费,沉降观测费,日照测试费,拨地钉桩验线费、复线费、定线费、放线费、建筑面积丈量费等。

"三通一平"费:接通红线外施工用临时给排水(含地下排水管、沟开挖铺设费用)、供电、道路(含按规定应交的占道费、道路挖掘费)等设施的设计、建造、装饰和进行场地平整发生的费用(包括开工前垃圾清运费)等。

临时设施费:工地甲方临时办公室,临时场地占用费,临时借用空地租费,以及沿红线周围设置的临时围墙、围栏等设施的设计、建造、装饰等费用。临时设施内的资产,如空调、电视机、家具等不属于临时设施费。

预算编审费:支付给社会中介服务机构受聘为项目编制或审查预算而发生的费用。

其他:包括挡光费、危房补偿鉴定费、危房补偿鉴定技术咨询费等。

**3. 基础设施费**

基础设施费是指项目开发过程中发生的小区内、建筑安装工程施工图预算项目之外的道路、供电、供水、供气、供热、排污、排洪、通信、照明、绿化等基础设施工程费用,红线外两米与大市政接口的费用,以及向水、电、气、热、通信等大市政公司缴纳的费用。主要包括以下内容。

道路工程费:小区内道路铺设费。

供电工程费:变(配)电设备的购置费,设备安装及电缆铺设费,供(配)电贴费、电源建设费,缴纳的电增容费等。

给排水工程费:自来水、雨(污)水排放、防洪等给排水设施的建造、管线铺设费用,以及向自来水公司缴纳的水增容费等。

煤气工程费:煤气管道的铺设费、增容费、集资费,煤气配套费,煤气发展基金、煤气挂表费等。

供暖工程费:暖气管道的铺设费、集资费。

通信工程费:电话线路的铺设、电话配套费,电话电缆集资费,缴纳的电话增容费等。

电视工程费:小区内有线电视(闭路电视)的线路铺设和按规定应缴纳的有关费用。

照明工程费:小区内路灯照明设施支出。

绿化工程费:小区内人工草坪、栽花、种树等绿化支出;绿地建设费。

环卫工程费:指小区内的环境卫生设施支出,如垃圾站(箱)、公厕等支出。

其他:小区周围设置的永久性围墙、围栏支出、园区大门、园区监控工程费、自然下沉整改费等。

**4. 建筑安装工程费**

建筑安装工程费是指项目开发过程中发生的列入建筑安装工程施工图预算项目内的各项费用(含设备费、出包工程向承包方支付的临时设施费和劳动保险费),有甲供材料、设备的,还应包括相应的甲供材料、设备费。发包工程应依据承包方提供的经甲方审定的"工程价款结算单"来确定。建筑安装工程费主要包括以下内容。

土建工程费:包括基础工程费、主体工程费。有甲供材料的,还应包括相应的甲供材料费。

安装工程费:包括电气(强电)安装工程费、电讯(弱电)安装工程费、给排水安装工程费、电梯安装工程费、空调安装工程费、消防安装工程费、煤气安装工程费、采暖安装工程费。上述各项如有甲供材料、设备,还应分别包括相应的甲供材料、设备费。

装修工程费:内外墙、地板(毯)、门窗、厨洁具、电梯间、天(顶)棚、雨篷等的装修费,有甲供材料的,还应包括相应的甲供材料费。

项目或工程监理费:是指支付给聘请的项目或工程监理单位的费用。

其他:工程收尾所发生的零星工程费和乙方保修期后应由开发商承担的维修费(零星工程费和乙方保修期后应由开发商承担的维修费能够归类的,应按从属主体原则归类计入上述相应费用中),现场垃圾清运费、工程保险费等。

**5. 配套设施费**

配套设施费是指房屋开发过程中,根据有关法规,产权及其收益权不属于开发商,开发商不能有偿转让也不能转作自留固定资产的公共配套设施支出。该成本项目下按各项配套设施设立明细账户,具体核算内容可区别以下情况:

在开发小区内发生的不会产生经营收入的不可经营性公共配套设施支出,如建造消防、水泵房、水塔、锅炉房(建筑成本)、变电所(建筑成本)、居委会、派出所、岗亭、儿童乐园、自行车棚、景观(建筑小品)、环廊、街心公园、凉亭等设施的支出。

在开发小区内发生的根据法规或经营惯例,其经营收入归经营者或业委会的可经营性公共配套设施的支出,如建造幼托、邮局、图书馆、阅览室、健身房、游泳池、球场等设施的支出。

开发小区内城市规划中规定的大配套设施项目不能有偿转让和取得经营收益权时,发生的没有投资来源的费用。

对于产权、收入归属情况较为复杂的地下室、车位等设施,应根据当地政府法规、开发商的销售承诺等具体情况确定是否摊入成本项目。如开发商通过补交地价或人防工程费等措施,得到政府部门认可,取得了该配套设施的产权,则应作为经营性项目独立核算。

**6. 开发间接费**

开发间接费是指房地产开发企业内部独立核算单位为组织和管理开发产品的开发建设而发生的各项费用。开发间接费的内容包括以下方面:

现场管理费用:内部独立核算的、开发项目现场管理的人员工资及福利费、工会经费、职工教育经费、修理费、办公费、办公用水电费、差旅费、市内交通费、运输费、通信费、业务交际费、劳动保护费、低值易耗品摊销、周转房摊销等。

利息并借款费用:直接用于项目开发所借入资金的利息支出、汇兑损失,减去利息收入和汇兑收益的净额。

物业管理基金、公建维修基金或其他专项基金:按规定应拨付给业主管理委员会的由物业管理公司代管的物业管理基金、公建维修基金或其他专项基金。

质检费:包括按规定支付给质检部门的质量检验费,项目发生的材料、设备质量检验费、工程质量自检费、工程竣工验收费等质量鉴定性费用。

其他:项目交付使用后发生的,按规定或协议应由开发商承担,补贴给物业管理公司的水、电、煤气、暖气等价差,以及其他应计入开发间接费的费用。

## 四、会计科目的设置

**1. "生产成本"科目**

"生产成本"科目核算在房屋等产品开发过程中所发生的各项费用。

"生产成本"科目可按"土地开发成本""房屋开发成本""配套设施开发成本""代建工程开发成本"进行明细核算,其中"房屋开发成本"应当分别按照成本核算对象设置明细账,并按规定的成本项目设置专栏。

土地开发成本是指房地产开发企业开发土地所发生的各项费用支出。

房屋开发成本是指房地产开发企业开发各种房屋所发生的各项费用支出。

配套设施开发成本是指房地产开发企业开发能有偿转让的大配套设施及不能有偿转让、不能直接计入开发产品成本的公共配套设施所发生的各项费用支出。

代建工程开发成本是指房地产开发企业接受单位的委托,代为开发除土地、房屋以外的其他工程(如市政工程)等所发生的各项费用支出。

**2. "开发间接费"科目**

归集和分配在房屋等产品开发过程中,本单位项目、设计、工程、预算、材料等业务部门为组织与管理开发项目建设而发生的各项费用。这类费用由本科目归集并按一定方法、标准分配后,再计入各成本核算对象的"开发间接费"成本项目中去。

**3. "库存商品"科目**

核算已开发完成并验收合格的开发产品的实际成本。房地产开发企业在进行库存商品核算的同时,应收集、整理具体到每户的可售面积构成、销售及其回款情况的详细资料。"库存商品"科目按成本对象设置明细科目,用于核算各成本对象的实际成本。

## 五、房屋开发成本的核算

房地产开发企业对于房屋开发成本的核算过程,实际上就是在确定成本对象的基础上,合理地进行成本归集和分配的过程。因此,房屋开发成本的归集和分配是房地产开发企业成本核算的重要内容。

成本归集就是将成本支出计入成本项目的过程,而成本分配就是将计入成本项目的成本支出分配计入成本对象的过程。房地产开发企业通过成本归集和成本分配,就可以反映出每个成本对象的成本支出,为计算销售成本创造条件。

### (一)成本分摊方法

房地产开发企业开发、建造的产品应按制造成本法进行计量与核算。其中,应计入开发产品成本中的费用属于直接成本和能够分清成本对象的间接成本,直接计入成本对象;共同成本和不能分清负担对象的间接成本,应按受益的原则和配比的原则分配至各成本对象。具体分配方法可按以下规定选择其一。

**1. 占地面积法**

占地面积法是指按已动工开发成本对象占地面积占开发用地总面积的比例进行分配。

一次性开发的,按某一成本对象占地面积占全部成本对象占地总面积的比例进行分配。

分期开发的,首先按本期全部成本对象占地面积占开发用地总面积的比例进行分配,然后再按某一成本对象占地面积占期内全部成本对象占地总面积的比例进行分配。

期内全部成本对象应负担的占地面积为期内开发用地占地面积减除应由各期成本对象共同负担的占地面积。

**2. 建筑面积法**

建筑面积法是指按已动工开发成本对象建筑面积占开发用地总建筑面积的比例进行分配。

一次性开发的,按某一成本对象建筑面积占全部成本对象建筑面积的比例进行分配。

分期开发的,首先按期内成本对象建筑面积占开发用地计划建筑面积的比例进行分配,然后再按某一成本对象建筑面积占期内成本对象总建筑面积的比例进行分配。

**3. 直接成本法**

直接成本法是指按期内某一成本对象的直接开发成本占期内全部成本对象直接开发成本的比例进行分配。

**4. 预算造价法**

预算造价法是指按期内某一成本对象预算造价占期内全部成本对象预算造价的比例进行分配。

## （二）土地征用及拆迁补偿费的归集与分配

土地征用费及拆迁补偿费是指为取得土地开发使用权（或开发权）而发生的各项费用，主要包括土地买价或出让金、大市政配套费、契税、耕地占用税、土地使用费、土地闲置费、土地变更用途和超面积补交的地价及相关税费、拆迁补偿支出、安置及动迁支出、回迁房建造支出、农作物补偿费、危房补偿费等。

房地产项目开发过程中发生的土地征用及拆迁补偿费，能分清成本核算对象的，应直接计入有关房屋开发成本核算对象的"土地征用及拆迁补偿费"成本项目，并记入"生产成本——房屋开发成本——某成本对象——土地征用及拆迁补偿费"账户的借方。分不清成本核算对象的，应将其支出先通过"生产成本——房屋开发成本——待分摊成本——土地征用及拆迁补偿费"账户进行归集，会计期末按照一定的分配标准分配给各受益对象。

应由开发产品受益的，将其分配计入有关成本核算对象，并记入"生产成本——房屋开发成本（或配套设施开发成本）——某成本对象——土地征用及拆迁补偿费"账户的借方。应由投资性房地产或固定资产受益的，将其分配记入"在建工程"账户的借方。

### 1. 土地价款支付的特殊处理

房地产开发企业在支付土地价款时，根据不同情况采取账务处理方法如下：

支付全部或部分土地价款但尚未取得土地的，由于不符合资产定义，所付款项在"预付账款"中核算，不能确认土地资产。

凡已签订土地出让合同，确认了土地价款并已取得土地的，未全部支付的土地价款作为负债挂账。

已经实际占用土地从事建设或经营的，应确认无形资产并摊销，同时披露尚未办妥土地使用权的事实，以及资产负债表日后的权证办理进展情况。

【例2-1】 2015年2月5日，某房地产公司通过竞拍拍得了A、B两个地块，其中A地块支付全额地价款5亿元，但至今未实际取得土地，B地块地价款总额为6亿元，该公司已支付4亿元，并已实际取得了该地块。该公司根据有关原始凭证，会计分录如下：

（1）A地块。

借：预付账款　　　　　　　　　　　　　　　　　　　　　　500 000 000
　　贷：银行存款　　　　　　　　　　　　　　　　　　　　　500 000 000

（2）B地块。

借：生产成本　　　　　　　　　　　　　　　　　　　　　　600 000 000
　　贷：银行存款　　　　　　　　　　　　　　　　　　　　　400 000 000
　　　　应付账款　　　　　　　　　　　　　　　　　　　　　200 000 000

### 2. 土地成本分摊的一般方法

按照有关规定，土地成本一般按占地面积法进行分配。如果确需结合其他方法进行分配的，应经税务机关同意。

房地产开发企业在会计核算上，如果成本对象的占地面积可以取得，原则上房地产开发企业应该按占地面积进行分摊。房地产开发企业取得成本对象占地面积的途径有两个：一是政府规划审批部门在项目规划中测定的占地面积；二是房地产开发企业根据项目规划自行测定的占地面积。

但在实际项目运作时,并不是所有的成本对象都可以单独取得其占地面积的。垂直排列的成本对象就无法取得各自的占地面积,如有的项目的开发产品,1~3层裙房为购物中心,3层以上是写字楼,作为成本对象,购物中心和写字楼的占地面积是重合的,因此,这种情况下就不能按占地面积分摊土地价款。

无法按占地面积进行土地价款分摊的,从现在可以采用的分摊方法来看,建筑面积法是最合理的方法。

**【例2-2】** 2015年6月7日,某房地产公司通过竞拍拍得了某地块,土地总价5亿元,该地块占地面积10万平方米,总建筑面积为30万平方米。整体项目分为商业区、住宅区和别墅区三个区域,规划指标如下。

商业区:总占地面积2万平方米,开发产品为3层裙房和20层写字楼,总建筑面积15万平方米,其中裙房建筑面积5万平方米,写字楼建筑面积10万平方米。

住宅区:占地面积3万平方米,建筑面积12万平方米。

别墅区:占地面积5万平方米,建筑面积3万平方米。

某房地产公司根据有关原始凭证,编制会计分录如下。

(1) 土地价款的归集。

借:生产成本——待分摊成本——土地征用及拆迁补偿费　　　　500 000 000
　　贷:银行存款　　　　　　　　　　　　　　　　　　　　　500 000 000

(2) 土地价款的分摊。

根据该项目实际情况,该房地产公司确定成本对象分别为:裙房、写字楼、住宅和别墅。各成本对象分摊的土地成本如下:

a. 裙房和写字楼的土地成本:商业区的土地成本,按占地面积法进行分摊。

商业区的土地成本＝50 000×2÷10＝10 000(万元)

裙房和写字楼的土地成本按建筑面积法进行分摊。

裙房的土地成本＝10 000×5÷15＝3 333(万元)

写字楼的土地成本＝10 000×10÷15＝6 667(万元)

b. 住宅的土地成本:按占地面积进行分摊。

住宅的土地成本＝50 000×3÷10＝15 000(万元)

c. 别墅的土地成本:按占地面积进行分摊。

别墅的土地成本＝50 000×5÷10＝25 000(万元)

会计分录如下:

借:生产成本——裙房——土地征用及拆迁补偿费　　　　　　　33 330 000
　　　　——写字楼——土地征用及拆迁补偿费　　　　　　　　66 670 000
　　　　——住宅——土地征用及拆迁补偿费　　　　　　　　　150 000 000
　　　　——别墅——土地征用及拆迁补偿费　　　　　　　　　250 000 000
　　贷:生产成本——待分摊成本——土地征用及拆迁补偿费　　500 000 000

### 3. 土地成本分摊的特殊处理

在进行土地成本分摊时,还应注意以下几种特殊情况的处理方法:

在进行土地成本分摊时,如果属于单独建造的、具有独立使用功能的地下建筑物,应分摊土地成本；如果属于为建造地上建筑物而形成的、不具有独立使用功能的地下基础设施，不分摊土地成本。

回迁房成本如果作为拆迁补偿费，不分摊土地成本。

单独建造应该由开发产品承担的配套设施，应分摊土地成本。

### (三) 前期工程费的归集与分配

**1. 前期工程费的归集**

房地产项目开发过程中发生的规划、设计、可行性研究以及水文地质勘察、测绘、场地平整等各项前期工程支出，能分清成本核算对象的，应直接计入有关房屋开发成本核算对象的前期工程费成本项目，即记入"生产成本——房屋开发成本——某成本对象——前期工程费"账户的借方。分不清成本核算对象的，应先将其支出通过"生产成本——房屋开发成本——待分摊成本——前期工程费"账户进行归集，会计期末按照一定的分配标准分配给各受益对象。

应由开发产品受益的，将其分配计入有关成本核算对象，记入"生产成本——房屋开发成本（或配套设施开发成本）——某成本对象——前期工程费"账户的借方；应由投资性房地产或固定资产受益的，将其分配记入"在建工程"账户的借方。

**2. 前期工程费的分配**

前期工程费的分配方法包括：占地面积法、建筑面积法、直接成本法和预算造价法。房地产开发企业在分配时，可以自行选择其中的一种分配方法。对于前期工程费中的具体支出项目，应具体分析，分别采用不同的分配方法。如果没有确实的理由，前期工程费的支出项目应采用统一的分配方法，也就是不能人为地通过分配方法的选择来调节各成本对象的成本。

### (四) 建筑安装工程费的归集与分配

房地产项目开发过程中发生的建筑安装工程支出，应根据工程的不同施工方式，采用不同的核算方法。

**1. 采用发包方式的核算**

采用发包方式进行建筑安装工程施工的开发项目，其建筑安装工程支出，应根据企业承付的已完工程价款确定，直接计入有关开发成本核算对象的"建筑安装工程费"成本项目，记入"生产成本——房屋开发成本——某成本对象——建筑安装工程费"账户的借方和"应付账款——应付工程款"等账户的贷方。

1) 工程价款结算办法

对发包的基础设施和建筑安装工程，一般采用招标、议标方式，通过工程公开招标或邀请施工企业议标，将工程发包给施工企业的，按工程标价进行结算。开发企业与施工企业在工程承包合同中规定的工程价款的结算，应根据国家有关工程价款结算办法，结合当地的有关规定具体确定。从目前各个地区所采用的工程价款结算办法来看，归纳起来，主要有如下三种：

按月结算，就是按照每月实际完成的分部分项工程进行结算。根据经验收合格的各月份的已完分部分项工程的工程数量和预算单价等计算的工程造价，就是各该月份应结算和支付的工程款。目前一般都实行月中预付、月末结算，即在月中按照当月施工计划所列的工作量一半预付，月末（实际为下月初）按照各工程当月实际完成工作量（即预算造价或调整计算后的工程标价）扣除月中预付款后进行结算。

分段结算,就是将一个单位工程按形象进度划分为几个阶段(部位),如基础、结构、装饰、竣工等;按照完成阶段,分段验收结算工程价款。分段结算也可按月预付工程款,即在月中按照当月施工计划工作量预付,于工程阶段完成验收后按分段工程预算造价或调整计算后的工程标价扣除预付款后进行结算。

竣工一次结算。开发项目或单项工程施工工期在12个月以内,或者工程承包合同价值较小的,可以实行工程价款每月月中预支、竣工后一次结算。即在工程开工后,每月按当月施工计划所列工作量预付工程款,于工程竣工验收后,按工程承包合同价值扣除预付工程款后进行结算。

不论采用何种结算办法,施工期间结算的工程价款一般都不得超过承包工程合同价值的95%。尾款应专户存入银行,待工程竣工验收后清算。但如承包施工企业已向开发企业出具履约保函或有其他保证的,可以不留工程尾款。

2) 非合同建筑安装工程费支出的核算

非合同建筑安装工程费支出(简称"非合同建安支出")需要通过"应付账款"账户转入"生产成本"账户,具体为:在"应付账款"账户下按成本项目设置明细,发生支出时先借记"应付账款"账户,贷记"银行存款"账户,同时借记"生产成本"账户,贷记"应付账款"账户。

从以上可以看出,对于非合同建安支出,应通过"应付账款"账户进行过渡,不能直接记入"生产成本"账户。这样操作的理由是:如果直接记入"生产成本"账户,"应付账款"账户的累计发生额就不能完整反映项目建安支出的情况。

这里要注意的是,非合同建安支出核算时,应付账款的明细账户是按生产成本的成本项目来设置的,这与支付工程合同款时,按客户单位设置应付账款明细账户不同。

3) 支付工程合同款的核算

开发企业与施工企业有关发包工程款和预付备料款、工程款的核算,应在"应付账款——应付工程款"和"预付账款——预付承包单位款"两个账户进行,"应付账款"和"预付账款"账户均应按客户单位名称设置明细账户。

开发企业按照规定预付给承包施工企业的备料款和工程款,应记入"预付账款——预付承包单位款"账户的借方;按照工程价款结算账单应付给承包施工企业的工程款,应记入"生产成本"等账户的借方和"应付账款——应付工程款"账户的贷方。如有扣除应付工程款的预付备料款和预付工程款时,应将扣回的预付备料款和预付工程款记入"预付账款——预付承包单位款"账户的贷方,"应付账款——应付工程款"账户的贷方仅记减去扣回预付备料款和预付工程款后的应付账款。支付工程款时,记入"应付账款——应付工程款"账户的借方和"银行存款"等账户的贷方。

合同最后结算时,按最终结算值与已累计结算值差额结转生产成本,借记"生产成本"账户,贷记"应付账款"账户,"应付账款"贷方余额反映尚欠施工单位款项。

【例2-3】 某房地产公司与某建筑公司发包工程年度合同总值为60 000万元。按照合同规定,开工前应付预付备料款15 000万元,用银行存款支付,应作如下分录入账:

(1) 预付备料款时:

借:预付账款——预付承包单位款——某建筑公司    150 000 000
　　贷:银行存款    150 000 000

(2) 预付工程款时：

9月份，根据施工企业当月施工计划所列工作量的1/2即350万元，用银行存款预付工程款。

　　借：预付账款——预付承包单位款——某建筑公司　　　　　　　3 500 000
　　　　贷：银行存款　　　　　　　　　　　　　　　　　　　　　3 500 000

10月初，根据施工企业提出9月份工程价款结算账单中的已完工程价值为750万元，减去应扣回预付备料款180万元，月中预付工程款350万元，尚应支付工程款220万元(750－180－350)。

(3) 工程价款结算时：

　　借：生产成本　　　　　　　　　　　　　　　　　　　　　　7 500 000
　　　　贷：预付账款——预付承包单位款——某建筑公司　　　　　5 300 000
　　　　　　应付账款——应付工程款——某建筑公司　　　　　　　2 200 000

(4) 支付应付工程款时：

　　借：应付账款——应付工程款——某建筑公司　　　　　　　　2 200 000
　　　　贷：银行存款　　　　　　　　　　　　　　　　　　　　2 200 000

房地产开发企业按照发包工程合同与承包施工单位定期进行工程价款结算，既可以保证房地产开发企业开发产品成本的准确性，也可以准确反映房地产开发企业的负债情况。如果由于种种原因，房地产开发企业未能按期与承包施工单位进行工程价款结算，为真实反映开发产品成本和负债情况，房地产开发企业应根据发包工程合同，计提工程结算价款，按其金额，借记"生产成本"账户，按应扣回的预付工程款和备料款金额，贷记"预付账款"账户，按其差额，贷记"应付账款"账户。待以后进行工程价款结算时，相应调整相关账户的金额。

计提工程结算价款属于预提费用，一般发生在会计期末。在会计处理上，房地产开发企业可以根据实际情况进行预提，但根据规定，出包工程未最终办理结算而未取得全额发票的，在证明资料充分的前提下，其发票不足金额可以预提，但最高不得超过合同总金额的10%。

4) 支付甲供材料款的核算

甲供材料是指房地产开发企业代承包商采购材料，并将其交付给承包商。甲供材料的价款应包含在双方的工程合同中。房地产开发企业为了保证开发产品的质量，往往对重要的材料实行甲供。

(1) 房地产开发企业支付甲供材料款时，借记"应付账款——甲供材料"账户，贷记"银行存款"账户，即：

　　借：应付账款——甲供材料
　　　　贷：银行存款

(2) 房地产开发企业支付施工单位工程款时，需扣除领用的甲供材料。

　　借：应付账款——施工单位(应付款总额)
　　　　贷：应付账款——甲供材料(扣款金额)
　　　　　　银行存款(实际支付金额)

"应付账款——甲供材料"期末借方余额反映施工单位未领用甲供材料的金额。

（3）甲供材料结算后，按结算额和已扣款差额进行账务处理如下：

借：应付账款——施工单位（实际领用——已扣款）
　　原材料（剩余不能退货部分）
　贷：应付账款——甲供材料（结算额——已扣款）

需要注意的是，施工单位的决算额应包括甲供材料。如果施工单位提供包含甲供材料的决算额发票，直接按决算额结转成本；如果不包含甲供材料，根据甲供材料发票结转成本，此时施工单位应提供甲供材料完税凭证。

**【例 2-4】** 某房地产公司根据与某建筑公司的工程合同，于 2015 年 3 月 15 日购买了一批甲供石材，支付货款 200 万元。石材到货后，该建筑公司当月陆续领用了 150 万元的石材，本月应付建筑公司工程款 800 万元，领用石材已从当月工程款中扣除。2015 年年底，在甲供材料结算时，发现建筑公司实际领用的石材为 180 万元，另 20 万元的石材已存在破损，无法退回厂家。

（1）支付石材款时：

借：应付账款——甲供材料　　　　　　　　　　　　　　　2 000 000
　贷：银行存款　　　　　　　　　　　　　　　　　　　　　2 000 000

（2）扣除领用的石材时：

借：应付账款——某建筑公司　　　　　　　　　　　　　　8 000 000
　贷：应付账款——甲供材料　　　　　　　　　　　　　　1 500 000
　　　银行存款　　　　　　　　　　　　　　　　　　　　6 500 000

"应付账款——甲供材料"期末借方余额为 50 万元，为某建筑公司公司未领用的石材金额。

（3）与某建筑公司进行石材结算时：

借：应付账款——某建筑公司　　　　　　　　　　　　　　　300 000
　　原材料　　　　　　　　　　　　　　　　　　　　　　　200 000
　贷：应付账款——甲供材料　　　　　　　　　　　　　　　500 000

5）工程水电费的核算

施工期间工程临时水电费一般由开发商直接支付，施工合同中约定开发商和施工单位分担比例。实际支付时，应该由开发商承担的部分直接记入"生产成本"账户，应该由施工单位承担的部分直接记入该施工单位"应付账款"账户借方。

发生时不能准确确定的，可以通过"其他应收款"账户先归集，借记"其他应收款"账户，贷记"银行存款"账户。最后将开发商应承担的部分借记"生产成本"账户，将由施工单位承担的部分借记"应付账款——施工单位"账户，按全部的水电费贷记"其他应收款"账户。

在进行工程水电费的核算时，在从施工单位工程款中扣除房地产开发企业代垫工程水电费时的账务处理与甲供材料的账务处理有所不同。水电费发生时，直接借记"应付账款——施工单位"账户，并没有像甲供材料一样，从"应付账款——甲供材料"中过渡。这样做的原因是，工程水电费不存在分批领用的问题，而甲供材料存在分批领用的问题，因此，必须先在"应付账款——甲供材料"账户中过渡，每次领用时，再冲减该账户，并按领用的金额，借记"应付账款——施工单位"账户。

这里要注意的是,房地产开发企业应将取得的水电费发票复印件及原始凭证分割单一并交与施工单位,施工单位据此入账。

**2. 采用自营方式的核算**

采用自营方式进行建筑安装工程施工的开发项目,其发生的各项建筑安装工程支出,一般可直接计入有关开发成本核算对象的"建筑安装工程费"成本项目,即记入"生产成本——房屋开发成本——某成本对象——建筑安装工程费"账户的借方和"库存材料""应付职工薪酬""银行存款"等账户的贷方。

如果开发企业自行施工大型建筑安装工程,可以设置"工程施工""施工间接费用"等账户,用来核算和归集各项建筑安装工程支出,月末将其实际成本转入"生产成本——房屋开发成本——某成本对象——建筑安装工程费"账户。

企业用于项目开发的各项设备,即附属于工程主体的各项设备,应在出库交付安装时,计入有关项目开发成本核算对象的"建筑安装工程费"成本项目,即记入"生产成本——房屋开发成本——某成本对象——建筑安装工程费"账户的借方和"库存设备"账户的贷方。

**3. 建筑安装工程费的分配**

如果开发企业对建筑安装工程采用招标方式发包,并将几个工程一并招标发包,房地产开发企业在发生建筑安装工程费时,应先将其支出通过"生产成本——房屋开发成本——待分摊成本——建筑安装工程费"账户进行归集,会计期末按照一定的分配标准分配给各受益对象。

应由开发产品受益的,将其分配计入有关成本核算对象,即记入"生产成本——房屋开发成本(或配套设施开发成本)——某成本对象——建筑安装工程费"账户的借方。应由投资性房地产或固定资产受益的,将其分配记入"在建工程"账户的借方。

(1) 按工程结算额分配。建筑安装工程费与其他成本项目不同,开发产品一般以每一独立编制设计概算或施工图预算的单项开发工程为成本核算对象。也就是说,成本对象都具有独立的设计概算或施工图预算。因此,根据每一个成本对象的设计概算或施工图预算,房地产开发企业发生的建筑安装工程费在最后完工结算工程价款时,都可以准确确定每一个成本对象的建筑安装工程费。因此,一般情况下,房地产开发企业应在工程完工时,按照工程结算值分配计入相应的成本对象。

(2) 按工程预算造价分配。如果开发企业对建筑安装工程采用招标方式发包,并将几个工程一并招标发包,则在工程完工结算工程价款时,也可以按各项工程的预算造价的比例,计算它们的标价即实际建筑安装工程费,并计入相应的成本对象,计算公式如下:

某项工程实际建筑安装工程费=工程标价×该项工程预算造价÷各项工程预算造价合计

总之,建筑安装工程费不能按占地面积法、建筑面积法等分摊方法进行分摊,只能按照工程结算额或工程预算造价进行分摊。

**【例2-5】** 某房地产公司将两幢商品房建筑安装工程进行招标,标价为320万元,这两幢商品房的预算造价为:A商品房为180万元,B商品房为165万元,合计345万元。

工程完工结算工程价款时,计算各幢商品房的实际建筑安装工程费:

A商品房建安工程费=320×180÷345=166.96(万元)

B商品房建安工程费=320×165÷345=153.04(万元)

### （五）基础设施费的归集与分配

**1. 基础设施费的归集**

房地产项目开发过程中发生的小区内、建筑安装工程施工图预算项目之外的道路、供电、供水、供气、供热、排污、排洪、通信、照明、绿化等基础设施工程费用，红线外两米与大市政接口的费用，以及向水、电、气、热、通信等大市政公司缴纳的费用。能分清成本核算对象的，应直接计入有关房屋开发成本核算对象的"基础设施费"成本项目，即记入"生产成本——房屋开发成本（或配套设施开发成本）——某成本对象——基础设施费"账户的借方；分不清成本核算对象的，应先将其支出通过"生产成本——房屋开发成本——待分摊成本——基础设施费"账户进行归集，会计期末按照一定的分配标准分配给各受益对象。

应由开发产品受益的，将其分配计入有关成本核算对象，记入"生产成本——房屋开发成本（或配套设施开发成本）——某成本对象——基础设施费"账户的借方。应由投资性房地产或固定资产受益的，将其分配记入"在建工程"账户的借方。

**2. 基础设施费的分配**

基础设施费的分配方法包括占地面积法、建筑面积法、直接成本法和预算造价法。房地产开发企业在分配时，可以自行选择其中的一种方法。对于基础设施费中的具体支出项目，可以具体分析，分别采用不同的分配方法。如果没有确实的理由，基础设施费的支出项目应采用统一的分配方法，也就是不能人为地通过分配方法的选择来调节各成本对象的成本。

### （六）开发间接费的归集与分配

**1. 开发间接费的归集**

房地产开发企业内部独立核算单位为组织和管理开发产品的开发建设而发生的各项费用属于开发间接费。开发间接费包括现场管理费用、利息及借款费用、专项基金、质检费等。

开发间接费虽也属于直接为房地产开发而发生的费用，但它不能确定应由哪项开发产品所负担，因而无法将其直接计入各项开发产品成本。为了简化核算手续，应将其先记入"开发间接费用"账户，然后按照适当分配标准，分配计入各项开发产品成本。

企业所属各内部独立核算单位发生的各项开发间接费用，都要自"应付职工薪酬""累计折旧""递延资产""银行存款"等账户的贷方转入"开发间接费用"账户的借方。

**2. 开发间接费的分配**

每月终了，应对开发间接费用进行分配，按实际发生数计入有关开发产品的成本。开发间接费用的分配方法包括占地面积法、建筑面积法、直接成本法和预算造价法等，企业可根据开发经营的特点自行确定。

不论土地开发、房屋开发、配套设施和代建工程，均应分配开发间接费用。为了简化核算手续并防止重复分配，对应计入房屋等开发成本的自用土地和不能有偿转让的配套设施的开发成本，均不分配开发间接费用。这部分开发产品应负担的开发间接费用，可直接分配计入有关房屋开发成本。也就是说，企业内部独立核算单位发生的开发间接费用，仅对有关开发房屋、商品性土地、能有偿转让配套设施及代建工程进行分配。

除了开发产品应负担开发间接费用以外，如果房地产开发企业同时开发应计入投资性房地产或固定资产的房屋，开发间接费用还应对投资性房地产或固定资产项目进行分配，分配金额相应记入"在建工程"账户的借方。

## 六、公共配套设施的核算

### (一) 公共配套设施成本对象的确定

**1. 公共配套设施的分类**

房地产开发企业开发的配套设施,可以分为如下两类:非营利性公共配套设施;营利性公共配套设施。

1) 非营利性公共配套设施

非营利性公共配套设施是指房屋开发过程中,根据有关法规,其产权及收益权不属于开发商,开发商不能有偿转让也不能转作自留固定资产的公共配套设施。具体核算内容可区别以下情况:

在开发小区内发生的不会产生经营收入的不可经营性公共配套设施支出,如建造消防、水泵房、水塔、锅炉房(建筑成本)、变电所(建筑成本)、居委会、派出所、岗亭、儿童乐园、自行车棚、景观(建筑小品)、环廊、街心公园、凉亭等设施的支出。

在开发小区内发生的根据法规或经营惯例,其经营收入归经营者或业委会的可经营性公共配套设施的支出,如建造幼托、邮局、图书馆、阅览室、健身房、游泳池、球场等设施的支出。

开发小区内城市规划中规定的大配套设施项目不能有偿转让和取得经营收益权时,发生的没有投资来源的费用。

对于产权、收入归属情况较为复杂的地下室、车位等设施,应根据当地政府法规、开发商的销售承诺等具体情况确定是否摊入成本项目。如开发商通过补交地价或人防工程费等措施,得到政府部门认可,取得了该配套设施的产权,则应作为经营性项目独立核算。

开发项目外为居民服务的给排水、供电、供气的增容增压、交通道路等这类配套设施,如果没有投资来源,不能有偿转让。

2) 营利性公共配套设施

营利性公共配套设施是指能有偿转让的城市规划中规定的大配套设施项目以及属于营利性的,或产权归企业所有的,或未明确产权归属的,或无偿赠予地方政府、公用事业单位以外其他单位的公共配套设施。

营利性公共配套设施一般包括:开发小区内营业性公共配套设施,如商店、银行、邮局等;开发小区内非营业性配套设施,如中小学、文化站、医院等。

**2. 公共配套设施的成本核算对象**

1) 非营利性公共配套设施的成本对象

对非营利性公共配套设施,如果工程规模较大,可以将各配套设施作为成本核算对象。在"生产成本——配套设施开发成本"账户下按各项配套设施设立明细账户,如物业服务用房、业主会所、幼儿园、学校、儿童游乐设施、环卫设施、运动设施、超市(配套商业设施)等。如果工程规模不大,与其他项目建设地点较近,且开竣工时间相差不多,并由同一施工单位施工的,也可考虑将它们合并作为一个成本核算对象。

对于只为一个单体开发项目服务的,应摊入开发项目成本且造价较低的配套设施,可以不单独作为成本核算对象,发生的开发费用直接计入单体开发项目的成本。

2) 营利性公共配套设施的成本对象

一般来说,营利性的大配套设施项目,应以各配套设施项目作为成本核算对象,以正确计算各配套设施的开发成本。

**（二）非营利公共配套设施费的核算**

为了正确核算和反映企业开发建设中各种非营利性配套设施所发生的支出，并准确地计算房屋开发成本和各种大配套设施的开发成本，对非营利性公共配套设施支出的核算可分为两种：配套设施单独作为过渡性成本对象的核算；配套设施不作为成本对象的核算。这两种情况，其公共配套设施费的归集与分配方法是不相同的。

**1. 作为成本对象的核算**

单独作为过渡性成本对象核算的公共配套设施开发成本，通过"生产成本——配套设施开发成本——配套设施成本对象"账户进行归集，会计期末按照一定的分配标准分配给各受益对象。

应由开发产品受益的，将其分配计入有关成本核算对象，即记入"生产成本——房屋开发成本——某成本对象——配套设施费"账户的借方。应由投资性房地产或固定资产受益的，将其分配记入"在建工程"账户的借方。

根据相关规定，单独作为过渡性成本对象核算的公共配套设施开发成本，应按建筑面积法进行分配。因此，在会计期末最好按照建筑面积法进行分配，这样可以保证会计处理与税务处理的一致，省去纳税调整给企业会计人员带来的不必要的工作量。

**2. 不作为成本对象的核算**

对于只为一个单体开发项目服务的，应摊入开发项目成本且造价较低的配套设施，发生的开发费用直接计入单体开发项目的成本。借记"生产成本——房屋开发成本——成本对象"账户，贷记"银行存款""应付账款"等账户。

**3. 非营利性公共配套设施成本项目的设置**

对于作为成本对象核算的非营利性公共配套设施的开发成本，在核算时一般仅设置如下四个成本项目：土地征用及拆迁补偿费或批租地价；前期工程费；基础设施费；建筑安装工程费。

由于这些配套设施的支出需由房屋等开发成本负担，为简化核算手续，对这些配套设施，可不再分配其他配套设施支出。它本身应负担的开发间接费用，也可直接分配计入有关房屋开发成本。因此，对这些配套设施，在核算时也就不必设置配套设施费和开发间接费两个成本项目。

**（三）营利性公共配套设施费的核算**

**1. 营利性公共配套设施的核算**

营利性公共配套设施应当单独核算其成本。除企业自用应按建造固定资产进行处理外，其他一律按建造开发产品进行处理。营利性公共配套设施支出，应在"开发成本——配套设施开发成本——配套成本对象"账户进行归集，会计期末按照建筑面积法分配给各受益对象，并记入"生产成本——房屋开发成本——某成本对象——配套设施费"账户的借方。

**2. 营利性公共配套设施成本项目的设置**

对这些配套设施的开发成本，应设置如下六个成本项目：土地征用及拆迁补偿费或批租地价；前期工程费；基础设施费；建筑安装工程费；配套设施费；开发间接费。

其中配套设施费项目用于核算分配的其他配套设施费。因为要使这些设施投入运转，有时也需要其他配套设施为其提供服务，所以理应分配为其服务的有关设施的开发成本。

对营利性配套设施分配的非营利配套设施支出,应计入各营利配套设施开发成本明细分类账的"配套设施费"项目,即记入"开发成本——配套设施开发成本——配套设施成本对象(营利性)"账户的借方和"开发成本——配套设施开发成本——配套设施成本对象(非营利性)"账户的贷方。

对营利性配套设施分配的开发间接费用,应计入各营利配套设施开发成本明细分类账的"开发间接费"项目,即记入"开发成本——配套设施开发成本——配套设施成本对象(营利性)"账户的借方和"开发间接费用"账户的贷方。

【例2-6】 某房地产公司根据建设规划要求,在开发小区内负责建设一间商店、一座水塔和一所幼托。上述设施均发包给施工企业施工,其中商店建成后,有偿转让给商业部门。水塔和幼托的开发支出按规定计入有关开发产品的成本。水塔与商品房等同步开发,幼托与商品房等不同步开发,其支出经批准采用预提办法。上述各配套设施共发生的有关支出如表2-1所示。

表2-1 配套设施支出明细表  单位:元

| 项目 | 商店 | 水塔 | 幼托 | 合计 |
| --- | --- | --- | --- | --- |
| 支付征地拆迁费 | 50 000 | 5 000 | 50 000 | 105 000 |
| 支付前期工程费 | 30 000 | 20 000 | 30 000 | 80 000 |
| 应付基础设施费 | 50 000 | 30 000 | 50 000 | 130 000 |
| 应付建安工程费 | 200 000 | 245 000 | 190 000 | 635 000 |
| 分配水塔配套费 | 35 000 | −35 000 | | |
| 分配开发间接费 | 55 000 | | | 55 000 |
| 预提幼托配套费 | 40 000 | | | 40 000 |
| 合计 | 460 000 | 265 000 | 320 000 | 1 045 000 |

该公司相关账务处理如下。

(1)用银行存款支付征地拆迁费时:

借:生产成本——配套设施开发成本　　　　　　　　　　　　　　105 000
　　贷:银行存款　　　　　　　　　　　　　　　　　　　　　　　105 000

(2)用银行存款支付设计单位前期工程款时:

借:生产成本——配套设施开发成本　　　　　　　　　　　　　　80 000
　　贷:银行存款　　　　　　　　　　　　　　　　　　　　　　　80 000

(3)将应付施工企业基础设施工程款和建筑安装工程款入账时:

借:生产成本——配套设施开发成本　　　　　　　　　　　　　　765 000
　　贷:应付账款——应付工程款　　　　　　　　　　　　　　　　765 000

(4)按规定应将其开发成本分配计入商品房等开发产品成本的非营利公共配套设施,如上述水塔设施,在完工验收后,应将其发生的实际开发成本按一定的标准(有关开发产品的实际成本、预算成本或计划成本),分配计入有关房屋和营利性公共配套设施的开发成本,作如下分录入账:

```
借：生产成本——房屋开发成本                             265 000
       ——配套设施开发成本——商店                        35 000
  贷：生产成本——配套设施开发成本——水塔                300 000
```

（5）分配应计入商店配套设施开发成本的开发间接费用时：

```
借：生产成本——配套设施开发成本——商店                 55 000
  贷：开发间接费用                                       55 000
```

（6）预提应由商店配套设施开发成本负担的幼托设施支出时：

```
借：生产成本——配套设施开发成本——商店                 40 000
  贷：应付账款——预提费用                                40 000
```

同时应将各项配套设施支出分别记入各配套设施开发成本明细分类账户。

已完成全部开发过程并经验收的配套设施，应按其用途结转其开发成本。

（7）对能有偿转让给有关部门的营利性公共配套设施，如上述商店设施，应在完工验收后将其实际成本自"生产成本——配套设施开发成本——商店"账户的贷方转入"库存商品——配套设施——商店"账户的借方。

```
借：库存商品——配套设施——商店                         460 000
  贷：生产成本——配套设施开发成本——商店                460 000
```

营利性公共配套设施有偿转让收入，应作为销售收入处理。

（8）对用预提方式将配套设施支出记入有关开发产品成本的公共配套设施，如幼托设施，应在完工验收后，将其实际发生的开发成本冲减预提的配套设施费，作如下分录入账：

```
借：生产成本——房屋开发成本                             280 000
    应付账款——预提费用                                  40 000
  贷：生产成本——配套设施开发成本——幼托                320 000
```

如预提配套设施费大于或少于实际开发成本，可将其多提数或少提数冲减有关开发产品成本或作追加分配。如有关开发产品已完工并办理竣工决算，可将其差额冲减或追加分配于尚未办理竣工决算的开发产品的成本。

### （四）预提配套设施费的核算

#### 1. 预提配套设施费的范围

一个小区的开发所用时间较长，有的需要几年，开发企业在开发进度安排上，有时先建房屋，后建配套设施。这样，往往出现房屋已经建成，而有的配套设施可能尚未完成，或者是商品房已经销售，而幼托、消防设施等尚未完工的情况。这种房屋开发与配套设施建设的时间差，使得那些已具备使用条件并已出售的房屋应负担的配套设施费，无法按配套设施的实际开发成本进行结转和分配，只能以未完成配套设施的预算成本或计划成本为基数，计算出已出售房屋应负担的数额，用预提方式计入出售房屋等的开发成本。

但并不是所有的配套设施都可以预提成本，只有非营利性公共配套设施最终可以分配计入房屋开发成本。因此，在房屋竣工时，对于营利性公共配套设施尚未建造或尚未完工的，不能预提该公共配套设施费。而对于非营利性公共配套设施尚未建造或尚未完工的，可按预算造价合理预提建造费用。此类公共配套设施必须符合已在售房合同、协议或广告，模型中明确承诺建造且不可撤销,或按照法律、法规规定必须配套建造的条件。

**2. 预提配套设施费的账务处理**

对于非营利性公共配套设施与房屋等开发产品不同步开发,或房屋等开发完成等待出售或出租,而该配套设施尚未全部完成的,可按该配套设施的预算成本或计划成本,预提配套设施费,将其记入房屋等开发成本明细分类账的"配套设施费"账户。

1) 预提成本时的账务处理

预提配套设施费时,根据预提金额,借记"生产成本——房屋开发成本"等账户,贷记"应付账款——预提费用"账户。

2) 实际发生时的账务处理

实际发生配套设施费时,按支付款项的金额,借记"应付账款——预提费用"账户,贷记"银行存款""应付账款——应付工程款"等账户。

3) 完工结算时的账务处理

当成本结算完毕,对已经按照预提成本结转的销售成本和资产账面价值以及库存开发产品成本进行调整。

如果实际成本大于预提成本,按其差额,借记"主营业务成本""投资性房地产""固定资产""库存商品"等账户,贷记"银行存款""应付账款——应付工程款"等账户。

如果实际成本小于预提成本,按其差额,借记"应付账款——预提费用"账户,贷记"主营业务成本""投资性房地产""固定资产""库存商品"等账户。

**3. 预提配套设施费的计算方法**

开发产品预提的配套设施费的计算公式如下:

$$\frac{某项开发产品预提的}{配套设施费} = \frac{该项开发产品预算}{成本(或计划成本)} \times \frac{配套设施费}{预提率}$$

$$\frac{配套设施费}{预提率} = \frac{该配套设施的预算}{成本(或计划成本)} \div \frac{应负该配套设施费各开发产品的}{预算成本(或计划成本)合计} \times 100\%$$

式中应负担配套设施费的开发产品一般应包括开发房屋和营利性公共配套设施。

## 七、土地开发和代建工程的核算

### (一) 土地开发成本的核算

**1. 土地开发成本的划分和归集**

房地产开发企业开发的土地,按其用途可分为如下两种:一种是为了转让、出租而开发的商品性土地(也叫商品性建设场地);另一种是为开发商品房而开发的自用土地。前者是企业的最终开发产品,其费用支出单独构成土地的开发成本;而后者则是企业的中间开发产品,其费用支出应计入房屋开发成本。

现行会计制度中设置"开发成本——土地开发成本"账户,它的核算的内容,与企业发生的土地开发支出并不完全对口,原则上仅限于企业开发各种商品性土地所发生的支出。

企业为开发房屋而开发的土地,其费用可分清负担对象的,应直接计入有关房屋开发成本,在"生产成本——房屋开发成本"账户进行核算。如果企业开发的自用土地,分不清负担对象,应由两个或两个以上成本核算对象负担的,其费用先通过"生产成本——房屋开发成本——待分摊成本"账户进行归集,待土地开发完成投入使用时,再按一定的标准(房屋占地面积)将其分配计入开发产品成本对象、投资性房地产、固定资产等。

如果企业开发商品房使用的土地属于企业开发商品性土地的一部分,则应将整块土地作为一个成本核算对象,在"生产成本——土地开发成本"账户中归集其发生的全部开发支出,计算其总成本和单位成本,并于土地开发完成时,将成本结转到"库存商品"账户中。待使用土地开发房屋时,再将这部分土地所应负担的开发成本,从"库存商品"账户转入"生产成本——房屋开发成本""在建工程"等账户。

**2. 土地开发成本核算对象的确定和成本项目的设置**

1) 土地开发成本核算对象的确定

为了既有利于土地开发成本的归集,又有利于土地开发成本的结转,对需要单独核算土地开发成本的开发项目,可按下列原则确定土地开发成本的核算对象:

对开发面积不大、开发工期较短的土地,可以每一块独立的开发项目为成本核算对象。

对开发面积较大、开发工期较长、分区域开发的土地,可以一定区域作为土地开发成本核算对象。

成本核算对象应在开工之前确定,一经确定就不能随意改变,更不能相互混淆。

2) 土地开发成本项目的设置

企业开发的土地,因其设计要求不同,开发的层次、程度和内容都不相同,有的只是进行场地的清理平整,如原有建筑物、障碍物的拆除和土地的平整;有的除了场地平整外,还要进行地下各种管线的铺设、地面道路的建设等。因此,就各个具体的土地开发项目来说,它的开发支出内容是不完全相同的。

企业要根据所开发土地的具体情况和会计制度规定的成本项目,设置土地开发项目的成本项目。对于会计制度规定的、企业没有发生支出内容的成本项目,如建筑安装工程费、配套设施费,可不必设置。

根据土地开发支出的一般情况,企业对土地开发成本的核算,可设置如下几个成本项目:

土地征用及拆迁补偿费批租地价:土地征用及拆迁补偿费是指按照城市建设总体规划进行土地开发所发生的土地征用费、耕地占用税、劳动力安置费,以及有关地上、地下物拆迁补偿费等。但对拆迁旧建筑物回收的残值应估价入账并冲减有关成本。开发土地如通过批租方式取得的,应列入批租地价。

前期工程费:前期工程费是指土地开发项目前期工程发生的费用,包括规划、设计费,项目可行性研究费,水文、地质勘察、测绘费,场地平整费等。

基础设施费:基础设施费是指土地开发过程中发生的各种基础设施费,包括道路、供水、供电、供气、排污、排洪、通信等设施费用。

开发间接费:开发间接费是指应由商品性土地开发成本负担的开发间接费用。土地开发项目如要负担不能有偿转让的配套设施费,还应设置"配套设施费"成本项目,用于核算应计入土地开发成本的配套设施费。

**3. 土地开发成本的核算**

企业在土地开发过程中发生的各项支出,自用土地开发支出在"生产成本——房屋开发成本"账户核算,商品性土地开发支出均应通过"生产成本——土地开发成本"账户进行核算。

对发生的土地征用及拆迁补偿费、前期工程费、基础设施费等土地开发支出,可直接记入各土地开发成本明细分类账。对于自用土地开发支出,借记"生产成本——房屋开发成本"账户,贷记"银行存款""应付账款"等账户;对于商品性土地开发支出,借记"生产成本——土地开发成本"账户,贷记"银行存款""应付账款"等账户。

发生的开发间接费用,应先在"开发间接费用"账户进行核算,于会计期末再按一定标准,分配计入有关开发成本核算对象。应由商品性土地开发成本负担的开发间接费,应记入"开发成本——土地开发成本"账户的借方和"开发间接费用"账户的贷方。

【例 2-7】 某房地产公司在某月份内,共发生了下列有关土地开发支出,如表 2-2 所示。

表 2-2 某房地产公司土地开发支出情况　　　　　　单位:元

| 项目 | 商品性土地 | 自用土地 | 合计 |
| --- | --- | --- | --- |
| 支付征地拆迁费 | 78 000 | 72 000 | 150 000 |
| 支付前期工程费 | 20 000 | 18 000 | 38 000 |
| 应付基础设施费 | 25 000 | 18 000 | 43 000 |
| 分配开发间接费 | 10 000 |  | 10 000 |
| 合计 | 133 000 | 108 000 | 241 000 |

(1) 用银行存款支付征地拆迁费时:

借:生产成本——土地开发成本　　　　　　　　　　　　　　78 000
　　　　　　——房屋开发成本　　　　　　　　　　　　　　72 000
　贷:银行存款　　　　　　　　　　　　　　　　　　　　　150 000

(2) 用银行存款支付前期工程费时:

借:生产成本——土地开发成本　　　　　　　　　　　　　　20 000
　　　　　　——房屋开发成本　　　　　　　　　　　　　　18 000
　贷:银行存款　　　　　　　　　　　　　　　　　　　　　38 000

(3) 应付基础设施费时:

借:生产成本——土地开发成本　　　　　　　　　　　　　　25 000
　　　　　　——房屋开发成本　　　　　　　　　　　　　　18 000
　贷:应付账款——应付工程款　　　　　　　　　　　　　　43 000

(4) 分配应计入商品性土地开发成本的开发间接费用时:

借:生产成本——土地开发成本　　　　　　　　　　　　　　10 000
　贷:开发间接费用　　　　　　　　　　　　　　　　　　　10 000

同时应将各项土地开发成本分别记入土地开发成本、房屋土地开发成本明细分类账。

**4. 已完土地开发成本的结转**

已完土地开发成本的结转,应根据已完成开发土地的用途,采用不同的成本结转方法。

对于商品性土地,在开发完成并经验收后,应将其实际成本自"生产成本——土地开发成本"账户转入"库存商品——土地"账户。

对于为开发房屋而开发的自用土地,在开发完成后,应将其实际成本自"生产成本——房屋开发成本——待分摊成本"账户转入"生产成本——房屋开发成本——成本对象""在建

【例2-8】 接【例2-7】，某房地产公司商品性土地经开发完成并验收，加上以前月份开发支出共1 002 000元，应作如下分录入账：

借：库存商品——土地　　　　　　　　　　　　　　　　　　　1 002 000
　　贷：生产成本——土地开发成本　　　　　　　　　　　　　　　　1 002 000

### （二）代建工程开发成本的核算

代建工程是指房地产开发企业接受委托单位的委托，代为开发的各种工程，包括土地、房屋、市政工程等。

房地产开发企业发生的各项代建工程支出和对代建工程分配的开发间接费用，应记入"生产成本——代建工程开发成本"账户的借方和"银行存款""应付账款——应付工程款""库存材料"或"原材料""应付职工薪酬""开发间接费用"等账户的贷方。同时应按成本核算对象和成本项目分别归类记入各代建工程开发成本明细分类账。代建工程开发成本明细分类账的格式，基本上和房屋开发成本明细分类账相同。

完成全部开发过程并经验收的代建工程，应将其实际开发成本自"生产成本——代建工程开发成本"账户转入"库存商品"账户，并在将代建工程移交委托代建单位，办妥工程价款结算手续后，将代建工程开发成本自"库存商品"账户转入"主营业务成本"账户。

## 八、开发产品成本的结转

### （一）计算各成本核算对象的开发总成本

**1. 计算总成本的原则**

房地产开发企业在计算成本核算对象开发总成本时，应重点关注以下几点：

（1）房地产开发企业在结转完工开发产品成本前，要和企业内部各业务部门沟通，确认是否还有应该属于待结转产品承担的成本还没有发生的情况，确认开发总成本的完整性，防止归集的开发成本发生重大遗漏。

（2）在复核开发成本的完整性时，重点关注报批报建项目和项目后期待建的配套设施。如有应支未支的报批报建项目，应根据相关收费文件和收费标准等规定进行预提。对项目规划应该建设而计划在后期项目建设的应在本期分摊的配套设施等成本支出，应该按照成本分摊原则进行预提。

（3）对于本期发生的应该由前期、本期或后期项目分摊的支出，应该按照权责发生制原则作待摊处理。

**2. 成本预提**

1）配套设施成本的预提

预提范围：非营利性配套设施将发生的费用可以预提。但营利性配套设施将发生的费用不得预提。

预提条件：房屋与配套设施非同步开发（有前有后、穿插进行）；先建房屋，后建配套设施。

预提时间：应在结转房屋等开发产品时预提。

预提依据：拟建配套设施的预算成本或计划成本。

$$\text{某项开发产品预提的配套设施费} = \text{该项开发产品预算成本(或计划成本)} \times \text{配套设施费预提率}$$

$$\text{配套设施费预提率} = \frac{\text{该配套设施的预算成本(或计划成本)}}{\text{应负担该配套设施费各开发产品的预算成本(或计划成本)合计}} \times 100\%$$

公式中,应负担配套设施费的开发产品一般应包括开发房屋和营利性公共配套设施。

2) 开发产品成本的预提

预提范围:会计期末,当开发产品符合确认收入条件时,必须确认取得的销售收入,并结转销售成本,如果此时项目决算工作尚未完成,就需要对开发产品成本进行预提。自持经营用途开发产品和投资性房地产投入使用时,也需要确定原值,对发生的成本支出进行预提,并计提折旧。

预提时间:一般在确认收入或资产投入使用时预提。

预提依据:由企业预算或成本部门根据成本预算结合实际成本发生情况确定。

3) 报批报建费用的预提

应向政府上交但尚未上交的报批报建费用、物业完善费用可以按规定预提。物业完善费用是指按规定应由企业承担的物业管理基金、公建维修基金或其他专项基金。

4) 预提费用的核算

成本预提在"应付账款——预提费用"账户核算。该账户核算按权责发生制原则计提的,应由本受益期、受益对象承担的已经发生或将要发生但尚未结算或支付的成本、费用。当成本结算完毕,对已经按照预提成本结转的销售成本和资产账面价值以及库存开发产品成本进行调整,对已经计提的折旧不再调整。

发生预提情况时,按预算成本或相关合同和收费文件规定标准,借记"生产成本"账户的相应明细账户,贷记"应付账款——预提费用"账户。实际发生时,借记"应付账款——预提费用"账户,贷记"银行存款""应付账款——应付工程款"等账户。实际结算时,按实际结算大于预提成本之间的差额,借记"主营业务成本""投资性房地产""库存商品"等账户,贷记"银行存款""应付账款——应付工程款"等账户;按实际结算小于预提成本之间的差额,借记"应付账款——预提费用"账户,贷记"主营业务成本""投资性房地产""库存商品"等账户。

**3. 成本核算对象总成本计算表**

成本核算对象的成本归集完后,需要确定哪些成本核算对象是开发产品,哪些不是开发产品。

不是开发产品的成本核算对象就是非营利性公共配套设施,其发生的各项费用支出属于待分摊配套设施成本(共同成本),其归集的成本按照受益原则和配比原则分摊到开发产品中。不是开发产品的成本核算对象(非营利性公共配套设施)之间不再确定分摊关系,其成本直接分摊到开发产品中去。是开发产品的成本核算对象发生的各项费用支出属于不需再分摊成本,其归集的成本无须再进行任何分摊。

房地产开发企业在结转开发产品成本时,先通过成本的归集和分配,确定各成本核算对象的开发总成本,然后,再将不是开发产品的成本核算对象中归集的成本按照建筑面积法分摊到开发产品中,最终确定开发产品的开发总成本。在实际操作中,房地产开发企业一般采用成本核算对象成本明细表来完成这一过程。如表2-3所示。

表 2-3  成本核算对象成本明细表　　　　　　　　单位：元

| 成本类别 | | 不需再分摊成本 | | | 待分摊配套设施成本（共同成本） | | | 合计 | 分摊方法简要说明 |
|---|---|---|---|---|---|---|---|---|---|
| 一级 | 二级 | 多层 | 高层 | 公寓 | 学校 | 幼儿园 | 会所 | | |
| 土地征用及拆迁补偿费 | | | | | | | | | |
| 前期工程费 | | | | | | | | | |
| 基础设施费 | | | | | | | | | |
| 建筑安装工程费 | | | | | | | | | |
| 配套设施费 | | | | | | | | | |
| 开发间接费 | | | | | | | | | |
| 待分摊配套设施成本（共同成本） | 学校 | | | | | | | | |
| | 幼儿园 | | | | | | | | |
| | 会所 | | | | | | | | |
| | 合计 | | | | | | | | |
| 成本合计 | | | | | | | | | |
| 建筑面积(平方米) | | | | | | | | | |
| 单位建筑面积成本 | | | | | | | | | |
| 销售面积(平方米) | | | | | | | | | |
| 单位销售面积成本 | | | | | | | | | |

**（二）结转完工开发产品成本**

开发产品竣工验收达到预定可使用状态，成本结算完成后，编制库存产品成本明细表，详细列明每种开发产品的总成本、总面积、单位面积成本和总套数等信息，使用的面积要和测绘部门出具的实测面积一致。

库存产品的分类要根据核算对象的划分和实际核算需要来确定。库存产品成本明细表作为开发产品成本结转为库存产品成本的依据，结转时借记"库存商品"账户的相关明细账户，贷记"生产成本"账户的相关明细账户。"生产成本"账户的期末余额反映在产品的实际成本。

**1. 库存商品的账户设置**

房地产开发企业的产品通过库存商品账户核算。库存商品是指建造完成后以备出售、出租的开发产品。

为区分不同用途开发产品的成本，实现不同开发产品的销售收入和发生的成本准确配比，应该按照开发产品的不同类别在"库存商品"账户下设置"已完工开发产品"和"出租开发产品"两个二级明细账户，在明细账户下按照项目，分期、分产品进行辅助核算。

"出租开发产品"是指根据经营需要短期（一般不超过一个年度）作为出租用途，以后再对外销售的开发产品。此处的开发产品不计提折旧。

"已完工开发产品"核算出售开发产品、投资性房地产开发产品、自持经营开发产品等内容。

## 2. 库存产品成本明细表

库存产品明细表的格式如表 2-4 所示。

表 2-4　库存产品成本明细表　　　　　　　　　　　　　单位：元

| 成本项目 \ 产品名称 | 多层 | 高层 | 公寓 | 合计 |
|---|---|---|---|---|
| 土地征用及拆迁补偿费 | | | | |
| 前期工程费 | | | | |
| 基础设施费 | | | | |
| 建筑安装工程费 | | | | |
| 配套设施费 | | | | |
| 开发间接费 | | | | |
| 成本合计 | | | | |
| 建筑面积（平方米） | | | | |
| 单位建筑面积成本 | | | | |
| 销售面积（平方米） | | | | |
| 单位销售面积成本 | | | | |

### （三）结转开发产品销售成本

会计期末根据收入确认原则分产品确认实现的销售收入和销售面积，同时根据实现的销售面积结转相应的开发产品销售成本。

结转的某已实现销售开发产品成本＝实现的销售面积×该开发产品单位面积成本

账务处理为：借记"主营业务成本"账户，贷记"库存商品"账户。结转销售成本时，编制销售产品成本明细表，该表详细登记实现销售的每套房源信息，如表 2-5 所示。

## 1. 销售产品成本明细表

表 2-5　销售产品成本明细表

项目分期：　　　　　　　　面积：平方米　　　　　　金额单位：元

| 项目档案 | 公寓 | 车位 | 底商 | 合计 | 备注 |
|---|---|---|---|---|---|
| 本期总面积 | | | | | 实测面积 |
| 本期总成本 | | | | | |
| 单位成本 | | | | | |
| 待结转总面积 | | | | | |
| 待结转总成本 | | | | | |
| 本次结转面积 | | | | | |
| 本次结转成本 | | | | | |
| 未结转总面积 | | | | | |
| 未结转总成本 | | | | | |
| 未结转比例 | | | | | |

**2. 成本差的账务处理**

开发产品成本结转完后又发生成本支出的情况下,会造成库存开发产品成本与实际成本不符,两者的差异叫成本差。

在发生差异的开发产品已经全部销售的情况下,成本差记入"销售费用——其他"账户。

在没有全部销售的情况下,发生的成本差先通过"生产成本"账户归集,然后转入"库存商品"账户,调整剩余库存商品成本,重新计算未售库存商品单位面积成本。

**3. 库存商品期末计量**

在资产负债表日,库存商品应当按照成本与可变现净值孰低计量。当市场发生重大变化,预计可变现净值低于库存成本时,在取得确凿证据的情况下,按照预计可变现净值进行计量并进行相应的账务处理。

# 第三章 稽查检查前期分析

税务稽查案源分析是税务稽查的第一道程序,是税务稽查的起点和基础。各地税务稽查部门一般采取的是选案、检查、审理、执行四环节分离的原则,选案环节之前更多的是进行案源跟踪管理,较少对案源进行实质性分析。一方面是认为分析应当由检查环节进行,另一方面也是客观上由于案头分析数据资料不足、手段单一等原因,最终分析成效不明显导致。但是,随着各类税收系统大数据的日益成型,外部第三方数据获取渠道不断畅通,以及《全国税务稽查规范(1.1版)》对案源管理的强化,稽查部门案源分析工作的力度不断加强,准确性也日益提高,正逐渐成为指导后续检查办案的重要依据和方向。

## 第一节 税务稽查执法依据问题

随着我国社会主义市场经济的发展和法制化的进程,社会各界关注税收的程度在提高,纳税人的税收法制观念也随之不断提高。税务稽查执法作为税务法治建设的重要内容和环节之一,其在日常工作中行使的税收执法权利直接关系到纳税人的切身利益,也越来越多地受到关注。税务稽查的工作性质决定了其风险是税务执法风险中最高的,因此稽查人员依法履行职责过程中,在关注税收政策的同时,更要注意稽查执法依据、执法程序等问题。

根据《税务稽查工作规程》(国税发〔2009〕157号)的规定,税务稽查的基本任务,是依法查处税收违法行为,保障税收收入,维护税收秩序,促进依法纳税。

根据《国家税务总局关于稽查局职责问题的通知》(国税函〔2003〕140号)的规定,"稽查局的现行职责是指:稽查业务管理、税务检查和税收违法案件查处;凡需要对纳税人、扣缴义务人进行账证检查或者调查取证,并对其税收违法行为进行税务行政处理(处罚)的执法活动,仍由各级稽查局负责。"

**【例3-1】 华润置地税案引发的稽查局职责之辩**

2015年12月,上海市黄浦区人民法院行政判决书(2015)黄浦行初字第256号——华润置地(上海)有限公司(以下称原告)与上海市国家税务局第五稽查局、上海市国家税务局(以下称被告)税务一审行政判决书公布,其中主要争议内容之一:被告上海市国税局第五稽查局作出被诉税务处理决定是否超越职权;行政程序是否合法。

**一、案情介绍**

2015年2月11日,上海市国税局第五稽查局(简称"第五稽查局")对华润置地(上海)有限公司(简称"华润置地")作出了《税务处理决定书》(沪国税五稽处〔2015〕6号),主要内容如下:

1. 认定华润置地有如下税务违法事实:

(1) 2012年12月27日,华润置地计提职工工资1 149 538.87元并计入"管理费用"和"销售费用"之中,华润置地将该部分工资费用在2012年度进行所得税汇算清缴时作税前扣除。但由于该部分工资实际在 2013 年 1 月发放,因此华润置地少调增 2012 年度企业所得税应纳税所得额 1 149 538.87 元;

(2) 华润置地 2011 年度、2012 年度按照企业会计准则的规定计算其应当缴纳的土地增值税为 517 046 665 元、57 668 838.66 元,并将该两笔费用分别计入 2011 年度和 2012 年度的"营业税金及附加"科目,并在两年度企业所得税汇算清缴时作税前扣除。但华润置地 2011 年度、2012 年度实际预缴的土地增值税分别为 29 703 336.18 元、21 736 844.44 元,因此华润置地少调增 2011 年度、2012 年度企业所得税应纳税所得额分别为 460 980 995.76 元、35 931 994.22 元。

2. 对华润置地上述税务违法事实作出如下税务处理决定:

(1) 华润置地应补缴 2011 年度企业所得税 115 245 248.94 元,加收滞纳金 20 398 409.06 元;

(2) 华润置地应补缴 2012 年度企业所得税 9 270 383.27 元。

华润置地对第五稽查局作出的税务处理决定不服,向上海市国家税务局(简称"上海国税局")提出复议但并未获得支持。后华润置地向上海市黄浦区人民法院提起行政诉讼。2015 年 12 月 28 日,上海市黄浦区人民法院对本案作出一审判决,驳回华润置地的全部诉讼请求。

## 二、各方关于稽查局职权的观点

**原告观点**:原告对被告第五稽查局出示的行政职权依据提出异议认为,国税函〔2003〕140 号文已经失效,且稽查局的职责是专司偷、逃、骗、抗税案件的处理,本案只涉及纳税调整,被告市国税稽查五局没有执法权。诉讼中,原告要求一并对《国家税务总局关于稽查局职责问题的通知》(以下简称国税函〔2003〕140 号文)的合法性进行审查。

**被告观点**:被告第五稽查局负有对税收违法行为进行税务行政处理的法定职责。被告第五稽查局向法院提供《税收征管法》第十四条、《中华人民共和国税收征收管理法实施细则》(以下简称《税收征管法实施细则》)第九条第一款、第二款、国税函〔2003〕140 号文、国税发〔2004〕108 号《国家税务总局关于进一步加强税收征管工作的若干意见》、国税发〔2009〕157 号《税务稽查工作规程》第二条作为其职权依据。

**一审法院观点**:被告第五稽查局和被告市国税局提交的职权、程序及法律适用的依据属于现行有效的法律、行政法规及规范性文件等,且所涉条款与两被告作出被诉税务处理决定和行政复议决定相关,法院予以认可。

关于被告第五稽查局是否超越职权的争议,根据《税收征管法实施细则》第九条第二款的规定:"国家税务总局应当明确划分税务局和稽查局的职责,避免职责交叉"。国家税务总局在国税函〔2003〕140 号文中明确,"稽查局的现行职责是:稽查业务管理、税务检查和税收违法案件查处;凡需要对纳税人、扣缴义务人进行账证检查或者调查取证,并对其税收违法行为进行税务行政处理(处罚)的执法活动,仍由各级稽查局负责"。对此,原告在诉讼中请求对国税函〔2003〕140 号文一并进行合法性审查。法院经审查后认为,国家税务总局经行政法规授权,有权对税务局和稽查局的职责作出明确和划分。该被审查的部门规范性文件的作出有上位法依据,文件中规定现阶段各级稽查局职责范围的条文,可作为被告第五稽查局作出被诉税务处理决定的职权依据。因此,被告第五稽查局具有对税收违法行为进行执法,作出被诉税务行政处理决定的职责。另外,依据《行政复议法》的有关规定,被告市国税局对申请人不服下级行政机关所作行政行为提起的税务行政复议申请亦有作出复议决定的法定职权。

### 三、关于被告第五稽查局作出被诉税务处理决定是否超越职权的问题

1. 《国家税务总局关于稽查局职责问题的通知》(国税函〔2003〕140号)

《国家税务总局关于稽查局职责问题的通知》(国税函〔2003〕140号),法院方对被告所提供的依据,属于现行有效的法律、行政法规及规范性文件,给予了认可。因此,该文件有效。文件具体内容如下:

各省、自治区、直辖市和计划单列市国家税务局、地方税务局:

《中华人民共和国税收征管法实施细则》第九条第二款规定"国家税务总局应当明确划分税务局和稽查局的职责,避免职责交叉。"为了切实贯彻这一规定,保证税收征管改革的深化与推进,科学合理地确定稽查局和其他税务机构的职责,国家税务总局正在调查论证具体方案。在国家税务总局统一明确之前,各级稽查局现行职责不变。稽查局的现行职责是指:稽查业务管理、税务检查和税收违法案件查处;凡需要对纳税人、扣缴义务人进行账证检查或者调查取证,并对其税收违法行为进行税务行政处理(处罚)的执法活动,仍由各级稽查局负责。

该文件重要之处正在于明确了稽查局的现行职责,尤其是"凡需要对纳税人、扣缴义务人进行账证检查或者调查取证,并对其税收违法行为进行税务行政处理(处罚)的执法活动,仍由各级稽查局负责"。凡是需要查账或者调查取证进行处理(罚)的税收违法行为,都归稽查局负责。本案中的涉税事实虽然是纳税调整事项,但是需要进行查账、调查、取证,并需要进行税务处理。因此,稽查局并未越权执法。

2. 被告第五稽查局还提供了证明其执法行为符合稽查局职责的其他依据

(1)《税收征管法》第十四条:

本法所称税务机关是指各级税务局、税务分局、税务所和按照国务院规定设立的并向社会公告的税务机构。

这一条,是为说明稽查局具有征管法赋予税务机关的相应职责来做铺垫的。

(2)《税收征管法实施细则》第九条第一款、第二款:

税收征管法第十四条所称按照国务院规定设立的并向社会公告的税务机构,是指省以下税务局的稽查局。稽查局专司偷税、逃避追缴欠税、骗税、抗税案件的查处。

国家税务总局应当明确划分税务局和稽查局的职责,避免职责交叉。

细则具体明确了稽查局属于征管法所称税务机关。而对于"稽查局专司偷税、逃避追缴欠税、骗税、抗税案件的查处"。立法者没有解释,执法者只能自己理解了,纳税人可能理解专司的意思就是只能管偷、逃、骗、抗案件,其他的与稽查无关。税务局理解的是无论稽查还是征管局发现的偷、逃、骗、抗都必须交由稽查局查处,但不排斥稽查局同时负责其他税收违法行为的查处。

引起争议的还有第二款"国家税务总局应当明确划分税务局和稽查局的职责,避免职责交叉"。无论哪级稽查局,也无论稽查局具备什么法律地位,都是隶属于某级税务局的,在行政架构上是税务局的直属机构。国地税合并后,稽查局在行政架构上是税务局的派出机构。

(3)《国家税务总局关于进一步加强税收征管工作的若干意见》国税发〔2004〕108号,该文中有如下关于稽查职责的内容:

税收管理员原则上不直接从事税款征收、税务稽查和违章处罚工作。

经纳税评估、约谈辅导和调查核实所确定的问题……涉嫌"偷逃骗抗"等税收违法行为需要立案的,要及时移交税务稽查部门查处。

(4) 明确划分日常税务检查与税务稽查的职责:

日常税务检查与税务稽查的职责范围要按照《国家税务总局关于进一步加强税收征管基础工作若干问题的意见》(国税发〔2003〕124号)规定的三条原则划分。各级税务机关要根据各地实际情况,制定具体管理办法,从税务检查的对象、范围、性质、时间等方面划清日常税务检查与税务稽查的业务边界。

为保持税务稽查选案、检查、审理和执行各环节的完整性,税务稽查案源主要从以下几个方面确定:举报案件;日常管理过程中发现有偷、逃、骗税等税收违法行为嫌疑,需要移送稽查的案件;上级交办的案件;稽查局按规定采取计算机选取或人工随机抽样等办法选取并与税源管理部门协调后确定的案件;外单位(包括国际情报交换)转办的案件等。

为保证税务稽查人员集中精力查处案件,以及征收、管理部门及时了解发票交叉稽核情况和有利于管理,增值税专用发票、运输发票、海关代征进口增值税专用缴款书、废旧物资普通发票和农产品收购发票以及税务机关为小规模纳税人代开增值税专用发票等经稽核系统筛选出的异常票,由协查系统转征收、管理部门进行审核,区分不同情况处理。属于采集、填写、打印、传输等一般技术性错误,无需立案查处的,由征收、管理部门进行处理;确有偷逃骗税以及虚开等嫌疑的,移送稽查部门查处。

(5) 规范税务检查行为:

税务人员进行税务检查,要严格执行税务检查程序,按照征管法及其实施细则的规定,出示税务检查通知书和税务检查证件。为避免多头重复检查,要严格控制检查次数和检查时间,制定统一的检查计划。各级税务机关要建立日常税务检查和税务稽查的协调机制,已经被税务稽查部门立案查处的,税源管理部门不再进行日常税务检查。

前文提到的《国家税务总局关于进一步加强税收征管基础工作若干问题的意见》(国税发〔2003〕124号)文件,摘录其相关内容如下:

### 三、合理设置内部专业管理部门,明确管理职能

(一) 正确理解征、管、查之间的辩证关系,合理设置内部征管部门。各地税务机关在推进信息化加专业化的税收征管改革进程中,要严格按照"以申报纳税和优化服务为基础,以计算机网络为依托,集中征收,重点稽查,强化管理"的征管工作要求,正确处理好征收、管理、稽查三者的关系。征收、管理、稽查都是税收管理的内容,属于税收管理的不同环节,一旦脱节,势必影响整个税收管理的质量和效率。三者是税务机关内部对业务的分工,既是相对独立的管理环节或部门,又是相互依存、相互制约、相互促进的有机整体。各级税务机关务必准确理解和把握这一点,本着便于管理、利于监控、方便纳税人办税的原则,合理调整和设置内部征管业务部门,切实加强征管。

(二) 明确管理职能,加强相互衔接。全国税务系统基层建设工作会议对基层机构设置已提出明确的要求,各级税务机关要认真贯彻,结合各地实际,规范征、管、查各专业的工作职能,划清各自的职责范围,明确各环节之间的衔接与协调。各个职能部门、岗位之间既要各司其职、各负其责,又要加强沟通、相互配合、信息共享,形成有机的相互制约又相互协调、相互促进的管理链条,切实解决"疏于管理、淡化责任"的问题。

（三）划清日常检查和稽查职责。日常检查是指税务机关清理漏管户、核查发票、催报催缴、评估问询，了解纳税人生产经营和财务状况等不涉及立案核查与系统审计的日常管理行为，是征管部门的基本工作职能和管理手段之一。搞好日常检查工作有利于加强税源管理。征收管理部门与稽查部门在税务检查上的职责范围要按照以下三个原则划分：一是在征管过程中，对纳税人、扣缴义务人履行纳税义务的日常性检查及处理由基层征收管理机构负责；二是税收违法案件的查处（包括选案、检查、审理、执行）由稽查局负责；三是专项检查部署由稽查局负责牵头统一组织。各级税务机关要按照上述原则，根据各地的实际情况，制定具体的检查管理办法，从检查的对象、范围、性质、时间、金额等方面划清日常检查与税务稽查的业务边界，提出加强协调配合的具体要求，明确检查下户的目的和需要解决的问题以及移送的标准、条件等。

**3.《税务稽查工作规程》（国税发〔2009〕157号）第二条**

税务稽查的基本任务，是依法查处税收违法行为，保障税收收入，维护税收秩序，促进依法纳税。

税务稽查由税务局稽查局依法实施。稽查局主要职责，是依法对纳税人、扣缴义务人和其他涉税当事人履行纳税义务、扣缴义务情况及涉税事项进行检查处理，以及围绕检查处理开展的其他相关工作。稽查局具体职责由国家税务总局依照《税收征管法》《税收征管法细则》有关规定确定。

《税务稽查工作规程》是目前指导和规范税务部门稽查工作的直接最高指示，高度概括性地列明了税务稽查的主要职责——"依法对纳税人、扣缴义务人和其他涉税当事人履行纳税义务、扣缴义务情况及涉税事项进行检查处理，以及围绕检查处理开展的其他相关工作"。

总而言之，关于稽查局职责职权问题，可以总结为：

（1）国家税务总局对征管法实施细则中要求明确税务局和稽查局职责的规定是重视的，具体划分上也是在不断进步且做出了极大努力的。从2003年的140号函，到2009年的稽查工作规程，逐步明确了稽查的主要工作职责，并仍在继续努力明确稽查更为具体的职责。

（2）稽查职责不符合实施细则中专司偷、逃、骗、抗规定的说法是错误的。税收案件的查处，是一个不断深入、不断突破的渐进过程。在没有检查之前，没有人能断言某纳税人一定存在偷逃抗骗问题，即使存在，也面临能否充分取证的现实困难。如此一来，税务稽查势必将不能开展工作。如果按照华润置地的逻辑，则一个案件就只能按照违法事实的性质来分由两个执法主体来处理了（偷、逃、骗、抗问题由稽查处理，其他问题由征管部门处理），这显然是不清楚稽查局和税务局的从属关系，更不知道其内在协作机理的错误要求，也是不可能得到任何理性法官支持的。

（3）稽查局与税务局的关系。稽查局从来没有独立存在于税务局之外，国地税合并后是各级税务局的派出机构，征管法及其实施细则之所以将其列为税务机关范畴，只是赋予其独立的执法主体资格。望文生义，将稽查局看作与税务局完全对立的观点是严重背离现实的。当然也必须承认，在现阶段，税务稽查和征管部门的工作职责还有进一步调整的必要，这里边有整体税收管理能力还不够高的原因，更有对稽查的定位问题，还与税务部门行政架构有关系。这是客观现实，但更属于税务管理改革进程中的暂时问题。无论怎样，稽查处理也好，征管处理也罢，都属于税务机关的处理。一个无法回避和改变的关键问题是，纳税人是否存在涉税违法事实,假如确实存在,那么包括稽查局在内的各级税务机关,就拥有绝对的法定职责来纠正和处理。

## 第二节  稽查案源分析

### 一、案件来源

目前,税务稽查部门案件来源主要包括推送案源、督办案源、交办案源、自选案源、安排案源、检举案源、协查案源、转办案源和其他案源。稽查案件中涉及房地产开发经营行业的主要来自推送案源、交办案源、自选案源、安排案源、检举案源、协查案源等。

推送案源是指根据税务风险管理等部门按照风险管理工作流程推送的高风险纳税人风险信息分析选取的案源。主要是风险管理部门经过日常分析发现指标异常的房地产开发企业。

交办案源是指根据上级税务机关以交办函等形式交办的特定纳税人税收违法线索或者工作任务确认的案源。主要是上级部门交办。

自选案源是指根据本级税务局制订的随机抽查计划和打击偷税(逃避缴纳税款)、逃避追缴欠税、骗税、抗税、虚开发票等稽查任务,自行选取的案源。对于被上级或本级稽查部门列入重点税源的房地产开发企业,每5年将轮查一次,对于非重点税源的房地产开发企业将通过双随机方式选案产生。

安排案源是指根据上级税务局安排的随机抽查计划和打击偷税(逃避缴纳税款)、逃避追缴欠税、骗税、抗税、虚开发票等稽查任务,对案源信息进行分析选取的案源。主要是上级部门安排。

检举案源是指对检举线索进行识别判断确认的案源。主要是群众举报,对于线索明确的必须进行立案检查。

协查案源是指对协查线索进行识别判断确认的案源。在"营改增"之前,房地产开发企业基本不会因为协查线索被立案。而"营改增"后,由于房地产开发企业可以抵扣增值税专用发票,因此也可能出现由于接受虚开发票而被立案检查的情况。

### 二、内部数据集成

信息收集工作是否深入完整,是案头分析准确与否的关键,税务稽查人员应充分重视获取有用信息。经过多年数据积累沉淀,目前税务部门内部各系统大数据已逐渐成形,可以通过内部系统,集成大量有用数据。

#### (一) 金税三期系统

金税工程是国家电子政务"十二金"工程之一,从1994年上半年到2001年上半年,先后经历了一期和二期建设阶段。2005年9月7日,国务院审议通过金税三期工程项目建议书;2007年4月9日,发改委批准金税三期工程可研报告;2008年9月24日,发改委正式批准初步设计方案和中央投资概算,标志金税三期工程正式启动。金税三期工程在广东、山东、河南、山西、内蒙古、重庆6个省(市)级国地税局先行试点的基础上,在全国进行推广,目前已基本覆盖全国各省(市)级税务局。这项具有重要战略地位的国家级信息系统工程,融合了税收业务变革和技术创新,具有六大创新点:运用先进税收管理理念和信息技术做好总体规划;统一全国征管数据标准、口径;实现全国征管数据应用大集中;统一国地税征管应用系统版本;统一规范纳税服务系统;建立统一的网络发票系统。该系统为数据整合奠定了基础。目前,通过金税三期系统,税务稽查人员可以查询到下列房地产开发企业数据。

**1. 税务登记数据**

2015年10月1日起,企业营业执照、组织机构代码证和税务登记证"三证合一,一照一码",到目前为止,部分地方已实现了"七证合一"("三证"基础上增加社会保险登记证、统计证、公安部门核发的印章刻制备案证明、银行开户许可证)。税务登记证包含了企业开业设立的时间、从业人数、注册资本、生产经营范围、税款征收方式、分支机构情况、会计制度(准则)、纳税方式、跨区域涉税事项报验管理编号、财务软件报备情况等。

**2. 征管数据**

可以取得企业增值税纳税申报表、所得税纳税申报表、企业与其关联企业业务往来情况年度申报表、财务报表、发票领购记录等日常征管资料,以及税收优惠文书资料。

**3. 稽查历史数据**

取得企业以往年度税务稽查立案检查情况,处理处罚情况以及缴纳入库情况。对以往年度税务稽查处理处罚过的问题应重点关注,因为企业会计核算一般具有延续性,并且稽查查处与日常征管模块脱离,可能存在企业对稽查处理处罚的问题只进行了补税,但会计账务并未按规定进行调整,导致问题持续存在。

**(二) 增值税发票升级版系统——电子底账系统**

增值税发票系统升级版是对增值税防伪税控系统、货物运输业增值税专用发票税控系统、稽核系统以及税务数字证书系统等进行整合升级完善。实现纳税人经过税务数字证书安全认证、加密开具的发票数据,通过互联网实时上传税务机关,生成增值税发票电子底账,作为纳税申报、发票数据查验以及税源管理、数据分析利用的依据。

增值税发票系统升级版对原有稽核系统的整体业务流程进行了重大调整,由销方纳税人开具发票后直接上传税务机关形成电子底账,并依据购方纳税人档案信息跨省推送给对应主管税务机关形成电子底账作为最终抵扣依据的模式,实现了发票信息采集、传输流程的重构。为保证抵扣凭证的真实有效和对纳税人申报抵扣行为的管控、规范,增值税发票系统升级版对原有申报环节进行了补充和调整,在一窗式票表比对只对金额、税额、汇总数进行比对的基础上增加了申请抵扣发票明细与电子底账信息的逐票明细比对处理,将原有事后稽核比对改为了实时比对。同时,在发票明细比对过程中采用了电子信息数据比对和税控码校验的双重验证机制,来确保比对结果的正确性,从而使增值税征管工作更加严密有效。电子底账系统实现纳税人经过税务数字证书安全认证、加密开具的发票数据,通过互联网实时上传税务机关,由税务机关通过采集发票票面的全部信息,建设起全国统一的发票真伪查验平台。电子底账数据极大压缩了虚假发票的生存空间。

通过增值税发票升级版系统、电子底账系统,可以取得企业发票开具、抵扣数据。"营改增"后,房地产开发企业按一般计税办法计征增值税的,可以抵扣增值税进项税款。电子底账系统可以查询到房地产开发企业接受增值税专用发票的明细数据,但是只能单张查询,较为麻烦。因此,各地基本都开发了具备增值税发票分析功能的系统,通过此类系统可以批量、穿透地查询和分析房地产开发企业取得的增值税专用发票,包括销售方、品名、金额、开票时间等,能直截了当分析企业是否抵扣了不符合规定的增值税专用发票。

### (三) 纳税评估相关系统

由于金税三期系统内无纳税评估相关模块,因此,各地税务部门基本都开发了地区适用的风险评估系统。因此,需要通过查询本地风险评估系统来获取企业纳税评估资料,对纳税评估中已反映的问题应重点关注。

### (四) 本地特有的日常征管数据

在很多地区,房地产开发企业都是本地经济发展、税收增长的支柱产业,是税务部门的重点关注行业,因此在日常征管中探索出不同的方式方法,由此取得、沉淀的数据可以成为税务稽查部门的重要案源分析数据。以某省省会城市所在地为例,该地经过多年实践经验,总结探索出"一表一卡加所得税贡献率下限,加专项纳税评估"的管理模式。具体而言有以下几点:

(1) 一卡指《房地产开发企业基本情况登记卡》(简称《登记卡》,见表3-1),用于登记开发企业基本情况。开发企业在办理税务登记证后,税源管理部门及时通知企业填报《登记卡》,并告知企业,如果开发项目有增加或变更的,企业应及时告知主管税务机关,并重新填报《登记卡》。

通过该卡,主管税务机关对所管理的开发企业基本情况有了一定了解。

表3-1 房地产开发企业基本情况登记卡(样卡)

税收管理员:　　　　　　　　　　　　　　　　　　　　　登记时间:

| 纳税人名称 | | | 纳税人识别号 | | | | | | | |
|---|---|---|---|---|---|---|---|---|---|---|
| 注册地址 | | | 法人代表及电话 | | | | 财务负责人及电话 | | | |
| 开发商信用等级(A:全国性品牌,B:地区性品牌,C:其他) | | | 注册资本 | | | | 办税人员及电话 | | | |
| 开发项目相关内容 | | | | | | | | | | |
| 企业所持开发土地总面积(成立至今) | | | | | | | | | | |
| 项目名称 | 项目地址 | 预计毛利率 | 占地面积($m^2$) | 土地出让金 | 建筑面积($m^2$) | 容积率 | 可售面积($m^2$) | 用途(商、住) | 总栋数 | 分几期开发 | 预计开发时间 |
| 1 | | | | | | | | | | | |
| 2 | | | | | | | | | | | |
| 3 | | | | | | | | | | | |
| 4 | | | | | | | | | | | |

(2) 一表指《房地产开发企业开发项目动态管理表》(见表3-2,简称《管理表》),用于登记开发项目进展情况。开发企业项目开盘销售后,应按季填写《管理表》,并在企业所得税季度申报结束后10日内报送主管税务机关。

通过该表，主管税务机关可及时了解开发项目进展情况，收集到较多的直接涉税信息。

表 3-2 _____年房地产开发企业开发项目动态管理表（样表）

| 企业名称 | | | | | | | 税务代码 | | | | | | | 税源管理部门 | | | | | | 管理员 | |
|---|---|---|---|---|---|---|---|---|---|---|---|---|---|---|---|---|---|---|---|---|---|
| 设计单位 | | | | | | | 承建单位 | | | | | | | 绿化单位 | | | | | | | |

| 季度 | 项目名称 | 项目地址 | 可售面积 | 预售证号 | 开盘时间 | 累计销售面积 | 本季销售面积 | 累计销售套数 | 本季销售套数 | 累计平均销售单价 | 本季平均销售单价 | 预付款比例 | 本季预售收入 | 累计预售收入 | 本季结转成本 | 累计结转成本 | 期间费用 | 本季代扣所得税 | 本季入库税额 | 累计入库税额 | 是否符合决算条件 | 已结算销售收入 | 结算成本 | 单位土地成本 | 单位建筑成本 | 单位绿化成本 | 应纳所得税额 | 已交所得税额 | 应补税额 | 售罄时间 | 备注 |
|---|---|---|---|---|---|---|---|---|---|---|---|---|---|---|---|---|---|---|---|---|---|---|---|---|---|---|---|---|---|---|---|
| 一 | | | | | | | | | | | | | | | | | | | | | | | | | | | | | | | |
| 二 | | | | | | | | | | | | | | | | | | | | | | | | | | | | | | | |
| 三 | | | | | | | | | | | | | | | | | | | | | | | | | | | | | | | |
| 四 | | | | | | | | | | | | | | | | | | | | | | | | | | | | | | | |
| 本年合计 | | | | | | | | | | | | | | | | | | | | | | | | | | | | | | | |
| 以前年度累计 | | | | | | | | | | | | | | | | | | | | | | | | | | | | | | | |
| 全部累计 | | | | | | | | | | | | | | | | | | | | | | | | | | | | | | | |

（3）所得税贡献率下限预警。"一表一卡"重点监控开发企业基本情况和日常经营情况，对已完工的开发项目以所得税贡献率作为主要监控指标。该地暂拟定 5% 的所得税贡献率是开发企业税负下限，对低于该下限值的企业应纳入专项纳税评估或专项检查。所得税贡献率下限是该地根据大量案例分析统计得出的符合该地房地产开发业现状的经验性数

据,可以作为房地产开发业所得税征管和纳税评估的重要参考指标,但不是房地产开发企业的所得税最低贡献率,也不是企业的实际税负。

总的来说,税务部门内部信息数据是较为完整的,只要税务稽查人员在前期做好充分的数据收集工作,对案源分析是有较大帮助的。

### (五)国地税合并带来的数据合并

2018年3月17日,十三届全国人大一次会议审议通过《国务院机构改革方案》,方案提出要改革国税地税征管体制,将省级和省级以下国税地税机构合并,具体承担所辖区域内的各项税收、非税收入征管等职责。随着国地税机构合并,原国地税的征管系统合二为一,使得过去国地税分开、各方面信息和数据不统一的局面逐步扭转,所有纳税人信息将逐步完成整合。在金税三期、税收电子信息系统征管功能加强后,对纳税人涉税业务的分析将更加精准、实时。对于房地产开发企业来说,"营改增"前,部分企业所得税由原国税部门征管,营业税、土地增值税和部分企业所得税、个人所得税、各种附加税费等由原地税部门征管。"营改增"后,增值税、部分企业所得税由原国税部门征管,土地增值税、部分企业所得税、个人所得税、各种附加税费等由原地税部门征管。由两家税务机构各自征管的结果是导致可能存在政策执行不统一、数据交流不顺畅等问题,国地税的稽查部门在不完整的数据信息指引下,也很可能存在检查盲点。国地税机构合并后,房地产开发企业的全税种和社保费等全部统一由税务部门进行征收管理和税务稽查,税务大数据储存信息更加全面、透明,能够有效解决之前遇到的问题。税务稽查部门可以第一时间取得一家房地产开发企业的增值税、土地增值税、企业所得税、个人所得税、社保费等税费的申报缴纳数据,以及增值税发票使用情况等,对以上数据的比对分析将成为税务稽查案源分析的主要方向之一。

## 三、外部数据收集

### (一)第三方数据收集

房地产业涉及行业较多,产业链上、下游延伸较长,许多重要的涉税数据只凭税务部门的力量是难以收集到的,因此,需要积极取得第三方各审批环节的相关数据。第三方信息,包括税务机关从发改委、住建、规划、质监、房管、银行等部门取得的房地产项目信息。比如,通过国土局可取得土地成本数据,规划局可取得土地各项规划指标,建设局取得建设施工合同数据,房管局取得商品房预售备案网签数据,以上数据的取得,可以使得稽查人员在尚未进入房地产开发企业实地检查的时候,就能较为清晰地了解其大体情况;同时,也可以与企业提供数据进行比对,较为迅速地确定疑点问题。

### (二)媒体数据收集

房地产业较其他行业存在一个明显特点,即广告宣传费用较高。由于其直接面对一线消费者,需要通过各种广告宣传渠道,将房地产项目信息传达给潜在购买者,因此,税务部门就有了多种渠道去获得房地产项目的各种信息。比如,纸质媒体广告,地铁、公交等轨道交通广告,各小区分众传媒广告牌、室外广告牌等。该类广告普遍存在一个特点,就是房地产开发企业会尽量宣传项目的优势,如高标准精装修、送车位、赠送面积大、交房时间短、业主专享高档会所、配套幼儿园、学校和主体商业、购房赠送超市购物卡、购房赠送物业费、销售额长期领跑、开盘即售罄等。此类信息常常隐藏着房地产开发企业在面对税务部门时刻意回避的问题,虽然广告宣传不乏夸张,但税务部门可以作为一种信息获取渠道,用于印证企业提供的信息资料是否自相矛盾或刻意隐瞒。比如,广告宣传为精装修商品房,但企业提供的销售收入为清水毛坯房,存在隐瞒部分销售收入的情况;广告宣传2016年年底某号地铁线通车就交房,但是企业实际迟迟未进行项目清算;广告宣传该项目一期开盘即售罄,但是企业实际申报预售收入显示开盘至今才销售过半;广告牌请某十八线网红代言,但广告费支出畸高。

### (三) 互联网数据收集

在互联网日益发达的今天,借助网络,税务部门可以收集到许多有用信息。

(1) 本地国土资源局网站。可以直接查询到土地招拍挂成交结果。近十年来,各地土地出让方式日益规范,制度日益完善,一般情况都是采用招拍挂的方式,成交结果直接在网站公示,如图3-1所示。这对于税务部门获取房地产开发企业准确的土地成本有重要意义。

**拍卖会成交结果一览表(2017年11月28日)**

时间: 2017-11-28 | 点击数: 2165 | 来源: 成都市公共资源交易服务中心 | 【大 中 小】【打印】【关闭】 分享▼

| 序号 | 宗地编号 | 宗地位置 | 净用地面积 | 成交价 | 成交总价(万元) | 竞得人 |
|---|---|---|---|---|---|---|
| 1 | TF(07/05):2017-21 | 天府新区兴隆街道罗家店村一、二、三组,正兴街道凉风顶村五、六组,秦皇寺村五组(天府中心范围内,通州路以西、福州路以东) | 199596.06平方米,合299.3942亩 | 1600万元/亩 | 479030.72万元 | 中海地产集团有限公司 |
| 2 | WJ2017-14(211/251) | 温江区涌泉街道 | 127339.42平方米,合191.0091亩 | 3500元/平方米 | 66853.1955万元 | 上海新尚置业有限公司 |
| 3 | QL2017-44(07/05) | 邛崃市文君街道办凤凰大道西延线北侧、邛窑大道西侧 | 44974.28平方米,合67.4614亩 | 330万元/亩 | 22262.2620万元 | 成都碧桂园富高置业有限公司 |
| 4 | QL2017-43(07/05) | 邛崃市文君街道办邛窑大道东北侧、十方国际西北侧 | 36824.05平方米,合55.2361亩 | 330万元/亩 | 18227.9130万元 | 成都碧桂园富高置业有限公司 |

图3-1 拍卖会成交结果公示

(2) 本地透明房产网、透明售房等类似的本地房产销售信息公布机构网站。该类网站一般是依据本地房产相关机构权威数据设立,较为准确。比如,成都透明房产网由成都房地产信息档案中心主办。南京网上房地产网,由南京市房地产市场交易管理中心主办。通过这些服务平台,可随时查看项目的"预售范围""预售面积""挂牌价""房屋用途""开盘日期""均价""拟竣工日期""建设工程规划许可证""国有土地使用权证号""预售资金监管银行""预售资金监管银行账号"及房源销售状态等公示信息,可查询到商品房预售许可证号,可确定项目地址,判断未完工开发产品计税毛利率等。如图3-2所示,某项目在透明房产网的信息。

(3) 本地城乡房产管理局、城乡建设委员会网站。比如杭州市住房保障和房产管理局网站(杭州市房产信息网)、成都市住房和城乡建设局网站,成都住房租赁交易服务平台。可查询商品房预售许可证,确定项目基本信息;即将解除限制房源公示,撤销预(销)售合同备案房源公示等,用于核实房地产开发企业以房屋未备案等理由未确认销售收入;竣工验收备案表,确定项目准确竣工时间。如图3-3、图3-4、图3-5、图3-6、图3-7所示。

**最新动态**

03月26日 2018　【预售】取得商品房预售许可证号101195
商品房预售许可证101195，预售范围：12栋，预售面积：14669.23，开盘日期：2018-03-28 商业：326户
建设工程规划许可证：建字第510112201330027
国有土地使用权证号：龙国用（2011）第2181号
预售资金监管银行：
预售资金监管银行账号：
拟竣工日期：2019-03-30

03月08日 2017　【预售】取得商品房预售许可证号1135
商品房预售许可证1135，预售范围：11栋，预售面积：54472.57，开盘日期：2017-03-12 住宅：570户 商业：54户
建设工程规划许可证：建字第510112201330027
国有土地使用权证号：龙国用（2011）第2181号
预售资金监管银行：中国银行股份有限公司四川省分行
预售资金监管银行账号：130665728215
拟竣工日期：2019-03-30

图 3-2　某项目房产信息

### 杭售许字(2018)第000023号

http://www.hzfgj.gov.cn　杭州市住保房管网　【大 中 小】【打印】【关闭】

| 开发公司 | 开发项目名 | 房屋座落位置 | 用途 | 预售证号 | 公示日期 | 核发日期 |
|---|---|---|---|---|---|---|
| 杭州东恒大厦有限公司 | 杭政储出[2012]7号地块商业商务用房 | 东恒大厦 | 其他,商贸,写字楼 | 杭售许字(2018)第000023号 | 2018-04-04 | 2018-04-07 |

图 3-3　查询商品房预售许可证信息

| 即将解除限制预（销）售房源公示 | | | |
|---|---|---|---|
| （以下为撤销预（销）售合同备案房源公示） | | | |
| 开发商名称 | 解绑合同房屋坐落 | 原购买人 | 解除时间 |
| 浙江万亚置业有限公司 | 杭州经济技术开发区万亚名城1幢1416 (商务办公)室 | 雷江华 | 2018-04-04 |
| 杭州融创大家房地产开发有限公司 | 杭州市上城区钱江候朝阳8幢104室 | 裴卿 | 2018-04-04 |
| 杭州融创大家房地产开发有限公司 | 杭州市上城区钱江候朝阳8幢105室 | 裴卿 | 2018-04-04 |
| 杭州中融房地产开发有限公司 | 中融城市花园2#-3#楼一层209室 | 傅伟华 | 2018-04-04 |
| 杭州融创大家房地产开发有限公司 | 杭州市上城区钱江候朝阳8幢202室 | 裴卿 | 2018-04-04 |
| 杭州融创大家房地产开发有限公司 | 杭州市上城区钱江候朝阳8幢101室 | 裴卿 | 2018-04-04 |
| 杭州融创大家房地产开发有限公司 | 杭州市上城区钱江候朝阳8幢102室 | 裴卿 | 2018-04-04 |
| 杭州中融房地产开发有限公司 | 中融城市花园2#-3#楼一层118室 | 傅伟华 | 2018-04-04 |
| 杭州万晨置业有限公司 | 杭州市西湖区云谷公寓1幢3102室 | 汪韬 | 2018-04-04 |
| 杭州新明置业投资有限公司 | 杭州市拱墅区新明商业中心2幢2-204室 | 孙建鹏 | 2018-04-04 |
| 杭州融创大家房地产开发有限公司 | 杭州市上城区钱江候朝阳8幢205室 | 裴卿 | 2018-04-04 |
| 杭州融创大家房地产开发有限公司 | 杭州市上城区钱江候朝阳8幢206室 | 裴卿 | 2018-04-04 |
| 杭州融创大家房地产开发有限公司 | 杭州市上城区钱江候朝阳8幢103室 | 裴卿 | 2018-04-04 |
| 杭州融创大家房地产开发有限公司 | 杭州市上城区钱江候朝阳8幢203室 | 裴卿 | 2018-04-04 |
| 杭州融创大家房地产开发有限公司 | 杭州市上城区钱江候朝阳8幢204室 | 裴卿 | 2018-04-04 |

即将解除限制预（销）售房源：该类房源为在建工程抵押注销、解除查封和解东以及撤销预（销）售合同备案等房源，进行为期三天的公示。

图 3-4　即将解除限制房源公示

| 预/现售证号 | 项目名称 | 房屋用途 | 预售面积(平方米) | 预售日期 |
|---|---|---|---|---|
| 101226 | 传化国际新城 | 商业、办公 | 70564.28 | 2018-04-04 |
| 101224 | 绿地蜀峰大厦 | 商业、办公、会议中心 | 90753.52 | 2018-04-04 |
| 101223 | 和泓麓江府三期 | 办公 | 20760.32 | 2018-04-04 |
| 1501 | 成都万达城A-1-5地块开发建设项目 | 住宅 公寓 | 73551.08 | 2018-04-03 |
| 101221 | 景悦城二期 | 商业、办公 | 30868.27 | 2018-04-03 |
| 101220 | 景悦城一期 | 商业、机动车位 | 21323.75 | 2018-04-03 |
| 548 | 恒大岷江新城一期 | 车位 | 28596.39 | 2018-04-03 |
| 101219 | 龙湖天璞名邸 | 住宅、公寓、商业 | 57944.33 | 2018-04-02 |
| 101218 | 保利爱尚里 | 商业、办公 | 28764.07 | 2018-03-30 |
| 101217 | 花样年·家天下二期 | 商业、办公 | 19338.65 | 2018-03-30 |

图 3-5　商品住宅成交情况

| 编号 | 项目名称 | 备案类别 | 详细信息 |
|---|---|---|---|
| 2018030 | 乐彩城1-7#楼、门卫室、垃圾用房及地下室 | 竣工验收备案 | 查看 |
| 2018029 | 蓝光雍锦阆1-5#楼、1-3#门卫、垃圾房及地下室 | 竣工验收备案 | 查看 |
| 2018028 | 锦西润园1-6#楼、垃圾房及地下室 | 竣工验收备案 | 查看 |
| 2018027 | 重点实验室科研楼 | 竣工验收备案 | 查看 |
| 2018026 | 首创天禧小区1-9#、10#A-C、11#楼及地下室、门房、垃圾房 | 竣工验收备案 | 查看 |
| 2018025 | 青龙广场1#楼1-7单元及相应地下室 | 竣工验收备案 | 查看 |
| 2018024 | 瑞升塑江橡树林小区1-5#楼、垃圾用房、地下室1、2及新建地下室 | 竣工验收备案 | 查看 |
| 2018023 | 瑞升塑江橡树林花园1-3号楼级地下室 | 竣工验收备案 | 查看 |
| 2018022 | 银海中心三标段4#、5#楼、垃圾及相应地下室 | 竣工验收备案 | 查看 |
| 2018021 | 量力健康城1-4号楼及地下室 | 竣工验收备案 | 查看 |
| 2018020 | 蓝光乐彩城三期1-4#楼、门卫室、垃圾用房及地下室 | 竣工验收备案 | 查看 |
| 2018019 | 荣盛香榭兰庭幼儿园及配套设施 | 竣工验收备案 | 查看 |
| 2018018 | 万家福地1-7#楼、门卫室、垃圾房及地下室 | 竣工验收备案 | 查看 |
| 2018017 | 单身宿舍楼（电子十所） | 竣工验收备案 | 查看 |
| 2018016 | 鲁能科华中路CNG加气站工程 | 竣工验收备案 | 查看 |
| 2018015 | 成康雅筑保障性住房项目1-4#楼、垃圾房及地下室 | 竣工验收备案 | 查看 |
| 2018014 | 东锦城区 | 竣工验收备案 | 查看 |
| 2018013 | 酒店及配套设施（顺江酒店） | 竣工验收备案 | 查看 |
| 2018012 | 西锦中心二期1、6-9号住宅塔楼及地下室1、2，商业裙楼1、2 | 竣工验收备案 | 查看 |
| 2018011 | 华熙艺术村悦都1-2号楼及地下室 | 竣工验收备案 | 查看 |

图 3-6　项目竣工验收备案公示

乐彩城1～7#楼、门卫室、垃圾用房及地下室

| 详细 | |
|---|---|
| 项目名称： | 乐彩城1-7#楼、门卫室、垃圾用房及地下室 |
| 建设单位： | 成都成华中泓房地产开发有限公司 |
| 建设地址： | 成都市成华区圣灯街道人民塘社区五组、十三组，关家堰社区四组、六组、八组 |
| 监理单位： | 四川省城市建设工程监理有限公司 |
| 建设面积： | 98916.96 |
| 施工单位： | 浙江宝业建设集团有限公司 |
| 备案时间： | 2018-03-30 |

图 3-7　建筑工程施工许可证备案公示

（4）对于已经实施新房限价，以及新房摇号的城市，比如南京、成都、杭州、长沙等地，可在本地房地产摇号网站查询项目信息。比如成都房协网，可以查询到项目预售许可证，销售

清水房价格，装修标准等，基本上可以一目了然地查询到项目绝大部分基本信息。如图 3-8、图 3-9、图 3-10、图 3-11 所示。

图 3-8　项目预售公示

图 3-9　项目预售公示

| 市县 | 街道 | 门牌号 | 栋号 | 单元 | 楼层 | 房号 | 套内面积 | 公摊面积 | 规划用途 | 清水申报价(元) | 装修申报价(元) | 销售状态 |
|---|---|---|---|---|---|---|---|---|---|---|---|---|
| 青羊区 | 光华大道二段 | 88 | 8 | 1 | 9 | 901 | 131.33 | 14.04 | 住宅 | 1817125 | 436110 | 可售 |
| 青羊区 | 光华大道二段 | 88 | 8 | 1 | 9 | 902 | 131.33 | 14.04 | 住宅 | 1817125 | 436110 | 可售 |
| 青羊区 | 光华大道二段 | 88 | 8 | 2 | 1 | 101 | 120.89 | 12.92 | 住宅 | 1819816 | 401430 | 可售 |
| 青羊区 | 光华大道二段 | 88 | 8 | 2 | 1 | 102 | 131.3 | 14.04 | 住宅 | 1976624 | 436020 | 可售 |
| 青羊区 | 光华大道二段 | 88 | 8 | 2 | 2 | 201 | 137.95 | 14.75 | 住宅 | 1908750 | 458100 | 可售 |

图 3-10　预售房源具体信息

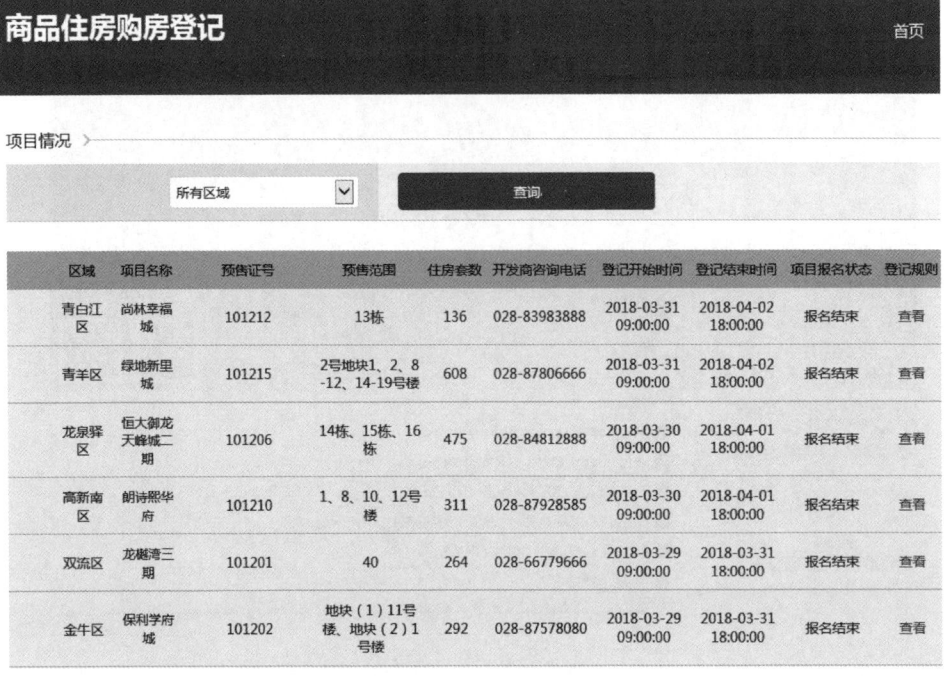

图 3-11　商品房预售购房登记

（5）搜房网、房天下等中介服务机构网站。可以查看房地产最新项目信息，公告交房时间，绿地率/绿化覆盖率，查看楼盘外景图，判断项目绿化景观水平等。如图 3-12 所示。

图 3-12　房产中介服务机构房产信息

（6）产业链上下游行业相关数据收集。房地产开发企业由于其取得的土地千差万别，规划指标因地制宜，市场定位、建造风格、销售方式等也各有不同，因此很难像普通制造企业一样存在较为恒定的判断指标。但是，其实经过细心收集，税务稽查人员仍然能够找到房地产开发企业产业链上下游行业的参考指标范围，比如房屋建筑工程建安造价标准、装修标准等，以此来判断房地产开发企业是否存在虚列成本费用的问题。

例如，通过中国建设工程造价信息网（http://www.cecn.gov.cn/index.asp），可以查询到2008—2018年的省会城市住宅建安工程造价指标，以及建筑实物工程量人工成本等诸多信息。如表3-3所示。

表3-3　2018年下半年省会城市住宅建安工程造价指标

单位：元/平方米

| 省会市名称 | 建筑形式 | | | 说　明 |
|---|---|---|---|---|
| | 多层 | 小高层 | 高层 | |
| 北京 | 1 879 | 2 530 | 2 534 | |
| 上海 | 2 489 | 2 970 | 2 901 | 与上半年相比上浮2.16%，主要原因是建筑材料普遍上涨，尤其是水泥和钢筋价格上涨15%左右 |
| 天津 | 2 093 | 2 500 | 2 731 | 1. 计价方式说明<br>以上价格采用营改增后简易计税法计价，如采用营改增后一般计税法计价，相应造价为，多层建筑2 112.76元/平方米，小高层建筑2 506.01元/平方米，高层建筑2 850.97元/平方米。<br>2. 价格要素说明<br>工程材料价格依据2018年《天津工程造价信息》7月份综合价格计算。其中，C30混凝土价格为440元/立方米。钢筋D10以内价格4 555.95元/t，钢筋D10以外价格4 185.57元/t。<br>人工价格：一类工134.29元/工日，二类工122.38元/工日，三类工103.97元/工日。<br>3. 工程概况<br>多层建筑选用的工程：建筑面积3 357平方米，檐高18.50米，砖混结构，层数6层，砌体采用页岩多孔砖。地面为水泥砂浆地面，内墙面抹混合砂浆、刮腻子，外墙面贴50厚挤塑保温板，局部贴70厚挤塑保温板。门窗采用断桥铝合金中空玻璃门窗。<br>小高层建筑选用的工程：建筑面积4 785平方米，檐高36.9米，框架结构，地下1层，地上11层。地面为水泥砂浆地面，内墙面抹混合砂浆、刷涂料。外墙面采用聚苯乙烯泡沫板墙体保温、FTC保温砂浆、刷涂料。门窗采用断桥铝合金中空玻璃门窗。<br>高层建筑选用的工程：建筑面积13 860平方米，檐高79.80米，框架结构，地下1层，地上26层。地面为水泥砂浆地面，内墙面抹FTC保温砂浆，刷涂料，外墙聚苯保温板保温，抹胶粉颗粒保温灰，外墙面分别采用刷涂料、干挂大理石做法。门窗采用断桥铝合金中空玻璃门窗 |
| 重庆 | 1 510 | 1 445 | 1 685 | |
| 太原 | 1 303 | 1 625 | 1 898 | |
| 呼和浩特 | 1 450 | 1 650 | 2 200 | 多层住宅：1 100～1 450元/平方米（砖混）<br>多层住宅：1 200～1 650元/平方米（框架）<br>高层住宅：1 450～2 200元/平方米（框剪） |
| 沈阳 | 1 350 | 1 500 | 1 750 | |

(续表)

| 省会市名称 | 建筑形式 | | | 说明 |
|---|---|---|---|---|
| | 多层 | 小高层 | 高层 | |
| 长春 | 1 330 | 1 420 | 1 700 | |
| 哈尔滨 | 1 124 | 1 576 | 0 | 以2018年10月为测算时点,以省、市有关计价规定为依据,测算结果如下:<br>一、多层住宅<br>建筑特征:框架混合结构,7层,桩基础;多孔砖、1层外墙为石材,其余为涂料;高分子卷材屋面。<br>单方造价:1 123.89元/平方米。(不含安装)<br>二、中高层<br>建筑特征:短肢剪力墙结构;地下1层,地上11层;超流态混凝土灌注桩基础;陶粒混凝土块墙;外墙1层为大理石,其余为涂料;高分子卷材屋面。<br>单方造价:1 575.64元/平方米。(不含安装)<br>与2018年上半年相比单方造价上涨原因:人工单价不变,材料价格中钢材价格略有上涨,取费标准不变,导致单方造价略有上涨 |
| 南京 | 1 469 | 1 762 | 2 090 | |
| 杭州 | 2 206 | 1 786 | 2 195 | |
| 合肥 | 1 368 | 1 605 | 1 801 | |
| 南昌 | 1 579 | | 1 485 | 1.框架结构,部分工程项目人工挖孔桩。2.内墙为砼空心砖和粘土多孔砖。3.内墙地面为混合砂浆。4.天棚,走廊为涂料。5.外墙为保温及防水涂料。6.水电,电视电话,网络,门禁等进户 |
| 济南 | 1 598 | 1 998 | 2 321 | |
| 郑州 | 1 440 | 1 729 | 1 831 | |
| 武汉 | 1 479 | 1 925 | 2 184 | 钢材和水泥调增 |
| 长沙 | 1 897 | 2 191 | 2 287 | 一、结构类型:多层是砖混结构、小高层是钢筋砼框架结构、高层是钢筋砼框剪结构。<br>二、包含了建筑、装饰(楼地面、墙柱面、天棚、门窗、涂料)、安装工程(给排水、电气、弱电、消防专业)。<br>三、单方造价指标提高的原因分析:水泥、砂石、钢材、商品混凝土等价格有所上涨 |
| 广州 | 0 | 0 | 2 700 | |
| 南宁 | 0 | 1 630 | 1 930 | 多层住宅已少有,未收集到相关信息。砂石涨价、人工费调整导致指标升高 |
| 海口 | 2 565 | 2 643 | 2 900 | 1.指标为毛坯房指标。<br>2.2018年海南建设主要材料价格变化较大,指标的浮动也相对较大 |
| 成都 | 1 391 | 1 492 | 1 661 | 1.本指标为清水房,含土建和一般水电安装。不含土方、地基处理、门窗、精装修、消防弱电、总平绿化等<br>2.本指标较上半年分别上涨了3.8%、3.5%、3.2%,原因主要是钢材上涨了4.42%,商砼上涨16%,预拌砂浆上涨了2.7%。 |
| 贵阳 | 1 875 | 1 953 | 2 022 | 由于人工及材料价格的变化,导致住宅建安成本的变化 |

(续表)

| 省会市名称 | 建筑形式 | | | 说　　明 |
|---|---|---|---|---|
| | 多层 | 小高层 | 高层 | |
| 昆明市 | 0 | 1 797 | 1 943 | 备注：<br>1. 此数据为昆明地区住宅工程建安工程平方米造价指标。<br>2. 造价均不含基坑支护、大型土方开挖、桩基础、特殊基础处理、室内装修和电梯设备费用，门窗仅含外墙窗和分户门，室内不含卫生洁具。<br>3. 住宅结构类型中小高层、高层住宅为框架剪力墙类型。<br>4. 今年下半年经济指标较上半年上涨，主要源于材料价格波动、我省定额人工费调整因素 |
| 西安 | 0 | 2 550 | 2 629 | |
| 兰州 | 1 850 | 2 081 | 2 256 | 一、项目选取<br>按建筑类型划分为高层、小高层、多层，每个类型三个工程项目，从市区和三县的大中型住宅小区内选取。所选项目均不含卫生洁具，地面、天棚、内墙面（包括厨卫）多为水泥砂浆，外墙装饰以防水涂料为主。<br>项目中的经适房与廉租房，均含厨卫贴墙面砖、铺地砖等简单装修。<br>由于兰州市的很多项目都不能及时结算，现有的结算价都是一两年以前完工的项目，所以上报的住宅成本以合同价居多，基本上都能够反映兰州市现有的住宅成本水平。<br>二、测算方法<br>选取的工程项目根据《甘肃省建筑安装工程费用定额》程序计算工程造价，所有上报的成本，均按当季的材料指导价、人工费及机械费系数进行调整 |
| 西宁 | 1 714 | 1 859 | 2 211 | |
| 银川 | 1 701 | 1 847 | 1 861 | 银川市下半年住宅建安平方米造价有所提高，主要原因是钢材价格较上半年上涨，导致建安成本增加 |
| 乌鲁木齐 | 1 315 | 1 775 | 1 998 | 1. 多层，合同价中未包括室内门、卫生洁具等主材。<br>2. 小高层，合同价中未包括空调、电梯、室内门、卫生洁具等内容及造价。<br>3. 高层，合同价中未包括电梯设备、空调、室内门、卫生洁具等工程内容及造价。<br>4. 上述工程造价指标为2018年7月至12月的典型工程，均为合同价，仅供参考 |

除此之外，各省也有本地工程造价信息网，可以查询到更为准确的本地工程造价相关指标信息，有助于税务稽查人员匡算较难把控的房地产开发企业建筑安装成本。

## 四、数据合理性分析

在充分收集相关资料的前提下，稽查人员可以开始对房地产开发企业纳税申报资料、财务报表资料、第三方资料等进行比对分析。一般是利用计算机对企业的纳税申报表、财务报表的各科目金额、相关指标（如销售变动率、税负变动率等指标）分月、分年度进行汇总、排序，按月、按年进行数值合理性、勾稽关系、指标合理性分析，纵向对比（历史变动趋势）、横向对比进行分析（不同会计科目之间比较、同行业不同企业之间比较）。

(一)房地产行业基本现状分析

稽查人员应当对房地产市场基本面有所了解,在了解房地产市场周期的基础上,才能判断案源企业整体运营状况是否正常。

**1. 各地区房地产投资行业基本现状**

2019年1~4月,房地产投资累计同比增速11.9%,创下了2014年11月以来的新高,2019年1~8月的投资累计同比增速亦处于2015年以来的高位。投资增速好于过去四年,为房地产从严调控增加了底气。如图3-13所示。

图3-13 房地产投资累计同比增速

2019年1~8月,东部地区房地产投资累计同比增速8.8%,较全国整体增速低1.7个百分点;中部地区房地产投资累计同比增速9.8%,较全国整体增速低0.7个百分点;西部地区房地产投资累计同比增速16%,较全国整体增速高5.5个百分点;东北地区房地产投资累计同比增速9.7%,较全国整体增速低0.8个百分点。如图3-14、图3-15所示。

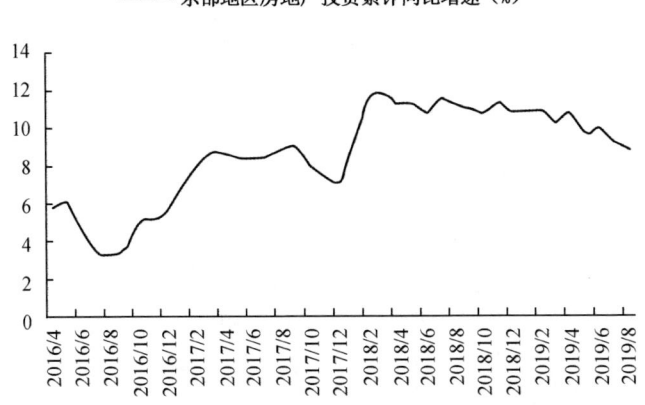

图3-14 东部地区房地产投资累计同比增速

在经济面临下行压力导致其他领域投资机会减少并叠加货币持续宽松的大背景下,资金涌入了房地产政策宽松但经济欠发达的西部,带动了西部房地产投资的高增长,2019年1~8月西部的房地产投资增速显著高于全国水平,更高于经济较发达的东部及中部。如图3-16、图3-17所示。

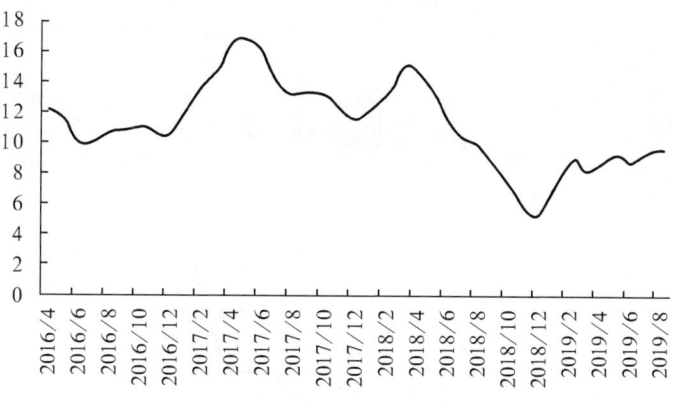

图 3-15　中部地区房地产投资累计同比增速

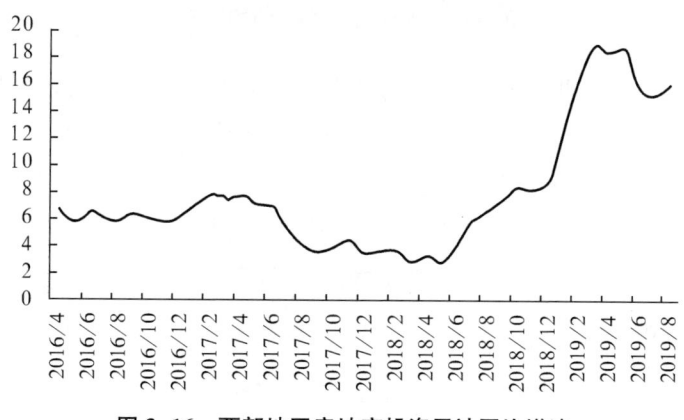

图 3-16　西部地区房地产投资累计同比增速

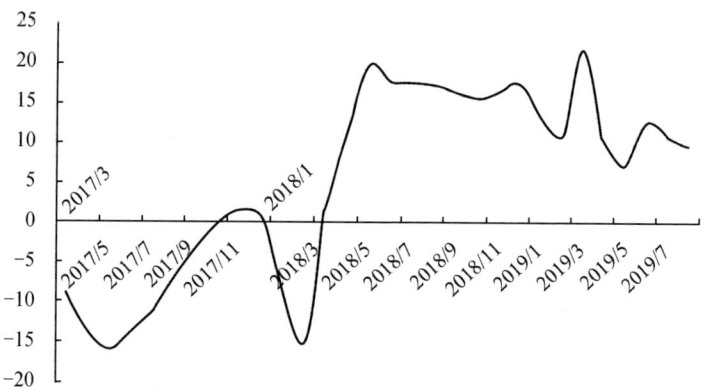

图 3-17　东北地区房地产投资累计同比增速

土地购置费、新开工、施工是房地产投资的三大构成要素。

土地购置费指房地产开发企业通过各种方式取得土地使用权而支付的费用。2019年1～7月土地购置费累计同比增速22%,好于2015年5月至2017年11月期间任何一个月的水平。如图3-18所示。

图3-18 土地购置费累计同比增速

2019年1～8月,土地购置面积累计同比增速－25.6%,土地成交价款累计同比增速－22%,两项指标均处于自2015年以来的底部,且均为负值,表明在当前时点房企拿地的意愿较低,将对2020年的土地购置费、新开工及施工三大指标的增速产生负面影响。因此,2020年的房地产投资增速将不容乐观。如图3-19、图3-20所示。

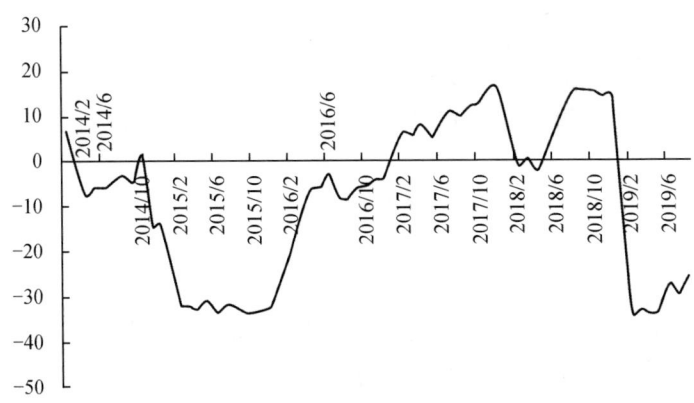

图3-19 土地购置面积累计同比增速

2019年1～8月,房地产新开工面积累计同比增速8.9%,远高于调控由紧转松的2014年、2012年及2009年上半年,而在调控由紧转松的这三段时间窗口,新开工累计同比增速均为负值。如图3-21所示。

分区域来看,2019年1～7月,东部地区房地产新开工面积累计同比增速3.4%,较全国整体增速低6.1个百分点;中部地区房地产新开工面积累计同比增速6.6%,较全国整体增速低2.9个百分点;西部地区房地产新开工面积累计同比增速23.7%,较全国整体增速高

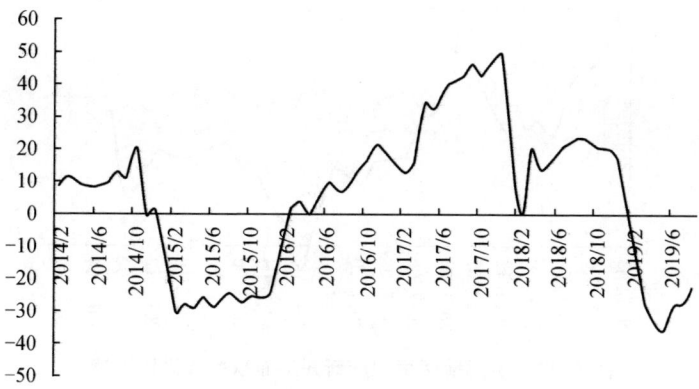

图3-20 土地成交价款累计同比增速

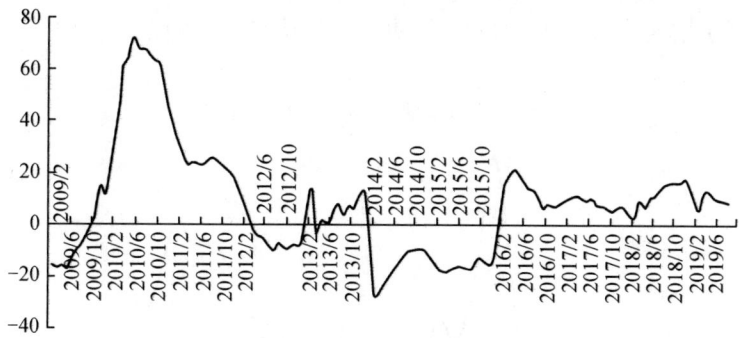

图3-21 房地产新开工面积累计同比增速

14.2个百分点;东北地区房地产新开工面积累计同比增速13.5%,较全国整体增速高4个百分点。如图3-22、图3-23所示。

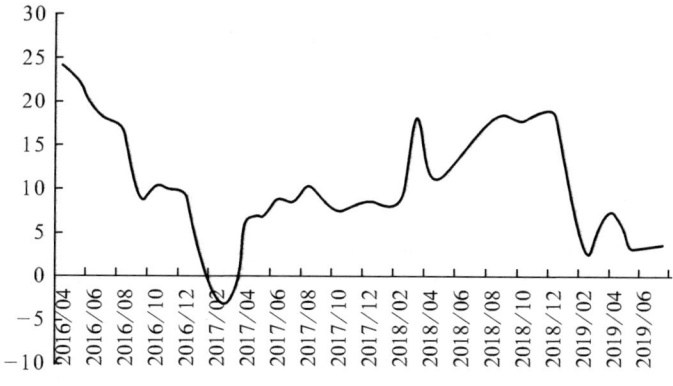

图3-22 东部地区房地产新开工面积累计同比增速

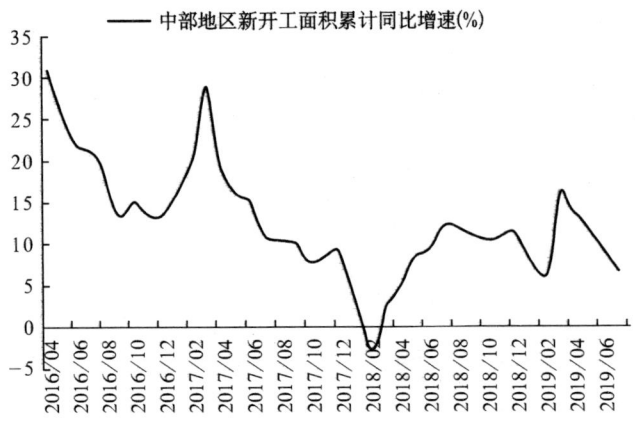

图 3-23　中部地区房地产新开工面积累计同比增速

中部地区房地产新开工面积累计同比增速与房地产投资累计同比增速相似,在经济面临下行压力导致其他领域投资机会减少并叠加货币持续宽松的大背景下,资金涌入了房地产政策宽松但经济欠发达的西部、东北部,带动了西部、东北部新开工的高增长,2019年1～7月西部的新开工增速显著高于全国水平,更高于经济较发达的东部及中部。如图3-24、图3-25所示。

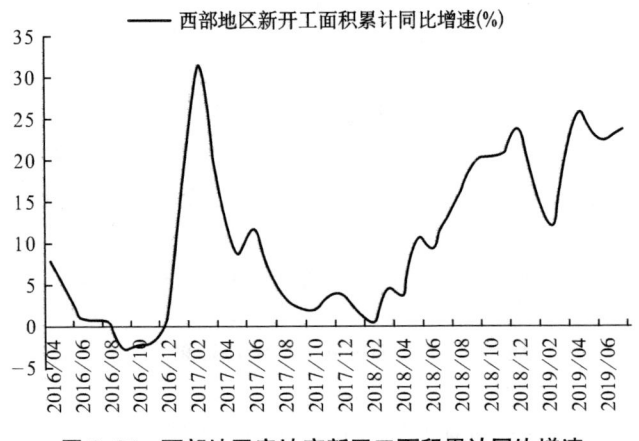

图 3-24　西部地区房地产新开工面积累计同比增速

图 3-25　东北地区房地产新开工面积累计同比增速

2019年1～7月,施工面积累计同比增速为9.0%,创下了2015年以来的新高,而1～8月的增速为8.8%,是2015年以来的次高点。如图3-26所示。

图3-26　房地产施工面积累计同比增速

2019年1～7月,东部地区房地产施工面积累计同比增速8.4%,较全国整体增速低0.6个百分点;中部地区房地产施工面积累计同比增速8.8%,较全国整体增速低0.2个百分点;西部地区房地产施工面积累计同比增速12%,较全国整体增速高33个百分点;东北地区房地产施工面积累计同比增速1.8%,较全国整体增速低6.1个百分点。如图3-27、图3-28所示。

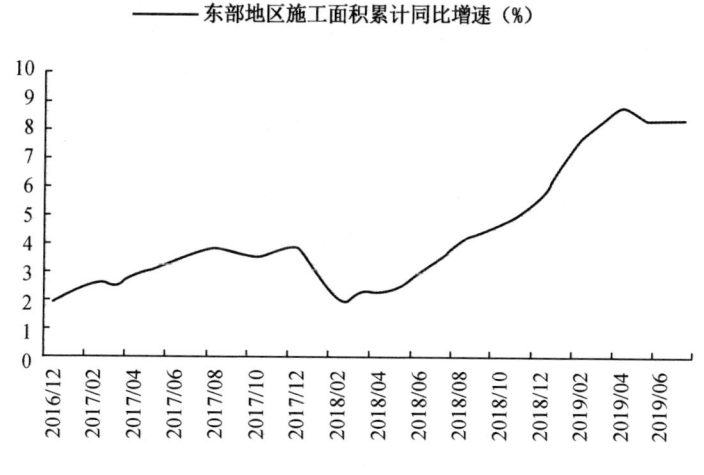

图3-27　东部地区施工面积累计同比增速

在经济面临下行压力导致其他领域投资机会减少并叠加货币持续宽松的大背景下,资金涌入了房地产政策宽松但经济欠发达的西部、东北部,西部地区、东北地区施工面积累计同比增速均较2018年末大幅上升,分别提高7.8、4.4个百分点,而东部地区、中部地区施工面积累计同比增速较2018年末分别提高2.7、1.3个百分点。如图3-29、图3-30所示。

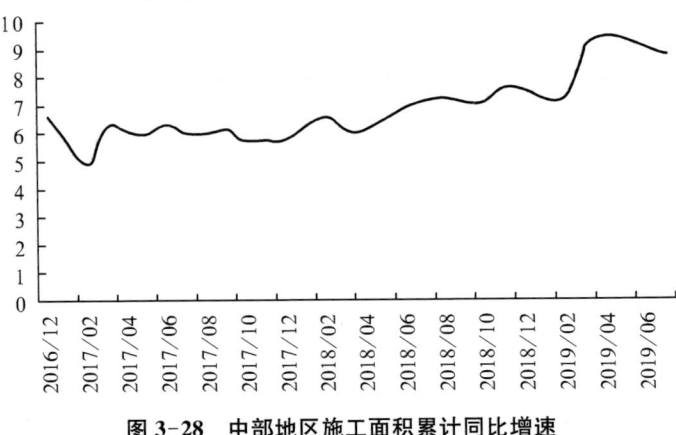

图 3-28　中部地区施工面积累计同比增速

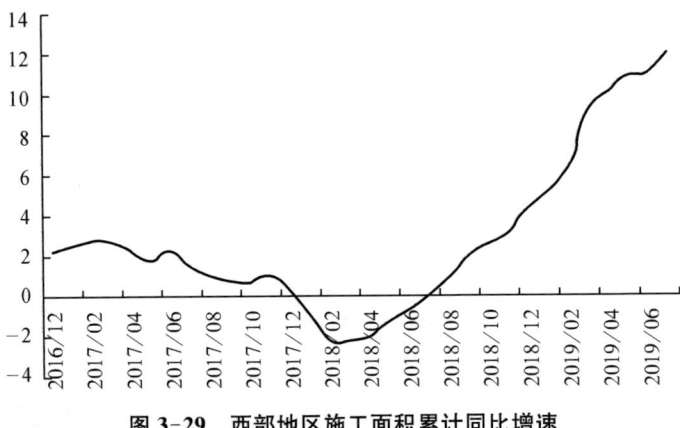

图 3-29　西部地区施工面积累计同比增速

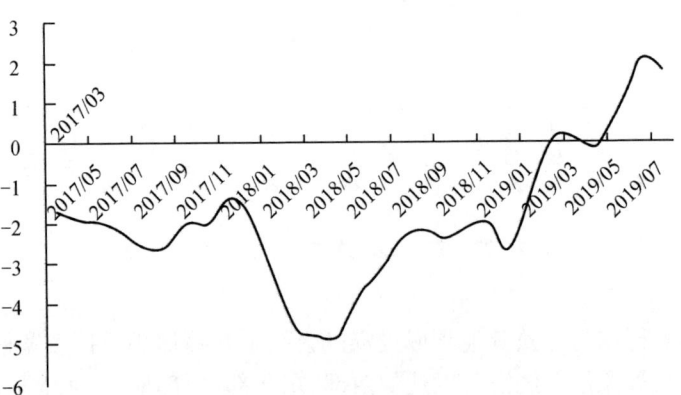

图 3-30　东北地区施工面积累计同比增速

## （二）营业收入数据合理性分析

房地产开发企业营业收入合理性确认可采用绝对数比较分析法，即通过以下五项绝对数据的比较，找出异常情况：

（a）企业增值税纳税申报表营业收入。

（b）企业所得税年度纳税申报表营业收入。

（c）土地增值税纳税申报表（清算）转让房地产收入总额。

（d）企业财务报表营业收入。

（e）房管局商品房预售合同备案金额。商品房预售合同备案，是指房地产开发企业取得了《商品房预（销）售许可证》和预登记通知单后，在与承购人签订《商品房买卖合同》之日起 30 日内，由房地产开发企业向项目管辖范围的房产交易管理部门申请办理商品房预售合同备案手续。目前，各地税务部门基本已经能够取得房管局实时的商品房预售合同备案明细金额，如表 3-4 所示。

表 3-4　商品房预售合同备案明细

| 预售证 | 区域 | 项目名 | 开发商 | 面积 | 金额 | 购买日期 | 栋号 | 房号 |
|---|---|---|---|---|---|---|---|---|
| 8494 | 高新区 | xxA区 | XX置业有限公司 | 117.99 | 1,220,137.00 | 2015-7-29 14:58:34 | 9 | 3305 |
| 8494 | 高新区 | xxA区 | XX置业有限公司 | 88.33 | 706,666.00 | 2012-3-20 | 5 | 1304 |
| 8494 | 高新区 | xxA区 | XX置业有限公司 | 104.55 | 755,000.00 | 2012-5-27 | 5 | 2502 |
| 8494 | 高新区 | xxA区 | XX置业有限公司 | 104.55 | 782,000.00 | 2012-5-30 | 5 | 702 |
| 8494 | 高新区 | xxA区 | XX置业有限公司 | 104.55 | 806,062.00 | 2014-8-5 11:29:18 | 9 | 1707 |
| 8494 | 高新区 | xxA区 | XX置业有限公司 | 115.54 | 1,118,555.00 | 2015-3-12 11:18:46 | 5 | 3305 |
| 8494 | 高新区 | xxA区 | XX置业有限公司 | 104.55 | 761,704.00 | 2013-5-5 16:18:39 | 5 | 2207 |
| 8494 | 高新区 | xxA区 | XX置业有限公司 | 175.86 | 2,180,000.00 | 2014-12-25 16:00:47 | 9 | 3307 |
| 8494 | 高新区 | xxA区 | XX置业有限公司 | 104.13 | 768,545.00 | 2012-7-5 | 9 | 2907 |
| 8494 | 高新区 | xxA区 | XX置业有限公司 | 175.86 | 1,962,107.00 | 2015-4-8 17:40:05 | 9 | 3302 |
| 8494 | 高新区 | xxA区 | XX置业有限公司 | 104.55 | 840,027.00 | 2014-2-9 13:33:26 | 5 | 2707 |
| 8494 | 高新区 | xxA区 | XX置业有限公司 | 85.86 | 723,199.00 | 2014-5-24 15:07:51 | 5 | 905 |
| 8494 | 高新区 | xxA区 | XX置业有限公司 | 88.25 | 692,749.00 | 2012-8-9 15:46:32 | 9 | 3205 |
| 8494 | 高新区 | xxA区 | XX置业有限公司 | 104.55 | 784,613.00 | 2012-4-10 | 5 | 2002 |
| 8494 | 高新区 | xxA区 | XX置业有限公司 | 66.2 | 425,827.00 | 2012-5-29 | 5 | 3301 |
| 8494 | 高新区 | xxA区 | XX置业有限公司 | 66.58 | 432,751.00 | 2012-3-14 | 5 | 2401 |

五者绝对数据比较分析：判断(a)(b)(c)(d)数据差异是否属于正常范围，是否由于计税范围导致的差异，或者确认收入条件导致的差异，否则企业可能存在未按规定申报销售收入问题。将(a)(b)(c)(d)数值与(e)相比较，由于商品房预售合同备案时间具有滞后性，并且可撤销，因此，(e)与(a)(b)(c)(d)数值必定存在差异，但该差异应由企业提供说明，是否属于备案时间、合同撤销等正当理由，且差异金额不应过大，否则视为异常，可能存在不计或者少计销售收入的问题。

## （三）增值税相关数据合理性分析

### 1. 增值税税负率

增值税税负率＝当期应纳增值税÷当期应税销售收入。房地产开发企业原缴纳营业税时，税率为 5%，营改增后，一般纳税人选择一般计税方法可以抵扣进项税额，税率 11%（2018 年 5 月 1 日起为 10%，2019 年 4 月 1 日起为 9%），简易计税方法征收率为 5%（销售收入为不含税收入），增值税预征率为 3%，整体税负有所下降。稽查人员应将案源企业增值税税负率与本地房地产行业增值税平均税负率指标进行比较，低于标准值视为异常，可能存在未按规定及时申报销售收入的问题。

## 2. 增值税申报表数据合理性分析

具体增值税申报表如表 3-5、表 3-6、表 3-7、表 3-8、表 3-9 所示。

**表 3-5　增值税纳税申报表（一般纳税人适用）**

根据国家税收法律法规及增值税相关规定制定本表。纳税人不论有无销售额，均应按税务机关核定的纳税期限填写本表，并向当地税务机关申报。

税款所属时间：自　年　月　日至　年　月　日　　　填表日期：　年　月　日

金额单位：元至角分

| 纳税人识别号 | | | | | | | 所属行业： | |
|---|---|---|---|---|---|---|---|---|
| 纳税人名称 | （公章） | 法定代表人姓名 | | 注册地址 | | | 生产经营地址 | |
| 开户银行及账号 | | | | 登记注册类型 | | | 电话号码 | |

| 项目 | | 栏次 | 一般项目 | | 即征即退项目 | |
|---|---|---|---|---|---|---|
| | | | 本月数 | 本年累计 | 本月数 | 本年累计 |
| 销售额 | （一）按适用税率计税销售额 | 1 | | | | |
| | 其中：应税货物销售额 | 2 | | | | |
| | 　　　应税劳务销售额 | 3 | | | | |
| | 　　　纳税检查调整的销售额 | 4 | | | | |
| | （二）按简易办法计税销售额 | 5 | | | | |
| | 其中：纳税检查调整的销售额 | 6 | | | | |
| | （三）免、抵、退办法出口销售额 | 7 | | | — | — |
| | （四）免税销售额 | 8 | | | — | — |
| | 其中：免税货物销售额 | 9 | | | — | — |
| | 　　　免税劳务销售额 | 10 | | | — | — |
| 税款计算 | 销项税额 | 11 | | | | |
| | 进项税额 | 12 | | | | |
| | 上期留抵税额 | 13 | | | | |
| | 进项税额转出 | 14 | | | | |
| | 免、抵、退应退税额 | 15 | | | — | — |
| | 按适用税率计算的纳税检查应补缴税额 | 16 | | | | |
| | 应抵扣税额合计 | 17＝12＋13－14－15＋16 | | | — | — |
| | 实际抵扣税额 | 18（如 17＜11，则为 17，否则为 11） | | | | |
| | 应纳税额 | 19＝11－18 | | | | |
| | 期末留抵税额 | 20＝17－18 | | | | |
| | 简易计税办法计算的应纳税额 | 21 | | | | |
| | 按简易计税办法计算的纳税检查应补缴税额 | 22 | | | — | — |
| | 应纳税额减征额 | 23 | | | | |
| | 应纳税额合计 | 24＝19＋21－23 | | | | |

(续表)

| 项目 | | 栏次 | 一般项目 | | 即征即退项目 | |
|---|---|---|---|---|---|---|
| | | | 本月数 | 本年累计 | 本月数 | 本年累计 |
| 税款缴纳 | 期初未缴税额(多缴为负数) | 25 | | | | |
| | 实收出口开具专用缴款书退税额 | 26 | | | — | — |
| | 本期已缴税额 | 27＝28＋29＋30＋31 | | | | |
| | ① 分次预缴税额 | 28 | | | — | — |
| | ② 出口开具专用缴款书预缴税额 | 29 | | | — | — |
| | ③ 本期缴纳上期应纳税额 | 30 | | | — | — |
| | ④ 本期缴纳欠缴税额 | 31 | | | — | — |
| | 期末未缴税额(多缴为负数) | 32＝24＋25＋26－27 | | | | |
| | 其中：欠缴税额(≥0) | 33＝25＋26－27 | | | — | — |
| | 本期应补(退)税额 | 34＝24－29 | | | | |
| | 即征即退实际退税额 | 35 | — | — | | |
| | 期初未缴查补税额 | 36 | | | — | — |
| | 本期入库查补税额 | 37 | | | — | — |
| | 期末未缴查补税额 | 38＝16＋22＋36－37 | | | — | — |

| 授权声明 | 如果你已委托代理人申报,请填写下列资料：为代理一切税务事宜,现授权_____(地址)_____为本纳税人的代理申报人,任何与本申报表有关的往来文件,都可寄予此人。<br><br>授权人签字： | 申报人声明 | 本纳税申报表是根据国家税收法律法规及相关规定填报的,我确定它是真实的、可靠的、完整的。<br><br>声明人签字： |
|---|---|---|---|

主管税务机关：       接收人：       接收日期：

表 3-6　增值税纳税申报表附列资料(一)
(本期销售情况明细)

税款所属时间：　年　月　日至　年　月　日

纳税人名称：(公章)　　　　　　　　　　　　　　　　　　　　　　　　　　　　　金额单位：元至角分

| 项目及栏次 | | | 开具增值税专用发票 | | 开具其他发票 | | 未开具发票 | | 纳税检查调整 | | 合计 | | | 服务、不动产和无形资产扣除项目本期实际扣除金额 | 扣除后 | |
|---|---|---|---|---|---|---|---|---|---|---|---|---|---|---|---|---|
| | | | 销售额 | 销项(应纳)税额 | 销售额 | 销项(应纳)税额 | 销售额 | 销项(应纳)税额 | 销售额 | 销项(应纳)税额 | 销售额 | 销项(应纳)税额 | 价税合计 | | 含税(免税)销售额 | 销项(应纳)税额 |
| | | | 1 | 2 | 3 | 4 | 5 | 6 | 7 | 8 | 9=1+3+5+7 | 10=2+4+6+8 | 11=9+10 | 12 | 13=11÷(1+税率或征收率)−12 | 14=13÷(100%+税率或征收率)×税率 |
| 一、一般计税方法计税 | 全部征税项目 | 13%税率的货物及加工修理修配劳务 | 1 | | | | | | | | | | | | | |
| | | 13%税率的服务、不动产和无形资产 | 2 | | | | | | | | | | | | | |
| | | 9%税率的货物及加工修理修配劳务 | 3 | | | | | | | | | | | | | |
| | | 9%税率的服务、不动产和无形资产 | 4 | | | | | | | | | | | | | |
| | | 6%税率 | 5 | | | | | | | | | | | | | |
| | 其中:即征即退项目 | 即征即退货物及加工修理修配劳务 | 6 | — | — | — | — | — | — | — | — | — | — | — | — | — |
| | | 即征即退服务、不动产和无形资产 | 7 | — | — | — | — | — | — | — | — | — | — | — | — | — |
| 二、简易计税方法计税 | 全部征税项目 | 6%征收率 | 8 | | | | | | | | | | | | | |
| | | 5%征收率的货物及加工修理修配劳务 | 9a | | | | | | | | | | | | | |
| | | 5%征收率的服务、不动产和无形资产 | 9b | | | | | | | | | | | | | |
| | | 4%征收率 | 10 | | | | | | | | | | | | | |
| | | 3%征收率的货物及加工修理修配劳务 | 11 | | | | | | | | | | | | | |
| | | 3%征收率的服务、不动产和无形资产 | 12 | | | | | | | | | | | | | |
| | | 预征率 % | 13a | | | | | | | | | | | | | |
| | | 预征率 % | 13b | | | | | | | | | | | | | |
| | | 预征率 % | 13c | | | | | | | | | | | | | |
| | 其中:即征即退项目 | 即征即退货物及加工修理修配劳务 | 14 | | | | | | | | | | | | | |
| | | 即征即退服务、不动产和无形资产 | 15 | | | | | | | | | | | | | |
| 三、免抵退税 | | 货物及加工修理修配劳务 | 16 | — | — | — | — | — | — | — | — | — | — | — | — | — |
| | | 服务、不动产和无形资产 | 17 | — | — | — | — | — | — | — | — | — | — | — | — | — |
| 四、免税 | | 货物及加工修理修配劳务 | 18 | — | — | — | — | — | — | — | — | — | — | — | — | — |
| | | 服务、不动产和无形资产 | 19 | — | — | — | — | — | — | — | — | — | — | — | — | — |

## 表 3-7 增值税纳税申报表附列资料(二)

（本期进项税额明细）

税款所属时间： 年 月 日至 年 月 日

纳税人名称：（公章） 金额单位：元至角分

### 一、申报抵扣的进项税额

| 项目 | 栏次 | 份数 | 金额 | 税额 |
|---|---|---|---|---|
| （一）认证相符的增值税专用发票 | 1＝2＋3 | | | |
| 其中：本期认证相符且本期申报抵扣 | 2 | | | |
| 前期认证相符且本期申报抵扣 | 3 | | | |
| （二）其他扣税凭证 | 4＝5＋6＋7＋8a＋8b | | | |
| 其中：海关进口增值税专用缴款书 | 5 | | | |
| 农产品收购发票或者销售发票 | 6 | | | |
| 代扣代缴税收缴款凭证 | 7 | | | — |
| 加计扣除农产品进项税额 | 8a | — | — | |
| 其他 | 8b | | | |
| （三）本期用于购建不动产的扣税凭证 | 9 | | | |
| （四）本期用于抵扣的旅客运输服务扣税凭证 | 10 | | — | |
| （五）外贸企业进项税额抵扣证明 | 11 | — | — | |
| 当期申报抵扣进项税额合计 | 12＝1＋4＋11 | | | |

### 二、进项税额转出额

| 项目 | 栏次 | 税额 |
|---|---|---|
| 本期进项税额转出额 | 13＝14 至 23 之和 | |
| 其中：免税项目用 | 14 | |
| 集体福利、个人消费 | 15 | |
| 非正常损失 | 16 | |
| 简易计税方法征税项目用 | 17 | |
| 免抵退税办法不得抵扣的进项税额 | 18 | |
| 纳税检查调减进项税额 | 19 | |
| 红字专用发票信息表注明的进项税额 | 20 | |
| 上期留抵税额抵减欠税 | 21 | |
| 上期留抵税额退税 | 22 | |
| 其他应作进项税额转出的情形 | 23 | |

(续表)

### 三、待抵扣进项税额

| 项目 | 栏次 | 份数 | 金额 | 税额 |
|---|---|---|---|---|
| (一)认证相符的增值税专用发票 | 24 | — | | |
| 期初已认证相符但未申报抵扣 | 25 | | | |
| 本期认证相符且本期未申报抵扣 | 26 | | | |
| 期末已认证相符但未申报抵扣 | 27 | | | |
| 其中:按照税法规定不允许抵扣 | 28 | | | |
| (二)其他扣税凭证 | 29=30至33之和 | | | |
| 其中:海关进口增值税专用缴款书 | 30 | | | |
| 农产品收购发票或者销售发票 | 31 | | | |
| 代扣代缴税收缴款凭证 | 32 | | | |
| 其他 | 33 | | | |
| | 34 | | | |

### 四、其他

| 项目 | 栏次 | 份数 | 金额 | 税额 |
|---|---|---|---|---|
| 本期认证相符的增值税专用发票 | 35 | | | |
| 代扣代缴税额 | 36 | — | | |

**表3-8 增值税纳税申报表附列资料(三)**
(服务、不动产和无形资产扣除项目明细)

税款所属时间: 年 月 日至 年 月 日

纳税人名称:(公章)                                          金额单位:元至角分

| 项目及栏次 | | 本期服务、不动产和无形资产价税合计额(免税销售额) | 服务、不动产和无形资产扣除项目 | | | | |
|---|---|---|---|---|---|---|---|
| | | | 期初余额 | 本期发生额 | 本期应扣除金额 | 本期实际扣除金额 | 期末余额 |
| | | 1 | 2 | 3 | 4=2+3 | 5(5≤1且5≤4) | 6=4-5 |
| 13%税率的项目 | 1 | | | | | | |
| 9%税率的项目 | 2 | | | | | | |
| 6%税率的项目(不含金融商品转让) | 3 | | | | | | |
| 6%税率的金融商品转让项目 | 4 | | | | | | |
| 5%征收率的项目 | 5 | | | | | | |
| 3%征收率的项目 | 6 | | | | | | |
| 免抵退税的项目 | 7 | | | | | | |
| 免税的项目 | 8 | | | | | | |

**表 3-9　增值税纳税申报表附列资料(四)**
**(税额抵减情况表)**

税款所属时间：　年　月　日至　年　月　日

纳税人名称：(公章)　　　　　　　　　　　　　　　　　　　　　金额单位：元至角分

一、税额抵减情况

| 序号 | 抵减项目 | 期初余额 | 本期发生额 | 本期应抵减税额 | 本期实际抵减税额 | 期末余额 |
|---|---|---|---|---|---|---|
|  |  | 1 | 2 | 3＝1＋2 | 4≤3 | 5＝3－4 |
| 1 | 增值税税控系统专用设备费及技术维护费 |  |  |  |  |  |
| 2 | 分支机构预征缴纳税款 |  |  |  |  |  |
| 3 | 建筑服务预征缴纳税款 |  |  |  |  |  |
| 4 | 销售不动产预征缴纳税款 |  |  |  |  |  |
| 5 | 出租不动产预征缴纳税款 |  |  |  |  |  |

二、加计抵减情况

| 序号 | 加计抵减项目 | 期初余额 | 本期发生额 | 本期调减额 | 本期可抵减额 | 本期实际抵减额 | 期末余额 |
|---|---|---|---|---|---|---|---|
|  |  | 1 | 2 | 3 | 4＝1＋2＋3 | 5 | 6＝4－5 |
| 6 | 一般项目加计抵减额计算 |  |  |  |  |  |  |
| 7 | 即征即退项目加计抵减额计算 |  |  |  |  |  |  |
| 8 | 合计 |  |  |  |  |  |  |

(1) 主表(表 3-5)"按简易征收办法计税销售额""免税销售额"等栏次是否填列数据，核实企业是否存在按简易办法计税的老项目，以及享受免税的项目，以上两类项目的进项税额是否作转出。

(2) 附表二(表 3-7)《本期进项税额明细》"农产品收购发票或者销售发票""海关进口增值税专用缴款书"等栏次是否填列数据，核实企业是否购进农产品和进口产品，取得的发票是否真实。

(3) 附表二《本期进项税额明细》"本期不动产允许抵扣进项税额"栏次是否填列数据，核实企业购进不动产是否按规定比例分两年抵扣进项税额。

(4) 附表三(表 3-8)《服务、不动产和无形资产扣除项目明细》是否填列数据，核实企业填列扣除数据是否真实合规。

(5) 附表四(表 3-9)《税额抵减情况表》"销售不动产预征缴纳税款""出租不动产预征缴纳税款"是否填列数据，核实企业预缴税款是否真实合规。

注意：按照《国家税务总局关于调整增值税纳税申报有关事项的公告》(国家税务总局公告 2019 年第 15 号)，2019 年 5 月 1 日起适用新修订的增值税申报表。

**3. 增值税发票数据合理性分析**

稽查人员需对增值税发票电子底账管理系统的发票数据进行分析，可直接快速地获取企业取得的全部增值税专用发票。

比如，某地产有限公司 2016 年 5 月 1 日"营改增"后取得的全部增值税专用发票，其中金额大于 10 万元的部分发票明细如表 3-10 所示，可选择其中大额发票或者高危疑点发票种类(如园林绿化、广告费)进行核实。

表 3-10　***地产有限公司购入物品（金额大于 10 万元）明细表

| 物品名称 | 合计金额 | 合计税额 | 合计数量 | 发票类别 | 发票份数 |
| --- | --- | --- | --- | --- | --- |
| 保费-建筑工程一切险（2009 版） | | | | 增值税专用发票 | |
| 工程款 | | | | 增值税专用发票 | |
| 广告发布费 | | | | 增值税专用发票 | |
| 建筑安装 | | | | 增值税专用发票 | |
| 电信基础服务费 | | | | 增值税专用发票 | |
| 惠普硒鼓 | | | | 增值税专用发票 | |
| 法律服务费 | | | | 增值税专用发票 | |
| 足金饰品 | | | | 增值税专用发票 | |
| 电费 | | | | 增值税专用发票 | |
| EMS 邮寄费 | | | | 增值税专用发票 | |
| 代收电费 | | | | 增值税专用发票 | |
| 保洁服务费 | | | | 增值税专用发票 | |
| 咨询费 | | | | 增值税专用发票 | |
| 展会会务费 | | | | 增值税专用发票 | |
| 物业服务费 | | | | 增值税专用发票 | |
| 房租费 | | | | 增值税专用发票 | |
| 清洁服务费 | | | | 增值税专用发票 | |
| 草花租赁 | | | | 增值税专用发票 | |
| ***1 期楼书 | | | | 增值税专用发票 | |
| 佣金 | | | | 增值税专用发票 | |
| 担保服务费 | | | | 增值税专用发票 | |
| 服务费 | | | | 增值税专用发票 | |
| 1 期项目工程样板房装修设计及建造工程 | | | | 增值税专用发票 | |
| "****2 期商业及公建"有线电视安装费 | | | | 增值税专用发票 | |
| 勘察费 | | | | 增值税专用发票 | |
| ***3 期项目变配电设计 | | | | 增值税专用发票 | |
| 地基与基础工程 | | | | 增值税专用发票 | |
| 活动策划执行 | | | | 增值税专用发票 | |
| 测量费 | | | | 增值税专用发票 | |
| 燃气工程 | | | | 增值税专用发票 | |
| 空调保养费 | | | | 增值税专用发票 | |
| *鉴证咨询服务*咨询服务费 2018 年 1 月 | | | | 增值税专用发票 | |
| "****怡园"人防设计费 | | | | 增值税专用发票 | |
| 佣金 | | | | 增值税专用发票 | |
| 信息系统服务费 | | | | 增值税专用发票 | |
| 修图服务 | | | | 增值税专用发票 | |
| 公关服务费 | | | | 增值税专用发票 | |
| ****怡园工程监理费 | | | | 增值税专用发票 | |
| ****商住项目工程样板房装修设计及建造工程 | | | | 增值税专用发票 | |
| ****市政道路绿化整改工程款 | | | | 增值税专用发票 | |
| 审计费 | | | | 增值税专用发票 | |

(续表)

| 物品名称 | 合计金额 | 合计税额 | 合计数量 | 发票类别 | 发票份数 |
|---|---|---|---|---|---|
| 展览服务 | | | | 增值税专用发票 | |
| ****商住项目二次土方开挖及基坑临时支护工程 | | | | 增值税专用发票 | |
| ****商住项目住宅及商业项目审图费 | | | | 增值税专用发票 | |
| ****商住项目住宅及商业项目总承包工程 | | | | 增值税专用发票 | |
| 检测费 | | | | 增值税专用发票 | |
| 模型设计 | | | | 增值税专用发票 | |
| 监理费 | | | | 增值税专用发票 | |

同时,还可对房地产上下游企业进行发票流向分析,判断是否存在舍近求远等不符合常规的上游企业。如表 3-11 所示。

表 3-11　***地产有限公司流向分析上游企业列表

| 序号 | 纳税人识别号 | 纳税人名称 | 金额(元) | 税额(元) | 发票份数 |
|---|---|---|---|---|---|
| 1 | | ****建筑产业集团有限责任公司 | | | |
| 2 | | **省第**建筑有限公司 | | | |
| 3 | | ****地产管理有限公司**分公司 | | | |
| 4 | | ****设计研究院有限公司 | | | |
| 5 | | ****管理有限公司**分公司 | | | |
| 7 | | ***装饰工程有限公司**分公司 | | | |
| 8 | | **房地产经纪有限公司 | | | |
| 9 | | **电力工程有限公司 | | | |
| 10 | | **城市燃气有限责任公司 | | | |

**(四)企业所得税申报表数据合理性分析**

为全面落实企业所得税相关政策,进一步优化税收环境,减轻纳税人办税负担,税务总局在广泛征求各方意见的基础上,对企业所得税年度纳税申报表进行了优化、简化,发布《中华人民共和国企业所得税年度纳税申报表(A 类,2017 年版)》。

2017 年版删除了 4 张三级附表:分别是《固定资产加速折旧、扣除明细表》(A105081)、《资产损失(专项申报)税前扣除及纳税调整明细表》(A105091)、《综合利用资源生产产品取得的收入优惠明细表》(A107012)、《金融、保险等机构取得的涉农利息、保费收入优惠明细表》(A107013)。删除的附表填报数字并入新报表相关栏次,删除后年报表共计 37 张。

2017 年版新报表表单结构:基础信息表 1 张,主表 1 张,一级明细表 6 张,二级明细表 25 张,三级明细表 4 张。

新报表内容:纳税人整体情况 2 张,反映会计核算 6 张,纳税调整 13 张,弥补亏损 1 张,税收优惠 9 张,境外税收 4 张,汇总纳税 2 张。

企业所得税年度纳税申报表主表与附表对应项目之间的数值存在严格的勾稽关系。在对房地产开发企业所得税年度纳税申报表进行分析时,稽查人员尤其要关注主表(见表3-12)、纳税调整项目明细表(见表3-13)、视同销售和房地产开发企业特定业务纳税调整明细表(见表3-14)的勾稽关系,较为容易发现疑点问题,可作为案源分析疑点由检查环节进行核实。通过对企业所得税申报表数据分析常见疑点包括:

(1)资产损失异常,企业营业外支出金额远大于资产损失申报的金额。

(2)毛利率较低,销售费用其他项金额较大。

(3)投资异常:《投资收益纳税调整明细表》中存在纳税调减,结合基础信息表对外投资信息,需进一步核实原因。重点审核计税基础与账面价值差异。《投资收益纳税调整明细表》反映计税基础与《符合条件的居民企业之间的股息、红利等权益性投资收益优惠明细表》反映投资成本差异较大,异常;核实股权转让时点与股息分配时点,确认分得股息是否符合免税条件。

(4)纳税调减其他调整项目、特殊事项调整项目异常,部分房地产开发企业该栏填报金额较大,需进一步核实是否存在未按规定纳税调减问题。

(5)纳税调减收入(其他)栏账载金额与税收金额存在差异。

(6)当年无营业收入,全部收入来自投资收益,转让投资所得上亿元,金额较大,上年无股息红利所得,需进一步核实。

(7)视同销售收入调增,同时视同销售成本调减,需进一步核实是否多记成本。

表3-12 中华人民共和国企业所得税年度纳税申报表(A类)

| 行次 | 类别 | 项目 | 金额 |
|---|---|---|---|
| 1 | 利润总额计算 | 一、营业收入(填写A101010\\101020\\103000) | |
| 2 | | 减:营业成本(填写A102010\\102020\\103000) | |
| 3 | | 减:税金及附加 | |
| 4 | | 减:销售费用(填写A104000) | |
| 5 | | 减:管理费用(填写A104000) | |
| 6 | | 减:财务费用(填写A104000) | |
| 7 | | 减:资产减值损失 | |
| 8 | | 加:公允价值变动收益 | |
| 9 | | 加:投资收益 | |
| 10 | | 二、营业利润(1-2-3-4-5-6-7+8+9) | |
| 11 | | 加:营业外收入(填写A101010\\101020\\103000) | |
| 12 | | 减:营业外支出(填写A102010\\102020\\103000) | |
| 13 | | 三、利润总额(10+11-12) | |
| 14 | 应纳税所得额计算 | 减:境外所得(填写A108010) | |
| 15 | | 加:纳税调整增加额(填写A105000) | |
| 16 | | 减:纳税调整减少额(填写A105000) | |
| 17 | | 减:免税、减计收入及加计扣除(填写A107010) | |
| 18 | | 加:境外应税所得抵减境内亏损(填写A108000) | |
| 19 | | 四、纳税调整后所得(13-14+15-16-17+18) | |
| 20 | | 减:所得减免(填写A107020) | |
| 21 | | 减:弥补以前年度亏损(填写A106000) | |
| 22 | | 减:抵扣应纳税所得额(填写A107030) | |
| 23 | | 五、应纳税所得额(19-20-21-22) | |

(续表)

| 行次 | 类别 | 项 目 | 金 额 |
|---|---|---|---|
| 24 | 应纳税额计算 | 税率(25%) | |
| 25 | | 六、应纳所得税额(23×24) | |
| 26 | | 减：减免所得税额(填写 A107040) | |
| 27 | | 减：抵免所得税额(填写 A107050) | |
| 28 | | 七、应纳税额(25－26－27) | |
| 29 | | 加：境外所得应纳所得税额(填写 A108000) | |
| 30 | | 减：境外所得抵免所得税额(填写 A108000) | |
| 31 | | 八、实际应纳所得税额(28＋29－30) | |
| 32 | | 减：本年累计实际已缴纳的所得税额 | |
| 33 | | 九、本年应补(退)所得税额(31－32) | |
| 34 | | 其中：总机构分摊本年应补(退)所得税额(填写 A109000) | |
| 35 | | 财政集中分配本年应补(退)所得税额(填写 A109000) | |
| 36 | | 总机构主体生产经营部门分摊本年应补(退)所得税额(填写 A109000) | |

表 3-13 纳税调整项目明细表

| 行次 | 项 目 | 账载金额 | 税收金额 | 调增金额 | 调减金额 |
|---|---|---|---|---|---|
| | | 1 | 2 | 3 | 4 |
| 1 | 一、收入类调整项目(2＋3＋…8＋10＋11) | ＊ | ＊ | | |
| 2 | （一）视同销售收入(填写 A105010) | ＊ | | | ＊ |
| 3 | （二）未按权责发生制原则确认的收入(填写 A105020) | | | | |
| 4 | （三）投资收益(填写 A105030) | | | | |
| 5 | （四）按权益法核算长期股权投资对初始投资成本调整确认收益 | ＊ | ＊ | ＊ | |
| 6 | （五）交易性金融资产初始投资调整 | ＊ | ＊ | | ＊ |
| 7 | （六）公允价值变动净损益 | | ＊ | | |
| 8 | （七）不征税收入 | ＊ | ＊ | | |
| 9 | 其中：专项用途财政性资金(填写 A105040) | ＊ | ＊ | | |
| 10 | （八）销售折扣、折让和退回 | | | | |
| 11 | （九）其他 | | | | |
| 12 | 二、扣除类调整项目(13＋14＋…24＋26＋27＋28＋29＋30) | ＊ | ＊ | | |
| 13 | （一）视同销售成本(填写 A105010) | ＊ | | ＊ | |
| 14 | （二）职工薪酬(填写 A105050) | | | | |
| 15 | （三）业务招待费支出 | | | | ＊ |
| 16 | （四）广告费和业务宣传费支出(填写 A105060) | ＊ | ＊ | | |

(续表)

| 行次 | 项　　目 | 账载金额 1 | 税收金额 2 | 调增金额 3 | 调减金额 4 |
|---|---|---|---|---|---|
| 17 | （五）捐赠支出（填写 A105070） | | | | |
| 18 | （六）利息支出 | | | | |
| 19 | （七）罚金、罚款和被没收财物的损失 | | ＊ | | ＊ |
| 20 | （八）税收滞纳金、加收利息 | | ＊ | | ＊ |
| 21 | （九）赞助支出 | | ＊ | | ＊ |
| 22 | （十）与未实现融资收益相关在当期确认的财务费用 | | | | |
| 23 | （十一）佣金和手续费支出 | | | | ＊ |
| 24 | （十二）不征税收入用于支出所形成的费用 | ＊ | ＊ | | |
| 25 | 其中：专项用途财政性资金用于支出所形成的费用（填写 A105040） | ＊ | ＊ | | ＊ |
| 26 | （十三）跨期扣除项目 | | | | |
| 27 | （十四）与取得收入无关的支出 | | ＊ | | ＊ |
| 28 | （十五）境外所得分摊的共同支出 | ＊ | ＊ | | ＊ |
| 29 | （十六）党组织工作经费 | | | | |
| 30 | （十七）其他 | | | | |
| 31 | 三、资产类调整项目（32＋33＋34＋35） | ＊ | ＊ | | |
| 32 | （一）资产折旧、摊销（填写 A105080） | | | | |
| 33 | （二）资产减值准备金 | | ＊ | | |
| 34 | （三）资产损失（填写 A105090） | | | | |
| 35 | （四）其他 | | | | |
| 36 | 四、特殊事项调整项目（37＋38＋…＋42） | ＊ | ＊ | | |
| 37 | （一）企业重组及递延纳税事项（填写 A105100） | | | | |
| 38 | （二）政策性搬迁（填写 A105110） | ＊ | ＊ | | |
| 39 | （三）特殊行业准备金（填写 A105120） | | | | |
| 40 | （四）房地产开发企业特定业务计算的纳税调整额（填写 A105010） | ＊ | | | |
| 41 | （五）有限合伙企业法人合伙方应分得的应纳税所得额 | | | | |
| 42 | （六）其他 | ＊ | ＊ | | |
| 43 | 五、特别纳税调整应税所得 | ＊ | ＊ | | |
| 44 | 六、其他 | ＊ | ＊ | | |
| 45 | 合计（1＋12＋31＋36＋43＋44） | ＊ | ＊ | | |

表 3-14　视同销售和房地产开发企业特定业务纳税调整明细表

| 行次 | 项目 | 税收金额 | 纳税调整金额 |
|---|---|---|---|
| | | 1 | 2 |
| 1 | 一、视同销售(营业)收入(2＋3＋4＋5＋6＋7＋8＋9＋10) | | |
| 2 | （一）非货币性资产交换视同销售收入 | | |
| 3 | （二）用于市场推广或销售视同销售收入 | | |
| 4 | （三）用于交际应酬视同销售收入 | | |
| 5 | （四）用于职工奖励或福利视同销售收入 | | |
| 6 | （五）用于股息分配视同销售收入 | | |
| 7 | （六）用于对外捐赠视同销售收入 | | |
| 8 | （七）用于对外投资项目视同销售收入 | | |
| 9 | （八）提供劳务视同销售收入 | | |
| 10 | （九）其他 | | |
| 11 | 二、视同销售(营业)成本(12＋13＋14＋15＋16＋17＋18＋19＋20) | | |
| 12 | （一）非货币性资产交换视同销售成本 | | |
| 13 | （二）用于市场推广或销售视同销售成本 | | |
| 14 | （三）用于交际应酬视同销售成本 | | |
| 15 | （四）用于职工奖励或福利视同销售成本 | | |
| 16 | （五）用于股息分配视同销售成本 | | |
| 17 | （六）用于对外捐赠视同销售成本 | | |
| 18 | （七）用于对外投资项目视同销售成本 | | |
| 19 | （八）提供劳务视同销售成本 | | |
| 20 | （九）其他 | | |
| 21 | 三、房地产开发企业特定业务计算的纳税调整额(22－26) | | |
| 22 | （一）房地产开发企业销售未完工开发产品特定业务计算的纳税调整(24－25) | | |
| 23 | 1. 销售未完工产品的收入 | | * |
| 24 | 2. 销售未完工产品预计毛利额 | | |
| 25 | 3. 实际发生的税金及附加、土地增值税 | | |
| 26 | （二）房地产开发企业销售的未完工产品转完工产品特定业务计算的纳税调整额(28－29) | | |
| 27 | 1. 销售未完工产品转完工产品确认的销售收入 | | * |
| 28 | 2. 转回的销售未完工产品预计毛利额 | | |
| 29 | 3. 转回实际发生的税金及附加、土地增值税 | | |

**1. 扣除限额类指标**

扣除限额类指标可以按照税法规定根据申报表相关行次填列的数字计算得到,例如工资扣除限额、"三费"(职工福利费、工会经费、职工教育经费)扣除限额、交际应酬费列支额(业务招待费扣除限额)、公益救济性捐赠扣除限额、开办费摊销额、技术开发费加计扣除额、广告费扣除限额、业务宣传费扣除限额、财产损失扣除限额、呆(坏)账损失扣除限额、总机构管理费扣除限额、社会保险费扣除限额、无形资产摊销额、递延资产摊销额等。

**2. 销售收入指标**

分析纳税人销售收入的变化情况,同期同类行业平均水平和本企业历史数据比较,若高于合理值暂视为正常,若低于合理值,则可能存在少计收入、关联企业间的非正常交易等问题。计算公式如下:

销售收入变动率＝(检查年度销售收入－基期销售收入)÷基期销售收入×100％

**3. 销售成本比例**

分析纳税人销售成本占销售收入的比例,同期同类行业平均水平和本企业历史数据比较,若低于合理值暂视为正常,若高于合理值,则可能存在多扣除成本、少计收入、关联企业间的非正常交易、资本性支出与收益性支出划分的正确性、会计核算方法的调整、税法与会计的差异调整正确性等问题。计算公式如下:

销售成本率＝(检查期间销售成本÷检查期间销售收入)×100％

**4. 期间费用比例**

分析检查期间的期间费用占销售收入、开发成本等的比例,与同期同类行业平均水平和本企业历史数据比较,指标小于合理值,暂视为正常,如大于合理值,则可能存在少计收入、混淆期间费用与开发成本、多计管理费用、多计财务费用(将应资本化的利息直接计入财务费用)、多计营业费用等问题。计算公式如下:

期间费用收入比例＝(检查期间的期间费用÷检查期间销售收入)×100％
期间费用占开发成本比率＝期间费用÷开发成本×100％
销售费用收入比率＝销售费用÷销售收入×100％
管理费用变动率＝(当期管理费用－上期管理费用)÷上期管理费用×100％
销售费用变动率＝(当期销售费用－上期销售费用)÷上期销售费用×100％
财务费用变动率＝(当期财务费用－上期财务费用)÷上期财务费用×100％

**5. 单位面积建筑成本指标(土建成本)**

房地产开发企业单位面积建筑成本及各单项单位成本均有一定的标准,与纳税人同类项目对比并结合同行业、同类项目单位面积成本对比,若单位面积成本超出合理范围,且与同行业、同类项目单位面积横向比较相差较大,则可能存在取得虚增成本、虚抵进项的问题。计算公式如下:

单位面积建筑成本＝总建筑成本÷可售面积
单位面积建筑安装工程费＝建筑安装工程费÷可售面积
单位面积前期工程建设费＝前期工程建设费÷可售面积
单位面积基础设施建设费＝基础设施建设费÷可售面积

单位面积公共配套设施建设费＝公共配套设施建设费÷可售面积

开发间接费用占土地成本及建筑安装工程费比率＝开发间接费用÷
［土地成本×(已售面积÷可售面积)＋建筑安装工程费］×100％

在建筑成本中，按国家预算定额评估各项费用存在着一定的比例水平：

人工费为15％左右；

材料费为55～60％；

机械费为7％～10％；

间接费为15％～20％（含其他项目费、工程排污费、工程定额测定费等规费）。

**6. 开发成本项目比例**

房地产开发企业单项开发成本与开发总成本之间有一定的标准值，与纳税人同类项目对比并结合同行业、同类项目合理值对比，若单位面积成本超出合理范围，且与同行业、同类项目单位面积横向比较相差较大，则企业有可能存在虚增成本、虚抵进项的问题。计算公式如下：

开发成本项目比＝单项开发成本项目÷开发总成本×100％

开发成本项目具体比例合理值区间如下（不同地区、不同时段合理值存在差异，以当地实际情况为准）：

土地征用及拆迁费占开发产品总成本比率10％～30％；

前期工程占建安成本比率5％～10％；

基础设施占建安成本比率5％～10％；

建筑安装工程费占开发产品总成本比率50％～65％；

公共配套占建安成本比率2％～5％：如果公共配套设施费占建安成本比率高于区间值，有可能是"不配比结转成本"，即将已经完工但是应当由未完工成本对象分摊的公共配套设施费全部列支；

开发间接费占建安成本比率3％～5％；

期间费用成本率＝(营业费用＋管理费用＋财务费用)÷开发成本×100％，合理值：5％～6％。

**7. 建安材料限额标准**

房地产开发企业根据不同的结构形式，有一定的单位面积材料限额标准。若单位面积材料限额标准超出合理范围，且与同行业、同类项目单位面积横向比较相差较大，则企业有可能存在虚增成本、虚抵进项的问题。计算公式如下：

单位面积材料限额标准＝材料耗用数量÷建筑面积

数据来源于全国统一建筑工程基础定额，建筑工程施工质量验收统一标准。

合理值设置如下（不同地区、不同时段合理值存在差异，以当地实际情况为准）：

桩基工程：70～100元/平方米；

钢筋：40～75公斤/平方米(多层含量较低、高层含量较高)，合160～300元/平方米；

砼：0.3～0.5立方/平方米(多层含量较低、高层含量较高)，合100～165元/平方米；

砌体工程：60～120元/平方米(多层含量较高、高层含量较低)；

抹灰工程：25～40元/平方米；

外墙工程(包括保温)：50～100元/平方米(以一般涂料为标准，如为石材或幕墙，则可

能高达 300～1000 元/平方米);

　　室内水电安装工程(含消防):60～120 元/平方米(按小区档次,多层略低一些);

　　屋面工程:15～30 元/平方米(多层含量较高、高层含量较低);

　　门窗工程(不含进户门):每平方米建筑面积门窗面积约为 0.25～0.5 平方米(与设计及是否高档很大关系,高档的比例较大),造价 90～300 元/平方米,一般为 90～150 元/平方米,如采用高档铝合金门窗,则可能达到 300 元/平方米;

　　土方、进户门、烟道及公共部位装饰工程:30～150 元/平方米(与小区档次高低关系很大,档次越高,造价越高);

　　地下室:增加造价 40～100 元/平方米(多层含量较高、高层含量较低);

　　电梯工程:40～200 元/平方米,与电梯的档次、电梯设置的多少及楼层的多少有很大关系,一般工程约为 100 元/平方米;

　　人工费:130～200 元/平方米;

　　室外配套工程:30～300 元/平方米,一般约为 70～100 元/平方米;

　　模板、支撑、脚手架工程(成本):70～150 元/平方米;

　　塔吊、人货电梯、升降机等各型施工机械等(约为总造价的 5～8%):约 60～90 元/平方米;

　　临时设施[生活区、办公区、仓库、道路、现场其他临时设施(水、电、排污、形象、生产厂棚与其他生产用房)]:30～50 元/平方米;

　　检测、试验、手续、交通、交际等费用:10～30 元/平方米;

　　承包商管理费、资料、劳保、利润等各种费用(约为 10%):以上各项之和×10%=90～180 元/平方米;

　　设计费(含前期设计概念期间费用):15～100 元/平方米;

　　监理费:3～30 元/平方米;

　　广告、策划、销售代理费:一般 30～200 元/平方米,高者可达 500 元/平方米以上。

**(五) 土地增值税申报表数据合理性分析**

根据《国家税务总局关于修订土地增值税纳税申报表的通知》(税总函〔2016〕309 号),对土地增值税申报表进行了修订,具体申报表见表 3-15 至表 3-25 所示。

(1)《土地增值税项目登记表(从事房地产开发的纳税人适用)》由从事房地产开发与建设的纳税人在立项后及每次转让时填报,包括"建设项目起讫时间""总预算成本""单位预算成本""开发土地总面积""开发建筑总面积""转让建筑面积""转让合同签订日期"等内容,以上数据可用于稽查人员进行前期案源分析,在检查前对开发项目有一个基本了解,后期实地核查时可与账载数据进行比对,看是否存在差异。

(2)《土地增值税纳税申报表(一)(从事房地产开发的纳税人预征适用)》反映房地产开发企业预征土地增值税情况,由于土地增值税预征计税依据与增值税预征计税依据存在必然联系,土地增值税预征的计征依据=预收款-应预缴增值税税款,因此此表内"应税收入"合计栏应与增值税预征税款对应的预售收入进行比对,查看是否存在不合理的差异。

(3) 由于土地增值税按房产类型不同预征率也不同,注意查看《土地增值税纳税申报表(一)(从事房地产开发的纳税人预征适用)》的房产分类,结合实地查看和房管部门第三方信息,确定企业是否正确适用预征率。

（4）《土地增值税纳税申报表（二）（从事房地产开发的纳税人清算适用）》用于房地产开发企业进行清算申报，由于房地产开发企业土地增值税清算与企业所得税汇算有一定的相似性，但同时又存在较大的区别，因此可通过各自申报表数据比对分析，进行相互印证，查找疑点或漏洞。

（5）《土地增值税纳税申报表（四）（从事房地产开发的纳税人清算后尾盘销售适用）》用于房地产开发企业在清算后尾盘销售时补缴土地增值税，对于已清算的房地产开发企业，可结合增值税预缴情况，查看是否补缴土地增值税。

表 3-15 土地增值税项目登记表
（从事房地产开发的纳税人适用）

纳税人识别号：　　　　　　　　纳税人名称：　　　　　　　　填表日期：　年　月　日

金额单位：元至角分　　　　　　　　　　　　　　　　　　　　面积单位：平方米

| 项目名称 | | 项目地址 | | 业　别 | | |
|---|---|---|---|---|---|---|
| 经济性质 | | 主管部门 | | | | |
| 开户银行 | | 银行账号 | | | | |
| 地　　址 | | 邮政编码 | | 电　话 | | |
| 土地使用权受让(行政划拨)合同号 | | | | 受让(行政划拨)时间 | | |
| | | | | | | |
| 建设项目起讫时间 | | 总预算成本 | | 单位预算成本 | | |
| 项目详细坐落地点 | | | | | | |
| 开发土地总面积 | | 开发建筑总面积 | | 房地产转让合同名称 | | |
| 转让次序 | 转让土地面积（按次填写） | | 转让建筑面积（按次填写） | | 转让合同签订日期（按次填写） | |
| 第1次 | | | | | | |
| 第2次 | | | | | | |
| …… | | | | | | |
| 备注 | | | | | | |

以下由纳税人填写：

| 纳税人声明 | 此纳税申报表是根据《中华人民共和国土地增值税暂行条例》及其实施细则和国家有关税收规定填报的，是真实的、可靠的、完整的。 | | | |
|---|---|---|---|---|
| 纳税人签章 | | 代理人签章 | | 代理人身份证号 | |

以下由税务机关填写：

| 受理人 | | 受理日期 | 年　月　日 | 受理税务机关签章 | |
|---|---|---|---|---|---|

### 表3-16 土地增值税纳税申报表（一）
（从事房地产开发的纳税人预征适用）

税款所属时间：　年　月　日至　年　月　日
项目名称：
纳税人识别号：
项目编号：
填表日期：　年　月　日
金额单位：元至角分；面积单位：平方米

| 房产类型类目 | 收入 | | | | 预征率（%） | 应纳税额 | 税款缴纳 | |
| --- | --- | --- | --- | --- | --- | --- | --- | --- |
| | 应税收入 | 货币收入 | 实物收入及其他收入 | 视同销售收入 | | | 本期已缴税额 | 本期应缴税额计算 |
| | 1 | 2=3+4+5 | 3 | 4 | 5 | 6 | 7=2×6 | 8 | 9=7-8 |
| 普通住宅 | | | | | | | | |
| 非普通住宅 | | | | | | | | |
| 其他类型房地产 | | | | | | | | |
| 合计 | — | | | | — | | | |

以下由纳税人填写：

| 纳税人声明 | 此纳税申报表是根据《中华人民共和国土地增值税暂行条例》及其实施细则和国家有关税收规定填报的，是真实的、可靠的、完整的。 | |
| --- | --- | --- |
| 纳税人签章 | 代理人签章 | 代理人身份证号 |

以下由税务机关填写：

| 受理人 | 受理日期　年　月　日 | 受理税务机关签章 |
| --- | --- | --- |

## 表3-17 土地增值税纳税申报表（二）

（从事房地产开发的纳税人清算适用）

填表日期： 年 月 日　　　　金额单位：元至角分　　　　面积单位：平方米

| 税款所属时间： | 年 月 日 至 年 月 日 | | | |
|---|---|---|---|---|
| 纳税人识别号： | | | | |
| 纳税人名称 | | 项目名称 | | 项目编号 |
| 所属行业 | | 登记注册类型 | | 项目地址 |
| 开户银行 | | 银行账号 | | 邮政编码 |
| | | | | 电话 |
| 总可售面积 | | 自用租出租面积 | | |
| 已售面积 | 其中：普通住宅已售面积 | 其中：非普通住宅已售面积 | | 其中：其他类型房地产已售面积 |

| 项　　目 | 行次 | 金　　额 | | | 合计 |
|---|---|---|---|---|---|
| | | 普通住宅 | 非普通住宅 | 其他类型房地产 | |
| 一、转让房地产收入总额 1＝2＋3＋4 | 1 | | | | |
| 　　货币收入 | 2 | | | | |
| 其中 | 实物收入及其他收入 | 3 | | | |
| | 视同销售收入 | 4 | | | |
| 二、扣除项目金额合计 5＝6＋7＋14＋17＋21＋22 | 5 | | | | |
| 　　1. 取得土地使用权所支付的金额 | 6 | | | | |
| 　　2. 房地产开发成本 7＝8＋9＋10＋11＋12＋13 | 7 | | | | |
| 其中 | 土地征用及拆迁补偿费 | 8 | | | |
| | 前期工程费 | 9 | | | |
| | 建筑安装工程费 | 10 | | | |
| | 基础设施费 | 11 | | | |
| | 公共配套设施费 | 12 | | | |
| | 开发间接费用 | 13 | | | |
| 　　3. 房地产开发费用 14＝15＋16 | 14 | | | | |
| 其中 | 利息支出 | 15 | | | |
| | 其他房地产开发费用 | 16 | | | |
| 　　4. 与转让房地产有关的税金等 17＝18＋19＋20 | 17 | | | | |

(续表)

| | 项目 | 行次 | 金额 | | | 合计 |
|---|---|---|---|---|---|---|
| | | | 普通住宅 | 非普通住宅 | 其他类型房地产 | |
| 其中 | 营业税 | 18 | | | | |
| | 城市维护建设税 | 19 | | | | |
| | 教育费附加 | 20 | | | | |
| | 5. 财政部规定的其他扣除项目 | 21 | | | | |
| | 6. 代收费用 | 22 | | | | |
| 三、增值额 23=1-5 | | 23 | | | | |
| 四、增值额与扣除项目金额之比(%)24=23÷5 | | 24 | | | | |
| 五、适用税率(%) | | 25 | | | | |
| 六、速算扣除系数(%) | | 26 | | | | |
| 七、应缴土地增值税额 27=23×25-5×26 | | 27 | | | | |
| 八、减免税额 28=30+32+34 | | 28 | | | | |
| 其中 | 减免性质代码(1) | 29 | | | | |
| | 减免税额(1) | 30 | | | | |
| | 减免性质代码(2) | 31 | | | | |
| | 减免税额(2) | 32 | | | | |
| | 减免性质代码(3) | 33 | | | | |
| | 减免税额(3) | 34 | | | | |
| 九、已缴土地增值税额 | | 35 | | | | |
| 十、应补(退)土地增值税额 36=27-28-35 | | 36 | | | | |

以下由纳税人填写：

| 纳税人声明 | 此纳税申报表是根据《中华人民共和国土地增值税暂行条例》及其实施细则和国家有关税收规定填报的，是真实的、可靠的、完整的。 | |
|---|---|---|
| 纳税人签章 | 代理人签章 | 代理人<br>身份证号 |
| | | |

以下由税务机关填写：

| 受理人 | 受理日期 | 受理税务机关<br>签章 |
|---|---|---|
| | 年 月 日 | |

### 表3-18 土地增值税纳税申报表（一）

（从事房地产开发的纳税人预征适用）

税款所属时间： 年 月 日至 年 月 日　　　　　填表日期： 年 月 日

项目名称：　　　　　　　　　　　　　　　　　金额单位：元至角分；面积单位：平方米

纳税人识别号：□□□□□□□□□□□□□□□　项目编号：□□□□□□□□□□□□□□□

| 房产类型 | 房产类型子目 | 收入 | | | | 预征率(%) | 应纳税额 | 税款缴纳 | |
|---|---|---|---|---|---|---|---|---|---|
| | | 应税收入 | 货币收入 | 实物收入及其他收入 | 视同销售收入 | | | 本期已缴税额 | 本期应缴税额计算 |
| | 1 | 2=3+4+5 | 3 | 4 | 5 | 6 | 7=2×6 | 8 | 9=7-8 |
| 普通住宅 | | | | | | | | | |
| 非普通住宅 | | | | | | | | | |
| 其他类型房地产 | | | | | | | | | |
| 合计 | — | | | | | — | | | |

以下由纳税人填写：

| 纳税人声明 | 此纳税申报表是根据《中华人民共和国土地增值税暂行条例》及其实施细则和国家有关税收规定填报的，是真实的、可靠的、完整的。 | |
|---|---|---|
| 纳税人签章 | 代理人签章 | 代理人身份证号 |

以下由税务机关填写：

| 受理人 | 受理日期 年 月 日 | 受理税务机关签章 |
|---|---|---|

## 表3-19 土地增值税纳税申报表(二)

(从事房地产开发的纳税人清算适用)

税款所属时间：　年　月　日至　年　月　日　　填表日期：　年　月　日　　金额单位：元至角分　　面积单位：平方米

纳税人识别号：

| 纳税人名称 | | 项目名称 | | 项目编号 | | 项目地址 | |
|---|---|---|---|---|---|---|---|
| 所属行业 | | 登记注册类型 | | 纳税人地址 | | 邮政编码 | |
| 开户银行 | | 银行账号 | | 主管部门 | | 电话 | |

| 总可售面积 | | 其中：普通住宅已售面积 | | 自用和出租面积 | | | |
|---|---|---|---|---|---|---|---|
| 已售面积 | | 其中：非普通住宅已售面积 | | 其中：其他类型房地产已售面积 | | | |

| 项　目 | 行次 | 金　额 | | | |
|---|---|---|---|---|---|
| | | 普通住宅 | 非普通住宅 | 其中：其他类型房地产 | 合计 |
| 一、转让房地产收入总额 1＝2＋3＋4 | 1 | | | | |
| 其中 | 货币收入 | 2 | | | | |
| | 实物收入及其他收入 | 3 | | | | |
| | 视同销售收入 | 4 | | | | |
| 二、扣除项目金额合计 5＝6＋7＋14＋17＋21＋22 | 5 | | | | |
| 1. 取得土地使用权所支付的金额 | 6 | | | | |
| 2. 房地产开发成本 7＝8＋9＋10＋11＋12＋13 | 7 | | | | |
| 其中 | 土地征用及拆迁补偿费 | 8 | | | | |
| | 前期工程费 | 9 | | | | |
| | 建筑安装工程费 | 10 | | | | |
| | 基础设施费 | 11 | | | | |
| | 公共配套设施费 | 12 | | | | |
| | 开发间接费用 | 13 | | | | |
| 3. 房地产开发费用 14＝15＋16 | 14 | | | | |
| 其中 | 利息支出 | 15 | | | | |
| | 其他房地产开发费用 | 16 | | | | |
| 4. 与转让房地产有关的税金等 17＝18＋19＋20 | 17 | | | | |

(续表)

| 项目 | | 行次 | 金额 | | | 合计 |
|---|---|---|---|---|---|---|
| | | | 普通住宅 | 非普通住宅 | 其他类型房地产 | |
| 其中 | 营业税 | 18 | | | | |
| | 城市维护建设税 | 19 | | | | |
| | 教育费附加 | 20 | | | | |
| 5.财政部规定的其他扣除项目 | | 21 | | | | |
| 6.代收费用 | | 22 | | | | |
| 三、增值额 23=1-5 | | 23 | | | | |
| 四、增值额与扣除项目金额之比(%)24=23÷5 | | 24 | | | | |
| 五、适用税率(%) | | 25 | | | | |
| 六、速算扣除系数(%) | | 26 | | | | |
| 七、应缴土地增值税税额 27=23×25-5×26 | | 27 | | | | |
| 八、减免税额 28=30+32+34 | | 28 | | | | |
| 其中 | 减免性质代码(1) | 29 | | | | |
| | 减免税额(1) | 30 | | | | |
| | 减免性质代码(2) | 31 | | | | |
| | 减免税额(2) | 32 | | | | |
| | 减免性质代码(3) | 33 | | | | |
| | 减免税额(3) | 34 | | | | |
| 九、已缴土地增值税税额 | | 35 | | | | |
| 十、应补(退)土地增值税税额 36=27-28-35 | | 36 | | | | |

以下由纳税人填写：

| 纳税人声明 | 此纳税申报表是根据《中华人民共和国土地增值税暂行条例》及其实施细则和国家有关税收规定填报的，是真实的、可靠的、完整的。 | | |
|---|---|---|---|
| 纳税人签章 | | 代理人签章 | 代理人身份证号 |

以下由税务机关填写：

| 受理人 | 受理日期 年 月 日 | 受理税务机关签章 |
|---|---|---|

## 表 3-20 土地增值税纳税申报表(三)
### (非从事房地产开发的纳税人适用)

税款所属时间: 年 月 日至 年 月 日　　　　填表日期: 年 月 日

金额单位:元至角分　　　　　　　　　　　　面积单位:平方米

纳税人识别号:□□□□□□□□□□□□□□□

| 纳税人名称 | | | 项目名称 | | 项目地址 | |
|---|---|---|---|---|---|---|
| 所属行业 | | | 登记注册类型 | | 纳税人地址 | | 邮政编码 | |
| 开户银行 | | | 银行账号 | | 主管部门 | | 电话 | |

| 项　目 | | | 行次 | 金　额 |
|---|---|---|---|---|
| 一、转让房地产收入总额　1=2+3+4 | | | 1 | |
| 其中 | 货币收入 | | 2 | |
| | 实物收入 | | 3 | |
| | 其他收入 | | 4 | |
| 二、扣除项目金额合计<br>(1) 5=6+7+10+15　(2) 5=11+12+14+15 | | | 5 | |
| (1)提供评估价格 | 1. 取得土地使用权所支付的金额 | | 6 | |
| | 2. 旧房及建筑物的评估价格　7=8×9 | | 7 | |
| | 其中 | 旧房及建筑物的重置成本价 | 8 | |
| | | 成新度折扣率 | 9 | |
| | 3. 评估费用 | | 10 | |
| (2)提供购房发票 | 1. 购房发票金额 | | 11 | |
| | 2. 发票加计扣除金额　12=11×5%×13 | | 12 | |
| | 其中:房产实际持有年数 | | 13 | |
| | 3. 购房契税 | | 14 | |
| | 4. 与转让房地产有关的税金等15=16+17+18+19 | | 15 | |
| 其中 | 营业税 | | 16 | |
| | 城市维护建设税 | | 17 | |
| | 印花税 | | 18 | |
| | 教育费附加 | | 19 | |
| 三、增值额　20=1-5 | | | 20 | |
| 四、增值额与扣除项目金额之比(%)　21=20÷5 | | | 21 | |
| 五、适用税率(%) | | | 22 | |
| 六、速算扣除系数(%) | | | 23 | |
| 七、应缴土地增值税税额　24=20×22-5×23 | | | 24 | |
| 八、减免税额(减免性质代码:　　　　) | | | 25 | |
| 九、已缴土地增值税税额 | | | 26 | |
| 十、应补(退)土地增值税税额　27=24-25-26 | | | 27 | |

以下由纳税人填写:

| 纳税人声明 | 此纳税申报表是根据《中华人民共和国土地增值税暂行条例》及其实施细则和国家有关税收规定填报的,是真实的、可靠的、完整的。 | | |
|---|---|---|---|
| 纳税人签章 | | 代理人签章 | 代理人身份证号 |

以下由税务机关填写:

| 受理人 | | 受理日期 | 年 月 日 | 受理税务机关签章 |
|---|---|---|---|---|

## 表 3-21 土地增值税纳税申报表（四）
（从事房地产开发的纳税人清算后尾盘销售适用）

税款所属时间：　年　月　日至　年　月　日　　　　　　　　　　　　　填表日期：　年　月　日
金额单位：元至角分　　　　　　　　　　　　　　　　　　　　　　　　　　面积单位：平方米
纳税人识别号：□□□□□□□□□□□□□□□

| 纳税人名称 | | 项目名称 | | 项目编号 | |
|---|---|---|---|---|---|
| 所属行业 | | 登记注册类型 | | 纳税人地址 | |
| 开户银行 | | 银行账号 | | 主管部门 | |

| 项　目 | 行次 | 金　额 | | |
|---|---|---|---|---|
| | | 普通住宅 | 非普通住宅 | 其他类型房地产 | 合计 |
| 一、转让房地产收入总额 1＝2＋3＋4 | 1 | | | | |
| 其中 | 货币收入 | 2 | | | | |
| | 实物收入及其他收入 | 3 | | | | |
| | 视同销售收入 | 4 | | | | |
| 二、扣除项目金额合计 | 5 | | | | |
| 三、增值额 6＝1－5 | 6 | | | | |
| 四、增值额与扣除项目金额之比（%）7＝6÷5 | 7 | | | | |
| 五、适用税率（核定征收率）（%） | 8 | | | | |
| 六、速算扣除系数（%） | 9 | | | | |
| 七、应缴土地增值税税额 10＝6×8－5×9 | 10 | | | | |
| 八、减免税额 11＝13＋15＋17 | 11 | | | | |

(续表)

| 项目 | | 行次 | 金额 | | | 合计 |
|---|---|---|---|---|---|---|
| | | | 普通住宅 | 非普通住宅 | 其他类型房地产 | |
| 其中 | 减免税(1) 减免性质代码(1) | 12 | | | | |
| | 减免税额(1) | 13 | | | | |
| | 减免税(2) 减免性质代码(2) | 14 | | | | |
| | 减免税额(2) | 15 | | | | |
| | 减免税(3) 减免性质代码(3) | 16 | | | | |
| | 减免税额(3) | 17 | | | | |
| 九、已缴土地增值税税额 | | 18 | | | | |
| 十、应补(退)土地增值税税额 19＝10－11－18 | | 19 | | | | |

以下由纳税人填写：

| 纳税人声明 | 此纳税申报表是根据《中华人民共和国土地增值税暂行条例》及其实施细则和国家有关税收规定填报的，是真实的、可靠的、完整的。 | | |
|---|---|---|---|
| 纳税人签章 | | 代理人签章 | 代理人身份证号 |

以下由税务机关填写：

| 受理人 | | 受理日期 | 年 月 日 | 受理税务机关签章 |
|---|---|---|---|---|

**表 3-22 附表**

## 清算后尾盘销售土地增值税扣除项目明细表

纳税人名称:
税款所属期: 自 年 月 日 至 年 月 日　　填表日期: 年 月 日　　金额单位: 元至角分; 面积单位: 平方米
纳税人识别号:

| 项目名称 | | 项目编号 | |
|---|---|---|---|
| 登记注册类型 | | 纳税人地址 | |
| 开户银行 | | 主管部门 | |
| 银行账号 | | 电话 | |
| 项目总可售面积 | | 清算时已售面积 | | 清算后剩余可售面积 | |

| 项目 | 行次 | 普通住宅 | 非普通住宅 | 其他类型房地产 | 合计 |
|---|---|---|---|---|---|
| 本次清算后尾盘销售的销售面积 | 1 | | | | — |
| 单位成本费用 | 2 | | | | — |
| 扣除项目金额合计 3＝1×2 | 3 | | | | |

| 本次与转让房地产有关的营业税 | | 本次与转让房地产有关的城市维护建设税 | | 本次与转让房地产有关的教育费附加 | |
|---|---|---|---|---|---|

以下由纳税人填写:

| 纳税人声明 | 此纳税申报表是根据《中华人民共和国土地增值税暂行条例》及其实施细则和国家有关税收规定填报的,是真实的、可靠的、完整的。 |
|---|---|
| 纳税人签章 | 代理人签章 | 代理人身份证号 |

以下由税务机关填写:

| 受理人 | 受理日期 年 月 日 | 受理税务机关签章 |
|---|---|---|

## 表 3-23 土地增值税纳税申报表（五）

（从事房地产开发的纳税人清算方式为核定征收适用）

税款所属时间： 年 月 日 至 年 月 日

填表日期： 年 月 日

金额单位：元至角分  
面积单位：平方米

纳税人识别号：□□□□□□□□□□□□□□□

| 纳税人名称 | | 项目名称 | | 项目编号 | |
|---|---|---|---|---|---|
| 所属行业 | | 登记注册类型 | | 项目地址 | |
| 开户银行 | | 银行账号 | | 邮政编码 | |
| | | | | 电话 | |
| | | | | 主管部门 | |

| 项　目 | 行次 | 金　额 | | |
|---|---|---|---|---|
| | | 普通住宅 | 非普通住宅 | 其他类型房地产 | 合计 |
| 一、转让房地产收入总额 | 1 | | | | |
| 其中 | 货币收入 | 2 | | | | |
| | 实物收入及其他收入 | 3 | | | | |
| | 视同销售收入 | 4 | | | | |
| 二、扣除项目金额合计 | 5 | | | | |
| 1. 取得土地使用权所支付的金额 | 6 | | | | |
| 2. 房地产开发成本 | 7 | | | | |
| 其中 | 土地征用及拆迁补偿费 | 8 | | | | |
| | 前期工程费 | 9 | | | | |
| | 建筑安装工程费 | 10 | | | | |
| | 基础设施费 | 11 | | | | |
| | 公共配套设施费 | 12 | | | | |
| | 开发间接费用 | 13 | | | | |
| 3. 房地产开发费用 | 14 | | | | |
| 其中 | 利息支出 | 15 | | | | |
| | 其他房地产开发费用 | 16 | | | | |
| 4. 与转让房地产有关的税金等 | 17 | | | | |
| 其中 | 营业税 | 18 | | | | |
| | 城市维护建设税 | 19 | | | | |
| | 教育费附加 | 20 | | | | |

（续表）

| 项　　　目 | | 行次 | 金　　　额 | | | 合计 |
|---|---|---|---|---|---|---|
| | | | 普通住宅 | 非普通住宅 | 其他类型房地产 | |
| 5. 财政部规定的其他扣除项目 | | 21 | | | | |
| 6. 代收费用 | | 22 | | | | |
| 三、增值额 | | 23 | | | | |
| 四、增值额与扣除项目金额之比(%) | | 24 | | | | |
| 五、适用税率(核定征收率)(%) | | 25 | | | | |
| 六、速算扣除系数(%) | | 26 | | | | |
| 七、应缴土地增值税税额 | | 27 | | | | |
| 八、减免税额 28=30+32+34 | | 28 | | | | |
| 其中 | 减免税(1) 减免性质代码(1) | 29 | | | | |
| | 减免税额(1) | 30 | | | | |
| | 减免税(2) 减免性质代码(2) | 31 | | | | |
| | 减免税额(2) | 32 | | | | |
| | 减免税(3) 减免性质代码(3) | 33 | | | | |
| | 减免税额(3) | 34 | | | | |
| 九、已缴土地增值税税额 | | 35 | | | | |
| 十、应补(退)土地增值税税额 36=27-28-35 | | 36 | | | | |

以下由纳税人填写：

| 纳税人声明 | 此纳税申报表是根据《中华人民共和国土地增值税暂行条例》及其实施细则和国家有关税收规定填报的，是真实的、可靠的、完整的。 | | |
|---|---|---|---|
| | 纳税人签章 | 代理人签章 | 代理人身份证证号 |
| | | | |

以下由税务机关填写：

| 受理人 | 受理日期 | 受理税务机关签章 |
|---|---|---|
| | 年 月 日 | |

## 表 3-24 土地增值税纳税申报表(六)
### (纳税人整体转让在建工程适用)

税款所属时间: 年 月 日至 年 月 日  
金额单位:元至角分  
纳税人识别号:　　　　　　　　　　　　　填表日期: 年 月 日  
面积单位:平方米

| 纳税人名称 | | 项目名称 | | 项目编号 | | 项目地址 | |
|---|---|---|---|---|---|---|---|
| 所属行业 | | 登记注册类型 | | 纳税人地址 | | 邮政编码 | |
| 开户银行 | | 银行账号 | | 主管部门 | | 电话 | |

| 项　　目 | 行次 | 金　额 |
|---|---|---|
| 一、转让房地产收入总额 1＝2＋3＋4 | 1 | |
| 其中 　货币收入 | 2 | |
| 　　　实物收入及其他收入 | 3 | |
| 　　　视同销售收入 | 4 | |
| 二、扣除项目金额合计 5＝6＋7＋14＋17＋21 | 5 | |
| 　1. 取得土地使用权所支付的金额 | 6 | |
| 　2. 房地产开发成本 7＝8＋9＋10＋11＋12＋13 | 7 | |
| 其中 　土地征用及拆迁补偿费 | 8 | |
| 　　　前期工程费 | 9 | |
| 　　　建筑安装工程费 | 10 | |
| 　　　基础设施费 | 11 | |
| 　　　公共配套设施费 | 12 | |
| 　　　开发间接费用 | 13 | |
| 　3. 房地产开发费用 14＝15＋16 | 14 | |

(续表)

| 项 | 目 | 行次 | 金 额 |
|---|---|---|---|
| 其中 | 利息支出 | 15 | |
| 其中 | 其他房地产开发费用 | 16 | |
| 4、与转让房地产有关的税金等 17=18+19+20 | | 17 | |
| 其中 | 营业税 | 18 | |
| 其中 | 城市维护建设税 | 19 | |
| 其中 | 教育费附加 | 20 | |
| 5、财政部规定的其他扣除项目 | | 21 | |
| 三、增值额 22=1-5 | | 22 | |
| 四、增值额与扣除项目金额之比(%)23=22÷5 | | 23 | |
| 五、适用税率(核定征收率)(%) | | 24 | |
| 六、速算扣除系数(%) | | 25 | |
| 七、应缴土地增值税税额 26=22×24-5×25 | | 26 | |
| 八、减免税额(减免性质代码: _____) | | 27 | |
| 九、已缴土地增值税税额 | | 28 | |
| 十、应补(退)土地增值税税额 29=26-27-28 | | 29 | |

以下由纳税人填写:

纳税人声明：此纳税申报表是根据《中华人民共和国土地增值税暂行条例》及其实施细则和国家有关税收规定填报的,是真实的、可靠的、完整的。

| 纳税人签章 | 代理人签章 | 代理人身份证号 |
|---|---|---|

以下由税务机关填写：

| 受理人 | 受理日期 年 月 日 | 受理税务机关签章 |
|---|---|---|

## 表3-25 土地增值税纳税申报表（七）

（非从事房地产开发纳税人核定征收适用）

税款所属时间：　年　月　日至　年　月　日　　　　　　　　　　　　　　　　　　　　　　填表日期：　年　月　日
金额单位：元至角分　　　　　　　　　　　　　　　　　　　　　　　　　　　　　　　　　　面积单位：平方米
纳税人识别号：□□□□□□□□□□□□□□□

| 纳税人名称 | | 项目名称 | | 项目地址 | |
|---|---|---|---|---|---|
| 所属行业 | | 登记注册类型 | | 纳税人地址 | |
| 开户银行 | | 银行账号 | | 主管部门 | |

| 项　目 | 行次 | 金　额 |
|---|---|---|
| 一、转让房地产收入总额 | 1 | |
| 其中 | 货币收入 | 2 | |
| | 实物收入 | 3 | |
| | 其他收入 | 4 | |
| 二、扣除项目金额合计 | 5 | |
| 1. 取得土地使用权所支付的金额 | 6 | |
| 2. 旧房及建筑物的评估价格 | 7 | |
| （1）提供评估价格 | 旧房及建筑物的重置成本价 | 8 | |
| | 成新度折扣率 | 9 | |
| 3. 评估费用 | 10 | |
| （2）提供购房发票 | 1. 购房发票金额 | 11 | |
| | 2. 发票加计扣除金额 | 12 | |
| | 其中：房产实际持有年数 | 13 | |
| | 3. 购房契税 | 14 | |

(续表)

| | 项　　目 | 行次 | 金　　额 |
|---|---|---|---|
| 其中 | 4. 与转让房地产有关的税金等 | 15 | |
| | 营业税 | 16 | |
| | 城市维护建设税 | 17 | |
| | 印花税 | 18 | |
| | 教育费附加 | 19 | |
| 三、增值额 | | 20 | |
| 四、增值额与扣除项目金额之比（%） | | 21 | |
| 五、适用税率（核定征收率）（%） | | 22 | |
| 六、速算扣除系数（%） | | 23 | |
| 七、应缴土地增值税税额 | | 24 | |
| 八、减免税额（减免性质代码：　　　　） | | 25 | |
| 九、已缴土地增值税税额 | | 26 | |
| 十、应补（退）土地增值税税额　27＝24－25－26 | | 27 | |

以下由纳税人填写：

| 纳税人声明 | 此纳税申报表是根据《中华人民共和国土地增值税暂行条例》及其实施细则和国家有关税收规定填报的，是真实的、可靠的、完整的。 | |
|---|---|---|
| 纳税人签章 | 代理人签章 | 代理人身份证号 |
| | | |

以下由税务机关填写：

| 受理人 | 受理日期 | 受理税务机关签章 |
|---|---|---|
| | 年　月　日 | |

### (六) 财务报表数据分析

**1. 相关比率比较分析**

企业财务报表可采用相关比率比较分析法,利用企业财务报表中有关两个内容不同但又相关的经济指标求出新的指标比率,再与这种指标的上期比率进行比较分析,以观察其性质和大小,从而发现异常情况。

$$A \text{ 主营业务收入变动率} = \left(\text{本期主营业务收入} - \text{上期主营业务收入}\right) \div \text{上期主营业务收入}$$

$$B \text{ 主营业务成本变动率} = \left(\text{本期主营业务成本} - \text{上期主营业务成本}\right) \div \text{上期主营业务成本}$$

指标值=A/B。正常情况下两者应基本同步增长,弹性系数应接近1。可能存在企业少报或瞒报收入以及多列成本费用等问题的情况:当弹性系数大于1,且超过预警值范围,两者都为负时;当弹性系数小于1且相差较大、两者都为正时;当弹性系数为负数,且前者为负后者为正时。

$$C \text{ 主营业务费用变动率} = \left(\text{本期主营业务费用} - \text{上期主营业务费用}\right) \div \text{上期主营业务费用}$$

指标值=A/C。正常情况下两者应基本同步增长,弹性系数应接近1。可能存在企业少报或瞒报收入以及多列成本费用等问题的情况:当弹性系数大于1,且超过预警值范围,两者都为负时;当弹性系数小于1且相差较大、两者都为正时;当弹性系数为负数,且前者为负后者为正时。

$$D \text{ 主营业务利润变动率} = \left(\text{本期主营业务利润} - \text{上期主营业务利润}\right) \div \text{上期主营业务利润}$$

指标值=A/D。正常情况下两者应基本同步增长,弹性系数应接近1。可能存在企业少报或瞒报收入以及多列成本费用等问题的情况:当弹性系数大于1,且两者相差较大,两者都为正时;弹性系数小于1,两者都为负时;当弹性系数为负数,且前者为正后者为负时。

$$E \text{ 销售毛利率} = (\text{销售总收入} - \text{销售成本}) \div \text{销售总收入}$$

理论毛利率预警值,一般在20%~40%之间,中位30%,不同楼盘不同地域可能会差别很大,例如商业项目与住宅项目差别很大,应选用适当的测算指标。比如,2017年上半年,上市房地产开发企业整体毛利率32.4%,其中区域龙头毛利率提升最多,较2016年全年提高4.4个百分点至35.2%。房地产行业"五强"2017年按港股口径的"毛利率":恒大35.8%,中海30.5%,万科29.3%,保利27.5%,碧桂园22.0%。主要原因是以前大量的低成本土地储备,并且过去几年的房价涨速远超融资成本(进入销售成本中的资本化利息)。

$$F \text{ 增值税税负率} = \text{当期应纳增值税} \div \text{当期应税销售收入}$$

房地产开发企业原缴纳营业税时,税率为5%,营改增后,一般纳税人选择一般计税方法可以抵扣进项税额,税率11%(2019年4月1日起税率为9%),简易计税方法征收率为5%(销售收入为不含税收入),增值税预征率为3%,整体税负应该有所下降。稽查人员应将案源企业增值税税负率与本地房地产行业增值税平均税负率指标进行比较,低于标准值视为异常,可能存在未按规定及时申报销售收入、虚增进项税额的问题。计算公式如下:

G 所得税贡献率＝应纳所得税额÷主营业务收入

稽查人员应将案源企业所得税贡献率与本地房地产行业所得税平均贡献率指标进行比较，低于标准值视为异常，可能存在少计销售收入、多列成本费用等问题。计算公式如下：

H 资产负债率＝负债总额÷资产总额

资产负债率关系到企业利息费用的税前列支问题。

房地产开发企业属于资金密集型，负债普遍较高。比如，2017年华润置地的资产负债率由2016年年末的67.4%上涨至70%，首次触及70%的红线。房地产开发企业资金主要来源于金融机构，2014年之后对房地产开发企业开放股票市场和债券市场。截至当前，这两大类新增融资渠道对上市公司来说确实帮助极大，但对无法获得的非上市公司来说，新增资金来源并不充足。按照资金来源来看，房款来源占比高达41.4%。如图3-31所示。

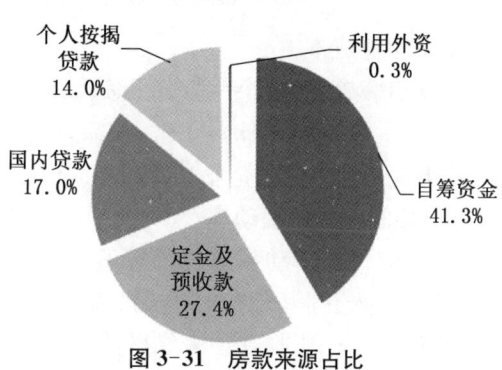

图 3-31 房款来源占比

**2. 预缴税款正确率**

将企业当期申报的预缴税额与企业账列数据计算的理论预缴数据、房管局获取的房地产销售备案信息测算的预缴数据进行比对，当比对存在差异时，则有可能未按规定申报预缴税款。计算公式如下：

(a) 测算预缴增值税＝已售面积（来源于房管局备案信息）×均价×预征率

(b) 理论预缴数据＝（预收账款期末数－预收账款期初数＋本期营业收入）×预征率

(c) 实际预缴增值税（预缴申报表数据）

如果(b)＜(a)，则可能备案房屋销售收入未记账，或者记入"其他应付款"科目，从而少缴增值税。如果(c)＜(b)，则可能存在虽然记入"预收账款"或者"营业收入"，但未按照规定申报预缴税款。以上两种情况，第一种是隐瞒收入，第二种是虽然在会计账簿上没有隐瞒，但是未进行纳税申报。

**3. 资金动态销售额测算**

按现金流量表的编制方法，企业销售收入与现金流量表中"销售商品、提供劳务收到的资金"是有一定关联关系的，辅之资产负债表相关核算科目数据，可测算出企业销售收入。如果申报销售收入低于资金动态销售额测算值的话，纳税人可能存在少计收入的问题，一般低于20%就存在较大疑点。计算公式如下：

$$\frac{销售收入测算}{} = \frac{销售商品、提供劳务收到的资金}{} - \frac{应收账款及预收账款贷方发生额}{} + \frac{应收账款及预收账款借方发生额}{(1+适用税率)}$$

**4. 销售佣金推算销售收入**

销售佣金一般按销售收入的一定比例提取，根据销售佣金倒推企业销售收入有一定的合理性，如果实际申报销售收入低于测算销售额的话，纳税人可能存在少计收入的问题。计算公式如下：

测算销售收入＝销售佣金÷佣金比率

企业申报的销售收入小于测算销售收入,则可能存在隐匿销售收入的情况。

### 5. 视同销售收入

企业开发产品减少金额与营业成本增加金额理论上应保持一致,如果开发产品减少金额低于营业成本增加金额的话,纳税人可能存在少计收入或虚增成本的问题。计算公式如下：

$$开发产品变动=（期初开发产品＋本期开发成本－期末开发产品）$$

（a）营业成本

（b）开发产品变动＝（期初开发产品＋本期开发成本－期末开发产品）

分析：如果(a)＝(b),正常;如果,(a)＞(b),则可能虚增成本,结转成本不准确;如果(a)＜(b),则可能存在企业开发产品减少,未按规定申报销售收入的情况。

### 6. 其他应付款变动率

其他应付款变动率超过预警值,超过20％,或者期末不断增大,且绝对值较大,可能存在售房收入在"其他应付款"挂账,不计收入的问题;可能存在其他应付款——定金或其他应付款——代收款项未结转收入的问题;其他应付款——大额借款,尤其是向老板借款,往往可能是非法预售;其他应付款——借个人款项,也可能是接受虚开发票资金链条的需要。计算公式如下：

$$其他应付款变动率=（其他应付款期末余额－其他应付款期初余额）÷其他应付款期初余额×100\%$$

### 7. 固定资产变动率

房地产开发企业固定资产科目一般核算的是自用房产,如果超过预警值,可能存在企业将自有开发产品转固定资产进行出租的行为;如果增加低于预警值,则企业可能存在将不动产固定资产对外销售、抵债等行为。一般该指标如果正负超过20％,应重点分析。计算公式如下：

$$固定资产变动率 =（期末固定资产－期初固定资产）÷期初固定资产 \times 100\%$$

## 第三节 税务稽查常用检查方法

税务稽查查账方法是指对稽查对象的会计报表、会计账簿、会计凭证等有关资料进行系统审查,据以确认稽查对象履行纳税义务(扣缴税款义务)的真实性和准确性的一种方法。查账方法按照审查方法分为审阅法和核对法,按照审查的详细程度分为详查法和抽查法,按照查账顺序分为顺查法和逆查法。

### 一、审阅法

审阅法是指对稽查对象有关书面资料的内容进行详细审查、研究,发现疑点线索,取得税务稽查证据的一种检查方法。审阅法适用于所有企业经济业务的检查,尤其适合于有数据逻辑关系和核对依据内容的检查。审阅法的审查内容主要包括两个方面:一是与会计核算组织有关的会计资料;二是除了会计资料以外的其他经济信息资料以及相关资料,如一定时期的内外部审计资料、购销和加工承揽合同、车间和运输管理等方面的信息资料。具体包括对会计资料、记账凭证、账簿、会计报表、其他资料的审阅。

## (一) 会计资料的审阅

### 1. 原始凭证的审阅

审阅原始凭证时,应注意有无涂改或伪造的现象和痕迹,记录的经济业务是否符合会计制度的规定,是否有业务经办人、负责人的签字。具体可以从以下方面进行审阅、核查:

(1) 审阅凭证格式是否规范、要素是否完整。

(2) 审阅凭证上的文字、数字是否清晰,有无挖、擦、涂、改的痕迹。对于复写的凭证,应查看反面复写字迹的颜色是否一致、均匀;对于有更正内容的凭证,应该审查更正的方法是否符合规定、更正的内容是否反映了经济业务的真实情况、更正的说明是否符合逻辑等。

(3) 审阅填制凭证日期与付款日期是否相近,付款与经济业务是否存在必然联系。

(4) 审阅填制凭证的单位是否确实存在,以防止利用已经合并、撤销单位的作废凭证作为支付凭据。

(5) 审阅凭证的抬头是否正确。

(6) 审阅凭证的审批传递是否符合规定,相关责任人员是否已按规定办理了必要的签章手续。

(7) 审阅收款、付款原始凭证是否加盖财务公章或收讫、付讫印鉴。

(8) 审阅凭证所反映的经济业务内容是否合理、符合规定。

(9) 稽查对象自制的凭证如果已交其他单位,应审阅其存根是否连续编号存根上的书写是否正常、流畅。

(10) 自制凭证的印刷是否应经审批而未审批,保管、领用有无手续。对这一类内容的审阅重点应放在自制和外购收据的使用和保管上。

## (二) 记账凭证的审阅

审阅记账凭证时,应重点审查企业的会计处理是否符合《企业会计准则》及国家统一会计制度的规定,对照观察原始凭证与记账凭证上的会计科目、明细科目和金额,分析其是否真实反映了实际情况,有无错弊、掩饰等问题,记账凭证上的编制、复核、记账、审批等签字是否齐全。

## (三) 账簿的审阅

审阅会计账簿包括审阅稽查对象据以入账的原始凭证是否齐全完备,账簿记载的有关内容与原始凭证的记载是否一致,会计分录编制或账户运用是否正确货币收支金额是否正常,成本核算是否符合国家有关财务会计制度的规定,是否符合检查目标的其他要求(如税金核算的正确性要求、税金的增减与企业经营能力变化的关系)等。

对账簿的审阅除了审阅总账与明细账、账簿与凭证的记录是否相符以外,重点应审阅明细分类账。

(1) 明细分类账记载的经济业务内容是否符合规定,有无将不应列支的成本费用,采取弄虚作假、巧立名目的手段记入成本、费用类科目核算的情况。

(2) 账簿记录的小计数和合计数是否与发生数相符,借贷方登记的方向是否有误,是否登错栏目或栏次。

(3) 账簿记录摘要栏所记载的内容是否真实,有无虚假情况。

(4) 账簿启用、期初、期末余额的结转、承前页、转下页、月结和年结是否符合会计制度的规定,是否存在利用年度过账的机会故意篡改结存余额数字的情况,账簿应登记的内容是否按要求登记,是否按照更正错账的方法进行更正等。

**(四) 会计报表的审阅**

审阅会计报表时不能仅仅局限于对资料本身的评价,更主要的是对资料所反映的经济活动过程和结果做出正确判断或评价。具体审阅方法见逆查法。

**(五) 其他资料的审阅**

对于会计资料以外的其他资料进行审阅,一般是为了进一步获取全面信息。在实际工作中,应视检查的具体情况审阅有关资料。一般可审查以下几方面的资料:

(1) 经济合同、加工收发记录、托运记录、产品或货物经营的计划资料,生产、经营的预算、统计资料等。审阅时要特别注意这些资料所反映的内容是否真实、合法、合理。

(2) 审计报告、资产评估报告、税务处理处罚决定等资料。

(3) 有关法规文件、内部控制制度、各类与生产、经营有关的协议书和委托书、考勤记录、生产记录、各种消耗定额(包括产品的行业单位消耗定额)、出车运输记录、税务机关的审批文件等。

应注意:一是对于上述资料的审阅,除审阅其本身的合法性、合理性外,还应结合所掌握的其他资料进行审阅。二是对于时间逻辑关系的审阅,应审核资料所反映日期与经济业务发生日期、会计核算记录日期是否存在前后矛盾的情况。

## 二、核对法

核对法是指对书面资料的相关记录,或是对书面资料的记录和实物进行相互核对,以验证其是否相符的一种检查方法。

核对法作为一种检查方法,在检查过程中用于查实有关资料之间是否相符是有一定限度的,在采用核对法对稽查对象的会计资料或其他资料进行核对和验证时,必须相应结合其他检查方法的运用,才能达到检查目标的要求。

**(一) 会计资料之间的相互核对**

会计资料的核对是核对法最基本,也是最核心的内容和步骤。通过会计资料之间的核对,可以发现会计核算过程中的疑点和线索,有助于进一步拓展检查思路和方向。核对的主要方法包括证证核对、账证核对、账账核对、账表核对、表表核对等。

表表核对是指报表之间的核对。这里所称的报表,包括税务机关要求报送的各种纳税申报表及其附表。表表核对既包括不同报表之间具有勾稽关系项目的核对,又包括同一报表中有关项目的核对。

表表核对的重点是核对本期报表与上期报表之间有关项目是否一致,核对静态报表与动态报表之间有关项目是否相符,核对主表与附表的有关项目是否相。通过表表核对,可以发现各报表之间有无不正常关系,相应的勾稽关系是否正常,从而查证企业是否存在会计错弊。同时,也可以据以分析企业经营状况与财务状况。

**(二) 会计资料与其他资料之间的核对**

通过查证和核对与经济业务相关的其他资料,对会计记录进行必要的说明和补充,全面、正确、客观地反映经济业务的实质。

**1. 核对账单**

核对账单是指将有关账面记录与第三方的对账单进行核对,查明是否一致。如将企业的银行存款日记账与银行提供的对账单进行核对,将应收或应付账款与外部其他企业提供的对账单进行核对等。

**2. 核对其他原始记录**

核对其他原始记录是指将会计资料与其相关的其他原始记录进行相互核对以查证会计记录是否正确、真实。原始记录包括核准执行某项业务的文件、生产记录、实物的出入库记录、托运记录、出车记录,非生产性水、电、煤、物料消耗记录,在册职工名册、考勤记录,以及有关人员的公务信函等。

**3. 核对审计报告**

核对审计报告是指将会计资料和其他资料与企业一定时期的审计报告(包括内部审计报告)进行核对,查明审计报告所披露的相关财务和涉税问题是否已在会计核算或会计报表中得到充分和正确的反映。充分分析和运用企业现有的审计报告,对于分析和发现企业可能存在的涉税问题具有十分重要的作用。

**4. 核对税务处理决定**

核对税务处理决定是指将会计资料和其他资料与企业某一时期接受税务稽查的税务处理决定进行核对,以确定企业是否已经按照税务处理决定的要求进行了相应的会计处理,对违法行为进行了纠正。

(三) 证证核对

证证核对是指原始凭证与相关原始凭证、原始凭证与原始凭证汇总表、记账凭证与原始凭证、记账凭证与汇总凭证之间的核对。

证证核对的方法如下:

(1) 核对凭证份数。将记账凭证注明的所附原始凭证份数与实际所附份数进行核对,以判明有无问题。

(2) 核对经济内容。将记账凭证上会计科目所记录的经济内容与原始凭证上所反映的经济内容进行核对,判明有无会计科目适用错误或故意错用会计科目。

(3) 核对数量金额。将记账凭证所反映的数量、金额与所附原始凭证上的数量、金额合计数进行核对,以判明数量和金额是否相符。

(4) 核对凭证日期。将记账凭证上的制证日期与原始凭证上的日期进行核对,以判明是否存在通过入账时间的变化,人为调节会计收益和成本现象。

(5) 查看记账凭证附件。一般情况下,除了结账(俗称转账)和更正错误的记账凭证外,其他所有的记账凭证都必须附有原始凭证。核对时应注意查看记账凭证有无应附而未附原始凭证现象。

(6) 核对汇总记账凭证与记账凭证、科目汇总表与记账凭证。通常是按照编制汇总记账凭证和科目汇总表的方法,依据审阅无误的记账凭证由稽查人员重新进行编制,将重新编制的汇总记账凭证和科目汇总表与企业原有的汇总记账凭证和科目汇总表进行对照分析,从中发现问题和线索,明确需进一步检查的重点和项目。

(四) 账证核对

账证核对是指将会计凭证和有关明细账、日记账或总账进行核对。通过账证核对可以判断企业会计核算的真实性和可靠性,有助于发现和查证有无多记、少记或错记等问题。值得注意的是,在进行账证核对之前,首先应确定会计凭证的正确性,如果发现存在错误,必须纠正后才能进行核对。

进行账证核对时，一般采用逆查法，即在查阅有关账户记录时，如果发现某笔经济业务发生或记录存在疑问，可以将其与记账凭证及原始凭证进行核对，以求证是否存在问题。

（五）账账核对

账账核对是指将总账与相应的明细账、日记账进行核对，其目的在于查明各总账科目与其所属明细账、日记账是否一致。验算总账与所属明细账、日记账的一致性是进行总账检查不可缺少的步骤。值得注意的是，在账账核对前，必须进行账簿记录正确性的审查分析，借以发现有无不正常现象和差错问题。

通过账账核对，可以发现诸如利用存货账户直接转销的方式隐瞒销售收入、在建工程耗用自产货物或外购货物未记销售或未作进项税额转出、以物易物销售货物未记销售等涉税问题。

进行账账核对，需要将存在对应关系账簿中的业务逐笔逐项进行核对，核对时不仅要核对金额、数量、日期、业务内容是否相符，还要核查和分析所反映的经济业务是否合理、合法。

审查分析有关明细账、日记账，在此基础上抽查核对记账凭证及其所附的原始凭证，是运用逆查法的必经步骤。逆查法为了弥补对报表审查和分析的不足，还可以运用审查分析明细账的方法，借以发现问题，并通过抽查记账凭证或原始凭证，或者其他资料（如成本计算单、企业购销合同等）来查找问题。

（六）账表核对

账表核对是指将报表与有关的账簿记录相核对，包括将总账和明细账的记录与报表进行相符性核对，也包括报表与明细账、日记账之间的核对。其目的在于查明账表记录是否一致，报表之间的钩稽关系是否正常。但是，账表相符不表明不存在问题。例如，资产负债表中的成品资金占用，从理论上讲应与存货类（如库存商品、原材料等）总账余额相等，然而，即使相等也不能完全排除存在差错或舞弊行为的可能性，如对增值税应税企业而言，如果存在存货虚进（虚假的购入）、虚出（虚假的销售）或多转销售成本等问题，都会造成成品资金占用不实，但是，这并不影响账表之间相符。值得注意的是，在账表核对之前，必须对报表本身进行正确性、真实性的审查判断。

（七）账实核对

账实核对是指采用实物盘存与账面数量比较、金额计算核对的方法，核实存货的账面记录与实际库存是否一致，查明实物是否真实、数量是否正确，账面记录是否真实、准确。核对时，稽查人员要有计划、有重点地对企业生产经营的主要和重要财产进行盘点和核对。通过核对发现的差异，还需要作进一步的核实和审查，并对产生差异的原因及可能产生的后果进行客观分析和判断，必要时，可以进行复盘。

## 三、详查法

详查法，又称全查法或详细审查法，是指对稽查对象在检查期内的所有经济活动、涉及经济业务和财务管理的部门及其经济信息资料，采取严密的审查程序，进行详细地审核检查。

详查法适用于规模较小、经济业务较少、会计核算简单、核算对象比较单一的企业，或者为了发现重大问题而进行的专案检查，以及在整个检查过程中对某些（某类）特定项目、事项所进行的检查。详查法对于管理混乱、业务复杂的企业以及税务稽查的重点项目、事项的检查,一般都能取得较好的效果。

## 四、抽查法

抽查法,亦称抽样检查法,是指从稽查对象总体中抽取部分资料或存货进行审查,再依据抽查结果推断总体的一种方法。抽查法具体又分为两种:一是重点抽查法,即根据检查目的、要求或事先掌握的纳税人有关纳税情况,有目的地选择一部分会计资料或存货进行重点检查;二是随机抽查法,即以随机方法,选择纳税人某一特定时期或某一特定范围的会计资料或存货进行检查。抽查法不仅在检查的基础、环境、内容上与详查法不同,而且使用的基本方法也不同。

抽查法的程序为:

**1. 制定抽查方案**

在制定抽查方案时要尽量考虑到各种因素的影响,使方案尽可能与实际情况相符合,关键是确定抽查重点和抽查对象。在抽查重点确定以后,要按照抽查要求合理确定抽查的对象和内容。当某一抽查重点存在多个对象时,要按照重要性原则确定具体的抽查对象。此外,还应根据不同的抽查项目制定合理的抽查路线、确定抽查的时间、人员分工、复核等。

**2. 实施具体抽查**

实施抽查是对抽查方案的具体落实,在实施抽查时要把握好抽查时间,以免影响企业的生产经营。在抽查实物资产时,要选择资产流动量相对较小的时间进行,以免影响抽查结果的正确性。

**3. 分析和判断抽查结果**

根据抽查结果对总体进行推断是抽查法的目的,但抽查结果只能作为对总体判断的参考,不能作为直接定案依据。对于抽查结果与实际情况差异比较大的,应进一步查明原因,必要时可以扩大抽查范围,或者放弃抽查结果。分析时应注意进行准确性和可靠性的分析。

## 五、顺查法

顺查法,又称正查法,是指按照会计业务处理程序,依次进行检查的方法。顺查法适用于业务规模不大或业务量较少的稽查对象,以及经营管理和财务管理混乱、存在重大问题的稽查对象和一些特别重要项目的检查。

**(一)审阅和分析原始凭证**

审阅和分析原始凭证,就是按照一定的方法和程序,对原始凭证及其内容的实性、合法性、合理性进行分析和判断,以确定其是否真实有效。

(1)审阅原始凭证票面和项目。主要审阅凭证上是否注明了填制单位名称、填制日期、填制人姓名、经办人签章、接受单位名称及其真实性,经济业务的内容、商品物资的数量、单价、金额等。要注意鉴别原始凭证真伪,比较票据纸面光泽、纸张的厚度、规格尺寸、纸质、底纹(水印)及其他防伪标记等项目。

(2)分析原始凭证的项目内容。主要分析所反映的商品物资数量及单价变动有无不合理现象,日期有无异常,出具单位的业务范围与凭证上所反映的业务内是否相符,票据抬头与受票单位是否一致、笔迹和印章是否正常、经办人的签章是否正常等。分析不同时期同类事项内容,对比分析不同时期同类原始凭证上相关事项,查找同类事项之间的差异。

(3) 分析经济业务的真实性。将原始凭证反映的经济业务内容与经济活动的情况进行比较,分析原始凭证上记录的经济内容与实际经济活动是否相符,原始凭证所反映的用于经济活动的货物、劳务等数量和规模是否与企业真实状况一致,原始凭证记录货物或劳务的单位价值是否符合当时公允标准,货物或劳务的购入是否符合当时企业的经营需要。

**(二) 证证核对、账证核对、账账核对、账表核对、账实核对与核对法相同**

(略)

**(三) 对会计年末结转数进行审查**

审查会计年末余额结转数,是指对企业年末过新账的账户余额进行相符性审核,目的是防止企业利用年末过账隐瞒存在的问题,达到少缴税款的目的。审查时,主要是将上年年末会计账户余额、会计报表相关项目金额和新开账户年初余额进行比较,看是否一致,如果出现不一致的情况,应进一步查明原因。

## 六、逆查法

逆查法,又称倒查法,是指按照会计处理程序的相反方向,由报表、账簿到凭证的一种检查方法。从检查技术上看,逆查法主要运用了审阅和分析的技术方法,根据重点和疑点,逐个进行追踪检查。逆查法主要适用于对大型企业以及内部控制制度健全、内部控制管理严格的企业的检查,但不适用于某些特别重要项目的检查。

**(一) 会计报表的审阅分析**

会计报表是指总括反映纳税人一定时期经济活动和财务收支状况的书面报告。通过审阅和分析会计报表,掌握纳税人生产经营及变化情况,有利于从总体上把握纳税人在纳税方面存在的问题,以便确定稽查对象或确定账、证检查的重点。

在审查和分析会计报表时,应注意:

(1) 收集的会计报表资料要齐全,以便进行纵向或横向比较。只有一个时期或某种报表,往往不便于分析,难以全面发现问题。

(2) 了解会计报表各个项目的具体核算内容,各项目数据来源和核算方式,以及与各税的关系。

(3) 选择与税收有关的主要项目进行分析,以提高检查效率。会计报表的项目较多,但有些项目与税收无直接关系或关系不大,所以审查时应抓住与税收有关的主要项目进行分析。

(4) 与相关经济指标进行对比,以发现会计报表的各项指标有无异常问题。

**(二) 账表核对、账账核对、账证核对、账实核对与核对法相同**

(略)

**(三) 原始凭证的审查分析**

对企业任何经济业务的审查,最终都离不开对原始凭证的检查,在运用逆查法查明问题发生的过程和原因时,必然要审查和分析原始凭证,以查明问题的来龙去脉(详见核对法)。

**【例3-2】** A房地产开发公司为某市的一家私营企业,成立于2005年2月份,现有职工126人,主要从事房地产的开发和销售。2013年,该企业申报销售收入20 370万元,销售成本 16 150 万元,应纳税所得额为 2 200 万元,入库应纳所得税额 650 万元。2013 年 1 月至 2013 年 12 月所得税申报数与账面记载一致。

税务机关采取的稽查方法:

1. 审阅法

该方法指对房地产开发企业有关书面资料的内容进行详细审查、研究,发现疑点线索,取得稽查证据的一种检查方法。本案中,稽查人员通过审查竣工验收证明及房产证,发现该公司所开发的"传世家园"项目已经竣工验收,该项目于 2012 年 10 月 7 日取得了市房产管理局颁发的项目房屋所有权证。稽查人员对该项目房屋所有权证逐一登记审核并汇集,发现该工程 2 号楼车库面积 204.61 平方米,4 号楼车库面积 204.81 平方米,5 号楼车库面积 199.71 平方米,7 号楼车库面积 199.41 平方米,10 号楼车库面积 223.26 平方米,1 号楼门市面积 251.27 平方米,2 号楼门市面积 244.39 平方米;通过审核从销售部门调取的楼盘销控表,发现大部分车库及商铺已作售出标记。经进一步查对 A 公司所提供商品房买卖合同,稽查人员发现已出售车库 26 个,销售面积共计 513.57 平方米,金额 154.07 万元;销售商铺 8 个,销售面积共计 203.89 平方米,金额 163.11 万元;已销售的车库和商铺共计 318.18 万元,且合同载明款已付清。通过账务检查,稽查人员发现 A 公司未将上述款项计入预收账款账户,账面也未反映该部分产品销售收入。因此,通过对相关书面资料的内容进行详细审查和研究,稽查人员认定 A 公司存在出售车库、商铺款项不记收入的问题,少缴营业税、城市维护建税、教育费附加、企业所得税和土地增值税。

2. 核对法

该方法是指对书面资料的相关记录,或是对书面资料的记录和实物进行相互核对,以验证其是否相符的一种检查方法。本案中,稽查人员通过检查企业预收账款等账户,一是发现至 2013 年 12 月 31 日账面预收账款余额 4 035 万元,经测算该预收账款余额占企业年申报销售收入比例达 20.15%;二是预收账款账户未进行明细登记,A 公司有利用该账户隐匿收入之嫌。首先,稽查人员根据预收账款账户的账面记录按所对应的原始凭证详细内容一一进行登记,将所收取的款项按楼盘楼号进行明细登记并汇集排序;其次,稽查人员将企业所提供的房产证中所列楼盘楼号进行了明细登记并汇集排序,将二者进行比对。通过审核比对发现,取得房屋所有权证部分的预售收入为 3 216 万元,已按 15% 比例预提企业所得税,但该部分收入至 2013 年底仍未按规定确认为实际收入申报纳税。因此,通过对相关资料的记录和实物进行相互核对,稽查人员认定 A 公司存在未按期结转实际收入的问题,少缴所得税。

3. 详查法

该方法是指对房地产开发企业在检查期内的所有经济活动,包括相关经济业务的经济信息资料以及财务部门的财务信息资料等,采取严密的审查程序,进行详细地审核检查。本案中,稽查人员通过审核从销售部门调取的楼盘销控表及交房(钥匙)记录,发现部分商品房已在楼盘销控表上作售出标记,但通过检查账务,稽查人员并未发现账面记有与之对应的预收账款,企业账面未反映该部分销售收入,也未结转相应的销售成本。通过深入调查了解,稽查人员发现该部分商品房属兑换、抵顶产品。经进一步审核 A 公司所提供的各项合同,稽查人员发现 A 公司与部分建设单位及供应商所签"抵顶、兑换合同"中,有"经双方协商用商品房抵顶工程款或材料等款项"的表述。经询问及详细核查,稽查人员了解到对方已按合同规定为 A 公司提供了建筑劳务或供应了货物,但 A 公司未将该部分"兑换"产品作销售收入记账,也未申报纳税。因此,通过严密的审查和详细地审核,稽查人员认定 A 公司存在以商品房抵债不记收入的问题,少缴营业税、城市维护建设税、教育费附加 1.1 万元、企业所得税和土地增值税。

4. 重点抽查法

该方法指稽查人员根据事先掌握的房地产开发企业的情况,有目的地选择一部分会计资料进行重点检查。本案中,为确保企业计入开发产品成本的费用是真实发生的,稽查人员有针对性地审核了企业所提供的账簿凭证等资料,其中重点审查了 A 公司"预提费用""产品开发成本"及"销售成本"等账户,发现"预提费用"账户列 2013 年预提某小区暖气增容管道费 205 万元,计入开发产品成本,经进一步审核相关的账簿及原始凭证,发现该部分开发成本 2013 年已结转的销售成本只有 63 万元。因此,通过有针对性的重点检查,稽查人员认为 A 公司存在利用"预提费用"账户调整当期利润的问题,少缴企业所得税。

除了以上介绍的税务稽查的几种方法外,稽查人员常用的稽查方法还有顺查法、逆查法、分析法、外调法、盘存法等。实践中,稽查人员更多的是将各种检查方法综合运用,这也增大了房地产开发企业在税务稽查中出现问题的风险。因此,房地产开发企业有必要对税务机关常用的稽查方法进行充分了解,以便于做好税务稽查防范和应对的准备工作,进而有效降低企业涉税风险。

# 第四节 税务稽查电子查账

企业的会计电算化是指由硬件、软件、数据、规程和人员在内构建起的会计信息系统。功能完备的财务会计软件是会计信息系统的核心,也是稽查人员实行电子查账应必备的基本知识。目前,企业使用的财务会计软件主要有用友、金蝶、新中大、浪潮国强、金算盘、速达、管家婆、灵狐、远光/远方等财务会计软件,其中,用友、金蝶的使用面较广。

为应对企业会计电算化对传统手工检查方式提出的挑战,近年来全国各省、市在稽查电子查账方面做了大量工作,积极探索开发查账软件并在实际工作中加以推广应用。尽管目前各查账软件系统不尽相同,但其工作原理和功能基本相同。

## 一、电子查账软件系统的工作原理

电子查账软件系统是在稽查实施环节使用的,以企业的财务账簿、税收征管和相关外部数据为基础,以税收政策法规为依据,将税务稽查经验、方法与计算机信息处理技术相结合,辅助稽查人员完成检查的信息化工具。系统首先设定各种数据接口标准,通过计算机的自动采集和自由录入功能将与企业相关的涉税数据导入数据库,形成企业数据中心。然后,通过设置各种数据关联,利用计算机的数据加工功能,将企业数据转换生成标准数据中心。通过数据检验和数据核对功能以判断企业数据的真实性。通过自由查账(抽样检查模糊查询、自定义检查等)、数据比对、自动查账(分录比对、账户分析、指标分析、项目核对、项目检测等)和外部查账等方法,查找企业数据涉税疑点。通过查证落实,生成企业涉税问题数据。最后,通过对稽查工作过程中所记录的疑点数据编制工作底稿和对问题数据的调整处理生成稽查报告,自动完成稽查实施过程。

## 二、电子查账软件系统功能

2018年国地税机构合并后,电子查账软件也进行了税种合并和升级,可以进行全税种检查。目前常用电子查账软件主体流程如图3-32所示。

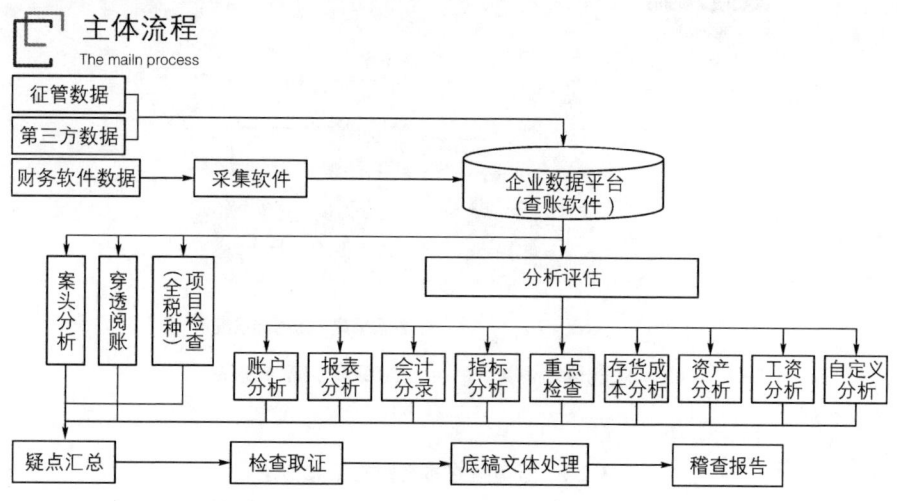

图3-32 电子查账软件主体流程

### (一)电子数据采集功能

对主流财务会计软件,用专用的"数据采集软件"进行自动采集;对非主流财务会计软件,由企业按"标准接口"的方式进行采集,提供稽查人员要求的财务数据,然后导入查账系统;对征管数据,包括对征管系统、CTAIS征管系统、金税开票及认定系统采取"标准格式"进行采集。

目前主流财务软件分为单机版和网络版。单机版财务软件的数据库以ACCESS数据库为主,企业类型以小微企业为主,特点是财务人员少,以一台或两台电脑做账为主。单机版财务软件数据采集相对较为简单,如图3-33所示。

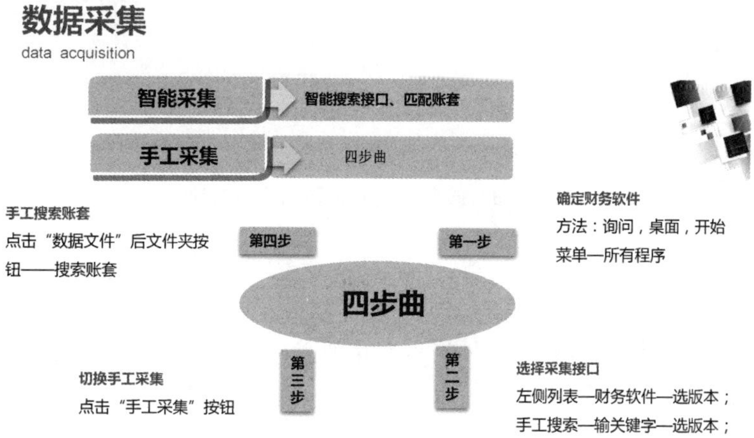

图3-33 单机版财务软件数据采集

网络版财务软件数据库以 Sql server 和 Oracle 为主,企业类型以中大型企业、集团公司为主。网络版财务软件数据采集按照服务器所在地不同分为本地采集和异地采集。服务器在本地的,数据采集方法如图 3-34 所示。

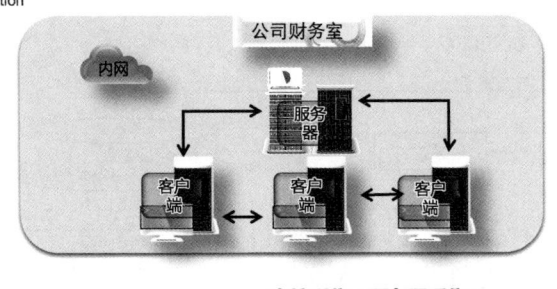

图 3-34　服务器在本地数据采集方法

服务器在异地的,数据采集方法如图 3-35 所示。

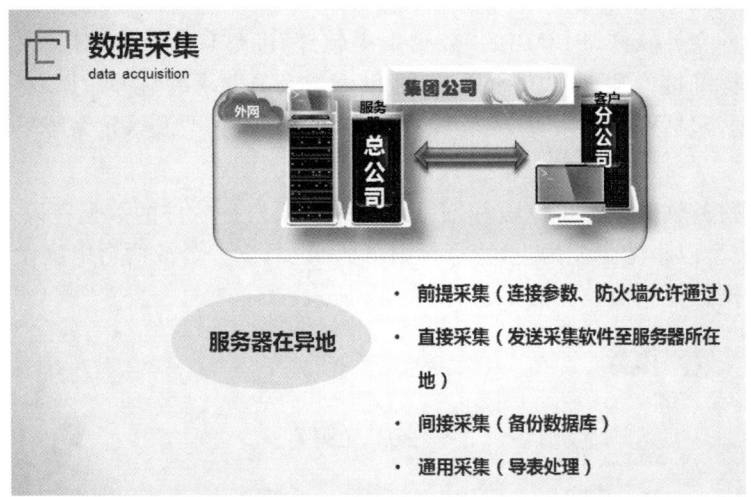

图 3-35　服务器在异地数据采集方法

在电子数据采集过程中,需要注意:一是 U 盘杀毒,采集前注意让企业相关人员确定采集方所用 U 盘无病毒后,再进行采集。二是杀毒软件,采集时注意查看企业电脑安装的杀毒软件:A. 如遇 360 等,可将采集软件拷贝至桌面采集;B. 如遇金山毒霸 2012,需先关闭;C. 采集 U 盘可多放置一份采集软件压缩包以防万一。三是财务软件,采集前后请企业财务人员打开财务软件确定是否能够正常运行,无问题方可采集。四是取证流程,采集到的电子账与电子文档一式两份,一份带回检查用,另一份封存让企业相关人员签字盖章并按规定留存。

## (二)自动查账功能

电子查账软件通过设立四大类模型进行自动查账:

(1) 会计分录比对模型:迅速、全面地对企业会计分录进行检测,提示异常和错误会计分录。

(2) 账户分析模型:检测出会计科目和发生额的异常情况,并提示疑点,提供检查方向。

(3) 指标分析模型:对企业数据进行关联性分析,以图表的形式反映分析结果,提供涉税疑点。

(4) 表表核对模型:将企业财务会计软件信息、征管系统信息、金税系统信息在一个平台进行比较核对,以迅速发现企业不实申报等情况。

## (三)自主查账功能

电子查账软件系统一般提供模糊查询、频率抽样、电子表格和自定义检查等四种稽查工具,方便稽查人员查询有关账目、随时添加经验模型。常见自主查账功能如图3-36所示。

## (四)辅助功能

电子查账软件辅助功能主要包括文档处理功能和查账指南功能。

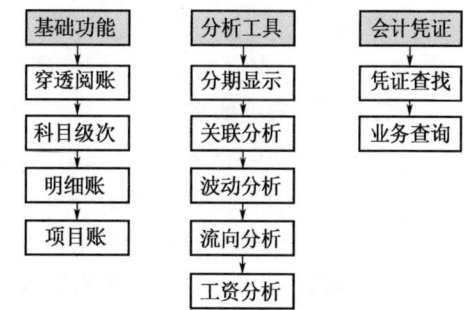

图 3-36 常见自主查账功能

(1) 文档处理功能。一是归集疑点,自动将稽查人员采用税务稽查软件发现的涉税疑点归集到疑点平台,为稽查人员制作稽查工作底稿提供便利。二是确认疑点,对归集的疑点进行分析查证。三是汇总问题,通过稽查工作底稿模板汇集和整理稽查记录,汇总稽查情况。四是生成稽查报告,利用预设的稽查报告制作模块,自动将汇总项目的数据反映生成稽查报告。

(2) 查账指南功能。系统提供了经验问题归类、查账方法应用、典型案例、政策法规、查账程序和查账文书等内容。

## 三、电子查账的工作步骤与方法

### (一)电子数据采集

电子数据采集是对电算化企业检查的第一步,也是关键的一步。只有完整准确地采集企业数据,才能顺利开展检查工作。电子数据采集具体工作包括:

**1. 电子数据采集前的准备工作**

一是拟定检查方案,包括稽查对象、检查时间、具体负责检查部门、税务文书的准备;二是分组和分工,一般情况下,检查组应指派两名以上稽查人员负责电子数据采集工作,其中一名稽查人员负责制作笔录;三是准备取证设备,检查组应根据实际需要配备足够数量的笔记本电脑、移动存储设备、网络连接线、光盘刻录机、可刻录光盘、封存包装物等电子取证装备。必要时,还应携带执法记录仪,对现场过程进行录像和拍照。

**2. 电子数据采集过程中的控制重点**

(1) 控制计算机等设备。控制电脑设备就是控制企业的计算机(工作站服务器和有关如光盘、U盘类存储介质)。基于电子数据的易改动性,企业人员有可能对电脑中的数据进行删改,为稽查人员获取真实资料设置障碍。因此稽查人员到达企业后,应立即要求现场人员停止操作计算机,并立即切断各台计算机的网络连接;不允许企业人员将笔记本电脑、移动硬盘、U盘、软盘等可作移动存储用途的设备带离现场;对有网络设备的,要尽快找到存放会计财务和业务数据的服务器,加以控制。

(2)控制财务电子数据。搜索会计、出纳和凭证录入员等有关人员的计算机,如果是网络连接方式,要确定服务器的IP地址并向其了解存储数据库的服务器存放位置。搜索其电脑工作站中的各种Excel电子报表和各部门之间往来或个人对记录企业日常经营运作的Word文件,进行拷贝。

(3)控制进、销、存等部门的电子数据。

(4)控制有关主管人员的电子数据。企业主管领导及关键部门负责人电脑中往往存储着非常重要的电子数据,如账外账、账外经营收入的数据,对检查工作起到至关重要的作用,应与财务电子数据同时采取控制措施。

### (二)电子数据的整理

电子数据的整理是指通过技术手段对提取的电子数据进行账套恢复和重建以发现和提取与案件相关的线索和证据,最终形成检查分析报告传送给相关的稽查人员。具体是指对后台业务数据库、财务数据库和前台Office、WPS等办公文档,通过计算机技术或其他相关技术,如数据库技术、解密、数据恢复或专业的查账软件系统等将电子取证时备份的案件数据进行读取、筛选、归类、统计、分析等,将取得的企业财务数据恢复成账册、报表的形式,建立模拟企业账务处理系统和服务器后台数据库系统,供稽查人员使用。

电子数据的整理工作一般仅对未封签的备份数据进行。经过整理分析后,应制作数据分析报告,筛选获取数据中与企业涉税有关的电子数据,为后面的检查工作开展做好准备。

### (三)电子数据的疑点分析

对整理好的企业标准账套的检查,电子检查与手工检查在检查方法上并无太大的区别,但稽查人员可以利用电子查账软件系统,尽快发现疑点,确定检查重点,并进行疑点的人工核查。

**1. 稽查软件系统自动发现疑点**

(1)会计科目与分录比对。根据查账软件设置的标准会计科目对采集来的电子数据进行科目自动比对,检查企业各种错误会计分录和异常情况,同时还可以根据实际需要进行科目调整和添加。在会计业务中,会计科目有正常的对应关系。在电子查账系统中,运用标准科目进行大量的标准化稽查模型的预先定制,稽查人员可以查看某些涉税科目的对应关系,发现存在的疑点。如银行存款贷方对应的一般是收入科目,如果对应的是成本费用类科目,就可能是应税收入直接冲减成本,造成少缴税。

将企业会计科目与标准会计科目体系建立对应关系,使得系统自动计算会计报表和财务指标,如图3-37所示。

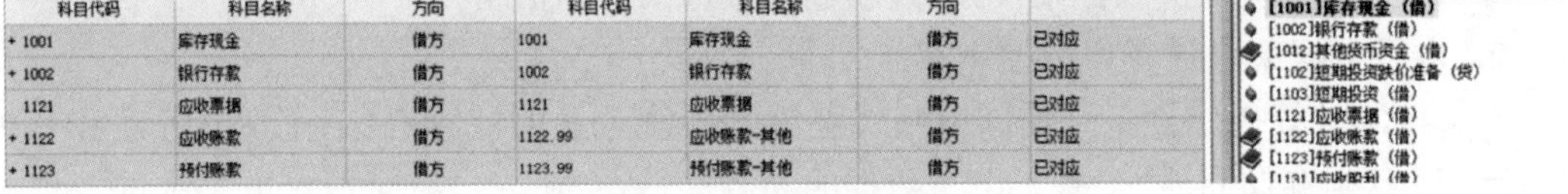

图3-37 会计科目对应

（2）表表核对。通过对企业财务数据、查账软件自动生成的财务报表、企业上报的财务报表、征管系统中企业纳税申报表及金税系统中企业开票数据、防伪认证数据进行核对，验证企业纳税申报和财务核算数据是否一致。

（3）指标分析。根据查账软件预设的分析模型，采取指标联动的办法，对企业的投入、产出、收益、税收等各方面的数据进行关联性分析，可直接以图表的形式反映分析结果，帮助稽查人员进一步分析税收负担的合理性，对企业财务、管理、税收等各方面的数据进行完整性分析，提供疑点和稽查重点。

（4）科目余额比对。按照正常会计核算要求，设置有关条件，对会计科目余额、发生额的异常情况进行分析，将会计科目和发生额的异常情况自动提示出来，提供检查走向。

（5）模糊查询及频率抽样。按记账凭证的关键字、种类、摘要、时间、操作符号、内容等进行模糊查询，可以查到每一张凭证的具体内容，然后可按照频率抽样审核办法，对会计凭证及会计科目按照一定比例进行抽样审核，对审核中发现的疑点，结合人工核查进行确认。

（6）经验模型提示。利用查账系统预先写入的疑点分析模型，如将企业的主要收入项目利润率、主要产品的单位利润率、单位销售成本率、单位销售费用率与同行业企业的同类项目之间对比，获得疑点提示。

**2. 人工核查确认疑点**

目前开发研制的查账软件尚不能独自完成整个检查过程，必须与人工的审核相结合。对于查账软件发现的疑点，要根据检查要求和企业的实际情况，采用疑点核对、发票核查、账外调查、异地协查等必要手段进行疑点确认，取得相关证据，才能确认涉税违法行为的手段及性质。

## 四、电子查账有关注意事项

**（一）采集数据的完整性**

采集数据不完整，将直接影响账套数据恢复的真实性和可用性。特别是对于设立多套账、实行服务器模式的网络记账的单位，更要注意全部账套的搜索和采集的完整性。

**（二）采集数据的保密性**

稽查人员有责任保守稽查对象的商业秘密，如产品配方、人事、市场营销方案等。检查过程中必须做好采集电子数据的保密工作，防止其他人员擅自复制数据，检查结束后应及时做好数据的删除、销毁和存档工作，防止数据资料外流。

**（三）采集数据的安全性**

采集数据时，要询问企业相关人员财务会计软件特点和操作要求等注意事项，防止操作不当，给企业造成损害。

# 第四章

# 房地产业常用检查方法

进入检查阶段后,稽查人员可采取多种检查方法对房地产开发企业进行调查核实,如调取房地产开发企业涉案年度账簿资料,要求企业提供相关涉税资料,到项目现场进行实地调查等。

## 第一节 可要求企业提供的涉税资料

### 一、基本涉税资料

(1) 基本状况资料。房地产开发企业应提供以下资料:①"三证合一"或"五证合一"的营业执照;②房地产开发资质证书及相关资格证明;③企业设立、变更的章程、协议、合同,以及股东(股权)、法人代表变更资料;④企业所有银行账户情况;⑤企业关联方及关联交易情况。

(2) 基本业务流程资料。房地产开发企业应提供以下资料:①业务处理流程;②内部控制制度及流程;③主要部门及职责;④业务处理系统、薪酬系统、佣金计提系统、投资核算系统等主要系统的控制流程和简单操作。

(3) 基本财务资料。房地产开发企业应提供以下资料:①财务核算相关制度及流程;②财务软件,电子财务账套数据及财务报表、账簿资料等;③各税种纳税申报表,企业所得税汇算清缴报告,土地增值税清算鉴证报告,年度审计报告等。

(4) 以上资料审核要点。稽查人员通过房地产开发企业提供的以上资料,可以了解企业的业务发展状况、经营管理情况、主要代理公司或经纪公司等合作伙伴,是否存在关联交易,主要岗位职责等。重点搞清财务处理系统和业务处理系统是否实现无缝对接,两个系统之间的结转时点和规则,财务数据与业务数据之间的勾稽核对机制等重要情况。稽查人员可使用电子查账软件的采集软件对企业财务数据库进行采集,然后使用电子查账软件进行账套分析。电子查账软件可进行数据穿透、数据归集、勾稽关系匹配、生成数据疑点等,帮助稽查人员对企业电子财务数据进行分析。

### 二、涉及土地方面的资料

(1) 以出让、划拨方式取得土地使用权的,房地产开发企业应提供以下资料:①经有权机关批准用地文件、用地红线图;②《国有建设用地使用权挂牌出让成交确认书》;③《国有建设用地交地确认书》;④建设用地批准书;⑤《国有土地使用权出让合同》(划拨的,采集《国有建设用地划拨决定书》);⑥《建设用地预审意见书》;⑦《非农业建设项目有关内容审查表》;⑧《国有土地使用证》或《不动产权证书》。

(2) 以转让方式取得土地使用权的,房地产开发企业应提供以下资料:①转让方的

《国有土地使用证》或《不动产权证书》或其他土地权属证明；②《国有土地使用权转让合同》；③《地价评估报告书》(政府土地收购储备中心或政府投资成立的土地开发企业转让的，无需采集)。

(3) 以拍卖方式取得土地使用权的，房地产开发企业应提供以下资料：①被拍卖方的《国有土地使用证》或《不动产权证书》或其他土地权属证明；②《土地使用权交易委托协议书》；③拍卖成交确认书；④法院裁决文书(法院委托拍卖强制处分土地使用权的)或行政处理决定书(其他执法机关委托拍卖强制处分土地使用权的)；⑤《地价评估报告书》。

(4) 以合作建房方式取得土地使用权的，房地产开发企业应提供以下资料：①出地方的《国有土地使用证》或土地权属证明；②合作建房的合同或协议；③《地价评估报告书》。

(5) 以改组或新设立股份制企业方式取得土地使用权的，房地产开发企业应提供以下资料：①出地方的《国有土地使用证》或《不动产权证书》或其他土地权属证明；②土地作价入股协议书、土地使用权作价入股批准文件；③《地价评估报告书》。

(6) 以其他方式取得土地使用权的，房地产开发企业应提供以下资料：①出地方的《国有土地使用证》或《不动产权证书》或其他土地权属证明；②土地用途的合同或协议；③《地价评估报告书》。

(7) 以上资料审核方法。审核取得土地使用权所支付金额的真实性。取得土地使用权所支付的金额，包括企业为取得土地使用权所支付的地价款和按国家统一规定交纳的有关费用。审核企业以转让、拍卖方式或以属于转让性质的合作建房方式取得土地使用权的，在支付转让款时是否取得付款方开具的发票(或其他合法凭证)。审核自行转让或合作建房属于转让性质的转让方有否及时、真实申报缴纳转让土地使用权的增值税。对转让合同或协议和《地价评估报告书》所载金额即计税依据的真实性进行判定，判定计税依据参照近期拍卖的土地价格、评估价或当地政府规定的基准地价。若判定计税价格明显偏低并无正当理由的，根据征管法的规定，可核定其计税依据。

## 三、涉及土地征用和房屋拆迁的资料

(1) 房地产开发企业应提供以下资料：①房屋拆迁许可证(附拆迁计划和拆迁方案)；②房屋拆迁补偿安置协议或青苗补偿协议；③拆迁委托合同；④拆迁台账：房屋评估、丈量和测绘的数据和资料、房屋拆迁补偿安置计算单、被拆迁房屋权属相关材料、被拆迁人身份证明材料、安置资金结算及交付证明材料、土地征用及拆迁补偿费等有关票据；⑤政府拆迁文件：补偿形式、补偿金额、支付方式、安置用房面积、安置地点等内容。

(2) 以上资料审核方法。审核土地征用及拆迁补偿费是否实际发生。土地征用及拆迁补偿费，包括土地征用费、劳动力安置费及有关地上、地下附着物拆迁补偿的净支出、安置动迁用房支出等。审核确认土地征用及拆迁补偿费票据。对一些非发票性质的书面凭据如财政局的行政单位收款票据、村委会开具的收据、拆迁补偿款支付凭证等，应通过审核这些款项支付的相关合同、证明，来判断支付的内容和真实性。审核重点包括：审核拆迁补偿款支付凭证，审核被拆迁户的分户档案和拆迁人的拆迁档案；审核财政局的行政单位收款票据，审核这些款项是否政府收费；审核村委会开具的收据，审核开发商与村委会签订的合同，明确支付给村委会款项的性质，如属于村委会代为支付，提供开发商与村委会最终结算材料和村委会支付的票据和材料；审核支付给拆迁指挥部的款项，重点审核其过渡款项的去向。

### 四、涉及项目建设成本的资料

(1) 房地产开发企业应提供以下资料：①建设规划许可证；②建筑工程施工许可证；③建设工程勘察、设计书面合同，项目可行性研究报告；勘察设计费高于合理水平的需提供相关证明；如果由境外企业提供勘察设计劳务的，需提供进出境的证明（如机票、住宿发票等）；④《建设工程施工合同》（含变更设计追加工程补充协议，"七通一平"、开发小区内道路、供水、供电、供气、排污、排洪、通讯、照明、智能系统、门禁系统、环卫、绿化、挡土墙等工程施工合同或协议）以及工作清单。实行招标的建筑工程，应附送中标单位的投标文件、中标通知书；⑤项目总体规划平面图和分层平面图，工程施工图，设计变更图，图纸会审记录；⑥建筑工程监理合同；⑦经有关部门批准或审核的建筑工程预算书、工程竣工结算书；⑧施工过程双方签证资料（签证单）；⑨建设单位供材明细表；⑩竣工验收证书（竣工验收备案表）；⑪房屋测绘报告；⑫技术人员名单及工资标准、工资表，非本地技术人员到达和离开施工地点的证明（如机票、住宿发票等）。

(2) 以上资料审核方法。对工程费用的实际发生额进行审核。审核中如发现实际发生额高出工程预算书、工程施工合同，应重点核查其工程设计变更资料、施工现场签证资料及"房屋建筑工程和市政基础设施工程竣工验收备案文档"。

企业如果采用自营方式自行施工建设或由关联方施工建设的，应当重点审核有无虚假结算、虚增工程项目，有无虚列、多列施工人工费、材料费、机械使用费等情况，并调查掌握企业的关联企业，通过行业盈利水平比较、管理人员是否交叉任职、资金是否交互流转等方面对比分析，查核是否存在利用关联关系转移利润或通过代收代付转移销售收入或挤占开发成本。

审核工程结算书，重点审核是否存在重复结算、虚列工程项目、虚增工程量、做大工程单项定额单价等方面；审核建安工程合同或协议，重点在审核其真实性，审核建安工程合同或协议是否在建设部门备案，是否存在阴阳合同、错位合同，是否与工程招投标中标书一致等，并对照有关合同款项支付的约定要求，适时审查企业资金往来情况。

### 五、涉及项目销售的资料

(1) 对企业销售商品房按不同的开发项目，应提供以下资料：①《商品房预售许可证》；②商品房预售方案；③预售楼盘表（可从综合业务管理系统中查询）；④预售项目面积配比说明书；⑤经房地产管理部门登记备案的《商品房买卖合同》（普通住房、非普通住房、店面、车库、储物间等各类房产各一份代表，其余以《商品房产权登记证明书》代替）；⑥对企业委托房地产中介服务机构销售商品房的，关注委托合同、代理销售单位或个人的税务登记证件及营业执照；⑦项目交房公告或物业提供的业主入住情况；⑧无偿赠送商品房（包括奖励）或以房抵债的，关注有关合同、协议等证明；⑨出租商品房的需采集房屋租赁合同。

(2) 以上资料审核方法。可进行实地审核，实地察看、了解各项目分期楼盘开发情况（建筑面积、建筑结构等）、整体项目的销售情况（可销售面积、不可销售面积、已销售面积及金额），并与金税三期系统进行比对；核对房源销售平面图、商品销售明细表，调查、询问阁楼、停车位、地下室是否单独作价出售，掌握住宅、阁楼、停车位、地下室等的销售状况，察看核实售楼部（处）等营销设施在销售结束后的处置情况。同时要将《建设工程规划许可证》中开发项目的建筑面积、容积率、可销售面积、不可销售面积以及公共配套设施等信息以及账面记载面积与实地开发面积核对,检查有无私改规划,增加可售面积,销售后不计收入问题。此外,要实地察看未售面积和不可售面积的状况,审核是否有已销售或视同销售而未作销售处理的情况,审核是否有公共配套设施建成后有偿转让不确认收入的情况。

## 六、稽查检查取证主要资料清单(如表 4-1 所示)

表 4-1　房地产开发企业稽查检查取证资料清单

| 序号 | 取证资料名称 | 信息用途 |
| --- | --- | --- |
| 1 | 企业营业执照 | 确认企业法人资格 |
| 2 | 税务登记证 | 确认企业主管税务机关 |
| 3 | 企业投资项目备案通知(发改委文件) | 确认企业开发项目 |
| 4 | 总平面图(规划局盖章) | 确认开发项目总体情况、各项技术指标 |
| 5 | 土地出让合同 | 确认土地成本、土地面积 |
| 6 | 建设工程规划合格证 | 确认项目可售面积 |
| 7 | 实测报告 | 确认项目可售面积 |
| 8 | 竣工验收备案表 | 确认项目结算日期 |
| 9 | 商品房预售许可证 | 确认预售收入开始日期 |
| 10 | 销售台账 | 确认签约合同销售金额和面积 |
| 11 | 商品房销售合同 | 对项目公共配套设施进行认定 |
| 12 | 预收账款账簿 | 确认当年预售收入 |
| 13 | 开发成本账簿 | 确认项目计税成本 |
| 14 | 主营业务税金及附加凭证及税票 | 确认税金情况 |
| 15 | 企业所得税申报表 | 确认企业申报数据 |
| 16 | 企业财务报表 | 用于账列申报比对 |

# 第二节　资料比对核实

通过企业提供的各类资料,稽查人员可相互交叉比对核实,以确认相关数据的真实性和准确性。

## 一、核实主营业务收入

(1)根据商品房预售许可证、竣工备案表、交房公告等确定项目所处阶段,是否完工。根据项目销售台账、销控表、中介代理销售合同、房管局备案数据等,核实房地产项目的销售单价、已售面积、未售面积、公共配套、自持资产,若委托中介代理,可根据计提的销售佣金金额和比例反向计算销售额,与申报的预售收入和销售收入比对。将企业核实的销售数据与纳税申报表数据、房管局备案数据进行三方比对,寻找差异,核实预售销售收入是否结转足够,有无不按权责发生制原则确认收入或故意推迟结转收入现象。

竣工验收备案表如图4-1所示。

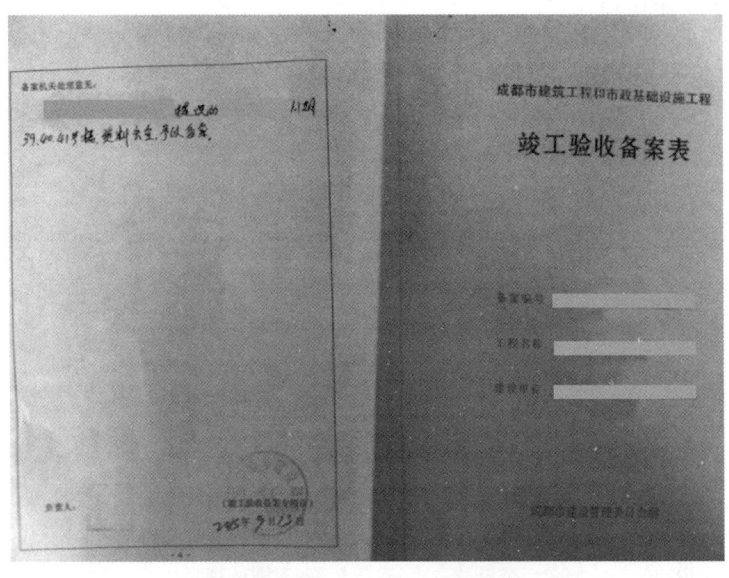

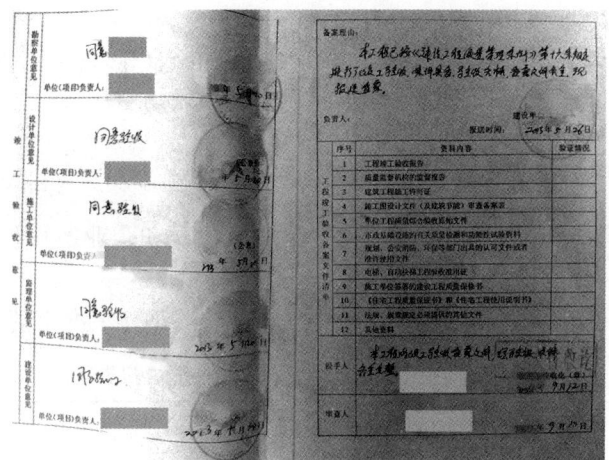

图 4-1 竣工验收备案表

交房公告如图 4-2 所示。

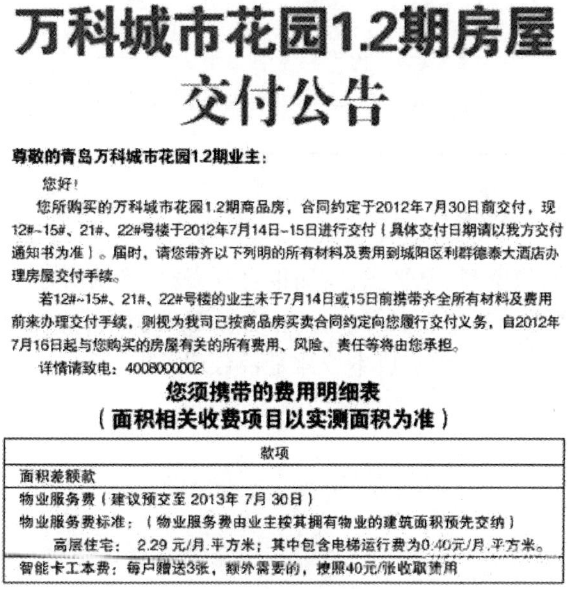

图 4-2 交房公告

销售收入三方数据比对如表 4-2 所示。

表 4-2 销售收入三方数据比对表

| 序号 | 楼栋 | 建筑业态 | 房号 | 状态 | 签约日期 | 销售面积 | 合同单价 | 合同总价 | 付款方式 | 收款情况 | | | | | 申报收入 | 房管局数据 |
|---|---|---|---|---|---|---|---|---|---|---|---|---|---|---|---|---|
| | | | | | | | | | | 其中：定金 | 个人 | 按揭银行 | 按揭金额 | 公积金 | 小计 | | |
| | | | | | | | | | | | | | | | | | |

(2) 视同销售收入

核实产品在分配股东、投资人,用于职工福利、奖励或对外投资、捐赠等方面是否计入收入,该部分视同销售面积也应计入已售面积中。

## 二、核实其他业务收入及营业外收入

核实取得的政府经济补偿、奖励是否申报土地增值税和企业所得税,客户放弃的定金、没收的违约金、租金、精装房装修收入等收入是否进行申报。

根据以上收入的清查和调整,将房地产开发企业收入调整情况汇总归集如表4-3所示。

表4-3 房地产开发企业收入调整汇总归集表

| 收入类型 | 申报收入 | 调整收入 | 调整后收入 |
| --- | --- | --- | --- |
| 完工产品销售收入 | | | |
| 完工产品视同销售收入 | | | |
| 未完工产品预售收入 | | | |
| 未完工产品视同销售收入 | | | |
| 其他营业收入 | | | |
| 营业外收入 | | | |
| 合计 | | | |

## 三、核实确定成本对象

通过企业提供的销售资料、总平图、实测报告等资料,确认房地产开发项目的分期情况,厘清房地产开发项目的住宅、商业、车位、会所、公共配套类别,并在工作底稿中列明成本对象的占地面积、建筑面积,以便核实成本分摊是否合理。

总平图,其中包含综合技术经济指标如图4-3所示。

图4-3 综合技术经济指标

实测报告如图 4-4 所示。

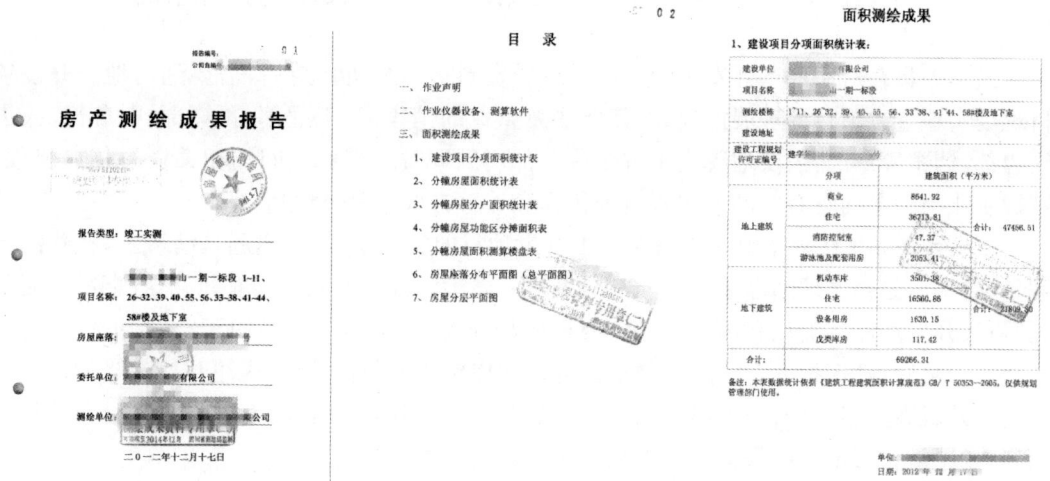

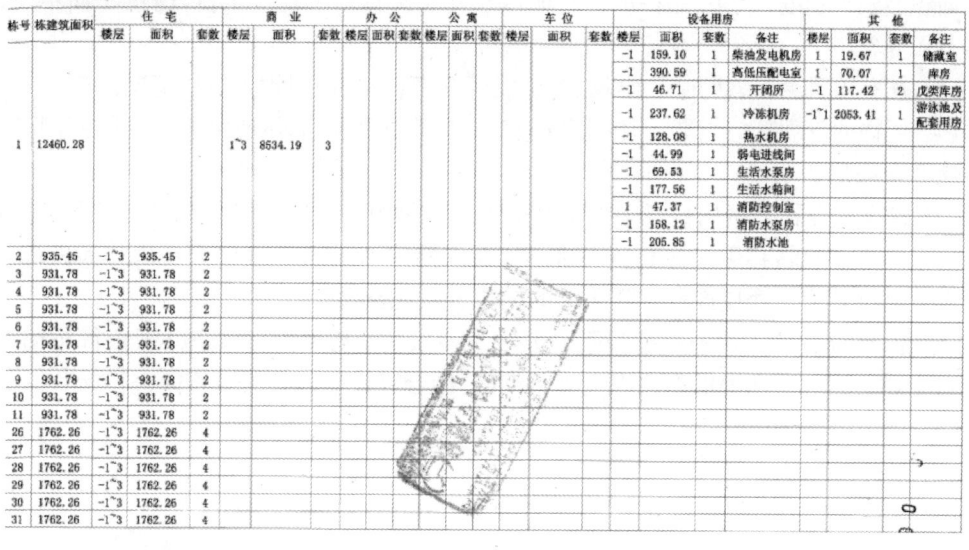

图 4-4  实测报告(实测报告共 5 张截图作为一个图示展示)

## 第三节　实地调查核实房地产项目相关情况

稽查人员在对房地产开发企业提供的纸质资料进行分析比对后，需要到房地产开发项目现场实地查看项目的进展情况，尤其要注意企业的销售部、工程部、预算部、财务部、人力资源部、档案等部门，去实地观察了解企业各部门的职责及彼此之间的相关资料传递流程，掌握企业与财务信息有关的内部资料的传递和保存方式。具体包括：

(1) 到企业售楼部了解项目情况。①开发项目的完工程度：在建还是已竣工，在建的工程量，竣工后是否办理结算手续，是否交付使用，属滚动开发的项目共有几期，各期的进展状况等；②开发产品的类型和用途：住宅、公寓还是商业，全部销售还是用于经营、抵债、自用、出租等。可索取"销控表"，该表通常都已标明房屋销售的具体情况，也可直接在当地房产部门的网站或者手机 APP 查询项目销售备案情况；③询问阁楼、停车位、地下室是否单独作价销售；④了解售楼部(处)等营销设施在销售结束后的处置情况。

(2) 到房地产项目现场查看，包括项目外观设计、内部装修、园林景观，目测使用材料、绿化面积、栽种的植株大小、品种等。对项目开发档次有一个基本定位，衡量账面单位建安成本有无异常。

(3) 查看项目会所、幼儿园、学校、菜市场等配套设施，询问投入使用情况。

(4) 到物业管理部门索取入住档案资料，到负责协助业主办理房屋产权的部门索取办理房屋产权底册。

(5) 根据企业销售费用科目中发生的房地产交易中心收取的房屋买卖交易服务费估算企业已经办理产权转移手续的商品房销售收入，用倒算结果和企业账面销售收入进行比较，测试其业已办理完毕房屋产权转移手续的销售收入完整性。

(6) 企业为了加快资金回流速度，通常设置专人负责协助购房客户办理银行按揭手续。注意对企业负责此项业务的相关人员进行询问，结合其设置的有关备查簿进行检查。

# 第五章
# 增值税稽查实务

## 第一节 营改增后增值税基本政策

2016年5月1日起,房地产业实行"营改增"试点,由缴纳营业税改为缴纳增值税。

### 一、纳税人

在中国境内销售不动产的单位和个人,为销售不动产增值税纳税人。销售不动产,是指转让不动产所有权的业务活动。不动产,是指不能移动或者移动后会引起性质、形状改变的财产,包括建筑物、构筑物等。

销售不动产的纳税人可以分为一般纳税人和小规模纳税人。

销售不动产的一般纳税人是指应税行为的年应征增值税销售额(简称应税销售额)超过财政部和国家税务总局规定标准(500万元,含本数)的纳税人,未超过规定标准的纳税人为小规模纳税人。按照财税〔2018〕33号文规定,2018年5月1日起,增值税小规模纳税人标准均为年应征增值税销售额500万元及以下。即所有行业小规模纳税人和一般纳税人的标准统一。年应税销售额未超过规定标准的纳税人,会计核算健全,能够提供准确税务资料的,可以向主管税务机关办理一般纳税人资格登记,成为一般纳税人。会计核算健全,是指能够按照国家统一的会计制度规定设置账簿,根据合法、有效凭证核算。

符合一般纳税人条件的纳税人应当向主管税务机关办理一般纳税人资格登记。营改增试点实施前销售服务、无形资产或者不动产(以下简称应税行为)的年应税销售额超过500万元的试点纳税人,应向主管国税机关办理增值税一般纳税人资格登记手续。试点纳税人试点实施前的应税行为年应税销售额按以下公式换算:

$$应税行为年应税销售额=连续不超过12个月应税行为营业额合计÷(1+3\%)$$

此前按照营业税规定差额征收营业税的试点纳税人,其应税行为营业额按未扣除之前的营业额计算。试点实施前,试点纳税人偶然发生的转让不动产的营业额不计入应税行为年应税销售额。试点实施前已取得增值税一般纳税人资格并兼有应税行为的试点纳税人,不需要重新办理增值税一般纳税人资格登记手续,由主管税务机关制作、送达《税务事项通知书》,告知纳税人。试点实施前应税行为年应税销售额未超过500万元的试点纳税人,会计核算健全,能够提供准确税务资料的,也可以向主管税务机关办理增值税一般纳税人资格登记。试点实施前,试点纳税人增值税一般纳税人资格登记可由省税务局按照规定采取预登记措施试点实施后,符合条件的试点纳税人应当按照《增值税一般纳税人资格认定管理办法》(国家税务总局令第22号)、《国家税务总局关于调整增值税一般纳税人管理有关事项的公告》(国家税务总局公告2015年第18号)及相关规定,办理增值税一般纳税人资格登记。

按照营改增有关规定,应税行为有扣除项目的试点纳税人,其应税行为年应税销售额按未扣除之前的销售额计算。增值税小规模纳税人偶然发生的转让不动产的销售额,不计入应税行为年应税销售额。试点纳税人兼有销售货物、提供加工修理修配劳务和应税行为的,应税货物及劳务销售额与应税行为销售额分别计算,分别适用增值税一般纳税人资格登记标准。兼有销售货物、提供加工修理修配劳务和应税行为,年应税销售额超过财政部、国家税务总局规定标准且不经常发生销售货物、提供加工修理修配劳务和应税行为的单位和个体工商户可选择按照小规模纳税人纳税。

需要强调的是,纳税人兼营货物劳务、应税行为应分别计算、分别判断,分别适用一般纳税人资格登记标准,而不是只要符合一般纳税人年收入标准,办理一般纳税人资格登记后,所有业务均按一般计税方法计算缴纳增值税。

按照财税〔2018〕33号文规定,已登记为增值税一般纳税人的单位和个人,在2018年12月31日前,可转登记为小规模纳税人,其未抵扣的进项税额作转出处理。

根据国家税务总局公告2018年第18号规定,同时符合以下条件的一般纳税人,可选择按照《财政部 税务总局关于统一增值税小规模纳税人标准的通知》(财税〔2018〕33号)第二条的规定,转登记为小规模纳税人,或选择继续作为一般纳税人:

(1) 根据《中华人民共和国增值税暂行条例》第十三条和《中华人民共和国增值税暂行条例实施细则》第二十八条的有关规定,登记为一般纳税人。

(2) 转登记日前连续12个月(以1个月为1个纳税期,下同)或者连续4个季度(以1个季度为1个纳税期,下同)累计应征增值税销售额(以下称应税销售额)未超过500万元。

转登记日前经营期不满12个月或者4个季度的,按照月(季度)平均应税销售额估算上款规定的累计应税销售额。

## 二、征收范围

### (一) 房地产开发企业增值税征税范围

房地产开发企业销售自行开发的房地产项目适用"销售不动产"税目。转让建筑物有限产权或者永久使用权,转让在建的建筑物或者构筑物所有权的,以及在转让建筑物或者构筑物时一并转让其所占土地的使用权的,按照"销售不动产"缴纳增值税。

房地产开发企业出租不动产适用"租赁服务"税目中的"不动产经营租赁服务"税目和"不动产融资租赁服务"税目(不含不动产售后回租融资租赁)。

### (二) 房地产开发企业不征收增值税项目

房地产主管部门或者其指定机构、公积金管理中心、开发企业以及物业管理单位代收的住房专项维修基金。

在资产重组过程中,通过合并、分立、出售、置换等方式,将全部或者部分实物资产以及与其相关联的债权、负债和劳动力一并转让给其他单位和个人,其中涉及的不动产转让行为是不征税项目。

## 三、税率和征收率

### (一) 税率

增值税税率适用于一般纳税人按照一般计税方法计税的情况。即,一般纳税人销售服务、无形资产或者不动产,除按规定可以选择简易计税方法外,应按照一般计税方法和适用税率计算增值税销项税额。

2016年5月1日"营改增"后,一般纳税人销售、出租不动产适用税率为11%;2018年5月1日起,11%税率降为10%;2019年4月1日起,10%税率降为9%。

境外单位或者个人在境内发生应税行为,在境内未设有经营机构的,扣缴义务人应扣缴税额计算公式如下:

$$应扣缴税额＝购买方支付的价款÷(1+适用税率)×适用税率$$

### (二) 征收率

小规模纳税人销售、出租不动产,以及一般纳税人提供的可选择简易计税方法的销售、出租不动产业务,适用简易计税方法按照5%的征收率计税。另外还存在两档预征率:3%和5%。

不动产转让与经营租赁适用税率/征收率如表5-1所示。

表5-1 不动产转让与经营租赁适用税率/征收率

| 涉税业务 | 类型 | 类型 | 不动产性质 | 预征率(%) | 税率/征收率(2018年4月30日前)(%) | 税率/征收率(2018年5月1日后)(%) | 税率/征收率(2019年4月1日后)(%) |
|---|---|---|---|---|---|---|---|
| 不动产转让 | 房地产企业 | 一般纳税人 | 老项目 | 3 | 11/5 | 10/5 | 9/5 |
| | | | 新项目 | | 11 | 10 | 9 |
| | | 小规模纳税人 | —— | | 5 | 5 | 5 |
| | 非房地产企业 | 一般纳税人 | 2016年4月30日前 | 5 | 11/5 | 10/5 | 9/5 |
| | | | 2016年5月1日后 | | 11 | 10 | 9 |
| | | 小规模纳税人 | | | 5 | 5 | 5 |
| | 个体工商户及其他个人 | 购买的住房 | 不足2年 | 5(仅个体工商户) | 5 | 5 | 5 |
| | | | 2年以上(北上广深除外) | | 免税 | 免税 | 免税 |
| | | 取得的不动产 | | 5(仅个体工商户) | 5 | 5 | 5 |

(续表)

| 涉税业务 | 类型 | 类型 | 不动产性质 | 预征率（%） | 税率/征收率（2018年4月30日前）（%） | 税率/征收率（2018年5月1日后）（%） | 税率/征收率（2019年4月1日后）（%） |
|---|---|---|---|---|---|---|---|
| 不动产经营租赁 | 一般纳税人 | | 2016年4月30日前 | 3,5（简易办法下） | 11/5 | 10/5 | 9/5 |
| | | | 2016年5月1日后 | 3 | 11 | 10 | 9 |
| | 小规模纳税人 | | | 5 | | | |
| | 个体工商户及其他个人 | | 非住房 | 5（仅个体工商户） | 5 | 5 | 5 |
| | | | 住房 | 5减按1.5（仅个体工商户） | 5减按1.5 | 5减按1.5 | 5减按1.5 |

## 四、计税方法

增值税的计税方法，包括一般计税方法和简易计税方法。

### （一）一般计税方法

房地产开发企业中的一般纳税人销售自行开发的房地产项目，适用一般计税方法计税。一般计税方法应纳税额计算公式如下：

$$应纳税额＝当期销项税额－当期进项税额$$

当期销项税额小于当期进项税额不足抵扣时，其不足部分可以结转下期继续抵扣。

公式中所述销项税额，是指纳税人销售房地产项目按照销售额和增值税税率计算并收取的增值税额。

销项税额计算公式如下：

$$销项税额＝含税销售额÷(1＋税率)×税率$$

一般纳税人销售其2016年5月1日后自建的不动产，应适用一般计税方法，以取得的全部价款和价外费用为销售额计算应纳税额。纳税人应以取得的全部价款和价外费用，按照5%的预征率在不动产所在地预缴税款后，向机构所在地主管税务机关进行纳税申报。

### （二）简易计税方法

房地产开发企业小规模纳税人，适用简易计税方法计税，计算公式如下：

$$应纳税额＝含税销售额÷(1＋征收率)×征收率$$

一般纳税人销售自行开发的房地产老项目，可以选择适用简易计税方法按照5%的征收率计税。一经选择简易计税方法计税的，36个月内不得变更为一般计税方法计税。

房地产老项目，是指：

（1）《建筑工程施工许可证》注明的合同开工日期在2016年4月30日前的房地产

项目；

(2)《建筑工程施工许可证》未注明合同开工日期或者未取得《建筑工程施工许可证》，但建筑工程承包合同注明的开工日期在 2016 年 4 月 30 日前的建筑工程项目。

一般纳税人销售其 2016 年 4 月 30 日前自建的不动产，可以选择适用简易计税方法，以取得的全部价款和价外费用为销售额，按照 5% 的征收率计算应纳税额。纳税人应按照上述计税方法在不动产所在地预缴税款后，向机构所在地主管税务机关进行纳税申报。

小规模纳税人销售其自建的不动产，应以取得的全部价款和价外费用为销售额，按照 5% 的征收率计算应纳税额。纳税人应按照上述计税方法在不动产所在地预缴税款后，向机构所在地主管税务机关进行纳税申报。

### 五、销售额

#### (一) 基本规定

销售额是指纳税人发生应税行为取得的全部价款和价外费用，财政部和国家税务总局另有规定的除外。

价外费用是指价外收取的各种性质的收费，但不包括以下项目：

(1) 代为收取并符合规定的政府性基金或者行政事业性收费。

(2) 以委托方名义开具发票代委托方收取的款项。

#### (二) 房地产开发企业销售自行开发的房地产项目销售额的规定

(1) 房地产开发企业中的一般纳税人销售自行开发的房地产项目（选择简易计税方法的房地产老项目除外），适用一般计税方法计税，以取得的全部价款和价外费用，扣除受让土地时向政府部门支付的土地价款后的余额为销售额。销售额的计算公式如下：

$$销售额 = (全部价款和价外费用 - 当期允许扣除的土地价款) \div (1 + 适用税率)$$

当期允许扣除的土地价款计算公式如下：

$$当期允许扣除的土地价款 = \left( \frac{当期销售房地产项目建筑面积}{房地产项目可供销售建筑面积} \right) \times 支付的土地价款$$

当期销售房地产项目建筑面积，是指当期进行纳税申报的增值税销售额对应的建筑面积。

《国家税务总局关于土地价款扣除时间等增值税征管问题的公告》国家税务总局公告 2016 年第 86 号规定，当期销售房地产项目建筑面积、房地产项目可供销售建筑面积，是指计容积率地上建筑面积，不包括地下车位建筑面积。

纳税人按照上述规定从全部价款和价外费用中扣除的向政府支付的土地价款，以省级以上（含省级）财政部门监（印）制的财政票据为合法有效凭证。

根据《财政部 国家税务总局关于明确金融 房地产开发 教育辅助服务等增值税政策的通知》(财税〔2016〕140 号) 规定，向政府部门支付的土地价款，包括土地受让人向政府部门支付的征地和拆迁补偿费用、土地前期开发费用和土地出让收益等。

房地产开发企业中的一般纳税人销售其开发的房地产项目（选择简易计税方法的房地产老项目除外），在取得土地时向其他单位或个人支付的拆迁补偿费用也允许在计算销售额时扣除。纳税人按上述规定扣除拆迁补偿费用时，应提供拆迁协议、拆迁双方支付和取得拆迁补偿费用凭证等能够证明拆迁补偿费用真实性的材料。

房地产开发企业（包括多个房地产开发企业组成的联合体）受让土地向政府部门支付土地价款后，设立项目公司对该受让土地进行开发，同时符合下列条件的，可由项目公司按规定扣除房地产开发企业向政府部门支付的土地价款。① 房地产开发企业、项目公司、政府部门三方签订变更协议或补充合同，将土地受让人变更为项目公司；② 政府部门出让土地的用途、规划等条件不变的情况下，签署变更协议或补充合同时，土地价款总额不变；③ 项目公司的全部股权由受让土地的房地产开发企业持有。

扣除土地价款的几点注意事项：①土地价款并非一次性从销售额中扣除，而是要随着开票销售额的确定，逐步扣除。②允许抵扣的土地价款包括新项目和选择一般计税方法的老项目。对于房地产老项目，如果选择适用一般计税方法，其2016年5月1日后确认的增值税销售额，也可以扣除对应的土地出让价款。③房地产开发企业在开发房产项目时，还会在小区配套建设道路、花园、绿地、雕塑，或者物业用房、幼儿园、诊所等。这些项目不单独作价出售给业主，但也都包含在了业主所支付的房款之中。对这些建筑物、构筑物的面积，并未将其包含在"可供出售的建筑面积"中，也就是在计算"当期允许扣除的土地价款"时，并未将这部分面积包含在分母当中。这样可以使开发商将所有"可供"销售的面积卖完后，土地出让金全部扣除完。

(2) 小规模纳税人及一般纳税人销售自行开发的房地产老项目，适用简易计税方法计税的，以取得的全部价款和价外费用为销售额，不得扣除对应的土地价款。计算公式如下：

$$销售额＝全部价款和价外费用÷(1+5\%)$$

**（三）非房地产开发企业转让不动产销售额的规定**

(1) 小规模纳税人或一般纳税人转让取得（不含自建）的不动产，以及个人转让其购买的住房，按照规定全额缴纳增值税的，以取得的全部价款和价外费用扣除不动产购置原价或者取得不动产时的作价后的余额为销售额，计算公式如下：

$$销售额＝\left(\begin{array}{c}全部价款和\\价外费用\end{array}－\begin{array}{c}不动产购置原价或者\\取得不动产时的作价后的余额\end{array}\right)÷\left(1+\begin{array}{c}适用税率\\或征收率\end{array}\right)$$

适用征收率的情况有：个人转让购买不足2年住房对外销售的、小规模纳税人或一般纳税人转让其2016年4月30日前取得（不含自建）的不动产并选择适用简易计税方法计税的。

(2) 小规模纳税人或一般纳税人转让自建的不动产，以及其他个人以外的纳税人转让其取得的不动产，区分以下情形计算应向不动产所在地主管税务机关预缴的税款，以取得的全部价款和价外费用为销售额。计算公式如下：

$$销售额＝全部价款和价外费用÷(1+适用税率或征收率)$$

适用征收率的情况：在北京市、上海市、广州市和深圳市，个人将购买2年以上（含2年）的非普通住房对外销售的；小规模纳税人、其他个人或一般纳税人转让其2016年4月30日前自建的不动产并选择适用简易计税方法计税的。

**（四）发生销货退回、服务中止或者折让的处理**

一般纳税人选择简易计税方法计税的，因销售折让、中止或者退回而退还给购买方的销售额，应当从当期销售额中扣减。

纳税人适用一般计税方法计税的，因销售折让、中止或者退回而退还给购买方的增值税额,应当从当期的销项税额中扣减。

纳税人发生应税行为,开具增值税专用发票后,发生开票有误或者销售折让、中止、退回等情形的,应当按照国家税务总局的规定开具红字增值税专用发票。未按规定开具红字增值税专用发票的,不得扣减当期销项税额或者销售额。

### (五)折扣方式销售额的规定

纳税人发生应税行为,将价款和折扣额在同一张发票上分别注明的,以折扣后的价款为销售额;未在同一张发票上分别注明的,以价款为销售额,不得扣减折扣额。

价款和折扣额在同一张发票上分别注明是指价款和折扣额在同一张发票上的"金额"栏分别注明的,以折扣后的价款为销售额征收增值税。未在同一张发票"金额"栏注明折扣额,而仅在发票的"备注"栏注明折扣额的,折扣额不得从价款中减除。

### (六)混合销售规定

一项销售行为如果既涉及应税服务又涉及货物,为混合销售。从事货物的生产、批发或者零售的单位和个体工商户的混合销售行为,按照销售货物缴纳增值税;其他单位和个体工商户的混合销售行为,按照销售服务缴纳增值税。

所称从事货物的生产、批发或者零售的单位和个体工商户,包括以从事货物的生产、批发或者零售为主,并兼营销售建筑服务的单位和个体工商户在内。

### (七)兼营销售规定

纳税人兼营销售货物、劳务、服务、无形资产或者不动产,适用不同税率或者征收率的,应当分别核算适用不同税率或者征收率的销售额;未分别核算的,从高适用税率。

### (八)视同销售规定

1)单位或个人工商户的下列行为,按照视同销售征收增值税

(1)将货物交付其他单位或者个人代销。

(2)销售代销货物。

(3)设有两个以上机构并实行统一核算的纳税人,将货物从一个机构移送其他机构用于销售,但相关机构设在同一县(市)的除外。

用于销售,是指受货机构发生以下情形之一的经营行为:向购货方开具发票;向购货方收取货款。

受货机构的货物移送行为有上述两项情形之一的,应当向所在地税务机关缴纳增值税;未发生上述两项情形的,则应由总机构统一缴纳增值税。

如果受货机构只就部分货物向购买方开具发票或收取货款,则应当区别不同情况计算并分别向总机构所在地或分支机构所在地税务机关缴纳税款。

(4)将自产或委托加工的货物用于非增值税应税项目。

(5)将自产、委托加工的货物用于集体福利或个人消费。

(6)将自产、委托加工或购进的货物作为投资,提供给其他单位或个体工商户。

(7)将自产、委托加工或购进的货物分配给股东或投资者。

(8)将自产、委托加工或购进的货物无偿赠送给其他单位或者个人。

(9)营改增试点规定的视同销售服务、无形资产或者不动产。

2)"营改增"试点下列规定的视同销售服务、无形资产或者不动产

(1)单位或者个体工商户向其他单位或者个人无偿提供服务,但用于公益事业或者以

社会公众为对象的除外。

(2) 单位或者个人向其他单位或者个人无偿转让无形资产或者不动产,但用于公益事业或者以社会公众为对象的除外。

(3) 财政部和国家税务总局规定的其他情形。

3) 由于视同销售行为一般不以资金的形式反映出来,因而会出现发生视同销售行为而无销售额的情况。另外,有时纳税人发生应税行为的价格明显偏高或者偏低不具有合理商业目的的情形。在上述情况下,主管税务机关有权按照下列顺序核定其销售额

(1) 按照纳税人最近时期提供同类应税服务的平均价格确定。

(2) 按照其他纳税人最近时期提供同类应税服务的平均价格确定。

(3) 按照组成计税价格确定。组成计税价格的计算公式如下:

$$组成计税价格=成本\times(1+成本利润率)$$

成本利润率由国家税务总局确定。

**(九) "营改增"后契税、房产税、土地增值税、个人所得税计税依据**

"营改增"后,由于原营业税为价内税,增值税为价外税,因此部分税种的计税依据发生变化,根据《财政部 国家税务总局关于营改增后契税 房产税 土地增值税 个人所得税计税依据问题的通知》(财税〔2016〕43号)规定,契税、房产税、土地增值税、个人所得税计税依据为:

(1) 计征契税的成交价格不含增值税。

(2) 房产出租的,计征房产税的租金收入不含增值税。

(3) 土地增值税纳税人转让房地产取得的收入为不含增值税收入。《中华人民共和国土地增值税暂行条例》等规定的土地增值税扣除项目涉及的增值税进项税额,允许在销项税额中计算抵扣的,不计入扣除项目,不允许在销项税额中计算抵扣的,可以计入扣除项目。

(4) 个人转让房屋的个人所得税应税收入不含增值税,其取得房屋时所支付价款中包含的增值税计入财产原值,计算转让所得时可扣除的税费不包括本次转让缴纳的增值税。个人出租房屋的个人所得税应税收入不含增值税,计算房屋出租所得可扣除的税费不包括本次出租缴纳的增值税。个人转租房屋的,其向房屋出租方支付的租金及增值税额,在计算转租所得时予以扣除。

(5) 免征增值税的,确定计税依据时,成交价格、租金收入、转让房地产取得的收入不扣减增值税额。

## 六、销项税额

(1) 销项税额,是指纳税人发生应税行为按照销售额和增值税税率计算并收取的增值税额。销项税额计算公式如下:

$$销项税额=销售额\times税率$$

(2) 房地产开发企业采取预收款方式销售所开发的房地产项目,在收到预收款时按照3%的预征率预缴增值税。应预缴税款计算公式如下:

$$应预缴税款=预收款\div(1+适用税率或征收率)\times3\%$$

## 七、进项税额

进项税额是指纳税人购进货物、劳务、服务、不动产和无形资产,所支付或者负担的增值税额。

**(一)下列进项税额准予从销项税额中抵扣**

准予从销项税额中抵扣的进项税额,限于下列增值税扣税凭证上注明的增值税额和按规定的扣除率计算的进项税额。

增值税扣税凭证,是指增值税专用发票、海关进口增值税专用缴款书、农产品收购发票、农产品销售发票和完税凭证。

(1)从销售方取得的增值税专用发票(含税控机动车销售统一发票)上注明的增值税额。

(2)从海关取得的海关进口增值税专用缴款书上注明的增值税额。

(3)购进农产品,除取得增值税专用发票或者海关进口增值税专用缴款书外,按照农产品收购发票或者销售发票上注明的农产品买价和规定的扣除率计算的进项税额。计算公式如下:

$$进项税额 = 买价 \times 扣除率$$

(4)从境外单位或者个人购进服务、无形资产或者不动产,自税务机关或者扣缴义务人取得的解缴税款的完税凭证上注明的增值税额。

(5)道路、桥、闸通行费抵扣规定。自2018年1月1日起,纳税人支付的道路、桥、闸通行费,按照以下规定抵扣进项税额:

(a)纳税人支付的道路通行费,按照收费公路通行费增值税电子普通发票上注明的增值税额抵扣进项税额。

2018年1月1日至6月30日,纳税人支付的高速公路通行费,如暂未能取得收费公路通行费增值税电子普通发票,可凭取得的通行费发票(不含财政票据)上注明的收费金额,可抵扣的进项税额计算公式如下:

$$高速公路通行费可抵扣进项税额 = 高速公路通行费发票上注明的金额 \div (1+3\%) \times 3\%$$

2018年1月1日至12月31日,纳税人支付的一级、二级公路通行费,如暂未能取得收费公路通行费增值税电子普通发票,可凭取得的通行费发票上注明的收费金额,可抵扣的进项税额计算公式如下:

$$一级、二级公路通行费可抵扣进项税额 = 一级、二级公路通行费发票上注明的金额 \div (1+5\%) \times 5\%$$

(b)纳税人支付的桥、闸通行费,暂凭取得的通行费发票上注明的收费金额,可抵扣的进项税额计算公式如下:

$$桥、闸通行费可抵扣进项税额 = 桥、闸通行费发票上注明的金额 \div (1+5\%) \times 5\%$$

(c)上述所称通行费,是指有关单位依法或者依规设立并收取的过路、过桥和过闸费用。

(6)2019年4月1日起,纳税人购进国内旅客运输服务,其进项税额允许从销项税额中抵扣。纳税人未取得增值税专用发票的,暂按照以下规定确定进项税额:

(a)取得增值税电子普通发票的,为发票上注明的税额;

(b) 取得注明旅客身份信息的航空运输电子客票行程单的,进项税额计算公式如下:

$$航空旅客运输进项税额=(票价+燃油附加费)\div(1+9\%)\times 9\%$$

(c) 取得注明旅客身份信息的铁路车票的,进项税额计算公式如下:

$$铁路旅客运输进项税额=票面金额\div(1+9\%)\times 9\%$$

(d) 取得注明旅客身份信息的公路、水路等其他客票的,进项税额计算公式如下:

$$公路、水路等其他旅客运输进项税额=票面金额\div(1+3\%)\times 3\%$$

(e) 根据《国家税务总局关于国内旅客运输服务进项税抵扣等增值税征管问题的公告》(国家税务总局公告2019年第31号)规定:

《财政部 税务总局 海关总署关于深化增值税改革有关政策的公告》(财政部 税务总局 海关总署公告2019年第39号)第六条所称"国内旅客运输服务",限于与本单位签订了劳动合同的员工,以及本单位作为用工单位接受的劳务派遣员工发生的国内旅客运输服务。

纳税人购进国内旅客运输服务,以取得的增值税电子普通发票上注明的税额为进项税额的,增值税电子普通发票上注明的购买方"名称""纳税人识别号"等信息,应当与实际抵扣税款的纳税人一致,否则不予抵扣。

纳税人允许抵扣的国内旅客运输服务进项税额,是指纳税人2019年4月1日及以后实际发生,并取得合法有效增值税扣税凭证注明的或依据其计算的增值税税额。以增值税专用发票或增值税电子普通发票为增值税扣税凭证的,为2019年4月1日及以后开具的增值税专用发票或增值税电子普通发票。

(7) 取得不动产的进项税额允许按规定抵扣。抵扣方式如下:

(a) 2016年5月1日—2019年3月31日期间,允许分2年进行抵扣。适用一般计税方法的增值税一般纳税人,2016年5月1日后取得并在会计制度上按固定资产核算的不动产或者2016年5月1日后取得的不动产在建工程,其进项税额应自取得之日起分2年从销项税额中抵扣,第一年抵扣比例为60%,第二年抵扣比例为40%。

上述进项税额中,60%的部分于取得扣税凭证的当期从销项税额中抵扣;40%的部分为待抵扣进项税额,于取得扣税凭证的当月起第13个月从销项税额中抵扣。

上述取得不动产,包括以直接购买、接受捐赠、接受投资入股、自建以及抵债等各种形式取得不动产。纳税人新建、改建、扩建、修缮、装饰不动产,属于不动产在建工程。

房地产开发企业自行开发的房地产项目,融资租入的不动产,以及在施工现场修建的临时建筑物、构筑物,其进项税额不适用分2年抵扣的规定。

不动产分期抵扣进项税额的具体规定如下:

其一,一般纳税人2016年5月1日后购进货物和设计服务、建筑服务,用于新建不动产,或者用于改建、扩建、修缮、装饰不动产并增加不动产原值超过50%的,其进项税额按照规定分2年从销项税额中抵扣。

不动产原值是指取得不动产时的购置原价或作价。

上述分2年从销项税额中抵扣的购进货物,是指构成不动产实体的材料和设备,包括建筑装饰材料和给排水、采暖、卫生、通风、照明、通讯、煤气、消防、中央空调、电梯、电气、智能化楼宇设备及配套设施。

其二,一般纳税人按照规定从销项税额中抵扣进项税额,应取得2016年5月1日后开具的合法有效的增值税扣税凭证。

其三,一般纳税人购进时已全额抵扣进项税额的货物和服务,转用于不动产在建工程的,其已抵扣进项税额的40%部分,应于转用的当期从进项税额中扣减,计入待抵扣进项税额,并于转用的当月起第13个月从销项税额中抵扣。

其四,一般纳税人销售其取得的不动产或者不动产在建工程时,尚未抵扣完毕的待抵扣进项税额,允许于销售的当期从销项税额中抵扣。

其五,已抵扣进项税额的不动产,发生非正常损失,或者改变用途,专用于简易计税方法计税项目、免征增值税项目、集体福利或者个人消费的,不得抵扣的进项税额计算公式如下:

$$不得抵扣的进项税额=(已抵扣进项税额+待抵扣进项税额)×不动产净值率$$
$$不动产净值率=(不动产净值÷不动产原值)×100\%$$

不得抵扣的进项税额小于或等于该不动产已抵扣进项税额的,应于该不动产改变用途的当期,将不得抵扣的进项税额从进项税额中扣减。

不得抵扣的进项税额大于该不动产已抵扣进项税额的,应于该不动产改变用途的当期,将已抵扣进项税额从进项税额中扣减,并从该不动产待抵扣进项税额中扣减不得抵扣进项税额与已抵扣进项税额的差额。

其六,不动产在建工程发生非正常损失的,其所耗用的购进货物、设计服务和建筑服务已抵扣的进项税额应于当期全部转出;其待抵扣进项税额不得抵扣。

其七,一般纳税人按照规定不得抵扣进项税额的不动产,发生用途改变后用于允许抵扣进项税额项目的,可在改变用途的次月抵扣进项税额,计算公式如下:

$$可抵扣进项税额=增值税扣税凭证注明或计算的进项税额×不动产净值率$$

按照规定计算的可抵扣进项税额,60%的部分于改变用途的次月从销项税额中抵扣,40%的部分为待抵扣进项税额,于改变用途的次月起第13个月从销项税额中抵扣。

(b) 自2019年4月1日起,《营业税改征增值税试点有关事项的规定》(财税〔2016〕36号)第一条第(四)项第1点、第二条第(一)项第1点停止执行,纳税人取得不动产或者不动产在建工程的进项税额不再分2年抵扣,即可一次性抵扣。此前按照上述规定尚未抵扣完毕的待抵扣进项税额,可自2019年4月税款所属期起从销项税额中抵扣。

(8) 按照规定不得抵扣且未抵扣进项税额的固定资产、无形资产、不动产,发生用途改变后用于允许抵扣进项税额的应税项目,可在用途改变的次月抵扣进项税额,计算公式如下:

$$可以抵扣的进项税额=固定资产、无形资产、不动产净值÷(1+适用税率)×适用税率$$

上述可以抵扣的进项税额应取得合法有效的增值税扣税凭证。

(9) 自2018年1月1日起,纳税人租入固定资产、不动产,既用于一般计税方法计税项目,又用于简易计税方法计税项目、免征增值税项目、集体福利或者个人消费的,其进项税额准予从销项税额中全额抵扣。

### (二) 不得从销项税额中抵扣的进项税额

(1) 纳税人取得的增值税扣税凭证不符合法律、行政法规或者国家税务总局有关规定的,其进项税额不得从销项税额中抵扣。

(2) 有下列情形之一者,应当按照销售额和增值税税率计算应纳税额,不得抵扣进项税额,也不得使用增值税专用发票:

(a) 一般纳税人会计核算不健全,或者不能够提供准确税务资料的。

(b) 应当办理一般纳税人资格登记而未办理的。

(3) 下列项目的进项税额不得从销项税额中抵扣:

(a) 用于简易计税方法计税项目、免征增值税项目、集体福利或者个人消费的购进货物、加工修理修配劳务、服务、无形资产和不动产。其中涉及的固定资产、无形资产、不动产,仅指专用于上述项目的固定资产、无形资产(不包括其他权益性无形资产)、不动产。纳税人的交际应酬消费属于个人消费。

(b) 非正常损失的购进货物,以及相关的加工修理修配劳务和交通运输服务。

(c) 非正常损失的在产品、产成品所耗用的购进货物(不包括固定资产)、加工修理修配劳务和交通运输服务。

(d) 非正常损失的不动产,以及该不动产所耗用的购进货物、设计服务和建筑服务。

(e) 非正常损失的不动产在建工程所耗用的购进货物、设计服务和建筑服务。

纳税人新建、改建、扩建、修缮、装饰不动产,均属于不动产在建工程。非正常损失,是指因管理不善造成货物被盗、丢失、霉烂变质,以及因违反法律法规造成货物或者不动产被依法没收、销毁、拆除的情形。

(f) 购进的贷款服务、餐饮服务、居民日常服务和娱乐服务。2019 年 4 月 1 日前,购进的旅客运输服务也不得抵扣进项税额。

(g) 纳税人接受贷款服务向贷款方支付的与该笔贷款直接相关的投融资顾问费、手续费、咨询费等费用,其进项税额不得从销项税额中抵扣。

(h) 纳税人凭完税凭证抵扣进项税额的,应当具备书面合同、付款证明和境外单位的对账单或者发票。资料不全的,其进项税额不得从销项税额中抵扣。

上述非正常损失,是指因管理不善造成货物被盗、丢失、霉烂变质,以及因违反法律法规造成货物或者不动产被依法没收、销毁、拆除的情形。上述第(4)项第(5)项所称货物,是指构成不动产实体的材料和设备,包括建筑装饰材料和给水、采暖、卫生、通风、照明、通讯、煤气、消防、中央空调、电梯、电气、智能化楼宇系统设备及配套设施。

(4) 划分可抵扣和不可抵扣的进项税额。一般纳税人销售自行开发的房地产项目,兼有一般计税方法计税、简易计税方法计税、免征增值税的房地产项目而无法划分不得抵扣的进项税额的,应以《建筑工程施工许可证》注明的"建设规模"为依据进行划分。

$$\text{不得抵扣的进项税额} = \text{当期无法划分的全部进项税额} \times \left( \frac{\text{简易计税、免税房地产项目建设规模}}{\text{房地产项目总建设规模}} \right)$$

**【例 5-1】 房地产公司如何划分不得抵扣的进项税额**

利德房地产公司 2017 年 4 月建筑服务项目简易计税收入 1 030 万元,房地产简易计税项目预售收入 2 100 万元,房地产一般计税项目 3 330 万元,管理费用进项税额 100 万元,请问当期不得抵扣进项税额是多少?假设简易计税项目建设规模 20 000 平方米,一般计税项目建设规模 30 000 平方米。

分析:期间费用进项税额难以区分是否专属于某具体项目,企业多元化经营下收入也会有多种类型,按照销售额比率划分不得抵扣的进项税额对于房地产开发企业无法适用。在预售阶段,房地产开发企业只有预收款,无销售额,所以采用了与其他企业不一样的计算方法,即"建设规模"来划分。

分步确定不得抵扣的进项税额:

第一步:按照建筑服务简易计税销售额和房地产项目折算的预收款销售额之和确定销售额合计金额。

$1\,030÷(1+3\%)+2\,100÷(1+5\%)+3\,330÷(1+11\%)$
$=1\,000+2\,000+3\,000=6\,000$(万元)

第二步:确定建筑服务不得抵扣的进项税额。

$1\,000÷6\,000×100=16.67$(万元)

第三步:确定房地产项目进项税额合计。

$100-16.67=83.33$(万元)

第四步:按照建设规模计算房地产项目简易计税不得抵扣的进项税额。

$83.33÷(20\,000+30\,000)×20\,000=33.33$(万元)

第五步:当期进项税额转出额合计。

$16.67+33.33=50$(万元)

第六步:账务调整处理(单位:万元)。

借:管理费用　　　　　　　　　　　　　　　　　　　　　　　　50
　　贷:应交税费——应交增值税(进项税额转出)　　　　　　　　50

**【例5-2】** 恒信公司为房地产开发企业,增值税一般纳税人,2015年通过"招拍挂"方式取得土地一宗,该项目一次开发,立项手续完整,恒信公司取得的开工时间为2016年1月的《建筑工程施工许可证》注明的"建设规模"20 000平方米;取得的开工时间为2016年5月的《建筑工程施工许可证》42 000平方米,其中:公共配套设施等不可售面积为2 000平方米。实际上,在《建筑工程施工许可证》42 000平方米中所配套建设的公共配套设施是为全部项目配套服务的,支付公共配套设施工程款时取得增值税专用发票上注明的增值税额为500万元。那么这些进项税额能否全部抵扣?

分析:营改增后,房地产开发企业是选择简易计税方法还是一般计税方法计算缴纳增值税,取决于其开发的项目为新项目还是老项目。

恒信公司建设规模20 000平方米的部分应为老项目,可选择适用简易计税方法。建设规模42 000平方米的部分为新项目,只能选择一般计税方法。根据《营业税改征增值税试点实施办法》[财税(2016)36号文件附件1]第二十七条的规定,"下列项目的进项税额不得从销项税额中抵扣:(一)用于简易计税方法计税项目、免征增值税项目、集体福利或者个人消费的购进货物、加工修理修配劳务、服务、无形资产和不动产",恒信公司因老项目选择适用了增值税简易计税方法,那么兼用于简易计税方法的进项税额就不得全都抵扣,恒信公司在新项目中所开发的公共配套设施因实际是为全部项目配套服务的,当属于无法划分不得抵扣的进项税额。

$$\text{不得抵扣的进项税额} = \text{当期无法划分的全部进项税额} × \left(\text{简易计税、免税房地产项目建设规模} ÷ \text{房地产项目总建设规模}\right)$$

从上述公式看,当应税房地产项目中含有无法划分是否可以抵扣的进项税额时,是以简易计税、免税房地产项目建设规模与按一般计税方法房地产项目建设规模占比为依据进行划分的。因此,在计算"建设规模"时应当将不可销售的公共配套等面积剔除。

按照上述公式计算,不得抵扣的进项税额＝500×[20 000÷(20 000＋42 000－2 000)]＝166.67(万元),则允许抵扣的进项税额＝500－166.67＝333.33(万元)。

会计处理如下(单位:万元,下同):

1. 从销售方取得的增值税专用发票时

借:应交税费——应交增值税(进项税额)　　　　　　　　　　　　　500
　　贷:银行存款　　　　　　　　　　　　　　　　　　　　　　　　500

2. 月底计算不得抵扣的进项税额时

借:开发成本　　　　　　　　　　　　　　　　　　　　　　　　166.67
　　贷:应交税费——应交增值税(进项税额转出)　　　　　　　　　166.67

3. 按照上述公式依据年度数据对不得抵扣的进项税额进行清算时,假定2016年12月恒信公司又取得《建筑工程施工许可证》注明的面积为15 000平方米(再无可售的公共配套设施)。

按照《营业税改征增值税试点实施办法》第二十九条的规定,主管税务机关可以按照上述公式依据年度数据对不得抵扣的进项税额进行清算。则不得抵扣的进项税额
＝500×20 000÷[20 000＋(42 000－2 000)＋15 000]＝133.33万元,比原计算不得抵扣的进项税额少1 667－133.33＝33.34(万元)。会计处理为:

借:应交税费——应交增值税(进项税额)　　　　　　　　　　　　33.34
　　贷:开发成本　　　　　　　　　　　　　　　　　　　　　　　33.34

4. 一般纳税人不动产在建工程发生非正常损失的,其所耗用的购进货物、设计服务和建筑服务已抵扣的进项税额应于当期全部转出;其待抵扣进项税额不得抵扣。

## 八、预缴税款的规定

### (一)非房地产开发企业不动产转让增值税预缴税款的计算(不含其他个人)

**1. 一般纳税人转让其取得的不动产**

(1)一般纳税人转让其2016年4月30日前取得(不含自建)的不动产,可以选择适用简易计税方法计税,以取得的全部价款和价外费用扣除不动产购置原价或者取得不动产时的作价后的余额为销售额,按照5%的征收率计算应纳税额。纳税人应按照上述计税方法向不动产所在地主管税务机关预缴税款,向机构所在地主管税务机关申报纳税。

(2)一般纳税人转让其2016年4月30日前自建的不动产,可以选择适用简易计税方法计税,以取得的全部价款和价外费用为销售额,按照5%的征收率计算应纳税额。纳税人应按照上述计税方法向不动产所在地主管税务机关预缴税款,向机构所在地主管税务机关申报纳税。

(3)一般纳税人转让其2016年4月30日前取得(不含自建)的不动产,选择适用一般计税方法计税的,以取得的全部价款和价外费用为销售额计算应纳税额。纳税人应以取得的全部价款和价外费用扣除不动产购置原价或者取得不动产时的作价后的余额,按照5%的预征率向不动产所在地主管税务机关预缴税款,向机构所在地主管税务机关申

报纳税。

(4) 一般纳税人转让其 2016 年 4 月 30 日前自建的不动产,选择适用一般计税方法计税以取得的全部价款和价外费用为销售额计算应纳税额。纳税人应以取得的全部价款和价外费用,按照 5% 的预征率向不动产所在地主管税务机关预缴税款,向机构所在地主管税务机关申报纳税。

(5) 一般纳税人转让其 2016 年 5 月 1 日后取得(不含自建)的不动产,适用一般计税方法,以取得的全部价款和价外费用为销售额计算应纳税额。纳税人应以取得的全部价款和价外费用扣除不动产购置原价或者取得不动产时的作价后的余额,按照 5% 的预征率向不动产所在地主管税务机关预缴税款,向机构所在地主管税务机关申报纳税。

(6) 一般纳税人转让其 2016 年 5 月 1 日后自建的不动产,适用一般计税方法,以取得的全部价款和价外费用为销售额计算应纳税额。纳税人应以取得的全部价款和价外费用,按照 5% 的预征率向不动产所在地主管税务机关预缴税款,向机构所在地主管税务机关申报纳税。

**2. 小规模纳税人转让其取得的不动产**

(1) 小规模纳税人转让其取得(不含自建)的不动产,以取得的全部价款和价外费用扣除不动产购置原价或者取得不动产时的作价后的余额为销售额,按照 5% 的征收率计算应纳税额。

(2) 小规模纳税人转让其自建的不动产。

小规模纳税人转让其自建的不动产以取得的全部价款和价外费用为销售额,按照 5% 的征收率计算应纳税额。

除其他个人之外的小规模纳税人,应按照上述计税方法向不动产所在地主管税务机关预缴税款,向机构所在地主管税务机关申报纳税;其他个人按照上述计税方法向不动产所在地主管税务机关申报纳税。

**3. 个人转让其购买的住房**

(1) 个人转让其购买的住房,按照有关规定全额缴纳增值税的,以取得的全部价款和价外费用为销售额,按照 5% 的征收率计算应纳税额。

(2) 个人转让其购买的住房,按照有关规定差额缴纳增值税的,以取得的全部价款和价外费用扣除购买住房价款后的余额为销售额,按照 5% 的征收率计算应纳税额。

个体工商户应按照上述计税方法向住房所在地主管税务机关预缴税款,向机构所在地主管税务机关申报纳税;其他个人应按照上述计税方法向住房所在地主管税务机关申报纳税。

**4. 其他个人以外的纳税人转让其取得的不动产**

(1) 以转让不动产取得的全部价款和价外费用作为预缴税款计算依据的,计算公式如下:

$$应预缴税款 = 全部价款和价外费用 \div (1 + 5\%) \times 5\%$$

(2) 以转让不动产取得的全部价款和价外费用扣除不动产购置原价或者取得不动产时的作价后的余额作为预缴税款计算依据的,计算公式如下:

$$应预缴税款 = (全部价款和价外费用 - 不动产购置原价或者取得不动产时的作价) \div (1 + 5\%) \times 5\%$$

其他个人转让其取得的不动产,按照以上计算方法计算应纳税额并向不动产所在地主管税务机关申报纳税。

**(二) 房地产开发企业销售自行开发房地产项目增值税预缴税款的计算**

(1) 一般纳税人采取预收款方式销售自行开发的房地产项目,应在收到预收款时按照3%的预征率计算预缴增值税,计算公式如下:

$$应预缴税款 = 预收款 \div (1 + 适用税率或征收率) \times 3\%$$

适用一般计税方法计税的,按照适用税率计算;适用简易计税方法计税的,按照5%的征收率计算。

(2) 房地产开发企业中的小规模纳税人采取预收款方式销售自行开发的房地产项目,应在收到预收款时按照3%的预征率,预缴增值税计算公式如下:

$$应预缴税款 = 预收款 \div (1 + 5\%) \times 3\%$$

(3) 不动产经营租赁服务增值税预缴税款的计算

(a) 一般纳税人出租不动产适用一般计税方法计税的,应预缴税款计算公式如下:

$$应预缴税款 = 含税销售额 \div (1 + 适用税率) \times 3\%$$

当期销售额和适用税率计算当期应纳税额,抵减已预缴税款后,向主管税务机关申报纳税。未抵减完的预缴税款可以结转下期继续抵减。

(b) 一般纳税人出租不动产适用简易计税方法计税的,应预缴税款计算公式如下:

$$应预缴税 = 含税销售额 \div (1 + 5\%) \times 5\%$$

(c) 个体工商户出租住房,应预缴税款计算公式如下:

$$应预缴税款 = 含税销售额 \div (1 + 5\%) \times 1.5\%$$

(d) 其他个人出租不动产(不含住房),按照5%的征收率计算应纳税额;其他个人出租住房的,按照5%的税率减按1.5%计算应纳税额。

## 九、税收优惠

**(一) 免税政策**

(1) 2018年12月31日前,公共租赁住房经营管理单位出租公共租赁住房免征增值税。公共租赁住房,是指纳入省、自治区、直辖市、计划单列市人民政府及新疆生产建设兵团批准的公共租赁住房发展规划和年度计划,并按照《关于加快发展公共租赁住房的指导意见》(建保〔2010〕87号)和市、县人民政府制定的具体管理办法进行管理的公共租赁住房。

(2) 为了配合国家住房制度改革,企业、行政事业单位按房改成本价、标准价出售住房取得的收入免征增值税。

(3) 个人销售自建自用住房免征增值税。

(4) 涉及家庭财产分割的个人无偿转让不动产、土地使用权。个人无偿赠与不动产、土地使用权,属于下列情形之一的,暂免征收增值税:① 离婚财产分割;② 无偿赠与配偶、父母、子女、祖父母、外祖父母、孙子女、外孙子女、兄弟姐妹;③ 无偿赠与对其承担直接抚养或者赡养义务的抚养人或者赡养人;④ 房屋产权所有人死亡,依法取得房屋产权的法定继承人、遗嘱继承人或者受遗赠人。

(5) 军队空余房产租赁收入免征增值税。

**(二) 个人购买住房优惠政策**

个人将购买不足 2 年的住房对外销售的,按照 5%的征收率全额缴纳增值税;个人将购买 2 年以上(含 2 年)的住房对外销售的,免征增值税。上述政策适用于北京市、上海市、广州市和深圳市之外的地区。

个人将购买不足 2 年的住房对外销售的,按照 5%的征收率全额缴纳增值税;个人将购买 2 年以上(含 2 年)的非普通住房对外销售的,以销售收入减去购买住房价款后的差额按照 5%的征收率缴纳增值税;个人将购买 2 年以上(含 2 年)的普通住房对外销售的,免征增值税。上述政策适用于北京市、上海市、广州市和深圳市。

**(三) 小型微利企业增值税优惠政策**

自 2018 年 1 月 1 日至 2018 年 12 月 31 日,增值税小规模纳税人销售货物或者加工、修理修配劳务月销售额不超过 3 万元(按季纳税 9 万元),销售服务、无形资产月销售额不超过 3 万元(按季纳税 9 万元)的,可分别享受小微企业暂免征收增值税优惠政策。

2019 年 1 月 1 日至 2021 年 12 月 31 日,对月销售额 10 万元以下(按季纳税 30 万元以下)(含本数)的增值税小规模纳税人,免征增值税。

小型微利企业是指从事国家非限制和禁止行业,且同时符合年度应纳税所得额不超过 300 万元、从业人数不超过 300 人、资产总额不超过 5 000 万元等三个条件的企业。

小规模纳税人发生增值税应税销售行为,合计月销售额超过 10 万元,但扣除本期发生的销售不动产的销售额后未超过 10 万元的,其销售货物、劳务、服务、无形资产取得的销售额免征增值税。

适用增值税差额征税政策的,以差额后的余额为销售额,确定其是否可享受增值税小规模纳税人免税政策。

采取一次性收取租金(包括预收款)形式出租不动产取得的租金收入,可在对应的租赁期内平均分摊,分摊后的月租金收入不超过 10 万元的,可享受增值税小规模纳税人免税政策。

由省、自治区、直辖市人民政府根据本地区实际情况,以及宏观调控需要确定,对增值税小规模纳税人可以在 50%的税额幅度内减征资源税、城市维护建设税、房产税、城镇土地使用税、印花税(不含证券交易印花税)、耕地占用税和教育费附加、地方教育附加。

**(四) 加计抵减增值税政策**

(1) 自 2019 年 4 月 1 日至 2021 年 12 月 31 日,允许生产、生活性服务业纳税人按照当期可抵扣进项税额加计 10%,抵减应纳税额。

生产、生活性服务业纳税人,是指提供邮政服务、电信服务、现代服务、生活服务取得的销售额占全部销售额的比重超过 50%的纳税人。4 项服务的具体范围按照《销售服务、无形资产、不动产注释》(财税〔2016〕36 号印发)执行。

(2) 2019 年 10 月 1 日至 2021 年 12 月 31 日,允许生活性服务业纳税人按照当期可抵扣进项税额加计 15%,抵减应纳税额。

**(五) 增值税期末留抵税额退税政策**

自 2019 年 4 月 1 日起,试行增值税期末留抵税额退税制度。同时符合以下条件的纳税

人,可以向主管税务机关申请退还增量留抵税额:

(1) 自 2019 年 4 月税款所属期起,连续 6 个月(按季纳税的,连续两个季度)增量留抵税额均大于零,且第 6 个月增量留抵税额不低于 50 万元。

(2) 纳税信用等级为 A 级或者 B 级。

(3) 申请退税前 36 个月未发生骗取留抵退税、出口退税或虚开增值税专用发票情形的。

(4) 申请退税前 36 个月未因偷税被税务机关处罚两次及以上的。

(5) 自 2019 年 4 月 1 日起未享受即征即退、先征后返(退)政策的。

**(六) 统借统还利息支出**

统借统还业务中,企业集团或企业集团中的核心企业以及集团所属财务公司按不高于支付给金融机构的借款利率水平或者支付的债券票面利率水平,向企业集团或者集团内下属单位收取的利息免征增值税。

统借方向资金使用单位收取的利息,高于支付给金融机构借款利率水平或者支付的债券票面利率水平的,应全额缴纳增值税。

**(七) 扶贫公益性捐赠**

自 2019 年 1 月 1 日至 2022 年 12 月 31 日,对单位或者个体工商户将自产、委托加工或购买的货物通过公益性社会组织、县级及以上人民政府及其组成部门和直属机构,或直接无偿捐赠给目标脱贫地区的单位和个人,免征增值税。在政策执行期限内,目标脱贫地区实现脱贫的,可继续适用上述政策。

在 2015 年 1 月 1 日至 2018 年 12 月 31 日期间已发生的符合上述条件的扶贫货物捐赠,可追溯执行上述增值税政策。

## 十、纳税义务发生时间

(1) 纳税人销售、出租不动产,为发生应税行为并收讫销售款项或者取得索取销售款项凭据的当天;先开具发票的,为开具发票的当天。

收讫销售款项,是指纳税人销售、出租不动产过程中或者完成后收到款项。

取得索取销售款项凭据的当天,是指书面合同确定的付款日期;未签订书面合同或者书面合同未确定付款日期的,为不动产权属变更的当天。

(2) 纳税人提供租赁服务采取预收款方式的,其纳税义务发生时间为收到预收款的当天。

(3) 纳税人发生视同销售不动产行为,其纳税义务发生时间为不动产权属变更的当天。

(4) 增值税扣缴义务发生时间为纳税人增值税纳税义务发生的当天。

(5) 纳税人出租不动产,应在取得租金的次月纳税申报期或不动产所在地主管税务机关核定的纳税期限预缴税款。

(6) 房地产开发企业采取预收款方式销售所开发的房地产项目,不确认纳税义务,但在收到预收款时按照 3% 预征率预缴增值税。

(7) 按照现行规定应当预缴增值税税款的小规模纳税人,凡在预缴地实现的月销售额未超过 10 万元的,当期无需预缴税款。

## 十一、纳税地点

### （一）房地产开发企业纳税地点

一般纳税人和小规模纳税人销售自行开发的房地产项目无论适用一般计税方法还是简易计税方法，应在取得预收款的次月纳税申报期向机构所在地主管税务机关预缴税款。在规定的纳税义务发生时间，以当期销售额和适用税率计算当期应纳税额，抵减已预缴税款后，向机构所在地主管税务机关申报纳税。

### （二）非房地产开发企业纳税地点

非房地产开发企业一般纳税人和小规模纳税人（其他个人除外）转让不动产，向不动产所在地主管税务机关预缴税款，向机构所在地主管税务机关申报纳税。其他个人转让不动产，按照规定的计税方法向不动产所在地主管税务机关申报纳税。

### （三）出租不动产纳税地点

一般纳税人和小规模纳税人（其他个人除外）出租不动产，不动产所在地与机构所在地不在同一县（市、区）的，纳税人应按照规定计税方法向不动产所在地主管税务机关预缴税款，向机构所在地主管税务机关申报纳税。不动产所在地与机构所在地在同一县（市、区）的，纳税人向机构所在地主管税务机关申报纳税。其他个人出租不动产，按照规定征收率计算应纳税额，向不动产所在地主管税务机关申报纳税。

## 十二、房地产业相关发票规定

### （一）销售不动产发票

销售不动产，纳税人自行开具或者税务机关代开增值税发票时，应在发票"货物或应税劳务、服务名称"栏填写不动产名称及房屋产权证书号码（无房屋产权证书的可不填写），"单位"栏填写面积单位，备注栏注明不动产的详细地址。

### （二）房地产开发企业销售自行开发的房地产项目发票开具规定

1）房地产开发企业中的一般纳税人发票开具

房地产开发企业中的一般纳税人销售其自行开发的房地产项目（选择简易计税方法的房地产老项目除外），以取得的全部价款和价外费用，扣除受让土地时向政府部门支付的土地价款、在取得土地时向其他单位或个人支付的拆迁补偿费用后的余额为销售额；房地产开发企业中的一般纳税人销售自行开发的房地产老项目，可以选择适用简易计税方法，以取得的全部价款和价外费用为销售额，不得扣除对应的土地价款。发票开具规定：一般纳税人销售自行开发的房地产项目，自行开具增值税发票。一般纳税人销售自行开发的房地产项目，其 2016 年 4 月 30 日前收取并已向主管地税机关申报缴纳营业税的预收款，未开具营业税发票的，可以开具增值税普通发票，不得开具增值税专用发票，本条规定并无开具增值税普通发票的时间限制。开具发票时应选取代码 603"已申报缴纳营业税未开票补开票"，发票税率栏应填写"不征税"。同时，应将缴纳营业税的完税凭证留存备查。房地产开发企业补开的增值税普通发票，无需在增值税纳税申报表上填报。

一般纳税人向其他个人销售自行开发的房地产项目，不得开具增值税专用发票。

2）房地产开发企业中的小规模纳税人发票开具

房地产开发企业中的小规模纳税人，销售自行开发的房地产项目，按照 5% 的征收率计税。发票开具规定：小规模纳税人销售自行开发的房地产项目，自行开具增值税普通发票。购买方需要增值税专用发票的，小规模纳税人向主管税务机关申请代开。小规模纳税人销售自行开发的房地产项目，其2016年4月30日前收取并已向主管地税机关申报缴纳营业税的预收款，未开具营业税发票的，可以开具增值税普通发票，不得申请代开增值税专用发票，此项规定并无开具增值税普通发票的时间限制。小规模纳税人向其他个人销售自行开发的房地产项目，不得申请代开增值税专用发票。

3）不征收增值税项目发票开具

商品和服务税收分类与编码的"6 未发生销售行为的不征税项目"，用于纳税人收取款项但未发生销售货物、应税劳务、服务、无形资产或不动产的情形。"未发生销售行为的不征税项目"下设明细科目见表5-2。

表5-2 "未发生销售行为的不征税项目"下设明细科目表

| 编码 | 项目 |
|---|---|
| 600 | 未发生销售行为的不征税项目 |
| 601 | 预付卡销售和充值 |
| 602 | 销售自行开发的房地产项目预收款 |
| 603 | 已申报缴纳营业税未开票补开 |
| 604 | 代收印花税 |
| 605 | 代收车船使用税 |
| 606 | 融资性售后回租承租方出售资产 |
| 607 | 资产重组涉及的不动产 |
| 608 | 资产重组涉及的土地使用权 |
| 609 | 代理进口免税货物货款 |
| 610 | 有奖发票奖金支付 |
| 611 | 不征税自来水 |
| 612 | 建筑服务预收款 |

房地产开发企业收到预收款时，未达到纳税义务发生时间，按照销售额的3%预缴增值税，填报《增值税预缴税款表》。如购买方需开具发票的，应选取代码602"销售自行开发的房地产项目预收款"开具普通发票，发票税率栏应填写"不征税"，不得开具专用发票。该发票不能作为买受人办理产权证明的依据，但是从根本上解决了预收款环节增值税纳税义务时间与开票行为的矛盾。

4）红字增值税普通发票开具

房地产开发企业销售自行开发的房地产项目，已开具营业税发票的，2016年5月1日以后由于确权面积差、销售折扣等原因需要开具红字发票的，可以开具红字增值税普通发票。开具时应在备注栏内注明红字发票对应原开具的营业税发票的代码、号码及开具原因。同时应将原开具的营业税发票全部联次和缴纳营业税的完税凭证留存备查。

2016年5月1日之后,房地产开发企业发现原营业税发票开具错误,需要开具红字发票的,可在2017年12月31日之前开具红字增值税普通发票,同时开具蓝字增值税普通发票。

红字发票开具时应在备注栏内注明对应原开具的营业税发票的代码、号码及开具原因。蓝字发票开具时应在备注栏注明对应原开具的营业税发票的代码、号码,红字增值税发票的代码、号码及开具原因。同时应将原开具的营业税发票全部联次和缴纳营业税的完税凭证留存备查。

### (三) 不动产租赁业务发票

个人出租住房,应按照5%的征收率减按1.5%计算应纳税额。发票开具规定:纳税人自行开具或者税务机关代开增值税发票时,通过新系统中征收率减按1.5%征收开票功能,录入含税销售额,系统自动计算税额和不含税金额,发票不应与其他应税行为混开。

### (四) 物业管理服务发票

提供物业管理服务的纳税人,向服务接受方收取的自来水水费,以扣除其对外支付的自来水水费后的余额为销售额,按照简易计税办法依3%的征收率计算缴纳增值税。发票开具规定:纳税人可以按3%向服务接受方开具增值税专用发票或增值税普通发票。

### (五) 劳务派遣服务发票

(1) 一般纳税人提供劳务派遣服务,可以选择差额纳税,以取得的全部价款和价外费用,扣除代用工单位支付给劳务派遣员工的工资、福利和为其办理社会保险及住房公积金后的余额为销售额,按照简易计税方法依5%的征收率计算缴纳增值税。

(2) 小规模纳税人提供劳务派遣服务,可以选择差额纳税,以取得的全部价款和价外费用,扣除代用工单位支付给劳务派遣员工的工资、福利和为其办理社会保险及住房公积金后的余额为销售额,按照简易计税方法依5%的征收率计算缴纳增值税。发票开具规定:纳税人提供劳务派遣服务,选择差额纳税的,向用工单位收取用于支付给劳务派遣员工工资、福利和为其办理社会保险及住房公积金的费用,不得开具增值税专用发票,可以开具增值税普通发票。纳税人提供安全保护服务,比照劳务派遣服务政策执行。

### (六) 人力资源外包服务发票

纳税人提供人力资源外包服务,按照经纪代理服务缴纳增值税,其销售额不包括受客户单位委托代为向客户单位员工发放的工资和代理缴纳的社会保险、住房公积金。

发票开具规定:纳税人提供人力资源外包服务,向委托方收取并代为发放的工资和代理缴纳的社会保险、住房公积金,不得开具增值税专用发票,可以开具增值税普通发票。

## 十三、特殊业务类型

### (一) 合作建房

从法律角度解释,房地产合作开发是指具有房地产开发资质的一方与提供建设用地使用权或提供资金、技术、劳务等的一方或多方在共担风险、共享收益的条件下合作开发房地产项目。《最高人民法院关于审理涉及国有土地使用权合同纠纷案件适用法律问题的解释》(法释〔2005〕5号)规定:"合作开发房地产合同,是指当事人订立的以提供出让土地使用权、

资金等作为共同投资、共享利润、共担风险合作开发房地产为基本内容的协议。"据此,合作开发要符合以下三个条件:

(1) 以合作双方的名义办理合建审批手续;
(2) 办理土地使用权变更登记;
(3) 其中一方具有房地产开发经营资质。

目前,房地产合作开发的模式很多,比较常见的主要有三种,即:联建模式、项目公司联营开发模式和房屋参建模式,其运作方式和税收处理均有一定的区别。

**1. 联建模式**

联建是指拥有土地使用权的当事人提供土地使用权,具有房地产开发资质的房地产开发企业提供资金和技术,以双方名义共同开发,然后按双方约定比例进行房屋分配并对自己名下的房屋进行使用或销售的行为。

联建是"以双方名义共同开发",因此,联建体需要履行相应的法律程序,获取相应的项目各类批文。其联建的一方(供地方)必须以土地使用权作为必要的出资方式。由于联建体是为特定的联建事项建立的,因此建房目的实现后,联建关系消亡,各方转而成为该房产的共有人,各自获得的收益是根据分配协议获取的房产,成为相应房产的产权人。

**2. 项目公司联营开发模式**

项目公司联营开发是指提供资金、技术、劳务的一方与提供土地的另一方通过签订联营开发合同,组成房地产开发经营的实体,共享利润、共担风险的经济联合行为。参与联营的主体应当按照法律程序办理所有事项,包括公司的成立、土地使用权过户等。

联营体是独立的企业或项目公司,联营各方出资不以土地使用权作为必要的出资方式,获得的收益是开发的房产销售后取得的货币资金(利润)。

**3. 房屋参建模式**

房屋参建是指参建人对已经成立的房地产项目参与投资或预购房屋的行为。该行为没有法律上的行为认可,实际上是一种融资行为。

**(二) 合作建房的增值税处理**

**1. 不成立合营企业的增值税处理**

合作建房的第一种形式是纯粹的"以物易物",即双方以各自拥有的土地使用权和房屋所有权相互交换,概括为项目合作双方不成立合营企业的契约式合作建房。具体分为以下两种交换方式:

1) 土地使用权和房屋所有权相互交换

土地使用权和房屋所有权相互交换,双方都取得了拥有部分房屋的所有权。在这一合作过程中,甲方以转让部分土地使用权为代价,换取部分房屋的所有权,发生了转让土地使用权的行为;乙方则以转让部分房屋的所有权为代价,换取部分土地的使用权,发生了销售不动产的行为。因而合作建房的双方都发生了增值税的应税行为。

营改增后,对甲方应按"销售无形资产"税目中的"土地使用权"子目征收增值税;对乙方应按"销售不动产"税目中的"建筑物"子目征收增值税。由于双方没有进行货币结算,因此,应当按照增值税相关规定分别核定双方各自的营业额。如果合作建房的双方(或任何一方)将分得的房屋销售出去,则又发生了销售不动产行为,应对其销售收入再按"销售不动产"税目征收增值税。

上述增值税的计税销售额,根据《营业税改征增值税试点实施办法》(财税〔2016〕36号文件附件1)第四十四条的规定,按照以下顺序确定:① 按照纳税人最近时期销售同类服务、无形资产或者不动产的平均价格确定。② 按照其他纳税人最近时期销售同类服务、无形资产或者不动产的平均价格确定。③ 按照组成计税价格确定。组成计税价格的计算公式为:

$$组成计税价格 = 成本 \times (1 + 成本利润率)$$

成本利润率由国家税务总局确定。

2) 以出租土地使用权为代价换取房屋所有权

例如,甲方将土地使用权出租给乙方若干年,乙方投资在该土地上建造建筑物并使用,租赁期满后,乙方将土地使用权连同所建的建筑物归还甲方。在这一经营过程中,乙方是以建筑物为代价换得若干年的土地使用权,甲方是以出租土地使用权为代价换取建筑物。甲方发生了出租土地使用权的行为,对其按"不动产经营租赁服务"税目征增值税;乙方发生了销售不动产的行为,对其按"销售不动产"税目征增值税。

**2. 成立合营企业的增值税处理**

合作建房的第二种方式是甲方以土地使用权、乙方以货币资金合股成立合营企业,共同建房。对此种形式的合作建房,需要视具体情况确定如何征税。

1) 采取风险共担、利润共享的分配方式的情形

房屋建成后,如果双方采取风险共担、利润共享的分配方式,相关税收处理如下:

营改增后,对甲方向合营企业提供的土地使用权,视为有偿转让无形资产,按照"销售无形资产—土地使用权"税目征收增值税,其销售额应按照土地使用权入股计价的金额确定,计价金额低于公允价值的,按照公允价值确定;对合营企业销售房屋取得的收入按"销售不动产"税目征收增值税;对双方分得的利润不征收增值税。

2) 采取固定比例提成或提取固定利润的分配方式的情形

房屋建成后,甲方如果采取按销售收入的一定比例提成的方式参与分配,或提取固定利润,则相关税收处理如下:

营改增后,对甲方向合营企业提供的土地使用权,视为有偿转让无形资产,按"销售无形资产——土地使用权"税目征收增值税,其计税销售额应按照土地使用权入股计价的金额确定;计价金额低于公允价值的,按照公允价值确定;对合营企业销售房屋取得的收入按"销售不动产——建筑物"税目征收增值税;对双方分得的利润不征收增值税。

3) 采取双方按一定比例分配房屋的分配方式的情形

如果房屋建成后双方按一定比例分配房屋,则相关税收处理如下:

营改增后,对甲方向合营企业提供的土地使用权,视为有偿转让无形资产,按照"销售无形资产—土地使用权"税目征收增值税,其销售额应按照土地使用权入股计价的金额确定,计价金额低于公允价值的,按照公允价值确定。合营企业在房屋建成后对甲乙双方按一定比例分配房屋的行为,属于增值税上的"销售不动产——建筑物",销售额为按增值税计税销售额的核定政策规定核定的金额。房屋在分配给甲乙双方后,如果甲乙双方各自再销售,则再按"销售不动产"税目征收增值税。期间可以按规定计算进项税额。

### (三) 委托代建的税务处理

委托代建是一种定制开发模式，即根据委托方（业主方）需求，承建方（房地产开发企业）为其项目的土地获取、产品设计、项目开发和工程施工等全过程提供管理服务，最终将委托方所需产品提供交付委托方的全过程。

房地产开发企业同时符合下列条件的委托代建管理费，按"现代服务—商务辅助服务—经纪代理"征税，税率6%：① 以委托方的名义办理立项及相关手续；② 受托方与委托方不发生土地使用权、产权的转移，即委托建房单位具有土地使用证；③ 与委托方签订委托代建合同，并在协议中列明所收取的"代建费或者代理服务费"；④ 受托方不垫付资金，不以受托方名义办理建安工程结算；⑤ 施工单位将建筑业发票全额开具给委托方，受托方将发票转交给委托方。

### (四) 售后返租的税务处理

所谓售后返租，就是房地产开发企业在销售商品房时，约定以购房合同的折让优惠后的价款为成交价，同时与购房者签订该房的租赁合同，要求购房者在一定期限内必须将购买的房屋无偿或低价、按期给予固定收益方式交给房地产开发企业，由房地产开发企业统一经营，经营收益归房地产开发企业。

房地产开发企业采用折让优惠等形式将商品房销售给购房者，在签订购房合同的同时，房地产开发企业（或房地产开发企业的关联企业）与购房者另行签订商品房委托管理合同，约定购房合同以折让后优惠价款为成交价，购房者自愿放弃一定时期的托管收益权和其他费用。房地产开发企业商品房折让优惠额（或商品房售价低于同类商品房价格部分）应并入商品房销售价款，一并按销售自行开发的房地产征收增值税，购房者因放弃一定时期的托管收益权和其他费用而享受的折让优惠额属取得经济利益，应按"不动产经营租赁"税目征收增值税。

### (五) 回迁安置的税务处理

回迁安置房是指按照城市危旧房改造的政策，拆迁人或开发商将危改区内的私房或承租的公房拆除，然后按照回迁安置的政策标准以及事先签订的拆迁协议，被拆迁人回迁，取得改造后新建的房屋（国家税务总局公告2014年第2号）。

根据《营业税改征增值税试点实施办法》（财税〔2016〕36号）第十四条第（二）项规定，"单位和或者个人向其他单位和个人无偿转让不动产的，视同销售不动产，但用于公益事业或者以公众为对象的除外"。作为被拆迁方获得的实物还建补偿，应当视同销售，依法缴纳增值税。

(1) 在总局未明确之前，房地产开发企业在开发房地产项目的过程中，向被拆迁个人无偿转让回迁安置房所有权的行为，应当按照本项目房产平均销售价格计算缴纳增值税。其中，对于适用一般计税方法的项目，房地产开发企业向被拆迁个人无偿转让的回迁安置房的建设成本属于"征地和拆迁补偿费用"，允许从全部价款和价外费用中差额扣除。

(2) 由政府统一向房地产开发企业回购商品房对被拆个人进行安置的，以政府和房地产开发企业在合同中约定的回购价计算缴纳增值税。

### (六) BT项目

**1. BT项目运作模式**

BT，是"Build-Transfer"的首字母缩写，即"建设—移交"。BT模式是政府利用非政府资金来进行非营利性基础设施建设的一种融资模式。运作主体及模式为：合同授予方是政府（包括政府有关部门或政府授权的企业），BT项目公司负责该项目的投融资和建设施工，项目完工后移交给政府，政府根据回购协议在规定的期限内支付回购资金（含占用资金的投资回报）。

通俗地说，BT就是政府对于需要建设而暂时没有充足资金投资的项目进行招投标寻找一家资质达标、资金实力雄厚的公司来垫资打包完成此项目的所有设计、建设，并按照协议在建成后由政府回购。而被委托的公司（承包方）通常只是一个项目管理公司，需要由其他公司来完成项目设计、工程建设施工等。

**2. BT项目增值税处理**

（1）以投资人的名义立项建设，工程完工后转让给业主的，在项目的不同阶段，分别按照以下方法计税：

在建设阶段，投资人建设期间发生的支出为取得该项目（一般为不动产）所有权的成本，所取得的进项税额可以抵扣。投资人将建筑工程承包给其他施工企业的，该施工企业为建筑业增值税纳税人，按"建筑业"税目缴纳增值税，其销售额为工程承包总额。

在转让阶段，就所取得收入按照"销售不动产"征收增值税，其销售额为取得的全部回购价款（包括工程建设费用、融资费用、管理费用和合理回报等收入）。

（2）以项目业主的名义立项建设，工程完工后交付业主的，在项目的不同阶段，分别按以下方法计税：

在建设阶段，投资人建设期间发生的支出工程建设成本，所取得的进项税额可以按规定抵扣。投资人将建筑工程承包给其他施工企业的，该施工企业为建筑业增值税纳税人，按"建筑业"税目缴纳增值税，其销售额为工程承包总额。

在交付阶段，就所取得收入按照"提供建筑服务"税目缴纳增值税，其销售额为取得的全部回购价款。

按BT方式建设的项目，建设方（或投资方）纳税义务发生时间为按BT合同确定的分次付款时间。合同未明确付款日期的，其纳税义务发生时间为建设方（或投资方）收讫款项或者取得索取款项凭据以及应税行为完成的当天。

**（七）BOT项目**

**1. BOT项目运作模式**

BOT，是"Build-Operate-Transfer"的首字母缩写，即"建设—经营—移交"。BOT模式是政府就某个基础设施项目与非政府部门的投资者签订特许权协议，授予投资者承担该项目的融资、建设、经营和维护的权利。在协议规定的特许期内，投资者通过向基础设施的使用者收取费用、回收项目投资、经营和维护成本，并获取合理回报；同时，政府部门拥有对这一基础设施项目的监督权，特许经营期届满后，投资者将该基础设施项目无偿地移交给政府部门。

由于房地产开发企业所从事的房地产开发属于重要的城市建设，因此，当地政府在安排BOT项目时，往往优先考虑房地产开发企业，由房地产开发企业统一按照城市规划实施开发建设。房地产开发企业承接该项目之后，通常会设立非独立核算的项目管理部，如果项目比较大，也可以设立独立的有法人资格的BOT项目公司。

**2. BOT项目增值税处理**

（1）以投资人的名义立项建设，工程完工后经营一段时间，再转让给业主的，在项目的

各个阶段,按以下方法计税:

在建设阶段,投资人建设期间发生的支出为取得该项目(一般为不动产)所有权的成本,所取得的进项税额可以抵扣。投资人将建筑工程承包给其他施工企业的,该施工企业为建筑业增值税纳税人,按"建筑业"税目缴纳增值税,其销售额为工程承包总额。

在经营阶段,投资人对所取得的收入按照其销售的货物、服务适用的税率计税。

在转让阶段,就所取得收入按照"销售不动产"税目缴纳增值税,其销售额为实际取得的全部回购价款(包括工程建设费用、融资费用、管理费用和合理回报等收入)。

(2)以项目业主的名义立项建设,工程完工后经营一段时间,再交付业主的,在项目的各个阶段,按以下方法计税:

在建设阶段,投资人建设期间发生的支出为取得该项目(一般为不动产)经营权的成本,通过"其他权益性无形资产——基础设施资产经营权"科目核算,所取得的进项税额可以抵扣。投资人将建筑工程承包给其他施工企业的,该施工企业为建筑业增值税纳税人,按"建筑业"税目缴纳增值税,其销售额为工程承包总额。

在经营阶段,投资人对所取得的收入按照其销售的货物、服务适用的税率计税。

在交付阶段,就所取得收入按照"销售无形资产"税目缴纳增值税,其销售额为实际取得的全部回购价款。

## 十四、房地产开发企业增值税的会计核算

### (一)房地产开发企业增值税会计核算科目

房地产开发企业增值税应在"应交税费"科目下核算,科目设置明细如表5-3所示。

表5-3 应交税费科目明细表

| 一级科目 | 二级科目 | 三级科目 |
| --- | --- | --- |
| 应交税费 | 应交增值税 | 进项税额 |
| | | 已交税金 |
| | | 减免税款 |
| | | 土地价款抵减销项税额 |
| | | 转出未交增值税 |
| | | 销项税额 |
| | | 进项税额转出 |
| | | 转出多交增值税 |
| | 未交增值税 | |
| | 待抵扣进项税额 | |
| | 预交增值税 | |

各明细科目核算内容如表5-4所示。

表 5-4　应交税费明细科目内容表

应交增值税

| 项目 | 借方 | 贷方 |
| --- | --- | --- |
| 发生额 | 1. "进项税额",记录企业购入货物或接受应税劳务而支付的、准予从销项税额中抵扣的增值税额。企业购入货物或接受应税劳务支付的进项税额,用蓝字登记;退回所购货物应冲销的进项税额,用红字登记 | 1. "销项税额",记录企业销售货物或提供应税劳务应收取的增值税额。企业销售货物或提供应税劳务应收取的销项税额,用蓝字登记;退回销售货物应冲销的销项税额,用红字登记 |
| | 2. "已交税金",记录企业已缴纳的增值税额。企业已缴纳的增值税额用蓝字登记;退回多缴的增值税额用红字登记 | 2. "进项税额转出",记录企业的购进货物、在产品、产成品等发生非正常损失以及其他原因而不应从销项税额中抵扣,按规定转出的进项税额 |
| | 3. "土地价款抵减销项税额",核算和统计土地价款的当期和累计抵减情况 | 3. "转出多交增值税",核算企业月终转出本月多交、用于抵减下月应交纳的增值税 |
| | 4. "减免税款",核算直接减免的增值税 | |
| | 5. "转出未交增值税",核算企业月终转出未交的增值税 | |
| 余额 | 企业尚未抵扣的增值税 | 贷方无余额 |

未交增值税

| 项目 | 借方 | 贷方 |
| --- | --- | --- |
| 发生额 | 企业月终转入的多交的增值税 | 反映企业月终转入的当月发生的应交未交增值税 |
| 余额 | 多交的增值税 | 未交的增值税 |

待抵扣进项税额

| 项目 | 借方 | 贷方 |
| --- | --- | --- |
| 发生额 | 记录企业购进房地产进项税额中40%部分待第二年抵扣的进项税额 | 转入"应交税费——应交增值税(进项税额)"金额 |
| 余额 | 待抵扣的进项税 | 无余额 |

预交增值税

| 项目 | 借方 | 贷方 |
| --- | --- | --- |
| 发生额 | 按照征收率预缴增值税 | 转入"应交税费——未交增值税" |
| 余额 | 预缴增值税 | 无余额 |

(二) 房地产开发企业销售收入涉税会计核算

**1. 诚意金、认筹金、订金**

诚意金、认筹金、订金是在签订商品房认购协议书之前收取的款项,最终会退还给客户或转作购房款。

按照商品房预售的相关规定,商品房认购协议书要在房地产开发企业取得政府行政主管部门核发的商品房预售许可证之后才能够与客户签订。也就是说,房地产开发企业收取的诚意金、认筹金、订金是在企业预售之前收取的款项。这部分款项因为没有预售证的支撑,其约束性很低,购房者可随时收回此款项。

房地产开发企业在收取诚意金、认筹金、订金之前,必须以协议或其他方式明确退还时不计利息。收取诚意金、认筹金、订金时一般只开具收款收据,不开具商品房预售款发票和商品房销售结算发票。

退回诚意金、认筹金、订金时,房地产开发企业在退款业务操作过程中要审核是否符合协议约定,确认客户手中的会员卡、协议书、收款收据等是否已经全部收回。

由于诚意金、认筹金、订金具有非约束性,因此会计核算上不作为预收款项处理,而作为企业的应付款处理。

诚意金、认筹金、订金通过"其他应付款"科目核算,房地产开发企业可根据实际情况设置明细科目进行辅助核算,以满足管理的需要。该科目贷方核算收到的上述款项,借方核算退还的款项或转入"预收账款"等科目的款项

【例5-3】 利德房地产公司开发的项目,预计在2017年9月能够取得商品房预售可证,并计划于取得该证后马上开盘销售。利德公司为了做好销售开盘前的准备,2017年8月15日开始收取有购买意向客户的诚意金,诚意金为每套商品房2万元,当日共收取诚意金200万元。利德公司根据有关原始凭证,作账务处理如下:

借:银行存款　　　　　　　　　　　　　　　　　　　　　2 000 000
　　贷:其他应付款——诚意金　　　　　　　　　　　　　　　　2 000 000

利德公司于9月10日正式开盘销售,当日退还诚意金40万元,有部分诚意金客户签订了商品房认购协议,这部分客户原交付的160万元诚意金转为商品房销售定金。利德公司根据有关原始凭证,作账务处理如下:

借:其他应付款——诚意金　　　　　　　　　　　　　　　　2 000 000
　　贷:预收账款——销售款　　　　　　　　　　　　　　　　1 600 000
　　　　银行存款　　　　　　　　　　　　　　　　　　　　　400 000

根据预收定金缴纳增值税,若采取一般计税方法,则预缴增值税额=1 600 000÷(1+11%)×3%=43 243.24(元)。

借:应交税费——预交增值税　　　　　　　　　　　　　　　43 243.24
　　贷:银行存款　　　　　　　　　　　　　　　　　　　　　43 243.24

房地产开发企业在开发、销售商品房过程中,以各种名目收取的订金、定金、看房费等费用以及销售购房卡、选房卡、VIP卡等取得的款项,实际操作中税务机关一般认定为均属于预收性质的款项,增值税纳税义务发生时间与预收房款相同,为收到款项的当天,并要求预交土地增值税和企业所得税。

**2. 定金**

定金是指在签订商品房销售(预售)合同之前收取的款项,在销售合同签订后转作购房款。如果客户在协议规定的期限内不签订购房合同,房地产开发企业一般不再退还客户已

经交付的定金。

房地产开发企业在收取定金之前,必须和客户签订商品房认购协议书,在协议中要明确约定超过一定期限后定金不予退还的条款。

收取定金时,视同收取购房款,开具票据(商品房预售款发票),但票据上要明确注明"收取定金"字样。

房地产开发企业收取的定金,是在企业已取得预售房许可证并已与客户签订商品房认购协议基础上收取的款项,实质上属于销售价款的一部分。因此,定金应视同收取的购房款,通过"预收账款"科目核算。

房地产开发企业收取销售定金时,借记"银行存款"科目,贷记"预收账款——销售定金"科目。房地产开发企业与客户正式签订商品房预售合同时,按转出销售定金的金额,借记"预收账款——销售定金"科目,贷记"预收账款——销售款"科目。如果客户违反认购协议的规定,未能最终签订商品房预售合同,按不再退还的定金的金额,借记"预收账款——销售定金"科目,贷记"营业外收入"科目。

**【例 5-4】** 利德房地产公司于 9 月 20 日共收取销售定金 55.5 万元,按照双方认购协议的规定,与客户正式签订了商品房预售合同。利德公司根据有关原始凭证,作账务处理如下:

收取销售定金时。

借:银行存款　　　　　　　　　　　　　　　　　　　　　555 000
　　贷:预收账款——销售款　　　　　　　　　　　　　　　　555 000

预缴增值税。

预缴增值税额 = 555 000 ÷ (1 + 11%) × 3% = 15 000(元)

借:应交税费——预交增值税　　　　　　　　　　　　　　　15 000
　　贷:银行存款——销售款　　　　　　　　　　　　　　　　15 000

若该房地产项目属于老项目,则预缴增值税额 = 555 000 ÷ (1 + 5%) × 5% = 26 428.57(元)

### 3. 按揭保证金

一般情况下,为便于按揭保证金的划转,银行会要求房地产开发企业同时开立一个一般结算户和一个按揭保证金户。按揭保证金户是不能随便动用的资金,企业在报建时,发改委(发改局)和建设委员会(建委)都会要银行开具相应的资金证明,按揭保证金账户的资金额是不能计算在内的。

**【例 5-5】** 利德房地产公司采用银行按揭方式销售现房一套,房屋价款 180 万元,承购人缴纳首付款 70 万元,按揭贷款 110 万元。2018 年 2 月,该套商品房款到账,贷款行从按揭贷款额中直接收取 10% 的按揭保证金。放款次月起,承购人开始还贷款。2018 年 12 月 5 日还款日,承购人未及时还款,贷款银行从公司按揭保证金户扣款 6 500 元;12 月底,承购人补缴了还款额。2019 年 5 月该套商品房房产证书办理完毕,按揭贷款保证金解冻转入对应的一般结算账户。

(1) 承购人支付首付款,应依据销售不动产发票记账联、收款收据记账联、现金缴款单

或银行收账通知等收款证明,作如下账务处理:

销售现房时,应缴纳增值税额按照全部价款确认,即应缴纳增值税额=180÷(1+11%)×11%=178 378.38(元)。

  借:应交税费——应交增值税(销项税额)       178 378.38
    贷:银行存款                  178 378.38
  借:银行存款                   700 000
    贷:主营业务收入               700 000

(2) 商品房按揭贷款到账,应依据银行收账通知等收款证明作如下账务处理:

  借:银行存款                   990 000
    其他货币资金——按揭保证金户         110 000
    贷:主营业务收入              1 100 000
  借:主营业务收入                178 378.38
    贷:应交税费——应交增值税(销项税额)     178 378.38

(3) 承购人违约,贷款银行从按揭保证金户扣款,贷款银行扣款证明作如下账务处理:

  借:其他应收款——××              6 500
    贷:其他货币资金——按揭保证金户        6 500

(4) 承购人补缴还款额,依据银行收账通知等收款证明作如下账务处理:

  借:其他货币资金——按揭保证金户        6 500
    贷:其他应收款——××            6 500

(5) 按揭保证金解冻,依据银行转款单据作如下账务处理:

  借:银行存款                   110 000
    贷:其他货币资金——按揭保证金户       110 000

### 4. 预售房款

1) 预售房款

预售房款是指房地产开发企业在所售房屋未竣工前收取的商品房销售款,属于预收性质的款项。相应地,销售房款是指房地产开发企业在所售房屋已经竣工后收取的商品房销售款。这里所说的预售房款和销售房款均包括银行发放的按揭贷款。

对所售房屋未竣工前收取的预售房款,房地产开发企业应开具商品房预售款发票。对在竣工后收取的销售房款,房地产开发企业应开具商品房销售结算发票。

房地产开发企业在对预售房款进行管理时,应注意做到以下两点:① 收取房款前,必须签订商品房销售(预售)合同,不能收取无合同房款;② 设立"销售台账",在签订合同和收取房款等环节详细登记相关房源信息、客户信息和交款过程信息。

2) 预售房款的会计处理

虽然预售房款和销售房款收取的时间不同,但所有房屋销售款项,包括预售房款和销售房款,都必须先通过"预收账款"科目进行核算,以保证销售过程收入记录的完整性。

"预收账款"科目核算按销售合同约定应收取的预售房款,销售过程中收取的其他款项,不管属于什么性质以及税务上如何处理,都不通过此科目核算,该科目按照项目、分期、业态、楼栋、房号的不同等设置明细科目。

"预收账款"科目贷方核算实际收到的售房款、工程款抵房款转入的房款、因换房从其他房源转入的房款等，其中也包括银行发放的按揭贷款；借方核算结转的销售收入。销售退款、更名和换房等统一在贷方核算。

房地产开发企业在进行账务处理时，要注意相关资料的完整性，包括银行进账单、POS机小票、发票记账联、各种与交款方式相关的证明文件、销售换房审批表、销售退房审批表、销售更名审批表等。

【例5-6】 利德房地产公司2018年9月30日从销售定金转入预售款88万元，另外收取房屋预售款800万元。该项目于10月竣工，利德房地产公司当月结转收入888万元。利德公司根据有关原始凭证，作账务处理如下：

（1）销售定金转入时。

借：预收账款——销售定金　　　　　　　　　　　　　　　　　　　880 000
　　贷：预收账款——销售房款　　　　　　　　　　　　　　　　　　880 000

（2）收取预售款时。

借：银行存款　　　　　　　　　　　　　　　　　　　　　　　　8 000 000
　　贷：预收账款——销售房款　　　　　　　　　　　　　　　　8 000 000

预缴增值税额＝(880 000＋8 000 000)÷(1＋10%)×3%＝242 181.82(元)

借：应交税费——预交增值税　　　　　　　　　　　　　　　　　　242 181.82
　　贷：银行存款　　　　　　　　　　　　　　　　　　　　　　　242 181.82

（3）竣工交付时。

应计提增值税销项税额＝8 880 000÷(1＋10%)×10%＝807 272.73(元)

借：预收账款　　　　　　　　　　　　　　　　　　　　　　　8 880 000.00
　　贷：主营业务收入　　　　　　　　　　　　　　　　　　　8 072 727.27
　　　　应交税费——应交增值税(销项税额)　　　　　　　　　807 272.73

**5. 装修房**

房地产开发企业销售自己开发的房地产项目，如为精装修房，家电、家具等随同房屋一起销售，该如何纳税呢？

根据《营业税改征增值税试点有关事项的规定》(财税〔2016〕36号)文件附件2的规定，属于兼营业务。即纳税人销售货物、加工修理修配劳务、服务、无形资产或者不动产适用不同税率或者征收率的，应当分别核算适用不同税率或者征收率的销售额，未分别核算销售额的，从高适用税率或征收率。

营改增后，国家税务总局未进一步明确房地产开发企业销售精装修房，附带的家电、家具等应如何缴纳增值税。因此，在当地税务机关没有发布相关规定的情况下，房屋和附带的家电、家具销售，应该按照各自的适用税率分别计算缴纳增值税。

但是也有部分省市发布了具体的税务处理意见，这些处理意见的总体原则是对精装修房附带的家电、家具不单独视同货物销售。如河北省、海南省、内蒙古自治区、厦门市规定，房地产开发企业销售精装修房，在《商品房买卖合同》中注明的装修费用(含装饰、设备等费用),已经包含在房价中,因此不属于税法中所称的无偿赠送,无须视同销售。即按房屋销售价格,适用9%的增值税税率,统一计算缴纳增值税,无须单独计税。

湖北省规定,房地产开发企业销售不动产,将不动产与货物一并销售,且货物包含在不动产价格以内的,不单独对货物按照适用税率征收增值税。

深圳市规定,房地产开发企业销售带精装修的房屋,按照销售不动产征收增值税。

原山东省国家税务局在《山东省国家税务局全面推开营改增试点政策指引(七)》第九条"房地产开发企业'买房送装修、送家电'征税问题"中规定,房地产开发企业销售住房赠送装修、家电,作为房地产开发企业的一种营销模式,其主要目的为销售住房。购房者统一支付对价,可参照混合销售的原则,按销售不动产适用税率申报缴纳增值税。笔者对这里参照混合销售的原则,稍有不同的意见,因为根据《营业税改征增值税试点有关事项的规定》中对混合销售的规定,是一项销售行为如果既涉及货物又涉及服务,为混合销售。而这里的"买房送装修、送家电"则是一项销售行为涉及货物销售和不动产销售,笔者更倾向于该业务属于兼营行为。

**6. 以房抵债**

房地产公司与建筑材料供应商结算款项时,选择以房抵债的模式,即先指定房产后签订以房抵债合同,由供应商寻找买房人,再以房地产公司名义与买房人签订房屋销售合同、开具发票及办理相关房产登记手续,房款归供应商所有。那么,房地产开发企业以房抵债如何确定增值税纳税义务发生时间?

《营业税改征增值税试点实施办法》第四十五条的规定,根据房地产项目销售特点,以房地产公司将不动产交付给买受人的当天作为应税行为发生的时间。具体交房时间以《商品房买卖合同》上约定的交房时间为准;若实际交房时间早于合同约定时间的,以实际交房时间为准。

房地产公司与债务人签订协议,以协议约定的自行开发房地产项目销售款抵偿债务,应以房地产公司与买受人签订《商品房买卖合同》上约定的交房当天为纳税义务发生时间;若实际交房时间早于合同约定时间的,以实际交房时间为准。

**(三)房地产开发企业销售新项目适用一般计税方法会计核算**

房地产开发企业中的一般纳税人销售其开发的房地产项目(选择简易计税方法的房地产老项目除外),以取得的全部价款和价外费用,扣除受让土地时向政府部门支付的土地价款后的余额为销售额。

【例5-7】 利德房地产开发有限公司为一般纳税人,新项目适用一般计税方法计税。2019年7月1日销售其开发的商品房一套,含税销售额348.80万元,该套商品房承担的土地价款为10.90万元。该企业确认收入当月无增值税进项税额留抵。要求:

(1)计算该房地产在不动产所在地预缴的增值税额;
(2)编制预缴增值税的会计分录;
(3)计算该房地产企业开具的增值税发票上注明的金额和增值税额分别是多少;
(4)编制确认收入会计分录;
(5)编制增值税核算分录;
(6)计算该房地产在机关所在地申报缴纳的增值税额。

作账务处理如下:

(1)不动产所在地预缴的增值税额=348.80÷(1+9%)×3%=9.60(万元)。
(2)预缴增值税的会计分录如下:

借:应交税费——预交增值税　　　　　　　　　　　　　　　　　　96 000
　　贷:银行存款　　　　　　　　　　　　　　　　　　　　　　　　96 000
借:应交税费——未交增值税　　　　　　　　　　　　　　　　　　96 000
　　贷:应交税费——预交增值税　　　　　　　　　　　　　　　　　96 000

(3)发票中销售额=348.80÷(1+9%)=320(万元)
　　发票中增值税额=320×9%=28.80(万元)
(4)确认收入的会计分录为

借:银行存款　　　　　　　　　　　　　　　　　　　　　　　　3 488 000
　　贷:主营业务收入　　　　　　　　　　　　　　　　　　　　　3 200 000
　　　　应交税费——应交增值税(销项税额)　　　　　　　　　　　279 000
　　　　应交增值税(销项税额抵减)　　　　　　　　　　　　　　　　9 000
借:应交税费——应交增值税(销项税额抵减)　　　　　　　　　　　　9 000
　　贷:主营业务成本　　　　　　　　　　　　　　　　　　　　　　　9 000

(5)月末增值税核算的会计分录为:

借:应交税费——应交增值税(转出未交增值税)　　　　　　　　　279 000
　　贷:应交税费——未交增值税　　　　　　　　　　　　　　　　279 000

(6)机构所在地申报缴纳的增值税额=(3 488 000-109 000)÷(1+9%)×9%-96 000=183 000(元)。

**(四)房地产开发企业一般纳税人销售老项目适用简易计税方法会计核算**

房地产开发企业中的一般纳税人,销售自行开发的房地产老项目,可以选择适用简易计税方法按照5%的征收率计税。

《房地产开发企业销售自行开发的房地产项目增值税征收管理暂行办法》(国家税务总局公告2016年第18号)规定,应预缴税款计算公式如下:

应预缴税款=预收款÷(1+适用税率或征收率)×3%

适用一般计税方法计税的,按照9%的适用税率计算;适用简易计税方法计税的,按照5%的征收率计算。

第十二条规定,一般纳税人应在取得预收款的次月纳税申报期向主管国税机关预缴税款。

【例5-8】 利德房地产开发有限公司为一般纳税人,老项目选择适用简易计税方法计税。假设2019年5月1日销售其开发的老项目中商品房一套,含税销售额105万元,该套商品房承担的土地价款为5万元。该企业确认收入当月有增值税进项税额8万元。

要求:(1)计算该房地产在不动产所在地预缴的增值税。
(2)编制预缴增值税的会计分录。
(3)计算该房地产开发企业开出的增值税发票上注明的金额和税额分别是多少。
(4)编制确认收入的会计分录。
(5)计算该房地产企业在机构所在地申报的增值税额。

分析：

(1) 不动产所在地预缴的增值税额＝105÷(1＋5％)×3％＝3(万元)。

(2) 预缴增值税的会计分录为：

借：应交税费——预交增值税　　　　　　　　　　　　　　　30 000
　　贷：银行存款　　　　　　　　　　　　　　　　　　　　30 000

(3) 发票中增值税额＝105÷(1＋5％)×5％＝5(万元)

发票中销售额＝105－5＝100(万元)

(4) 确认收入的会计分录为：

借：银行存款　　　　　　　　　　　　　　　　　　　　1 050 000
　　贷：主营业务收入　　　　　　　　　　　　　　　　　1 000 000
　　　　应交税费——应交增值税　　　　　　　　　　　　　50 000

(5) 机构所在地申报的增值税额＝105÷(1＋5％)×5％－3＝2(万元)。

### (五) 房地产开发企业预收销售阶段会计核算

《房地产开发企业销售自行开发的房地产项目增值税征收管理暂行办法》(国家税务总局公告2016年第18号)规定，一般纳税人采取预收款方式销售自行开发的房地产项目应在收到预收款时按照3％的预征率预缴增值税。第十二条规定，一般纳税人应在取得预收款的次月纳税申报期向主管国税机关预缴税款。

**【例5-9】**(1)利德房地产开发有限公司2016年5月10日与市土地局签订土地受让合同，受让A地块土地面积30万平方米，支付土地出让金9.81亿元，取得合法财政票据。企业无增值税进项税额。会计处理如下：

借：开发成本——土地征用及拆迁补偿费(土地出让金)　　　　981 000 000
　　贷：银行存款　　　　　　　　　　　　　　　　　　　　981 000 000

(2) 利德房地产开发有限公司2016年8月启动开发A地块，商品房可售建筑面积36万平方米。2019年5月预售商品房12万平方米，取得预售房款13.08亿元，应预缴增值税额＝130 800÷(1＋9％)×3％＝3 600(万元)。会计处理如下：

① 收到预售房款：

借：银行存款　　　　　　　　　　　　　　　　　　　　1 308 000 000
　　贷：预收账款　　　　　　　　　　　　　　　　　　　1 308 000 000

② 预交增值税：

借：应交税费——预交增值税　　　　　　　　　　　　　　36 000 000
　　贷：银行存款　　　　　　　　　　　　　　　　　　　　36 000 000

借：应交税费——未交增值税　　　　　　　　　　　　　　36 000 000
　　贷：应交税费——预交增值税　　　　　　　　　　　　　36 000 000

(3) 利德房地产开发有限公司2019年5月预售的商品房于2020年6月交付业主，并符合收入确认条件，应当申报增值税。会计处理如下：

① 确认收入：

借：预收账款               1 308 000 000
  贷：主营业务收入            1 200 000 000
    应交税费——应交增值税（销项税额）    81 000 000
    应交增值税——（销项税额抵减）     27 000 000

② 抵减销项税额：

扣除土地价款＝9.81×(12÷36)＝3.27（亿元）

销项税额＝(13.08－3.27)÷(1＋9%)×9%＝0.81（亿元）

抵减的销项税额＝3.27÷(1＋9%)×9%＝0.27（亿元）

借：应交税费——应交增值税（销项税额抵减）  27 000 000
  贷：主营业务成本            27 000 000

③ 期末增值税核算：

借：应交税费——转出未交增值税       81 000 000
  贷：应交税费——未交增值税        81 000 000

### （六）房地产开发企业自持阶段会计核算

房地产开发企业的自持物业是指房地产开发企业开发的非销售的经营性物业。经营性物业，是指经营性、收益性房产，如房地产开发企业开发建设并拥有所有权的写字楼、商场、购物中心、购物广场以及工业厂房和仓库等经营性不动产。

房地产自持物业分为出租物业与自营物业两种。根据《企业会计准则》的规定，已出租的物业应纳入投资性房地产核算，尚未出租的及自营物业应纳入固定资产核算。

**1. 出租物业**

1）出租物业的确认

出租物业是指房地产开发企业开发的以出租为目的的房地产。根据《企业会计准则》的规定，投资性房地产包括已出租的土地使用权、已出租的建筑物、持有并准备增值后转让的土地使用权。因此，房地产开发企业出租物业应作为投资性房地产进行核算。

2）出租物业的确认条件

《企业会计准则》规定，投资性房地产同时满足下列条件的，应予以确认：与该投资性房地产有关的经济利益很可能流入企业；该投资性房地产的成本能够可靠地计量。

对于房地产开发企业的出租物业来说，投资性房地产的确认条件有以下两个：出租物业竣工验收并达到预定可使用状态；出租物业的租赁期开始。

3）出租物业的入账范围

《企业会计准则》规定，投资性房地产应当按照成本进行初始计量。自行建造投资性房地产的成本，由建造该项资产达到预定可使用状态前所发生的必要支出构成（包括土地开发费、建安成本、应予以资本化的借款费用、支付的其他费用和分摊的间接费用等）。

对于房地产开发企业来说，出租物业按照出租物业开发产品成本进行初始计量。

4）出租物业的账务处理

建造成本应先归集于"开发成本"科目，待项目竣工且租赁开始日，将建造成本土地成本一并转入"投资性房地产"科目，借记"投资性房地产"科目，贷记"在建工程""无形资产"科目。若房地产开发企业的房产建成后，最初并未确定作为投资性房地产，也可先记入"固定资产"科目,等以后再转入"投资性房地产"科目。

由于出租物业是分区域出租的,因此要按照不同业态进行辅助核算,单独归集每个出租业态的建造成本,使每个业态成本具有可计量性,防止因部分出租造成投资性房地产难以确认。"投资性房地产"科目按照不同的业态分别设置明细科目,计提折旧时可以按类进行。

**【例 5-10】** 利德房地产开发有限公司公司竣工的购物中心于 2017 年 2 月 1 日开业,总成本为 5 亿元,总建筑面积 10 万平方米,出租面积比例为 80%。利德公司根据有关原始凭证,应作如下账务处理:

已出租部分成本＝总成本×出租面积比例
＝50 000×80%＝40 000(万元)

借:投资性房地产——购物中心　　　　　　　　　　　　400 000 000
　　贷:开发成本　　　　　　　　　　　　　　　　　　　　400 000 000

5) 出租收入的税务处理

房地产开发企业经营租赁业务应缴纳的税金包括增值税及附加、房产税、城建税、印花税等。营改增之前已取得的不动产租赁涉及的增值税应按"现代服务业——租赁业"税目 5% 计征;营改增之后建造的不动产租赁应按"现代服务业——租赁业"税目依 9% 的税率计征。房出租按租金收入 12% 计征房产税,剩余的自用部分按房产余值的 1.2% 从价计征房产税。城镇土地使用税继续由房地产开发企业缴纳,并不转移到租赁方缴纳。租赁双方按租赁金额 1‰ 计征印花税。上述与租赁相关的税金,除增值税外,均应记入"税金及附加"科目。

**【例 5-11】** 2017 年利德房地产开发有限公司收取租金收入 2 000 000 元(不含增值税)时,应计算缴纳增值税金额为:2 000 000×5%＝100 000(元),作如下账务处理:

借:银行存款　　　　　　　　　　　　　　　　　　　　2 100 000
　　贷:其他业务收入　　　　　　　　　　　　　　　　　2 000 000
　　　　应交税费——应交增值税(销项税额)　　　　　　　100 000
借:税金及附加　　　　　　　　　　　　　　　　　　　　　10 000
　　贷:应交税费——应交城市维护建设税　　　　　　　　　7 000
　　　　其他应付款——教育费附加　　　　　　　　　　　　3 000
借:管理费用——印花税　　　　　　　　　　　　　　　　　2 000
　　贷:银行存款　　　　　　　　　　　　　　　　　　　　2 000

**2. 自营物业**

自营物业是指房地产开发企业开发的以自营为目的的房地产。根据《企业会计准则》的规定,房地产开发企业自营物业应作为固定资产进行核算。

自营物业应在其竣工验收并达到预定可使用状态时确认为固定资产。这一点与出租物业不同,出租物业需要在租赁期开始时才能确认为投资性房地产,而自营物业在开始使用或营业前,只要达到了预定可使用状态就可以确认为固定资产。

自营物业作为固定资产应当按照成本进行初始计量。自行建造自营物业的成本,由建造该项资产达到预定可使用状态前所发生的必要支出构成。与建造出租物业不同的是:自营物业的成本中不包括为开发建造自营物业而购入的土地成本,也就是说,自营物业土地使用权的账面价值不与其地上建筑物合并计算成本,而仍作为无形资产进行核算,土地使用权与地上建筑物分别进行摊销和提取折旧。

## 第二节　营改增对房地产业流转税的影响

2016年5月1日起,作为国家财税体制改革的重要举措,营业税改征增值税试点全面推开,房地产业纳入试点范围,执行了20多年的营业税正式退出历史舞台。"营改增"后,房地产开发企业的会计核算方式产生了较大变化,并且一直处于政策密集调整期,增值税改革仍然在不断深入。2018年5月1日起,增值税原17%和11%的税率调整为16%和10%。2019年4月1日起,为推进增值税实质性减税,原16%和10%的税率调整为13%和9%,除此之外,在农产品抵扣、不动产抵扣、进项税额抵扣方法等方面也发生了较大变化。增值税政策的不断改革调整,使得房地产行业近年也处于涉税风险高发期。

### 一、营改增对房地产开发企业的影响

#### (一)增值税为价外税

房地产业的重复征税是我国税收体制一直存在的一个问题,"营改增"有效避免了营业税的重复征税,保证了增值税抵扣链条通畅,但随之而来的是房地产开发企业会计核算方式有较大变化。营业税和增值税同属流转税,但前者是价内税,后者是价外税,确认收入、成本、费用都要进行价税分离,导致三者同时减少。

同时,房地产开发企业涉及的其他税种在计算时也要考虑增值税价外税的性质:计征契税的成交价格不含增值税;房产出租的,计征房产税的租金收入不含增值税;土地增值税纳税人转让房地产取得的收入为不含增值税收入,《中华人民共和国土地增值税暂行条例》等规定的土地增值税扣除项目涉及的增值税进项税额,允许在销项税额中计算抵扣的,不计入扣除项目,不允许在销项税额中计算抵扣的,可以计入扣除项目。

#### (二)增值税分阶段征税方式较为复杂

房地产开发企业首先需要根据自身业务需要,选择计税方法。只有符合老项目条件的,才可以适用简易计税方法。随着"营改增"的进一步推进,建筑施工许可证或合同注明的开工日期在2016年4月30日之前的项目会逐步减少,计税方法选择相对简单。其次是对预缴增值税时间点的把握。根据政策规定,房地产开发企业采取预售方式销售的,应于实际收到预收款时确认预售收入,并在取得预收款的次月申报期内按3%预征率预缴税款。最后,在完工阶段达到增值税纳税义务发生条件,应当分别按照简易计税的5%征收率缴纳增值税,或按照一般计税方法计算销项税额和进项税额来缴纳增值税。从进项方面来看,需要判断其能否抵扣,以及如何尽量取得可以抵扣的增值税专用发票:上游企业开具的增值税专用发票存在17%、11%和6%三档税率的可能(2018年5月1日后,上游企业开具的增值税专用发票变为16%、10%和6%;2019年4月1日后,上游企业开具的增值税专用发票变为13%、9%和6%);上游企业只能开具增值税普通发票,取得后不得抵扣增值税进项税额;取得的增值税专用发票不符合规定,不能抵扣增值税进项税额;上游企业享受增值税免税待遇,由于房地产开发企业没有享受增值税免税和不能取得增值税专用发票,也就不能抵扣进项税额。

从销项方面来看,需要注意纳税义务发生时间、销售额和适用税率(征收率)等来准确核算销项税额;要特别注意相关特殊规定,比如为取得土地而支付的土地出让金在税前扣除的相关政策等。总体来看,"营改增"后,房地产开发企业增值税核算较之前营业税时代更为复杂。

### (三) 进项税额抵扣滞后问题

房地产开发企业作为甲方,在行业内处于较为强势的地位,一般在开发过程中先期取得大量进项发票,在其对开发产品进行预售、交房或装修完毕出租后再向业主或租户开具销售发票。从取得进项发票到开具销售发票,中间间隔时间短则两三年,长则无法预计。2017年6月30日前,增值税专用发票认证期限仅为180天,7月1日后将认证期限延长为360天(国家税务总局公告2017年第11号)。但是,取得的进项发票要到完工计算缴纳增值税时才可抵扣,占用企业资金仍然较为明显。

### (四) 兼营不同税率(征收率)

"营改增"背景下,房地产开发企业存在兼营不同业务适用不同税率(征收率)的情况,可能涉及11%、6%的税率(2018年5月1日起,兼营不同业务可能涉及10%、6%的税率;2019年4月1日起,兼营不同业务可能涉及9%、6%的税率)。同一类型业务也可能因为取得《建筑工程施工许可证》的时间不同而采取不同的增值税征收模式,可能涉及11%、5%的税率。(2018年5月1日起,可能涉及10%、5%的税率;2019年4月1日起,可能涉及9%、5%的税率。)

### (五) 甲供材的选择

甲供材是指在建设工程承包合同中,由房地产开发企业(甲方)与建筑施工单位(乙方)事先在合同中约定由甲方提供主材或工程设备的一种供货方式。这种模式存在的原因主要是甲方有稳定长期的建筑材料供应商或者甲方为保证工程材料质量等,"营改增"后增加了增值税税率的影响因素。以2018年5月1日前税率为例,建筑业一般纳税人税率为11%,而购进材料货物税率为17%,其间有6%的税差。但是,由于建筑施工单位也会考虑自身税负,可能会选择3%征收率的简易计税方法。同时,在实际情况中,材料采购一般较难全部取得17%的进项发票,如商品砼一般会选择简易计税征收率为3%;而砂、土、石料等又难以取得发票。因此,房地产开发企业需要计算甲供材能取得的17%进项发票能否抵减建筑方由11%降为3%而产生的税差。并且,2017年7月1日开始执行的财税〔2017〕58号文规定,对特定甲供工程只能适用简易计税方法,即"建筑工程总承包单位为房屋建筑的地基与基础、主体结构提供工程服务,建设单位自行采购全部或部分钢材、混凝土、砌体材料、预制构件的,适用简易计税方法计税",进一步缩小了房地产开发企业采取甲供材模式的操作空间。

因此,"营改增"政策下,是否选择甲供材,不仅房地产开发企业需要测算甲供材占整个工程的比重,建筑企业也要考虑建筑采购材料占工程造价的比重,从而选择是一般计税还是简易计税,最终双方税负达到平衡。

此外,房地产开发企业采取甲供材模式,还有可能承担虚开发票风险,尤其是近年建安类用材的虚开、"代开"案件频出。房地产开发企业甲供材模式下原材料采购规模大,不论是企业内部原因导致恶意取得虚开票还是在不知情的情况下善意取得虚开发票,一旦发票被开票方主管税务机关认定失控或被税务稽查定性虚开,对于取得发票的房地产开发企业都将承担经济损失和法律风险。

**（六）增值税专用发票使用风险**

增值税实行以票控税，房地产开发企业"营改增"后需要按照规定使用增值税发票，包括增值税专用发票和增值税普通发票。增值税专用发票实行最高开票限额管理，必须通过主管税务机关办理初始发行和通过防伪税控系统使用。会计核算不健全或存在相关违法行为拒不接受税务机关处理或经税务机关责令限期改正未改正的，不得领购和开具增值税专用发票。

违反增值税专用发票管理规定应承担的责任，包括不得领购和开具，不得抵扣增值税进项税额，责令改正并处罚款等。

2016年3月1日起，根据《国家税务总局关于纳税信用A级纳税人取消增值税发票认证有关问题的公告》（国家税务总局公告2016年第7号）规定，纳税信用A级增值税一般纳税人取消增值税发票认证。

2016年5月1日起，根据《国家税务总局关于全面推开营业税改征增值税试点有关税收征收管理事项的公告》（国家税务总局公告2016年第23号）规定，取消认证的纳税人范围扩大到纳税信用B级增值税一般纳税人。

2016年12月1日起，根据《国家税务总局关于按照纳税信用等级对增值税发票使用实行分类管理有关事项的公告》（国家税务总局公告2016年第71号）规定，取消认证的纳税人范围扩大到纳税信用C级增值税一般纳税人。

2019年3月1日，将取消增值税发票认证的纳税人范围扩大至全部一般纳税人。一般纳税人取得增值税发票（包括增值税专用发票、机动车销售统一发票、收费公路通行费增值税电子普通发票）后，可以自愿使用增值税发票选择确认平台查询、选择用于申报抵扣、出口退税或者代办退税的增值税发票信息。增值税发票选择确认平台的登录地址由国家税务总局、各省、自治区、直辖市和计划单列市税务局确定并公布。

2020年3月1日起，增值税一般纳税人取得2017年1月1日及以后开具的增值税专用发票、海关进口增值税专用缴款书、机动车销售统一发票、收费公路通行费增值税电子普通发票，取消认证确认、稽核比对、申报抵扣的期限。纳税人在进行增值税纳税申报时，应当通过本省（自治区、直辖市和计划单列市）增值税发票综合服务平台对上述扣税凭证信息进行用途确认。

增值税一般纳税人取得2016年12月31日及以前开具的增值税专用发票、海关进口增值税专用缴款书、机动车销售统一发票，超过认证确认、稽核比对、申报抵扣期限，但符合规定条件的，仍可按《国家税务总局关于逾期增值税扣税凭证抵扣问题的公告》（2011年第50号，国家税务总局公告2017年第36号、2018年第31号修改）、《国家税务总局关于未按期申报抵扣增值税扣税凭证有关问题的公告》（2011年第78号，国家税务总局公告2018年第31号修改）规定，继续抵扣进项税额。

## 二、房地产业营改增对税务部门的风险

**（一）新老项目成本费用的区分**

同一房地产开发企业，由于拿地面积大或资金规模限制等情况，对于同时取得的土地可能进行分期开发。房地产开发企业销售收入大，基本都是增值税一般纳税人，但由于新旧政

策的过渡,在相当长的一段时期内,同一企业同时采用一般计税方法和简易计税方法征收增值税的情况将较为普遍。

收入方面,由于有明确的不动产转让或出租对象,比较容易区分。但成本和费用方面,开发商因与某些上游企业保持长期合作,上游企业在开具发票时,存在新老项目混开,房地产开发企业自身也无法明确区分部分成本费用的分期或区分成本太高。

以上因素可能导致房地产开发企业在适用一般计税方法计征增值税的新项目上,大量抵扣按照权责发生制本该被划分到适用简易计税方法计征的老项目上的进项税额。

### (二) 广告宣传费风险

"营改增"试点以来,广告行业逐渐成为虚开增值税专用发票的高风险行业。而广告费、业务宣传费等,也是房地产开发企业的重要支出之一,开发商为了推销房产,开展或大或小的推广活动,刊登播出广告是常态。与建筑用材料的虚开行为相比,广告业虚开行为呈现频率高、碎片化的特征。但是,无论虚开金额大小,税务机关都有进行检查、责令改正和处理处罚的义务,如果虚开发票频率高、碎片化,必然会导致税务稽查部门的工作量和执法风险的上升。

### (三) 特殊情况下房地产业增值税纳税义务人的界定

当前,房地产开发企业存在大量以承包、承租或挂靠经营的模式将其销售业务外包给房地产营销公司的情况,在此情况下,税务机关必须做好对增值税纳税义务人的界定,避免企业通过此模式达到避税甚至偷逃税款的目的。

同时满足下列两个条件的,应以发包人为纳税人:一是以发包人名义对外经营;二是由发包人承担相关法律责任。

不同时满足上述两个条件,以承包、承租或挂靠经营单位为纳税人。

界定上述两个条件,既要检查双方的会计账簿,也要结合发包合同,还要根据实际风险、利益的转移方向来确定,对于税务部门的工作提出了较高难度的挑战。

### (四) 企业利用不动产转让、租赁和现代服务业适用税率的差异进行税收筹划

许多以房地产开发为主业的企业或集团,往往成立多家业务关联的公司将收入分拆,降低利润,既实现降低土地增值税累进税率,又通过"营改增"后不同业务适用税率的差异达到少缴增值税的目的。

例如,对业主降低房价或租金,让业主将这部分优惠以物业费的形式交到关联物业管理公司。对于一般纳税人按照一般计税方法,售房和出租适用11%的增值税税率,而物业管理适用税率为6%,中间有5个点的税率差。对于税务机关而言,不仅要掌握关联企业背后的关系,还要了解市场上房价和租金在不同时期内的价格,对于明显不符合市场价格的,有权进行核定。

## 第三节 增值税检查实务

房地产行业因其行业特殊性,根据财税〔2016〕36号文,由于房地产开发企业在预售阶段有预缴税款的义务,所以主要分为预售、完工两个阶段以及其他可能存在的风险点来进行分析。

## 一、预售阶段常见风险

在预售阶段,房地产开发企业应当按照实际收到的预收款预缴增值税,并根据适用的计税方法不同而选择不同的计算公式。

### (一)选择计税方法

对于房地产项目,只有建筑施工许可证或合同注明的开工日期在 2016 年 4 月 30 日之前的项目,才可以选择按老项目适用简易计税方法。不过,随着"营改增"的进一步推进,老项目将不断减少,这类问题属于特殊时期的过渡性风险点。因此,稽查人员首先要判断企业对房地产项目选择的计税方法是否正确。

### (二)预缴增值税销售额及时点

**1. 少计预售收入,延迟预缴税款**

房地产开发企业在开发产品完工前采取预售方式销售,取得的预售收入未按规定限期申报预缴税款。以银行按揭方式销售开发产品,房地产开发企业在收到首付款时,以及银行按揭贷款到账后,未按规定预缴税款。将收到的按揭款项以银行贷款的名义记入"短期借款"账户,隐匿收入。

针对上述问题,稽查人员可采取以下方法进行检查:

(1)对照核查"预收账款"等往来科目及纳税申报资料,核实预收的房款是否全部按规定申报纳税。

(2)实地察看楼盘开发销售进展情况,根据《工程竣工验收备案表》确定开发产品完工项目,根据房管部门取得的备案信息,对照企业销控台账取得的预收款确定应税收入,与企业申报预缴数据进行比对。

(3)如确有必要,可按有关程序规定到贷款银行核查银行按揭的保证金账户存款余额(银行按贷款额的 5%~7%收取保证金),推算按揭贷款数额,与申报的预收款进行比较,查找涉税问题。

(4)到房地产开发企业开户银行查询按揭贷款的发放情况,与申报的预收款进行比较。

**2. 未按规定确定预售收入,未预缴税款**

房地产开发企业与购房者签订带装修房合同时,将不动产销售价格进行拆分,分别签订销售不动产合同与装修补充合同,对于装修合同对应的预收款未作为预售收入,未按规定申报预缴税款。

针对上述问题,一般情况下都应将收取的全部房价和装修款按"销售不动产"计税,并按规定预缴增值税。稽查人员可采取以下方法进行检查:

稽查人员可查看销售不动产合同是否载明为精装修房屋,企业开发成本账户是否账载房屋内部装修支出,询问售楼部销售人员,询问物管公司人员,询问部分购买者,实地查看房屋装修情况。要注意部分项目不同期数之间房屋设计不完全一致,尤其是在 2016—2017 年期间,全国部分城市限购政策下,房地产开发企业为了变相提高房屋总价,同一项目可能前批次销售的毛坯房,后批次就改为精装房。

特殊情况除外:如果房地产开发企业只与购房者签订购买毛坯房合同,而由装修公司与购房者签订装修合同,且同时符合下述条件的,房地产开发企业和装修公司分别计算各自应缴增值税:① 装修公司提供装修服务。② 装修公司收取装修款项。③ 装修公司承担相关法律责任。④ 装修公司向购房者开具装修发票。

## 二、完工阶段常见风险

房地产开发企业在预售阶段是按照3%的预征率缴纳增值税,达到增值税纳税义务时间,应当分别按照简易计税方法的5%征收率或按照一般计税方法9%税率(2019年4月1日起)计算销项税额和进项税额来缴纳增值税,普遍存在需要在达到增值税纳税义务发生时点后补缴增值税的情况,同时对于适用一般计税方法的项目,需重点关注其土地价款扣除、拆迁费、进项税额抵扣等方面风险。

### (一) 增值税纳税义务时点

根据财税〔2016〕36号文规定,房地产开发企业的增值税纳税义务发生时间为纳税人发生应税行为并收讫销售款项或者取得索取销售款项凭据的当天;先开具发票的,为开具发票的当天。实务中一般以售房合同约定的交房时间作为纳税义务发生时间,如果先开具发票的,为开具发票的当天,需要注意的是房地产开发企业在预售阶段可能开具不征税的增值税普通发票,此时不确认为纳税义务发生时间。对于交房时间可通过企业采集或者通过互联网进行采集,并与电子底账系统提取的开票数据进行对比,按照较早的一个时间点来确认增值税纳税义务发生时间。

如果因房地产开发企业原因未能按合同约定交付时间交房,纳税义务发生时间该如何定呢?可以参考一下安徽省国税局营改增政策解答:增值税纳税义务确定的前提是纳税人是否已发生应税行为。对以买卖方式转让的不动产,应对照《商品房买卖合同》上约定的交房时间,房地产开发企业与购买方在合同约定的最迟交房时间之前完成房屋交付手续的,以实际交付时间作为纳税义务发生时间;因房地产开发企业原因造成延迟交房的,以实际交房时间作为纳税义务发生时间;因购买方原因未按合同约定完成不动产交付手续的,以合同约定的最迟交房时间作为纳税义务发生时间。

对以投资、分配利润、捐赠、抵债等方式转让的不动产,房地产开发企业应以不动产权属变更的当天作为纳税义务发生时间。

### (二) 少计应税收入,少申报销项税额

房地产开发企业在少计销售收入方面,可能存在以下问题:

(1) 收取的售房款长期滞留在销售部门,如挂在"预收账款"等往来科目,未按规定结转收入。

(2) 采取超基价分成委托销售方式销售开发产品,超过基价分成部分售房款由中介服务机构收取并开具发票或收据,房地产开发企业隐匿收入。

(3) 将售房款分解为两部分,一部分记入账内,另一部分记入账外。尤其在一些限价城市,将限价部分记入账内,超过限价的部分(如高价搭售的停车位等)记入账外。

(4) 销售阁楼、停车位、地下室以及精装房装修部分单独开具收款收据,尤其是将不能取得产权的车位(人防车位)、配套设施出售,取得的收入未按规定入账。

(5) 私改规划,增加销售面积,隐匿增加面积部分的收入。

(6) 旧城改造补偿给搬迁户新房,超出补偿面积部分的差价款未按规定申报销售收入。

(7) 客户放弃的购房定金、没收的违约保证金、施工方延误工期的罚款收入、取得的政

府奖励收入、先租后售收取的租金等收入，以及其他属于价外费用的收入，未按规定入账和计税。

（8）房地产开发企业提供的施工现场水电费等，未向施工企业开具水电费发票，未申报转供水、电收入。

（9）房地产开发企业将自行开发的产品转为固定资产出租，或交由关联企业出租经营，未申报租金收入。

（10）"售后回租"业务扣除未来向购房者支付的租金后作为房屋销售收入申报缴税。

（11）不符合条件的代建房行为，将其作为代建处理而少计或不计销售收入。

针对上述问题，稽查人员可采取以下方法进行检查：

（1）实地察看，了解楼盘开发、销售和交付情况，核对房源销售平面图，调查、询问阁楼、停车位、地下室是否单独作价出售，掌握住宅、阁楼、停车位、地下室的销售和交付状况。

（2）调取售楼处资料，收集销控台账、销售合同、销售发票、收款收据等纸质资料以及销售合同统计数据、预售房款统计数据、售房发票记录等电子文档，统计已售面积及销售金额。查看物业企业入住通知单及《钥匙发放保管登记簿》，核对销售数据的真实性。将确认的已售面积及销售金额与"预收账款""主营业务收入"账户及纳税申报表进行核对，检查企业收取的销售款是否全部入账并申报纳税。

（3）调取房地产开发企业与中介服务机构签订的代理销售合同、协议，根据计提的销售佣金金额和比例反向计算销售额，与申报的预售收入和销售收入比对，寻找差异，并对照检查中介服务机构的销售明细表，检查有无分解开票，隐瞒销售收入问题。

（4）将《建设工程规划许可证》中开发项目的建筑面积、容积率、可销售面积、不可销售面积以及公共配套设施等信息，与账面记载面积、实地开发面积核对，检查有无私改规划，增加可售面积，销售后不计收入问题。

（5）调取开发项目的《动迁房屋产权调换协议书》或回迁安置协议，抽取部分拆迁户进行调查，核实调换房屋的面积和超出补偿面积差价款的情况，是否按补偿标准面积的工程成本价与差价款之和计算缴纳增值税等相关税款。

（6）调查部分购买者，核实开具发票的金额与收取的价款是否一致。有无将销售的阁楼、停车位、地下室和精装房装修部分取得的价款单独开具收款收据问题。

（7）如确有必要，可按有关程序规定到金融机构调取企业开户信息和企业主要负责人、销售负责人、财务负责人等相关人员的个人银行储蓄账户、信用卡账户信息，核实有无隐匿账外资金的情况。

【例5-12】 A房地产有限公司未按规定扣除土地价款

A房地产有限公司于2013年12月注册成立，注册资本为人民币2亿元。现有开发项目"GD国际"，总占地90 683.74平方米，总建筑面积718 144.31平方米（其中计容建筑面积498 760.57平方米），容积率约为5.5。项目分为GD国际一期、GD国际二期，其中GD国际一期项目2014年11月开盘预售，于2016年12月交房，其施工许可证开工时间为2014年8月，企业考虑自身情况选择增值税一般计税方法，另GD国际二期于2017年5月开始预售。

根据企业申报信息，GD国际一期土地价款扣除情况如表5-5所示。

表 5-5　GD 国际一期土地价款扣除情况表

| 项目名称 | | GD 国际 |
|---|---|---|
| 地块土地价款 | 1 | 580 496 354.92 元 |
| 项目可售建筑面积 | 2 | 291 189.91 平方米 |
| 确认收入建筑面积 | 3 | 142 752.08 平方米 |
| 当期允许扣除的土地价款 | 4＝(3÷2)×1 | 284 580 815.65 元 |

GD 国际土地价款总价为 1 311 286 784.00 元,指标款 40 807 680.00 元,总占地 90 683.74 平方米,其中一期占地面积为 38 933.36 平方米,二期占地面积 51 750.38 平方米,按照占地面积分摊土地价款,一期土地价款为 580 496 354.92 元,其中一期土地价款在扣除时按实际销售面积占总可售面积比例分摊总地价。经核实,一期总可售面积 291 189.91 平方米中包含地下车库 82 873.38 平方米。根据增值税税收政策规定,地下车库面积不计入可售面积,扣除地下车库面积后企业实际允许扣除面积为 208 316.43 平方米,一期总土地价款 580 496 354.92 元,企业已销售的 142 752.08 平方米中存在 70 141.59 平方米为营改增前销售,则企业实际可扣除土地价款的销售面积为 72 610.49 平方米,由于 GD 国际一期部分开发产品为"营改增"前销售,根据国家税务总局 2016 年第 18 号公告,当期销售房地产项目建筑面积,是指当期进行纳税申报的增值税销售额对应的建筑面积,则 GD 国际一期"营改增"前销售部分的土地价款不应扣除。企业原扣除土地价款测算的税款为 28 201 702.45 元,实际应扣除税款为 20 051 415.06 元,则需补缴税款 8 150 287.39 元,因其前期存在留抵进项 3 574 677.18 元,故企业实际入库税款 4 575 610.21 元。

**(三) 发生视同销售行为,未申报销项税额**

房地产开发企业发生以下情况,未视同销售,或者虽视同销售但未按照规定价格计算视同销售收入,未申报或少申报增值税:

(1) 以开发产品抵顶材料款、工程款、广告费、银行贷款本息、动迁补偿费等债务,未按规定申报纳税。

(2) 以开发产品换取土地使用权、股权,未按规定申报纳税。

(3) 无偿转让开发产品,未按规定申报纳税。

(4) 合作建房中提供土地使用权的一方,提供土地用于合作建房,建成后分配取得房产,未按规定申报纳税。

针对上述问题,稽查人员可采取以下方法进行检查:

(1) 比对房源销控台账登记的开发产品销售数量、财务账簿登记的已确认相关收入的开发产品销售数量,查找两者之间的差异,核实未售房产的真实性。

(2) 审查各项会议记录、董事会决议,核实有无抵债、赠送等特殊事项发生。

(3) 审查合作建房协议,检查以房屋所有权换取土地使用权、股权等是否按规定申报纳税。

(4) 调查、询问部分债权人,核实长期挂账的大额未付款项的真实性,检查是否有隐匿售房款的行为。

(5) 查看拆迁协议,掌握转让回迁安置房的补偿标准等情况。

【例 5-13】 B 房地产开发公司以不动产对外投资未按规定申报纳税

B 房地产公司为增值税一般纳税人,2016 年 12 月以自行开发后自用 2 年的一栋房产评估作价 4 000 万元入股到增值税一般纳税人 C 公司,取得 C 公司 30%的股权,该房产 2014 年建成并竣工,占地面积 800 平方米。双方约定共同承担投资风险,相应的权属变更手续已于当月完成,但 B 公司未就该房产对外投资申报纳税。

根据财税〔2016〕36 号第 10 条规定,销售服务、无形资产或者不动产,指有偿提供服务、有偿转让无形资产或者不动产。同时,第 11 条规定,有偿,指取得货币、货物或者其他经济利益。对于本案中 B 公司将房产投资入股换取 C 公司的股权行为属于有偿取得"其他经济利益",属于销售不动产行为,应缴纳增值税。

根据《国家税务总局关于发布〈纳税人转让不动产增值税征收管理暂行办法〉的公告》(国家税务总局公告 2016 年第 14 号)第三条第二款规定,一般纳税人转让其 2016 年 4 月 30 日前自建的不动产,可以选择适用简易计税方法计税,以取得的全部价款和价外费用为销售额,按照 5%的征收率计算应纳税额。

B 公司投资入股的房产为 2016 年 4 月 30 日前自建,因此,B 公司需缴纳增值税 190.48 万元[4 000÷(1+5%)×5%],城建税 9.52 万元(190.48×5%),教育费附加 5.71 万元(190.48×3%),地方教育附加 3.81 万元(190.48×2%)。

需要特别注意的是,"营改增"前,根据《财政部、国家税务总局关于股权转让有关营业税问题的通知》(财税〔2002〕191 号)规定,以无形资产、不动产投资入股,参与接受投资方利润分配,共同承担投资风险的行为,不征收营业税。所以,在检查过程中,部分企业往往认为"营改增"前不属于营业税征收范围,"营改增"后理所当然也不属于增值税征收范围,这种理解是错误的。

#### (四)虚增土地价款抵减销售收入

房地产开发企业以取得的全部价款和价外费用,扣除受让土地时向政府部门支付的土地价款后的余额为销售额,在土地价款的确认上可能出现以下问题:

(1)将未向政府部门直接支付的征地和拆迁补偿费用、土地前期开发费用和土地出让收益等直接计入土地价款在销售收入中扣减。

(2)以虚增拆迁户数或补偿金额的方式,多列拆迁补偿费,抵减销售收入。

针对上述问题,稽查人员可采取以下方法进行检查:

(1)向拆迁管理部门(拆迁办公室)了解拆迁政策,查阅政府拆迁文件,并获取《房屋拆迁许可证》,调取《房屋拆迁安置补偿协议》,抽取部分拆迁户进行调查了解,审查包括补偿形式、补偿金额、支付方式、安置用房面积、安置地点,核实是否多列拆迁补偿费。

(2)将现金日记账、银行存款日记账与银行对账单进行比对,到有关银行查核企业银行存款账户、企业负责人和财务负责人等有关人员的储蓄账户、信用卡账户,查验资金支付行为的真实性,核实有无资金回流情况。

#### (五)签订虚假合同,虚抵建筑成本进项税额

房地产开发企业建筑成本的核算是较为复杂和容易出问题的部分,常见问题如下:

**1. 通过虚增建筑成本虚抵进项税额**

(1)签订虚假单项合同,取得虚开发票,虚增建安工程费。

(2)从有关联关系的贸易企业购进材料,向关联企业发包或分包工程,人为提高材料价

格或建安费用,多抵扣进项税额。

(3) 采取包工不包料方式发包工程,在开发企业提供的材料、水电和其他物资已凭发票计入开发成本的情况下,让施工企业按劳务费和材料价款的合计金额再次开具发票,并负担其多开部分的税款,重复列支开发成本,虚增进项税额。

**2. 通过虚增绿化成本虚抵进项税额**

在园林绿化费上,苗木品种、直径、树冠等差别都会使同类商品差价很大。同时,项目景观效果主要与景观设计水平高低相关,与景观花木名贵与否关系不大,视觉效果与工程造价的背离使虚增成本存在可能。由于园林苗木销售环节是免税的,开具园林绿化发票的税收成本极低,企业可以高于市场价若干倍的数额"购进"苗木,虚增进项税额。

**3. 通过虚增自采材料金额虚抵进项税额**

房地产开发企业可能通过甲供材料或者扩大精装房占开发面积的占比等方式,为虚增材料进项税额提供条件。然后通过与建材批零等企业签订虚假购销合同虚增材料采购金额,虚抵进项税额。

针对上述建筑成本方面的问题,稽查人员可采取以下方法进行检查:

(1) 采取工程成本总量控制法,调查了解当地同类开发产品的平均建筑成本,对价格过高的建筑成本进行重点审查。

(2) 聘请专业的工程造价师,对照图纸,进行工程量和工程造价评估,与企业列支数额进行核对。例如,根据工程结构施工图中配筋图的设计,运用中国建筑科学研究院开发的PKPM结构设计软件或聘请专业技术人员,计算出单体项目需用的主材重量,再根据主材市场价格确定主材成本,与决算书中的成本进行比较,寻找差异。

(3) 审查施工合同和预(决)算书,核对工程内容,参照事务所出具的审计报告,对决算超出预算价格过高的项目,重点审查单项合同、补充协议的真实性。

(4) 调取工程监理部门的监理记录及《材料物资进场试验报告》,核实有关材料的真实性。

(5) 掌握开发企业的关联企业情况,通过行业比较、营业常规等方面对比,分析是否存在利用关联关系转移利润。

关联园林企业更易操作园林绿化的进项税额抵扣,审查绿化面积,大致测算植被数量,与承包合同注明的植被数量进行比对。统计承包合同中数量、金额较大的树种,向当地专业市场了解其价格、生长地域等情况,进而判断其树种数量、金额的合理性。

(6) 对照有关合同款项支付的约定要求,审查企业资金支付情况,对长期挂账的大额应付款项,可外调或协查核实应付未付款项的真实性。

**(六) 未按规定抵扣进项税额**

房地产开发企业在进项税额方面,常见以下问题:

(1) 将不得抵扣的进项税额,纳入抵扣范围的风险:房地产开发企业将用于简易计税方法计税项目、免征增值税项目、集体福利或者个人消费等购进货物、加工修理修配劳务、服务、无形资产和不动产(非专用于上述项目的固定资产、不动产、无形资产除外)、贷款服务、餐饮服务、居民日常服务和娱乐服务等取得的进项税额进行抵扣。

(2) 违规抵扣推行"营改增"之前业务的进项税额风险:①营改增前签订的材料采购合同,已经履行合同,但材料在营改增后才收到并用于营改增前未完工的项目,而且营改增后才付款给供应商而收到材料供应商开具的增值税专用发票。②营改增前采购的材料已经用于营改增前已经完工的工程建设项目,营改增后才支付采购款,而收到供应商开具的增值税专用发票。③营改增之前采购的设备、劳保用品、办公用品并支付款项,但营改增后收到供应商开具的增值税专用发票。

(3) 配套设施中自建自用的不动产如办公楼、物管楼等,进项税金与开发商品无法划分,2019年4月1日前未执行不动产进项税额分期抵扣政策。

(4) 非正常损失,进项税额未转出。非正常损失的外购货物、在产品、产成品以及相关的修理修配劳务、交通运输服务,非正常损失的不动产、不动产在建工程以及相关的购进货物、设计服务和建筑服务,不得抵扣进项税金,已经抵扣的,需要按照规定做税金转出处理。非正常损失,是指因管理不善造成货物被盗、丢失、霉烂变质,以及因违反法律法规造成货物或者不动产被依法没收、销毁、拆除的情形,其重点在于管理不善,例如房地产自建项目因管理员疏忽大意,导致建筑材料被盗,则属于非正常损失。

针对上述问题,稽查人员可采取以下方法进行检查:

(1) 通过增值税防伪税控系统或者增值税电子底账系统,采集企业发票数据,按照进项货物名称、货物或劳务提供方、税率分别作分类汇总分析。

(2) 采集企业申报数据,掌握企业进项分摊的方法,分析一般计税方法和简易计税方法项目构成,计算简易计税项目建设规模占全部建设规模的比例,测算企业进项税额分摊比例是否合理。

(3) 分析房地产开发企业简易计税项目和一般计税项目成本项目构成(比如:建筑安装成本、绿化成本等),对比简易计税项目和一般计税项目单位面积开发产品的同一成本项目是否大幅偏离。特别是一般计税方法项目单位开发产品成本明显高于简易计税项目,需要重点关注是否存在将用于简易计税项目的购进货物、劳务和服务在一般计税项目申报抵扣进项税额的情况。

(4) 采集企业财务报表和进项税额信息,分析企业固定资产和不动产变动情况。对不动产增加的,分析增值税申报表附表二,是否有待抵扣进项税额,对没有待抵扣税额的需要重点核查。

### (七) 违规开具、取得发票

房地产开发企业在发票使用方面,常见问题如下:

(1) 违规补开增值税普通发票。房地产开发企业在原地税部门已申报营业税但未开具发票,或未申报营业税未开具发票的,企业未经税务机关审核,违规开具增值税普通发票。

(2) 取得虚开的增值税专用发票。尤其是对一些无法取得正规发票的支出,如民间借贷利息支出、"明股实债"的利息支出,支付股东的开支等,往往通过取得虚假的建安发票、材料进项发票以虚增成本。

(3) 虚增差额扣税凭证的风险。由于房地产开发企业涉及的差额扣税凭证种类较多,包括发票、财政票据、拆迁协议等凭证,部分扣税凭证的真实性难以控管,可能存在虚增扣税凭证从而少缴税款的风险。

针对上述问题,稽查人员可采集大额成本费用发票的开具时间、发票代码、发票号码、开票单位、开具项目及金额等信息,并对采集到的发票信息做如下检查:

(1) 票面审查。检查发票版次,查看有无旧版作废发票;审核发票代码信息与发票上的印章单位及实际业务是否一致,检查有无从第三方取得发票问题;从发票开具痕迹上辨别真伪。查看有无调整打印格式、字体,背面有无复写痕迹等问题。

(2) 通过增值税发票系统查询发票流向,可以对存在疑问的发票外调协查取证。

(3) 对照合同、协议、预决算和付款情况,审查工程发票金额的合理性和真实性。

### 三、综合案例

2015年6月29日,最高人民法院公开开庭审理了广州市德发房产建设有限公司诉广州市地税局第一稽查局一案,被申请人广州市地税局第一稽查局负责人出庭应诉。本案之所以受人关注,原因在于是自行政诉讼法实施以来最高人民法院提审的第一起税务行政案件,也是2015年5月1日新行政诉讼法修改并实施后最高人民法院公开开庭审理的第一起行政案件,同时是新行政诉讼法实施后最高人民法院审理的首起行政机关负责人出庭应诉案件。更为重要的是,本案的核心争议焦点极具典型性,分别是稽查局的执法权限问题和税务机关核定税额的自由裁量权问题。这两个问题自税收征收管理法实施以来一直争议不断,不同判决结果的案件频发。能否依照税法的文本涵义及立法目的妥善解决上述两个问题,考验着最高人民法院的智慧。2017年4月17日,最高人民法院发布了终审判决——《广州德发房产建设有限公司与广东省广州市地方税务局第一稽查局再审行政判决书》,至此,这起历时10年的"马拉松"税案尘埃落定。

#### (一) 广州德发案基本情况

**1. 底价拍卖引发税企争议**

广州德发房产建设有限公司(简称"德发公司")成立于1992年,注册资本为1 200万美元,经营范围是开发、建设、销售、出租和管理商住楼宇等。2003年,德发公司为了偿还银行贷款,将其一处开发房产进行拍卖。德发公司在委托拍卖行拍卖时,设定的拍卖保证金为6 800万港元。最终,只有一家竞买人参与了房产的竞买,并以底价1.3亿港元(约1.2亿元人民币)成交。拍卖完成后,德发公司依法缴纳了相应的营业税税款。

广州市地税局第一稽查局(简称"稽查局")在日常检查中发现德发公司的拍卖行为涉嫌少缴税款,并进行调查。2009年,稽查局向德发公司作出穗地税稽一处〔2009〕66号《税务处理决定书》,认定德发公司拍卖房产申报的计税依据明显偏低且无正当理由,根据《中华人民共和国税收征收管理法》第三十五条第六款、《中华人民共和国税收征收管理法实施细则》第四十七条第四款以及《中华人民共和国营业税暂行条例》第七条之规定,核定德发公司委托拍卖的房产的交易价格应当为311 678 775元,应以311 678 775元的标准缴纳营业税,扣除已缴纳的营业税,应补缴营业税税款8 671 188.75元及滞纳金2 805 129.56元。

穗地税稽一处〔2009〕66号《税务处理决定书》的补税决定理由如下:

(1) 德发公司以底价拍卖房产无正当理由

由于德发公司在拍卖过程中将拍卖保证金的金额设定畸高,导致只有一家竞买人参与拍卖,并最终以底价的价格购买。该房产拍卖由于只有一家竞买人参加,导致实际上没有发生"竞价"行为,只有两个主体以上的竞买人参加的拍卖才符合我国拍卖法关于"竞价"的规定。因此,德发公司因其自身原因导致其房产拍卖行为存在瑕疵,以底价拍卖无正当理由。

(2) 德发公司申报的计税依据明显偏低

通过调查德发公司委托拍卖房产的周边房产当期交易价格分别为写字楼5 500至

20 001元每平方米,商铺 10 984 至 40 205 元每平方米,地下停车位 89 000 至 242 159 元每个。依照上述价格计算德发公司委托拍卖的房产的交易价格应当远远高于 1.3 亿港元,因此,德发公司申报的计税依据明显偏低。

(3) 依照合理方法核定计税依据

稽查局在针对标的房产的周边房产的当期交易价格的调查结果基础上,考虑到德发公司是整体拍卖房产,价值可能会比正常交易价格略低的实际情况,以当时市场交易价值较低的写字楼 5 000 元每平方米、商铺 10 500 元每平方米、停车位 85 000 元每个的价值进行核算,最终核定标的房产的交易价格应当为 311 678 775 元。

**2. 纳税人不服最终诉至最高院**

德发公司不服稽查局的穗地税稽一处〔2009〕66 号《税务处理决定书》,补缴相应营业税税款及滞纳金后,经一审、二审均未获支持。德发公司最终向最高人民法院申请再审。

2015 年 6 月 29 日,最高人民法院公开开庭审理了本案,当事人德发公司及稽查局围绕税务稽查局的主体资格、税务机关能否在拍卖价格之外另行核定应纳税额、如何认定纳税人申报的计税依据明显偏低且无正当理由等问题进行了举证、质证和辩论。

2017 年 4 月 17 日,最高人民法院发布了判决书,在综合详细的评述之后,最高人民法院在判决书中指出:广州税稽一局核定德发公司应纳税额,追缴 8 671 188.75 元税款,符合税收征管法第三十五条、税收征管法实施细则第四十七条的规定;追缴 156 081.40 元堤围防护费,符合《广州市市区防洪工程维护费征收、使用和管理试行办法》的规定。不过,最高人民法院认为:广州税稽一局认定德发公司存在违法违章行为没有事实和法律依据;责令德发公司补缴上述税费产生的滞纳金属于认定事实不清且无法律依据。

最后,最高人民法院判决如下:一、撤销广州市中级人民法院(2010)穗中法行终字第 564 号行政判决和广州市天河区人民法院(2010)天法行初字第 26 号行政判决;二、撤销广州市地方税务局第一稽查局穗地税稽一处〔2009〕66 号税务处理决定中对广州德发房产建设有限公司征收营业税滞纳金 2 805 129.56 元和堤围防护费滞纳金 48 619.36 元的决定;三、责令广州市地方税务局第一稽查局在本判决生效之日起三十日内返还已经征收的营业税滞纳金 2 805 129.56 元和堤围防护费滞纳金 48 619.36 元,并按照同期中国人民银行公布的一年期人民币整存整取定期存款基准利率支付相应利息;四、驳回广州德发房产建设有限公司其他诉讼请求。一、二审案件受理费 100 元,由广州德发房产建设有限公司和广州市地方税务局第一稽查局各负担 50 元。

**(二)笔者思考**

**1. 稽查局执法主体资格问题**

广州德发案提出稽查局执法主体问题与华润置地案相同,最终法院判定均是税务局稽查局对查处税收违法行为具有法定职责,不存在越权执法的问题。因此,这类关于稽查局的执法主体资格问题已形成定论,在今后的税务行政诉讼中将不再是一个争议问题。

**2. 关于税务机关核定计税依据问题**

该案所讨论的计税依据问题,实质为税务部门是否有权否定经过拍卖程序确定的交易价格作为计税依据问题。《税收征管法》第三十五条规定的税务机关有权重新核定的计税依据并没有排除通过拍卖程序确定的交易价格。况且,从民事交易角度看,拍卖仅仅是市场交易的一种形式,其并不具有当然的合理性和公允性。税务机关经调查、核实认为其拍卖价格明显低于市场价格时,纳税人如无正当理由,有权依法重新核定其计税依据。如果否定税务机关对拍卖价格进行计税核定的权力,纳税人可以通过各种手段干预拍卖,实现表面低价成交,从而少缴税款,将给整个税务征收带来灾难性的危害。

该案判决后,在社会上引起一定反响,部分观点对判决提出不同看法,虽然并不否认广州德发公司存在计税依据明显偏低的事实,但认为存在"正当理由",其论据主要有四个方面:一为拍卖程序合法;二为拍卖价格为竞价结果,具有合理性;三为广州德发公司存在挽救债务危机理由;四为地税稽查局无证据证明无正当理由存在。笔者认为,该四个论据或有失偏颇或不合逻辑,不能支持其观点。理由如下:

(1) 拍卖程序合法,并不代表其低价成交具有正当理由。

拍卖作为市场交易方式之一,其与普通买卖在法律效果上并无差异,均表现为买方支付价款,卖方转移标的物所有权。税务机关对于普通买卖确定的交易价格具有计税依据核定权,各界均不存在争议。当税务机关对普通交易纳税人进行计税核定时,纳税人显然不能以交易程序符合《民法通则》及《合同法》的规定而否认税务机关的核定权。同理,拍卖交易纳税人当然亦无权以其交易本身符合《拍卖法》的规定而否认税务机关的核定权。因此,部分观点以"意思表示真实""竞买人人数""竞价过程""底价保留"等因素进行分析论证,充其量只能推导拍卖行为、拍卖价格是否真实、合法的结论,并不能对交易价格过低这一本质问题作出合理解释。

(2) 拍卖价格作为竞价结果,不当然构成低价成交的正当理由。

如前所述,拍卖仅为市场交易的一种形式,拍卖中的竞价亦仅为交易过程中的要约、承诺的特殊展现过程而已。拍卖交易纳税人不能仅以竞价结果作为低价成交的正当理由,正如普通交易纳税人不能仅以交易价格是其真实意思表示作为低价成交的理由一样。

该案中广州德发公司存在保证金畸高、只有一个竞买人的情形,根本未形成竞价。中国拍卖业协会法律咨询委员会《致商务部条约法律司有关一个竞买人参加的拍卖会是否应当中止,一人竞买的拍卖是否有效的函》(中拍法函字〔2009〕第12号)明确,在一场拍卖会中仅有一位竞买人的情况下,应当中止拍卖,只有在竞买人达到法律规定的竞价条件,即有两个以上的竞买人参加时,拍卖会才可以进行。

至于部分观点关于"意向购买者均可通过拍卖公告得知拍卖底价,即保留价,实际上就是一种'竞价'过程"的论述,违反了拍卖行业常识——拍卖的保留价或底价只应限于委托人与拍卖机构知悉,在整个拍卖活动中都对竞买人严格保密的,而不可能通过拍卖公告的形式事先对外公布。

(3) 广州德发公司为挽救债务危机,是否构成低价成交的正当理由问题。

部分观点认为造成该案标的房产成交价格较低的一个重要原因是德发公司需要迅速取得资金解决自身偿还银行贷款的债务危机。但即使德发公司存在对外负债的事实,但此事实只能证明拍卖的背景与动机是合理的,并不能由此推断出"拍卖价明显低于市场价格"具有合理性。如允许纳税人以挽救债务危机为由认定低价成交具备正当理由,从而降低计税依据,将导致严重的、不可估量的、难以控制的纳税道德风险。

(4) 税务机关是否应就纳税人低价成交无正当理由提供证据问题。

按《税收征管法》第三十五条的规定,税务机关仅需要对纳税交易人低价成交的事实承担举证责任。具体到该案而言,广州地税稽查局仅须提供有关证据证明广州德发公司的交易价格明显低于市场价格即可。如纳税人认为其具备正当理由应提供有关证据。

部分观点认为应由税务部门就纳税人无正当理由进行举证,违背了基本的证据分配原则。尽管行政诉讼中,行政机关对作出的具体行政行为负有举证责任,应当提供作出该具体行政行为的证据和所依据的规范性文件。但法律没有要求也不可能要求行政机关就一个不存在的现象承担举证责任证明该现象不存在。具体到该案而言,在纳税人无正当理由的情形下,如何能够举证证明其没有正当理由呢?

综上所述,广州地税稽查局对广州德发公司少缴税款的违法行为进行查处于法有据,不存在越权问题;拍卖仅是市场交易的一种形式,纳税人以拍卖成交价作为计税依据进行申报时,税务机关经调查、核实认为该拍卖成交价明显低于市场价格时,如纳税人未提出正当理由及相关证据,有权依法重新核定其计税依据。

# 第六章

# 土地增值税稽查实务

## 第一节 土地增值税基本政策

### 一、纳税人

在中华人民共和国境内转让国有土地使用权、地上的建筑物及其附着物并取得收入的单位和个人,为土地增值税的纳税义务人,应按规定缴纳土地增值税。单位,是指各类企业单位、事业单位、国家机关和社会团体及其他组织。个人,包括个体经营者。收入,包括转让房地产的全部价款及有关的经济收益。

土地增值税同样适用于涉外企业、单位和个人。外商投资企业、外国企业、外国驻华机构、外国公民、华侨以及港澳台同胞等,只要在中华人民共和国境内转让房地产并取得收入,都应当缴纳土地增值税。

### 二、征税范围

土地增值税的课税对象是有偿转让国有土地使用权及地上建筑物及其附着物产权所取得的增值额。

(一) 土地增值税既对转让土地使用权课税,也对转让地上建筑物和其他附着物的产权征税

所谓地上建筑物,是指建于土地上的一切建筑物,包括地上地下的各种附属设施。如厂房、仓库、商店、医院、住宅、地下室、围墙、烟囱、电梯、中央空调、管道等。所谓附着物是指附着于土地上、不能移动,一经移动即遭损坏的种植物、养殖物及其他物品。上述建筑物附着物的所有者对自己的财产依法享有占有、使用、收益和处置的权利,即拥有排他性的产权。

税法规定,纳税人转让地上建筑物和其他附着物的产权,取得的增值性收入,也应计算缴纳土地增值税。换言之,纳入土地增值税课征范围的增值额,是纳税人转让房地产所取得的全部增值额,而非仅仅是土地使用权转让的收入。

(二) 土地增值税只对有偿转让的房地产征税,对以继承、赠与等方式无偿转让的房地产不予征税

房地产的继承是指房产的原产权所有人、依照法律规定取得土地使用权的土地使用人死亡以后,由其继承人依法承受死者房产产权和土地使用权的民事法律行为。这种行为虽然发生了房地产的权属变更,但作为房产产权、土地使用权的原所有人(即被继承人)并没有因为权属变更而取得任何收入。因此,这种房地产的继承不属于土地增值税

的征税范围。

房地产的赠与是指房产所有人、土地使用权所有人将自己所拥有的房地产无偿地交给其他单位与个人的行为。房地产的赠与虽发生了房地产的权属变更，但作为房产所有人、土地使用权的所有人并没有因为权属的转让而取得任何收入。因此，房地产的赠与不属于土地增值税的征税范围。但是，不征收土地增值税的房地产赠与行为只包括以下两种情况：

（1）房产所有人、土地使用权所有人将房屋产权、土地使用权赠与直系亲属或承担直接赡养义务人的行为。

（2）房产所有人、土地使用权所有人通过中国境内非营利的社会团体、国家机关将房屋产权、土地使用权赠与教育、民政和其他社会福利、公益事业的行为。其中，社会团体是指中国青少年发展基金会、希望工程基金会、宋庆龄基金会减灾委员会、中国红十字会中国残疾人联合会、全国老年基金会、老区促进会，以及经民政部门批准成立的其他非营利的公益性组织。

**（三）征税范围的若干具体规定**

合作建房。对于一方出地，一方出资金，双方合作建房，建成后分房自用的，暂免征收土地增值税。但是，建成后转让的，属于征收土地增值税的范围。

交换房地产。交换房地产行为既发生了房产产权、土地使用权的转移，交换双方又取得了实物形态的收入，按照规定属于征收土地增值税的范围。但对个人之间互换自有居住用房地产的经当地税务机关核实，可以免征土地增值税。

房地产抵押。在抵押期间不征收土地增值税。待抵押期满后，视该房地产是否转移产权来确定是否征收土地增值税。以房地产抵债而发生房地产产权转让的，属于征收土地增值税的范围。

房地产出租。出租人取得了收入，但没有发生房地产产权的转让，不属于征收土地增值税的范围。

房地产评估增值。没有发生房地产权属的转让，不属于征收土地增值税的范围。

国家收回国有土地使用权、征用地上建筑物及附着物。虽然发生了权属的变更，原房地产所有人也取得了收入，但按照《土地增值税暂行条例》的有关规定，可以免征土地增值税。

房地产的代建房行为。对于房地产开发企业而言，虽然取得了收入，但没有发生房地产权属的转移，其收入属于劳务收入性质，故不属于土地增值税的征税范围。

土地使用者转让、抵押或置换土地。无论土地使用者是否取得了该土地的使用权属证书，无论其在转让、抵押或置换土地过程中是否与对方当事人办理了土地使用权属证书变更登记手续，只要土地使用者享有占有、使用、收益或处分该土地的权利，且有合同等证据表明其实质转让抵押或置换了土地并取得了相应的经济利益，土地使用者及其对方当事人应当依照税法规定缴纳土地增值税等相关税收。

### 三、计税依据

土地增值税的计税依据是转让国有土地使用权、地上建筑物及其附着物所取得的增值额。增值额为纳税人转让房地产取得的收入减除按税法规定的扣除项目金额后的余额。

土地增值额的计算公式如下：

$$土地增值额 = 出售房地产取得的收入 - 扣除项目的金额$$

### （一）收入额

纳税人转让房地产所取得的收入，是指转让房地产所取得的各种收入，包括货币收入、实物收入和其他收入在内的全部价款及有关的经济利益。营改增后，纳税人转让房地产的土地增值税应税收入不含增值税。

房地产开发企业在营改增后进行房地产开发项目土地增值税清算时，计算方式如下：

$$土地增值税应税收入 = 营改增前转让房地产取得的收入 + 营改增后转让房地产取得的不含增值税收入$$

### （二）扣除额

扣除项目包括：取得土地使用权所支付的金额，开发土地和新建房及配套设施的成本，开发土地和新建房及配套设施的费用，与转让房地产有关的税金。

**1. 取得土地使用权所支付的金额**

取得土地使用权所支付的金额包括纳税人为取得土地使用权所支付的地价款和按国家统一规定交纳的有关费用。对取得土地使用权时未支付地价款或不能提供已支付的地价款凭据的，不允许扣除取得土地使用权时所支付的金额。

房地产开发企业逾期开发缴纳的土地闲置费不得扣除。

房地产开发企业为取得土地使用权所支付的契税，应视同"按国家统一规定交纳的有关费用"，计入"取得土地使用权所支付的金额"中扣除。

**2. 开发土地和新建房及配套设施的成本**

开发土地和新建房及配套设施的成本，是指纳税人房地产开发项目实际发生的成本，包括土地征用及拆迁补偿费、前期工程费、建筑安装工程费、基础设施费、公共配套设施费、开发间接费用。

（1）土地征用及拆迁补偿费，包括土地征用费、耕地占用税、劳动力安置费及有关地上、地下附着物拆迁补偿的净支出、安置动迁用房支出等。

房地产开发企业用建造的本项目房地产安置回迁户的，安置用房视同销售处理，按《国家税务总局关于房地产开发企业土地增值税清算管理有关问题的通知》(国税发〔2006〕187号)第三条第（一）款规定确认收入，同时将此确认为房地产开发项目的拆迁补偿费。房地产开发企业支付给回迁户的补差价款，计入拆迁补偿费；回迁户支付给房地产开发企业的补差价款，应抵减本项目拆迁补偿费。

房地产开发企业采取异地安置，异地安置的房屋属于自行开发建造的，房屋价值按国税发〔2006〕187号第三条第（一）款的规定计算，计入本项目的拆迁补偿费；异地安置的房屋属于购入的，以实际支付的购房支出计入拆迁补偿费。

货币安置拆迁的，房地产开发企业凭合法有效凭据计入拆迁补偿费。

（2）前期工程费，包括规划、设计、项目可行性研究和水文、地质、测绘、"三通一平"等支出。

（3）建筑安装工程费，是指以出包方式支付给承包单位的建筑安装工程费，以自营方式发生的建筑安装工程费。

（4）基础设施费，包括开发小区内道路、供水、供电、供气、排污、排洪、通讯、照明、环卫、绿化等工程发生的支出。

（5）公共配套设施费，包括不能有偿转让的开发小区内公共配套设施发生的支出。

（6）开发间接费用，是指直接组织、管理开发项目发生的费用，包括工资、职工福利费、折旧费、修理费、办公费、水电费、劳动保护费、周转房摊销等。

**3. 开发土地和新建房及配套设施的费用**

开发土地和新建房及配套设施的费用，是指与房地产开发项目有关的销售费用、管理费用、财务费用。除利息支出外其他房地产开发费用，按1、2项规定计算金额之和的5%以内计算扣除。财务费用中的利息支出，凡能够按转让房地产项目计算分摊并提供金融机构证明的，允许据实扣除，但最高不能超过按商业银行同类同期贷款利率计算的金额。凡不能按转让房地产项目计算分摊利息支出或不能提供金融机构证明的，房地产开发费用按1、2项规定计算金额之和的10%以内计算扣除。计算扣除的具体比例，由各省、自治区、直辖市人民政府规定。

全部使用自有资金，没有利息支出的，按照以上方法扣除。

房地产开发企业既有向金融机构借款，又有其他借款的，其房地产开发费用计算扣除时不能同时适用以上两种办法。

此外，财政部和国家税务总局还对利息支出作了两项专门规定：一是利息的上浮幅度按国家的有关规定执行，超过上浮幅度的部分不允许扣除；二是对于超过贷款期限的利息部分和加罚的利息部分和加罚的利息不允许扣除。

土地增值税清算时，已经计入房地产开发成本的利息支出，应调整至财务费用中计算扣除。

**4. 与转让房地产有关的税金**

与转让房地产有关的税金，是指在转让房地产时缴纳的营业税、城市维护建设税、印花税。因转让房地产交纳的教育费附加，也可视同税金予以扣除。营改增后，不包含增值税销项税额。

房地产开发企业在营改增后进行房地产开发项目土地增值税清算时，计算公式如下：

与转让房地产有关的税金＝营改增前实际缴纳的营业税、城建税、教育费附加＋营改增后允许扣除的城建税、教育费附加。

允许扣除的印花税，是指在转让房地产时缴纳的印花税。房地产开发企业按照《施工、房地产开发企业财务制度》的有关规定，其缴纳的印花税列入管理费用，印花税不再单独扣除。房地产开发企业以外的其他纳税人在计算土地增值税时，允许扣除在转让房地产环节缴纳的印花税。

由于土地增值税是地方税种，因此各地税收政策具有一定的区别，地域性较强。比如各类规费、基金、地方教育附加是否允许扣除，部分政策如下：

《湖北省地方税务局关于房地产开发企业土地增值税清算工作若干政策问题的通知》

(鄂地税发〔2008〕211号)第四条第(四)项规定:对房地产开发企业缴纳的各项政府性行政规费和基金,可视同税金予以扣除。

《山东省地方税务局房地产开发企业税收征收管理暂行办法》(鲁地税发〔2005〕23号)第三十条第四款规定:与转让房地产有关的税金,指在转让房地产时缴纳的营业税、城市维护建设税。因转让房地产缴纳的教育费附加和经省以上人民政府批准征收的规费、基金,也可视同税金予以扣除。

《广州市地方税务局关于印发土地增值税清算工作若干问题的处理指引的通知》(穗地税函〔2000〕342号)第八条规定:关于房地产开发企业转让房地产时交纳的堤围防护费(1998年1月1日前为防洪工程维护费)视同转让房地产有关的税金准予扣除。

《天津市房地产开发企业土地增值税清算管理办法(试行)》(津地税地〔2007〕25号文件发布)第十四条第(三)项规定:纳税人在销售房地产过程中缴纳的营业税、城市维护建设税和教育费附加、防洪费等税费,应向主管税务机关提供合法有效凭证,方可据实扣除。

《北京市地方税务局北京市财政局北京市国家税务局关于地方教育费附加征收管理若干问题的公告》(北京市地方税务局公告2011年第18号)第一条第六项规定:地方教育附加的征收管理、减免等事项,除另有规定外,比照教育费附加的有关规定执行。因此,地方教育附加也可视同税金予以扣除。

2014年发布的《济南市土地增值税清算工作指南(试行)》"七、关于房地产开发企业缴纳的政府性基金和行政事业性收费的扣除问题"规定:"房地产开发企业缴纳的政府性基金和行政事业性收费的扣除应按以下原则把握:(一)凡与房地产开发项目直接相关或是房地产行业特有的,且缴纳的环节是在项目办理项目竣工验收之前的政府性基金和行政事业性收费,如市政配套费、报批报建费、水电增容费、新型墙体材料专项基金、散装水泥基金等,在清算时应计入开发成本予以扣除,并作为计算房地产开发费用和加计20%扣除的基数;(二)房地产开发企业缴纳销售不动产营业税时附征的地方教育附加、地方水利建设基金,在清算时应计入与转让房地产有关的税金予以扣除。"

2012年、2014年的《国家税务总局关于土地增值税若干具体问题的公告(征求意见稿)》也曾提及:纳税人转让房地产时交纳的地方教育附加,比照教育费附加计入与转让房地产有关的税金计算扣除。

**5. 财政部确定的其他扣除项目**

从事房地产开发的纳税人允许按照取得土地使用权时所支付的金额和房地产开发成本之和,加计20%扣除。对取得土地使用权后,未进行开发即转让的,在计算应纳土地增值税时,只允许扣除取得土地使用权时支付的地价款、缴纳的有关费用,以及转让环节缴纳的税金,不得加计扣除。这样规定的目的主要是抑制炒买炒卖地皮的投机行为。

### 四、应纳税额计算方法

土地增值税应纳税额常用计算方法为速算扣除法,计算公式如下:

$$应纳税额=土地增值额×税率-扣除项目金额×速算扣除系数$$

土地增值税采用四级超率累进税率计算应纳税额,详见表6-1。

表 6-1 土地增值税税率表

| 档次 | 级距 | 税率(%) | 速算扣除系数(%) | 税额计算公式 | 说明 |
|---|---|---|---|---|---|
| 1 | 增值额未超过扣除项目金额50%的部分 | 30 | 0 | 增值额30% | 扣除项目指取得土地使用权所支付的金额;开发土地的成本、费用;新建房及配套设施的成本、费用或旧房及建筑物的评估价格;与转让房地产有关的税金;财政部规定的其他扣除项目。 |
| 2 | 增值额超过扣除项目金额50%,未超过100%的部分 | 40 | 5 | 增值额40%－扣除项目金额5% | |
| 3 | 增值额超过扣除项目金额100%,未超过200%的部分 | 50 | 15 | 增值额50%－扣除项目金额15% | |
| 4 | 增值额超过扣除项目金额200%的部分 | 60 | 35 | 增值额60%－扣除项目金额35% | |

## 五、征收方式

### (一) 土地增值税预征政策

(1) 适用的房地产开发企业业务。对于一般的商品房开发业务,房地产开发企业土地增值税征收采取先预征再清算的方式,对旧房转让和一次性销售行为,不适用预征而采取一次性征收办法。

(2) 预征税款。营改增后,纳税人转让房地产的土地增值税应税收入不含增值税。适用增值税一般计税方法的纳税人,其转让房地产的土地增值税应税收入不含增值税销项税额;适用简易计税方法的纳税人,其转让房地产的土地增值税应税收入不含增值税应纳税额。

为简化土地增值税预征税款计算,房地产开发企业采取预收款方式销售自行开发的房地产项目的,土地增值税预征计征依据计算方式如下:

土地增值税预征的计征依据＝预收款－应预缴增值税税款

土地增值税预征税款＝土地增值税预征的计征依据×预征率

对未按预征规定期限预缴税款的,应根据《税收征收管理法》及其实施细则的有关规定,从限定的缴纳税款期限届满的次日起,加收滞纳金。

(3) 部分地区的预征率。土地增值税的预征率一般由各地地税机关根据当地具体情况,在国家税务总局规定的幅度内确定。根据2010年税收调控政策,除保障性住房外,东部地区省份预征率不得低于2%,中部和东北地区省份预征率不得低于1.5%,西部地区省份预征率不得低于1%,对于无法查账征收土地增值税的企业,土地增值税可以核定征收。根据2010年税收调控政策,核定征收率不低于5%。

北京市:

预计增值率≤50%预征率2%;50%＜预计增值率≤100%预征率3%;100%＜预计增值率≤200%预征率5%;200%＜预计增值率预征率8%。

上海市:

住宅开发项目销售均价低于项目所在区域(区域按外环内、外环外划分)上一年度新建商品住房平均价格的,预征率为 2%;高于但不超过 1 倍的,预征率为 3.5%;超过 1 倍的,预征率为 5%。

项目所在区域上一年度新建商品住房平均价格以市房屋主管部门提供的数据为准。

江苏省:

根据 2016 年江苏省地方税务局确定的预征率,在江苏省范围内,预计增值率大于 100%且小于或等于 200%的房地产开发项目,预征率为 5%;预计增值率大于 200%的房地产开发项目,预征率为 8%。除此以外,江苏省南京市、苏州市市区(含工业园区)普通住宅、非普通住宅、其他类型房产的预征率分别为:2%、3%、4%;其他地区普通住宅、非普通住宅其他类型房产的预征率均为 2%。

湖南省:

普通标准住宅预征率为 1.5%;非普通标准住宅预征率为 2%;非住宅预征率为 3%;单纯转让土地使用权预征率为 5%。

## 六、税收优惠

1) 转让房屋,增值额未超过扣除项目金额之和 20%的,免征土地增值税

(1) 建造普通标准住宅出售,其增值额未超过扣除项目金额之和 20%的,予以免税。超过 20%的,应就其全部增值额按规定计税。

所谓"普通标准住宅",是指按所在地一般民用住宅标准建造的居住用住宅。高级公寓、别墅、小洋楼、度假村,以及超面积、超标准豪华装修的住宅,均不属于普通标准住宅。普通标准住宅与其他住宅的具体界限,2005 年 5 月 31 日前由省级人民政府规定。自 2005 年 6 月 1 日起,普通标准住宅应同时满足:住宅小区建筑容积率在 1.0 以上,单套建筑面积在 120 平方米以下,实际成交价格低于同级别土地上住房平均交易价格 1.2 倍以下。各省、自治区、直辖市要根据实际情况,制定本地区享受优惠政策普通住房具体标准。允许单套建筑面积和价格标准适当浮动,但向上浮动的比例不得超过上述标准的 20%。

对纳税人既建普通标准住宅,又搞其他房地产开发的,应分别核算增值额;不分别核算增值额或不能准确核算增值额的,其建造的普通标准住宅不适用该免税规定。

(2) 转让旧房作为保障性住房且增值额未超过扣除项目金额 20%的免税。

(3) 转让旧房作为公共租赁住房房源、且增值额未超过扣除项目金额 20%的免税。

2) 因国家建设需要免征土地增值税

(1) 因国家建设需要而被政府征收、收回的房地产,免税。

(2) 因城市实施规划、国家建设需要而搬迁,纳税人自行转让房地产免税。

3) 对个人销售住房暂免征收土地增值税

4) 对企业改制、资产整合过程中涉及的土地增值税予以免征

5) 根据财税〔2018〕57 号文件的精神,为支持企业改制重组,优化市场环境,对企业在改制重组过程中涉及的土地增值税继续执行如下政策

(1) 按照《中华人民共和国公司法》的规定,非公司制企业整体改制为有限责任公司或者股份有限公司,有限责任公司(股份有限公司)整体改制为股份有限公司(有限责任公司),对改制前的企业将国有土地使用权、地上的建筑物及其附着物(以下称房地产)转移、变更到改制后的企业,暂不征土地增值税。整体改制是指不改变原企业的投资主体,并承继原企业

权利、义务的行为。

（2）按照法律规定或者合同约定，两个或两个以上企业合并为一个企业，且原企业投资主体存续的，对原企业将房地产转移、变更到合并后的企业，暂不征土地增值税。

（3）按照法律规定或者合同约定，企业分设为两个或两个以上与原企业投资主体相同的企业，对原企业将房地产转移、变更到分立后的企业，暂不征土地增值税。

（4）单位、个人在改制重组时以房地产作价入股进行投资，对其将房地产转移、变更到被投资的企业，暂不征土地增值税。

（5）上述改制重组有关土地增值税政策不适用于房地产转移任意一方为房地产开发企业的情形。

（6）企业改制重组后再转让国有土地使用权并申报缴纳土地增值税时，应以改制前取得该宗国有土地使用权所支付的地价款和按国家统一规定缴纳的有关费用，作为该企业"取得土地使用权所支付的金额"扣除。企业在改制重组过程中经省级以上（含省级）国土管理部门批准，国家以国有土地使用权作价出资入股的，再转让该宗国有土地使用权并申报缴纳土地增值税时，应以该宗土地作价入股时省级以上（含省级）国土管理部门批准的评估价格，作为该企业"取得土地使用权所支付的金额"扣除。办理纳税申报时，企业应提供该宗土地作价入股时省级以上（含省级）国土管理部门的批准文件和批准的评估价格，不能提供批准文件和批准的评估价格的，不得扣除。

（7）企业在申请享受上述土地增值税优惠政策时，应向主管税务机关提交房地产转移双方营业执照、改制重组协议或等效文件，相关房地产权属和价值证明、转让方改制重组前取得土地使用权所支付地价款的凭据（复印件）等书面材料。

（8）不改变原企业投资主体、投资主体相同，是指企业改制重组前后出资人不发生变动，出资人的出资比例可以发生变动；投资主体存续，是指原企业出资人必须存在于改制重组后的企业，出资人的出资比例可以发生变动。执行期限为2018年1月1日至2020年12月31日。

## 七、纳税义务发生时间

土地增值税纳税义务发生时间为房地产转让合同签订之日。以下通过非正常方式转让房地产土地增值税纳税义务发生时间如下：

（1）已签订房地产转让合同，原房产因种种原因迟迟未能过户，后因有关问题解决后再办理房产转移登记，土地增值税纳税义务发生时间以签订房地产转让合同时间为准。

（2）法院在进行民事判决、民事裁定、民事调解过程中，判决或裁定房地产所有权转移，土地增值税纳税义务发生时间以判决书、裁定书、民事调解书确定的权属转移时间为准。

（3）依法设立的仲裁机构裁决房地产权属转移，土地增值税纳税义务发生时间以仲裁书明确的权属转移时间为准。

## 八、纳税地点

纳税人应在转让房地产合同签订后的7日内，向房地产所在地主管税务机关办理纳税申报。房地产所在地是指房地产的坐落地。不论纳税人的机构所在地、经营所在地、居住所在地设在何处，均应在转让的房地产所在地申报纳税。

如果纳税人是法人的,当纳税人转让的房地产的坐落地与其机构所在地或经营所在地同在一地时,可在办理税务登记的原管辖税务机关申报纳税;如果转让的房地产坐落地与其机构所在地或经营所在地不在一地,则应在房地产坐落地的主管税务机关申报纳税。纳税人转让的房地产坐落在两个或两个以上地区的,应按房地产所在地分别申报纳税。

### 九、旧房转让土地增值税政策

#### (一)旧房的确认标准

旧房,是指已建成并办理房屋产权证或取得购房发票的房产以及虽未办理房屋产权证但已建成并交付使用的房产。

确定房屋如何征收土地增值税,首先就要判断其是新房还是旧房。

《财政部 国家税务总局关于土地增值税一些具体问题规定的通知》(财税字〔1995〕48号)指出:新建房是指建成后未使用的房产。凡是已使用一定时间或达到一定磨损程度的房产均属旧房。使用时间和磨损程度标准可由各省、自治区、直辖市财政厅(局)和地方税务局具体规定。

各地对新房和旧房的判定标准有如下政策:

《深圳市地方税务局关于发布土地增值税征管工作规程(试行)的公告》(深圳市地方税务局公告 2015 年第 1 号)第四十七条规定:从房地产二级市场购入、自建房使用超过 1 年(不含 1 年)的房产以及从房地产三级市场购入的房产,其转让适用旧房转让土地增值税政策。从房地产三级市场购买的房产再转让不受 1 年时间限制。

自建房使用时间超过 1 年是指竣工验收时间至转让合同签订时间超过 1 年。从房地产二级市场购入时间超过 1 年是指购买合同签订时间至转让合同签订时间超过 1 年。

《辽宁省大连市地方税务局关于进一步加强土地增值税清算工作的通知》(大地税函〔2008〕188 号)规定:对房地产开发企业转让已自用(包括出租使用)年限在一年以上再出售的房地产项目,应按照转让旧房及建筑物的有关规定缴纳土地增值税。

《广西壮族自治区财政厅 自治区国家税务局 自治区地方税务局转发财政部 国家税务总局关于土地增值税一些具体问题规定的通知》(桂财税字〔1995〕第 28 号)规定:凡房屋建成后至第一次办理产权证完毕,这段时间属于新建房。如再办理产权转移的,不论时间长短与磨损程度如何,一律视为旧房。

《云南省地方税务局转发(财政部 国家税务总局关于土地增值税一些具体问题规定)的通知》(云地税发〔1995〕203 号)规定:鉴于房屋磨损程度无法具体量化,云南省新建房与旧房的界定以使用时间为标准,凡是建成后使用或者使用时间在 2 年以内的,属新建房;凡使用时间超过 2 年的,属旧房。

《云南省地方税务局转发国家税务总局关于房地产开发企业土地增值税清算管理有关问题的通知》(云地税发〔2007〕180 号)规定:房地产开发企业建造商品房,已自用或出租使用年限在 2 年以上(不含 2 年)再出售的,应按照转让旧房及建筑物的政策规定缴纳土地增值税,不再列入土地增值税清算的范围。

《浙江省国家税务局 浙江省地方税务局关于土地增值税若干问题的补充通知》(95 浙国税外第 127 号、95 浙地税第 38 号)对新旧房按如下标准界定:凡新建完工可投入使用的房产为新建房,新建房连续使用一年以上或未使用三年以上的房产视作旧房。

《河南省财政厅　河南省地方税务局关于土地增值税中新旧房划分标准的通知》(豫财税政字〔1998〕61号)对土地增值税中新旧房划分标准明确如下：①凡房屋建成后，使用时间在一年(含一年)以内的视为新房。②凡房屋建成后，使用时间在一年(不含一年)以上的为旧房。如果房屋使用在一年以内由于磨损程度较大或遭受重大损坏的，由市地方税务局上报省地方税务局审批后，也可视为旧房。

《海南省地方税务局关于土地增值税有关问题的通知》(琼地税发〔2009〕104号)规定：二手房、房地产开发企业所开发的商品房已转为自用，作为固定资产核算的房产、非房地产开发企业自建自用超过一年的房产，均适用转让旧房的土地增值税政策。

《河北省地方税务局　河北省财政厅　河北省国家税务局转发财政部　国家税务总局关于土地增值税一些具体问题规定的通知》(冀地税发〔1995〕71号)规定：建成后未使用的房产为新房，凡已经使用的房产，不论其使用时间和磨损程度如何，一律为旧房。

《辽宁省地方税务局关于印发〈辽宁省房地产开发企业土地增值税清算管理办法〉的通知》(辽地税发〔2007〕102号)规定：房地产开发企业纳税人建造商品房，已自用或出租使用年限在一年以上再出售的，应按照转让旧房及建筑物的政策规定缴纳土地增值税，不再列入土地增值税清算的范围。

《江苏省财政厅　江苏省地方税务局转发财政部　国家税务总局关于土地增值税若干问题的通知》(苏财税〔2007〕45号)规定：土地增值税中的旧房，是指已建成并办理房屋产权证或取得购房发票的房产以及虽未办理房屋产权证但已建成并交付使用的房产。

《江苏省地方税务局公告关于土地增值税若干问题的公告》(苏地税规〔2015〕8号)规定：房地产开发企业建造的商品房(不含已列入固定资产或作为投资性房地产的房屋)应按照转让新建房的政策规定缴纳土地增值税。非房地产开发企业自建房屋，自房屋竣工之日起3年内(含)转让的，可按照转让新建房的政策规定缴纳土地增值税。

《湖南省财政厅　湖南省地方税务局关于土地增值税新旧房界定问题的通知》(湘财税〔2015〕13号)规定：新建非商品房取得房屋所有权证后，新建商品房实现销售(或视同销售)取得房屋所有权证(或办理房屋产权登记)后即为旧房，转让时按照旧房的有关规定征收土地增值税。

《青岛市地方税务局房地产项目土地增值税税款清算管理暂行办法》(青地税发〔2008〕100号)第十条规定，开发企业将开发产品和公共配套设施转为企业自用或用于出租的，凡房地产所有权未发生转移的，不征收土地增值税；在税款清算时不计入房地产转让收入，同时按照建筑面积比例确定相应的成本和费用，不计入扣除项目金额。"自用或用于出租"是指同时满足两个条件，一是将开发产品转作开发企业固定资产的；二是从自用或用于出租之日起连续使用年限一年以上(含一年)的。

文件第十五条规定，开发企业将开发产品转为企业自用或用于出租的，凡符合该办法第十条第二款规定的，出售时依法不列入国家规定的清算范围，应按转让旧房及建筑物的税收规定计算缴纳土地增值税。

《天津市地方税务局关于土地增值税相关政策的公告》(天津市地方税务局公告2016年第22号)规定："九、存量房转让，按照其不同的取得方式，应分别按下列方法归集扣除项目金额。扣除项目涉及的增值税进项税额，允许在销项税额中计算抵扣的，不计入扣除项目，不允许在销项税额中计算抵扣的，可以计入扣除项目。

（一）自建房转让扣除项目金额包括：
1. 取得土地使用权所支付的金额；
2. 房地产评估机构评定的自建房重置成本价乘以成新度折扣率后的价格；
3. 自建房的评估费；
4. 与转让自建房有关的税金。

（二）购置房转让时，凡未提供评估价格但提供购房发票的，其扣除项目金颗包括：
1. 购置房原发票载明的金额；
2. 按规定加计的金额；
3. 与转让购置房有关的税金。

十、房地产开发企业转让取得房地权证的自建商品房，不论使用时间和磨损程度如何，凡签署存量房买卖合同(协议)的均属于存量房，按存量房转让计征土地增值税。

十一、纳税人在存量房转让环节，无法按照本公告第九条据实征收土地增值税的，主管税务机关按8%的核定征收率计算征收税款。"

《安徽省地方税务局土地增值税清算管理办法》(安徽省地方税务局公告2017年第6号)第四十九条规定：对房地产开发项目中的房地产，纳税人出租、自用或借予他人使用超过1年的，转让时应按销售旧房处理。

（二）旧房转让的免税政策

目前，转让旧房免征土地增值税政策有：

（1）《财政部　国家税务总局关于公共租赁住房税收优惠政策的通知》(财税〔2015〕139号)规定：对企事业单位、社会团体以及其他组织转让旧房作为公共租赁住房房源，且增值额未超过扣除项目金额20％的，免征土地增值税。

（2）《财政部　国家税务总局关于棚户区改造有关税收政策的通知》(财税〔2013〕101号)规定：企事业单位、社会团体以及其他组织转让旧房作为改造安置住房房源且增值额未超过扣除项目金额20％的，免征土地增值税。改造安置住房是指相关部门和单位与棚户区被征收人签订的房屋征收(拆迁)补偿协议或棚户区改造合同(协议)中明确用于安置被征收人的住房或通过改建、扩建、翻建等方式实施改造的住房。

（三）旧房转让土地增值税计算方式

1）以评估价格确定扣除项目

转让旧房的，应按房屋及建筑物的评估价格、取得土地使用权所支付的地价款和按国家统一规定交纳的有关费用以及在转让环节缴纳的税金作为扣除项目金额计征土地增值税。对取得土地使用权时未支付地价款或不能提供已支付的地价款凭据的，不允许扣除取得土地使用权所支付的金额。其中，旧房及建筑物的评估价格，是指在转让已使用的房屋和建筑物时，由政府批准设立的房地产评估机构评定的重置成本价乘以成新度折扣率后的价格。《财政部　国家税务总局关于土地增值税一些具体问题规定的通知》(财税字〔1995〕48号)。

对于能提供评估价格的，已缴契税在计算土地增值税时不允许扣除。

《深圳市地方税务局关于发布土地增值税征管工作规程(试行)的公告》(深圳市地方税务局公告2015年第1号)规定，以评估价作为扣除项目的，按政府批准设立的房地产评估机构评定的重置成本价乘以成新度折扣率后的价格作为扣除项目。具体包括：建筑物重置成本价乘以成新度折扣率，取得土地使用权所支付的地价款，按国家统一规定交纳的有关费用,包含原房产登记环节和转让环节缴纳的费用,在转让环节缴纳的税金。按评估价作为扣除项目,评估价是指建筑物的评估价,不包含土地价款。

2) 以购房发票确定扣除项目

纳税人转让旧房及建筑物,凡不能取得评估价格,但能提供购房发票的,《中华人民共和国土地增值税暂行条例》第六条第一、三项规定的扣除项目的金额(即取得土地使用权所支付的金额、新建房及配套设施的成本、费用,或者旧房及建筑物的评估价格)计算方式如下:

(1) 提供的购房凭据为"营改增"前取得的营业税发票的,按照发票所载金额(不扣减营业税)并从购买年度起至转让年度止每年加计5%计算。

(2) 提供的购房凭据为"营改增"后取得的增值税普通发票的,按照发票所载价税合计金额从购买年度起至转让年度止每年加计5%计算。

(3) 提供的购房发票为"营改增"后取得的增值税专用发票的,按照发票所载不含增值税金额加上不允许抵扣的增值税进项税额之和,并从购买年度起至转让年度止每年加计5%计算。

(4) 对纳税人购房时缴纳的契税,凡能够提供契税完税凭证的,准予作为"与转让房地产有关的税金"予以扣除,但不作为加计5%的基数。

3) 对于转让旧房及建筑物,既没有评估价格,又不能提供购房发票的,税务机关可以根据《中华人民共和国税收征收管理法》第三十五条的规定,实行核定征收。

4) 转让新建房与旧房的扣除项目区别较为明显,具体区分见表6-2所示。

表6-2 转让新建房与旧房扣除项目差异表

| 转让项目的性质 | 扣除项目 |
| --- | --- |
| 新建房地产转让 | 1. 取得土地使用权所支付的金额 |
| | 2. 开发土地的成本、费用 |
| | 3. 新建房及配套设施的成本、费用 |
| | 4. 与转让房地产有关的税金 |
| | 5. 财政部规定的其他扣除项目 |
| 旧房转让 | 1. 旧房及建筑物的评估价格或购买价每年加计5%后的金额。评估价格=重置成本×成新度折扣率 |
| | 2. 取得土地使用权所支付的地价款和按国家统一规定缴纳的有关费用 |
| | 3. 转让环节缴纳的税金 |

## 十、土地增值税会计处理

### (一) 现房销售的土地增值税会计核算

在现房销售的情况下,采用一次性收款、房地产移交使用、发票账单提交买主、钱货两清方式的,应于房地产已经移交和发票结算账单提交买主时作为销售实现,借记"银行存款"等科目,贷记"主营业务收入"等科目。同时,计算应由实现的营业收入负担的土地增值税,借记"税金及附加"等科目,贷记"应交税费——应交土地增值税"科目。

在现房销售的情况下,采用赊销、分期收款方式销售房地产的,应以合同规定的收款时间作为销售实现,分次结转收入。销售实现时,借记"银行存款"或"应收账款"科目,贷记"主营业务收入"等科目;同时,计算应由实现的销售收入负担的土地增值税,借记"税金及附加"等科目,贷记"应交税费——应交土地增值税"科目。

### (二) 期房销售的土地增值税会计核算

在商品房预售的情况下,商品房交付使用前采取一次性收款或分次收款的,收到购房款时,借记"银行存款"科目,贷记"预收账款"科目;按规定预缴土地增值税时,借记"应交税费——应交土地增值税"科目,贷记"银行存款"等科目。

待该商品房交付使用后,开出发票结算账单交给买主时,作为收入实现,借记"应收账款"科目,贷记"主营业务收入"科目;同时,将"预收账款"转入"应收账款",并计算由实现的营业收入负担的土地增值税,借记"税金及附加"等科目,贷记"应交税费——应交土地增值税"科目。按照税法的规定,该项目全部竣工、办理决算后进行清算,企业收到退回多交的土地增值税时,借记"银行存款"等账户,贷记"应交税费——应交土地增值税"账户。补缴土地增值税时,则做相反的账务处理。

虽然税金在预缴时不计入税金及附加,但根据《房地产开发经营业务企业所得税处理办法》(国税发〔2009〕31号文件发布)第十二条的规定,企业发生的期间费用、已销开发产品计税成本、税金及附加、土地增值税准予当期按规定扣除。

因此,预缴土地增值税在预缴当期可以进行企业所得税扣除。

## 第二节　土地增值税清算

由于土地增值税是地方税,根据《中华人民共和国土地增值税暂行条例》及其实施细则规定,各省、自治区及直辖市根据自身房地产开发行业的特点,发布了适用于本地区房地产开发项目的清算政策。

### 一、土地增值税清算

#### (一) 清算单位

土地增值税以国家有关部门审批的房地产开发项目为单位进行清算,对于分期开发的项目,以分期项目为单位清算。开发项目中同时包含普通住宅和非普通住宅的,应分别计算增值额。《土地增值税清算管理规程》(国税发〔2009〕91号)规定,清算审核时,应审核房地产开发项目是否以国家有关部门审批、备案的项目为单位进行清算;对于分期开发的项目,是否以分期项目为单位清算;对不同类型房地产是否分别计算增值额、增值率,缴纳土地增值税。

不同开发产品是否可以作为一个成本对象要考虑以下因素:

(1) 是否属于同一国有土地使用证界定的土地范围;

(2) 是否属于同一建设工程规划许可证报建的工程;

(3) 是否属于相同的房产类型;

(4) 开工、竣工时间是否接近。

开发产品的报批时间、开竣工时间和成本核算对象的选择是房地产开发企业的可控因素,其中会计成本核算对象的选择对土地清算对象的确定会产生直接的影响。单位工程因开工时间、销售时间、工程规划等因素的不同,售价和成本会存在差异,增值率也会不同,因此清算对象选择范围的不同会导致土地增值税税负的差异。一般来说,同一清算对象包含的单位工程越多,土地增值税的税负就越轻。不同清算对象组合也会形成不同的土地增值税税负。

**【例 6-1】** 健林房地产公司 2016 年 3 月开发营改增前取得的一块面积为 11 万平方米的土地,用于修建鸿禧小区,支付土地出让金及契税等共计 1 100 万元,开发产品为普通住宅、商铺和储藏间,储藏间位于地下,有产权(地下建筑物不计容)。经工程部和财务部测算,开发普通住宅可售面积 12 万平方米,占地 10 万平方米,开发成本 18 000 万元;商铺可售面积 3 000 平方米,占地 1 万平方米,开发成本 570 万元;储藏间可售面积 2 000 平方米,开发成本 1 950 万元。预计可实现销售收入 36 200 万元,其中,住宅 31 000 万元,商铺 4 300 万元,地下储藏间 900 万元。城市维护建设税税率为 7%,教育费附加费征收率为 3%,地方教育附加费征收率为 2%。对这三种开发产品的不同组合进行土地增值税清算预测:方案一是三种开发产品分别作为三个清算对象,分别进行土地增值税清算;方案二是普通住宅作为一个清算对象,商铺和地下储藏间作为一个清算对象。土地增值税税负预测表如表 6-3 所示。

表 6-3 土地增值税税负预测表　　　　金额:万元

| 项目 | | 行次 | 方案一 | | | 方案二 | |
|---|---|---|---|---|---|---|---|
| | | | 普通住宅 | 商铺 | 储藏间 | 普通住宅 | 其他类型房地产(商铺+储藏间) |
| 一、转让房地产收入总额 | | 1 | 31 000.00 | 4 300.00 | 900.00 | 31 000.00 | 5 200.00 |
| 二、扣除项目金额合计(2=3+4+5+8+14) | | 2 | 26 451.50 | 1 113.95 | 2 585.85 | 26 451.50 | 3 699.80 |
| 1.取得土地使用权所支付的金额 | | 3 | 1 000.00 | 100.00 | | 1 000.00 | 100.00 |
| 2.房地产开发成本 | | 4 | 18 000.00 | 570.00 | 1 950.00 | 18 000.00 | 2 520.00 |
| 3.房地产开发费用 | | 5 | 1 900.00 | 67.00 | 195.00 | 1 900.00 | 262.00 |
| 其中 | 利息支出 | 6 | 950.00 | 33.50 | 97.50 | 950.00 | 131.00 |
| | 其他房地产开发费用 | 7 | 950.00 | 33.50 | 97.50 | 950.00 | 131.00 |
| 4.与转让房地产有关的税金等 | | 8 | 1 751.50 | 242.95 | 50.85 | 1 751.50 | 293.80 |
| 其中 | 印花税 | 9 | 15.50 | 2.15 | 0.45 | 15.50 | 2.60 |
| | 营业税 | 10 | 1 550.00 | 215.00 | 45.00 | 1 550.00 | 260.00 |
| | 城市维护建设税 | 11 | 108.50 | 15.05 | 3.15 | 108.50 | 18.20 |
| | 教育费附加 | 12 | 46.50 | 6.45 | 1.35 | 46.50 | 7.80 |
| | 地方教育费附加 | 13 | 31.00 | 4.30 | 0.90 | 31.00 | 5.20 |

(续表)

| 项目 | 行次 | 方案一 | | | 方案二 | |
|---|---|---|---|---|---|---|
| | | 普通住宅 | 商铺 | 储藏间 | 普通住宅 | 其他类型房地产（商铺＋储藏间） |
| 5.财政部规定的其他扣除项目 | 14 | 3 800.00 | 134.00 | 390.00 | 3 800.00 | 524.00 |
| 三、增值额(15＝1－2) | 15 | 4 548.50 | 3 186.05 | －1 685.85 | 4 548.50 | 1 500.20 |
| 四、增值额与扣除项目金额之比(％) | 16 | 17.20％ | 286.01％ | －65.20％ | 17.20％ | 40.55％ |
| 五、适用税率(％) | 17 | 免征 | 60.00 | 0.00 | 免征 | 30.00 |
| 六、速算扣除系数(％) | 18 | | 35.00％ | | | 0 |
| 七、应缴土地增值税税额(19＝15×17－2×18) | 19 | | 1 521.75 | | | 450.06 |

由表6-3可知,方案一的土地增值税税额为1 521.75万元。普通住宅增值率小于20％,享受土地增值税免征;储藏间增值率为负,不产生土地增值税,土地增值税产生在商铺上,并且达到土地增值税最高税率60％。方案二的土地增值税税额为450.06万元。

当商铺与储藏间合并为一个清算对象时,土地增值税税负明显降低,相较于第一种方案,减少1 071.69万元,这是储藏间自身负的增值率拉低了商铺的增值率,并且效果明显。

土地增值税以房地产成本核算的最基本的核算项目或核算对象为单位计算。因此,若不同的开发产品作为一个清算对象,则必须在成本核算时作为一个成本核算对象进行成本核算。

不同的开发产品是否能作为一个清算对象,除会计核算因素外,还要考虑当地税务机关的规定。目前,各地税务机关在土地增值税清算时的主要采取了"两分法"和"三分法"。

(1)两分法。土地增值税清算时,按照开发产品业态不同,清算时划分为两大类型开发产品分别进行清算。即把所有的开发产品划分为普通住宅和其他商品房(非普通住宅＋公寓＋写字楼＋商业＋别墅＋酒店＋车库＋地下室＋阁楼)两大类,并分别进行土地增值税清算。这种方法主要在北京、辽宁、宁夏、浙江、西安、安徽、江西等地税务局采纳。如,《北京市地方税务局关于明确土地增值税有关问题的公告》(北京市地方税务局公告2013年第8号)第三条规定:房地产开发项目进行土地增值税清算时,开发项目中包含多种类型房屋的,按照财政部、国家税务总局有关文件规定,应区分为普通住宅和其他商品房两类分别计算增值额。

(2)三分法。土地增值税清算时,按照开发产品业态不同,清算时划分为三种类型开发产品分别进行清算。即把所有的开发产品划分为普通住宅、非普通住宅(公寓＋别墅)、其他(写字楼＋商业＋酒店＋车库＋地下室＋阁楼)三大类,并分别进行土地增值税清算。这种方法主要被江苏、重庆、河南、广西、福建、湖北等地税务局采纳。

各地税务机关具体政策示例:

《江苏省地方税务局关于土地增值税若干问题的公告》(苏地税规〔2015〕8号)第一条规

定,土地增值税以国家有关部门审批、备案的项目为单位进行清算。对于国家有关部门批准分期开发的项目,以分期项目为单位进行清算。对开发周期较长,纳税人自行分期的开发项目,可将自行分期项目确定为清算单位,并报主管税务机关备案。对同一宗地块上的多个批准项目,纳税人进行整体开发的,可将该宗土地上的多个项目作为一个清算单位,并报主管税务机关备案。《江苏省地方税务局关于调整土地增值税有关政策的公告》(苏地税规〔2016〕7号)第一条将"'关于土地增值税清算单位'中'对同一宗地块上的多个批准项目,纳税人进行整体开发的,可将该宗土地上的多个项目作为一个清算单位,并报主管税务机关备案'"的内容废止。根据上述两个文件,房地产开发企业自行分期项目可以确定为清算单位。

《北京市地方税务局关于土地增值税清算管理若干问题的通知》(京地税地〔2007〕325号)第四条规定,对于一个房地产开发项目,在开发过程中分期建设、分期取得施工许可证和销售许可证的,主管地方税务机关可以根据实际情况要求纳税人分期进行清算。

北京市土地增值税征管实务中,在商品房取得预售款项前,以发改委的项目审批到主管税务机关进行备案,核定预征率按项目预缴土地增值税。在项目销售比例达到85%以上时,税务机关向企业下达清算通知书,按照整体项目进行土地增值税清算,不要求分期清算。房地产开发企业可根据项目的实际情况测算分期清算的应纳税额,若税负低于整体项目的清算税负,应向主管税务机关提供分期开发的资料,申请分期清算土地增值税。

《四川省地方税务局关于土地增值税清算单位等有关问题的公告》(四川省地方税务局公告2015年第5号)规定:土地增值税以城市规划行政主管部门颁发的《建设工程规划许可证》所确认的房地产开发项目为清算单位。

《西安市地方税务局关于明确土地增值税若干政策问题的通知》(西地税发〔2010〕235号)规定:清算项目以规划部门审批的《建设工程规划许可证》或房屋管理部门颁发的《商品房预售许可证》中所列建设项目为准。

《山东省地方税务局土地增税"三控一促"管理办法》(山东省地方税务局公告2017年第5号)规定:主管地税机关应当依据国家有关部门审批、备案的项目,结合《建设用地规划许可证》《建设工程规划许可证》确定项目管理单位,对于分期开发的项目,应当以分期项目为单位进行管理。

**(二) 清算条件**

(1) 符合下列情形之一的,纳税人应进行土地增值税的清算:

(a) 房地产开发项目全部竣工、完成销售的;

(b) 整体转让未竣工决算房地产开发项目的;

(c) 直接转让土地使用权的。

(2) 符合下列情形之一的,主管税务机关可要求纳税人进行土地增值税清算:

(a) 已竣工验收的房地产开发项目,已转让的房地产建筑面积占整个项目可售建筑面积的比例在85%以上,或该比例虽未超过85%,但剩余的可售建筑面积已经出租或自用的;

(b) 取得销售(预售)许可证满三年仍未销售完毕的;

(c) 纳税人申请注销税务登记但未办理土地增值税清算手续的;

(d) 省税务机关规定的其他情况。

**(三) 清算收入**

根据《国家税务总局关于土地增值税清算有关问题的通知》(国税函〔2010〕220号)的规

定,土地增值税清算时,已全额开具商品房销售发票的,按照发票所载金额确认收入;未开具发票或未全额开具发票的,以交易双方签订的销售合同所载的售房金额及其他收益确认收入。销售合同所载商品房面积与有关部门实际测量面积不一致,在清算前已发生补、退房款的,应在计算土地增值税时予以调整。

**1. 视同销售收入**

房地产开发企业将开发产品用于职工福利、奖励、对外投资、分配给股东或投资人、抵偿债务、换取其他单位和个人的非货币性资产等,发生所有权转移时应视同销售房地产,其收入按下列方法和顺序确认:一是按本企业在同一地区、同一年度销售的同类房地产的平均价格确定。二是由主管税务机关参照当地当年、同类房地产的市场价格或评估价值确定。

**2. 拆迁安置收入**

根据《国家税务总局关于土地增值税清算有关问题的通知》(国税函〔2010〕220号)规定,房地产开发企业用建造的本项目房地产安置回迁户的,安置用房视同销售处理,按《国家税务总局关于房地产开发企业土地增值税清算管理有关问题的通知》(国税发〔2006〕187号)第三条第(一)款规定确认收入。

**3. 转让无产权证房产收入**

无产权证房产一般是指房地产开发项目的公共设施,根据房地产管理规定不能领取产权证书,这类房产属不属于土地增值税征税对象呢?根据《国家税务总局关于房地产开发企业土地增值税清算管理有关问题的通知》(国税发〔2006〕187号)第四条,对公共设施处理有这样的规定:建成后有偿转让的,应计算收入,并准予扣除成本、费用。该规定明确转让公共设施应计算收入,但并没有区分它们是不是一定要具备产权证,因此该规定将无产权证的房产,视作土地增值税征税对象。但是有些地区的税务机关在执行规定的过程中,将无产权证的房产转让收入排除在计税收入之外。

因此,转让无产权证房产收入计不计入土地增值计税收入,由各地税务机关具体的掌握而定,不能一概而论。

**4. 销售车位收入**

关于车位的几个重要问题:一是车位是否有房产证,即:是否允许销售。若允许销售则计入收入同时分摊成本,与其他房地产项目处理方法相同。若不允许销售,开发商通过长租等方式实质已销售或约定权益归开发商所有的,税务部门一般不允许扣除。若约定车位移交给全体业主或属于人防的一部分移交给政府或已办理移交手续但对方不接收的,也允许扣除成本。二是若车位允许销售,则存在房地产类型划分的问题。属于非普通住宅还是其他类型,一般划分为其他类型,也有车位按照房地产转让主合同的房地产类型划分的。

由于车位的收入成本倒挂,在土地增值税计算中客观上具有调节增值额的作用,因此房地产开发商在车位核算上常常出现问题。各地税务机关对此问题也专门进行了规定。

《广州市地方税务局关于印发2016年土地增值税清算工作有关问题处理指引的通知》(穗地税函〔2016〕188号)规定,对国有土地使用权出让合同明确约定地下部分不缴纳土地出让金,或地上部分与地下部分分别缴纳土地出让金的,在计算土地增值税扣除项目金额时,应根据《国家税务总局关于印发〈土地增值税清算管理规程〉的通知》(国税发〔2009〕91号)规定,土地出让金直接归集到对应的受益对象(地上部分或地下部分),不作为项目的共同土地成本进行分摊。

对《中华人民共和国物权法》已明确属于全体业主共同所有的建筑区划内的公共道路或绿地,纳税人改造成"地上车位"用于出租或变相转让的,土地增值税清算时,不计清算收入,不允许扣除改造支出的成本、费用。但"地上车位"对应的公共配套设施费允许扣除。对纳税人出租或变相转让其他明确属于全体业主共同所有的公共配套设施的,按照前段原则处理。

对土地增值税清算时已办理确权的人防地下车库,应计入项目可售建筑面积,作为纳税人的开发产品处理。对土地增值税清算时未办理确权的人防地下车库,如纳税人能证明人防地下车库产权属于全体业主共同所有,或人防地下车库产权已移交给政府主管部门的,其成本、费用可作为公共配套设施费,允许扣除;否则,其成本、费用不允许扣除。人防地下车库的建筑面积按《房地产产权证》或《房屋面积测量成果报告书》记载的"套内建筑面积"加上分摊的"另共有面积"确定。"另共有面积"的分摊原则按照《房屋面积测量成果报告书》注明的人防地下车库的"套内建筑面积"之和占该层所有车位"套内建筑面积"之和的比例确定。

对出租、自用的机械车位,土地增值税清算时,不计入清算收入,不允许扣除对应的成本、费用。其中,机械车位的成本、费用涉及项目共同成本、费用的,按机械车位建筑面积占项目总建筑面积的比例分摊剔除。机械车位的建筑面积按《房地产产权证》或《房屋面积测量成果报告书》记载的"套内建筑面积"加上分摊的"另共有面积"确定。"另共有面积"的分摊原则按照《房屋面积测量成果报告书》注明的机械车位的"套内建筑面积"之和占该层所有车位"套内建筑面积"之和的比例确定。

《江西省地方税务局关于土地增值税征收管理有关问题的通知》(赣地税发〔2013〕117号)规定,"(一)销售地下车库(位)取得的收入时,不论开具何种发票,均计入转让其他类型房产的收入总额,计算土地增值税。(二)销售地下车(位)成本费用扣除,应区分以下情况:1.企业利用地下基础设施改建成车库(位)的,相应成本费用已归集到开发成本的公共配套费用之中,土地增值税清算时不准再次扣除。2.企业单独建造地下车库(位)的,应作为成本对象单独核算,按照收入与成本配比的原则,其成本费用要在已售和未售之间进行分摊,具体分摊方法按已销售地下车库(位)面积占全部地下车库(位)的可售建筑面积比例计算。已售地下车库(位)面积=每个车位面积×已售数量"

《内蒙古自治区地方税务局关于进一步明确土地增值税有关政策的通知》(内地税字〔2014〕159号)规定,"对房地产开发企业建造的可售地下车库(位),已取得房产证和土地使用证的,按照非住宅类型房地产清算。对房地产开发企业利用地下建筑和按政府规定建造的地下人防工程改造的不可售地下车库(位),建成后产权属于全体业主所有或无偿移交给政府的(以产权转移登记、公证部门公证或在房地产项目显著位置公告并被全体业主知晓为判断依据),其成本、费用可以扣除。对房地产开发企业转让不可售地下车库(位)的,不征收土地增值税,同时相应的成本费用也不予扣除。"

《江苏省地方税务局公告关于土地增值税若干问题的公告》(苏地税规〔2015〕8号)规定,(一)能够办理权属登记手续的车库(车位、储藏室等)单独转让时,房地产开发企业应按"其他类型房产"确认收入并计算成本费用。(二)不能办理权属登记手续的车库(车位、储藏室等),按照《国家税务总局关于房地产开发企业土地增值税清算管理有关问题的通知》(国税发〔2006〕187号)第四条第(三)项的规定执行。

《湖南省地方税务局关于财产行为税若干政策问题的公告》(湖南省地方税务局公告

2015年第9号)规定,"地下车库(位)根据不同情况按以下方式进行税务处理:地下车库(位)所有权未发生转移的,不征收土地增值税;所有权发生转移的,按照有关规定征收土地增值税。"

《湖北省地方税务局关于印发〈湖北省房地产企业土地增值税清算管理办法〉的通知》(鄂地税发〔2008〕207号)规定,"对于停车场(车库),仅转让使用权或出租使用期限与建造商品房同等期限的,应按规定计算收入,并准予扣除合理计算分摊的相关成本、费用。"

《浙江省地方税务局关于土地增值税若干政策问题的公告》(浙江省地方税务局公告2014年第16号)规定,"对房地产开发企业以转让使用权或提供长期使用权的形式,有偿让渡无产权车库(车位)、储藏室(以下简称无产权房产)等使用权的,其取得的让渡收入应按以下规定计算征收土地增值税。(一)对清算前取得的让渡收入应并入清算单位收入一并计算征收土地增值税。对不同类型房地产开发产品,应分别计算增值额的,让渡收入应按照建筑面积法在不同类型可售房产之间进行分摊,分别并计不同类型可售房产的收入;(二)对清算后取得的让渡收入,根据该清算单位土地增值税清算时确定的税负率计算征收土地增值税,即:计算缴纳的应缴土地增值税＝无产权房产让渡收入×该清算单位的清算税负率。"

《新疆维吾尔自治区地方税务局关于转让人防设施地下建筑征收土地增值税问题的批复》(新地税函〔2010〕192号)规定,"地下人防设施、地下建筑等,属于地上建筑物的范畴,因此,对其销售转让的,应按规定征收土地增值税。"

《新疆维吾尔自治区地方税务局关于明确土地增值税相关问题》(新疆维吾尔自治区地方税务局公告2016年第6号)规定,"(一)能够办理权属登记手续的车库(车位、储藏室等)单独转让时,房地产开发企业应按"其他类型房地产"确认收入并计算成本费用。(二)不能办理权属登记手续的车库(车位、储藏室等),按照《国家税务总局关于房地产开发企业土地增值税清算管理有关问题的通知》(国税发〔2006〕187号)第四条第(三)项的规定执行。(三)关于无产权车位分摊土地成本问题,土地成本仅在可售面积中分摊,无产权的地下车位不分摊土地成本。"

"房地产开发企业依法配建并经验收合格(人防部门出具验收合格手续)的人防工程,人防设施建造费用计入相关成本、费用,允许扣除。"

《山西省地方税务局关于发布〈房地产开发企业土地增值税清算管理办法〉的公告》(山西省地方税务局公告2014年第3号)规定,房地产开发企业销售车库、车位、地下储藏间应当重点区分车库、车位、地下储藏间的对外销售、业主共有、开发商自留三种情况;其中对外销售的车库、车位、地下储藏间又分为有产权和无产权两种情况。对不同情形按以下标准来确定成本列支:1.有产权对外销售的车库地下储藏间,其收入应当并入房地产销售收入,相应的车库、地下储藏间开发成本应当准予扣除,并加计扣除。2.无产权的车库、车位、地下储藏间在一定期限内让渡使用权的,收入不作为土地增值税清算收入,其相应的成本费用不可以扣除。3.全体业主共有的车库、地下储藏间,属于公共配套设施,相应的车库、地下储藏间开发成本应当准予扣除,并加计扣除。4.开发商自留的车库、地下储藏间,因其产权归属于开发商自有,若无对外销售则相应的开发成本不允许扣除。

《贵州省地方税务局关于发布〈贵州省土地增值税清算管理办法〉的公告》(贵州省地方

税务局公告2016年第13号)规定,房地产开发企业销售房地产时向购买方附赠的同一房地产开发项目车库(位)或其他开发产品并在售房合同(协议)中注明的,以售房合同记载的总金额确认销售收入。房地产开发企业单独销售无产权的车库(位)等不能办理产权的其他房地产的,不确认土地增值税计税收入,不扣除相应的成本和费用。

《海南省地方税务局关于印发土地增值税清算有关业务问答的通知》(琼地税函〔2015〕917号)规定,"1.房地产开发企业与购房人通过签订销售合同出售或者附赠等方式约定,将车位、车库的权属转移给购房人的,取得的收入视同房地产转让收入,并入非普通住房转让收入。2.对售房附赠车库、车位的,若合同中未分别计算房屋和车库、车位的销售价格,不再单独将车库、车位分割出来单独计价,若合同中分别计算房屋和车库车位的销售价格,则车库、车位的价格作为非普通住宅收入。3.无论车库、车位是否拥有产权证,只要签订了销售合同或协议并取得了收入,则销售收入一并计入土地增值税的计税收入,车库的面积计入可售建筑面积,车库、车位相应的开发成本准予扣除。"

《青岛市地方税务局关于贯彻落实〈山东省地方税务局土地增值税"三控一促"管理办法〉若干问题的公告》(青岛市地方税务局公告2018年第4号)规定,"房地产开发企业处置利用地下人防设施建造的车库(位)等设施取得的收入,不计入土地增值税收入。凡按规定将地下人防设施无偿移交给政府、公共事业单位用于非营利性社会公共事业的,准予扣除相关成本、费用;未无偿移交给政府、公共事业单位的地下人防设施,其相应成本不允许扣除。人防工程成本按照建筑面积占比法,在不含室内(外)装修费用的全部建筑安装工程费中计算。室内(外)装修费用未能单独核算归集或划分不清的,在计算该成本时,不得从全部建筑安装工程费中剔除。"

《大连市地方税务局关于土地增值税征收管理若干问题的公告》(大连市地方税务局公告2014年第1号)规定,房地产开发企业转让其利用地下基础设施形成的不可售的地下车库(位),取得的转让收入不预征税款,也不计入清算收入。同时,该不可售库(位)应分担的开发土地和新建房及配套设施成本、开发土地和新建房及配套设施费用等不得计入扣除。其他未列入可售范围的建筑物等比照执行。

《大连市地方税务局关于明确房地产开发经营业务企业所得税相关问题的通知》(大地税函〔2009〕183号)规定,"在政府或政府有关部门规定的标准内修建的人防设施,清算土地增值税时,不论其实际用途,其建设费用允许作为公共配套设施费据实扣除。根据《大连市地方税务局关于土地增值税征收管理若干问题的公告》(大连市地方税务局公告2014年第1号)第十三条规定,公共配套设施为人防工程的,企业应提供人防工程竣工验收备案证、大连市人民防空(民防)办公室出具的该项目结建人防工程批复及人防接收证明等相关材料。"

《河南省地方税务局关于调整土地增值税核定征收率有关问题的公告》(河南省地方税务局公告2011年第10号)规定,"房地产开发企业对购房者随房屋一并购买的地下室、车库,在预征收土地增值税时,采用随房确定的原则:即销售房屋为普通标准住宅的,地下室、车库按照普通标准住宅确定;销售房屋为非普通标准住宅或其他房地产项目的,地下室、车库按照作普通标准住宅或其他房地产项目确定。待清算时,应将地下室、车库收入并入除住宅以外的其他房地产项目。房地产开发企业对购买者未购买房屋但单独购买了地下室、车库、阁楼的,按照其他房地产项目征收土地增值税。"

《黑龙江省地方税务局关于土地增值税若干政策问题的公告》(黑龙江地方税务局公告

2016年第1号)规定,"房地产开发企业利用地下人防修建的符合条件的公共配套设施有关成本、费用支出的扣除原则,按照《国家税务总局关于房地产开发企业土地增值税清算管理有关问题的通知》(国税发〔2006〕187号)第四条第三款规定办理。即:凡能够提供有关证明凭证,证明建成后产权属于全体业主所有的,其成本、费用支出可以扣除;凡能够提供有关证明凭证,证明建成后无偿移交给政府、公用事业单位用于非营利性社会公共事业的,其成本、费用支出可以扣除;凡建成后有偿转让产权的,应计算收入,并可以扣除成本、费用支出。"

### 5. 向政府部门移交房地产收入

房地产开发企业向政府移交房地产,是指按照房地产开发项目开发用地建设利用要求或者规划的要求,以规定的方式约定项目建成后需要移交给政府部门的房地产的类型和数量,房地产开发企业按约定移交房地产的行为。不能将房地产开发企业所有的向政府转让房地产的行为全部称为移交。那房地产开发企业如果向政府移交房地产,如何确定双方之间有约定?一是看《土地出让合同》相关条款。当前出让合同范本第三章"土地开发建设和利用"第十二条要求,"受让人同意在本合同项下宗地范围内一并修建下列工程,并在建成后无偿移交给政府",如果房地产开发项目没有需要移交的房地产,本条则空白;二是看《规划设计要点》。早期的项目需要移交房地产给政府的,由《规划设计要点》明确。另外需要注意,有的地方可能通过其他途径约定移交房地产。

因此如果房地产开发企业根据《土地出让合同》或《规划设计要点》向政府移交房地产,应当不确认收入。如果没有依据而移交,税务机关一般会要求将移交房地产按市场价格(或评估价格)确定计税收入。

### 6. 代收费用收入

根据《财政部 国家税务总局关于土地增值税一些具体问题规定的通知》(财税〔1995〕48号)规定,对于县级及县级以上人民政府要求房地产开发企业在售房时代收的各项费用,如果代收费用是计入房价中向购买方一并收取的,可作为转让房地产所取得的收入计税;如果代收费用未计入房价中,而是在房价之外单独收取的,可以不作为转让房地产的收入。对于代收费用作为转让收入计税的,在计算扣除项目金额时,可予以扣除,但不允许作为加计20%扣除的基数;对于代收费用未作为转让房地产的收入计税的,在计算增值额时不允许扣除代收费用。

因此,房地产开发企业若不是按照县级以上人民政府的规定要求代收的费用,则也要作为开发产品的收入总额征税。

《贵州省土地增值税清算管理办法》(贵州省地方税务局公告2016年第13号发布)规定,房地产开发企业因销售房地产向购买方单独收取的水、电、煤气、天然气、有线电视初装费、呼叫系统购置安装费以及其他价外费用,应当确认为土地增值税的计税收入。

《安徽省土地增值税清算管理办法》规定,政府或有关部门直接向房地产开发企业收取的市政配套费、报批报建费、"四源"费、供电贴费、增容费等应由房地开发企业缴纳、并在核算时计入房地产开发成本的收费项目,在计算土地增值税时,列入开发土地和新建房及配套设施的成本计算扣除项目金额。上述费用政府或有关部门收取后返还的,返还部分不得计入扣除项目金额。

### 7. 售后返租收入

单位和个人转让房地产,同时要求购房者将所购房地产无偿或低价给转让方或者转让方的关联方使用一段时间,其实质是转让方获取与转让房地产有关的经济利益。对以此方式转让房地产的行为,应将转让房地产的全部价款及有关的经济收益确认为转让收入,依法计征土地增值税。如转让房地产价款以外的有关经济收益无法确认的,应判断其转让价格是否明显偏低。对转让价格明显偏低且无正当理由的,应采用评估或其他合理的方法确定其转让收入,依法计征土地增值税。

(四) 扣除项目

**1. 土地增值税清算扣除原则**

在土地增值税清算中,扣除项目金额应当符合下列要求:

(1) 经济业务应当是真实发生的,且是合法、相关的。

(2) 扣除项目金额中所归集的各项成本和费用,必须实际发生并取得合法有效凭证。

(3) 纳税人的预提费用,除另有规定外,不得扣除。

(4) 扣除项目金额应当准确地在各扣除项目中分别归集,不得混淆。

(5) 对同一类事项,应当采取相同的会计政策或处理方法。会计核算与税务处理规定不一致的,以税务处理规定为准。

(6) 纳税人分期开发房地产项目的,各分期项目清算方式与扣除项目金额计算分摊方法应当保持一致。

(7) 纳税人支付的罚款、滞纳金、资金占用费、罚息以及与该类款项相关的税金和因逾期开发支付的土地闲置费等罚没性质款项,不允许扣除。

**2. 项目成本划分**

《财政部 国家税务总局关于土地增值税一些具体问题规定的通知》(财税字〔1995〕48号)第十三条规定,对纳税人既建普通标准住宅又搞其他房地产开发的,应分别核算增值额,不分别核算增值额或不能准确核算增值额的,其建造的普通标准住宅不能适用条例第八条(一)项的免税规定。

《财政部 国家税务总局关于土地增值税若干问题的通知》(财税〔2006〕21号)第一条规定,《条例》第八条中"普通标准住宅"和《财政部 国家税务总局关于调整房地产市场若干税收政策的通知》(财税字〔1999〕210号)第三条中"普通住宅"的认定,一律按各省、自治区、直辖市人民政府根据《国务院办公厅转发建设部等部门关于做好稳定住房价格工作意见的通知》(国办发〔2005〕26号)制定并对社会公布的"中小套型、中低价位普通住房"的标准执行。纳税人既建造普通住宅,又建造其他商品房的,应分别核算土地增值额。

【例 6-2】 华艺公司为河南省纳税人,从事房地产开发,其中一个项目正在进行土地增值税清算。此开发项目中具体包括 144 平方米以下、144 平方米以上的商品房和商铺三种类型项目。此开发项目的土地成本、开发成本已经计算清楚,三种项目的单位成本如何确定?可以按收入的比重(每一种项目收入占总收入的比例)来划分成本吗?

该企业为河南省纳税人,应参照如下规定:

《河南省地方税务局转发关于土地增值税清算有关问题的通知》(豫地税函〔2010〕202号)规定,根据《河南省地方税务局、省财政厅、省建设厅转发国家税务总局、财政部、建设部关于加强房地产税收管理的通知》(豫地税函〔2005〕102号)文件的规定,河南省普通住房原则上同时满足以下三个条件:住宅小区建筑容积率在 1.0 以上,单套建造面积在 120 平方米以下(按照各省辖市人民政府批准的标准确定),实际成交价格低于同级别土地上住房平均交易价格1.2倍以下(按照各省辖市人民政府批准的标准确定)。

因此,企业应按上述规定区分普通住房与非普通住房,而非144平方米以下为普通住房。

企业建造普通住房又建非普通住房、商铺,应分别核算普通住房与其他住房的增值额。不分别核算增值额或不能准确核增值额的,不能适用普通住宅免税规定。

《河南省地方税务局关于转发国家税务总局关于房地产开发企业土地增值税清算管理有关问题的通知》(豫地税函〔2007〕16号)第二条第(一)款规定,普通标准住宅与其他用房同一体(豪华住宅、写字楼、商业用房及办公用房)的,在计算扣除项目时,应根据土地增值税政策规定分别计算扣除项目和增值额,凡不能准确计算扣除项目和增值额的,不得享受普通标准住宅减免税税收优惠政策。

《国家税务总局关于房地产开发企业土地增值税清算管理有关问题的通知》(国税发〔2006〕187号)第一条规定,土地增值税以国家有关部门审批的房地产开发项目为单位进行清算,对于分期开发的项目,以分期项目为单位清算。

开发项目中同时包含普通住宅和非普通住宅的,应分别计算增值额。

第四条第(五)款规定,属于多个房地产项目共同的成本费用,应按清算项目可售建筑面积占多个项目可售总建筑面积的比例或其他合理的方法,计算确定清算项目的扣除金额。

根据上述规定,企业对普通住房与非普通住房共同的成本费用,应按可售建筑面积与可售总建筑面积的比例或其他合理方法,计算确定清算项目的扣除金额。

《国家税务总局关于房地产开发企业土地增值税清算管理有关问题的通知》(国税发〔2006〕187号)规定,房地产开发企业有下列情形之一的,税务机关可以参照与其开发规模和收入水平相近的当地企业的土地增值税税负情况,按不低于预征率的征收率核定征收土地增值税:

(一)依照法律、行政法规的规定应当设置但未设置账簿的;

(二)擅自销毁账簿或者拒不提供纳税资料的;

(三)虽设置账簿,但账目混乱或者成本资料、收入凭证、费用凭证残缺不全,难以确定转让收入或扣除项目金额的;

(四)符合土地增值税清算条件,未按照规定的期限办理清算手续,经税务机关责令限期清算,逾期仍不清算的;

(五)申报的计税依据明显偏低,又无正当理由的。

《河南省地方税务局关于明确土地增值税若干政策的通知》(豫地税发〔2010〕28号)第二条土地增值税核定征收率规定:

(一)普通标准住宅2%;

(二)除普通标准住宅以外的其他住宅4%;

(三)除上述(一)、(二)项以外的其他房地产项目5%;

(四)符合第三条第(二)项条件的8%。

第三条第(一)款规定,纳税人开发的房地产项目有下列情形之一的,按规定的核定征收率征收土地增值税:

1. 能够准确核算收入总额或收入总额能够查实,但其扣除项目支出不能正确核算的;

2. 能够准确核算扣除项目支出或扣除项目支出能够查实,但其收入总额不能正确核算的；

3. 收入总额及扣除项目核算有误的，主管税务机关难以核实的；

凡纳税人转让普通标准住宅、豪华住宅、写字楼、商业用房、办公用房的收入等，应按不同的核定征收项目分别核算，核算不清的一律从高适用核定征收率。

第（二）款规定，房地产开发企业有下列情形之一的，按核定征收率8%征收土地增值税。

1. 擅自销毁账簿；
2. 拒不提供纳税资料或不按税务机关要求提供纳税资料的；
3. 依照法律、法规的规定应当设置但未设置账簿的；
4. 虽设置账簿，但账目混乱，造成收入、扣除项目无法准确计算的；
5. 符合土地增值税清算条件，未按规定的期限清算，经税务机关责令清算，逾期仍不清算的。

**3. 地下车位是否分摊土地成本**

关于地下车位是否分摊土地成本是各地税务机关与房地产开发企业可能存在争议的地方，目前的主流观点为，不计容积率的建筑面积不分摊土地成本。常见地下车位如图6-1所示。

各地税务机关对于地下车位的土地增值税处理有明确的政策规定如下：

《厦门市地方税务局关于修订〈厦门市土地增值税清算管理办法〉的公告》（厦门市地方税务局公告2016年第7号）规定，同一个清算项目，可以将取得土地使用权

图6-1 地下车位

所支付的金额全部分摊至计入容积率部分的可售建筑面积中，对于不计容积率的地下车位、人防工程、架空层、转换层等不计算分摊取得土地使用权所支付的金额。

《湖北省地方税务局关于进一步规范土地增值税征管工作的若干意见》（鄂地税发〔2013〕44号）规定，房地产开发项目在取得土地使用权时，申报建设规划含地下建筑，且将地下建筑纳入项目容积率的计算范畴，并列入产权销售的，其地下建筑物可分摊项目对应的土地成本。如交纳土地出让金的非人防地下车库，在整个开发项目的土地使用证中会标明地下车库的土地使用年限和起止日期，同时取得《车库销售许可证》，在计算地下车库土地增值税扣除项目时可分摊土地成本。其他不纳入项目容积率计算范畴或不能提供与取得本项目土地使用权有关联证明的地下建筑物，不得进行土地成本分摊。

《海南省地方税务局关于房地产开发中会所架空层地下室（含人防）等设施成本扣除问题的批复》（琼地税函〔2013〕2号）规定，公共配套设施费，是指在房地产开发中必须建造，但又不能有偿转让的公共配套设施所发生的支出。在土地增值税清算时，对房地产开发项目中建造会所、架空层地下室（包括地下人防）等设施，对纳税人能提供规划、房管等相关部门有关该设施属规划建造和不能有偿转让的证明材料，且通过合同、协议或其他方式约定（人防除外），将该设施实际提供全体业主共同使用的，其成本支出可作为公共配套设施费，予以

扣除,否则,将该设施建筑面积视为可售建筑面积处理。

《新疆维吾尔自治区地方税务局关于明确土地增值税相关问题的公告》(新疆维吾尔自治区地方税务局公告2016年第6号)规定,关于无产权车位分摊土地成本问题,土地成本仅在可售面积中分摊,无产权的地下车位不分摊土地成本。

《江苏省地方税务局公告关于土地增值税若干问题的公告》(苏地税规〔2015〕8号)规定,土地成本是指取得土地使用权所支付的金额。土地成本仅在能够办理权属登记手续的建筑物及其附着物之间进行分摊。

**4. 开发项目装修费扣除**

目前,随着房地产市场的日益成熟,带装修的开发产品日益增多,对于装修费是否在计算土地增值税时扣除,根据《国家税务总局关于房地产开发企业土地增值税清算管理有关问题的通知》(国税发〔2006〕187号)规定,房地产开发企业销售已装修的房屋,其装修费用可以计入房地产开发成本。装修费计入开发成本有利于降低土地增值税税负。具体操作中,在项目清算时,一般税务机关认为装修成本中的"硬装"可以扣除,"软装"不得扣除。但也有税务机关认为"软装"要在收入中剔除,同时不计入扣除项目,或者"软装"计入收入,同时允许扣除。"硬装"是指室内装修中固定的、不能移动的装饰物,主要包括水电、隔墙、吊顶、房门、地板、瓷砖、墙面涂料、洁具、厨具、灯具等。"软装"是指室内可移动的元素,包括家具、布艺绿植等。精装房如图6-2所示。

各地税务机关对装修费扣除的具体政策如下:

图6-2 精装房样板间

《北京市地方税务局关于发布〈北京市地方税务局土地增值税清算管理规程〉的公告》(北京市地方税务局公告2016年第7号)规定,(1)纳税人销售已装修房屋,应当在《房地产买卖合同》或补充合同中明确约定。没有明确约定的,其装修费用不得计入房地产开发成本。上述装修费用不包括纳税人自行采购或委托装修公司购买的家用电器、可移动家具、日用品、可移动装饰用品(如窗帘、装饰画等)所发生的支出。(2)纳税人销售已装修的房屋时,随房屋一同出售的家具、家电,如果安装后不可移动,成为房屋的组成部分,并且拆除后影响或丧失其使用功能的,如整体中央空调、户式小型中央空调、固定式衣柜橱柜等,其外购成本计入开发成本予以扣除。(3)纳税人在清算单位以外单独建造样板房的,其建造费用装修费用不得计入房地产开发成本。纳税人在清算单位内装修的样板房并作为开发产品对外转让的,且《房地产买卖合同》明确约定装修价值体现在转让价款中的,其发生的合理的样板房装修费用可以计入房地产开发成本。

《广州市地方税务局关于印发土地增值税清算工作若干问题处理指引〔2012年修订版〕的通知》(穗地税函〔2012〕198号)规定,房地产开发企业将样板房独立于转让房地产以外单独建造的,其装修费用计入房地产开发费用;对在转让房地产内既作样板房又作为开发产品对外转让的,其样板房装修费用作为房地产开发成本的建筑安装工程费计算扣除。

随房屋一同出售的家具、家电,如果安装后不可移动,成为房屋的组成部分,并且拆除后影响或丧失其使用功能的,如整体中央空调、户式小型中央空调、固定式衣柜橱柜等,其外购成本计入开发成本予以扣除。其他家具、家电（如分体式空调、电视、电冰箱等）的外购成本予以据实扣除，但不得作为加计20%扣除的基数。

《青岛市地方税务局关于贯彻落实〈山东省地方税务土地增值税"三控一促"管理办法〉若干问题的公告》（青岛市地方税务局公告2018年第4号）规定，房地产开发企业销售已装修的房屋，其装修费用可以计入房地产开发成本。

装修费用不包括房地产开发企业自行采购或委托装修公司购买的可移动家电、可移动家具、日用品、可移动装饰用品（如窗帘、装饰画等）的支出。土地增值税清算时，在收入中同时剔除购置成本。

**5. 开发间接费的扣除**

由于开发间接费作为房地产开发成本是加计扣除20%的基数，因此房地产开发企业应正确区分开发间接费和期间费用。按照规定，只有在施工现场设立的管理机构（如指挥部等）的费用方可列入开发间接费。但有些企业将工程部等与现场有联系的部门费用均列入开发间接费，以达到减少期间费用、提高利润的目的，或借此提高土地增值税扣除项目的金额基数，存在一定的风险。

各地税务机关文件对此问题规定内容相似，比如北京市地方税务局公告2016年第7号规定，行政管理部门、财务部门或销售部门等发生的管理费用、财务费用或销售费用以及企业行政管理部门（总部）为组织和管理生产经营活动而发生的管理费用不得列入开发间接费。开发间接费用与纳税人的期间费用应按照现行企业会计准则或企业会计制度的规定分别核算。划分不清、核算混乱的期间费用，全部作为房地产开发费用扣除。

**6. 贷款利息扣除**

土地增值税清算时，已经列入房地产开发成本的利息支出，应调整至财务费用中计算扣除。纳税人据实列支利息支出的，应当提供贷款合同、利息结算单据或发票。纳税人向金融机构支付的财务咨询费等非利息性质的款项，不得作为利息支出扣除。

按贷款资金的来源划分，利息支出主要包括：一是向银行贷款支付的利息费用；二是向信托公司等金融机构贷款支付的利息费用；三是以集团名义贷款并实行统借统还支付的利息费用；四是通过银行委托贷款支付的利息费用。目前，普遍的做法是：第一种利息支出和第三种利息支出允许扣除；第二种利息支出处理的难点在于信托公司是否属于金融机构；第四种利息支出处理的难点在于无明文规定委托贷款是否允许扣除。

北京市地方税务局公告2016年第7号规定，清算时已经计入房地产开发成本的利息支出，应调整至财务费用中计算扣除。纳税人向金融机构支付的财务咨询费等非利息性质的款项，不得作为利息支出扣除。纳税人向金融机构借款，因逾期还款，金融机构收取的超过贷款期限的利息、罚息等款项，不得作为利息支出扣除。

**7. 项目管理费扣除**

房地产市场经过长期发展后，目前大型房地产开发公司均是集团化企业，集团母公司建立了一套完善的管理团队，同时管理不同地方项目公司的房地产项目。管理团队成员都是和集团母公司签订劳动合同，并且由集团母公司发放职工薪酬的。该集团母公司与项目公司签订房地产项目管理服务合同，并由项目公司给集团母公司支付项目管理服务费用，并由集团母公司给项目公司开具项目管理服务的增值税发票。那么项目管理费到底能不能在土地增值税前加计扣除？

"首先是《中华人民共和国土地增值税暂行条例实施细则》(财法字〔1995〕6号)第七条规定,条例第六条所列的计算增值额的扣除项目,具体为:(一)取得土地使用权所支付的金额,是指纳税人为取得土地使用权所支付的地价款和按国家统一规定交纳的有关费用。(二)开发土地和新建房及配套设施的成本,是指纳税人房地产开发项目实际发生的成本,包括土地征用及拆迁补偿费、前期工程费、建筑安装工程费、基础设施费、公共配套设施费、开发间接费用。开发间接费用,是指直接组织、管理开发项目发生的费用,包括工资、职工福利费、折旧费、修理费、办公费、水电费、劳动保护费、周转房摊销等。"

根据上述国家层面的财法字〔1995〕6号的规定,字面上没有详细规定清楚项目管理费可以在土地增值税前加计扣除。对于这个问题,多数地方税务机关也没有发布明确的法规作详细规定,基本是以实际操作中当地税务机关的理解为准。

比如《广州市地方税务局关于印发土地增值税清算工作若干问题处理指引(2012年修订版)的通知》(穗地税函〔2012〕198号)规定,"关于房地产开发企业的管理费用和销售费用计算扣除问题:(二)房地产开发企业发生的下列费用,应作为管理费用计算扣除:1.委托第三方公司进行房地产项目开发管理,支付的有关项目管理费用(工程监理费除外);2.向上级公司缴纳的管理费。"

按照上述规定,项目管理费不可以在土地增值税前加计扣除,应作为管理费用计算扣除。

但是,《广州市地方税务局关于印发2014年土地增值税清算工作有关问题的处理指引的通知》(穗地税函〔2014〕175号)明确规定,关于项目管理费、境外设计费的扣除问题,房地产开发企业委托第三方公司进行房地产项目开发管理,支付的有关项目管理费用,能证明直接属于该开发项目、贯穿于工程开发建设的全过程,且在财务核算时与行政管理部门、财务部门及销售部门发生的管理费用、财务费用及销售费用分开核算的,经主管税务机关审核后,允许作为开发间接费用予以扣除。

按照上述规定,项目管理费可以作为开发间接费用在土地增值税前加计扣除。

**8. 红线外支出扣除**

1) 红线外支出的含义

"红线外支出"是指在房地产开发企业项目建设用地边界外,即国家有关部门审批的项目规划外承建设施发生支出。房企发生红线外支出可能有两种情况:一种是红线外为政府建设公共设施或其他工程是招拍挂拿地时的附带条件,该种情况下,红线外支出相当于土地成本的一部分;另一种是开发商为了提升红线内楼盘的品质,在红线外自行建造建筑物或基础设施。

2) 红线外支出不同地方规定

(1) 实务中各地对"红线外支出"的处理不一样,认可红线外支出可以计入土地成本的省份目前主要有以下地方:

《湖北省地方税务局关于进一步规范土地增值税征管工作的若干意见》(鄂地税发〔2013〕44号)规定,关于审批项目规划外所建设施发生支出的扣除问题:房地产开发企业在项目建设用地边界外(国家有关部门审批的项目规划外,即"红线"外)承诺为政府或其他单位建设公共设施或其他工程所发生的支出,能提供与本项目存在关联关系的直接依据的,可以计入本项目扣除项目金额;不能提供或所提供依据不足的(如与建设项目开发无直接关联,仅为开发产品销售提升环境品质的支出),不得计入本项目扣除金额。

《广州市地方税务局关于印发 2014 年土地增值税清算工作有关问题的处理指引的通知》(穗地税函〔2014〕175 号)规定,关于项目建设用地红线外支出的扣除总问题:纳税人为取得土地使用权,在项目建设用地红线外为政府建设公共设施或其他工程发生的支出,根据《国家税务总局关于房地产开发企业土地增值税清算管理的有关问题的通知》(国税发〔2006〕187 号)第四条第(一)项确定的相关性原则,纳税人如果能提供国土房管部门的协议、补充协议,或者相关政府主管部门出具的证明文件的,允许作为取得土地使用权所支付的金额予以扣除。

海南省地方税务局《土地增值税清算有关业务问答》规定,如何确认审批项目规划外所建设施工发生支出的扣除问题?房地产开发企业在项目建设用地边界外(国家有关部门审批的项目规划外,即"红线"外)为政府建设公共设施或其他工程所发生的支出,凡能提供政府有关部门出具的证明文件确认该项支出与建造本清算项目有直接关联的(含项目的土地使用权取得相关联的)支出,可以计入本项目扣除项目金额。

《桂林市土地增值税清算工作指南(试行)》"十三、关于审批项目规划外政府要求房地产开发企业额外承担的部分市政建设费用(支出)的扣除问题"中规定,"对于房地产开发企业发生的、满足下列条件之一的项目建设用地边界外(即"红线"外,下同)的市政建设费用(支出),可以凭建安工程发票或财政部门开具的收据计入本项目取得土地使用权所支付的金额予以扣除:(一)房地产开发企业在与国土资源管理部门签订的《国有土地使用权出让合同》中约定或国土资源管理部门在《国有土地使用权招拍挂出让公告》中注明有房地产开发企业在项目建设用地边界外应政府要求建设公共设施或其他工程等内容的;(二)房地产开发企业在项目建设用地边界外应政府要求建设公共设施或其他工程所发生的支出,能提供与本项目存在关联关系的直接依据(如新建、扩建出入小区的市政道路、桥梁等)和县级以上(包括县级、市辖城区)人民政府的正式文件的。对于不满足上述条件的项目建设用地边界外的市政建设费用(支出)(包括房地产开发企业为提升项目周围环境品质、促进开发产品的销售而自行对项目周边绿化、道路进行整治发生的成本费用),不得计入本项目扣除金额。"

(2) 认为红线外支出不可以扣除的省份具体规定。

江苏省地方税务局《关于土地增值税有关业务问题的公告》(苏地税规〔2012〕1 号)文件就"公共配套设施成本费用的扣除"作如下规定:房地产开发企业建造的各项公共配套设施,建成后移交给全体业主或无偿移交给政府、公共事业单位用于非营利性社会公共事业的,准予扣除相关成本、费用;未移交的,不得扣除相关成本、费用。项目规划范围之外的,其开发成本、费用一律不予扣除。

《山东省济南市地方税务局土地增值税清算工作指南》(2014 年发布,具体文件号不详)文件第十一条就"关于审批项目规划外政府要求房地产开发企业额外承担的部分市政建设费用(支出)的扣除问题"规定:对于房地产开发企业发生的项目建设用地边界外(即规划用地"红线"外)的建设项目支出,一律不得在本项目清算时计算扣除。

**9. 临建售楼处和样板房扣除**

对于房地产开发企业为了楼盘销售临时搭建的售楼处和样板房在计算土地增值税时如何扣除的问题,2010 年 8 月 23 日,国家税务总局纳税服务司解答的相关内容如下:

房地产开发企业在开发小区内、主体外修建临时建筑物作为售楼部、样板房的,其发生的设计、建造、装修费用,应计入房地产销售费用扣除。售楼部、样板房内的资产,如空调、电视机等资产性购置支出,不得在销售费用中列支。

从税总纳税服务司的解答中不难看出,房地产开发企业在开发小区内、主体外修建临时性建筑物作为售楼部、样板房的,其发生的设计、建造、装修等费用,不得在土地增值税税前扣除。在计算土地增值税时,项目营销设施建造费应作为销售费用处理,不计入开发成本中,也不允许作为加计扣除的基数。

临建售楼处和样板房在土地增值税扣除项目中只能作为销售费用在开发费用中计算扣除,不能计入开发成本,不作为加计扣除的基数。

### 10. 工程款票据贴现补偿扣除

【例6-3】 某房地产开发商与总包方(增值税一般纳税人)签订的某房地产新项目总包合同,原约定按工程进度现金支付工程款,后开发商提出工程款由现金支付改为商票(开发商的商业承兑汇票)支付,商票兑付时间为签发后3个月/6个月/1年不等。总包收到上述商票后可向指定的金融机构办理贴现。为补偿总包的贴现费用,开发商和总包签订补充协议支付总包5%补偿款。那么,增加的5%金额是工程款还是利息?总包应开具什么税率什么税目的增值税发票?上述款项可否作为房地产开发成本在土增税清算中扣除?

上例中存在的思维误区是人为的把一个行为从中分拆出一部分当作另一个独立的行为来判别性质。比如,常见的房地产开发总包提供的建安服务,是一个庞杂组成部分糅合在一起的行为,如果将总包行为拆开来看,是由许多貌似独立的行为:如钢筋水泥是否应该算销售给开发商的货物?所以,一项业务不可人为的分拆,否则就会引起混乱——可以从会务服务中分拆出不动产租赁;从货物销售中分拆出运输服务(如送货上门);从广告单印刷中分拆出设计服务等。所以,上例首先是要解决5%价款是不是一个独立的行为。回到上例中,5%价款只是对建安服务支付方式的改变及对价的变更,但本身并非独立的行为。回到合同法层面,法律界也不会认可在原来的建安合同之外成立了一个新的资金借贷法律关系,只会认为上述条款是对原合同的支付方式及对价条例的变更及补充而已。所以无论如何上述5%价款还是总包行为的一部分。其实用增值税价外费用的逻辑去理解这个问题也是水到渠成,上述5%价款是总包提供建安服务在合同价款之外收取的费用,其属性应和合同价款一致,因此应按建安服务税目开票,开票税率9%,土增税中也可列支为房地产开发成本,作为加计扣除的基数。

### 11. 不得列入扣除项目的费用

房地产开发企业发生的预提费用、罚款、滞纳金、罚息、土地闲置费、非施工现场发生的开发间接费等不得扣除。管理费用、销售费用等期间费用列入其他房地产开发费用定额扣除,不得据实扣除。

北京市地方税务局公告2016年第7号规定,纳税人的预提费用,除另有规定外,不得扣除。纳税人支付的罚款、滞纳金、资金占用费、罚息以及与该类款项相关的税金和因逾期开发支付的土地闲置费等罚没性质款项,不允许扣除。纳税人在工程竣工验收后,根据合同约定扣留的质量保证金,在清算截止日已取得建筑安装施工企业发票的,按发票所载金额予以扣除;未取得发票的,扣留的质保金不得计算扣除。

广州市穗地税函〔2012〕198号规定,房地产开发企业预提的公共配套设施费不予扣除。

以下应作为销售费用计算扣除:①向上级公司缴纳的管理费;②转让房地产过程中缴纳的诉讼费;③为开发项目购买的商业保险;④房地产开发企业向房地产管理部门缴纳的商品

房预售款监督管理服务费应作为管理费用计算扣除。委托第三方公司进行房地产项目开发管理,支付的有关项目管理费用(工程监理费除外)原列入销售费用扣除,该条后续作废意味着允许列入房地产开发成本扣除。

江苏省苏地税规〔2012〕1号规定,房地产开发企业支付的土地闲置费不得扣除。

吉林省吉地税发〔2007〕77号规定,应取得而因种种原因未取得合法有效凭证的,要在税务机关通知的30日内取得,逾期未取得的,不予扣除。

厦门市地方税务局公告〔2016〕7号规定,纳税人向金融机构支付的财务咨询费等非利息性质的款项以及因逾期还款,金融机构收取的超过贷款期限的利息、罚息、罚款等款项,不得作为利息支出扣除。

前期工程费、基础设施费应当是真实发生的,虚列的前期工程费、基础设施费不予扣除。

**12. 土地增值税清算后应补缴的土地增值税加收滞纳金问题**

纳税人按规定预缴土地增值税后,清算补缴的土地增值税,在主管税务机关规定的期限内补缴的,不加收滞纳金。

**(五)纳税人办理土地增值税清算应报送的资料**

(1)房地产开发企业清算土地增值税书面申请、土地增值税纳税申报表;

(2)项目竣工决算报表、取得土地使用权所支付的地价款凭证、国有土地使用权出让合同、银行贷款利息结算通知单、项目工程合同结算单、商品房购销合同统计表等与转让房地产的收入、成本和费用有关的证明资料;

(3)主管税务机关要求报送的其他与土地增值税清算有关的证明资料等。

纳税人委托税务中介机构审核鉴证的清算项目,还应报送中介机构出具的《土地增值税清算税款鉴证报告》。

**(六)清算后再转让房地产的处理**

清算后又销售或有偿转让的房地产,国税发〔2006〕187号文件第八条规定,在土地增值税二次清算时未转让的房地产,清算后销售或有偿转让的,纳税人应按规定进行土地增值税的纳税申报,扣除项目金额按清算时的单位建筑面积成本费用乘以销售或转让面积计算。

单位建筑面积成本费用 = 清算时的扣除项目总金额 ÷ 清算的总建筑面积

**【例6-4】** 尾盘销售缴纳土地增值税问题

绿园地产公司2016年5月起开始开发销售A项目,可售建筑面积为10万平方米,截至2018年10月已售建筑面积为9万平方米,占可售面积的90%,按照税务机关要求办理土地增值税清算申报。清算资料显示:取得土地使用权所支付的金额为8 000万元,房地产开发成本22 000万元,房地产开发费用按取得土地使用权和开发成本之和的10%扣除,转让房地产收入总额为54 000万元(不含税),与房地产转让相关的税金为3 024万元,剩余尾房1万平方米按已售房产均价计算估价为6 000万元(不含税)。

本次清算项目总成本为8 000+22 000=30 000(万元),单位可售建筑面积成本为30 000÷10=3 000(元/平方米)。按照国税发〔2006〕187号文件规定,计算可扣除项目金额合计为30 000×1.3+3 024=42 024(万元),单位建筑面积可扣除项目金额为42 024÷10=4 202.40(元/平方米)。

计算本次清算可扣除的成本为3 000元/平方米×9万平方米=27 000万元,应扣除项目金额为 27 000×1.3+3 024=38 124(万元)。增值额为 54 000-38 124=15 876(万元)，增值率为 41.64%，适用税率为 30%，应缴土地增值税额为 4 762.80 万元。

该公司 2019 年 5 月将剩余 1 万平方米销售完毕，实际取得转让房地产收入 8 000 万元，缴纳与转让房地产有关的税金 448 万元，按照国税发〔2006〕187 号文件第八条规定，2019 年 1 月尾房销售后，可扣除项目金额=4 202.40 元/平方米×1 万平方米=4 202.40(万元)，增值额=8 000-4 202.40=3 797.60(万元)，增值率 90.37%，适用税率为 40%，应缴土地增值税为 3 797.60×40%-4 202.40×5%=1 308.92(万元)。

以上是按照国税发〔2006〕187 号文规定计算的结果，这个政策在执行过程中已经证明存在不合理之处。

(1) 尾房销售时扣除项目金额按国税发〔2006〕187 号文计算正确吗？

现在已经知道国税发〔2006〕187 号文规定的不合理之处有 2 点：①尾房销售时缴纳的税金在再次清算时不允许扣除，这与常规情理不符，因为是实实在在已经缴纳的税金；②尾房销售时使用初次清算时的成本费用中已经包含相应的税金及附加，这就造成了初次清算时的税金和附加被加计扣除了。

目前，很多省市税务局已经针对这 2 个不合理之处进行了政策调整，比如：

《海南省地方税务局关于印发土地增值税清算有关业务问答的通知》(琼地税函〔2015〕917 号)"十一、如何确认清算后再转让房地产的扣除项目金额？"规定：在土地增值税清算时未转让的房地产，清算后销售或有偿转让的，纳税人应按规定进行土地增值税的纳税申报，扣除项目金额分别按清算时的普通住宅、非普通住宅单位建筑面积成本费用乘以销售或转让面积计算。

普通住宅或非普通住宅单位建筑面积成本费用=普通住宅或非普通住宅清算时的扣除项目金额÷普通住宅或非普通住宅清算的已售建筑面积。

其中，上述计算中的扣除项目金额不包括清算时与转让房地产有关的税金。本次与转让房地产有关的营业税及附加准予在清算后再转让的扣除项目中进行扣除。

另外，《北京市地方税务局土地增值税清算管理规程》(北京市地方税务局公告 2015 年第 7 号)第四十六条也做出了上述规定。

根据海南和北京的上述政策，单位建筑面积成本费用=(42 024-3 024)/10=3 900(元/平方米)，再转让可扣除项目金额=3 900 元/平方米×1 万平方米+448 万元=4 348 万元，增值额 8 000-4 348=3 652(万元)，增值率 84%，适用税率 40%，应缴土地增值税额为 1 243.40 万元，较国税发〔2006〕187 号文件中的公式减少税金 1 308.92-1 243.40=65.52(万元)。

(2) 尾房销售可否采用初次清算适用一样的税率？

通过上例可以看出，尾盘清算适用了 40% 的税率，而初次清算时是 30% 的税率。很明显，如果全部销售完毕再去清算，有可能就不会涉及税率的提高了。那么，就有人关心了，是否可以再次清算时使用和初次清算一样的税率呢？

《浙江省地方税务局关于土地增值税若干政策问题的解答》中有这样的内容。问：项目清算完成后再转让房地产应如何计算征收土地增值税？答：根据国家税务总局《关于房地产开发企业土地增值税清算管理有关问题的通知》(国税发〔2006〕187 号)第八条规定：在土地增值税清算时未转让的房地产，清算后销售或有偿转让的，纳税人应按规定进行土地增值税的纳税申报，扣除项目金额按清算时的单位建筑面积成本费用乘以销售或转让面积计算。

现明确如下:根据销售收入和上述扣除项目金额计算清算后再转让房地产的增值额,按已清算部分适用的税率计算缴纳土地增值税。

按照浙江的规定,尾房销售增值3 652万元,不需要单独计算增值率及适用税率,而是按照初次清算税率30%计算缴纳土地增值税3 652×30%=1 095.60万元。

(3)尾盘销售可否和初次清算合并后再进行二次清算呢?

通过前面的案例知道,分开清算有可能导致前后适用税率不一致的情况,有省市的税务局就切实为纳税人着想,允许纳税人将前后两次的清算数据进行合并,进行一次集中清算。比如,《湖北省地方税务局关于进一步规范土地增值税征管工作的若干意见》(鄂地税发〔2013〕44号)第九条关于二次清算有这样的规定:

纳税人达到清算条件并进行土地增值税清算后,继续支付并取得合法、有效凭证的支出,可申请二次清算,但必须是所有成本、费用均已全部发生完毕。主管税务机关可根据实际情况重新调整扣除项目金额并调整应纳土地增值税税额,二次清算后,纳税人不得再要求进行土地增值税清算。

按照这份文件来计算前述案例:

全部销售收入为54 000+8 000=62 000(万元),与房产转让有关的税金为3 024+448=3 472(万元),全部可扣除成本8 000+22 000=30 000(万元),全部可扣除项目金额为30 000×1.3+3 472=42 472(万元),增值额62 000−42 472=19 528(万元),增值率46%,适用税率30%,应缴土地增值税5 858.40万元。与浙江税局的规定计算结果就完全一致了,但操作上应该更便捷。

(4)尾房销售是集中申报还是单套申报?

尾房销售1万平方米,肯定是由多套房组成的,那么是最终一次性清算还是每出售一套就要再次清算呢?

《河北省地方税务局关于对地方税有关业务问题的解答》第七条答问:

问:已竣工项目,但未最终决算,未支付的工程价款,以后取得发票,还允许扣除吗?是否可以在取得合法凭证后进行补充清算?

答:在土地增值税清算中,其实际发生的支出应当取得但未取得合法凭据的不得扣除。对个别企业因暂时困难未支付应扣除项目的工程费用的情形,在清算完成后三年内取得合法有效票据的,企业可申请对该项目重新清算。

河北也允许进行二次清算,但是对二次清算的具体规定未做详细说明。然而,据清算经验看,现实中绝大多数土增清算项目都是一次清算完毕,真正进行二次清算少之又少。

## 二、土地增值税清算与企业所得税汇缴规定

企业按规定对开发项目进行土地增值税清算后,当年企业所得税汇算清缴出现亏损且有其他后续开发项目的,该亏损应按照税法规定向以后年度结转,用以后年度所得弥补。后续开发项目,是指正在开发以及中标的项目。

企业按规定对开发项目进行土地增值税清算后,当年企业所得税汇算清缴出现亏损,且没有后续开发项目的,可以按照以下方法,计算出该项目由于土地增值税原因导致的项目开发各年度多缴企业所得税税款,并申请退税:

(1)该项目缴纳的土地增值税总额,应按照该项目开发各年度实现的项目销售收入占

整个项目销售收入总额的比例,在项目开发各年度进行分摊,计算公式如下:

$$\begin{matrix}\text{各年度应分摊}\\\text{的土地增值税}\end{matrix} = \begin{matrix}\text{土地增值}\\\text{税总额}\end{matrix} \times \left(\begin{matrix}\text{项目年度}\\\text{销售收入}\end{matrix} \div \begin{matrix}\text{整个项目销}\\\text{售收入总额}\end{matrix}\right)$$

销售收入包括视同销售房地产的收入,但不包括企业销售的增值额未超过扣除项目金额20%的普通标准住宅的销售收入。

(2) 该项目开发各年度应分摊的土地增值税减去该年度已经在企业所得税税前扣除的土地增值税后,余额属于当年应补充扣除的土地增值税;企业应调整当年度的应纳税所得额,并按规定计算当年度应退的企业所得税税款;当年度已缴纳的企业所得税税款不足退税的,应作为亏损向以后年度结转,并调整以后年度的应纳税所得额。

(3) 按照上述方法进行土地增值税分摊调整后,导致相应年度应纳税所得额出现正数的,应按规定计算缴纳企业所得税。

(4) 企业按上述方法计算的累计退税额,不得超过其在该项目开发各年度累计实际缴纳的企业所得税;超过部分作为项目清算年度产生的亏损,向以后年度结转。

企业在申请退税时,应向主管税务机关提供书面材料说明应退企业所得税款的计算过程,包括该项目缴纳的土地增值税总额、项目销售收入总额、项目年度销售收入额、各年度应分摊的土地增值税和已经税前扣除的土地增值税、各年度的适用税率,以及是否存在后续开发项目等情况。

## 三、土地增值税与企业所得税的差异

为加强房地产税收管理,国家税务总局先后下发了《关于印发房地产开发经营业务企业所得税处理办法的通知》(国税发〔2009〕31号)和《国家税务总局关于印发〈土地增值税清算管理规程〉的通知》(国税发〔2009〕91号),对房地产业企业所得税汇算和土地增值税清算分别提出了要求,尽管这两个税种都是以所得额为计税依据,但二者仍存在明显差异。

差异一:汇(清)算时间不同。房地产开发企业的企业所得税征收,实行年中预缴、年终汇算清缴的方式,即每年汇算一次,不论开发产品是否完工,每年均按开发产品销售收入(或完工前销售收入)减扣除项目后的应纳税所得额征税。而土地增值税清算则采取项目清算,只有项目到达清算条件才清算,按收入减扣除项目后的增值额征税。一般是在开发项目完工且销售达到一定比例后进行清算,项目开发销售时间长,则清算时间跨度长。项目开发销售时间短,则清算时间跨度短。

国税发〔2009〕91号文件第九条规定,纳税人符合下列条件之一的,应进行土地增值税清算:①房地产开发项目全部竣工、完成销售的;②整体转让未竣工决算房地产开发项目的;③直接转让土地使用权的。第十条又规定,对符合以下条件之一的,主管税务机关可以要求纳税人进行土地增值税清算:①已竣工验收的房地产开发项目,已转让的房地产建筑面积占整个项目可售建筑面积的比例在85%以上,或该比例虽未超过85%,但剩余的可售建筑面积已经出租或自用的;②取得销售(预售)许可证满3年仍未销售完毕的;③纳税人申请注销税务登记但未办理土地增值税清算手续的;④省(自治区、直辖市、计划单列市)税务机关规定的其他情况。

差异二:成本项目计算不同。在计算开发产品的单位成本时,企业所得税汇算要求按6

项原则细分核算成本项目。国税发〔2009〕31号文件第二十六条规定，成本对象是指为归集和分配开发产品开发、建造过程中的各项耗费，而确定的费用承担项目。计税成本对象的确定原则包括可否销售原则、分类归集原则、功能区分原则、定价差异原则、成本差异原则和权益区分原则。

而土地增值税在清算时，只要求按普通标准住宅和非普通标准住宅两个项目分开清算。国税发〔2006〕187号文件第一条规定，土地增值税以国家有关部门审批的房地产开发项目为单位进行清算，对于分期开发的项目，以分期项目为单位清算。开发项目中同时包含普通住宅和非普通住宅的，应分别计算增值额。

差异三：扣除项目存在差异。房地产开发企业在计算其企业所得税应纳税所得额的扣除项目时，主要包括成本、费用、税金、损失和其他合理支出等内容。而土地增值税扣除项目则包括支付土地价款、房地产开发成本、开发费用、税金和加计扣除等内容。

在土地增值税扣除项目中，与企业所得税不同的地方，表现在房地产开发费用（管理费用、销售费用、财务费用）上，它不是按实际发生数额扣除，而是按一定比例计算扣除（10%以内）。加计扣除部分，也不是按实际发生的成本费用，而是按土地成本和开发成本合计数的20%计算扣除。除此以外，房地产开发成本是以实际发生的成本费用扣除，要求取得合法有效凭证。

在企业所得税的计税成本中，可以按照税法规定计算预提部分费用。

国税发〔2009〕31号文件第三十二条规定，除以下几项预提（应付）费用外，计税成本均应是实际发生的成本，即：①出包工程未最终办理结算而未取得全额发票的，在证明资料充分的前提下，其发票不足金额可以预提，但最高不得超过合同总金额的10%。②公共配套设施尚未建造或尚未完工的，可按预算造价合理预提建造费用。此类公共配套设施必须符合已在售房合同、协议或广告、模型中明确承诺建造且不可撤销，或按照法律法规规定必须配套建造的条件。③应向政府上交但尚未上交的报批报建费用、物业完善费用可以按规定预提。物业完善费用是指按规定应由企业承担的物业管理基金、公建维修基金或其他专项基金。

差异四：利息费用存在差异。在企业所得税汇算中，计算借款利息时，分为资本化和费用化两种处理方式，即企业为建造开发产品借入资金而发生的符合税收规定的借款费用，可按企业会计准则的规定进行归集和分配，其中属于财务费用性质的借款费用，可直接在税前扣除。而土地增值税清算中，利息支出只能单独计算扣除，企业要将计入成本中的利息费用从成本中剔除，与计入财务费用中的利息费用合并计算扣除。利息费用符合一定条件的，可以选择据实扣除；不符合条件的，也可以选择计算扣除。

《土地增值税暂行条例实施细则》第七条第三项规定，开发土地和新建房及配套设施的费用，是指与房地产开发项目有关的销售费用、管理费用、财务费用。财务费用中的利息支出，凡能够按转让房地产项目计算分摊并提供金融机构证明的，允许据实扣除，但最高不能超过按商业银行同类同期贷款利率计算的金额。其他房地产开发费用，按土地成本和开发成本之和的5%以内计算扣除。凡不能按转让房地产项目计算分摊利息支出或不能提供金融机构证明的，房地产开发费用按土地成本和开发成本之和的10%以内计算扣除。上述计算扣除的具体比例，由各省、自治区、直辖市人民政府规定。

## 第三节 关于土地增值税法

2019年7月16日,财政部发布了《关于〈中华人民共和国土地增值税法(征求意见稿)〉向社会公开征求意见的通知》(以下简称征求意见稿),该征求意见稿由财政部和税务总局联合起草。

### 一、土地增值税立法的必要性和可行性

1993年12月13日,国务院发布了《中华人民共和国土地增值税暂行条例》(以下简称《条例》),自1994年1月1日起对转让国有土地使用权、地上建筑物及附着物的单位和个人征收土地增值税。根据《条例》授权,财政部于1995年1月印发了《中华人民共和国土地增值税暂行条例实施细则》。《条例》施行20多年以来,税制比较健全,运行平稳,上升为法律的条件和时机已经成熟。

土地增值税立法是贯彻落实税收法定原则的重要步骤,也是健全地方税体系改革的重要内容,有利于完善土地增值税制度,增强权威性和执法刚性,发挥土地增值税筹集财政收入、调节土地增值收益分配、促进房地产市场健康稳定发展的作用,有利于健全我国的房地产税收体系、推进国家治理体系和治理能力现代化。

### 二、立法总体考虑

从实际执行情况来看,现行土地增值税税制要素基本合理,征管制度比较健全,宜保持现行税制框架和税负水平总体不变,将《条例》上升为法律。同时,对不适应经济社会发展和改革要求的个别内容,进行适当调整。

### 三、土地增值税法的主要内容

#### (一) 关于征税范围

《条例》规定,转让国有土地及地上建筑物、构筑物并取得收入的单位和个人应缴纳土地增值税。在此基础上,《征求意见稿》将出让、转让集体土地使用权、地上的建筑物及其附着物(以下简称集体房地产)纳入征税范围。同时,拟将目前对集体房地产征收的土地增值收益调节金取消。

调整征税范围的主要考虑是为了与土地制度改革相衔接。为贯彻落实十八届三中全会决定要求,2014年,中共中央办公厅、国务院办公厅明确要求建立集体经营性建设用地(以下简称集建地)入市制度,并要求建立兼顾国家、集体、个人的土地增值收益分配机制,合理提高个人收益。2015年以来,全国33个试点地区开展了农村土地征收、集建地入市、宅基地制度改革三项改革试点,允许集建地入市和转让,实行与国有建设用地同等入市、同权同价。目前,试点地区通过征收土地增值收益调节金的过渡办法,对土地增值收益进行调节。《土地管理法(修正案)》(草案)已提请全国人大常委会初次审议,删去了从事非农业建设必须使用国有土地或者征为国有的原集体土地的规定。为了建立土地增值收益分配机制,使税制与建立城乡统一建设用地市场的土地制度改革相衔接,《征求意见稿》将集体房地产纳入了征税范围,同时,拟取消土地增值收益调节金,使立法前后集体

房地产负担总体稳定。

### (二) 关于税率和计税依据

《征求意见稿》延续了《条例》的规定,明确土地增值税仍实行四级超率累进税率,并以转移房地产所取得的增值额为计税依据。

### (三) 关于扣除项目

《征求意见稿》将《条例》第六条第五款授权财政部规定的其他扣除项目调整为国务院规定的其他扣除项目,主要考虑是:集体、国有房地产的成本构成差异较大,且不同地区集建地入市方式、途径、形态、用途等差异也很大,成本构成和级差收益千差万别,再者集体房地产入市目前仍处于试点阶段,相关管理制度还在探索和逐步健全过程中,相关扣除项目难以做出统一规定。

### (四) 关于税收优惠

《征求意见稿》在延续《条例》优惠规定的基础上,对个别政策做了适当调整。一是吸收了现行税收优惠政策中关于建造增值率低于20%的保障性住房免税的规定。二是增加授权国务院可规定减征或免征土地增值税的其他情形。主要考虑是国务院需要根据经济社会发展形势,相机决定一些阶段性、过渡性优惠政策,如企业改制重组土地增值税政策、房地产市场调控相关的土地增值税政策等。三是将建造增值率低于20%的普通住宅免税的规定,调整为授权省级政府结合本地实际决定减征或是免征,以体现因地制宜、因城施策的房地产市场调控政策导向,落实地方政府主体责任。四是增加授权省级人民政府对房地产市场较不发达、地价水平较低地区集体房地产减征或免征土地增值税的规定。主要原因是出让集建地级差收益的地区差异巨大,为了建立兼顾国家、集体、个人土地收益分配机制,适当下放税政管理权限,有必要授权省级政府因地制宜制定集体房地产相关税收优惠政策。

### (五) 关于纳税义务发生时间和申报纳税期限

《征求意见稿》增加了关于纳税义务发生时间的规定,明确为房地产转移合同签订的当日。同时,为简化缴税程序、方便纳税人,《征求意见稿》调整了申报缴税期限。一是将《条例》中分开设置的纳税申报和缴纳税款两个时间期限合并为申报缴纳期限。二是将申报缴纳税期限由《条例》规定的房地产转移合同签订之日后7日内申报并在税务机关核定期限内缴税,调整为区分不同类型纳税人,规定不同的期限。对于从事房地产开发的纳税人,自纳税义务发生月份终了之日起15日内,申报预缴土地增值税;达到清算条件后90日内,申报清算土地增值税。对于其他纳税人,自纳税义务发生之日起30日内申报缴税。

### (六) 关于征收管理模式

按照党中央、国务院关于深化"放管服"改革的有关要求,《征求意见稿》规定了房地产开发项目实行先预缴后清算的制度,并将现行税务机关根据纳税人提供的资料进行清算审核的做法,调整为从事房地产开发的纳税人应自行完成清算,结清应缴税款或向税务机关申请退税。

## 四、新旧对比

财政部发布《中华人民共和国土地增值税法(征求意见稿)》与《中华人民共和国土地增值税暂行条例》(2011年修订)对比如表6-4所示。

## 表 6-4 征求意见稿与 2011 年修订稿对比表

| 财政部发布《中华人民共和国土地增值税法(征求意见稿)》 | 中华人民共和国土地增值税暂行条例(2011 年修订) |
|---|---|
| 财政部 | 国务院令第 138 号 |
| 征求意见稿 | 全文有效 |
| 2019.7.16 | 2011 年 1 月 8 日修订 |
|  | 第一条 为了规范土地、房地产市场交易秩序,合理调节土地增值收益,维护国家权益,制定本条例。 |
| 第一条 在中华人民共和国境内转移房地产并取得收入的单位和个人,为土地增值税的纳税人,应当依照本法的规定缴纳土地增值税。 | 第二条 转让国有土地使用权、地上的建筑物及其附着物(以下简称转让房地产)并取得收入的单位和个人,为土地增值税的纳税义务人(以下简称纳税人),应当依照本条例缴纳土地增值税。 |
| 第二条 本法所称转移房地产,是指下列行为: |  |
| (一)转让土地使用权、地上的建筑物及其附着物。 |  |
| (二)出让集体土地使用权、地上的建筑物及其附着物,或以集体土地使用权、地上的建筑物及其附着物作价出资、入股。 |  |
| 土地承包经营权流转,不征收土地增值税。 |  |
| 第三条 土地增值税按照纳税人转移房地产所取得的增值额和本法第八条规定的税率计算征收。 | 第三条 土地增值税按照纳税人转让房地产所取得的增值额和本条例第七条规定的税率计算征收。 |
| 第四条 纳税人转移房地产所取得的收入减除本法第六条规定扣除项目金额后的余额,为增值额。 | 第四条 纳税人转让房地产所取得的收入减除本条例第六条规定扣除项目金额后的余额,为增值额。 |
| 第五条 纳税人转移房地产所取得的收入,包括货币收入、非货币收入。 | 第五条 纳税人转让房地产所取得的收入,包括货币收入、实物收入和其他收入。 |
| 第六条 计算增值额时准予扣除的项目为: | 第六条 计算增值额的扣除项目: |
| (一)取得土地使用权所支付的金额; | (一)取得土地使用权所支付的金额; |
| (二)开发土地的成本、费用; | (二)开发土地的成本、费用; |
| (三)新建房及配套设施的成本、费用或者旧房及建筑物的评估价格; | (三)新建房及配套设施的成本、费用,或者旧房及建筑物的评估价格; |
| (四)与转移房地产有关的税金; | (四)与转让房地产有关的税金; |
| (五)国务院规定的其他扣除项目。 | (五)财政部规定的其他扣除项目。 |
| 第七条 本法规定的收入、扣除项目的具体范围、具体标准由国务院确定。 |  |
| 第八条 土地增值税实行四级超率累进税率: | 第七条 土地增值税实行四级超率累进税率: |

（续表）

| | |
|---|---|
| 增值额未超过扣除项目金额50%的部分,税率为30%。 | 增值额未超过扣除项目金额50%的部分,税率为30%。 |
| 增值额超过扣除项目金额50%、未超过扣除项目金额100%的部分,税率为40%。 | 增值额超过扣除项目金额50%、未超过扣除项目金额100%的部分,税率为40%。 |
| 增值额超过扣除项目金额100%、未超过扣除项目金额200%的部分,税率为50%。 | 增值额超过扣除项目金额100%、未超过扣除项目金额200%的部分,税率为50%。 |
| 增值额超过扣除项目金额200%的部分,税率为60%。 | 增值额超过扣除项目金额200%的部分,税率为60%。 |
| 第九条　纳税人有下列情形之一的,依法核定成交价格、扣除金额: | 第九条　纳税人有下列情形之一的,按照房地产评估价格计算征收: |
| (一)隐瞒、虚报房地产成交价格的; | (一)隐瞒、虚报房地产成交价格的; |
| (二)提供扣除项目金额不实的; | (二)提供扣除项目金额不实的; |
| (三)转让房地产的成交价格明显偏低,又无正当理由的。 | (三)转让房地产的成交价格低于房地产评估价格,又无正当理由的。 |
| 第十条　出让集体土地使用权、地上的建筑物及其附着物,或以集体土地使用权、地上的建筑物及其附着物作价出资、入股,扣除项目金额无法确定的,可按照转移房地产收入的一定比例征收土地增值税。具体征收办法由省、自治区、直辖市人民政府提出,报同级人民代表大会常务委员会决定。 | |
| 第十一条　下列情形,可减征或免征土地增值税: | 第八条　有下列情形之一的,免征土地增值税: |
| (一)纳税人建造保障性住房出售,增值额未超过扣除项目金额20%的,免征土地增值税; | (一)纳税人建造普通标准住宅出售,增值额未超过扣除项目金额20%的; |
| (二)因国家建设需要依法征收、收回的房地产,免征土地增值税; | (二)因国家建设需要依法征收、收回的房地产。 |
| (三)国务院可以根据国民经济和社会发展的需要规定其他减征或免征土地增值税情形,并报全国人民代表大会常务委员会备案。 | |
| 第十二条　省、自治区、直辖市人民政府可以决定对下列情形减征或者免征土地增值税,并报同级人民代表大会常务委员会备案: | |
| (一)纳税人建造普通标准住宅出售,增值额未超过扣除项目金额20%的; | |

(续表)

| | |
|---|---|
| （二）房地产市场较不发达、地价水平较低地区的纳税人出让集体土地使用权、地上的建筑物及其附着物，或以集体土地使用权、地上的建筑物及其附着物作价出资、入股的。 | |
| 第十三条 土地增值税纳税义务发生时间为房地产转移合同签订的当日。 | |
| 第十四条 纳税人应当向房地产所在地主管税务机关申报纳税。 | |
| 第十五条 房地产开发项目土地增值税实行先预缴后清算的办法。从事房地产开发的纳税人应当自纳税义务发生月份终了之日起15日内，向税务机关报送预缴土地增值税纳税申报表，预缴税款。 | |
| 从事房地产开发的纳税人应当自达到以下房地产清算条件起90日内，向税务机关报送土地增值税纳税申报表，自行完成清算，结清应缴税款或向税务机关申请退税： | |
| （一）已竣工验收的房地产开发项目，已转让的房地产建筑面积占整个项目可售建筑面积的比例在85%以上，或该比例虽未超过85%，但剩余的可售建筑面积已经出租或自用的； | |
| （二）取得销售（预售）许可证满三年仍未销售完毕的； | |
| （三）整体转让未竣工决算房地产开发项目的； | |
| （四）直接转让土地使用权的； | |
| （五）纳税人申请注销税务登记但未办理土地增值税清算手续的； | |
| （六）国务院确定的其他情形。 | |
| 第十六条 非从事房地产开发的纳税人应当自房地产转移合同签订之日起30日内办理纳税申报并缴纳税款。 | 第十条 纳税人应当自转让房地产合同签订之日起7日内向房地产所在地主管税务机关办理纳税申报，并在税务机关核定的期限内缴纳土地增值税。 |
| 第十七条 税务机关应当与相关部门建立土地增值税涉税信息共享机制和工作配合机制。各级地方人民政府自然资源、住房建设、规划等有关行政主管部门应当向税务机关提供房地产权属登记、转移、规划等信息，协助税务机关依法征收土地增值税。 | 第十一条 土地增值税由税务机关征收。土地管理部门、房产管理部门应当向税务机关提供有关资料，并协助税务机关依法征收土地增值税。 |

(续表)

| | |
|---|---|
| 第十八条　纳税人未按照本法缴纳土地增值税的,不动产登记机构不予办理有关权属登记。 | 第十二条　纳税人未按照本条例缴纳土地增值税的,土地管理部门、房产管理部门不得办理有关的权属变更手续。 |
| 第十九条　土地增值税的征收管理,依据本法及《中华人民共和国税收征收管理法》的规定执行。 | 第十三条　土地增值税的征收管理,依据《中华人民共和国税收征收管理法》及本条例有关规定执行。 |
| 第二十条　土地增值税预征清算等办法,由国务院税务主管部门会同有关部门制定。各省、自治区、直辖市人民政府可根据本地实际提出具体办法,并报同级人民代表大会常务委员会决定。 | 第十四条　本条例由财政部负责解释,实施细则由财政部制定。 |
| 第二十一条　纳税人、税务机关及其工作人员违反本法规定的,依照《中华人民共和国税收征收管理法》和有关法律法规的规定追究法律责任。 | |
| 第二十二条　本法自　年　月　日起施行。1993年12月13日国务院公布的《中华人民共和国土地增值税暂行条例》同时废止。 | 第十五条　本条例自1994年1月1日起施行。各地区的土地增值费征收办法,与本条例相抵触的,同时停止执行。 |

## 第四节　土地增值税检查实务

目前,税务稽查对房地产开发企业土地增值税进行检查,大多是在企业已进行清算的基础上开展,按照《土地增值税清算管理规程》,纳税人委托税务中介机构审核鉴证的清算项目,应报送中介机构出具的《土地增值税清算税款鉴证报告》,因此这类检查普遍具有较好的清算基础。按照财政部发布的《中华人民共和国土地增值税法(征求意见稿)》,从事房地产开发的纳税人应当自达到房地产清算条件起90日内,向税务机关报送土地增值税纳税申报表,自行完成清算,结清应缴税款或向税务机关申请退税。如果新土地增值税法正式施行,那么以后税务机关将不再负责对土地增值税进行清算,与企业所得税等征管方式一致。

### 一、预征阶段常见风险

在检查土地增值税预征税款时,关键点是检查商品房的类别,看预征率适用是否正确。"营改增"前,土地增值税预征的计税范围和依据基本上和营业税同口径,"营改增"后的变化就是计税依据不含预征的增值税。可以看出,土地增值税预征税款与流转税税款有直接关系。因此,凡是有隐瞒预收账款等行为而少缴增值税的,均会同时存在少缴纳土地增值税预征税款的问题。所以,该阶段土地增值税检查要点与增值税预征阶段检查要点基本相同。同时,土地增值税预征分为普通住宅、非普通住宅、非住宅类,预征率各不相同,要注意是否存在混淆预征率,少预缴土地增值税的问题。

**【例 6-5】** 某房地产开发公司混用预征率问题。

稽查人员在查阅该公司相关销售合同、销售窗口表等资料时,发现其销售的 5 栋房屋中,实际包括两种类型,一种符合一般普通住宅标准,共计 4 栋,而另一种为特大户型,超过了当地规定的普通住宅标准。但是,该公司预缴土地增值税的税率全部是按照普通住宅标准 2% 执行,少预缴 1% 的税款。按照原预缴计税依据 6 300 万元计算,该公司应补缴土地增值税税款 63 万元。

**【例 6-6】** 华润置地土地增值税预征扣除问题。

2015 年 2 月 11 日,原上海市国税局第五稽查局(简称"第五稽查局")对华润置地(上海)有限公司(简称"华润置地")作出了《税务处理决定书》(沪国税五稽处〔2015〕6 号),关于土地增值税预征扣除有如下税务违法事实内容:

华润置地 2011 年度、2012 年度按照企业会计准则的规定计算其应当缴纳的土地增值税为 517 046 665 元、57 668 838.66 元,并将该两笔费用分别计入 2011 年度和 2012 年度的"营业税金及附加"科目,并在两年度企业所得税汇算清缴时作税前扣除。但华润置地 2011 年度、2012 年度实际预缴的土地增值税分别为 29 703 336.18 元、21 736 844.44 元,因此华润置地少调增 2011 年度、2012 年度企业所得税应纳税所得额分别为 460 980 995.76 元、35 931 994.22 元。

针对此问题,华润置地在与原上海市国税局(简称"市国税局")和原上海市国税局第五稽查局的行政诉讼中提出异议,认为:原告华润置地开发的"外滩九里苑"房产项目自 2009 年开始预售,2011 年竣工交付确认收入,现尚未经土地增值税清算。根据《企业所得税法实施条例》第九条的规定,企业应纳税所得额的计算,以权责发生制为原则,现行企业所得税法律没有规定未实际缴纳的税金不能在计算应纳税所得额时扣除。原告根据《中华人民共和国土地增值税暂行条例》(以下简称《土增税条例》)以及《中华人民共和国土地增值税暂行条例实施细则》(以下简称《土增税条例实施细则》)的有关规定,在计算企业所得税应纳税所得额时扣除实际发生的土地增值税金额,完全符合法律规定,不需作纳税调整。另外,被诉税务处理决定认定原告 2012 年实际缴纳"外滩九里苑"项目土地增值税 21 736 844.44 元的金额有误,遗漏了 2013 年补缴的所属期为 2012 年度的土地增值税 27 713 457.83 元。

被告第五稽查局及被告市国税局辩称,被告第五稽查局负有对税收违法行为进行税务行政处理的法定职责,其按规程对原告立案稽查,向原告送达《税务检查通知书》后开展入户检查,并根据市国税局重大案件审理委员会审议通过的处理意见,作出被诉税务处理决定,行政程序合法。由于税会差异原因,《企业所得税法》第八条所指实际发生的土地增值税金,应为当期实际以预征方式缴纳入库的土地增值税金额,不应按照企业会计处理来确认。根据《企业所得税法实施条例》第三十四条的规定,准予税前扣除的工资薪金是指"企业在每一纳税年度支付给本企业任职或者受雇员工的所有现金形式或者非现金形式的劳务报酬",原告计提的 2012 年 12 月份工资未在当月实际支付,不得在 2012 纳税年度作税前扣除。被告市国税局在受理行政复议申请后经延长审理期限,在法定期限内作出维持的复议决定,行政程序合法。综上理由,被告市国税稽查五局所作被诉税务处理决定认定事实清楚,证据确凿、充分,执法程序合法,适用法律依据正确,被告市国税局所作被诉行政复议决定程序合法,两被告请求法院判决驳回原告的所有诉讼请求。

最终,法院在土地增值税预征扣除问题上对稽查局的税务处理予以认可。该案一审驳回了原告诉讼请求,二审双方庭外和解。

**附:上海市黄浦区人民法院行政判决书**

华润置地(上海)有限公司与上海市国税局第五稽查局、上海市国税局税务行政诉讼案一审判决书。

上海市黄浦区人民法院行政判决书

(2015)黄浦行初字第256号

原告华润置地(上海)有限公司,住所地上海市。

法定代表人唐勇,华润置地(上海)有限公司董事长。

委托代理人张爱萍,男。

委托代理人严锡忠,上海左券律师事务所律师。

被告上海市国家税务局第五稽查局,住所地上海市。

法定代表人范佶睿,上海市国家税务局第五稽查局局长。

委托代理人李春华,上海邦信阳中建中汇律师事务所律师。

委托代理人袁虓,男。

被告上海市国家税务局,住所地上海市。

法定代表人过剑飞,上海市国家税务局局长。

委托代理人任捷,男。

委托代理人徐健,男。

原告华润置地(上海)有限公司(以下简称华润公司)不服被告上海市国家税务局第五稽查局(以下简称市国税稽查五局)所作税务处理决定及被告上海市国家税务局(以下简称市国税局)所作行政复议决定一案,向本院提起行政诉讼。本院于2015年6月26日立案受理后,向两被告送达了起诉状副本及应诉通知书。两被告分别在法定举证期限内向本院提交了作出被诉税务处理决定和行政复议决定的证据和依据。本院分别于2015年8月21日及同年10月21日组织原、被告召开庭前会议。本院依法组成合议庭,于2015年10月28日公开开庭审理了本案。原告华润公司的委托代理人张爱萍、严锡忠,被告市国税稽查五局的法定代表人范佶睿及其委托代理人李春华、袁虓,被告市国税局的委托代理人任捷、徐健,证人张某某、忻某某到庭参加诉讼。本案现已审理终结。

被告市国税稽查五局于2015年2月11日作出沪国税五稽处(2015)6号税务处理决定,认定原告华润公司:(一)2012年12月27日在"管理费用""销售费用"科目计提12月份的工资人民币(以下货币单位均为人民币)1 149 538.87元,实际于2013年1月发放。在当年企业所得税汇算清缴时全额税前列支,未做纳税调整,少调增2012年企业所得税应纳税所得额1 149 538.87元。(二)2011年12月31日在"营业税金及附加"计提"外滩九里苑"项目的土地增值税517 046 665元,2012年6月30日在"营业税金及附加"计提"外滩九里苑"项目的土地增值税57 668 838.66元,均在当年企业所得税汇算清缴时全额税前列支。原告在2009年—2012年按预征方式实际申报缴纳"外滩九里苑"项目土地增值税分别为(按税款所属期)10 864 806.99元、15 497 526.07元、29 703 336.18元、21 736 844.44元,未按规定调增2011年、2012年企业所得税应纳税所得额460 980 995.76元、35 931 994.22元。被告市国税稽查五局依据《中华人民共和国企业所得税法》(以下简称《企业所得税法》)第八条、《中华人民共和国企业所得税法实施条例》(以下简称《企业所得税法实施条例》)第三十四条、《中华人民共和国税收征收管理法》(以下简称《税收征管法》)第三十二条的规定,决定原告补缴2011年企业所得税115 245 248.94元,加收滞纳金20 398 409.06元;补缴2012年企业所得税9 270 383.27元。原告不服,在坚实置地(上海)有限公司(以下简称坚实公司)为其提供纳税担保(连带责任)后,向被告市国税局申请行政复议,被告市国税局于2015年6月11日作出沪国税复决(2015)2号行政复议决定,维持被告市国税稽查五局所作上述税务处理决定。

原告华润公司诉称,原告开发的"外滩九里苑"房产项目自2009年开始预售,2011年竣工交付确认收入,现尚未经土地增值税清算。根据《企业所得税法实施条例》第九条的规定,企业应纳税所得额的计算,以权责发生制为原则,现行企业所得税法律没有规定未实际缴纳的税金不能在计算应纳税所得额时扣除。原告根据《中华人民共和国土地增值税暂行条例》(以下简称《土增税条例》)以及《中华人民共和国土地增值税暂行条例实施细则》(以下简称《土增税条例实施细则》)的有关规定,在计算企业所得税应纳税所得额时扣除实际发生的土地增值税金额,完全符合法律规定,不需作纳税调整。另外,被诉税务处理决定认定原告2012年实际缴纳"外滩九里苑"项目土地增值税21 736 844.44元的金额有误,遗漏了2013年补缴的所属期为2012年度的土地增值税27 713 457.83元。根据劳动合同和公司管理制度要求,2012年12月员工工资应于次月5日发放。故原告在会计处理上,计入当月成本,在2012年企业所得税汇算清缴时予以扣除。上述处理符合权责发生制原则,《国家税务总局关于企业工资薪金和职工福利费等支出税前扣除问题的公告》(以下简称国家税务总局公告2015年第34号文)第二条也明确了原告的做法是合法的。被告市国税稽查五局作为专司偷税、逃避追缴欠税、骗税、抗税案件查处的税务机关,并没有作出被诉税务处理决定的职权。被告市国税稽查五局在选案、立案、检查、审理和执行阶段存在伪造文件、审理流程超期等程序违法。被告市国税局在行政复议中也没能查清事实。原告故起诉要求撤销被告市国税稽查五局作出的沪国税五稽处〔2015〕6号税务处理决定;撤销被告市国税局作出的沪国税复决〔2015〕2号行政复议决定;要求被告市国税稽查五局赔偿原告华润公司为申请行政复议所支付的担保费579 656元。诉讼中,原告要求一并对《国家税务总局关于稽查局职责问题的通知》(以下简称国税函〔2003〕140号文)的合法性进行审查。

被告市国税稽查五局及被告市国税局辩称,被告市国税稽查五局负有对税收违法行为进行税务行政处理的法定职责,其按规程对原告立案稽查,向原告送达《税务检查通知书》后开展入户检查,并根据市国税局重大案件审理委员会审议通过的处理意见,作出被诉税务处理决定,行政程序合法。由于税会差异原因,《企业所得税法》第八条所指实际发生的土地增值税金,应为当期实际以预征方式缴纳入库的土地增值税金额,不应按照企业会计处理来确认。根据《企业所得税法实施条例》第三十四条的规定,准予税前扣除的工资薪金是指"企业在每一纳税年度支付给本企业任职或者受雇员工的所有现金形式或者非现金形式的劳务报酬",原告计提的2012年12月份工资未在当月实际支付,不得在2012纳税年度作税前扣除。被告市国税局在受理行政复议申请后经延长审理期限,在法定期限内作出维持的复议决定,行政程序合法。综上理由,被告市国税稽查五局所作被诉税务处理决定认定事实清楚,证据确凿、充分,执法程序合法,适用法律依据正确,被告市国税局所作被诉行政复议决定程序合法,两被告请求法院判决驳回原告的所有诉讼请求。

被告市国税稽查五局向本院提供《税收征管法》第十四条、《中华人民共和国税收征收管理法实施细则》（以下简称《税收征管法实施细则》）第九条第一款、第二款、国税函〔2003〕140号文、国税发〔2004〕108号《国家税务总局关于进一步加强税收征管工作的若干意见》、国税发〔2009〕157号《税务稽查工作规程》第二条作为其职权依据。

被告市国税稽查五局以《税收稽查工作规程》作为程序依据，并出示了《税务稽查审批表》《税务稽查任务通知书》及附件、《税务检查通知书》及送达回证、《检查纳税人电子信息系统审批表》《复制企业涉税经营及财务电子数据通知书》及送达回证、询问（调查）笔录5份、税务稽查工作底稿（一）（二）、《延长税收违法案件检查时限审批表》《税务稽查报告》、2014年2月24日的《重大税务案件审理提请书》、2014年2月25日的《重大税务案件审理意见书》、2014年2月25日的《重大税务案件审理提请书》、2014年3月17日的《重大税务案件审理意见书》、2014年3月27日《审理报告》（初审）、2014年8月29日《审理报告》（终审）、2015年2月5日《审理报告》（终审）、《税务处理决定书》及送达回证等程序证据，证明其执法程序合法。

被告市国税稽查五局提供以下适用法律依据：

（一）关于土地增值税在所得税税前列支扣除的规定：1.《企业所得税法》第五条、第八条；2.《土增税条例实施细则》第十六条；3. 2010年第1号《上海市地方税务局关于调整住宅开发项目土地增值税预征办法的公告》第二条、第六条；4. 国税发〔2009〕91号《国家税务总局土地增值税清算管理规程》第三条；5. 国家税务总局公告2010年第29号《国家税务总局关于房地产开发企业注销前有关企业所得税处理问题的公告》第一条；6. 国税发〔2009〕31号《国家税务总局关于房地产开发经营业务企业所得税处理办法》第十二条；7. 国税发〔2006〕187号《国家税务总局关于房地产开发经营企业土地增值税清算管理有关问题的通知》第一条、第二条。

（二）关于发放工资在所得税税前列支扣除的有关规定：1.《企业所得税法实施条例》第三十四条；2. 国家税务总局公告2015年第34号文第四条，证明本案不应当适用该文件；3. 国税函〔2009〕3号《国家税务总局关于企业工资薪金及职工福利费扣除问题的通知》第一条。

（三）征收滞纳金依据：《税收征收管理法》第三十二条。

（四）审批纳税担保的规定：1.《税收征管法》第八十八条；2.《税收征管法实施细则》第六十一条、第六十二条、第七十三条；3. 国家税务总局令第11号《纳税担保试行办法》第三条、第十条、第十一条。

经庭审质证，原告对被告市国税稽查五局出示的行政职权依据提出异议认为，国税函（2003）140号文已经失效，且稽查局的职责是专司偷、逃、骗、抗税案件的处理，本案只涉及纳税调整，被告市国税稽查五局没有执法权。对执法程序依据及证据质证认为，被告市国税稽查五局在程序上存在选案程序错误，立案审批不符合规定，检查程序错误，检查人员签名均系伪造，重大税务案件审理意见书系事后伪造，审理程序未依法履行，审理层级颠倒，审理时间逾期，执行和检查人员混同等违法行为。对事实部分的证据质证认为被告市国税稽查五局没依据法定计算公式精确计算每一纳税年度的应纳税所得额，检查人员王泰红、张某某、忻某某在稽查笔录和工作底稿上的签名非本人所签，涉嫌证据造假。税务检查的期限为2010年到2012年，但被告市国税稽查五局只对2012年12月的工资作纳税调整，前两年的未调，执法不统一。在法律适用方面，被告市国税稽查五局未正确贯彻执行《税收征管法》、

《企业所得税法》等法律确立的权责发生制的征税原则,上述法律所称之"实际发生"的税款应指其纳税义务实际发生时间而非缴纳时间,被告市国税稽查五局理解有误。

原告对被告市国税局出示的职权、程序和法律适用依据的有效性,事实和程序方面证据的真实性均无异议,但认为执法程序欠完整。

被告市国税稽查五局和被告市国税局对原告在起诉时提交的证据1~6真实性没有异议,认为恰恰能证明被诉行政行为正确。证据7~9均为原告按照相关会计准则在自己账目上的处理,真实性无法确认,且会计处理与税务处理不一致的,应当按照税务的相关规定,故这些证据与本案无关。证据10的证明内容不认可,2012年12月工资未在当月实际发放,需做纳税调整。对证据11,被告出示的《财政部关于公布废止和失效的财政规章和规范性文件目录(第十一批)的决定》,能够证明财会字〔1995〕15号文已废止。对原告提供的行政赔偿证据,两被告认为担保人与原告是关联公司,故担保协议与发票的真实性没有办法认可,且被诉税务处理决定合法,也未给原告造成直接损失,不承担赔偿责任。

被告市国税稽查五局和被告市国税局对彼此出示的证据和依据互予认可。

本院对上述证据认证如下:

1. 被告市国税稽查五局出示的证据14能够证明原告的证据11已被明令废止,且该通知规范的是缴纳土地增值税的会计处理规定,不能作为本案纳税争议的参照适用依据。对原告出示的其余证据材料的真实性,本院均予以确认。

2. 就被告市国税稽查五局出示的5份《询问(调查)笔录》及税务稽查工作底稿(一)(二)等证据材料中所涉检查人员签名的争议,本院根据原告的申请,准许被告市国税稽查五局工作人员张某某、忻某某出庭作证。根据两名证人证词及结合上述证据材料,本院认定被告市国税稽查五局检查人员对原告开展的税务检查工作手续齐备、调查中形成的相关笔录和工作底稿均系调查当日形成,内容亦经原告员工确认。虽确实存在到场检查人员现场互相授意代为在调查笔录和工作底稿上签名的不规范做法,但该行政瑕疵尚不足以否定上述证据材料的真实性与证明效力。被告市国税稽查五局在本案中提交的其余证据材料来源合法、内容真实,与待证事实相关联,本院均予以认可。

3. 被告市国税局提交的证据材料内容真实,能够证实行政复议中的有关程序事实,本院予以确认。

4. 被告市国税稽查五局和被告市国税局提交的职权、程序及法律适用的依据属于现行有效的法律、行政法规及规范性文件等,且所涉条款与两被告作出被诉税务处理决定和行政复议决定相关,本院予以认可。

经审理查明,被告市国税稽查五局通过人工选案,于2013年5月10日对原告华润公司立案实施税务检查。在向原告送达税务检查通知书后,被告市国税稽查五局调取了2010年1月1日至2012年12月31日期间原告的经营和财务数据,因案情复杂,又延长了检查期限,并制作了《询问(调查)笔录》及税务稽查工作底稿,查明原告于2012年12月在"管理费用""销售费用"科目计提当月份的工资1 149 538.87元,实际于2013年1月发放。在当年企业所得税汇算清缴时全额税前列支,未做纳税调整,少调增2012年企业所得税应纳税所得额1 149 538.87元;原告于2011年12月在"营业税金及附加"计提"外滩九里苑"项目的土地增值税517 046 665元,于2012年6月在"营业税金及附加"计提"外滩九里苑"项目的土地增值税57 668 838.66元,均在当年企业所得税汇算清缴时全额税前列支。另查明,原告在2009年—2012年按预征方式实际申报缴纳"外滩九里苑"项目土地增值税分别为(按税款所属期)10 864 806.99元、15 497 526.07元、29 703 336.18元、21 736 844.44元。被告市国税稽查五局认定原告未按规定调增2011年、2012年企业所得税应纳税所得额460 980 995.76元、35 931 994.22元。鉴于案情重大,被告市国税稽查五局召开了重大案件审理会,再提请被告市国税局重大案件审理委员会进行审理。2015年2月11日,被告市国税稽查五局作出沪国税五稽处(2015)6号《税务处理决定书》,依据《企业所得税法》第八条、《企业所得税法实施条例》第三十四条、《税收征管法》第三十二条的规定,决定原告补缴2011年企业所得税115 245 248.94元,加收滞纳金20 398 409.06元;补缴2012年企业所得税9 270 383.27元。《税务处理决定书》于2月16日送达原告。原告收悉后不服,在坚实公司对原告所涉全部欠税款与滞纳金提供连带责任担保并经被告市国税稽查五局认可后,原告于同年3月16日向被告市国税局申请行政复议,被告市国税局于同月18日受理后向被告市国税稽查五局发出《提出答复通知书》。被告市国税局审查了被告市国税稽查五局提交的《税务行政复议答复书》及作出行政行为的证据和依据,并准许原告予以查阅。后因案情复杂,被告市国税局于5月7日决定延长行政复议审理期限30日。2015年6月11日,被告市国税局作出被诉的行政复议决定,维持了税务处理决定,并将沪国税复决〔2015〕2号《税务行政复议决定书》邮寄送达原告。原告仍不服,向本院提起行政诉讼。

另查明,根据上海市地方税务局黄浦区分局在2014年9月18日出具的涉税事项调查证明材料记载,2012年4月1日至2013年9月30日期间,原告销售"外滩九里苑"住宅项目,应按照5%预征率申报缴纳土地增值税,因系统设置原因,原告实际按照2%预征率申报缴纳,原告于2013年11月14日申报缴纳少缴的土地增值税47 932 657.95元(补缴税款所属期2012年4月1日至2013年9月30日)。经原告核算,其中所属期为2012年度的土地增值税为27 713 457.83元。

本院认为,本案的主要争议内容包括:被告市国税稽查五局作出被诉税务处理决定是否超越职权;行政程序是否合法;房地产开发企业在计算企业所得税应纳税所得额时,是否需对已按权责发生制原则作出的土地增值税金额会计处理进行纳税调整;本纳税年度未缴纳的税金以及已计提未发放的工资可否在企业所得税汇算时税前扣除等。

关于被告市国税稽查五局是否超越职权的争议,根据《税收征管法实施细则》第九条第二款的规定:"国家税务总局应当明确划分税务局和稽查局的职责,避免职责交叉"。国家税务总局在国税函〔2003〕140号文中明确,"稽查局的现行职责是:稽查业务管理、税务检查和税收违法案件查处;凡需要对纳税人、扣缴义务人进行账证检查或者调查取证,并对其税收违法行为进行税务行政处理(处罚)的执法活动,仍由各级稽查局负责"。对此,原告在诉讼中请求对国税函〔2003〕140号文一并进行合法性审查。本院经审查后认为,国家税务总局经行政法规授权,有权对税务局和稽查局的职责作出明确和划分。该被审查的部门规范性文件的作出有上位法依据,文件中规定现阶段各级稽查局职责范围的条文,可作为被告市国税稽查五局作出被诉税务处理决定的职权依据。因此,被告市国税稽查五局具有对税收违法行为进行执法,作出被诉税务行政处理决定的职责。另外,依据《行政复议法》的有关规定,被告市国税局对申请人不服下级行政机关所作行政行为提起的税务行政复议申请亦有作出复议决定的法定职权。

关于原告是否应在计算企业所得税应纳税所得额时对土地增值税的会计处理作纳税调

整的争议,两被告对原告就土地增值税的会计处理符合财务会计制度规定并无异议,但认为因涉及"税会差异",原告需作纳税调整。本院认为,《企业所得税法实施条例》第九条虽然规定了企业应纳税所得额的计算,以权责发生制为原则,但该条款同时亦规定,国务院财政、税务主管部门另有规定的除外。就本案涉及的土地增值税而言,由于现行土地增值税的征缴管理存在特殊性,即《土增税条例实施细则》确立的预征和清算的特别规定,而在每一纳税年度预征土地增值税,正是基于房产开发项目周期长,在未竣工结算前,无法核算成本,也就不能精确计算土地增值税的立法考量。本案中,涉案的"外滩九里苑"项目尚未竣工结算,原告实际也是采用预征方式缴纳土地增值税,所预征的税金,应当视为当期"实际"发生的税金。因实际发生的预征土地增值税金与原告依据财务会计制度自行所作会计处理在金额上不一致,被告市国税稽查五局准予以当期预征的土地增值税金确定扣除额,并要求对差额部分作出纳税调整,该做法既符合设立土地增值税预征制度的立法本意,也能体现税收效率原则,本院予以认可。

关于原告在2013年11月补缴的归属期为2012年度的土地增值税应否在计算2012年度企业所得税时作税前扣除的问题,原、被告双方对《企业所得税法》第八条所称"实际发生"的税金存在不同理解。本院认为,税金与企业经营性成本、费用性质迥异。由于依法在法定期限内缴纳税款是企业的刚性、法定的义务,逾期欠缴税款本身就属违法行为,不受法律保护,故对纳税期内已发生但未申报缴纳的税金,不能视其为《企业所得税法》第八条所定义的"合理"的支出而准予税前扣除。否则,国家要求纳税人按时纳税的强制性与严肃性便无从体现。原告在2012年度未缴足土地增值税,直至2013年5月遭税务检查为止,税金仍处于欠缴状态,被告市国税稽查五局未准予原告将2012年度欠缴的土地增值税作税前扣除,并无不当。至于原告认为该笔税金的欠缴非基于主观原因而应给予责任豁免的意见,因本案被诉的是纳税调整的税务处理行政行为,不涉及对纳税义务人是否存在主观故意的审查,故对原告的上述异议,本院不予采纳。当然,上述欠缴税金已于2013年11月补缴入库,原告仍可另行提出纳税调整,对该笔补缴税金作所得税税前扣除。换言之,就总体税负水平而言,被告市国税稽查五局的税务处理并未增加原告的负担。

关于已计提未发放的工资可否在本纳税年度税前扣除的争议,本院认为,《企业所得税法实施条例》第三十四条规定:"前款所称工资薪金,是指企业每一纳税年度支付给在本企业任职或者受雇的员工的……";《国家税务总局关于企业工资薪金及职工福利费扣除问题的通知》(国税函〔2009〕3号)第一条也规定:"《实施条例》第三十四条所称的'合理工资薪金',是指企业……实际发放给员工的工资薪金"。上述行政法规及税务规范性文件均对企业工资薪金可予税前扣除的范围有明确表述,即以实际支付为要件,应理解为权责发生制原则的例外。故被告市国税稽查五局未准许原告将2012年12月已预提但未能在该纳税年度内支付的工资计入2012年,符合前述规定。本院注意到,国家税务总局在2015年5月发布的国家税务总局公告2015年第34号文中,对企业在年度汇算清缴结束前向员工支付已预提汇缴年度工资,已可准予在汇缴年度扣除。但因该公告发布于被诉行政行为之后,不能作为本案适用依据。

有关被诉税务处理决定的行政程序是否合法的争议,经本院审查,被告市国税稽查五局已按照《税务稽查工作流程》的规定,履行了选案、立案、现场检查、审理、作出决定等程序义务,行政程序合法。如本院在对证据的认证部分所述,被告市国税稽查五局在行政执法中确实存在制作笔录时互相授意代为签名等不规范做法,希被告市国税稽查五局在今后的工作中切实予以改进。

基于上述理由，本院认为被告市国税稽查五局所作税务处理决定认定的事实清楚，程序合法，法律适用正确。对原告要求撤销税务处理决定的诉讼请求，因缺乏事实根据和法律依据，本院依法应予驳回。此外，行政赔偿的前提是行政机关行使职权侵犯公民、法人或其他组织的合法权益并造成损害。而根据前述认定，原告要求撤销被诉税务处理决定的主张不能成立，故对原告一并提起的行政赔偿请求，本院一并予以驳回。

另经本院审查，被告市国税局所作行政复议决定的程序亦合法。故对原告要求撤销行政复议决定的诉讼请求，本院亦应依法驳回。

据此，依照《中华人民共和国行政诉讼法》第六十九条、《最高人民法院关于审理行政赔偿案件若干问题的规定》第三十三条之规定，判决如下：

驳回原告华润置地（上海）有限公司的诉讼请求。

案件受理费人民币50元（原告已预交），由原告华润置地（上海）有限公司负担。

如不服本判决，可在判决书送达之日起十五日内提起上诉，向本院递交上诉状，并按对方当事人的人数递交上诉状副本，上诉于上海市第三中级人民法院。

审判长　马金铭

审判员　白静雯

人民陪审员　张　新

二〇一五年十二月二十八日

书记员　邹　杨

## 二、清算阶段常见风险

### （一）"房地产开发企业"范围界定

根据财法〔1995〕6号规定，对从事房地产开发的纳税人可按规定计算的金额之和，加计20%的扣除。根据财税〔2006〕21号规定，凡所投资、联营的企业从事房地产开发的，或者房地产开发企业以其建造的商品房进行投资和联营的，均不适用暂免征收土地增值税的规定。根据《财政部　税务总局关于继续实施企业改制重组有关土地增值税政策的通知》财税〔2018〕57号第四条规定，单位、个人在改制重组时以房地产作价入股进行投资，对其将房地产转移、变更到被投资的企业，暂不征土地增值税。同时第五条规定，上述改制重组有关土地增值税政策不适用于房地产转移任意一方为房地产开发企业的情形。

由于对房地产开发企业或者从事房地产开发的企业在土地增值税计算上有加计优惠，但在改制重组中受到限制，因此，对于税务稽查人员来说，首先需要判断纳税人是否为房地产开发企业或者从事房地产开发，才能进一步判断适用政策。那么如何判断呢？可借鉴原大连地税局大地税一〔1995〕121号文件规定：

从事房地产开发的纳税人是指从工商部门领取从事房地产开发的营业执照，并取得建设主管部门颁发资质等级证书的企业。房地产开发是指在依据国家有关法律、法规取得国有土地使用权的土地上进行基础设施、房屋建设的行为。转让土地使用权的土地必须已达到工业用地或其他建设用地条件的。否则，不予加计20%的扣除。

### （二）以股权转让形式转让房地产是否征收土地增值税

以股权转让的形式转让房地产一直以来是困扰纳税人和税务机关的问题。"以股权转让名义转让房地产"是其实质行为，形式上，被转让公司资产主要是土地使用权、地上建筑物及附着物。对于以股权转让名义转让土地使用权是否计征土地增值税的问题,目前并没有税收法律法规予以明确,但国家税务总局先后以批复的形式对各省市有关此问题的请示作了回应。

《国家税务总局关于陕西省电力建设投资开发公司转让股权征税问题的批复》(国税函〔1997〕700号):"二、关于土地增值税问题 对陕西省电力建设投资开发公司将其拥有的部分股权转让的行为,暂不征收土地增值税。"

《国家税务总局关于以转让股权名义转让房地产行为征收土地增值税问题的批复》(国税函〔2000〕687号):"鉴于深圳市能源集团有限公司和深圳能源投资股份有限公司一次性共同转让深圳能源(钦州)实业有限公司100%的股权,且这些以股权形式表现的资产主要是土地使用权、地上建筑物及附着物,经研究,对此应按土地增值税的规定征税。"该文是国家税务总局对广西壮族自治区地方税务局的回复。参照该文件精神,企业以转让股权名义转让房地产行为应缴纳土地增值税。

《国家税务总局关于土地增值税相关政策问题的批复》(国税函〔2009〕387号):鉴于广西玉柴营销有限公司在2007年10月30日将房地产作价入股后,于2007年12月6日、18日办理了房地产过户手续,同月25日即将股权进行了转让,且股权转让金额等同于房地产的评估值。因此,我局认为这一行为实质上是房地产交易行为,应按规定征收土地增值税。

《国家税务总局关于天津泰达恒生转让土地使用权土地增值税征缴问题的批复》(国税函〔2011〕415号)同意你局关于"北京国泰恒生投资有限公司利用股权转让方式让渡土地使用权,实质是房地产交易行为"的认定,应依照《土地增值税暂行条例》的规定,征收土地增值税。

由于有了以上文件的支持,部分省市也出台了文件进行明确,比如湖南省湘地税财行便函〔2015〕3号规定,对于控股股东以转让股权为名,实质转让房地产并取得了相应经济利益的,应比照国税函〔2000〕687号、国税函〔2009〕387号、国税函〔2011〕415号文件,依法缴纳土地增值税。

【例6-7】 以股权转让形式转让房地产征收土地增值税

桂林市地方税务局第一稽查局于2009年12月11日至2010年4月21日对玉柴营销有限公司进行了检查,检查情况如下:

基本情况:该公司成立于2004年3月5日,原位于桂林市叠彩区中山北路35号,后搬至南宁市秀厢大道27号办公,现任法人代表为姜天,财务核算现为吴雪莲负责。2003年12月9日,玉柴营销有限公司以4 500万元的总价款购得位于桂林市中山北路35号的桂林机床股份有限公司大楼。

经核实,2007年10月30日玉柴营销有限公司与广西玉柴机器集团有限公司、库柏投资有限公司及广西玉林宾馆有限公司签署了广西玉林宾馆有限公司增资及股权转让协议,该公司以其玉柴营销大楼和对应的土地使用权及其他固定资产经中介机构评估作价172 048 388.27元(包括:房屋建筑物149 655 981.40元,土地使用权21 401 634.81元、机器设备990 772.06元)投资入股到玉林宾馆有限公司,占其18.18%的股权,其中1 000万元作为注册资本记入玉林宾馆有限公司"实收资本"账户,剩余162 048 388.27元记入玉林宾馆有限公司"资本公积"账户。

同时,玉柴机器集团有限公司和库柏公司分别以一元的价格将各自持有玉林宾馆有限公司部分股权转让给玉柴营销有限公司,从而玉柴营销有限公司共持有玉林宾馆有限公司70.06%的股权,以人民币17 207万元转让,股权转让价格与玉林宾馆评估的净资产价格按照1∶1确定,广西玉柴机器股份有限公司已将转让款人民币17 207万元支付给玉柴营销有限公司。玉柴营销有限公司股权转让的行为是否要征收土地增值税?

在这一案例背景下我们看到了继《国家税务总局关于以转让股权名义转让房地产行为征收土地增值税问题的批复》(国税函〔2000〕687号)之后的又一征税文件,即《国家税务总局关于土地增值税相关政策问题的批复》(国税函〔2009〕387号):

广西壮族自治区地方税务局:

你局《关于土地增值税相关政策问题的请示》(桂地税报〔2009〕13号)收悉,鉴于广西玉柴营销有限公司在2007年10月30日将房地产作价入股后,于2007年12月6日、18日办理了房地产过户手续,同月25日即将股权进行了转让,且股权转让金额等同于房地产的评估值。

因此,我局认为这一行为实质上是房地产交易行为,应按规定征收土地增值税。

**【例6-8】** 名为股权转让实为土地使用权转让

恒立实业为上市公司,于2019年10月8日发布公告,披露公司分别于2016年11月底与2017年7月底两次作价共2.91亿元(其中不动产作价2.78亿元)转让子公司恒通实业累计100%股权(将恒通实业80%股权作价23 280.80万元转让给长沙丰泽房地产咨询有限公司,将恒通实业20%股权作价5 820.20万元转让给长沙道明房地产有限公司),鉴于该股权转让事项起始就被岳阳市主管税务机关认定为:以股权转让名义的土地使用权转让,需按税法规定缴纳土地增值税。经测算,需交土地增值税为6 691.795万元。2019年3月经税务机关判定,该股权转让事项缴纳税费合计共3 682.28万元,其中,土地增值税3 314.63万元。

(1)相关税费的由来:2016年11月底,公司将岳阳恒通实业有限责任公司(以下简称"恒通实业")80%股权作价23 280.80万元转让给长沙丰泽房地产咨询有限公司。2017年7月底,公司将恒通实业20%股权作价5 820.20万元转让给长沙道明房地产有限公司。鉴于恒通实业的资产状况,上述转让事项起始岳阳市主管税务机关就将此事项认定为:以股权转让名义的土地使用权转让,需按税法规定缴纳土地增值税。2016年底该司根据测算计提了该股权转让预计将发生的搬迁费用约4 600.00万元,根据相关税法及审计意见计提土地增值税6 691.80万元,上述合计两项约为11 291.80万元。具体计算过程如表6-5所示。

表6-5 土地增值税计提表  单位:万元

| | | |
|---|---|---|
| 1 | 不动产转让总价 | 27 813.59 |
| 2 | 土地取得成本 | 6 500.00 |
| 3 | 预估搬迁费用 | 4 600.00 |
| 4 | 可抵扣成本合计(2+3) | 11 100.00 |
| 5 | 增值额(1-4) | 16 713.59 |
| 6 | 增值率(5/4) | 150.57% |
| 7 | 适用税率 | 50.00% |
| 8 | 速算扣除数 | 15.00% |
| 9 | 应交土地增值税(5×7-4×8) | 6 691.80 |

并且2016年度将该司拆迁范围内即所属恒通实业的土地上建筑物余额全额计提减值损失，账面价值为0。

（2）相关税费的实际清缴情况：2017年该司启动地面建筑物拆迁、人员安置工作，并将账面价值为0的建筑物过户到恒通公司名下，在整体转让收入不变的前提下，根据税法规定对旧房按评估重置成本6 543.75万元过户，作为转让子公司价款一部分没有影响原股权交易的价格，并且交易除了调整税收外，没有商业实质，同时对当期损益也不产生影响。该司于2017年5月将旧房过户后，缴纳相关税费约729.94万元，并对土地增值税进行了预清算，缴纳税款约2 940.70万元。经重新计算后旧房过户和股权转让的税费情况如表6-6所示。

表6-6 旧房过户和股权转让税费计算表　　　　　　　单位：万元

| | 旧房过户 | 股权转让 | 小计 |
|---|---|---|---|
| 收入总额 | 6 543.75 | 21 269.84 | 27 813.59 |
| 简易办法征收增值税 | 311.61 | | 311.61 |
| 扣除项目金额合计 | | | |
| 其中：取得土地使用权的金额 | | 6 500.00 | 6 500.00 |
| 拆迁补偿支出 | | 5 860.00 | 5 860.00 |
| 与转让房地产有关的税金 | 44.4 | 11.64 | 56.04 |
| 其中：城建税 | 21.81 | | 21.81 |
| 教育费附加 | 15.58 | | 15.58 |
| 印花税 | 3.27 | 11.64 | 14.91 |
| 水利建设基金 | 3.74 | | |
| 增值额 | | 8 898.20 | 8 898.20 |
| 增值率 | | 71.92% | |
| 适用税率 | 6.00% | 40.0% | |
| 速算扣除系数 | | 5.0% | |
| 应交土地增值税税额 | 373.93 | 2 940.70 | 3 314.63 |
| 税费合计 | 729.94 | 2 952.34 | 3 682.28 |

2019年3月该公司依据协议约定完成了该宗土地的搬迁工作，经税务机关重新计算后向该公司送达《税务事项告知书》（岳楼洛税通〔2019〕201号），该司于2019年6月底按告知书要求补缴了土地增值税约253.26万元，搬迁费用于7月底已支付完毕，累计约5 314.00万元。至此股权转让事项中涉及的税费已全部清缴完结，该司原账面计提的搬迁费用和土地增值税结余约2 053.90万元。

### （三）房地产销售价格明显偏低且无正当理由

关于土地增值税的收入，财法字〔1995〕6号文件规定，收入包括转让房地产的全部价款及有关的经济收益。国税发〔2007〕132号文规定，审核纳税人在销售不动产过程中收取的价外费用,如天然气初装费、有线电视初装费等收益,是否按规定申报纳税。

《河南省地方税务局转发关于土地增值税清算有关问题的通知》(豫地税函〔2010〕202号)规定,《河南省地方税务局关于明确土地增值税若干政策的通知》(豫地税发〔2010〕28号)第三条第二款第6小项中:"申报的计税价格明显偏低,又无正当理由的,按核定征收率8%征收土地增值税",该处的"明显偏低"是指低于该项目当月同类房地产平均销售价格的10%,如当月无销售价格的应按照上月同类房地产平均销售价格计算;无销售价格的,主管税务机关可参照市场指导价、社会中介机构评估价格、缴纳契税的价格和实际交易价格,按孰高原则确定计税价格。

根据上述规定,对于企业已设置账簿,但若账目混乱或者成本资料、收入凭证、费用凭证残缺不全,难以确定转让收入或扣除项目金额的或者申报的计税依据明显偏低且没有正当理由的,主管税务机关可以按核定征收率征收土地增值税。对于企业采用核定征收方式的,因未分别核算普通住房与非普通住房,将从高适用核定征收率。

《青岛市地方税务局关于土地增值税预征和核定征收有关问题的公告》(青岛市地方税务局公告2014年第1号)规定,纳税人在销售开发产品的过程中,随同房价向购房人收取的装修费、设备安装费管理费、手续费和咨询费等价外收费,应并入房地产转让收入,作为房屋销售计税价格的组成部分,预缴土地增值税。

《青岛市地方税务局关于贯彻落实〈山东省地方税务局土地增税"三控一促"管理办法〉若干问题的公告》(青岛市地方税务局公告2018年第4号)规定,房地产开发企业在销售开发产品的过程中,向购房人收取的装修费等全部价外收费,应并入房地产转让收入,作为房屋销售计税价格的组成部分,预缴土地增值税。

《广州市地方税务局关于印发土地增值税清算工作若干问题处理指引〔2012年修订版〕的通知》(广州市穗地税函〔2012〕198号)规定,房地产开发企业作为委托方以支付代销费、包销费等费用方式委托其他单位或个人作为受托方代销、包销房地产,委托方与受托方之间没有发生房地产产权转移的,房地产开发企业在确认收入时不得扣除相应的代销费、包销费等费用。房地产开发企业在转让房地产时代收的税款,不确认为收入。

【例6-9】 房地产开发企业销售价格明显偏低

2018年12月,晋川市税务局稽查局举报中心先后接到8起有关晋川某商业有限公司(以下简称A公司)和晋川某置业有限公司(以下简称B公司)的举报,举报A公司代理销售B公司某房地产项目时存在不开具增值税发票的违法行为,损害了购房者利益,扰乱了房地产市场的正常秩序。

经过稽查局检查人员立案检查发现,B公司在销售商品房时,自称采取的方式是委托代销,比如其中一例:B公司先将不动产预售给A公司,并于2017年4月24日双方签订了商品房买卖合同,合同金额1 563 342.0元。A公司于4月24日前支付了购房定金10 000首期房价款15 634.00元(按照合同约定购房款于2017年11月30日前分三次付清)。

6月11日,A公司与B公司解除了上述商品房买卖合同,期间A公司将上述商品房购买权转让与自然人C,并与自然人C签订了购买权转让协议,协议约定购房总金额2 320 000元。6月11日B公司重新与C自然人签订商品房买卖合同,收取购房价款1 563 342.00元,向C自然人按照上述购房金额开具了房地产开发商业用房增值税普通发票,并办理了房屋备案。上述差额部分756 658.00元由C自然人支付给A公司,A公司向其开具了经纪代理服务费增值税普通发票。

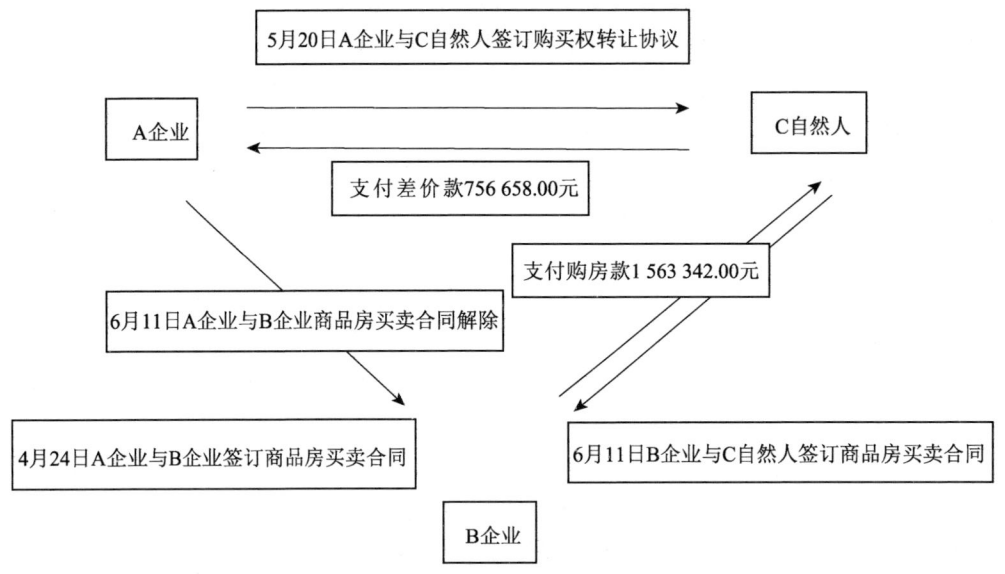

在对该案进行检查时,检查人员关注到,B企业销售房地产给自然人C的房屋交易价格,该售价远远低于当地、同一年度的市场价格或者该纳税人销售的同类房地产的平均价格。根据《中华人民共和国增值税暂行条例》《国家税务总局关于印发企业所得税核定征收办法(试行)的通知》(国税发〔2008〕30号)《国家税务总局关于房地产开发企业土地增值税清算管理有关问题的通知》(国税发〔2006〕187号)等的相关规定,纳税人申报的计税依据明显偏低,又无正当理由的,税务机关可以核定征收增值税、企业所得税及土地增值税。

**【例6-10】** 个人转让房地产交易价格明显偏低

二手房交易中,当事人与房地产中介公司通过伪造凭证资料,做低交易房价,虚构购房时间等手法,虚假纳税申报,最终仍难逃"税"网。该案中,上海浦东新区地税局稽查局就追回了两起别墅交易中的近600万元税款。

(1)二手房交易暗藏猫腻

事情要从2012年3月上海浦东新区地税局稽查局接到的一封移送函说起。当时,浦东新区人民检察院在对房地产交易市场工作人员职务犯罪查处过程中,发现转让方在转让二手房产时,弄虚作假,做低价格,涉嫌偷逃国家税款。

接案后,该局迅速成立了专案组,制定稽查预案,明确检查方向。根据浦东新区检察院提供的资料,两名涉税嫌疑人关某和赵某,均是在2010年5月通过H房地产中介公司转让各自名下的别墅,合同交易价格分别为2 250万元和2 300万元。调阅关某和赵某两人售房时向税务机关递交的申报资料后,稽查人员却发现,当初两人分别仅以600万元和700万元的房屋售价申报纳税。

稽查人员向关某和赵某送达《询问通知书》,关某如期前来,稽查人员向其出示相关证据材料,并告知违反税法规定所要承担的法律责任。关某一点即通,承认转让该房地产时为了少缴税款与中介公司私下达成协议,将房地产买卖合同中的成交价格由2 250万元改为600

万元,并签署了转让价为 600 万元的虚假房地产买卖合同的事实。

(2) 当事人反悔推翻原有证据

虽然关某已经承认,但对赵某的取证并不顺利。根据从浦东新区检察院调取的赵某笔录,赵某承认出售房地产办理纳税申报之前就知道中介公司为少缴税款要做低房价,事后也为此支付了中介公司佣金和好处费。但赵某在其委托律师陪同下前来税务机关接受询问时,矢口否认其会同中介公司将房地产买卖合同由 2 300 万元做低至 700 万元的事实,辩称做低房价少缴税款都是中介公司所为,他本人并不知情,推翻了赵某在浦东新区检察院所做的陈述。该二手房交易的纳税申报是由中介公司代为办理,证据之一的 700 万元售房合同也不是赵某本人签字。显然,上述证据无法直接认定赵某与中介公司合谋偷税。并且,赵某声称其转让的别墅属于"满五年家庭唯一生活住房",向税务机关申请免征个人所得税。期间,赵某又多次到上海市地税局和浦东新区人民政府上访,给税务稽查施加压力。至此,对赵某的取证陷入了僵局。

(3) 找到确凿证据追缴 590 万元税款

面对当事人推翻原有证据、采取上访等方式的不配合态度,稽查人员高度重视,重新梳理证据,冷静分析案情,从发票入手寻找疑点。果然发现关某、赵某两人初始购房时间不同,又素不相识,但两套房地产的原始购房发票竟然连号,这是巧合还是有其他原因?

稽查人员通过税收征管系统对购房发票上的开发商和购票信息进行查询。系统显示,关某和赵某购房时,该开发商没有购买上述发票的记录。在公安经侦部门的协助下,稽查人员获取了赵某原购房时在房地产交易中心办理产权登记报送的资料,购房发票、房地产买卖合同、房屋交接书以及公证书皆是伪造,中介公司向税务机关申报时,在造假房屋售价合同时,还将房屋交接日期提前了近一年半,使持有不满 5 年的房地产变为超过 5 年,进而规避政策标准,达到少缴税款的目的。稽查人员通过调阅二手房产转让时的《上海市房地产登记申请书》,由赵某亲笔签字的《上海市房地产登记申请书》上,赫然登记着"房地产价值 700 万元",由此证明,赵某对售价造假和缴税情况不知情的说法不成立。

确凿的证据,使两人不得不承认房屋售价作假和偷逃税款的违法事实。2014 年 12 月,根据相关税法规定,上海浦东新区地税局稽查局分别对关某和赵某作出了追缴各类税款 280 万元和 310 万元的税务处理决定。

在房地产价格持续走高的背景下,加强二手房交易信息的真实性,最大限度地遏制造假空间,减少国家税款流失,税务机关应加大对房地产交易偷税行为的打击力度。虽然核价系统的引进从一定程度上压缩了售价造假的空间,但买卖双方与房地产中介公司合谋造假、做低售价而少缴税款的现象近年来较为频发,税务稽查部门应联合多方力量,加大对房地产交易偷税案件的查处力度,并大力曝光稽查典型案件,教育规范纳税人,引导社会公众,进一步提高税法遵从度。

### (四) 转让无产权车位永久使用权未按规定计收入

**【例 6-11】** 房地产公司转让无产权车位永久使用权

江苏 B 市税务局前不久遇到一个特别案例。A 公司从 2010 年起在 B 市开发 H 项目,其中包括普通住宅、非普通住宅和商铺等房产。该项目几个月前达到了清算条件。按照有关规定,某 B 市税务局对 H 项目实施土地增值税清算。在清算过程中,税务人员发现,开发商将部分无产权的地下车位(含人防车位)与业主签订了期限长达20年的租赁合同,约定由业主一次性交付车位使用费10万元(与当时该小区有产权车位的售价相当)。期满后,业主可按所居住房屋产权的期限无偿享有该车位的使用权,双方不再另行签订租赁合同。

税务人员指出,这种转让无产权车位永久使用权的行为应纳入清算范围,计征土地增值税。

开发商不认同此意见,称该行为不属于土地增值税暂行条例规定的纳税范围。理由有三:一是能否办理产权登记是车位能否销售的前提,这些无产权车位显然是不可售的。二是其与业主签订的是车位使用权而非所有权的转让协议,对应的收入为让渡资产使用权而非所有权的收入。三是土地增值税是对转让房地产取得的增值额征收的一种税,有关转让行为并未使地下车库产生增值。

对于这个棘手问题,笔者认为可从两个关键点找到答案。

1. 转让无产权车库永久使用权行为的界定

无产权车位一般主要有两种:人防车位和作为配套设施建设使用、未单独办理产权登记的车位。前者的所有权不属于开发商也不属于全体业主,后者的所有权一般归全体业主。这里抛开产权归属问题,单就让渡车位永久使用权的行为作分析界定。

本案中,开发商与业主签订长达20年的租赁合同,并约定租期满后赠送使用权。这意味着签此合同的业主对有关车位享有长期占有、使用、转租的权利,并承担有关风险,事实上从开发商处承接了与对应车位所有权有关的全部收益和风险。另外,开发商收取的车位出租费已相当于其同期销售有产权车位的价格。由此可见,开发商这种转让行为,除不能履行产权登记手续外,性质与转让车库所有权的销售行为并无二样。因此,应当将该种长期让渡车库使用权、一次性收取报酬的行为视同销售行为。

2. 有关转让是否属于土地增值税的征税范围

《国家税务总局关于房地产开发企业土地增值税清算管理有关问题的通知》(国税发〔2006〕187号)第四条第三款规定,房地产开发企业开发建造的与清算项目配套的居委会和派出所用房、会所、停车场(库)、物业管理场所、变电站、热力站、水厂、文体场馆、学校等公共设施,按以下原则处理:建成后产权属于全体业主所有的,其成本、费用可以扣除;建成后有偿转让的,应计算收入,并准予扣除成本、费用。

可见,不能办理产权登记的车库在建成后有偿转让的,应计算收入并在扣除成本和费用后缴纳土地增值税。虽然其中没有对转让车库永久使用权作出明确规定,但笔者认为这里的"有偿转让"应按照实质重于形式的原则认定,除出售所有权的方式外,还包括转让永久使用权。因此,对于本案中转让车库永久使用权的行为,应视同销售处理,对有关所得在扣除成本和费用后计征土地增值税。

其实,现实中有的省份已经以公告或函的形式,将转让无产权车位永久使用权的行为纳入了土地增值税征税范围。如天津地税公告2015年第9号规定:符合下列情形之一的地下车库(位)可参与整体清算:(一)转让使用权年限与所售商品房占地使用年限一致的;(二)转让永久使用权的;(三)随销售商品房附赠使用权的等。浙江地税公告2014年第16号规定:对房地产开发企业以转让使用权或提供长期使用权的形式,有偿让渡无产权车库(车位)、储藏室(以下简称无产权房产)等使用权的,其取得的让渡收入应按以下规定计算征收土地增值税。

综上所述,笔者认为,无论是有偿转让人防车位的永久使用权,还是有偿转让属于全体业主的无产权车位永久使用权,其本质都是变相销售行为,都应纳入土地增值税征税范围。

### (五) 土地成本支出的真实性及票据的真实性、合法性和有效性

**【例 6-12】** 某房地产开发公司取得土地出让金发票不符合规定。稽查人员在检查该公司一个项目的土地增值税清算时,对 50 万元以上的发票(票据)逐票查阅,发现有一笔 450 万元的土地出让金支出,其原始支付凭证为某地产开发总公司开具的行政事业收据,而不是国土管理部门开具的票据,根据土地增值税关于对入账票据的规定,此笔土地出让金支出不能作为土地增值税扣除项目扣除。

### (六) 转让土地使用权业务

**【例 6-13】** 某房地产开发公司转让土地使用权未进行土地增值税清算。2016 年 4 月,稽查人员在检查中发现,该公司 2015 年开盘销售,但是 2014 年就有比较大的营业税入库,还有预缴的土地增值税入库等。稽查人员通过核对相关业务情况发现,该公司在 2014 年将项目用地中的一块单独区域卖出,价格为 14 295 600 元,缴纳营业税及各项附加共计 201 108.80 元,预缴土地增值税 142 956 元。根据相关政策,单独卖地的行为应直接进行土地增值税清算,该业务土地及拆迁成本 12 817 082.94 元、土地增值额 1 277 408.26 元、增值率 10%,经计算应缴税款 38 322.47 元,已缴(预缴)税款 142 956 元,应补缴税款 240 266.47 元。

### (七) 超规划建筑成本不得扣除

**【例 6-14】** 某房地产开发公司违章建筑成本不得扣除。稽查人员在核查该公司土地增值税项目清算报告时,对其配套建设的车库数量产生疑问,通过核对规划设计和企业实际建造数量发现,规划设计数量为 1∶1.5,实际建造数量为 1∶2,且超规划设计的部分在空间上隔离开来,主要是为商铺的经营配套需要所建。根据土地增值税政策规定,对于超出《建设工程施工许可证》《建筑工程承包施工合同》和相关规划设计材料的违章建筑,一般不能作为计算增值额的扣除项目。因此,该公司超规划设计建造的车库成本不得在计算时扣除。

## 三、综合案例

**【例 6-15】** 江苏大山房地产开发有限公司与江苏省宿迁地方税务局稽查局行政诉讼案

2014 年 3 月 10 日至 6 月 10 日宿迁地税稽查局对大山公司 2010 年 1 月 1 日至 2013 年 12 月 31 日期间的涉税情况进行了检查,认定大山公司在营业税、城市维护建设税、教育费附加、地方教育费附加、印花税、城镇土地使用税、房产税、个人所得税、土地增值税等九种税费申缴存在违法事实,并作出宿地税稽处〔2014〕60 号税务处理决定书,要求大山公司补缴或者调整相关税款,其中应补缴土地增值税 19 282 778.61 元。对该处理决定中关于营业税、城市维护建设税、教育费附加、地方教育费附加、印花税、城镇土地使用税、房产税、个人所得税等八项处理结果,大山公司无异议,并按照要求履行了相关义务,但对处理决定中关于土地增值税清算认定的事实和处理结果有异议,向宿迁市地方税务局申请复议。2014 年 12 月 1 日宿迁市地方税务局作出宿地税复决〔2014〕1 号行政复议决定,维持了宿地税稽

查局作出的土地增值税清算处理决定。大山公司不服,向法院提起诉讼,请求撤销宿地税稽处〔2014〕60号税务处理决定书中关于土地增值税(清算)的处理决定。最终江苏省高级人民法院作出驳回上诉,维持原判的决定。下面,我们通过判决书来详细了解案情。

## 江苏省高级人民法院行政判决书

〔2015〕苏行终字第00508号

上诉人(原审原告)江苏大山房地产开发有限公司,住所地泗洪县经济开发区东区。

法定代表人殷荣富,该公司董事长。

委托代理人周炳泉,该公司工作人员。

委托代理人张崇练,泗洪县泗洲法律服务所法律工作者。

被上诉人(原审被告)江苏省宿迁地方税务局稽查局,住所地宿迁市宿城区发展大道78号地税大厦。

法定代表人曹方文,该局局长

委托代理人黄昊,江苏省宿迁地方税务局工作人员。

委托代理人姜亚春,江苏宿兴律师事务所律师。

上诉人江苏大山房地产开发有限公司(以下简称大山公司)因诉江苏省宿迁地方税务局稽查局(以下简称宿迁地税稽查局)税务处理决定一案,不服江苏省宿迁市中级人民法院〔2014〕宿中行初字第00045号行政判决,向本院提起上诉。本院2015年7月27日立案受理后依法组成合议庭,并于2015年10月24日公开开庭审理了本案。上诉人大山公司的委托代理人周炳泉、张崇练,被上诉人宿迁地税稽查局副局长王筱祥作为行政机关负责人,以及委托代理人黄昊、姜亚春到庭参加了诉讼。本案现已审理终结。

一审法院经审理查明,大山公司于2007年4月成立,在泗洪县青阳镇以出让方式取得国有建设用地50.99亩,开发"泗洪第一街"房地产项目。该项目建筑面积114 936.73 $m^2$,2008年12月取得预售许可证,截至2013年12月31日,对外销售27 237.97 $m^2$,以房地产对外投资入股42 415.75 $m^2$。2014年3月10日至6月10日宿迁地税稽查局对大山公司2010年1月1日至2013年12月31日期间的涉税情况进行了检查,认定大山公司在营业税、城市维护建设税、教育费附加、地方教育费附加、印花税、城镇土地使用税、房产税、个人所得税、土地增值税等九种税费申缴存在违法事实,并作出宿地税稽处〔2014〕60号税务处理决定书,要求大山公司补缴或者调整相关税款,其中应补缴土地增值税19 282 778.61元。对该处理决定中关于营业税、城市维护建设税、教育费附加、地方教育费附加、印花税、城镇土地使用税、房产税、个人所得税等八项处理结果,大山公司无异议,并按照要求履行了相关义务,但对处理决定中关于土地增值税清算认定的事实和处理结果有异议,向宿迁市地方税务局申请复议。2014年12月1日宿迁市地方税务局作出宿地税复决〔2014〕1号行政复议决定,维持了宿迁地税稽查局作出的土地增值税清算处理决定。大山公司不服,向法院提起诉讼,请求撤销宿地税稽处〔2014〕60号税务处理决定书中关于土地增值税(清算)的处理决定。

一审法院认为:

一、关于在确认地价款时是否应当从大山公司实际支付的出让金中减去政府奖励的1 600万元问题。

江苏省地方税务局2012年8月20日制定的《关于土地增值税有关业务问题的公告》（苏地税规〔2012〕1号，以下简称《江苏地税1号公告》）规定：纳税人为取得土地使用权所支付的地价款，在计算土地增值税时，应以纳税人实际支付土地出让金，减去因受让该宗土地政府以各种形式支付给纳税人的经济利益后予以确认。本案中，大山公司从泗洪县财政局获得的1 600万元奖励是基于受让土地而取得的，因此宿迁地税稽查局在计算大山公司为取得土地使用权所支付的地价款时，从大山公司交付的土地出让金中扣减1 600万元，有事实和法律依据，并无不当。

二、关于地下一层可售面积如何确定问题。

建设项目竣工规划验收合格证不是认定房屋产权面积的直接依据，而且本案中大山公司提供的验收合格证系复印件，字迹模糊，部分内容难以辨认，因此该材料不符合证据的形式要求，不能作为有效证据使用。泗洪县房地产管理处系房屋产权确认登记的法定机构，其出具的房屋登记信息能够证明泗洪第一街地下一层H01部分的面积为18 826.26 m²，所有权人为大山公司。大山公司称地下一层可办理产权面积为10 613.08平方米，其余属于不可办理产权的公共设施，与查明事实不符。大山公司称H01部分的房产证是临时性的，亦缺乏依据。

三、关于大山公司向非金融机构借款利息能否直接计入开发费用问题。

根据《中华人民共和国土地增值税暂行条例实施细则》第七条第（三）项的规定：开发土地和新建房屋及配套设施的费用（以下简称房地产开发费用），是指与房地产开发项目有关的销售费用、管理费用、财务费用。财务费用中的利息支出，凡能够按转让房地产项目计算分摊并提供金融机构证明的，允许据实扣除……凡不能按转让房地产项目计算分摊利息支出或不能提供金融机构证明的，房地产开发费用按本条（一）、（二）项规定计算的金额之和的10％以内计算扣除。《国家税务总局关于土地增值税清算有关问题的通知》《江苏地税1号公告》规定：财务费用中的利息支出，凡不能按转让房地产项目计算分摊利息支出或不能提供金融机构证明的，房地产开发费用按取得土地使用权所支付的金额与房地产开发成本金额之和的10％计算扣除。根据上述规定，向非金融机构借款的，房地产开发费用应当按照"取得土地使用权所支付的金额"与"房地产开发成本"两项金额之和的一定比例计算扣除。本案中，大山公司系向非金融机构借款，因此其支付的利息不能直接计入开发费用予以扣除。宿迁地税稽查局按照取得土地使用权所支付的金额与房地产开发成本之和的10％计算大山公司的房地产开发费用，符合法规规定，并无不当。

四、关于大山公司以不动产对外投资计税价格确认问题。

《国家税务总局关于房地产开发企业土地增值税清算管理有关问题的通知》第三条规定："非直接销售和自用房地产的收入确定：房地产开发企业将开发产品用于……对外投资等，发生所有权转移时应视同销售房地产，其收入按下列方法和顺序确认：1. 按本企业在同一地区、同一年度销售的同类房地产的平均价格确定；2. 由主管税务机关参照当地当年、同类房地产的市场价格或评估价值确定。"本案中，大山公司在同一地区、同一年度无同类房地产销售平均价格，当地当年也无同类房地产的市场价格，因此宿迁地税稽查局在清算时只能按评估价值确认收入。大山公司称应以协议价格确认收入，无法律依据。

五、关于应收未收的款项是否应当确认为销售收入问题。

土地增值税计征的对象是土地增值部分，清算目的是确定土地的增值额。本案中，商品房买卖合同签订后,房屋已交付,虽然有部分购房款未实际收取,但不影响增值额的计算。相反,仅按照实际收取的部分购房款确认收入,则不能正确反映增值。而且《国家税务总局关于土地增值税清算有关问题的通知》也明确规定,土地增值税清算时,未开具发票或未全额开具发票的,以交易双方签订的销售合同所载的售房金额及其他收益确认收入。因此,宿迁地税稽查局按商品房买卖合同约定的售房价款全额确认收入,有法律依据,并无不当。综上,宿迁地税稽查局作出的宿地税稽处〔2014〕60号税务处理决定中关于土地增值税(清算)的处理决定事实清楚,适用法律、法规正确。大山公司要求撤销土地增值税清算处理决定,无事实和法律依据。一审法院根据《中华人民共和国行政诉讼法》第六十九条的规定,判决驳回大山公司的诉讼请求。

上诉人大山公司上诉称,一审认定事实不清,适用法律错误。1. 县政府奖励上诉人的1 600万元不涉及土地开发成本,一审法院认为其应从土地出让金中扣除,认定事实错误,适用法律不当;2. 认定上诉人地下一层可售面积18 826.25平方米不当,其可售面积应为10 613.08平方米;3. 向非金融机构借款利息39 514 117做调减不合理;4. 将上诉人对外投资的不动产评估价作为销售价计税不当,上诉人以不动产对外投资计税价格没有明显偏低,不应以评估价进行清算;5. 将应收未收款368万纳入征税错误。请求撤销本院一审判决,依法改判或发回重审,撤销被上诉人税务处理决定中关于土地增值税(清算)的处理决定。

被上诉人宿迁地税稽查局答辩称,一审判决有事实根据和法律依据。1. 政府奖励的1 600万应当作为减少土地出让金的支出;2. 一审认定的地下一层可售面积正确,上诉人已经拿到了房产证并且进行了抵押;3. 因为是向非金融机构的借款,所以不能采用据实扣除法,而应采用综合扣除法;4. 企业以非货币资产对外进行投资,应以评估价来确认投资价格;5. 应收款应当作为销售收入进行纳税。请求本院驳回上诉,维持一审判决。

上诉人大山公司提起上诉后,一审法院已将各方当事人在一审中提交的证据材料随案移送本院。

本院庭审中,各方当事人对一审判决认定的本案案件事实的客观真实性均无异议,本院依法予以确认。

本院庭审中,双方当事人围绕被上诉人宿迁地税稽查局2014年8月7日作出的宿地税稽处〔2014〕60号税务处理决定的合法性,重点是被上诉人宿迁地税稽查局是否具有作出本案税务处理决定的法定职权,以及涉案的政府奖励是否调减取得土地使用权支付的地价款,地下一层可销售面积究竟是多少,向非金融机构借款利息如何计入开发费用,以不动产对外投资计税价格如何确认,应收未收的款项是否应当确认收入等六个方面的问题,进行了辩论。

上诉人大山公司认为,1. 对纳税人土地增值税清算业务是主管税务机关的职责,而非稽查局职责,因此被上诉人作出清算处理决定超出了行政职权范围。从湖北省地方税务局鄂地税发〔2013〕44号《关于进一步规范土地增值税征管工作的意见》可以看出在土地增值税清算工作中,税务部门、主管税务机关和稽查局的职责不一样,可作为本案的参考。土地增值税应当由税务局的征收部门而非稽查部门进行清算,处理也应由征收部门进行。2. 上诉人收到的1 600万是项目建设的奖励而非购买土地的奖励,被上诉人依据《江苏地税1号公告》文件处理1 600万元财政补贴,适用法律错误。上诉人所支付的出让金应该作为支付土地所有权所支付的金额得到全额确认。3. 上诉人的地下一层可售面积应当按照竣工验收合格证上的范围予以确定。4. 上诉人在开发前因公司尚未成立而无法办理银行贷款,是以江苏天然园米面实业有限公司的名义向银行和泗洪县宏源公司进行借款,进行房地产项目开发的,此虽然不是直接向银行借款,但是已实际支出了相关的利息,在进行清算时,应当按照账面全部计入开发费用。5. 被上诉人通过价格评估机构对上诉人对外投资房产进行评估错误。上诉人的投资协议价格仅低于评估价格的6.05%,此偏差属于正常范围,不属于价格明显偏低,被上诉人评估时没有考虑特殊销售情形。6. 应收未收款只是债权,并不是实际收入,被上诉人不应当将此确认为销售收入。

被上诉人宿迁地税稽查局认为,1. 江苏省机构编制委员会办公室《关于印发江苏省宿迁地方税务局及所属县区局主要职责机构设置和人员编制规定的通知》(苏编办发〔2010〕30号,以下简称《江苏编办30号文》)第三条第一款第一项明确了被上诉人有监督、检查全市地税系统征管对象执行地方税收、法规、政策及制度情况,查处税收征收违法案件。上诉人没有依照规定的时间对土地增值税进行清算,未依法申报缴纳土地增值税,其行为本身已构成违法,被上诉人对上诉人的违法行为依法进行立案查处,符合法律规定,并无超越职权。上诉人认为主管税务机关不包含稽查局是错误的,稽查局也是税务主管机关。2. 泗洪县财政局情况说明和中共泗洪县委会议纪要足以证明,涉案的1 600万元是土地出让金的奖励,被上诉人对此进行调整,符合《江苏地税1号公告》的规定,不存在适用法律错误。3. 涉案的地下一层可销售面积应当按照房产证上的面积计算。且上诉人对上述房产已设立了抵押,因此是有价值的面积,也是可以销售的面积。4. 上诉人向非金融机构借款,只能按照金额之和的10%来进行综合扣除。5. 根据相关法律规定,对作为出资的非货币财产应当评估作价,核实财产,不得高于或低于作价。被上诉人用评估的方法来确认价格正确。

本院认为,《中华人民共和国税收征收管理法》(以下简称《税收征管法》)第十四条规定,本法所称税务机关是指各级税务局、税务分局、税务所和按照国务院规定设立的并向社会公告的税务机构。《中华人民共和国税收征收管理法实施细则》(以下简称《征管法实施细则》)第九条规定,税收征管法第十四条所称按照国务院规定设立的并向社会公告的税务机构,是指省以下税务局的稽查局。国家税务总局《税务稽查工作规程》(国税发〔2009〕157号)第二条规定,税务稽查由税务局稽查局依法实施。稽查局主要职责,是依法对纳税人、扣缴义务人和其他涉税当事人履行纳税义务、扣缴义务情况及涉税事项进行检查处理,以及围绕检查处理开展的其他相关工作。《江苏编办30号文》已经明确了被上诉人宿迁地税稽查局相应的工作职责,因此被上诉人宿迁地税稽查局具有作出本案被诉的税务处理决定的法定职权。上诉人大山公司二审中提供的湖北地方税务局鄂地税发〔2013〕44号《关于进一步规范土地增值税征管工作的若干意见》并未涉及税务机关职权划分问题,与本案没有关联性,依法不予采信。同时,被上诉人宿迁地税稽查局一审提供的《税务稽查立案审批表》《税务检查通知书》《税务事项通知书》《税务稽查报告》和相关税务文书送达回证等证明,被上诉人宿迁地税稽查局作出的税务处理决定,行政程序符合国家税务总局《税务稽查工作规程》的相关规定。

《江苏地税1号公告》系根据《中华人民共和国土地增值税暂行条例》及其实施细则和其他税收法律法规作出的规范性文件,其制定规则、程序等符合《税收规范性文件制定管理办法》(国家税务总局令第20号)的规定,本案在卷证据表明,上诉人大山公司取得的1 600万元奖励款,系泗洪县政府给上诉人的土地出让金奖励。根据《中华人民共和国土地增值税暂行条例》第六条第(一)项:计算增值额的扣除项目包括:"(一)取得土地使用权所支付的金额"以及《中华人民共和国土地增值税暂行条例实施细则》第七条:"取得土地所支付的金额,是指纳税人为取得土地使用权所支付的地价款和按国家统一法规缴纳的费用"的规定,《江苏地税1号公告》确定,"纳税人为取得土地使用权所支付的地价款,在计算土地增值税时,应以纳税人实际支付土地出让金(包括后期补缴的土地出让金),减去因受让该宗土地政府以各种形式支付给纳税人的经济利益后予以确认"并无不当。被上诉人宿迁地税稽查局在被诉的税务处理决定中,据此将1 600万元土地出让金奖励款,在计算土地增值税时从取得土地使用权所支付的地价款中予以扣减,符合上述法律法规和规范性文件的规定。

上诉人大山公司开发的泗洪第一街项目地下部分由H01和H02两部分构成。泗洪县房地产管理处有关H01的登记信息显示为:"所有权人:江苏大山房地产开发有限公司,证号:S025168,房号:H01,面积:18 826.26 m²,设计用途:商业;他项权证号:T029576,他项权人:中国农业发展银行丹阳市支行,权利价值:158 000 000元"。因该房屋已拥有合法的所有权证,并设定了他项权利,故被上诉人宿迁地税稽查局在被诉的税务处理决定中认定上诉人大山公司地下一层可售面积为18 826.26平方米正确。

上诉人大山公司2009年至2013年支付泗洪宏源公有资产管理有限公司利息2 608 617元,支付苏中实业有限公司利息36 905 500元,两项合计39 514 117元,系向非金融机构借款利息,根据《中华人民共和国土地增值税暂行条例实施细则》第七条第(三)项:"开发土地和新建房及配套设施的费用(以下简称房地产开发费用),是指与房地产开发项目有关的销售费用、管理费用、财务费用。财务费用中的利息支出,凡能够按转让房地产项目计算分摊并提供金融机构证明的,允许据实扣除,但最高不能超过按商业银行同类同期贷款利率计算的金额,其他房地产开发费用,按本条(一)、(二)项规定计算的金额之和的5%以内计算扣除。凡不能按转让房地产项目计算分摊利息支出或不能提供金融机构证明的,房地产开发费用按本条(一)、(二)项规定计算的金额之和的10%以内计算扣除。"以及《国家税务总局关于土地增值税清算有关问题的通知》(国税函〔2010〕220号)及《江苏地税1号公告》的规定:财务费用中的利息支出,凡能够按转让房地产项目计算分摊并提供金融机构证明的,允许据实扣除,但最高不能超过按商业银行同类同期贷款利率计算的金额。其他房地产开发费用,在按照"取得土地使用权所支付的金额"与"房地产开发成本"金额之和的5%计算扣除;凡不能按转让房地产项目计算分摊利息支出或不能提供金融机构证明的,房地产开发费用在按"取得土地使用权所支付的金额"与"房地产开发成本"金额之和的10%计算扣除。被上诉人宿迁地税稽查局在被诉的税务处理决定中将房地产开发费用按"取得土地使用权所支付的金额"与"房地产开发成本"金额之和的10%计算扣除,符合上述法律规范的规定。这种计算扣除,并非上诉人所说的"调减"。

根据《中华人民共和国公司法》第二十七条的规定,"股东可以用货币出资,也可以用实物、知识产权、土地使用权等可以用货币估价并可以依法转让的非货币财产作价出资;但是,法律、行政法规规定不得作为出资的财产除外。对作为出资的非货币财产应当评估作价,核实财产,不得高估或者低估作价。法律、行政法规对评估作价有规定的,从其规定。"上诉人大山公司以不动产对外投资,应当评估作价。根据《国家税务总局关于房地产开发企业土地增值税清算管理有关问题的通知》(国税发〔2006〕187号)第三条的规定,"非直接销售和自用房地产的收入确定；房地产开发企业将开发产品用于职工福利、奖励、对外投资、分配给股东或投资人、抵偿债务、换取其他单位和个人的非货币性资产等，发生所有权转移时应视同销售房地产，其收入按下列方法和顺序确认：1. 按本企业在同一地区、同一年度销售的同类房地产的平均价格确定；2. 由主管税务机关参照当地当年、同类房地产的市场价格或评估价值确定。"上诉人大山公司在同一地区、同一年度无同类房地产销售平均价格，当地当年也无同类房地产的市场价格，因此被上诉人宿迁地税稽查局按照上述规定的方法和顺序，评估价值确定收入正确。且根据《税收征管法》第三十六条："企业或者外国企业在中国境内设立的从事生产、经营的机构、场所与其关联企业之间的业务往来，应当按照独立企业之间的业务往来收取或者支付价款、费用；不按照独立企业之间的业务往来收取或者支付价款、费用，而减少其应纳税的收入或者所得额的，税务机关有权进行合理调整。"和《征管法实施条例》第五十四条："纳税人与其关联企业之间的业务往来有下列情形之一的，税务机关可以调整其应纳税额：……（四）转让财产、提供财产使用权等业务往来，未按照独立企业之间业务往来作价或者收取、支付费用"的规定，被上诉人宿迁地税稽查局针对上诉人大山公司将不动产投资给自己的关联企业，依法进行合理调整也是合法、适当的。

关于应收未收的款项是否应当确认收入问题。上诉人大山公司称，其项目在销售中有几户购房户仅支付首付款后就未能履行合同，形成应收未收款项368万元，被上诉人应在清算过程中据实认定。经查，上诉人大山公司所述四套商铺，购销双方已签订了商品房买卖合同，合同约定付款方式为：购买人支付首付款若干，余款通过银行按揭方式支付。购买人已支付首付款，上诉人大山公司开具了预收款发票，且房屋已交付。根据《中华人民共和国土地增值税暂行条例》第五条："纳税人转让房地产所取得的收入，包括货币收入、实物收入和其他收入。"《中华人民共和国土地增值税暂行条例实施细则》第五条："条例第二条所称的收入，包括转让房地产的全部价款及有关的经济收益。"的规定及《国家税务总局关于土地增值税清算有关问题的通知》（国税函〔2010〕220号）第一条关于土地增值税清算时收入确认的问题规定，土地增值税清算时，未开具发票或未全额开具发票的，以交易双方签订的销售合同所载的售房金额及其他收益确认收入。被上诉人宿迁地税稽查局在被诉的税务处理决定中按其合同约定的售房价款全额确认收入，符合上述规定。

综上，上诉人大山公司的上诉请求和理由，缺乏事实根据和法律依据，依法不予支持。一审判决认定事实清楚、适用法律正确，审判程序合法。依照《中华人民共和国行政诉讼法》第八十九条第一款第（一）项的规定，判决如下：驳回上诉，维持原判。

二审案件受理费人民币50元，由上诉人江苏大山房地产开发有限公司承担。

本判决为终审判决。

审判长　史　笔<br>代理审判员　许傲雪<br>代理审判员　丁　钰<br>书记员　谌　莹<br>二〇一五年十月二十四日

# 第七章

# 企业所得税稽查实务

## 第一节 企业所得税基本政策

### 一、房地产开发企业所得税政策

房地产开发企业所得税的税收政策近年来相对稳定,核心围绕国税发〔2009〕31号《房地产开发经营业务企业所得税处理办法》,以及后续一些补充性规定。

#### (一) 国税发〔2009〕31号文件

为了加强从事房地产开发经营企业的企业所得税征收管理,规范从事房地产开发经营业务企业的纳税行为,2008年1月1日开始执行《房地产开发经营业务企业所得税处理办法》国税发〔2009〕31号,对房地产开发企业所得税的计算缴纳进行了详细规定,由收入的税务处理,成本、费用扣除的税务处理,计税成本的核算以及特定事项的税务处理构成,是目前房地产开发企业所得税的主要政策依据。

**1. 确认完工条件**

企业房地产开发经营业务包括土地的开发,建造、销售住宅、商业用房以及其他建筑物、附着物、配套设施等开发产品。除土地开发之外,其他开发产品符合下列条件之一的,应视为已经完工:开发产品竣工证明材料已报房地产管理部门备案;开发产品已开始投入使用;开发产品已取得了初始产权证明。

**2. 确认销售收入**

企业通过正式签订《房地产销售合同》或《房地产预售合同》所取得的收入,应确认为销售收入的实现,具体按以下规定确认:

(1) 采取一次性全额收款方式销售开发产品的,应于实际收讫价款或取得索取价款凭据(权利)之日,确认收入的实现。

(2) 采取分期收款方式销售开发产品的,应按销售合同或协议约定的价款和付款日确认收入的实现。付款方提前付款的,在实际付款日确认收入的实现。

(3) 采取银行按揭方式销售开发产品的,应按销售合同或协议约定的价款确定收入额,其首付款应于实际收到日确认收入的实现,余款在银行按揭贷款办理转账之日确认收入的实现。

(4) 采取委托方式销售开发产品的,应按以下原则确认收入的实现:

(a) 采取支付手续费方式委托销售开发产品的,应按销售合同或协议中约定的价款于收到受托方已销开发产品清单之日确认收入的实现。

(b) 采取视同买断方式委托销售开发产品的,属于企业与购买方签订销售合同或协议,或企业、受托方、购买方三方共同签订销售合同或协议的,如果销售合同或协议中约定的价格高于买断价格,则应按销售合同或协议中约定的价格计算的价款于收到受托方已销开发产品清单之日确认收入的实现;如果属于前两种情况中销售合同或协议中约定的价格低于买断价格,以及属于受托方与购买方签订销售合同或协议的,则应按买断价格计算的价款于收到受托方已销开发产品清单之日确认收入的实现。

(c) 采取基价(保底价)并实行超基价双方分成方式委托销售开发产品的,属于由企业与购买方签订销售合同或协议,或企业、受托方、购买方三方共同签订销售合同或协议的,如果销售合同或协议中约定的价格高于基价,则应按销售合同或协议中约定的价格计算的价款于收到受托方已销开发产品清单之日确认收入的实现,企业按规定支付受托方的分成额,不得直接从销售收入中减除;如果销售合同或协议约定的价格低于基价的,则应按基价计算的价款于收到受托方已销开发产品清单之日确认收入的实现。属于由受托方与购买方直接签订销售合同的,则应按基价加上按规定取得的分成额于收到受托方已销开发产品清单之日确认收入的实现。

(d) 采取包销方式委托销售开发产品的,包销期内可根据包销合同的有关约定,参照上述(a)至(c)项规定确认收入的实现;包销期满后尚未出售的开发产品,企业应根据包销合同或协议约定的价款和付款方式确认收入的实现。

**3. 未完工产品预计毛利率**

企业销售未完工开发产品的计税毛利率由各省、自治、直辖市国家税务局、地方税务局按下列规定进行确定:

(1) 开发项目位于省、自治区、直辖市和计划单列市人民政府所在地城市城区和郊区的,不得低于15%。

(2) 开发项目位于地及地级市城区及郊区的,不得低于10%。

(3) 开发项目位于其他地区的,不得低于5%。

(4) 属于经济适用房、限价房和危改房的,不得低于3%。

**4. 成本、费用扣除**

企业发生的期间费用、已销开发产品计税成本、营业税金及附加、土地增值税准予当期按规定扣除。

**5. 计税成本计算**

已销开发产品的计税成本,按当期已实现销售的可售面积和可售面积单位工程成本确认。可售面积单位工程成本和已销开发产品的计税成本计算公式如下:

$$可售面积单位工程成本 = 成本对象总成本 \div 成本对象总可售面积$$

$$已销开发产品的计税成本 = 已实现销售的可售面积 \times 可售面积单位工程成本$$

**6. 开发产品计税成本支出的内容**

(1) 土地征用费及拆迁补偿费。指为取得土地开发使用权(或开发权)而发生的各项费用,主要包括土地买价或出让金、大市政配套费、契税、耕地占用税、土地使用费、土地闲置费、土地变更用途和超面积补交的地价及相关税费、拆迁补偿支出、安置及动迁支出、回迁房建造支出、农作物补偿费、危房补偿费等。

(2) 前期工程费。指项目开发前期发生的水文地质勘察、测绘、规划、设计、可行性研究、筹建、场地通平等前期费用。

(3) 建筑安装工程费。指开发项目开发过程中发生的各项建筑安装费用。主要包括开发项目建筑工程费和开发项目安装工程费等。

(4) 基础设施建设费。指开发项目在开发过程中所发生的各项基础设施支出，主要包括开发项目内道路、供水、供电、供气、排污、排洪、通讯、照明等社区管网工程费和环境卫生、园林绿化等园林环境工程费。

(5) 公共配套设施费：指开发项目内发生的、独立的、非营利性的，且产权属于全体业主的，或无偿赠与地方政府、政府公用事业单位的公共配套设施支出。

(6) 开发间接费。指企业为直接组织和管理开发项目所发生的，且不能将其归属于特定成本对象的成本费用性支出。主要包括管理人员工资、职工福利费、折旧费、修理费、办公费、水电费、劳动保护费、工程管理费、周转房摊销以及项目营销设施建造费等。

**7. 共同成本分摊方法**

企业开发、建造的开发产品应按制造成本法进行计量与核算。其中，应计入开发产品成本中的费用属于直接成本和能够分清成本对象的间接成本，直接计入成本对象，共同成本和不能分清负担对象的间接成本，应按受益的原则和配比的原则分配至各成本对象，具体分配方法可按以下规定选择其一：

(1) 占地面积法。指按已动工开发成本对象占地面积占开发用地总面积的比例进行分配。

一次性开发的，按某一成本对象占地面积占全部成本对象占地总面积的比例进行分配。

分期开发的，首先按本期全部成本对象占地面积占开发用地总面积的比例进行分配，然后再按某一成本对象占地面积占期内全部成本对象占地总面积的比例进行分配。

期内全部成本对象应负担的占地面积为期内开发用地占地面积减除应由各期成本对象共同负担的占地面积。

(2) 建筑面积法。指按已动工开发成本对象建筑面积占开发用地总建筑面积的比例进行分配。

一次性开发的，按某一成本对象建筑面积占全部成本对象建筑面积的比例进行分配。

分期开发的，首先按期内成本对象建筑面积占开发用地计划建筑面积的比例进行分配，然后再按某一成本对象建筑面积占期内成本对象总建筑面积的比例进行分配。

(3) 直接成本法。指按期内某一成本对象的直接开发成本占期内全部成本对象直接开发成本的比例进行分配。

(4) 预算造价法。指按期内某一成本对象预算造价占期内全部成本对象预算造价的比例进行分配。

**8. 企业下列成本应按以下方法进行分配**

(1) 土地成本，一般按占地面积法进行分配。如果确需结合其他方法进行分配的，应商税务机关同意。

土地开发同时连接房地产开发的，属于一次性取得土地分期开发房地产的情况，其土地开发成本经商税务机关同意后可先按土地整体预算成本进行分配，待土地整体开发完毕再行调整。

(2) 单独作为过渡性成本对象核算的公共配套设施开发成本，应按建筑面积法进行分配。

(3) 借款费用属于不同成本对象共同负担的,按直接成本法或按预算造价法进行分配。
(4) 其他成本项目的分配法由企业自行确定。

**9. 预提费用范围**

除以下几项预提(应付)费用外,计税成本均应为实际发生的成本。

(1) 出包工程未最终办理结算而未取得全额发票的,在证明资料充分的前提下,其发票不足金额可以预提,但最高不得超过合同总金额的10%。

(2) 公共配套设施尚未建造或尚未完工的,可按预算造价合理预提建造费用。此类公共配套设施必须符合已在售房合同、协议或广告、模型中明确承诺建造且不可撤销,或按照法律法规规定必须配套建造的条件。

(3) 应向政府上交但尚未上交的报批报建费用、物业完善费用可以按规定预提。物业完善费用是指按规定应由企业承担的物业管理基金、公建维修基金或其他专项基金。

**10. 停车场所规定**

企业单独建造的停车场所,应作为成本对象单独核算。利用地下基础设施形成的停车场所,作为公共配套设施进行处理。

**11. 未取得合法收据**

企业在结算计税成本时其实际发生的支出应当取得但未取得合法凭据的,不得计入计税成本,待实际取得合法凭据时,再按规定计入计税成本。

**12. 计税成本结算时间**

开发产品完工以后,企业可在完工年度企业所得税汇算清缴前选择确定计税成本核算的终止日,不得滞后。凡已完工开发产品在完工年度未按规定结算计税成本,主管税务机关有权确定或核定其计税成本,据此进行纳税调整,并按《中华人民共和国税收征收管理法》的有关规定对其进行处理。

**13. 建造公共配套设施无偿移交给地方政府**

根据《中华人民共和国企业所得税法》第九条规定,"企业发生的公益性捐赠支出,在年度利润总额12%以内的部分,准予在计算应纳税所得额时扣除;超过年度利润总额12%的部分,准予结转以后三年内在计算应纳税所得额时扣除。"

根据《国家税务总局关于印发〈房地产开发经营业务企业所得税处理办法〉的通知》(国税发〔2009〕31号)第七条规定,"企业将开发产品用于捐赠、赞助等行为,应视同销售,于开发产品所有权或使用权转移,或于实际取得利益权利时确认收入(或利润)的实现。确认收入(或利润)的方法和顺序为:(一)按本企业近期或本年度最近月份同类开发产品市场销售价格确定;(二)由主管税务机关参照当地同类开发产品市场公允价值确定;(三)按开发产品的成本利润率确定。开发产品的成本利润率不得低于15%,具体比例由主管税务机关确定。"

根据《国家税务总局关于印发〈房地产开发经营业务企业所得税处理办法〉的通知》(国税发〔2009〕31号)第十七条规定,"企业在开发区内建造的会所、物业管理场所、电站、热力站、水厂、文体场馆、幼儿园等配套设施,按以下规定进行处理:(一)属于非营利性且产权属于全体业主的,或无偿赠与地方政府、公用事业单位的,可将其视为公共配套设施,其建造费用按公共配套设施费的有关规定进行处理。(二)属于营利性的,或产权归企业所有的,或未明确产权归属的,或无偿赠与地方政府、公用事业单位以外其他单位的,应当单独核算其成本。除企业自用应按建造固定资产进行处理外,其他一律按建造开发产品进行处理。"

**14. 售楼处、样板房成本列支问题**

国税发〔2009〕31号第二十七条规定,开发产品计税成本支出的内容包括土地征用费及拆迁补偿费、前期工程费、建筑安装工程费、基础设施建设费、公共配套设施费和开发间接费六大项。其中间接费指企业为直接组织和管理开发项目所发生的,且不能将其归属于特定成本对象的成本费用性支出。主要包括管理人员工资、职工福利费、折旧费、修理费、办公费、水电费、劳动保护费、工程管理费、周转房摊销以及项目营销设施建造费等。

按照国税发〔2009〕31号相关规定,主体外的临时建筑售楼处和样板房符合"开发成本——开发间接费——项目营销设施建设"条件,可以作为开发产品计税成本在企业所得税前扣除。

临建售楼处和样板房可以在企业所得税前扣除,通过"开发成本——开发间接费——项目营销设施建设"核算。

会计制度规定营销设施的建造费应归集为固定资产,而企业所得税规定营销设施的建造费要计入开发间接费用,而不是计入固定资产。需要注意的是,营销设施既然没有计入固定资产,税法规定也就不需要计提折旧了。也就是说企业所得税不允许将营销设施的建造费通过计提折旧的形式转入销售费用,而是要一次性计入开发成本。

**(二)《国家税务总局关于房地产开发企业成本对象管理问题的公告》(国家税务总局公告2014年第35号)**

房地产开发企业应依据计税成本对象确定原则确定已完工开发产品的成本对象,并就确定原则、依据,共同成本分配原则、方法,以及开发项目基本情况、开发计划等出具专项报告,在开发产品完工当年企业所得税年度纳税申报时,随同《企业所得税年度纳税申报表》一并报送主管税务机关。

房地产开发企业将已确定的成本对象报送主管税务机关后,不得随意调整或相互混淆。如确需调整成本对象的,应就调整的原因、依据和调整前后成本变化情况等出具专项报告,在调整当年企业所得税年度纳税申报时报送主管税务机关。

**(三)《国家税务总局关于发布〈企业所得税税前扣除凭证管理办法〉的公告》(国家税务总局公告2018年第28号)**

自2018年7月1日起执行,其中与房地产开发企业关系较为密切的主要有以下规定:

(1)企业应在当年度企业所得税法规定的汇算清缴期结束前取得税前扣除凭证。

(2)企业应当取得而未取得发票、其他外部凭证或者取得不合规发票、不合规其他外部凭证的,若支出真实且已实际发生,应当在当年度汇算清缴期结束前,要求对方补开、换开发票、其他外部凭证。补开、换开后的发票,其他外部凭证符合规定的,可以作为税前扣除凭证。

(3)企业在补开、换开发票、其他外部凭证过程中,因对方注销、撤销、依法被吊销营业执照、被税务机关认定为非正常户等特殊原因无法补开、换开发票、其他外部凭证的,可凭以下资料证实支出真实性后,其支出允许税前扣除:

(a)无法补开、换开发票、其他外部凭证原因的证明资料(包括工商注销、机构撤销、列入非正常经营户、破产公告等证明资料);

(b)相关业务活动的合同或者协议;

(c)采用非现金方式支付的付款凭证;

(d)货物运输的证明资料;

(e) 货物入库、出库内部凭证；

(f) 企业会计核算记录以及其他资料。

其中(a)至(c)为必备资料。

(4) 汇算清缴期结束后，税务机关发现企业应当取得而未取得发票、其他外部凭证或者取得不合规发票、不合规其他外部凭证并且告知企业的，企业应当自被告知之日起 60 日内补开、换开符合规定的发票、其他外部凭证。其中，因对方特殊原因无法补开、换开发票、其他外部凭证的，企业应当按照本办法第十四条的规定，自被告知之日起 60 日内提供可以证实其支出真实性的相关资料。

(5) 除发生本办法第十五条规定的情形外，企业以前年度应当取得而未取得发票、其他外部凭证，且相应支出在该年度没有税前扣除的，在以后年度取得符合规定的发票、其他外部凭证或者按照本办法第十四条的规定提供可以证实其支出真实性的相关资料，相应支出可以追补至该支出发生年度税前扣除，但追补年限不得超过五年。

## 二、房地产开发企业所得税会计处理

**1. 预缴企业所得税会计处理**

预缴企业所得税时，借记"应交税费——应交所得税"科目，贷记"银行存款"科目。

**2. 预收房款的企业所得税会计处理**

房地产开发企业在开发过程中，销售未完工开发产品取得的收入，根据《国家税务总局关于印发〈房地产开发经营业务企业所得税处理办法〉的通知》(国税发〔2009〕31 号)的规定，应先按预计计税毛利率分季(或月)计算出预计毛利额，计入当期应纳税所得额，缴纳企业所得税。

预收房款时，房地产开发企业应按预收房款计算的计税毛利额扣除相关的税金和费用计算应预缴企业所得税金额，待开发产品完工后再进行项目企业所得税清算调整。

若房地产开发企业在核算所得税按照可抵扣暂时性差异来确认对未来期间应纳所得税金额的影响，对预缴的所得税应确认为递延所得税资产。缴纳时：

借：应交税费——应交所得税
　　贷：银行存款

年终对未达到收入确认条件的预收账款对应的已上缴的所得税从"应交税费——应交所得税"科目转入"递延所得税资产——预售房预缴所得税"科目，会计分录如下：

借：递延所得税资产——预售房预缴所得税
　　贷：应交税费——应交所得税

**3. 期末所得税会计处理**

期末一般是指季末、半年末和年末。

(1) 根据会计利润与调整事项计算出应交税金，借记"所得税费用"科目，贷记"应交税费——应交所得税"科目。

(2) 计算出本期递延所得税负债增加额，借记"所得税费用"科目，贷记"递延所得税负债"科目。

(3) 计算出本期递延所得税资产增加额，借记"递延所得税资产"科目，贷记"所得税费用"科目。

以上业务可做如下合并会计分录：

借：所得税费用（实际应交企业所得税额＋递延所得税负债本期增加额－递延所得税资产本期增加额）
　　递延所得税资产（本期可抵扣暂时性差异×税率）
　　贷：递延所得税负债（本期应纳税暂时性差异×税率）
　　　　应交税费——应交所得税（实际应交额）

# 第二节　企业所得税检查实务

## 一、营改增对房地产开发企业所得税的影响

**1. 对营业收入的影响**

营业税属于价内税，在企业所得税应纳税所得的扣除项目中可以单列。与之相反的增值税，则是价外税，具有价税分离的特性，其收入中不包括增值税，同时增值税在计算企业所得税时不得税前列支。"营改增"后，在销售总额不变的情况下，销售收入将由原来的含税收入换算为不含税收入，因此申报表填报的收入会有所下降。这是"营改增"对企业所得税最显著的影响。

**2. 对成本费用的影响**

与增值税对收入的影响相对应，企业在采购货物时的进货成本也需要进行价税分离。以增值税和营业收入为基础的相关费用的扣除限额也将受到影响。

（1）营业成本的变化

"营改增"后可扣除的成本费用减少。"营改增"之前，企业支付服务、无形资产以及不动产费用，可以全额作为企业的成本费用在税前扣除。"营改增"之后，企业支付的支付服务、无形资产以及不动产费用，由于可以抵扣增值税进项税额，包含进项税额的那部分，就不能再作为成本费用在企业所得税前扣除。

（2）营业税金及附加的变化

营业税金及附加核算包含价内税，但不包含价外税。"营改增"之前，企业缴纳的营业税可以在企业所得税税前全额扣除。"营改增"之后，企业缴纳增值税不能在税前扣除，应纳税所得额增加。附加以流转税为计税基础，"营改增"之前，附加是以应缴营业税作为计税基础，"营改增"后附加将以应缴的增值税为计税基础。即增值税税负下降后将导致可税前扣除营业税金及附加减少。

（3）购进资产计税基础的变化

"营改增"之后，同样价格的该项资产，在"营改增"前后确认的计税基础是不同的，"营改增"之后的计税基础要小于"营改增"之前的计税基础，从而折旧金额也要小于"营改增"之前的折旧金额。

（4）期间费用的变化

由于营业收入的萎缩，以其为扣除基数的佣金手续费、广告费和宣传费、业务招待费的税前扣除限额也相应地缩小。企业购进的各项计入期间费用的项目由于增值税价税分离的属性，可税前扣除的基数也将减少。

需要特别注意的是,不能抵扣的进项税额应直接计入当期成本费用,与"营改增"之前的处理一致。企业因免税或免抵退导致不能抵扣的进项税额也可以作为销售成本税前扣除。

## 二、企业所得税检查实务

房地产开发企业由于销售商品的特殊性,导致其所得税核算的特殊性,因此,稽查部门在对房地产开发企业进行检查过程中,发现该行业普遍存在达到完工标准但未按规定进行完工清算的情况,导致检查人员在检查过程中实际在对企业项目进行清算。

### (一)营业收入常见问题

房地产开发企业不管以什么方式销售,销售的实现以完工产品为前提,完工的标准:竣工证明已报房地产管理部门备案,或已开始投入使用,或已取得了初始产权证明。

检查人员针对稽查准备阶段调查掌握的情况,通过查看销售部门台账,清点发票存根联,审阅房产购销合同,查看"主营业务收入"账户等,核对分析判断企业是否按规定确认收入。近年来,由于稽查部门掌握的第三方数据日益准确及时,房地产开发企业营业收入在稽查部门面前也日益透明。

营业收入检查常见的问题包括:

1)销售开发产品收取的款项和价外费用未按规定入账,隐匿收入

(1)收取的售房款长期滞留在销售部门,未按规定入账。

(2)采取委托销售方式销售开发产品,部分售房款由中介服务机构收取并开具发票或收据,开发企业隐匿收入。

(3)将售房款分解为两部分,一部分记入账内,另一部分记入账外。

(4)销售阁楼、停车位、地下室以及精装房装修部分单独开具收款收据,取得的收入未按规定入账。

(5)私改规划,增加销售面积,隐匿增加面积部分的收入。

(6)旧城改造补偿给搬迁户新房,超出补偿面积部分的差价款未按规定入账。

(7)客户放弃的购房定金、没收的违约保证金、施工方延误工期的罚款收入,未按规定入账。

(8)取得的政府奖励收入、先租后售收取的租金等收入,未按规定入账。

2)销售未完工开发产品取得的收入未按规定申报纳税,产品完工后未及时结算其计税成本并计算此前销售收入的实际毛利额

3)发生的视同销售行为,未按规定申报纳税

(1)以开发产品抵顶材料款、工程款、广告费、银行贷款本息、动迁补偿费等债务,未按规定计税。

(2)以开发产品换取土地使用权、股权,未按非货币性资产交换的准则进行税务处理。

(3)将开发产品用于捐赠、赞助、广告、样品、职工福利、奖励、对外投资分配给投资者,未按规定申报纳税。

4)随意调节预收账款,申报不实

房地产开发企业在销售房屋时,采用预收款方式比较普遍,而有的房地产开发企业利用"预收账款"科目随意调节利润,造成所得税的应纳税所得额不实,达到少缴企业所得税的

目的。

5) 房地产开发企业收到"先交后返"的政府部门的返还资金、政府补贴收入等不计入当期补贴收入,或直接冲减开发成本甚至不入账

**【例 7-1】 预售收入未按规定申报纳税**

根据**省**新区国土资源和房产管理局提供的某房地产开发公司开发项目"艾马士"一期房产销售备案数据,该公司 2015 年 4 季度取得开发项目"艾马士"一期预售收入 5 680 000.00 元,一期竣工备案完成时间:2015 年 11 月 15 日。该公司在没有做完工产品结算之前,2016 年 1 月未按照《中华人民共和国企业所得税法》第五十四条、《房地产开发经营业务企业所得税处理办法》(国税发〔2009〕31 号)第八条、第九条之规定,对 2015 年 4 季度取得开发项目"艾马士"一期预售收入 5 680 000.00 元向税务机关进行企业所得税预缴申报,造成 2015 年度少缴企业所得税 213 000.00 元(5 680 000.00×15%×25%)。

**【例 7-2】 取得客户违约金,未计入营业外收入,未申报应纳税所得额**

某房地产开发公司在销售商品房过程中,在与购房者签订商品房销售合同之前,收取了一定金额的购房定金。该公司收到购房定金后,记入"预收账款——预收物业销售款"科目,会计核算为(借:银行存款 贷:预收账款——预收物业销售款)。当约定期满,购房者没有实际购房,且该公司又不退还购房者的定金,就形成了违约金,一直挂在"预收账款——预收物业销售款"科目上,未及时将违约金结转到营业外收入并申报应纳税所得额。截至 2016 年 12 月 31 日,该公司"预收账款——预收物业销售款"科目上有余额 68 306 414.28 元,其中有 101 笔合计金额 1 385 527.00 元的违约金,应于 2016 年末结转到"营业外收入"科目,增加 2016 年度的应纳税所得额 1 385 527.00 元。

**【例 7-3】 取得财政补贴未按规定申报纳税**

某房地产开发公司 2015 年 5 月收到 B 市某区政府**北路街道办事处财政扶持款 2 500 000.00 元,借方记银行存款 2 500 000.00 元,贷方记其他应付款 2 500 000.00 元。该公司 2015 年 12 月收到 B 市某区政府**北路街道办事处财政扶持款 950 000.00 元,借方记银行存款 950 000.00 元,贷方记其他应付款 950 000.00 元。该公司收到的上述两笔财政扶持款未列入营业外收入,应调增 2015 年应纳税所得额 3 450 000 元。

**【例 7-4】 开发产品抵债未确认视同销售收入**

甲房地产开发公司无房地产开发资质,挂靠在乙房地产开发公司,以乙开发公司第二项目部的名义在税务机关办理了税务登记,并独立申报纳税。其后,甲公司以每亩 30 万元的价格向乙公司购买土地 126 亩,自行开发住宅。2016 年 10 月,税务机关在对甲地产开发公司进行检查时,发现其仅向乙公司支付土地款 2 500 万元。经审查土地转让合同及补充协议,确认甲公司将其开发的一栋商品楼(40 套住宅)抵顶了拖欠乙公司的土地款。

### (二)开发成本常见问题

房地产开发企业开发成本主要由土地成本、建筑安装成本和政府收取的费用三大块组成。其中土地成本和政府费用相对固定的,而土建成本主要是由人工成本和材料成本组成。就某一个地区来说,人工成本和材料成本差异不会太大,所以,只要测算出土建成本,再加上土地成本和政府收取的费用就基本上可以确定房屋的单位成本。如果企业结

转的单位销售成本与测算的单位成本相差太大,就应当注意深入检查。开发成本检查常见的问题包括:

**1. 虚列(虚增)成本费用,挤占企业利润**

(1) 开发企业代施工企业缴纳的建筑业社会统筹养老保险费,计入开发成本。这不仅使施工企业少计应税收入,少缴建筑安装业增值税等税收,而且在建筑工程决算时,如果施工企业又将这笔代缴费用计入工程造价,并开具建筑业统一发票,将可能再次造成开发企业虚列开发成本,少计利润,少缴企业所得税。

(2) 多列融资成本。开发企业除银行贷款外,还向其他企业、个人进行大量"民间借贷"。有的企业往往出现无借款本金的利息支出,或用其他企业、个人(债权人)银行利息凭据直接入账,作为财务费用列支,以及支付借款的利率高于税收政策规定的利率上限,并计入开发成本。

(3) 虚开建筑业统一发票。营改增前,由于取得的《建筑业统一发票》大部分未写明具体项目名称,往往只注明"零星工程款",特别是市政公用、园林绿化、基础土石方等工程,受专业知识、事后隐蔽工程量难以核实的限制,税务人员在较短时间内难以对工程项目进行计量、核查。开发企业利用这些工程,实现用 4.43% 或 5.43% 的建筑业营业税去侵蚀 25% 的企业所得税税基。

(4) 利用关联交易转移利润。由于关联方之间业务往来频繁,转移收入和费用的隐蔽性高等特点,往往成为企业转移利润、偷逃企业所得税的手段。

(5) 将与生产无关的费用计入成本。如有的企业将管理人员的汽车费用、旅游考察费用列入公司支出。目前,税法没有这方面税前扣除标准的限制,税务人员又很难区分这类支出是否与生产经营有关,使得纳税人有机可乘。

**2. 未按配比原则结转成本**

如将应分期摊销的费用一次性计入第一期项目的开发成本,造成前期开发成本多计,后期开发成本少计,通过项目的滚动开发,成本不断归集,不断消耗利润,最后将本应实现的企业所得税消耗殆尽。另外,成本分配标准发生变化,或者成本核算对象(可售房产)实测面积与规划面积出现差异时,企业未及时做出差异调整,也会造成多结转开发成本。

**3. 多列预提费用**

一些企业利用"预提费用""待摊费用"等科目调整当期利润。特别是预提公共配套费用数额人,在配套工程完工验收之后不及时结转配套工程成本,对预提费用的余额不及时调整、冲减商品房成本,而是长期滚动使用,减少应纳税所得额。有的企业甚至在配套工程完工验收之后仍继续计提或重复计提"预提费用",借以偷逃税款。

**4. 未按规定取得发票**

有的开发企业自行采购部分电器材料、建筑材料、绿化苗木等甲供材,并直接进开发成本,再全额取得施工方发票重复入账,或非法取得假发票、虚开发票进开发成本,造成少缴企业所得税。

对于以上问题,税务机关通过检查企业账册、凭证即可发现。对于开发商销售成本确认不实,虚开建筑业发票等行为,税务机关可根据《税收征管法》第六十三条认定为偷税行为。若税务机关将虚列融资成本,虚开建筑业发票认定为编造虚假计税依据,可根据《税收征管法》第六十四条"纳税人、扣缴义务人编造虚假计税依据的,由税务机关责令限期改正,并处五万元以下的罚款"进行处罚。

**【例 7-5】** 土地成本未按规定列支

某房地产开发公司 2010 年向 W 市国土资源局缴纳土地出让金,将该公司部分划拨性质的土地转为出让,其中包括 W 市某区 45 号地块。2010 年,该公司向 W 市国土资源局缴纳土地出让金共计 44 336 972.40 元,W 市国土资源局向该公司开具了省政府非税收入一般缴款书。该公司缴纳的 44 336 972.40 元土地出让金包括 W 市某区 45 号地块土地出让金 5 201 952 元。随后,该公司以 45 号地块作价 28 195 800 元入股 JK 置业有限公司。该房地产公司又将 5 201 952 元的土地出让金记入其开发成本,导致重复列支土地成本 5 201 952 元。应调减该公司开发成本 5 201 952 元,同时调减相应的契税 156 058.56 元。

**【例 7-6】** 超过规定比例预提计税成本

某房地产开发公司"XS"项目账列开发成本 1 299 936 640.49 元,实际发生成本 1 181 530 256.86 元,其中一期实际发生成本 717 112 441.17 元,预估开发成本 118 406 383.63 元。

按照国税发(2009)31 号《房地产开发经营业务企业所得税处理办法》第三十二条第一项规定,出包工程未最终办理结算而未取得全额发票的合同金额 390 547 260.82 元,其中应由一期二期共同分担的合同金额 17 756 001.85 元,一期按 64% 应分摊 11 394 979.89 元,一期未全额取得发票的合同金额为 384 186 238.86 元,按 10% 可预计成本 38 418 623.89 元,多预计开发成本 79 987 759.74 元。核实一期总计税成本 755 531 065.06 元,可售面积 97 880.69 m²,单位计税成本 7 718.90 元。该公司 2013 年申报销售成本 453 090 123.96 元。2013 年已销售面积为 55 768.64 m²,按照单位计税成本 7 718.90 元,应结转销售成本 430 472 445.34 元,多计销售成本 22 617 678.62 元,应调增应纳税所得额 22 617 678.62 元。

**【例 7-7】** 取得不符合规定发票入账,多列成本费用

某房地产开发公司在 2015 年度企业所得税申报对其开发项目进行了清结算,该公司在成本认定上是按照销售率来结转当期成本,没有计算出开发产品的成本单价。在检查中发现开发项目"DX 风景"的开发成本中有 25 份金额共计 28 171 089.18 元的票据经核实为不符合规定的票据,其中 17 份票据为开票方与购货方不一致;3 份票据在查询模块中查询结果是无此发票的使用记录;5 份票据在查询模块中查询结果是此发票是作废发票。根据相关规定,企业取得不符合规定的票据不得在成本中列支,因此,该公司应调减其开发成本 28 171 089.18 元。

**【例 7-8】** 虚增成本费用

某房地产开发公司 2016 年 9 月 28 号记账凭证记载,2016 年 9 月收到市国土局退回的多缴纳的土地出让金 520 734.61 元,企业记入"其他应付款"贷方,应调增应纳税所得额 520 734.61 元。

**【例 7-9】** 计提并扣除未实际申报缴纳的各项税费

2013 年该公司土地增值税计提 345 603 699.45 元(其中记入营业税金及附加金额为 186 971 621.97 元,记入所得税申报表附表中的调减项金额为 158 632 077.48 元),实际缴纳 81 054 440.84 元,故按照规定应调增应纳税所得额 264 549 258.61 元。

2014 年该公司土地增值税计提 188 676 062.00 元(全部记入营业税金及附加),实际缴纳 90 025 780.55 元,故按照规定应调增应纳税所得额 9 865 0281.45 元。

2015年该公司土地增值税计提59 277 122.73元(其中记入营业税金及附加金额为41 638 835.53元,记入所得税申报表附表中的调减项金额为17 638 287.20元),实际缴纳152 038 920.31元,故按照规定应调减应纳税所得额92 761 797.58元。

2016年该公司土地增值税计提95 333 397.06元(其中记入营业税金及附加金额为112 971 684.26元,记入所得税申报表附表中的调增项金额为17 638 287.20元),实际缴纳71 038 278.14元,故按照规定应调增应纳税所得额24 295 118.92元。

2017年该公司土地增值税计提116 467 130.19元(其中记入营业税金及附加金额为115 587 257.71元,记入所得税申报表附表中的调减项金额为879 872.48元),实际缴纳90 000 000.00元,故按照规定要调增应纳税所得额26 467 130.19元。

【例7-10】 未对会所投入成本单独列账

某房地产开发公司A项目会所建在项目旁待征地块,根据该公司与\*\*区政府签订的《B景观示范段建设协议书》,该公司对待征地块负责绿化、整治河道及修建配套设施,并对该待征地块设施有50年的经营权,该公司未对会所投入成本单独核算。根据企业提供的《A一期工程开工至2016年12月30日累计完成值》——工程造价汇总表显示,会所造价为1 261 986.69元。因此,应调增应纳税所得额1 261 986.69元。

【例7-11】 样板间装修成本重复列支

某房地产开发公司2013年一期主营业务成本中列支一期样板间装修成本2 554 829.42元。按规定样板间装修成本应在开发间接费中列支,在计算已售面积成本时已分摊记入销售成本,故属于重复列支。因此,应调增应纳税所得额2 554 829.42元。

【例7-12】 地下车位开发成本列支问题一

某房地产开发公司开发项目"YR社区",该项目于2009年10月取得土地使用证,土地面积为38 330.78平方米。根据立项批复,为综合体一次开发,用地面积为38 330.78平方米。项目设计总建筑面积为340 142.03平方米,其中地上部分共5栋塔楼,地上设计建筑面积为250 611.32平方米,地下部分共计3层,设计建筑面积为89 530.71平方米,为机动车库、非机动车库、其他用房、物管用房等。项目于2011年9月开始预售。截至2016年,该项目尚有地下车位69 122.39平方米未售,地下车位的建造成本已按公共配套设施在开发成本中列支,并已结转到本年利润。

该项目地下停车位从规划报建至实际设计完成施工,其功能均为停车场所,且可以出售、自持,产权不属于业主共同所有,实质是一种开发产品。该项目地下车位可以对外单独出售,应作为独立的成本对象单独核算。未售车位的开发成本应从开发成本科目内调出,调增应纳税所得额,待实际销售车位时按照收入与成本配比原则再列支车位成本。

【例7-13】 地下车位开发成本列支问题二

某房地产开发公司为增值税一般纳税人,"老项目"选择按简易计税办法5%征收率缴纳增值税。企业开发项目名为"悦府",2010年2月取得土地使用权,土地使用权面积120 331.82平方米,项目动工时间2014年6月,开工时项目规划分为一期、二期、三期、会所及待开发部分。"悦府"一期2016年1月完工交房,达到完工结算条件,企业已按照国税发〔2009〕31号文规定进行项目完工结算。

"悦府"一期开发成本464 933 685.76元,其中土地征用及拆迁补偿费18 925 159.22

元,前期工程费 31 232 652.92 元,建筑安装工程费 272 083 140.21 元,基础设施建设费 40 438 003.50 元,开发间接费 23 805 178.37 元,符合规定的预提费用 78 449 551.53 元。按照已售面积占可售面积 90.56% 比例结转成本 421 059 875.39 元。

经核实,"悦府"一期建筑面积中有 21 555.10 平方米属人防地下室,按公共配套设施核算。企业在 2016 年 1 月向所在区人防办申请将"悦府"人防地下室集中于二、三期修建,同时将一期人防地下室作为车位出售,当月取得商品房(车位)预售许可证。由于开发性质发生变化,原不可售面积变更为可售面积,需对开发成本进行调整。一期开发成本 464 933 685.76 元,可售面积 119 733.53 平方米,单位成本 3 883.07 元/平方米,已售面积 88 913.75 平方米,应结转成本 345 258 315.21 元,已结转 421 059 875.39 元,多结转 75 801 560.18 元,应调增应纳税所得额 75 801 560.18 元。

### (三) 期间费用常见问题

(1) 扩大期间费用列支范围及标准,减少应纳税所得额;不合理工资列支和三项经费超过规定标准未作调整,造成少缴企业所得税。

【例 7-14】 某房地产开发公司列支不符合规定的福利费。该公司 2010 年在管理费用中列支为董事会外籍员工缴纳的物管费 54 009.88 元,为员工报销的汽车燃油费、修理费等 194 060.25 元;2011 年在管理费用中列支为董事会外籍员工缴纳的物管费 37 806.68 元。以上费用按规定应在职工福利费中核算。

2010 年账列福利费支出 279 934.84 元,应调增的福利费支出 248 070.13 元。调整后福利费支出为 528 004.97 元。2010 年职工福利费扣除限额 293 751.57 元,应调增 2010 年应纳税所得额 240 946.60 元。

2011 年账列福利费支出 280 207.37 元,应调增的福利费支出 37 806.68 元。调整后福利费支出为 318 014.05 元。2011 年职工福利费扣除限额 247 481.01 元,应调增 2011 年应纳税所得额 70 533.04 元。

(2) 业务招待费、广告费超过规定标准未作调整,造成少缴企业所得税。

【例 7-15】 某房地产开发公司 2015 年账列业务招待费 1 374 300.89 元,按规定允许税前列支实际发生额的 60% 或不超过所得税计税销售收入的 0.5%,计算出允许税前列支金额为 824 580.53 元,应调增应纳税所得额 549 720.36 元。

(3) 税前列支行政性处罚,造成少缴企业所得税。

【例 7-16】 某房地产开发公司 2015 年由于未按照《建设工程规划许可证》的规定进行建设,私自增大赠送面积,受到市房管部门行政处罚 1 521 897.56 元,为行政性罚款支出,账载营业外支出科目,未做纳税调整,故应调增应纳税所得额 1 521 897.56 元。

(4) 期间费用重复列支

【例 7-17】 某房地产开发公司 2016 年度根据 H 市 ** 税务师事务所出具的企业所得税清算鉴证报告内容申报企业所得税时,将该公司从 2012 年度至 2016 年度所发生的期间费用记入 2016 年度企业所得税汇算清缴当期扣除。经核实,上述费用在发生当年已在税前扣除,因此调减 2016 年度期间费用 25 451 568.46 元。

(5) 土地成本、前期调研咨询费等应归入开发产品的成本违规计入当期管理费用,并在税前列支。

**【例 7-18】** 某房地产开发公司通过招拍挂的方式于 2012 年 3 月 21 日与 L 市国土资源局签订了《国有建设用地使用权出让合同》,取得了 L 市 JW 区清溪片区 5 号、3 号、9 号地块用地使用权。该项宗地总面积 100 521.43 平方米,其中出让宗地面积为 69 820.01 平方米。出让价款为人民币 1 740 526 500.00 元。该公司对取得的土地使用权以无形资产的名义进行摊销,在申报企业所得税时通过管理费用科目在税前列支 56 917 856.20 元。其中 2013 年摊销额为 36 220 453.95 元,应调增 2013 年度应纳税所得额 36 220 453.95 元;2014 年摊销额为 20 697 402.25 元,应调增 2014 年度应纳税所得额 20 697 402.25 元。

同时,该公司将项目管理咨询费作为管理费用在税前扣除,减少应纳税所得额。该公司在账列开发成本(开发间接费)中列支项目管理咨询费本是正确的会计处理,但在申报企业所得税时将部分支出调整到管理费用中列支并税前扣除。其中,2013 年涉及金额 25 872 561.87 元,应调增 2013 年度应纳税所得额 25 872 561.87 元;2015 年涉及金额 25 110 256.44 元,应调增 2015 年度应纳税所得额 25 110 256.44 元。

该公司 2015 年账列开发成本(开发间接费)中列支前期调研咨询费 28 379 946.73 元,在申报当年度企业所得税时作管理费用直接扣除,应调增 2015 年度应纳税所得额 28 379 946.73元。

(6) 将资本性支出直接列支当期成本,减少应纳税所得额;将开发期的利息记入"财务费用",多转当期成本;列支不属于本公司的利息支出,造成少缴企业所得税。

**【例 7-19】** 某房地产开发公司不符合规定的分摊利息支出。该公司 2013 年 12 月分摊集团成员企业汇票贴息 1 522 941.88 元;2014 年 12 月分摊集团成员企业汇票贴息及银行贷款利息 1 489 668.05 元,记入当期财务费用,但均未按规定提供借款分摊使用情况及利息分摊情况,因此不得税前扣除,应调增 2013 年应纳税所得额 1 522 941.88 元,调增 2014 年应纳税所得额 1 489 668.05 元。

(四) 核定征收问题

房地产开发企业由于资金规模较大,持续时间较长,会计核算较为健全,企业所得税基本都为查账征收方式。但是,也不排除由于种种原因导致的房地产开发企业不符合查账征收条件,此种情况下,是否能对房地产开发企业采取核定征收方式计算企业所得税。笔者认为,根据《中华人民共和国税收征收管理法》第五十二条第二款、第三十五条、《中华人民共和国税收征收管理法实施细则》第四十七条第一款第(二)项、《房地产开发经营业务企业所得税处理办法》(国税发〔2009〕31 号)第四条、《国家税务总局关于印发〈企业所得税核定征收办法〉(试行)的通知》(国税发〔2008〕030 号)第三条第(四)项、第四条第(一)项、第五条第(二)项、第六条、第八条之规定,如果房地产开发企业会计核算不健全,不符合查账征收条件,可以采取核定征收方式,目前主要矛盾集中在应税所得率的适用上,各地税务机关应根据本地房地产开发企业毛利率等指标,合理确定房地产开发企业核定征收应税所得率。

【例7-20】 某房地产开发公司企业所得税采取核定征收方式。该公司主要开发"LA花园"项目,总占地面积98.126亩。该项目2008年6月开工建设,2009年8月取得预售许可证,2010年7月、9月分别完工备案。

经核实,该公司"LA花园"项目完工后,长时间不能办理产权分户,与业主矛盾激化,业主多次围堵该公司办公场所,造成相关财务资料损毁。后该公司对财务资料进行恢复,但因相关项目人员辞职,有关工程付款资料(包括发票、工程付款明细、分包合同决算书等)是否齐全不能确认,造成无法核实该项目相关成本。由于该公司当时未作相关财务资料损毁的记录或向公安机关报案,加之距检查时间已过去多年,不能提供财务资料损毁的第三方证据,且该公司2009年至今企业所得税申报混乱。

经清理核实,该公司"LA花园"项目于2009年开始预售,2010年完工备案,预售收入应于2010年起确认销售收入。截至2013年该公司销售收入共计106 875 556.81元,由于该公司收入能准确核实,相关成本不能准确核实,且该公司项目周边无同期同类项目纳税人的税负水平数据。根据相关规定,税务机关追征该公司2010—2013年少缴的企业所得税,并按30%的应税所得率核定应纳税所得额,适用税率25%。经计算,该公司2010—2013年累计应补缴企业所得税8 015 666.761元。

### (五) 预提所得税

近年来,随着市场对房屋的需求更加多元化,对房屋结构、造型景观等的设计要求越来越高,越来越多的房地产开发企业聘请境外的设计单位或设计师进行项目方案设计,以及后期施工辅导和服务。对此,房地产开发企业就涉及对外支付的设计费用等应当代扣代缴预提所得税的情况。

【例7-21】 甲房地产公司拟修建一个大型艺术场馆,聘请境外乙建筑设计公司做建筑方案设计、初步设计和部分施工图设计。草拟的合同中规定,甲公司提交资料,建筑方案设计、初步设计在境外完成,具体施工图设计可由另外聘请的境内设计公司根据外方设计理念和中国的具体标准提供服务。境外乙设计公司提供施工图和相应的艺术指导、后续服务,甲公司按提交的设计方案分期支付款项。合同草案同时约定,设计图纸所有权归境外乙设计公司,款项支付完后,由境外乙设计公司提供无版税许可。合同整体实施时间为14个月,其中方案设计和初步设计各5个月,施工图方案和艺术指导为4个月。在此情况下,该合同草案适用特许权使用费还是劳务费规定,甲房地产公司是否需扣缴预提所得税?

首先,根据《中华人民共和国企业所得税法》和实施条例规定,非居民企业在中国境内未设立机构、场所的,或者虽设立机构、场所但取得的所得与其所设机构、场所没有实际联系的,应当就其来源于中国境内的所得缴纳企业所得税。对该部分所得实行源泉扣缴,以支付人为扣缴义务人。税款由扣缴义务人在每次支付或者到期应支付时,从支付或者到期应支付的款项中扣缴。因此,经判断,境外乙设计公司符合上述规定,因此甲房地产公司作为支付方需要对支付的费用代扣代缴预提所得税。

其次,判断适用特许权使用费还是劳务费的规定,涉及适用的计算方法不同,具体税款也有较大差异。该案例中,虽然境外建筑设计公司属于提供的设计劳务,但合同中约定了设计成果归境外设计公司所有,并为甲公司提供了无版税许可,属于特许权使用费,应按特许权使用费所得扣缴预提所得税。

### (六) 综合案例

**1. 房企做假账，1 700 万收入隐藏往来科目被查**

某省星子县地税局稽查局对某房地产开发有限公司星子分公司实施税收检查时，发现该公司收入科目混乱，疑点颇多。通过获取第三方信息，比对该企业申报数据，检查人员最终查实该企业隐瞒销售收入 1 700 万元，该局依法对企业作出补缴税款、滞纳金及罚款 129.54 万元的处罚决定。

1) 初查账目无收获

检查人员在对某房地产公司星子分公司进行税收检查时发现，该企业账目中一个其他应付款项目，有 200 万元资金转入其他应收款科目。对此，该公司财务人员解释称，此为会计人员在做账时一时疏忽产生的失误。工作细致的检查人员没有就此停手，而是继续仔细查验该企业的其他应收款、应付款等相关账目。

检查人员发现，该公司的其他应收款、其他应付款、长期投资等科目的数据，大大高于行业同类企业，该企业是否存在故意混淆科目的情况呢？面对检查人员的询问，该公司的财务人员解释称，企业近期业务发展快，资金往来较多，这些科目的数据都是真实的，并不存在科目混淆问题。财务人员还对检查人员称，该企业在年底资金紧张的情况下，前不久还借款缴了 100 万元的税款。企业账目虽有疑点，但初次检查过程中，检查人员并没有找到与疑点相关的任何证据。

2) 外围调查获突破

检查人员针对企业账目检查时发现的疑点，结合当地房地产行业信息，对该企业经营和申报等情况进行了深入分析，决定从外围调查入手，获取该企业实际销售信息后，核查确定企业申报数据的真实性。

检查人员与星子县房管局进行了联络，并对该企业售楼部门进行了突击检查。通过调取该公司楼房销售部电脑中的销控台账，查明，该公司共销售住房 87 套，在星子县房管局备案 95 套（上年度预售的住房在本年度备案），销售收入为 4 750 万元；预售住房 55 套，预收定金 330 万元；销售停车位 12 个，销售收入 120 万元。综合分析后的相关信息显示，该公司 2014 年实际收入达 5 200 万元，比该公司申报的 3 500 万元少了 1 700 万元。

此外，检查人员了解到，该公司销售人员代销住房共获得佣金 5.3 万元，按照该行业佣金与销售额的提成比例，再次证明该企业的销售收入应有 5 000 多万元。

掌握该企业藏匿收入的确凿证据后，检查人员再次来到该企业财务部门。面对检查人员出示的房管部门销售备案合同、该公司销售部的销控台账，以及销售人员绩效工资表等证据资料，该公司有关负责人只得承认，企业共有 1 700 万元左右的收入放在其他应收款、其他应付款等科目中，未申报纳税。

经查，该企业通过藏匿收入的方式，共少申报企业所得税 68 万元、土地增值税 52 万元、城镇土地使用税 0.5 万元等共计 121 万元。星子县地税局稽查局依法对该企业作出补缴税款、滞纳金及罚款 129.54 万元的处罚决定。

**2. 往来账不是"安全港"**

现实中，常有一些企业尤其是往来账较大的企业，通过将经营收入挂往来账的方式隐匿收入，少缴税款，极具隐蔽性。然而，往来账并非"安全港"，将收入挂往来账存在很大风险，一旦被发现，不仅应缴税款一分不能少，还要补缴滞纳金甚至罚款，得不偿失。近日，某省某市 S 公司就被税务机关发现存在虚列往来账、隐匿收入的问题,依照规定补缴税款、滞纳金合计 271.54 万元。

1) 应付款畸高,引起税务机关注意

2019 年 3 月,国家税务总局某市税务局依托金税三期系统和大数据分析平台,对房地产开发企业开展风险扫描分析,发现 S 公司的其他应付款指标明显高于预警值。

进一步分析,税务人员了解到,这家成立于 2015 年的房地产投资开发公司,于 2016 年 6 月开发了某商务楼项目,建筑面积 6 万平方米,预计 2018 年底竣工,2017 年 11 月收到商品房预售许可证后开始对外销售,2018 年账面预收款 16 160.27 万元,其他应付款 3 175.71 万元。

税务人员将该公司 2018 年的财务会计报表、企业所得税年度汇算清缴表的各项指标与其历年指标做比对分析后,发现该公司其他应付款余额大于预收账款增加额和营业收入的相当比例。"该公司是不是存在将应税收入、营业外收入等挂在其他应付款科目,用未实际发生的应付款项虚列支出的问题?"带着疑问,税务人员调取分析 S 公司 2017 年以来的申报资料等涉税信息。

2) 企业无法举证,承认少申报税款

掌握大量信息后,税务人员约谈 S 公司财务人员,要求该公司对其"其他应付款"等财务指标异常说明原因,并提供证明材料。

S 公司财务人员表示,挂在其他应付款科目的 3 175.71 万元,部分是向客户收取的定金,长期挂账,与业主签订购房合同后没有进行结转;部分是向占用 S 公司资金的其他单位收取的利息,不知道向对方提供何种发票。"因未向对方提供发票不能确认收入,所以未将这笔收入作为计税依据申报纳税。"财务人员解释。

最终,S 公司因无法举证说明其他应付款高企的理由,承认其存在隐瞒收入、虚列往来账问题,少申报缴纳了企业所得税、增值税、城建税、教育费附加、地方教育附加、印花税等税费。后该公司按照规定补缴税款、滞纳金合计 271.54 万元。

参与此案处理的税务人员指出,实践中,房地产开发企业其他应收款和其他应付款的真实性与合理性,一直是税务机关关注的重点。一方面,房地产开发企业应增强风险意识,依法合规处理往来账目,不要怀侥幸心理触碰"雷区",要加强税务风险防控。另一方面,税务机关应针对有关问题加强法律法规宣传和纳税辅导,强化信息化风险识别。

**3. 隐匿财产转让收益,岂能以避税蒙混过关**

A 投资集团有限公司(以下简称 A 公司)以土地使用权(商住用地)按照评估价对全资子公司——B 房地产开发有限公司(以下简称 B 公司)增资扩股。税务机关认为 A 公司以土地使用权对 B 公司进行股权投资应视同销售计算资产转让所得,而 A 公司认为母子公司企业所得税税率相同,可以按照 A 公司取得土地使用权的成本价确认计税收入,不需要确认资产转让所得。为此,A 公司向上级税务机关申请税务行政复议并提供了税法依据。

A 公司成立于 2004 年 2 月 17 日,是一家以房地产投资为主营业务的公司,旗下控股多家房地产开发公司,企业所得税查账征收,税率为 25%。2015 年 7 月,主管税务稽查局对 A 公司税务检查时发现下列问题:

2008 年 2 月在邻县通过"招、拍、挂"程序出资 10 000 万元受让 304 亩商住两用的土地使用权,并缴纳契税300万元。2013年3月,A公司在邻县办理报批报建手续时,当地政府要求必须在该县注册成立独立法人的房地产公司开发该地块。2014年3月,A公司出资5 000万元投资设立了全资子公司B(B公司企业所得税实行查账征收,税率为25%)。2014年4月,A公司以土地评估价25 000万元对B公司增资扩股,根据公司章程约定,10 300万元记入实收资本,14 700万元记入资本公积,增资后B公司注册资本15 300万元。

A公司账务处理：

借：长期股权投资　　　　　　　　　　　　　　　　　250 000 000
　　贷：无形资产——土地使用权　　　　　　　　　　103 000 000
　　　　其他应付款——B公司　　　　　　　　　　　147 000 000

B公司账务处理：

借：无形资产——土地使用权　　　　　　　　　　　　250 000 000
　　贷：实收资本——A公司　　　　　　　　　　　　103 000 000
　　　　资本公积——资本溢价　　　　　　　　　　　147 000 000

A公司认为 根据《财政部 国家税务总局关于股权转让有关营业税问题的通知》(财税〔2002〕191号)规定,A公司以土地使用权出资不征营业税;根据《财政部 国家税务总局关于土地增值税若干问题的通知》(财税〔2006〕21号)的规定,A公司以土地使用权出资视同转让土地征收土地增值税,B公司清算土地增值税时,允许扣除的土地成本按照25 000万元确定;A公司用土地使用权对全资子公司增资扩股,属于"同一投资主体内部所属企业之间的土地、房屋权属的划转",根据《财政部 国家税务总局关于企业事业单位改制重组契税政策的通知》(财税〔2012〕4号)的规定,B公司可免征契税;A公司本次交易属于境内关联交易,按照《国家税务总局关于印发〈特别纳税调整实施办法[试行]〉的通知》(国税发〔2009〕2号)第三十条"实际税负相同的境内关联方之间的交易,只要该交易没有直接或间接导致国家总体税收收入的减少,原则上不做转让定价调整"之规定,不应该对A公司增资行为进行转让定价调查调整,即A公司不确认资产转让所得,B公司在计算企业所得税时允许扣除的土地成本为10 300万元。

B公司主管税务机关对B公司接受投资的土地免征契税没有异议,A公司主管税务稽查局对A公司提出的营业税、土地增值税处理也没有异议,但对A公司以土地使用权出资的行为要求作视同销售处理,确认资产转让所得14 700万元,并将其并入当年应纳税所得总额计算应补税款、滞纳金,并下达了税务处理决定书。A公司不服,在履行了纳税担保手续后,向上级税务机关申请税务行政复议。

这是一起关于税法适用的纳税争议。税务机关认为,根据《中华人民共和国税收征收管理法》第三十六条及《中华人民共和国企业所得税法》第四十一条的规定,企业与其关联方之间的业务往来,不符合独立交易原则而减少企业或者其关联方应纳税收入或者所得额的,税务机关有权按照合理方法调整,因此A公司应按公允价25 000万元确认土地转让收入,而A公司认为可以按照土地成本价10 300万元作为计税收入。其理由如下：1. A公司对B公司控股100%,符合《中华人民共和国企业所得税法实施条例》第一百零九条及《中华人民共和国税收征收管理法实施细则》第五十一条所称关联方关系,A公司对B公司的增资行为属于境内关联交易。

1) 查账征收

A公司、B公司企业所得税均查账征收,税率均为25%,且均不享受任何企业所得税税收优惠,即A、B公司企业所得税税负一致。

2) 定价调整

国税发〔2009〕2号文件第三十条"实际税负相同的境内关联方之间的交易,只要该交易没有直接或间接导致国家总体税收收入的减少,原则上不做转让定价调整。"此外,《国家税务总局关于2008年反避税通报》(国税函〔2009〕106号)第二部分第三款规定,"各级税务机关对境内关联交易实施转让定价调查调整,应遵循以下原则:一是如果企业实际税负等于或低于境内关联方税负,不应对该企业进行转让定价调查调整,因为相应调整会使企业的补税等于或少于关联方的退税,国家总体税收不变或减少;二是如果企业实际税负高于境内关联方税负,可以对该企业进行转让定价调查调整,但为了避免各地之间开展转让定价相应调整谈判,应按照该企业与其关联方的实际税负差补税,关联方不退税。"

由于A公司、B公司不存在因企业所得税优惠政策导致的税负差异,且B公司取得土地的企业所得税计税基础按照10 300万元确定,并不会造成总体税负的减少。依据上述规定,A公司可不作转让定价调整。

此外,A公司对税务机关纳税调整的程序提出了具体要求:①根据国税发〔2009〕2号文件第九十八条"关联交易一方被实施转让定价调查调整的,应允许另一方做相应调整,以消除双重征税"以及第一百一十一条"各级国家税务局和地方税务局对企业实施特别纳税调查调整要加强联系,可根据需要组成联合调查组进行调查"之规定,A公司所在地稽查局若决定进行特别纳税调整,须对纳税调整的结果与B公司主管地税局联系,或与B公司主管地税局组成联合调查组进行调查,以免存在因计税基础不一致而导致的双重纳税的风险。②税务机关作出纳税调整的决定,应依据《国家税务总局特别纳税调整内部工作规程(试行)》(国税发〔2012〕13号)的相关规定给A公司和B公司出具相关文书,以便今后税务机关在纳税评估、税务稽查、一般反避税调查等工作中保持一致。③国税发〔2009〕2号文件第九十七条规定:"一般反避税调查及调整须层报国家税务总局批准。"因此,主管税务稽查局必须报经国家税务总局批准后才能给企业下达税务处理决定书。

3) 案例解析

(1) 本案中征纳双方对反避税政策的理解都有误,主要表现在以下几个方面:

(a) 特别纳税调整的主体。国税发〔2012〕13号文件规定,税务机关对转让定价管理应由国际税务管理部门或其他专职机构(或岗位)对本地区特别纳税调整工作实施集中统一管理,而税务稽查的基本任务,是依法查处税收违法行为。因此,税务稽查局对检查出的关联方转让定价行为应移交给特别纳税调整机构处理。税务机关按照规定的程序对调整的结果下达《特别纳税调整通知书》,而不是《税务处理决定书》。

(b) A公司混淆了转让定价管理与一般反避税管理。特别纳税调整工作包括转让定价管理、预约定价安排管理、成本分摊协议管理、受控外国企业管理、资本弱化管理以及一般反避税管理,其中一般反避税管理是指税务机关按照《中华人民共和国企业所得税法》第四十七条的规定,对企业实施其他不具有合理商业目的的安排而减少其应纳税收入或所得额进行审核评估和调查调整等工作的总称。转让定价不适用一般反避税调查程序,故转让定价管理不需要层报国家税务总局批准。

（c）税负率与税率是两个不同概念。企业所得税税负是指当年实际应纳所得税额（申报表主表第 33 行）与应纳税所得额（申报表主表第 25 行）的比率，税率相同的关联公司若一家公司盈利，另一家公司亏损，会导致税负不同。

（d）转让定价调整只需补缴企业所得税及加收利息，但不得加收滞纳金。

（2）本案例交易性质的认定及正确的税务处理：A 公司以土地使用权对 B 公司增资扩股，实质是 A 公司将土地使用权转让给 B 公司，取得了 B 公司的股权，也就是，B 公司受让 A 公司的土地使用权，以本公司的股权作为对价。因此，该业务应定性为母公司将无形资产转让给子公司的关联交易。

根据《中华人民共和国公司法》第二十七条的规定，对作为出资的非货币财产应当评估作价，核实财产，不得高估或者低估作价。

投资各方及被投资方应当参照财产评估数据对非货币财产作价，协议作价与评估价格不一致的，应当以协议作价作为实际交易的价格。

A 公司以土地评估价 25 000 万元作为投资协议价，B 公司账务处理正确。A 公司将土地作价与土地成本的差计入"其他应付款"，而 B 公司账面却没有"其他应收款"与之对应，显然 A 公司账务处理有误。正确的分录是：

借：长期股权投资——B 公司　　　　　　　　　　　　　　　250 000 000
　　贷：无形资产——土地使用权　　　　　　　　　　　　　103 000 000
　　　　营业外收入——处置非流动资产利得　　　　　　　147 000 000

A 公司应对上述会计差错予以更正：

借：其他应付款——B 公司　　　　　　　　　　　　　　　147 000 000
　　贷：以前年度损益调整　　　　　　　　　　　　　　　　147 000 000

根据《中华人民共和国企业所得税法实施条例》第二十五条、《国家税务总局关于企业处置资产所得税处理问题的通知》（国税函〔2008〕828 号）规定，A 公司以非现金资产出资应当视同销售确认资产转让所得 14 700 万元。企业所得税处理与会计处理并无差异，A 公司应当按照更正后的会计利润重新计算当年度应纳企业所得税。

根据《财政部　国家税务总局关于非货币性资产投资企业所得税政策问题的通知》（财税〔2014〕116 号）的规定，A 公司以非货币性资产对外投资确认的非货币性资产转让所得，可在不超过 5 年期限内，分期均匀计入相应年度的应纳税所得额，按规定计算缴纳企业所得税。A 公司应以该土地的原计税成本为计税基础，加上每年确认的非货币性资产转让所得，逐年进行调整。B 公司取得该土地的计税基础，应按该土地的公允价值确定。另根据《关于非货币性资产投资企业所得税有关征管问题的公告》（国家税务总局公告 2015 年第 33 号），A 公司选择 5 年内分期缴纳税款的，应在相应所得递延确认期间每年企业所得税汇算清缴时，填报《中华人民共和国企业所得税年度纳税申报表》（A 类，2014 年版）中"A105100 企业重组纳税调整明细表"第 13 行"其中：以非货币性资产对外投资"的相关栏目，并向主管税务机关报送《非货币性资产投资递延纳税调整明细表》。

A 公司要求不作特别纳税调整，其实是要求税务机关将本已按公允价值 25 000 万元定价的关联交易改按成本价 10 300 万元处理，其理由是不能成立的。《中华人民共和国企业所得税法》第四十一条规定："企业与其关联方之间的业务往来，不符合独立交易原则而减少企业或者其关联方应纳税收入或者所得额的,税务机关有权按照合理方法调整。"该规定是对未按照独立交易原则定价并导致国家税收减少的关联交易进行特别纳税调整,A公司以此作为税法依据要求按成本价确定收入,与事实不符。

【基本结论】 本案例不属于转让定价管理范围,不适用反避税管理的相关规定,应由稽查局按照税收违法行为处理。A公司将土地转让收益14 700万元隐藏在"其他应付款"科目,导致少缴企业所得税的行为,应当定性为偷税。对A公司除应按规定查缴税款、滞纳金,并按照《中华人民共和国税收征收管理法》第六十三条的规定处以罚款。

本案例是一起典型的偷税案例,然而纳税人却巧妙地诱导税务机关适用反避税政策进而逃避纳税义务,实在是匪夷所思。类似案例的处理,税务机关应建立在事实认定的基础上,适用有针对性的税收政策,确定相关法律主体的纳税义务,然后依据税收征管法及其实施细则、发票管理办法等法律、法规对违法行为进行定性,从而确定纳税人的税收法律责任。

(3) 近年来,企业集团通过形式多样的关联交易以转让定价手段实施避税,已引起各级税务机关高度重视。税务人员应当深刻领会反避税政策的立法精神和操作程序,既要维护国家税收利益,也要防止矫枉过正。反避税实务中,纳税人以种种理由向税务机关解释交易价格的合理性。由于信息不对称,税务人员往往处于劣势地位。针对纳税人解释的各种理由,税务人员如何分析其解释的合理性、合法性是反避税工作的重点和难点。税务人员应当加强对企业商业模式、业务流程的研究,改变工作的被动局面。

(4) 房地产开发企业应当注意,在"先征用土地,后注册公司"的操作模式下,应当在土地出让合同中明确项目实施的主体。本案例中,如果A公司与国土部门签订《土地出让合同》时注明"A公司将在30个工作日内在项目所在地注册成立独立法人的子公司开发该项目,本合同约定的A公司的权利、义务由项目公司享有、承担。"这样,B公司注册成立后,由B公司缴纳土地出让金,并将土地使用权证书办理在B公司名下,就可以避免关联方土地过户涉及的税费问题。

### 4. 在多方求证中还原疑点背后的事实

山东**开发有限公司为其他有限责任公司性质的房地产开发企业,成立于\*\*年\*\*月\*\*日,注册资本1 000万元,主要经营范围:房地产开发经营、物业管理、房屋租赁、销售;房地产信息咨询。企业所得税主管征收分局为地方税务局,实行查账征收。该房地产开发有限公司,共有"\*\*"商业街、"\*\*"住宅、"\*\*"住宅3个项目。该公司于2010年末着手开发"\*\*"商业街项目,该项目地点位于\*\*市人民路西首,占地\*\*\*\*平方米,可售建筑面积\*\*\*\*平方米。该项目共分11座商业楼,其中\*\*3#、5#、7#、9#、11#于2011年3月份取得预售许可证;\*\*1#于2011年6月份取得预售许可证;\*\*2#、4#、6#、8#、10#于2011年9月份取得预售许可证。除\*\*项目外,该公司还开发了\*\*、\*\*新城两个项目,项目用地分别在2011年6月、2011年4月取得土地使用证,占地分别为7 046平方米、26 666平方米。

1) 科学进行案头分析,找出纳税疑点

某市地方税务局稽查局通过数据分析手段,对该企业的财务报表、纳税申报情况进行了比对分析,结合该市房地产行业各类案头分析指标的预警值及涉税风险易发点,在此基础上,借助第三方提供的信息,对该房地产公司2015年度纳税情况进行案头分析,共发现了七项疑点。

(1) 通过纳税人的企业报表发现的疑点问题。

疑点一：其他应付款。相关往来账户余额对比如表 7-1。

表 7-1 相关往来账户余额对比表

单位：元

| 年度 | 其他应收款账户余额 | 预付账款账户余额 | 预收账款账户余额 | 其他应付款账户余额 |
|---|---|---|---|---|
| 2015 年度 | 1 785 239.00 | 44 992 580.58 | 9 264 053.00 | 119 410 455.80 |

2015 年，该企业资产负债表上，"其他应付款"科目填列金额"119 410 455.80"元，"预收账款"科目金额填列 9 264 053.00 元。该企业属房地产行业，其他应付款余额过大，而且 2011 年该企业开发的"**"项目已基本完工，预收账款金额如此之少，可能存在取得预收房款收入长期挂账或代收代付、代垫款项未计收入问题。

疑点二：销售业务费用变动率（2016 年做基期）。

销售业务费用变动率＝（本期销售业务费用－基期销售业务费用）÷基期销售业务费用×100％＝（7 867 781.21－119 860）÷119 860×100％＝64％，销售业务费用变动率超过预警值，该企业 2011 年取得预售许可证，大多数销售费用集中在 2011 年无可厚非，但 2012 年骤减，变动率达到 64％，是不正常的，因此，该企业 2011 年可能存在多列支销售费用问题。

(2) 通过纳税人的纳税申报表发现的疑点问题。

疑点三：印花税税目申报不全。

在纳税人的各税种纳税申报表上，发现该企业没有"建筑安装工程承包合同""购销合同""财产租赁合同"税目的印花税。根据《中华人民共和国印花税暂行条例》及《实施细则》《关于启用印花税核定征收管理软件有关问题的通知》的规定，房地产开发企业的建筑工程、购买材料、将自建房屋用于出租都得按规定申报缴纳印花税，而该企业未进行申报缴纳，存在纳税风险。

疑点四：企业所得税利润税负率偏低。

所得税利润税负率＝本期应纳所得税额／本期销售业务利润＝0，在纳税人的企业所得税申报表上，发现该企业企业所得税申报数额为零。该企业在 2015 年，已经取得预售许可证，预售部分房款，应按照《中华人民共和国企业所得税法》及《实施条例》、国家税务总局关于印发《房地产开发经营业务企业所得税处理办法》的通知（国税发〔2009〕31 号）的规定，计算出预计毛利额，预缴企业所得税。但该企业申报数额为 0，可能存在少计收入或虚列费用问题。

疑点五：营业税申报不足

由于 ** 是该市亮点工程，也是较有特色的商业建筑群，而且 2015 年底已有部分商铺进行对外出租并营业。而该企业营业税纳税申报表上，没有"服务业——租赁"税目的营业税，可能存在营业税申报不足问题。

(3) 根据第三方提供的信息发现的疑点问题。

疑点六：房产税申报不足。

通过与工商部门的联系，发现有 5 户个体工商户的经营地址位于"**"项目中，而且经过核实，房屋性质为租赁性质，另外，该公司办公地点在"**"项目中，将开发的商品房用于经营办公的或出租的应申报缴纳房产税。

疑点七：城镇土地使用税申报额不足。

通过与国土部门的联系，发现该房地产公司在市域内共有三处土地，其中"**"项目占地25 131平方米、"**"项目占地26 666平方米、"**"项目占地7 046平方米。

由于该房地产公司申报缴纳土地使用税时，按总占地面积申报缴纳土地使用税，因此，占地面积＝25 131＋7 046＋26 666＝58 843平方米。2015年10月已售建筑面积4 224.916平方米，可售建筑面积44 014平方米。应税建筑面积＝25 131×(1－4 224.916/44 014)＋7 046＋26 666＝56 430.42平方米。应纳土地使用税＝55 843×5/12×10＋56 430.42×5/12×2＝232 679.17＋47 025.35＝279 704.52元。

通过税务信息系统查询，该企业2015年实际申报缴纳土地使用税116 211.25元，2012年自查查补120 796.66元，合计申报缴纳237 007.91元，差额－42 696.61元，需要进一步核实。

2) 检查约谈

针对以上疑点，**市地税局稽查局决定对该企业立案检查，向企业下达了《税务检查通知书》，并对企业财务负责人及办税人员进行约谈。

针对疑点一，财务负责人解释由于未取得房屋预售许可证，收到的款项均作为"诚意金"计入"其他应付款"科目，在2015年年底，只有收齐全款的，才转入到"预收账款"科目。

针对疑点二，财务负责人解释企业为了取得良好的销售业绩，利用2015年5月**市举办的文化节作为宣传契机，赞助了此次文化节，因此增加了一部分销售费用；另一方面，企业请北京**动画公司制作了开发项目"**"的宣传片，制作费用达5 148 000元，也增加了销售费用。

针对疑点三，办税人员解释"建筑安装工程"税目印花税之所以未申报缴纳是认为结算工程款时，建筑方开具发票时已缴纳，作为甲方不用再缴纳；"购销合同"印花税申报缴纳不足是认为该税目只适用于销售不动产，不清楚购进材料时也需要缴纳；由于该公司出租的房产是委托**市**物业管理服务有限公司进行管理，所以认为"财产租赁合同"税目的印花税应该由该物业公司缴纳。

针对疑点四，办税人员解释由于商铺都是预售，而且没有结转主营业务收入，因此不用申报缴纳企业所得税。

针对疑点五、疑点六，办税人员解释房屋租赁事宜已全权委托给**市**物业管理服务有限公司，纳税人不应该是**开发有限公司，而且其办公用房是自建、自用，出租的房产2015年正处于免收租金期间，没有纳税义务。

针对疑点七，财务负责人解释是由于办税人员计算错误造成的。

3) 实地核查

为进一步掌握和了解有关事宜，检查人员按照程序查看了企业的会计账簿、记账凭证、预售许可证、建筑安装工程合同，进一步核实了相关成本、费用，到**市**物业管理服务有限公司对相关租赁合同、完税凭证进行了调阅，到销售部门取得了相关的协议、合同的复印件，重点核对了该企业商品房销售统计台账及已开具的《房地产预收收款收据》，并将收据记账联与企业已缴回收据存根联所掌握的情况，进行逐张逐户地核实购房款的真实性，查实了该企业通过将部分预收房款挂往来科目的事实，并且到商铺进行了调查核实，确认商铺租赁开始的时间及租金情况。有关问题核实如下：

（1）该企业开发项目"**"预售许可证于2015年已经取得，并通过**市房地产管理局网站进行证实。企业与购买房也在预售许可证取得后签订了《房屋销售合同》，根据《中华人民共和国营业税暂行条例实施细则》第二十四条、第二十五条、《中华人民共和国土地增值税暂行条例》《关于调整土地增值税预征率的通知》(****104号)，应将"其他应付款"中诚意金（金额）35 022 562元确认收入；房屋租赁采取一次性收取3年租金的形式出租房屋，共出租5户房屋，取得营业收入 5×36 000＝180 000元，共应申报缴纳营业税金及附加＝(35 022 562＋180 000)×5‰×(1＋5％＋3％＋2％＋1％)＝1 953 742.19(元)，预征土地增值税＝35 022 562×2％＝700 451.24(元)。

（2）通过对建筑安装工程合同、材料购销、房产租赁合同等原始凭证的核实，根据《中华人民共和国印花税暂行条例》及《实施细则》《关于启用印花税核定征收管理软件有关问题的通知》(鲁地税函〔2009〕173号)的规定，建筑安装工程合同金额 30 809 800元，应申报缴纳印花税＝30 809 800×0.000 3＝9 242.94(元)；材料购销合同金额为 23 054 920.20元，应申报缴纳印花税＝23 054 920.2×0.000 3＝6 916.48(元)；房产租赁合同金额为 5 份，每份金额 36 000元，应申报缴纳印花税 5×36 000×0.001＝180(元)，合计应申报缴纳印花税＝9 242.94＋6 916.48＋180＝16 339.42(元)。

（3）对于房产税，根据《关于房产税若干具体问题的解释和暂行规定》(财税地字〔1986〕第8号)房地产开发企业自用的商品房，自房屋使用之次月起缴纳房产税，根据《财政部 国家税务总局关于安置残疾人就业单位城镇土地使用税等政策的通知》(财税〔2010〕121号)、《财政部 国家税务总局关于安置残疾人就业单位城镇土地使用税等政策的通知》(财税〔2010〕121号)之规定，对出租房产，租赁双方签订的租赁合同约定有免收租金期限的，免收租金期间由产权所有人按照房产原值缴纳房产税。对按照房产原值计税的房产，无论会计上如何核算，房产原值均应包含地价，包括为取得土地使用权支付的价款、开发土地发生的成本费用等。**容积率＝44 014/25 131＝1.75，容积率大于0.5，土地价值 31 125 066.00元，该办公楼建筑面积 301.33 平方米，房产原值 1 942 259元，自2015年10月1日投入使用，该房产占用土地面积 301.33×44 014/25 131＝354.06(平方米)，相应的土地价值＝354.06×31 125 066÷25 131＝438 507.85(元)。则应申报缴纳房产税＝(1 942 259＋438 507.85)×1.2％÷12×2＝4 761.53(元)；对于出租的房产，取得的出租收入应按规定一次性缴纳房产税＝540 000×12％＝64 800(元)，合计应申报缴纳房产税 69 561.53 元。

（4）土地使用税差额－42 696.61元，财务人员将进行补缴。

（5）根据《房地产开发经营业务企业所得税处理办法》(国税发〔2009〕31号)之规定，房地产开发企业销售未完工开发产品取得的预售款应该确认收入，并按照计税毛利率计算出预计毛利额，计入当期应纳税所得额，期间费用、营业税金及附加允许扣除。**花园、**新城项目按照销售合同，确认收入 40 816 615 元；**项目确认收入 3 533 426 元；管理费用列支 1 278 983.39元，业务招待费调增 381 327.12 元；销售费用列支 7 946 107.7，其中 1 750 000 元没有取得合法凭据，广告宣传费调增 5 745 583.20元；财务费用列支 3 135.59元；允许扣除的营业税金及附加、预征土地增值税 1 074 653.17 元，该企业应预缴＝〔(40 816 615＋3 533 426)×10％－1 278 983.39＋381 327.12－7 946 107.7＋5 745 583.2－3 135.59－1 074 653.17〕×25％＝64 758.64(元)。

**4）案例分析**

本案例反映的问题在房地产行业比较典型，触及了房地产行业在征收管理中存在的普遍性问题，其处理方法和结果，对加强房地产行业日常征收管理，提高征管质量和效率具有普遍的借鉴和指导意义。在本案中，检查人员前期案头分析比较充分，适时开展实地核查，将检查逐步引向深入。

一是要注重主营业务收入的检查，检查主营业务收入确认是否及时、足额，预售收入是否按规定的利润率计入应纳税所得额；要注重对其他应付款、其他应收款科目的检查，看有无将应确认的收入长期挂往来账逃避纳税的问题。

二是要通过房屋买卖合同及往来账的核对，检查其是否存在发票开具与收入确认不配比的问题，通过对各类合同的检查，确认印花税是否及时缴纳；通过土地使用证、土地出让或转让合同的核对，检查房地产开发企业的土地使用税、契税缴纳是否及时足额。

三是要注重对企业期间费用、开发成本的检查。有的企业将应计入成本的费用，计入期间费用，以减少当期应纳税所得额；有的企业则通过将本应计入期间费用的费用，计入成本，增加土地增值税扣除基数，以减少土地增值税应纳税额，这些问题在检查中不应忽略。

**5. 房地产开发企业间接股权转让案**

2017年，某市某区国税局单笔入库非居民间接股权转让企业所得税6.3亿元。该案件合同交易金额大，案情较为复杂，且涉及国际知名企业，社会关注度高。税务机关历时1年半，经过大量调查和艰苦谈判，成功穿透中间层，最终取得国际税收征税权，成功组织入库企业所得税6.3亿元。而这一切，最早源于一则新闻报道。

**1）一则新闻报道带出避税线索**

2016年初，一则某知名房地产开发企业投资近百亿元入驻某市某区的经济新闻报道，吸引了该区国税局税务人员的注意。随即，该局对区内某房地产开发企业北京C公司展开约谈，发现该公司确实已经易主。2015年底，英属维尔京群岛（BVI）A公司将其持有的X公司（位于英属维尔京群岛）100%的股权，转让给非关联企业B公司（位于英属维尔京群岛），交易价款包括X公司的股权和应收债权，受让方分期完成支付。拥有大量土地的北京C公司为X公司100%控股的子公司。

依据企业提供的资料，税务人员发现，X公司的资产主要由直接在北京C公司的投资构成，X公司没有聘用员工或购置用于生产经营的固定资产或无形资产，账务和审计服务均由外部公司提供，并无实质性生产、经营活动，其主要收入来源为对北京C公司的投资收益，且企业不能说明其合理的商业目的。因此，税务机关根据《国家税务总局关于非居民企业间接转让财产企业所得税若干问题的公告》（国家税务总局公告2015年第7号，以下简称7号公告）的规定判定：此次转让行为是A公司通过实施不具有合理商业目的的安排，间接转让北京C公司的股权，其目的是规避企业所得税纳税义务。因此，税务机关对该次间接转让股权的行为重新定性，穿透了X公司，确认其交易实质为A公司转让北京C公司100%的股权。

**2）扣除项目成税企争议焦点**

在大量数据资料面前，企业最终同意缴税，但税企双方在税款计算环节，特别是股权转让价格的确认上产生争议。该次转让为非关联交易，税务机关认可双方交易价格，且认可X投入到C公司的全部投资额（即北京C公司的注册资本）为股权交易成本。但转让方A公司认为,交易价格中仍有近 20 亿元需要调减的项目:第一,北京 C 公司的交易日后调整事项数额尚未最终确定,此项金额需从交易价款中扣除;第二,北京 C 公司对境内和境外债权人的负债金额需扣除;第三,该份股权转让合同从成交当日到最终完成付款时间持续较长,企业认为相关分期付款利息费用需扣除。

经过税务人员对各项资料细致分析,并多渠道取证后最终认为:第一,由于该次股权转让交易尚未全部完成,企业提到的交易事后调整事项金额仍未确定,因此允许企业按实际情况预估金额从交易价款中扣除,待交易全部完成后税款多退少补;第二,针对北京 C 公司对境内和境外债权人的负债部分,税务机关认为此次股权转让协议中明确区分了股权和债权的价格,且债权人通过签订债权转让协议的方式,已将债权转让给购买方 B 公司,可以将该类负债视为现金流,不产生资本收益,允许企业从计税价款中扣除;第三,金额最大的分期付款利息部分,仅体现在转让方 A 公司的说明信中,在交易合同中没有记录,且金额计算缺乏依据,随意性较大,不能视为交易双方的共同意向,不允许 A 公司在计算股权转让价时扣除。

3) 最终入库企业所得税 6.3 亿元

在该案件近 1 年半的谈判周期中,税务机关创新国际税收案件管理模式,组建国际税收风险应对团队,与境外非居民企业建立案件沟通微信群和电话会议沟通机制,运用发言人制度统一口径与企业谈判对接,消除跨境地域和时间障碍。同时,不断通过电子邮件、扫描件、照片和快递等形式与非居民企业互相传递沟通相关资料,提高了工作质效的同时,也保存了案件执行痕迹。最终,A 公司同意税务机关调整方案,就该笔间接股权转让案件入库企业所得税 6.3 亿元。

在经济全球化背景下,随着企业经营方式和组织形式的不断变化,资源跨境重组行为日益增加,非居民间接股权转让越来越频繁,且交易金额巨大。提醒相关企业,高度重视非居民股权转让案件中的风险,不断提高合规水平。

**6. 地下车位核查牵出房企"地下"收入**

举报线索称,S 房产公司委托物业公司销售地下车位并隐匿收入。但物业公司却表示,地下车位是人防空间,没有产权不能销售,其向业主收取的是使用费。举报有误? 还是另有隐情? 小区地下车位究竟能否销售?

1) 接到举报房地产开发企业销售车位涉嫌偷税

2017 年,某省某市地税局稽查局根据举报线索,对 S 房地产开发公司实施税收调查,通过实地调查房产项目,外调分析企业开发小区立项规划信息,内查核验企业账目数据,确认该企业存在销售地下车位隐匿收入 1 680 万元、多计项目开发成本 490.54 万元的违法事实。该局依法对企业作出补缴企业所得税 345.75 万元,土地增值税 695.10 万元,加收滞纳金 312.60 万元,并处罚款 520 万元的处理决定。

不久前,某市地税局稽查局接到举报线索,举报人称,该市 S 房地产开发公司向业户销售地下车位,但却由物业公司收款并开具收据,存在偷逃税款嫌疑。

接到举报信息后,检查人员利用税收征管软件对该企业信息进行了分析。S 房地产开发公司成立于 2012 年 12 月,注册资本 5 000 万元,主要从事房地产开发业务,企业主要开发楼盘项目为连云港 G 国际小区。截至 2017 年 4 月,该小区住宅和相关商业用房全部销售完毕,企业已向税务机关提交该项目土地增值税清算申报表,企业共取得收入 5.67 亿元,已入库清算税款1 267万元。

在该企业的申报信息和报表资料中,检查人员未发现其开发项目的地下车位销售明细表,验看发票开具系统信息,也未发现S房地产开发公司销售地下车位开具发票的数据。通过调阅系统登记信息,检查人员了解到,G国际小区物业公司是S房地产开发公司的全资子公司,物业公司的法定代表人与S房地产公司的法定代表人为同一人。

结合案头分析情况和举报线索信息,检查人员认为,该企业在地下车位销售方面存在疑点,决定成立检查小组对该企业实施调查。

2) 实地访查物业公司行事蹊跷

由于举报线索的核心内容涉及G国际小区地下车位,检查人员决定改变调查方法,暂时不惊动相关企业,采取着便装实地走访的方式首先了解该小区地下车位情况。检查人员发现,该小区地下空间有大量地下车位,并且约有200多个车位上已标注了业主的车牌号码。在和小区业主交谈的过程中,检查人员得知,不少业主已购买了车位,每个车位售价为6~7万元,使用期为20年,业主将相关款项支付给了物业公司,物业公司向业主提供了盖有物业公司公章的收据。

检查小组决定先从物业公司入手调查G国际小区地下车位销售情况。面对检查人员的询问,物业公司负责人解释称,由于G国际小区地下空间属于配套人防工程,根据《人民防空法》的规定,产权属国家所有,不能对外销售,但是S房地产开发公司有使用权和收益权。S房地产开发公司现已无偿向物业公司移交了地下车位,由物业公司负责管理和收费。物业公司负责人向检查人员提供了S房地产开发公司无偿移交地下车位的书面材料,以及业主交纳车库使用费的收据等相关资料。

在物业公司账簿中,检查人员发现,物业公司已取得部分地下车位业主缴纳的20年车位使用费共840万元,当年确认收入42万元,并申报缴纳相关税款。

物业公司调查了解到的情况,与举报线索中反映的房地产公司销售车位的信息存在偏差,是举报人不知道地下车位已移交,物业公司受托收费管理地下车位?还是此事仍有隐情未查明?虽然物业公司负责人提供的情况貌似合理,但检查人员认为,其中仍有疑点:实地走访时,该小区有200多个地下车位已标注车牌号码,说明车位已售出,按此计算物业公司取得收入应在1 500万元左右,但物业公司账目中仅反映了840万元,其他的收入去哪了?此外,G国际小区的地下车位空间真如物业公司所称,都是人防工程?S房地产开发公司对其所开发项目的地下车位究竟有无产权?

3) 内查外调揭开隐匿收入真相

检查人员对案情疑点进行分析后,决定到建设规划、房屋管理和人民防空等部门实施外部调查,掌握G国际小区项目开发面积、人防空间面积等真实情况,以此打开案件调查的突破口。

从房管、人防、规划等部门调取G国际小区立项报告、规划方案、建设施工许可证和测绘报告等相关项目资料并进行比对分析后,检查人员发现,按照项目规划G国际小区地下建筑面积共有2.04万平方米,共有地下车位460个,其中人防局与S房地产开发公司移交的地下人防面积为7 832平方米。检查人员通过核验建设、房管等部门的文件资料确认,G国际小区建设规划中,房产开发单位对部分地下车位面积拥有产权并且可以销售,其地下车位可售面积为1.26万平方米。

检查人员结合规划图纸，对 G 国际小区再次进行了实地调查，确认该小区共有 460 个车位，其中利用人防空间的停车位为 175 个，不能办理产权，由物业公司通过收取服务费的方式供业主使用，其余的 285 个车位，则是可以办理产权手续的可销售车位。

取得小区地下人防空间和车位数量的相关证据后，检查人员对 G 国际小区物业公司发出协查通知书，对该物业公司账簿进行了仔细核查。检查人员发现，该物业公司其他应付款科目有一笔高达 1 680 万元的款项。对此，物业公司负责人称该笔款项是 S 房地产开发公司提供的借款。

检查人员打印了物业公司所称的"借款"明细账，到 S 房地产开发公司与其账目进行了核对，发现 S 房地产开发公司账簿中并无物业公司借款的记录，应收账款项目中也无相关款项信息，与物业公司账簿记载信息不符。面对检查人员提供的地下车位人防面积资料，以及两家企业账目信息等证据，无法自圆其说的物业公司负责人承认，账目中的 1 680 万元款项，是物业公司替 S 房地产开发公司销售地下车位的销售款，并向检查人员提供了销售车位所开收据和销售记录等资料。

检查人员随即约谈了 S 房地产开发公司负责人，面对证据，该负责人承认了让物业公司代销地下车位，并将销售所得的 1 680 万元挂账物业公司，未确认收入申报纳税的违法事实。截至检查人员核查，G 国际小区车位已对外售出 1.1 万平方米，占地下车位可售面积的 87%。

4) 延伸检查发现成本扣除问题

检查人员重新对 S 房地产开发公司检查年度企业所得税申报表和土地增值税清算申报表等资料进行审核，发现地下车位建造成本总计为 6 110 万元，该公司已将其作为公共配套设施在项目核算时全额进行了扣除。

依照《国家税务总局关于房地产开发经营业务企业所得税处理办法的通知》（国税发〔2009〕31 号）第十一条、第十四条规定，以及《国家税务总局关于房地产开发企业土地增值税清算管理有关问题的通知》（国税发〔2006〕187 号）第四条关于土地增值税的扣除项目的有关规定，S 房地产开发公司无偿移交给人防部门的地下人防工程，面积 7 832 平方米，其建造成本 2 336.6 万元可在计算企业所得税和土地增值税时全额扣除。

S 房地产开发公司取得非人防性质地下车位预售许可证，销售地下车位，属建成后有偿转让行为，应分别确认企业所得税和土地增值税应税收入 1 680 万元，并按照规定对已销售面积扣除相应的成本和费用，但该公司除将已售 1.1 万平方米地下车位成本扣除外，将未售面积成本也一并做了扣除，共多扣除建设成本 490.54 万元。

至此，检查人员最终查明，S 房地产开发公司销售地下车位隐匿销售收入 1 680 万元，同时在项目核算时，多扣除地下空间建设成本 490.54 万元。某市地税局稽查局依法补征了税款，并对企业进行了处罚。

**7. 揭开房企 5 亿元信托融资背后真相**

在房地产信托融资日益兴盛之际，某市国税局第三稽查局顺着 X 公司的资金运作轨迹深查细究，发现企业利用这种复杂的新型融资模式编织了一张隐瞒收入之网。

前不久，一个看似寻常的举报线索让某市国税局第三稽查局再度紧张忙碌起来。等待他们的是一个新课题：被举报企业的信托融资操作是不是存在逃税问题？

1) 根据举报线索延伸检查预案触角

近日，某市国税局第三稽查局接到一封举报信，信中称 X 房地产开发公司销售车库未计收入且低价售房,很可能存在隐瞒销售收入的问题。该局迅速立案展开调查。

调阅征管系统信息,检查人员了解到,X公司是2000年成立的(港澳台商)独资经营公司,注册资本5 000万美元,主要从事房地产开发和销售业务。接下来,检查人员从两方面入手,一方面围绕举报线索,比对企业相关信息,制定检查提纲;另一方面,借助查前分析工具,系统梳理、分析企业近3年的财务数据,对X公司的整体涉税行为展开查前分析,制作检查预案。

通过整合X公司的资产负债表、利润表等数据,结合从外部网络获取的信息以及房地产行业的特点,检查人员深入研究,发现X公司2009年~2011年每年费用高达3 000万元左右,远高于当地同行业企业,其2009年~2011年的期末存货分别为11.9亿元、13.3亿元和5.4亿元。

检查人员由此决定,应重点关注X公司的开发产品是否已经达到完工状态而未结转收入,同时根据房地产开发企业成本、费用确认、分摊及列支复杂的特点,不拘泥于核查举报线索,要在突破重要疑点的基础上加强全面核查,捕捉容易被忽略的线索,比如股权变动、资金链条等,综合查找企业可能存在的涉税违法行为。

2) 初查否定举报问题但发现重大新线索

首次正式入户检查,检查人员便将举报问题核实清楚:举报信中提及的出售车库行为,X公司已在当年底如实纳税,售价偏低的房屋是在2008年发生交易的,其售价虽低于X公司后期的房屋售价,但与同期房价均值相比无明显低售行为。

举报问题核清后,检查人员围绕检查预案,依次核查X公司的收入、成本、费用和业务往来等涉税事项。经查确定,X公司开发的楼盘于2007年11月开工建设,2011年9月全部办理了竣工备案手续,其财务账未按完工结转收入,但企业所得税年终汇算清缴申报时,已按完工申报,因此,该公司虽然当年度存货余额较大,但未发现相关的涉税违法问题。同时,费用检查也未发现问题。

举报疑点排除,检查人员并没有止步,而是按照"重点突破、全面核查"的预案思路,继续深入细致地排查。终于,在检查X公司生产成本的过程中,检查人员发现2011年6月~8月,X公司生产成本的开发间接费列支了来自全国多地金融公司的融资顾问费3 000多万元。对于工程已于2011年竣工,且暂未开发新项目的X公司而言,为何要支付如此高昂的融资顾问费?企业究竟享受到了怎样的高端服务?

面对询问,X公司财务人员以不了解实际业务为由拒不解释。"若不存在真实服务行为,这笔顾问费就不能列支。"检查人员阐明相关法律规定后指出。在此情形下,X公司才提供了证明有关顾问费合法性的融资协议。

查看协议,检查人员得知,3 000多万元顾问费是X公司融资5亿元资金产生的信托融资费用。从表面看,X公司的融资行为资料齐全,合法可信,但细究之下检查人员心生疑问:企业既是信托融资,为何要支付如此高的顾问费?有关费用列支是否合法?带着新问题,检查人员审阅相关资料,对房地产信托融资内容及方式展开深入分析研究。

3) 梳理资金流弄清企业复杂的融资操作

不同于借款的还本付息,信托融资程序更为复杂,管理更为专业。为准确把握房地产信托涉税问题的定性,检查人员不动声色地开始追查X公司的融资行为,探寻其信托融资的整体脉络。

从账面看，X公司似乎并不缺钱。为弄清 5 亿元融资的来龙去脉，检查人员打算从资金流入手了解企业的资金情况。经过几番梳理分析，检查人员大吃一惊：其一，5 亿元融资并未进入 X 公司的账户，而是通过 A 投资公司转到了 B 公司。其二，X 公司和 B 公司虽然有资金往来，但截至被检查时期，B 公司仍欠 X 公司 8 000 多万元。其三，X 公司目前资金比较充裕，暂不需要如此高额的融资。

X 公司与 A 投资公司、B 公司之间是什么关系？为何 X 公司的融资资金要汇入其他公司？检查人员从 X 公司取得股权转让协议等资料，从互联网获取第三方信息，将相关数据集聚融合分析，逐渐弄清了这几家公司之间的关系以及 X 公司的信托融资模式。

原来，收到 5 亿元融资款的 B 公司是 X 公司的管理总部。2006 年，B 公司通过其全资子公司 C 公司投资收购了 X 公司 100％的股权，参与到 X 公司的管理中。随后，C 公司增资扩股，并于 2010 年将其持有 X 公司的 49％股权转让给了 D 公司。2011 年，D 公司又将有关股权全部转让给了 A 投资公司。D 公司 2011 年的股权转让即是信托融资，以 B 公司地产附条件回购义务和 C 公司投资的 51％股权质押为担保，A 投资公司支付股权对价 5 亿元，获得了 X 公司 49％的股权。而 A 投资公司正是由开出融资顾问费的四家开票方以有限合伙的形式设立。

4）利用互联网等信息还原真相追回税款

5 亿元信托融资的来龙去脉理清了，那么融资款未直接进入 X 公司的账户，X 公司却列支了融资顾问费，相关处理是否合法？考虑到 X 公司的几家关联公司均在外地，企业配合有限，而异地协查通常耗时过长，难以满足日常稽查的时限要求，检查人员决定依托互联网发掘有效信息，还原事实真相。

由于相关公司或已上市或已建网站，检查人员通过综合前期资料和网络信息比对分析，并向 X 公司相关人员反复取证，终于证实 X 公司在检查期暂无资金压力，不过由于房地产行业发展形势及资金流动性的差异，B 公司确实有融资需要，但有关融资顾问费与 X 公司的经营无关，X 公司的有关列支处理不合法。检查人员另外查明，X 公司 2010 年 12 月将自来水工程款以收据列支开发成本，2010 年、2011 年将部分预收收入放在其他应付款中，未结转完工收入，违反了税法规定。

面对检查人员展示的充足证据，X 公司负责人承认公司有关信托融资的账务处理确实存在问题，并认可了检查人员指出的其他涉税问题。最终，某市国税局第三稽查局根据相关规定，对 X 公司做出了补缴税款 704.5 万元，并加收滞纳金 52.04 万元的处理决定。

5）核查资金流，突出检查针对性

本案例中，检查人员分析发现房地产信托股权融资财务顾问费的疑点后，内查外调，理清了本案所涉企业之间的关系及 5 亿元融资款的流向，还原了交易事实，最终认定巨额融资顾问费与被查企业经营无关，确认被查企业少缴企业所得税的事实。从本案的查处，可以得到两点启示。

第一，核实资金流是案件查实的关键。随着经济发展，企业类型、交易方式以及支付手段日益多样，由此引发的涉税问题也愈发复杂。本案例中，检查人员面对的就是新型的专业融资模式。如何在纷繁复杂的业务中准确发现、查实涉税违法的新手段？检查人员除了学习新知识外，还要把握企业涉税问题的实质。本案中，检查人员就是根据企业提供的资料发现了有四家公司与被查企业关联，通过核查这几家公司之间的资金流，发现了本案问题的关键,即5亿元融资款未存入被查企业的账户而是存入了其管理总部的账户,最终及时确定该笔资金所发生的财务顾问费与被查企业无关。

第二,准确把握行业问题,突出检查针对性。对被查企业所属行业特点及行业问题的把握,对稽查工作至关重要,有利于找到案件突破口。通过本案可以看出,稽查工作既要研究企业财务数据、挖掘行业共性问题,也要了解行业宏观政策。如针对本案中的房地产开发企业,检查人员就提前了解了当前的房地产政策以及房地产开发企业回款困难、融资成本高昂等共性问题,循着这些问题,检查人员将检查重点指向企业的融资行为,最终核实有关信托股权融资财务顾问费与被查企业经营无关,不得在企业所得税前扣除。值得注意的是,即使信托股权融资成本与被查企业经营有关,也不能在所得税前列支。

面对房地产开发企业专业融资模式及其背后隐藏的涉税风险,关注房地产行业宏观政策、核查企业业务资金流向,是当前检查人员的必修课。

### 8. 上下游取证,查实虚增建筑成本

近日,江苏省苏州市国税局稽查局以上级下发的举报函为线索,追踪核查,破获一起房地产开发企业偷税案。由陈某控制的4户房地产开发企业接受上游4户建筑企业虚开发票,通过虚增建安成本、少计收入方式偷逃税款。该局针对企业的违法行为,依法对4户房地产开发企业作出补缴增值税13.34万元,企业所得税1.12亿元,处罚款及滞纳金9 900万元,合计2.11亿元的处理决定。

1) 疑点凸显,利润丰厚税负却偏低

不久前,苏州市国税局稽查局收到了一封来自江苏省国税局稽查局税收违法案件举报中心的督办函,函件所附举报材料反映苏州市4户房地产开发企业通过虚开发票入账、做假账等手段偷逃国家税款上亿元。

接函后,苏州市国税局稽查局决定对举报企业先期实施基础核查。检查人员分析征管数据了解到,举报材料所反映的4户房企,成立时间基本在2002年~2005年之间,主要从事房产开发、销售业务。经过对线索梳理分析,检查人员发现,4户房地产开发企业均注册于江苏省昆山市,并且实际控制人皆为陈某。4家企业一个背后老板,企业关联关系紧密,意味着这些企业如果有涉税违法行为,则可能存在一致行动的可能性。

结合昆山国土资源网、苏州市住建局网站等互联网信息和相关部门提供的第三方信息,进一步分析4户企业经营情况后,检查人员发现,4户房企拿到项目开发土地的时间均在2003—2006年之间,项目销售时间为2011—2014年之间,按照当年的土地成本和房产销售行情,属拿地成本低而销售价格高状况,按常理应当利润丰厚,税收贡献率也应不低,但分析几户房企税负率时,检查人员发现结果却并非如此。

以A房地产公司为例,该企业在2005年拍得昆山市某商住地块近19万平方米,单价为900元/平方米。而A公司开发项目销售基本在2011—2012年,此时房产销售价格已达到7 000~8 000元/平方米。根据苏州市住建局相关数据,2011—2012年苏州地区房地产开发企业的建安成本为1 500~2 000元/平方米。综合分析这些数据信息,检查人员认为,A公司正常企业所得税负担率至少应在10%以上。然而,从2006—2016年10年间,A公司的实际企业所得税负担率仅为7.8%。另外3户房企同期企业所得税负担率也仅为5%~8%。此外,检查人员依据4家房企开票数据、项目面积等要素,计算发现这些企业2011—2012年的建安成本均在3 000元/平方米以上,远高于当时的市场平均成本。

企业开发的房产项目价格高企,但税负率偏低,并且建安成本远高于行业平均值,根据这些疑点,检查人员认为,4户房企可能在成本费用核算方面存在问题。

项目建安成本高企,通常与项目建设过程及单位相关。检查人员分析票流发现,上游4户建筑企业与4户涉案房企均有密切的业务往来,并且这8家企业具有均为昆山当地企业,且开业时间相近,尤其是B建筑公司,该企业90%以上业务均与涉案房企相关。此外,检查人员还发现,4户房企的实际控制人陈某还是4户建筑企业中一户企业的主要股东。综合前期4户房企疑点及上游4户建筑企业核查信息,检查人员认为,涉案企业具有上、下游"合作"虚开发票、冲抵成本并以此偷逃税款重大嫌疑。

2) 突击检查,上下游同步取证

考虑到举报材料反映的企业涉及国地税双方共同征管,且涉案企业疑点所在经营年度在营改增试点之前等情况,苏州市国地税成立了联合专案组,决定对4户房企和上游4户建筑企业立案调查,并在数据信息、案件分析、执法检查等方面加强合作。案情上报后,由于涉案金额较大,企业涉嫌违法情节恶劣,不久,苏州市国税局稽查局接到了国家税务总局下发的督办函。

国地税双方分析案情后,联合制订了行动计划,决定以苏州和昆山两个地区稽查检查人员为主要力量,配备查账软件和数据分析工具,同步对8户企业突击检查,调取企业账簿信息。随后结合第三方信息,对企业2006—2016年的税收情况实施全面核查,深度分析企业账目信息,从中寻找线索和证据。

办案人员首先对上游B建筑公司实施突击检查。由于准备充分、预案周密,专案组顺利调取了该公司包括合同、结算单、采购凭据等在内的整整12箱纸质涉税资料。调账过程中,检查人员按规定应用执法记录仪全程记录执法取证过程,以确保税企双方权益。

在对A房地产公司进行电子调账时,为避免提取的数据信息缺失、不全,防范涉案企业事先删改或隐藏关键证据,检查人员使用了一款名为"取证魔方"的调账工具,该软件可全面提取涉案企业电脑硬盘数据,并同步还原和提取电脑中被删改、隐藏的历史涉税数据。检查人员现场从A公司财务部门电脑中调取了总计15G包含电子账簿、各类表格文档在内的企业电子资料。

与此同时,其他各路专案组人员也相继完成了其余6户涉案企业涉税资料和账簿的调取工作,并开始着手审阅和分析涉案企业账目数据信息。

经过大量信息数据核查工作,在调取的12箱B建筑公司纸质资料中,检查人员找到了该公司虚开发票并收取手续费的详细信息。10年间,B公司共向4户涉案房地产开发企业虚开发票20份,涉及金额2.68亿元,共收取手续费2 939万元。同时,在对A公司调取的数据资料进行反删除恢复和筛查分析的过程中,检查人员发现了一张被企业删除的excel表格,这份长达10多页的文档中记载了企业未入账收入,以及从上游建筑公司购买发票的资金支付等信息。经过与A房地产公司大量账目数据核对,检查人员确认,这份被删除的excel表格信息中显示,A房地产公司接受虚开的9份发票来自2户涉案建筑企业,其中8份来自B建筑公司,涉及金额1亿元。此外,表格上还记载了A房地产公司有1 600万元收入未入账。

3) 尘埃落定,4企业补缴亿元税款

掌握相关证据后,专案组迅速对B建筑公司相关人员展开询问,该企业法定代表人陆某最初声称董事长许某在国外,自己并不了解情况。但办案人员凭借多年稽查经验,以企业经营情况和核查掌握的证据为切入点,对陆某晓以利害进行税法宣传。从开始的"不知情"到随后的"或许有",经过办案人员耐心说服教育,陆某最后承认B建筑公司为承接业务,存在按照房地产公司要求虚开建筑发票行为,但他表示具体操作由董事长许某负责。

不久,办案人员得到许某回国消息。专案组随即对许某实施询问。面对办案人员出示的各项证据,许某最终承认B建筑公司在承揽部分建筑工程时,作为条件,曾应4户房地产开发企业要求虚开了20份建筑发票,涉及金额2.68亿元。按双方约定,许某向受票房地产开发企业收取开票金额8%的手续费。

随后,专案组约谈了4户房地产公司的实际控制人陈某。面对证据,陈某承认了其控制的4户企业接受上游企业虚开发票的违法事实,向办案人员表示愿积极配合调查,并主动向专案组提供了4户房地产开发企业的银行资金信息等资料。

结合陈某提供的银行信息和其他几户房企的调账资料,检查人员调查发现,为伪造资金流,4户房企与上游4户建筑企业的银行账户,在2006—2016年共进行过上百笔资金回流,涉及金额达2.7亿元,涉及相关人员银行卡有数十张之多。陈某控制的4户房地产开发企业在10年间,通过伪造资金流、虚构业务,共接收4家上游建筑企业虚开发票23份,涉及金额2.75亿元,此外4户房地产开发企业还从绿化、门窗、石材等相关行业企业,取得42份虚开发票,涉及金额5 300万元。

经查,陈某控制的4户房地产开发企业共接受上游建筑企业及其他企业虚开发票65份,涉及金额3.28亿元,多结转销售成本2.62亿元。同时,通过少计房屋租金和车库销售收入的方式隐匿收入7 186万元。针对企业的违法行为,苏州市国税局稽查局依法作出补缴增值税13.34万元、企业所得税1.12亿元、加收滞纳金并处罚款共9 900万元的处理决定。

**9. 顺城置业有限公司分解借款少缴税款**

近年来,房地产开发企业融资日趋困难,房地产信托成为最常见的融资方式,但这种方式主要是债务性融资,银行在国家有关监管规定之下打擦边球,扮演着居中提供资金监管和通道的角色,从中收取高额顾问费。日前,某市税务局稽查局对顺城置业有限公司一案的查处正反映了当下这种企业、信托及银行三方之间的融资运作关系。

根据人工选案分析结果,某市税务局稽查局发现顺城置业有限公司2017年财务费用异常,遂将其列为稽查对象。经调查,该公司自2016年2月成立以来只开发了一个项目"M国际",项目用地于2016年3月取得,土地面积13 594.7平方米,而该公司自2017年8月份起,长期借款陆续增加,至2017年12月底增至26 910万元,当年财务费用更是突增至1 677万元,贷款利率与常规不符。针对此疑点,检查人员制定了以财务费用为检查重点的检查预案。通过调查,检查人员发现该公司增加的长期借款,系通过信托计划筹集的资金,通过翻看其与B信托公司签订的《特定资产收益权转让合同》发现,该公司通过该信托计划共计融资26 910万元,共支付利息5 707万元,折合年利率15.3%。该公司仅凭B信托公司出具的《信托业务收益回执》计入开发成本,尚未结转销售成本。检查中还发现该公司于2017年支付C银行财务顾问费1 588.03万元,已取得正规发票,但经了解该公司并未向C银行贷款,此财务顾问费的合理性仍需进一步核实。

根据发现的问题,检查人员约见了该公司财务负责人,责令提供有关银行具体服务内容的资料,并告知虚列费用的后果。迫于压力,该公司提供了C银行出具的《财务顾问费用收费说明》,说明服务内容包括为该公司制定"M国际"项目融资策略和工作计划、引荐B信托公司,并由C银行作为中间机构提供相关服务。

经分析,检查人员认为:该财务顾问费是信托融资成本的组成部分,为取得第一手资料,稽查组直接约见B信托投资公司相关人员,就信托投资计划的运作进行了询问。掌握了关键信息后,该公司最后一道防线被击溃,转而配合检查。

经分析,稽查组查明以下事实:尽管《特定资产收益权转让合同》约定B信托公司采取以投资的方式为该公司提供资金,但从《还款协议》及其附属合同来看,该信托投资计划实质上是债权性投资,C银行仅为该项融资提供通道和资金监管服务,该公司通过信托计划融入的资金是为所开发的"M国际"项目借入的专门借款,财务顾问费是专门借款的辅助费用。检查人员向该公司财务人员讲明税收政策后,该公司同意将由开发项目产生的财务费用进行资本化处理,调增当年应纳税所得额,补缴企业所得税。

**10. 挤出房产开发成本中的"水分"**

2017年,某市地税局第四稽查局对N房地产开发公司实施税收检查,查实N房地产公司检查期内对已竣工备案的Z小区房地产项目,未进行所得税竣工结算,存在项目成本核算时间划分不明、已竣工销售房产多计成本等问题,少缴企业所得税。针对企业的违法事实,该局对其做出补缴企业所得税5 044万元,加收滞纳金1 227万元的处理决定。

1) 项目分析,房企涉税疑点突出

不久前,按照专项检查计划,某市地税局第四稽查局检查人员对N房地产公司2012—2013年的纳税情况实施税收检查。

N房地产公司成立于2001年3月29日,性质为其他有限责任公司,注册资金3 000万元,经营范围为房地产开发、销售、物业管理和家居装饰等。

N房地产公司开发的Z小区项目2008年9月取得建设部门立项核准批复,项目包括住宅、商业、地下车库和配套公建等,分北区和南区两部分。检查人员查前通过查询建委网站得知,Z小区项目北区和南区的大部分住宅的竣工证明材料已分别于2011年12月、2013年10月报送建设部门备案。该公司对外销售信息显示,企业2012—2013年期间对外销售该项目部分住宅,但检查人员查询该公司历年企业所得税申报情况发现,N房地产公司虽然北区、南区大部分住宅已完工并报建设部门备案,但却一直未进行企业所得税完工清算。

综合查前外部信息了解和企业涉税数据分析过程中发现的疑点,检查人员认为,N房地产公司存在推迟完工清算时间,将应分期结转的成本一次性结转,以少缴企业所得税的嫌疑,决定实地调阅核查N房地产公司账簿,对该公司检查年度已完工开发产品进行企业所得税汇算清缴,查清该企业是否存在多列成本、少缴企业所得税问题。

2) 成本划分,期间成本多列2亿元

在对企业进行现场核查时,当检查人员询问Z小区项目部分住宅已竣工备案,为何企业不进行完工项目所得税汇算清缴时,该公司财务人员称,因Z小区项目还未全部销售完毕,项目很多建设和销售成本尚未计入项目内,因此企业准备等项目成本全部计算完成后,再进行项目所得税清算。

对此,检查人员向企业财务人员明确表示,N房地产公司这样核算不对。国税发〔2009〕31号文件明确规定,如果房地产开发企业开发产品竣工证明材料已报房地产管理部门备案,应视同已经完工,需进行已完工产品企业所得税汇算清缴。企业开发的 Z 小区项目 2013 年既然已有大部分北区和南区住宅竣工备案,就必须按照法规进行所得税汇算清缴。

检查人员在核实 N 房地产公司项目开发成本资料数据的过程中,发现该公司账目中有大量 2014 年后发生的建筑安装工程费发票,涉及金额 5 600 多万元。同时,检查人员还发现企业将 2014 年后发生的"土地征用及拆迁补偿费"1.44 亿元,也列入了 2013 年竣工项目的成本中。

对此,该公司财务负责人解释称,Z 小区项目是 N 房地产公司近年来开发的唯一一个房地产项目,企业认为只要与 Z 小区项目相关的成本,都可以计入开发成本,并在税前扣除。只要合情理,即使没有取得合法凭据的成本费用项目,也应该可以做相应的扣除。

对此,检查人员向企业人员表示,国税发〔2009〕31 号文件第三十四条明确规定:"企业在结算计税成本时其实际发生的支出应该取得但未取得合法凭据的,不得计入计税成本,待实际取得合法凭据时,再按规定计入计税成本。"同时,按照规定,2013 年企业已竣工报备项目的成本列支计算截至时点应为 2013 年 12 月 31 日,此时点之后发生的成本费用,应在取得合法凭据后,结合 Z 项目后期施工房屋的完工进度、销售进度,在当年核算时按照收入与成本相配比的原则,逐步结转并在当期进行所得税税前扣除。因此,企业将 2014 年度发生的建筑安装工程费,及"土地征用及拆迁补偿费"计入 2013 年已竣工项目成本的做法是错误的。

经过检查人员的税法宣传和辅导,该公司最终认可了税务机关的意见。

3)支出核定,虚列 2 000 万无关成本

发现企业竣工备案房产计税支出的划分存在问题后,检查人员并未放松对 N 房产公司检查年度成本的核查工作,重点对企业开发成本会计科目中的前期工程费、建筑安装工程费、基础设施建设费、公共配套设施费等六项成本项目以及相关期间费用进行检查,通过对 Z 项目建设的建筑安装施工合同、工程概预算和决算报告、收支凭证、票据、银行付款凭单等资料逐一进行审核,核查账目中的票据凭证是否与其业务相关、成本费用列支项目是否真实,以及相关资金是否实际支付给供货方或提供劳务方等。

检查人员发现,N 房地产公司账目中列支的 2 240 万元开发成本在业务相关性和凭证真实性等方面存在问题:经核查,企业从建材市场取得的沙石料等成本发票为假发票,涉及开票金额 70 余万元;账簿中金额为 108 万元的前期工程费、200 万元的开发间接费,以及总计 1 862 万元的建筑安装工程费,经查证与 N 房地产公司开发的 Z 小区项目无关。按照税法规定,以上几笔共计 2 240 万元的成本费用不应在税前列支扣除。

在对检查年度 Z 小区项目完工产品开发成本进行仔细审核后,检查人员核实其账目中计算的开发成本共计 9.7 亿多元,剔除不允许扣除的开发成本 2 240 万元,最终核定检查期间完工项目的计税成本为 9.5 亿元。

此外,检查人员还发现,N 房地产公司在 Z 小区项目完工产品开发成本核算时,未遵照国税发〔2009〕31 号文件第二十九条规定,对 9.5 亿元开发成本费用按照能否区分使用方向、确认最终使用对象等标准,进行直接成本和共同成本划分。未划分确认成本性质和金额会直接影响检查期内已完工项目公共配套设施费等成本费用的归集和分配的计算比例,进而对企业应缴纳的所得税款计算产生较大影响,可能会涉及几十万元,甚至上百万元的税款

征收问题。

检查人员向N房产开发公司人员详细解读了相关税法条款,并讲明不进行成本性质划分的利害,企业财务人员接受检查人员的意见,在检查人员的指导下,对检查期间Z小区项目完工产品的直接成本和共同成本进行了归集和区分,最终确定直接成本为3.5亿元,共同成本为6亿元。

经过对N房地产公司检查年度Z小区项目完工产品开发成本的逐项复核,剔除该公司检查年度竣工项目中多计的2亿元开发费用,以及2240万元与项目无关的开发成本,确定计税直接成本和间接成本后,经过测算,检查人员确定了N房地产公司检查年度Z小区项目"可售面积单位计税成本"和"已销开发产品的计税成本",由此计算并最终确定,N房地产公司检查年度应补缴企业所得税5044万元。

面对检查人员提供的翔实数据和充分的税法依据,N房地产公司负责人最终承认了通过推迟完工清算时间、违法列支成本,在检查年度少缴纳企业所得税的违法事实,市地税局第四稽查局依法向企业追缴了税款并加收了滞纳金。

本案中,涉案房地产开发企业对已竣工项目未按规定进行完工清算,并通过多列项目成本方式逃避纳税,其违法行为在房地产开发企业中具有一定典型性。

检查人员在对涉案企业的核查过程中,充分利用规划、房管、银行等部门提供的第三方涉税信息,结合征管数据,对企业开发项目的规划设计、建设指标、项目完工情况等信息数据实施比对验证,并迅速确认企业存在的涉税问题,为下一步深入检查明确了方向。在调查过程中,检查人员付出了大量精力和时间,针对企业完工产品情况,依据法规准确认定检查年度企业完工产品计税时点,通过对企业建筑安装工程费等六大成本项目及相关期间费用涉及的大量合同、工程概预算和决算报告、收支凭证、票据等资料逐一进行审核,最终锁定了企业虚列项目开发成本逃避纳税的证据,使案件顺利查结。

本案涉案企业出现的涉税违法问题不是个案,在房地产开发企业中具有一定代表性。按照税法规定,房地产开发企业的项目建设成本,应根据房地产实际完工和销售情况分批结转。但在实际经营过程中,不少房地产开发企业竣工项目备案后并未及时进行完工清算,并采用混淆直接成本与共同成本、将分期结转成本一次性结转、将未售成本提前结转等手段,达到多列支成本少缴税款的目的。为此,税务机关在日常管理中,应参考规划、国土、房管等部门的第三方信息,加强企业开发项目日常实地巡查,结合房地产开发企业开发项目的完工进度,对企业项目成本费用归集的划分时间,结转和分配的标准、比例等实施重点核查,对成本费用与项目的关联性、真实性等实施调查,以及时发现企业成本结转问题,避免税款流失。

**11. 某房地产公司虚增成本少计收入案例**

不久前,某省某市有关部门在一起经济案件调查过程中,发现了一条企业涉税违法线索:N房地产开发公司涉嫌以虚列成本的方式少缴税款。有关部门于是将线索传递至税务机关稽查部门,请求协助调查。接到线索后,某市税务稽查部门迅速组织人员对该企业立案调查。

检查人员了解到,N房地产开发公司于2012年4月成立,注册资本5000万元,公司类型为其他有限责任公司,主要从事房地产开发、经营、租赁、物业管理等业务。

该公司开发销售的X商住项目自2014年1月起开工建设,实际建设可售总面积43.1万多平方米,分三期进行开发。截至2018年12月31日,X商住项目一期已售出10.9万多平方米,占可售面积93.50%,二期已售11.8万多平方米,占可售面积83.88%;三期已售5.9万多平方米,占可售面积34.42%。企业申报信息显示,N房地产开发公司该项目房产销售共取得销售不动产收入15.54亿元。

X商住项目一、二期工程已达到土地增值税清算条件,其主管税务机关已通知N房地产开发公司进行清算,该公司也在规定的时间内进行了土地增值税申报,并未发现明显问题。

大型房地产建设项目具有工期长、项目支出繁多、成本构成复杂的特点,该企业的申报信息中是否有"水分"呢?

带着疑问,检查组先期进行了外围调查。走访当地建筑、房管等部门,了解同类建筑项目的平均市场成本和价格情况,并将结果与X商住项目工程决算报告数据进行比对分析,发现其工程决算成本价格明显高于市场平均水平。

在随后对N房地产开发公司进行账面检查的过程中,检查人员又发现了多处疑点:一是账面凭证方面,存在短期内土建工程建筑安装发票大量增加的情况,导致建筑安装成本偏高,存在突击开具安装发票虚增建筑安装成本嫌疑。二是前期工程费中土地平整费额度较高,有虚增前期工程费嫌疑。

针对初步调查发现的情况,检查人员决定从开发项目决算报告入手,对该企业建筑施工的实际成本和费用实施核查。

1)决算稽核,锁定"兑水"成本

根据土地增值税清算管理规程等有关法规规定,房地产开发企业在工程结算前,需请中介机构出具工程决算报告作为工程结算依据。检查人员分析认为,如果N房地产公司最初向中介机构提供的原始资料就有"水分",那么即使是较大规模中介机构出具的决算报告内容也会失真。

基于以上考虑,结合前期的疑点线索,检查人员对N房地产开发公司决算报告中的数据进行仔细检查和分析,将决算报告中反映的项目施工所用钢筋、水泥、商砼、砂石等主材从总项目中分解出来,分别按各期项目进行汇总,制作了X商住项目工程钢筋、水泥、商砼、砂石使用情况汇总表,并按项目建筑面积计算出平均单位用量。

经过与建设部门提供的建筑质量要求标准进行核对后,检查人员发现,X商住项目钢筋、水泥、商砼、砂石等主材使用量大幅高于指导标准和行业标准——超标建设,大幅增加成本,这并不符合房产企业经营常规。

为了查清X商住项目施工企业使用主材数量和施工成本的真实情况,检查人员决定开展延伸核查,对该项目的施工企业M建筑公司和向其供应建筑主材的商家进行调查。

检查人员兵分两路,一路对M建筑公司进行了突击检查,核查了其购进钢筋、水泥、商砼、砂石等主材的资金流、票流和货物流,按材料项目进行汇总,制作了M建筑公司施工X商住项目时,钢筋、水泥、商砼、砂石等主材购买、使用情况统计表。

与此同时,另一组检查人员迅速对M建筑公司的主材供应商进行了货流、票流和资金支付等方面调查,并与M建筑公司购进主材料信息逐一进行比对,以锁定实际购进主材的数量、金额等证据,防止M建筑公司与供货商串通作假。

随后,检查组将经过核实的M建筑公司施工主材实际购买数据,与X商住项目工程决算报告中汇总的施工结算数据进行比对,发现M建筑公司实际购进使用的主材数据明显小于决算报告数据。

检查人员随即对 N 房地产开发公司项目虚报的施工成本进行了测算,制作了 X 商住项目钢筋、水泥、商砼、砂石等主要材料结算与实际购买差额情况表。经测算,初步确定 N 房地产开发公司 X 商住项目在纳税申报时,涉嫌虚增建筑安装工程成本 6 100 万元。

2) 业务追踪,挖出虚列费用

在调查过程中,检查人员从当地居民处得到了一个信息:N 房地产开发公司为了少缴税款和逃避价格监管,在购房业主支付部分购房款后,未开具正式发票。为了核实情况,检查组对部分购房业主进行了走访调查。

经了解,购房业主与开发商签订了两份合同,一份为购房合同,一份为装修合同。装修合同的标的为 2~20 万元不等。检查组将购房合同、装修合同、建设工程施工合同等多项合同内容对照分析,并到已售商品房现场勘查后发现,装修合同所列施工内容与购房合同中所列交房条件大部分为重复内容,甚至有的合同根本未履行。

调查结果显示,N 房地产开发公司所提供的房屋装修合同中的业务并未真正实施,企业收款后未开具发票,也未在账内反映。经过测算,N 房地产开发公司涉嫌账内少记销售收入 3 000 余万元。

X 商住项目账列前期工程费中,累计支出场地土方平整费用 960 万元,根据施工方结算表,该工程平整费用每立方米 22 元,总工程量约为 43.6 万立方米。

为了核实 X 商住项目支出场地平整费用的真实性,检查人员走访项目所在地附近的居民,了解到 X 商住项目所在地之前是一片荒地,地势较平坦。同时,有关部门提供的 X 商住项目前期岩土工程勘察报告也显示,该项目素填土(全新人工填土层)平均厚度为 2.55 米,实际需土方平整工程量约为 27.6 万立方米。综合第三方调查信息,检查人员认为,企业虚增了场地平整工程量 16 万立方米,并测算 N 房地产开发公司涉嫌虚增场地平整工程费用 352 万元。

核查取证工作完成后,检查组约谈了 N 房地产开发公司负责人、财务负责人。检查组指出,企业通过伪造凭证和在账簿上多列支出或少列收入等手段偷逃税款,一经查实,不仅将受到行政处罚,如情节严重还可能承担刑事责任。

面对检查人员出示的翔实证据,N 房地产开发公司负责人承认通过虚增成本、少记收入等方式逃避纳税的违法事实,并提供了账外账。

经查,N 房地产开发公司在 X 商住项目建设和销售过程中,累计虚增建筑安装工程成本 6 500 万元,虚增场地平整工程成本 410 万元,少记销售收入 3 250 余万元。并且该企业将虚增成本和少记收入获得的账外收入 9 000 余万元作为红利向股东进行了分配。

针对企业违法行为,税务机关依法作出补缴企业所得税 3 170 万元、土地增值税 2 850 万元、个人所得税(股息、利息、红利所得)2 400 万元,共计 8 420 万元,并依法加收滞纳金的处理决定。

**12. 一招弄清房地产开发成本**

房地产开发成本科目如同一个大池塘,若将税法允许放入的土地及拆迁补偿费、前期工程费等六大类成本比作池塘里的"大鱼",那么为逃税多列支的成本费用就是池塘里藏污纳垢的"泥巴"。要弄清企业是否如实核算开发成本,检查人员不应去池塘里捞"鱼",而应去捞"泥巴"。

"我们这个楼盘项目是高档住宅,用材和施工质量都是高标准的,成本自然高。我们手续齐全,合同、发票什么都不少,不信,你们就好好查吧!"话音刚落,"啪"地响起一声关门声。在某房地产开发企业A公司,前来核实该企业开发成本的稽查局检查人员遭到冷遇。但检查人员并未灰心,他们要从该企业身上验证一种检查方法。

1) 一项研究

房地产开发企业在成本核算上有其特殊性,有点类似于工业企业的制造费用科目,是将企业开发过程中发生的各种费用归集后,完工结算时再按成本核算对象进行分配,计算出成本核算对象可售面积单位成本,从而计算其当期营业成本。

房企的开发成本科目就像个鱼龙混杂的"大池塘",很容易成为企业为规避高额税款而调节利润的工具。不少房企的账目中动辄有上千条成本费用列支内容、数以亿计的成本发生额。

如何弄清企业的真实开发成本?税务检查人员展开深入研究。经过调研梳理,发现房企在开发阶段主要有六大类成本,即土地及拆迁补偿费、前期工程费、基础设施费、建筑安装工程费、配套设施费和开发间接费。房企完工结算后计算出的可售面积单位成本是计算其营业成本的基数。但受上述六大类成本影响,房企的可售面积单位成本在同行业中不具有可比性,无法形成有效的预警指标。

怎么才能形成可比性的指标?通过深入研讨,检查人员形成一个思路:如果将税法允许房企参与开发产品分配的六大类费用比作开发成本"池塘"里的"大鱼"的话,那么房企为逃税多列支的成本费用就是"池塘"里藏污纳垢的"泥巴"。如果捞出"池塘"里的"泥巴","池塘"不就清亮了?

为准确高效地找到"泥巴",该局对辖区内的房企展开了调研。通过调研,该局发现各房企有"两同、一不同"。"两同",即在同一辖区内同期开发的商业楼盘,建筑主材料及人工价格并没有差异;属于同期同类型的楼盘,实际建筑面积单位施工成本没有较大差异。"一不同",即由于各家房企取得土地的性质和位置不同,导致地价差异较大,而不同地价承担的拆迁补偿货币费用和安置回迁成本也不尽相同,这两项"个性指标"会导致房企的地价出现较大差异。

通过分析,该局认识到,虽然开发总成本除以可售面积计算出的可售面积单位成本,在各房企间不具有明显的可比性,但如果将开发总成本剔除个性因素"土地成本、拆迁补偿费"之后的成本金额作为分子,分母使用全部建筑面积,计算出实际建筑面积单位施工成本,这一数据指标就具有了可比性。剔除土地及拆迁补偿费两项内容后的实际建筑面积的单位施工成本,无论地质条件和施工条件如何,应无明显差别。据此比较同期同类型的楼盘相关成本指标,明显偏高的,就存在疑点。

2) 投入实践

运用上述经验,检查人员对A公司展开检查。分析案头资料,检查人员发现A公司在2012年度项目二期进行了完工结算,申报营业收入4.53亿元,营业成本3.26亿元,三期预售阶段未完工,预售收入部分纳税调增1 733万元,当年度应纳已纳所得税额1 440万元。项目二期实际建筑面积98 403平方米(含超建的车库、企业未计入可售面积的会所),完工结算前共归集3.42亿元开发成本,其中土地成本2 435万元,拆迁补偿费3 190万元,基础设施费4 446万元,前期工程费1 772万元,配套设施费3 971万元,建安工程费1.69亿元,占用资金利息费1 333万元,其他直接费134万元,开发间接费74万元。"

检查人员采用上述剔除个性因素的方式,比较分析A公司的实际建筑面积单位施工成本:A公司的开发总成本剔除土地、拆迁因素后为2.86亿元,总建筑面积98 403平方米,由此计算出其项目二期实际建筑面积单位施工成本为2 900元/平方米,而该项指标同期其他房企平均值为2 700元/平方米左右。

是什么导致了这种差异?面对检查人员的疑问,A公司财务负责人侃侃而谈:"我们开发的项目是高档楼盘,工程质量和用料都是高标准的,所以会导致单位施工成本较高。我们所有的成本列支都有预决算合同或协议,发票齐全,款项支付可查,不存在不合理列支问题。"

"同样的活儿,别人每平方米1 000元能干下来,它为什么会去花1 500元?"检查人员决定深入"池塘"捞"泥巴"。

首先分析A公司开发成本中占比较大的主体建安工程费,检查人员发现其单位成本为1 700元/平方米,该指标并不高于其他房企。这就否定了企业的解释,其"由于工程质量和用料成本较高导致的单位施工成本较高"的说法不成立。

接着,检查人员以A公司项目二期为单位,将其跨了几个年度5 000多条的成本费用支出用关键字分类筛选。在基础设施费科目摘要中,一个关键词"工程电费"引起检查人员关注。企业解释说,这是企业作为甲方在施工现场办公设施发生的电费。

办公设施能发生100多万元的电费?不符合常规。这么大额的电费支出必然是工程施工导致的。带着猜测,评估人员核查了A公司的相关合同和往来账目,发现一个事实:在工程施工建设过程中,由开发企业先行垫付施工电费,每个月或季度终了,由施工企业项目经理确认代垫的电费金额,并签字确认。开发企业应将这部分代垫施工电费作为"预付款"计入与施工企业的往来账。完工结算时施工企业开具的工程发票应包含这部分施工电费,支付工程款时应冲减这部分"预付款",类似"甲方供材",只不过甲方提供的不是材料而是电费。经核实,A公司将垫付的施工电费做了部分冲减,但截至完工结算时仍有105万元未冲减,造成基础设施费重复列支。

这个发现坚定了检查人员的信心:我们的核查方向没有错,A公司的开发成本里大有文章。

接下来,检查人员开始查阅堆满一个会议室的账簿、凭证,翻看摞起来一米多高的测绘报告、预决算书、购销合同,与A公司负责人多次约谈……

3) 捞出"淤泥"

几经努力,沉在"池塘"下面的"淤泥"终于被捞出水面。检查人员查实,A公司的开发成本——占用资金利息中列支的集团借款利息1 295万元,是企业采取"自行计算计提"的方式列支,每月计提的利息挂在"往来账"滚动累计,作为下一期计提计算的基数,并未实际支付过,未取得任何合法有效票据,也无法提供出借相关金融机构借款的证明文件和内部分配的情况说明。根据企业所得税法及《房地产开发经营业务企业所得税处理办法》(国税发〔2009〕31号)有关规定,上述成本不允许税前列支。

抽取A公司开发成本中的部分大额发票核查,检查人员发现其支付给拆迁办的支出219万元没有合法有效凭据。开发成本建安中有10笔"辅助材料",累计金额186万元,存在取得发票购票方与开具方不一致问题。

另外，检查人员查实 A 公司以"培训服务费"名义支付给集团公司 200 万元，但没有任何类似培训协议书、培训课程时间表、参训人员花名册等资料证明其确实开展过培训业务。企业最终承认这笔"培训服务费"其实是支付给集团公司的管理费。根据《国家税务总局关于母子公司间提供服务支付费用有关企业所得税处理问题的通知》（国税发〔2008〕86 号）第四条规定，母公司以管理费形式向子公司提取费用，子公司因此支付给母公司的管理费，不得在税前扣除。

此外，实地检查发现，A 公司将"会所"作为非营利性配套设施未计入可售面积，而会所一层为健身活动室，面积为 1 191 平方米，企业租赁给某健身公司对外经营使用，这部分面积已不再属于"非营利性配套设施"部分。根据国税发 2009 年 31 号文件第十七条规定，该部分属于营利性配套设施，应先将该部分作为可售面积确认成本核算对象，因此应调增可售面积。

综上所述，A 公司应调减总开发成本 1 806 万元，调减营业成本 2 101 万元、管理费 200 万元；应调增应纳税所得额 2 301 万元，补缴企业所得税 575 万元。开发成本调整后，A 公司剔除土地、拆迁补偿费影响因素的实际建筑面积单位施工成本降为 2 730 元/平方米，与行业平均值接近。

### 13. 施工内容重复 隐匿涉税问题

某税务稽查局对 E 房地产开发公司进行检查。E 公司开发的天润小区在被检查年度办理了竣工决算并销售完毕，检查员小葛负责检查该小区配电、物业、道路、绿化等配套工程的决算情况。

面对厚厚的工程决算审计报告，小葛虽看不懂审计报告后面具体的计算过程及数据的来龙去脉，但对审计报告中审计调增、调减的汇总数及所实施工程的内容和范围还是有所了解。他边看边请教 E 公司负责工程核算的宋会计。刚开始，宋会计还比较有耐心。在小葛问了两个关键问题后，宋会计忍不住问道："你怀疑我们的工程决算有问题吗？我做了 20 多年的基建会计，没有看到哪位税务人员检查工程决算审计报告，您可是第一位。"小葛向宋会计说明自己在检查有关配套工程的决算情况。见小葛看得很认真，宋会计主动介绍说："这些零星工程的决算审计报告，实际上只是在核实和支付工程款时使用，决算额是多少，我们就支付多少，你只要看相关工程项目入账的金额、工程决算审计报告上的决算额、施工单位开具的工程发票额三者是否一致就行了。"小葛认为宋会计所说的确是重要内容，但仅核对这一方面显然不够全面，还要关注其他内容。

小葛在检查中发现，B、C 两施工公司所实施的工程中，都含有天润小区主景区的绿化和劳务工程，属于相同或交叉的施工内容。究竟是不同的施工内容还是重复支付了工程款？再从 E 公司仅对 C 公司所完成工程单独安排专门的审计机构进行决算审计的情况分析，小葛认为，E 公司可能故意安排不同单位审计同一项施工工程，好便于列支工程费。为了查明 B、C 两公司所完工工程中是否存在重复内容，小葛仔细核对了两份审计报告反映的完工工程各项目的具体名称、内容和范围。宋会计看出了名堂，说工程有交叉很正常，B、C 两公司完成的相关工程都在税务局开具了施工劳务发票，相关税款均已缴纳，开具劳务发票必须经过严格的审核，不会有假。眼见为实，小葛请宋会计陪同到小区主景区的施工现场查看。宋会计见无法隐瞒，只好说明了真实情况。

原来，E 公司为了套取现金设置小金库，在与 B 公司正常签订了小区所有道路和绿化等配套工程(包括小区主景区)的施工合同外,又与有长期合作关系的C公司(实际上C公司是由E公司股东另行投资的关联企业)另外签订了以小区主景区为主的工程施工合同,而实际上C公司并未实施任何工程。在小区全部工程完工后,C公司到税务部门开具了有关绿化费和工程施工费等发票(发票由C公司入账),同时虚编了小区主景区工程的决算资料,并委托另外一家工程审计单位对实际上由B公司实施的小区主景区工程进行了决算审计,骗取工程决算审计报告。同时,C公司按照工程决算审计报告上的决算金额,向E公司收款并开具了工程施工发票。这样,E公司通过与C公司签订的虚假工程合同以及骗取的工程决算审计报告,套取了209万元现金。最终,E公司接受了补税加罚款的处罚。

日常税务检查中,许多税务检查人员往往不重视对基建工程项目的检查。由于不少检查人员看不懂工程决算审计报告,或认为已经通过审计、不会出错,只是简单核对工程决算审计报告与施工方开具的工程发票,确认无误后,就不再考虑相关工程及工程决算审计报告的真实性和合理性,从而很少发现这方面的问题。

如今,一些房地产开发公司正在向家族化或集团化发展,公司领导往往利用自己的亲朋好友成立销售公司、物业公司、建安公司、装饰装潢公司等,然后将相关建安、配套或装潢等工程交由这些关联公司承建,这样不仅可以通过调节价格来调节房地产公司的收入或利润,而且方便订立虚假合同,通过虚假交易虚增成本费用来调节利润,达到偷税的目的。但不管业务真假,房地产开发公司与这些关联公司在业务完成后,都需要工程决算审计报告。因此,为了发现基建工程项目方面的涉税问题,检查人员不仅应掌握简单的检查工程施工及决算问题的方式方法,而且要懂得工程成本、费用及工程决算审计方面的基础知识。

**14. 一出演砸了的房屋精装修"双簧"**

针对Q房地产公司申报疑点,检查人员对企业建安成本项目实施核查。虽然企业提供的房产项目精装合同、报价表和施工清单等资料很齐整,但工作细致的检查人员在对精装房产实地核查时,还是从中找到了破绽……

1)"不盈利"的海景房

近期,某省国税局稽查局对Q房地产公司实施税收检查。经过内查外调,最终确认该企业通过多结转已售面积、虚列建安成本等方式虚增开发成本3 002.2万多元,逃避缴纳企业所得税。该局依法对企业作出补缴税款297.5万多元,按日加收滞纳金,并处148.7万元罚款的处理决定。

不久前,某省国税局稽查局按计划对Q房地产公司2013—2014年期间的企业所得税纳税情况实施检查。

查前,检查人员对Q房地产公司经营情况和涉税信息进行了仔细收集与分析:通过媒体、互联网、业主论坛获取楼盘的位置、销售均价等信息;到税源管理部门了解企业税务登记和纳税申报情况。检查人员了解到,Q房地产公司仅开发了一个房产项目,该项目临海而建,地理位置优越,2013年项目已达到完工标准。但分析申报数据发现,该企业连续两年应纳税额均为零。行业发展环境良好、项目地理位置优越,在此情况下,该企业为何不盈利并且连续零申报?

综合查前了解的信息数据,检查人员认为,该企业在收入确认和成本归集方面存在诸多涉税疑点。针对企业情况,检查组制订了"突击检查,分组协作,深入排查,查证疑点"的检查方案。

2) 成本偏高的"精装修"

按程序制作检查文书并经过审批后,检查组兵分三路对 Q 房地产公司实施突击检查:一路人员到 Q 房地产公司售楼部,对企业开发楼盘的销售情况、规划建设情况调查了解;另一路人员会同电子信息采集技术人员赶赴企业财务部,控制办公电脑、拷贝电子账套及工作文档,同时调取财务资料、建安合同、售房合同和纳税申报等资料;第三组检查人员则直接到该公司开发的项目所在地进行实地检查,调取施工日志、工程联系单等资料。

在企业售楼部的《售楼一览表》上,检查人员发现该企业开发的房产大部分仍未售出。检查人员根据销售户数推算已售面积,再用已售面积乘以单价的方式,对《售房一览表》中信息进行测算,发现其销售收入与申报收入基本一致。此外,该企业购房客户基本采用银行转账方式付款,资金流非常清晰,经过核查,检查人员认为 Q 房地产公司隐瞒销售收入的可能性较小。

调查企业财务部门的检查人员调取该公司财务资料详细核实后发现,该公司建安成本较高,其中房屋精装修成本偏高,每平方米达到 4 172.82 元。

结合调查情况,检查人员针对"未售房较多,建安成本高"这一情况对项目负责人李某进行了询问,李某称,该项目动工时,正值海南房地产销售旺季,然而材料、人工成本也水涨船高。开发项目拿到预售证时,房地产销售热潮已有所降温,房价跌入周期性的低谷。企业开发的楼盘虽然临海,但由于近期受台风等不良气候影响,楼盘销售情况大大受挫。

对于建安成本偏高的问题,李某解释称,由于台风的侵袭,导致该公司已装修好的房屋部分有所损坏,该公司对受损房屋进行了二次装修,因此导致费用增加,对此企业有相关施工记录和施工合同,可以查证。由于销售不佳,再加上二次装修增加了建安成本,因此企业检查期内没有产生利润。

3) 被顶替的"进口货"

李某反映的企业经营情况是否真实?Q 房地产公司在成本归集方面是否存在问题?分析企业情况后,检查人员决定下一步重点检查该项目的营业成本,确定了"聚焦建安成本,核查支出真伪,结合完工年度核实摊销方法"的检查方案,并且以第二组检查人员从企业调取的财务数据为基础,以税收征管系统为依托,建立了企业税收负担率分析模型。

检查人员综合房管、国土资源、住建等部门提供的第三方数据,结合行业销售价格、建安成本、税负率变量开展模型分析,并对企业申报信息进行了分析比对,最终将疑点锁定在开发项目精装修业务上,并决定对 Q 房地产公司提供装修劳务的 H 公司和 K 公司两家企业开展针对性调查。

应检查人员的要求,H 公司和 K 公司提交了相关装修业务合同、报价表和发票等涉税资料。企业人员对于相关业务的开展情况、装修成本等问题似乎早有准备,对答如流,检查人员从资料中也未发现问题。

两家装修企业的业务表面上看似乎没有问题,检查人员拓展思路,决定从购房客户入手,采取实地核查的方法,对装修企业提供的工程清单等具体材料成本信息进行查证。

时值 10 月,海南各地的住宅小区中已有不少北方的业主陆续抵琼过冬,Q 房地产公司开发的住宅小区项目也多了不少住户。检查人员深入小区,征得住户同意后对住户的门窗栏杆、配套电器、厨卫用品等装修清单中所列的用品实施核对,发现开发商为业主配备的卫浴用品等装修配套设施,与装修公司提供清单中的品牌以及产地完全不符。如房屋内所配备的花洒龙头组合、坐便器均为国内某品牌,市场报价为2 000~3 000元不等,但装修企业所提供清单中信息却显示,花洒龙头组合为德国进口品牌,报价35 000元,坐便器为美国某品牌,报价为5 000元。实物价格远低于装修公司清单上所列的价格。

面对检查人员出示的实地调查证据,H、K两家装修公司承认,向检查人员提供的房屋装修报价表及装修清单,均是按照Q房地产公司的要求制作,实际施工中所用材料设施也并非清单中所列产品。

面对检查人员的问询,Q房地产公司项目负责人李某承认了后期装修时,对卫浴、电器和装修主材等产品设备进行了变更。财务负责人邹某也承认,没有在核算时及时对企业相关建安成本进行调整。

至此,Q房地产公司虚增装修成本的违法事实逐渐浮出水面。

4)联合惩戒出的遵从度

案件调查取得突破后,检查组并未松懈,继续对企业销售收入和已售面积数据仔细核对。经计算,企业收入申报数据无误,但Q房地产公司在核算时销售面积多结转了185.5平方米。通过比对房屋装修统计表,结合项目实地情况调查证实,Q房地产公司开发小区项目中,1号楼存在重复计算装修成本,7号楼存在多列支装修成本等问题。面对检查人员出示的证据,Q房地产公司财务负责人邹某对违法事实进行了确认,在工作底稿上签写了同意意见并加盖了企业公章。

经查,检查年度Q房地产公司通过虚列建安成本、多结转销售面积等方式,虚增项目开发成本3 002.2万多元。经纳税调整后,检查人员计算得出Q房地产公司因此少缴企业所得税297.5万多元。某省国税局第六稽查局依法将企业行为定性为偷税,对企业作出补缴税款297.5万多元,加收滞纳金,并处148.7万元罚款的处理决定。

收到《税务处理决定书》和《税务行政处罚决定书》后,Q房地产公司以企业经营不佳、账上没钱等各种借口拖延,拒不缴纳税款。

某省国税局第六稽查局根据《重大税收违法案件信息公布办法》(以下简称《公布办法》)第六条第一款规定,将该案件信息录入重大税收违法案件公布信息系统,同时根据《公布办法》第七条有关规定,将该公司法定代表人、主要违法事实、税务处理处罚情况等信息在海南省国税局税务网站和当地媒体上进行了公告,并将企业信息推送至联合惩戒各成员单位。

Q公司税收违法情况在媒体上曝光后,企业银行贷款、销售等多个方面的活动均受到了很大影响。迫于压力,Q房地产公司财务负责人邹某主动电话联系检查人员,表示企业将尽快筹集资金缴纳税款和罚款,并问询是否有补救措施修补纳税信用。对此,检查人员表示,按照《公布办法》第九条规定,Q房地产公司及时补缴税款后,经过审核,税务机关可以停止公告,并将情况通知相关部门停止实施联合惩戒。随后,Q公司依照税务机关处理决定如数补缴了税款、滞纳金和罚款,该企业负责人向检查人员表示,为使企业发展不走弯路,今后一定依法纳税,珍视企业纳税信用。

**15. 营业费用明显偏高调节利润**

某市地税局第五稽查局人员以核实房产收入、成本费用为突破口,发现一家房地产开发企业存在2018年营业费用超常增长问题,最终揭开该企业乱列成本的秘密。根据相关税法规定,该局作出税务处理决定,追缴税款共计2 000余万元。

某市地税局第五稽查局对上海A房地产公司实施税收专项检查。A房地产公司成立于2008年,经营范围为房地产开发经营、投资咨询、物业管理等。根据房地产行业特点,该局成立了由法律、会计、计算机等专业人才组成的信息化检查小组,检查人员通过互联网查询,获悉了该公司有关经营活动情况。

经对相关数据和指标分析,检查人员发现,该公司2018年营业费用明显偏高,初步判定该企业涉嫌乱列成本、调节利润的问题。

检查人员迅速锁定了该公司的办公电脑,利用技术手段完成财务数据采集和初步筛查工作。在此基础上,他们根据房地产行业特性,研究设计了有针对性的稽查模型。同时,利用根据工作实践编写的疑点分析工具对企业财务数据进行分析。

根据信息化分析结果,检查人员逐一排查疑点,发现该公司"营业费用"科目出现超常增长。并且,该公司的成本核算异常,其中2018年3月有一笔开发成本-销售费用记载"上缴区财政超规划建设罚没款"1.05亿元,该公司在计算项目单位成本时未予以剔除,造成可结转成本和实际结转成本存在差距。

检查人员在询问该公司这笔费用来龙去脉时,财务人员闪烁其词。检查人员决定前往房地产交易中心、区规划土地局调查,并实地察看了楼盘建设现状。原来,2014年12月—2017年11月,该单位在未取得《建设工程规划许可证》的情况下,擅自对项目中的两栋楼加层。经检查人员实地察看后发现,被加层的两栋楼是商铺,其加层的性质也是商铺。2018年3月,区规划土地局针对上述情况,依据相关法规对A公司进行1.05亿元的处罚。

检查人员还发现,该公司2018年12月在营业费用账中"预提销售代理费"260多万元、"预提**公司账款"3 000多万元,这两笔费用,该公司既无支付款项,也不能提供相关合同和发票,只告知检查人员该公司全权委托上海市某销售代理公司代理房屋销售,上述两笔预提费用就是应付销售公司的销售代理费以及市场推广费。

检查人员按程序对该销售公司展开延伸调查,查实A房地产公司截至2018年末,对已售房源部分的销售费用已结算完毕、款项也全部到位,销售公司发票按规定及时开具给A房地产公司。检查人员又以购房者的身份前往楼盘售楼处,却被销售人员告知,该楼盘是政府保障性住房,所有房源全部在政府保障房销售平台上挂出,并不对普通购房者开放。该销售代理公司只负责办理符合购买保障房条件的动拆迁用户的入住手续,不进行房地产代理的买卖行为。

面对证据,A房地产公司负责人和财务经理最终承认,存在为了调节利润而乱列成本的违法行为。

**16. 淮安南峰房地产开发有限公司案**

2018年,淮安市税务局稽查局对淮安南峰房地产开发有限公司进行立案检查,主要发现的问题包括:其向银行贷款再无偿借款给其关联企业使用而为此支付的计入开发成本的借款费用属于与自己无关的借款费用;将所售的架空层车库当做半地下车库申报;将未售的商铺当作配套设施处理,将其开发成本一次性转入主营业务成本等。淮安市税务局稽查局于2019年5月向该企业以公告形式送达税务处理处罚决定书,其税收违法行为如下:

## 国家税务总局淮安市税务局稽查局税务行政处罚决定书送达公告

淮税稽送达公告〔2019〕01010号

全文有效
2019.5.30

淮安南峰房地产开发有限公司：

根据《中华人民共和国税收征收管理法实施细则》第一百零六条规定，因采用其他送达方式无法送达淮税稽罚〔2019〕216568号《税务行政处罚决定书》，现向你单位公告送达。自公告之日起满30日，即视为送达。限你单位见此公告后按《税务行政处罚决定书》的要求到国家税务总局涟水县税务局接受税务处理。

附件：税务行政处罚决定书

国家税务总局淮安市税务局稽查局<br>2019年5月30日

## 国家税务总局淮安市税务局稽查局税务行政处罚决定书

淮税稽罚〔2019〕216568号

淮安南峰房地产开发有限公司：（纳税人识别号：320826679840611）

经我局(所)涉税，你单位存在违法事实及处罚决定如下：

一、违法事实

1. 你单位2009年10月26日起向银行贷款3 000万元，贷款期2年，贷款期间共计支付费用(利息支出＋为取得贷款而支付的贷款增益支出)4 476 795.55元，均已计入开发成本，具体结转主营业务成本的年度和金额为：2010年度1 182 183.87元，2011年度270 275.31元，2012年度901 755.91元，2013年度1 889 721.92元。你单位在支付贷款利息费用的同时，无偿借款给其关联企业嘉和房地产开发有限公司、淮安丽都置业有限公司以及安徽丽都置业有限公司。其向银行贷款再无偿借款给其关联企业使用而为此支付的计入开发成本的借款费用属于与自己无关的借款费用，不得税前扣除，共计2 468 220.72元。应调增你单位应纳税所得额为：2010年度为－309 806.78元，2011年度为－230 443.37元，2012年度为262 106.70元，2013年度为1 300 180.24元，2014年度为140 947.55元；调减其保留的未售开发产品成本共计61 580.11元，其中：未售商铺328.94元；幼儿园30 178.81元；半地下车库31 072.36元。

2. 2014年，你单位将所售的架空层车库当做半地下车库申报。实际销售半地下车库27.44平方米，申报销售半地下车库193.63平方米，应列支2014年度主营业务成本137 510.57元，实际列支621 488.40元。应调增你单位2014年度应纳税所得额483 977.83元。

3. 你单位财务人员将未售的商铺当作配套设施处理，将其开发成本121 637.22元一次性转入2014年度主营业务无成本。应调增你单位2014年度应纳税所得额121 637.22元。

4. 你单位将第1～12、15、16、19、20号楼架空层改造成车库销售，截至2014年12月31日，共计改造车库2 188.44平方米，已销售1 531.23平方米，未售657.21平方米。应归集开发成本4 649 928.40元，其未售部分应保留开发成本1 396 419.11元，已全部计入2014年度主营业务成本，应调增你单位2014年度应纳税所得额1 396 419.11元。

上述违法事实,根据《国家税务总局关于印发〈房地产开发经营业务企业所得税处理办法〉的通知》(国税发〔2009〕第031号)第十一条、第十二条、第十四条、第十七条、第二十一条、第二十八条以及第二十九条之规定,你单位所开发的莱茵风情项目应区分期间费用和开发产品计税成本,并按照合理的方法在当期已售、未售开发产品中分摊,其中:

第1项违法事实,属于"与取得收入无关的其他支出",根据《中华人民共和国企业所得税法》(主席令〔2007〕第063号)第十条第一款第八项"在计算应纳税所得额时,下列支出不得扣除:(八)与取得收入无关的其他支出"之规定,不得税前扣除,应全额调增其列支当年应纳税所得额,其中:2012年度262 106.70元,2013年度1 300 180.24元,2014年度140 947.55元。同时,调减你单位保留的未售开发产品成本共计61 580.11元,其中:未售商铺328.94元;幼儿园30 178.81元;半地下车库31 072.36元。

以上第2、3项违法事实,根据《国家税务总局关于印发〈房地产开发经营业务企业所得税处理办法〉的通知》(国税发〔2009〕第031号)第二十八条第一款第三项"对期前已完工成本对象应负担的成本费用按已销开发产品、未销开发产品和固定资产进行分配,其中应由已销开发产品负担的部分,在当期纳税申报时进行扣除,未销开发产品应负担的成本费用待其实际销售时再予扣除"之规定,其当期未售半地下车库和商铺,不得计入当期主营业务成本,应调增你单位:2013年度应纳税所得额121 637.22元;2014年度应纳税所得额483 977.83元。

以上第4项违法事实,根据《国家税务总局关于印发〈房地产开发经营业务企业所得税处理办法〉的通知》(国税发〔2009〕第031号)第二十六条第一款第三项"(三)功能区分原则。开发项目某组成部分相对独立,且具有不同使用功能时,可以作为独立的成本对象进行核算"之规定,你单位改造的架空层车库应单独核算成本,按照《国家税务总局关于印发〈房地产开发经营业务企业所得税处理办法〉的通知》(国税发〔2009〕第031号)第二十八条第一款第二项"(二)对应计入成本对象中的各项实际支出、预提费用、待摊费用等合理的划分为直接成本、间接成本和共同成本,并按规定将其合理的归集、分配至已完工成本对象、在建成本对象和未建成本对象"和第二十九条第一款"共同成本和不能分清负担对象的间接成本,应按受益的原则和配比的原则分配至各成本对象"之规定,其未单独核算的架空层车库应归集开发成本4 649 928.40元,根据国税发〔2009〕第031号文第二十八条第一款第三项之规定,你单位未售架空层车库应保留开发成本1 396 419.11元,应调增你单位2014年度应纳税所得额。

综上,应调增你单位应纳税所得额为:2012年度262 106.70元,2013年度为1 421 817.46元,2014年度2 021 344.49元,同时你单位2014年度原有亏损428 244.77元。根据《中华人民共和国企业所得税法》第一条、第二条、第三条、第四条、第五条、第八条以及第二十二条之规定,你单位应补缴企业所得税:2012年度为65 526.68元,2013年度为355 454.37元,2014年度为398 274.93元,合计补税819 255.98元。

二、处罚决定

根据《中华人民共和国税收征收管理法》第六十三条之规定,你单位上述违法事实定性偷税,决定对你单位所偷税款819 255.98元处1倍罚款819 255.98元。

以上应缴款项共计819 255.98元。限你单位自本决定书送达之日起15日内到国家税务总局涟水县税务局缴纳入库。到期不缴纳罚款,我局(所)可依照《中华人民共和国行政处罚法》第五十一条第(一)项规定,每日按罚款数额的百分之三加处罚款。

如对本决定不服,可以自收到本决定书之日起六十日内依法向国家税务总局淮安市税务局申请行政复议,或者自收到本决定书之日起六个月内依法向人民法院起诉。如对处罚决定逾期不申请复议也不向人民法院起诉、又不履行的,我局(所)将采取《中华人民共和国税收征收管理法》第四十条规定的强制执行措施,或者申请人民法院强制执行。

# 第八章

# 个人所得税稽查实务

## 第一节 个人所得税基本政策

### 一、纳税人

#### (一) 居民纳税人

在中国境内有住所,或者无住所而一个纳税年度内在中国境内居住累计满183天的个人,为居民个人。居民个人从中国境内和境外取得的所得,依照本法规定缴纳个人所得税。纳税年度,自公历1月1日起至12月31日止。

个人所得税法所称在中国境内有住所,是指因户籍、家庭、经济利益关系而在中国境内习惯性居住;所称从中国境内和境外取得的所得,分别是指来源于中国境内的所得和来源于中国境外的所得。

#### (二) 非居民纳税人

在中国境内无住所又不居住,或者无住所而一个纳税年度内在中国境内居住累计不满183天的个人,为非居民个人。只就其来源于中国境内的所得向我国政府履行有限纳税义务,依法缴纳个人所得税。

#### (三) 无住所个人

无住所个人在个人所得税法下纳税人的划分中处于一种中间状态,当无住所个人符合一定条件后便成为居民纳税人,就其境内外所得向我国政府履行全面纳税义务;而当无住所个人尚未达到税法规定的居民个人条件时,则被归类为非居民纳税人,仅就来源于中国的所得承担有限的纳税义务,而有限的纳税义务又存在多种类型,税法针对无住所个人的规定是个人所得税法下纳税人的难点和重点。

**1. 税法和实施条例对无住所个人纳税义务的规定**

(1) 在中国境内无住所的个人,在中国境内居住累计满183天的年度连续不满6年的,经向主管税务机关备案,其来源于中国境外且由境外单位或者个人支付的所得,免予缴纳个人所得税。

(2) 在中国境内居住累计满183天的任一年度中有1次离境超过30天的,其在中国境内居住累计满183天的年度的连续年限重新起算。

(3) 在中国境内无住所的个人,在1个纳税年度内在中国境内居住累计不超过90天的,其来源于中国境内的所得,由境外雇主支付并且不由该雇主在中国境内的机构、场所负担的部分,免予缴纳个人所得税。

**2. 对无住所个人纳税义务规定的细化**

《财政部 国家税务总局关于在中国境内无住所的个人居住时间判定标准的公告》(财

政部　国家税务总局公告2019年第34号)对《中华人民共和国个人所得税法实施条例》第四条"六年"概念作出进一步解释,调整了无住所个人在华居住时间的计算标准。

(1)无住所个人一个纳税年度在中国境内累计居住满183天的,如果此前六年在中国境内每年累计居住天数都满183天而且没有任何一年单次离境超过30天,该纳税年度来源于中国境内、境外所得应当缴纳个人所得税。

(2)如果此前六年的任一年在中国境内累计居住天数不满183天或者单次离境超过30天,该纳税年度来源于中国境外且由境外单位或者个人支付的所得,免予缴纳个人所得税。

(3)前款所称此前六年,是指该纳税年度的前一年至前六年的连续六个年度,此前六年的起始年度自2019年(含)以后年度开始计算。

(4)无住所个人一个纳税年度内在中国境内累计居住天数,按照个人在中国境内累计停留的天数计算。在中国境内停留的当天满24小时的,计入中国境内居住天数,在中国境内停留的当天不足24小时的,不计入中国境内居住天数。

案例:假定美国公民汤姆先生2028年在中国境内居住满183天,其在新加坡、日本每年均有大量的投资收益,汤姆先生2022年1月1日来华工作,到2028年9月30日结束任职回国。在此期间,汤姆先生每年在境内居住时间均超过183天,且无单次离境30天。

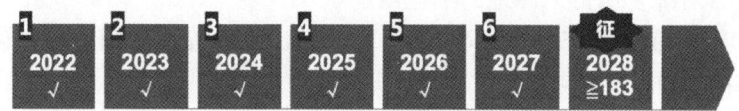

**图8-1　汤姆先生在华居住时间的计算(一)**

——根据上述情况,2028年,汤姆先生应当就其包括在新加坡、日本的投资收益在内的全球所得,在中国申报缴纳个人所得税。如图8-1所示。

——在该案例中,汤姆先生只需在2022年至2027年间有一次离境超过30天,2028年,汤姆先生从新加坡、日本取得的投资收益,就可以免予缴纳个人所得税。如图8-2所示。

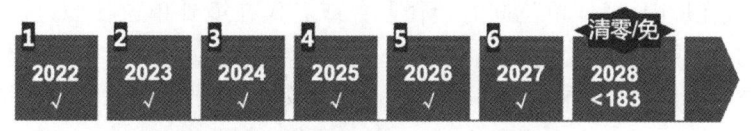

**图8-2　汤姆先生在华居住时间的计算(二)**

在上述案例中,汤姆先生2022年至2027年在境内居住时间满183天的年度已满六年,如果汤姆先生不想就其新加坡、日本的投资收益在境内缴税,唯一有效的方法是2028年在境内居住时间少于183天,不构成居民个人(个人所得税法第一条第二款规定)。如果汤姆先生2028年在境内居住时间已经超过183天,即使再增加单次离境30天,也不能改变对其新加坡、日本的投资收益在境内缴税的情况。但是,2028年增加一次离境30天,可以打破"连续六年"的情况。如图8-3所示。

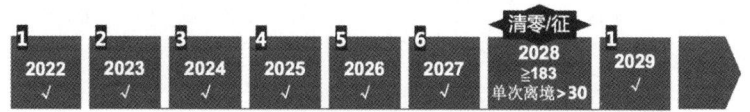

**图8-3　汤姆先生在华居住时间的计算(三)**

### 3. 所得来源地规定

税法根据无住所个人境内居住时长，确定其纳税义务，无住所个人境内居住时长不同，其就来源于中国境内外所得向我国政府履行的纳税义务也不同。由于有无住所个人这样一种纳税人中间体的存在，个税实施条例对所得来源地进行了相应的规定，第35号公告对综合所得来源地的进行了更为细化的规定。

1) 实施条例对所得来源地的规定

下列所得，不论支付地点是否在中国境内，均为来源于中国境内的所得，除国务院财政、税务主管部门另有规定外：

(1) 因任职、受雇、履约等在中国境内提供劳务取得的所得即劳务发生地；

(2) 将财产出租给承租人在中国境内使用而取得的所得即使用地原则；

(3) 许可各种特许权在中国境内使用而取得的所得即使用地原则；

(4) 转让中国境内的不动产等财产或者在中国境内转让其他财产取得的所得即不动产所在地、转让机构和行为所在地原则；

(5) 从中国境内企业、事业单位、其他组织以及居民个人取得的利息、股息、红利所得即支付机构所在地原则。

2) 35号公告对综合所得来源地的细化规定

主要解释实施条例第三条第(一)项"因任职、受雇、履约等在中国境内提供劳务取得的所得"。在此基础上，推演引申出：

(1) 工资薪金所得。个人取得归属于中国境内(以下称境内)工作期间的工资薪金所得为来源于境内的工资薪金所得。

境内工作期间按照个人在境内工作天数计算，包括其在境内的实际工作日以及境内工作期间在境内、境外享受的公休假、个人休假、接受培训的天数。在境内、境外单位同时担任职务或者仅在境外单位任职的个人，在境内停留的当天不足24小时的，按照半天计算境内工作天数。

无住所个人在境内、境外单位同时担任职务或者仅在境外单位任职，且当期同时在境内、境外工作的，按照工资薪金所属境内、境外工作天数占当期公历天数的比例计算确定来源于境内、境外工资薪金所得的收入额。境外工作天数按照当期公历天数减去当期境内工作天数计算。

(2) 数月奖金和股权激励所得。无住所个人取得的数月奖金或者股权激励所得按照本通知关于工资薪金规定确定所得来源地的，无住所个人在境内履职或者执行职务时收到的数月奖金或者股权激励所得，归属于境外工作期间的部分，为来源于境外的工资薪金所得；无住所个人停止在境内履约或者执行职务离境后收到的数月奖金或者股权激励所得，对属于境内工作期间的部分，为来源于境内的工资薪金所得。具体计算方法为：数月奖金或者股权激励乘以数月奖金或者股权激励所属工作期间境内工作天数与所属工作期间公历天数之比。

无住所个人一个月内取得的境内外数月奖金或者股权激励包含归属于不同期间的多笔所得的，应当先分别按照35号公告规定计算不同归属期间来源于境内的所得，然后再加总计算当月来源于境内的数月奖金或者股权激励收入额。

数月奖金是指一次取得归属于数月的奖金、年终加薪、分红等工资薪金所得，不包括每月固定发放的奖金及一次性发放的数月工资。股权激励包括股票期权、股权期权、限制性股票、股票增值权、股权奖励以及其他因认购股票等有价证券而从雇主取得的折扣或者补贴。

(3) 关于董事、监事及高层管理人员取得报酬。对于担任境内居民企业的董事、监事及高层管理职务的个人(以下统称高管人员),无论是否在境内履行职务,取得由境内居民企业支付或者负担的董事费、监事费、工资薪金或者其他类似报酬(以下统称高管人员报酬,包含数月奖金和股权激励),属于来源于境内的所得。高层管理职务包括企业正、副(总)经理、各职能总师、总监及其他类似公司管理层的职务。

(4) 关于稿酬所得来源地的规定。由境内企业、事业单位、其他组织支付或者负担的稿酬所得,为来源于境内的所得。

**4. 无住所个人为居民个人的境内工资纳税义务**

在一个纳税年度内,在境内累计居住满183天的无住所居民个人取得工资薪金所得,当月工资薪金收入额按照以下规定计算:

1) 无住所居民个人在境内居住累计满183天的年度连续不满六年的情形

(1) 在境内居住累计满183天的年度连续不满六年的无住所居民个人,符合实施条例第四条优惠条件的,其取得的全部工资薪金所得,除归属于境外工作期间且由境外单位或者个人支付的工资薪金所得部分外,均应计算缴纳个人所得税。(反向列举)

(2) 工资薪金所得收入额的计算公式如下:

$$当月工资薪金收入额 = 当月境内外工资薪金总额 \times \left[ 1 - \frac{当月境外支付工资薪金数额}{当月境内外工资薪金总额} \times \frac{当月工资薪金所属工作期间境外工作天数}{当月工资薪金所属工作期间公历天数} \right]$$

2) 无住所居民个人在境内居住累计满183天的年度连续满六年后的情形

在境内居住累计满183天的年度连续满六年后,不符合实施条例第四条优惠条件的无住所居民个人,其从境内、境外取得的全部工资薪金所得均应计算缴纳个人所得税。如表8-1所示。

表8-1 无住所个人(高管人员除外)工资薪金所得的纳税义务表

| 境内居住时间 | | | 归属于境内工作期间的工资薪金所得 | | 归属于境外工作期间的工资薪金所得 | |
|---|---|---|---|---|---|---|
| | | | 由境内雇主支付或负担 | 由境外雇主支付并负担 | 由境内雇主支付或负担 | 由境外雇主支付并负担 |
| 非居民纳税人 | 无住所个人 | ≤90天 | 征 | 免 | 不征 | 不征 |
| | | >90天且<183天 | 征 | 征 | 不征 | 不征 |
| 居民纳税人 | 无住所居民个人 | ≥183天且≤6年 | 征 | 征 | 征 | 免 |
| | | >6年(第7年≥183天)# | 征 | 征 | 征 | 征 |
| | 有住所个人 | | 征 | 征 | 征 | 征 |

# 当年在境内居住满183天,且此前六年在中国境内每年累计居住天数都满183天而且没有任何一年单次离境超过30天。

前六年已满六年,当年居住满183天的计算公式如下:

当月工资薪金收入额＝当月境内外工资薪金总额

**5. 无住所个人为高管人员的境内工资纳税义务**

1) 高管人员在境内居住时间累计不超过90天

在一个纳税年度内,在境内累计居住不超过90天的高管人员,其取得由境内雇主支付或者负担的工资薪金所得应当计算缴纳个人所得税;不是由境内雇主支付或者负担的工资薪金所得,不缴纳个人所得税。

当月工资薪金收入额为当月境内支付或者负担的工资薪金收入额。

2) 高管人员在境内居住时间累计超过90天不满183天

在一个纳税年度内,在境内居住累计超过90天但不满183天的高管人员,其取得的工资薪金所得,除归属于境外工作期间且不是由境内雇主支付或者负担的部分外,应当计算缴纳个人所得税。如表8-2所示。

表8-2 无住所个人(高管人员)工资薪金所得的纳税义务表

| 境内居住时间 | | | 归属于境内工作期间的工资薪金所得 | | 归属于境外工作期间的工资薪金所得 | |
|---|---|---|---|---|---|---|
| | | | 由境内雇主支付或负担 | 由境外雇主支付并负担 | 由境内雇主支付或负担 | 由境外雇主支付并负担 |
| 非居民纳税人 | 无住所个人 | ≤90天 | 征 | 免 | 征 | 不征 |
| | | >90天且<183天 | 征 | 征 | 征 | 不征 |
| 居民纳税人 | 无住所居民个人 | ≥183天且≤6年 | 征 | 征 | 征 | 免 |
| | | >6年(第7年≥183天)# | 征 | 征 | 征 | 征 |
| | 有住所个人 | | 征 | 征 | 征 | 征 |

＃ 当年在境内居住满183天,且此前六年在中国境内每年累计居住天数都满183天而且没有任何一年单次离境超过30天。

注:1. 本表所称高管人员包括担任中国境内企业董事、监事和高层管理职务的非居民个人。所称高层管理职务包括企业正、副(总)经理、各职能总师、总监及其他类似公司管理层的职务。

2. 本表不考虑税收协定的适用。

无住所高管非居民个人,居住不满183天时,计税规定不同于一般无住所非居民个人,实行的是支付地原则,对境外所得境内支付要征税。

**(四) 扣缴义务人**

个人所得税以所得人为纳税人,以支付所得的单位或者个人为扣缴义务人。扣缴义务人向个人支付应税款项时,应当依照个人所得税法规定预扣或者代扣税款,按时缴库,并专项记载备查。

## 二、征税对象

个人所得税的征税对象是个人取得的应税所得。《个人所得税法》列举征税的个人所得共有9项,《个人所得税法实施条例》及相关法规具体确定了各项个人所得的征税范围。

## （一）工资薪金所得

工资、薪金所得，是指个人因任职或者受雇而取得的工资、薪金、奖金、年终加薪、劳动分红、津贴、补贴以及与任职或者受雇有关的其他所得。

### 1. 工资、薪金所得属于非独立个人劳动所得

所谓非独立个人劳动，是指个人所从事的是由他人指定、安排并接受管理的劳动、工作，或服务于公司、工厂、行政、事业单位（私营企业主除外）。非独立劳动者从上述单位取得的劳动报酬，以工资、薪金的形式体现。在这类报酬中，工资和薪金的收入主体略有差异。通常情况下，把直接从事生产、经营或服务的劳动者（工人）的收入称为工资；而将从事社会公职或管理活动的劳动者（公职人员）的收入称为薪金。但实际立法过程中，各国都从简便易行的角度考虑，将工资、薪金并为一个项目计征个人所得税。

除工资、薪金以外，奖金、年终加薪、劳动分红、津贴、补贴也被确定为工资、薪金范畴。其中，年终加薪、劳动分红不分种类和取得情况，一律按工资、薪金所得课税；津贴、补贴等则有例外。

### 2. 不属于工资、薪金性质的补贴、津贴

不属于工资、薪金性质的补贴、津贴或者不属于纳税人本人工资、薪金所得项目的收入，不予征税。这些项目包括：① 独生子女补贴。② 执行公务员工资制度未纳入基本工资总额的补贴、津贴差额和家属成员的副食品补贴。③ 托儿补助费。④ 差旅费津贴、误餐补助。其中，误餐补助是指按照财政部门规定，个人因公在城区郊区工作，不能在工作单位或返回就餐，根据实际误餐顿数，按规定的标准领取的误餐费。单位以误餐补助名义发给职工的补助、津贴不包括在内。

奖金是指所有具有工资性质的奖金，免税奖金的范围在税法中另有规定。

### 3. 退休人员再任职取得的收入

退休人员再任职取得的收入，在减除按税法规定的费用扣除标准后，按"工资、薪金所得"应税项目缴纳个人所得税。

### 4. 购买企业国有股权的劳动分红

参照《国家税务总局关于联想集团改制员工取得的用于购买企业国有股权的劳动分红征收个人所得税问题的批复》（国税函〔2001〕832号）的规定，公司职工取得的用于购买企业国有股权的劳动分红，按"工资、薪金所得"项目计征个人所得税。

### 5. 雇员营销业绩奖励

自2004年1月20日起，对商品营销活动中，企业和单位对营销业绩突出的雇员以培训班、研讨会、工作考察等名义组织旅游活动，通过免收差旅费、旅游费对个人实行的营销业绩奖励（包括实物、有价证券等），应根据所发生费用的全额并入营销人员当期的工资、薪金所得，按照"工资、薪金所得"项目征收个人所得税，并由提供上述费用的企业和单位代扣代缴。

## （二）劳务报酬所得

劳务报酬所得，是指个人从事设计、装潢、安装、制图、化验、测试、医疗、法律、会计、咨询、讲学、新闻、广播、翻译、审稿、书画、雕刻、影视、录音、录像、演出、表演、广告、展览、技术服务、介绍服务、经纪服务、代办服务以及其他劳务报酬的所得。

上述各项所得一般属于个人独立从事自由职业取得的所得或属于独立个人劳动所得。存在雇佣与被雇佣关系，是判断一种收入是属于劳务报酬所得，还是属于工资、薪金所得的

重要标准。劳务报酬所得是个人独立从事某种技艺,独立提供某种劳务而取得的所得;工资、薪金所得则是个人从事非独立劳动,从所在单位领取的报酬。后者存在雇佣与被雇佣的关系,而前者则不存在这种关系。如果从事某项劳务活动取得的报酬是以工资薪金形式体现的,如演员从剧团领取工资,教师从学校领取工资,就属于工资、薪金所得项目,而不属于劳务报酬所得范围。如果从事某项劳务活动取得的报酬不是来自聘用、雇佣或工作的单位,如演员自己"走穴"或与他人组合"走穴"演出取得的报酬,教师受聘为各类学习班、培训班授课取得的课酬收入,就属于劳务报酬所得的范围。

**1. 在校学生参与勤工俭学活动所得收入**

在校学生因参与勤工俭学活动(包括参与学校组织的勤工俭学活动)而取得属于《个人所得税法》规定的应税所得项目的所得,应依法缴纳个人所得税。

**2. 个人担任董事职务所取得的董事费收入**

个人担任董事职务所取得的董事费收入分两种情形:个人担任公司董事、监事,且不在公司任职、受雇的情形,属于劳务报酬性质,按劳务报酬所得项目征税;个人在公司(包括关联公司)任职、受雇,同时兼任董事、监事的,应将董事费、监事费与个人工资收入合并,统一按"工资、薪金所得"项目缴纳个人所得税。

**3. 非雇员营销业绩奖励**

自 2004 年 1 月 20 日起,对商品营销活动中,企业和单位对营销业绩突出的非雇员以培训班、研讨会、工作考察等名义组织旅游活动,通过免收差旅费、旅游费对个人实行的营销业绩奖励(包括实物、有价证券等),应根据所发生费用的全额作为该营销人员当期的劳务收入,按照"劳务报酬所得"项目征收个人所得税,并由提供上述费用的企业和单位代扣个人兼职取得的收入,应按照"劳务报酬所得"项目缴纳个人所得税。

**(三)稿酬所得**

稿酬所得是指个人因其作品以图书、报刊形式出版、发表而取得的所得。这里所说的作品,包括文学作品、书画作品、摄影作品,以及其他作品。作者去世后,财产继承人取得的遗作稿酬,亦应征收个人所得税。

稿酬所得具有特许权使用费、劳务报酬等的性质。在原个人所得税和个人收入调节税中,曾把稿酬所得列入特许权使用费所得或投稿、翻译所得。修订后的《个人所得税法》仍将稿酬所得单列为一个独立征税项目,不仅因为稿酬所得有着不完全等同于特许权使用费所得和一般劳务报酬所得的特点,而且,对稿酬所得单列征税,有利于单独制定征税办法,体现国家的优惠、照顾政策。

**(四)特许权使用费所得**

特许权使用费所得,是指个人提供专利权、商标权、著作权、非专利技术以及其他特许权的使用权取得的所得。特许权主要涉及以下四种。

**1. 专利权**

专利权是指由国家专利主管机关依法授予专利申请人在一定的时期内对某项发明创造享有的专有利用的权利,它是工业产权的一部分,具有专有性(独占性)、地域性、时间性。

**2. 商标权**

商标权是指商标注册人依法律规定而取得的对其注册商标在核定商品上的独占使用

权。商标权也是一种工业产权,可以依法取得、转让、许可使用、继承、丧失、请求排除。

**3. 著作权**

著作权即版权,是指作者对其创作的文学、科学和艺术作品依法享有的某些特殊权利。著作权是公民的一项民事权利,既具有民法中的人身权性质,也具有民法中的财产权性质,主要包括发表权、署名权、修改权、保护权、使用权和获得报酬权。

**4. 非专利技术**

非专利技术即专利技术以外的专有技术。这类技术大多尚处于保密状态,仅为特定人知晓并占有。

上述四种权利及其他权利由个人提供或转让给他人使用时,会取得相应的收入。这类收入不同于一般所得,所以单独列为一类征税项目。对特许权使用费所得的征税办法,各国不尽一致。如有的国家对转让专利权所得征收资本利得税,而我国是将使用权和所有权的转让合在一起,一并列入个人所得税的征税范围。

根据税法规定,提供著作权的使用权取得的所得,不包括稿酬所得,对于作者将自己的文字作品手稿原件或复印件公开拍卖(竞价)取得的所得,属于提供著作权的使用所得,故应按"特许权使用费所得"项目征收个人所得税。

个人取得特许权的经济赔偿收入,应按"特许权使用费所得"应税项目缴纳个人所得税,税款由支付赔款的单位或个人代扣代缴。

从2002年5月1日起,编剧从电视剧的制作单位取得的剧本使用费,不再区分剧本的使用方是否为其任职单位,统一按"特许权使用费所得"项目计征个人所得税。

**(五) 经营所得**

**1. 个体工商户的生产、经营所得**

(1) 个体工商户从事工业、手工业、建筑业、交通运输业、商业、饮食业、服务业、修理业以及其他行业生产、经营取得的所得。

(2) 个人经政府有关部门批准,取得执照,从事办学、医疗、咨询以及其他有偿服务活动取得的所得。

(3) 上述个体工商户和个人取得的与生产、经营有关的各项应税所得。

(4) 其他个人从事个体工商业生产、经营取得的所得。

**2. 个人独资企业和合伙企业的生产、经营所得**

个人独资企业、合伙企业的个人投资者以企业资金为本人、家庭成员及其相关人员支付与企业生产经营无关的消费性支出及购买汽车、住房等财产性支出,视为企业对个人投资者利润分配,并入投资者个人的生产经营所得,依照"个体工商户的生产、经营所得"项目计征个人所得税。

合伙企业以每一个合伙人为纳税义务人。合伙企业合伙人是自然人的,缴纳个人所得税。合伙企业生产经营所得和其他所得采取"先分后税"的原则。生产经营所得和其他所得,包括合伙企业分配给所有合伙人的所得和企业当年留存的所得(利润)。具体应纳税所得额的计算按照《财政部 国家税务总局关于印发〈关于个人独资企业和合伙企业投资者征收个人所得税的法规〉的通知》(财税〔2000〕91号)及《财政部 国家税务总局关于调整个体工商户、个人独资企业和合伙企业个人所得税税前扣除标准有关问题的通知》(财税〔2008〕65号)的有关规定执行。

### 3. 对企事业单位的承包经营、承租经营所得

对企事业单位的承包经营、承租经营所得,是指个人承包经营、承租经营以及转包、转租取得的所得,还包括个人按月或者按次取得的工资、薪金性质的所得。个人对企事业单位的承包经营、承租经营形式较多,分配方式也不尽相同,大体上可以分为两类:

(1) 个人对企事业单位承包、承租经营后,工商登记改变为个体工商户的。这类承包、承租经营所得,实际上属于个体工商户的生产、经营所得,应按"个体工商户的生产、经营所得"项目征收个人所得税,不再征收企业所得税。

(2) 个人对企事业单位承包、承租经营后,工商登记仍为企业的,不论其分配方式如何,均应先按照企业所得税的有关规定缴纳企业所得税,然后根据承包、承租经营者按合同协议规定取得的所得,依照《个人所得税法》的有关规定缴纳个人所得税。①承包、承租人对企业经营成果不拥有所有权,仅按合同(协议)规定取得一定所得的,应按"工资、薪金所得"项目征收个人所得税。②承包、承租人按合同(协议)规定只向发包方、出租人缴纳一定的费用,缴纳承包、承费后的企业的经营成果归承包人、承租人所有的,其取得的所得,按"对企事业单位的承包经营、承租经营所得"项目征收个人所得税。

### 4. 个人从事其他生产、经营活动取得的所得

个体工商户和从事生产、经营的个人,取得与生产、经营活动无关的其他各项应税所得,应分别按照有关规定,计算征收个人所得税。

### (六) 利息、股息、红利所得

利息、股息、红利所得是指个人拥有债权、股权而取得的利息、股息、红利所得。其中利息一般是指存款、贷款和债券的利息。股息、红利是指个人拥有股权取得的公司、企业派息分红,按照一定的比率派发的每股息金,称为股息;根据公司、企业应分配的、超过股息部分的利润,按股派发的红股,称为红利。有关具体规定如下:

### 1. 除国家规定外的其他专户存款

个人从银行及其他储蓄机构开设的用于支付电话、水、电、煤气等有关费用,或者用于购买股票等方面的投资、生产经营业务往来结算以及其他用途,取得的利息收入,属于储蓄存款利息所得性质,应依法缴纳个人所得税,税款由结付利息的储蓄机构代扣代缴。但自2008年10月9日起,对储蓄存款利息所得暂免征收个人所得税。

### 2. 职工个人取得的量化资产

根据国家有关规定,允许集体所有制企业在改制为股份合作制企业时,可以将有关资产量化给职工个人。为了支持企业改组改制的顺利进行,对于企业在改革过程中个人取得量化资产的征税问题按以下规定处理:

(1) 对职工个人以股份形式取得的仅作为分红依据、不拥有所有权的企业量化资产,不征收个人所得税。

(2) 对职工个人以股份形式取得的企业量化资产参与企业分配而获得的股息、红利,应按"利息、股息、红利所得"项目征收个人所得税。

### 3. 外籍居民个人的储蓄存款利息

(1) 根据《国家税务总局关于外籍个人和港澳台居民个人储蓄存款利息所得个人所得税有关问题的通知》(国税发〔1999〕201号)规定,外籍居民个人可凭其护照或其他有效证件及居民国税务主管当局为其签发的居民证明,直接向储蓄机构办理享受税收协定待遇手续。

(2) 外籍居民个人在银行首次开户取得利息时,凡能提供居民证明的,由县级以上储蓄机构报送同级税务机关审核确认后准予享受税收协定待遇。

(3) 外籍居民个人在过渡期间再次存款取得利息时,可凭护照、其他有效证件或经税务机关审核确认的居民证明复印件享受税收协定待遇,不必再提供居民证明原件。

**4. 个人银行结算账户利息**

个人在个人银行结算账户的存款自2003年9月1日起孳生的利息,应按"利息红利所得"项目计征个人所得税,税款由办理个人银行结算账户业务的储蓄机构在结付息时代扣代缴。自2008年10月9日起,个人银行结算账户利息视同储蓄存款利息,暂免个人所得税。

### (七) 财产租赁所得

财产租赁所得是指个人出租建筑物、土地使用权、机器设备、车船以及其他财产取得的所得。

个人取得的财产转租收入,属于"财产租赁所得"的征税范围。在确定纳税义务人时,应以产权凭证为依据,对无产权凭证的,由主管税务机关根据实际情况确定;产权所有人死亡,在未办理产权继承手续期间,该财产出租而有租金收入的,以领取租金的个人为纳税义务人。

房地产开发企业与商店购买者个人签订协议,以优惠价格出售其开发的商店给购买者个人,购买者个人在一定期限内必须将购买的商店无偿提供给房地产开发企业对外出租使用。该行为实质上是购买者个人以所购商店交由房地产开发企业出租而取得的房屋租赁收入支付了部分购房价款。根据《个人所得税法》的有关规定,对购买者个人少支出的购房价款,应视同个人财产租赁所得,按照"财产租赁所得"项目征收个人所得税,每次财产租赁所得的收入额,按照少支出的购房价款和协议规定的租赁月份数平均计算确定。

### (八) 财产转让所得

财产转让所得,是指个人转让有价证券、股权、建筑物、土地使用权、机器设备、车船以及其他财产取得的所得。

**1. 股票转让所得**

根据《个人所得税法实施条例》的规定,对股票转让所得征收个人所得税的办法,由财政部另行制定,报国务院批准施行。鉴于我国证券市场发育还不成熟,股份制还处于试点阶段,对股票转让所得的计算、征税办法和纳税期限的确认等都需要作深入的调查研究,因此,经国务院批准,对股票转让所得暂不征收个人所得税。

**2. 量化资产股份转让**

集体所有制企业在改制为股份合作制企业时,对职工个人以股份形式取得的拥有所有的企业量化资产,暂缓征收个人所得税;待个人将股份转让时,就其转让收入额,减除个人取得该股份时实际支付的费用支出和合理转让费用后的余额,按"财产转让所得"项目计征个人所得税。

**3. 个人出售自有住房**

(1) 自2010年10月1日起,对出售自有住房并在1年内重新购房的纳税人不再减免个人所得税。

(2) 对个人转让自用5年以上,并且是家庭唯一生活用房取得的所得,继续免征个人所得税。

(3) 为了确保有关住房转让的个人所得税政策得到全面、正确的实施,各级房地产交易管理部门应与税务机关加强协作、配合,主管税务机关需要有关本地区房地产交易情况的,房地产交易管理部门应及时提供。

### (九) 偶然所得

偶然所得是指个人得奖、中奖、中彩以及其他偶然性质的所得。其中,得奖是指参加各种有奖竞赛活动,取得名次获得的奖金;中奖、中彩是指参加各种有奖活动,如有奖销售、有奖储蓄或购买彩票,经过规定程序,抽中、摇中号码而取得的奖金。对个人购买社会福利有奖募捐奖券一次中奖收入不超过1万元的,暂免征收个人所得税,超过1万元的,按全额征税。企业对累积消费达到一定额度的顾客,给予额外抽奖机会,个人的获奖所得,按照"偶然所得"项目,全额适用20%的税率计算缴纳个人所得税。

实际上,税法列举的偶然性所得是个人在偶然情况下得到的不确定性收入。我国过去对个人所得的征税都没有明确规定对个人偶然所得征税。自1988年9月起,才有关于对中奖收入征收个人收入调节税的规定。偶然所得的不确定性不可预见性、偶然性和多样性会对确定征税范围带来困难。因此,除了《个人所得税法实施条例》规定的得奖、中奖、中彩等所得外,其他偶然性所得的征税问题,还需要由税务机关依法具体认定。

居民个人取得上述第一项至第四项所得(以下称综合所得)按纳税年度合并计算个人所得税;非居民个人取得前款第一项至第四项所得,按月或者按次分项计算个人所得税。纳税人取得前款第六项至第九项所得,依照规定分别计算个人所得税。

## 三、税率

个人所得税区分不同个人所得项目,规定了超额累进税率和比例税率两种形式。

### (一) 综合所得适用税率

综合所得(工资薪金所得、劳务报酬所得、稿酬所得、特许权使用费所得),适用3%~45%的七级超额累进税率,如表8-3、8-4所示。

**表8-3 个人所得税税率表一**
(综合所得适用)

| 级数 | 全年应纳税所得额 | 税率(%) |
| --- | --- | --- |
| 1 | 不超过36 000元的 | 3 |
| 2 | 超过36 000元至144 000元的部分 | 10 |
| 3 | 超过144 000元至300 000元的部分 | 20 |
| 4 | 超过300 000元至420 000元的部分 | 25 |
| 5 | 超过420 000元至660 000元的部分 | 30 |
| 6 | 超过660 000元至960 000元的部分 | 35 |
| 7 | 超过960 000元的部分 | 45 |

注1:本表所称全年应纳税所得额是指依照《个人所得税法》第六条的规定,居民个人取得综合所得以每一纳税年度收入额减除费用六万元以及专项扣除、专项附加扣除和依法确定的其他扣除后的余额。

2:非居民个人取得工资、薪金所得,劳务报酬所得,稿酬所得和特许权使用费所得,依照本表按月换算后计算应纳税额。

**表 8-4 按月换算后的综合所得税率表**

（适用于非居民个人工资、薪金所得、劳务报酬所得、稿酬所得、特许权使用费所得；以及居民个人单独计算的全年一次性奖金；按月和按季领取、非特殊原因一次性领取的企业年金和职业年金；个人办理内部退养手续而取得的一次性补贴收入；单位低价向职工售房。）

| 级数 | 应纳税所得额 | 税率(%) | 速算扣除数 |
|---|---|---|---|
| 1 | 不超过 3 000 元的 | 3 | 0 |
| 2 | 超过 3 000 元至 12 000 元的部分 | 10 | 210 |
| 3 | 超过 12 000 元至 25 000 元的部分 | 20 | 1 410 |
| 4 | 超过 25 000 元至 35 000 元的部分 | 25 | 2 660 |
| 5 | 超过 35 000 元至 55 000 元的部分 | 30 | 4 410 |
| 6 | 超过 55 000 元至 80 000 元的部分 | 35 | 7 160 |
| 7 | 超过 80 000 元的部分 | 45 | 15 160 |

**（二）经营所得适用税率**

经营所得（个体工商户的生产、经营所得，对企事业单位的承包经营、承租经营所得，个人独资企业和合伙企业的生产经营所得），适用 5%～35% 的五级超额累进税率，如表 8-5 所示。

**表 8-5 个人所得税税率表二**

（经营所得适用）

| 级数 | 全年应纳税所得额 | 税率(%) |
|---|---|---|
| 1 | 不超过 30 000 元的 | 5 |
| 2 | 超过 30 000 元至 90 000 元的部分 | 10 |
| 3 | 超过 90 000 元至 300 000 元的部分 | 20 |
| 4 | 超过 300 000 元至 500 000 元的部分 | 30 |
| 5 | 超过 500 000 元的部分 | 35 |

注：本表所称全年应纳税所得额是指依照《个人所得税法》第六条的规定，以每一纳税年度的收入总额减除成本、费用以及损失后的余额。

**（三）其他所得适用税率**

财产租赁所得、财产转让所得、利息、股息、红利所得、偶然所得适用 20% 的比例税率。

### (四) 预扣预缴适用税率表

如表 8-6 所示。

**表 8-6　个人所得税预扣率表一、表二、表三**

**个人所得税预扣率表一**

(居民个人工资、薪金所得预扣预缴;保险营销员、证券经纪人佣金收入扣缴适用)

| 级数 | 预扣预缴应纳税所得额 | 预扣率(%) | 速算扣除数 |
| --- | --- | --- | --- |
| 1 | 不超过 36 000 元的部分 | 3 | 0 |
| 2 | 超过 36 000 元至 144 000 元的部分 | 10 | 2 520 |
| 3 | 超过 144 000 元至 300 000 元的部分 | 20 | 16 920 |
| 4 | 超过 300 000 元至 420 000 元的部分 | 25 | 31 920 |
| 5 | 超过 420 000 元至 660 000 元的部分 | 30 | 52 920 |
| 6 | 超过 660 000 元至 960 000 元的部分 | 35 | 85 920 |
| 7 | 超过 960 000 元的部分 | 45 | 181 920 |

**个人所得税预扣率表二**

(居民个人劳务报酬所得预扣预缴适用)

| 级数 | 预扣预缴应纳税所得额 | 预扣率(%) | 速算扣除数 |
| --- | --- | --- | --- |
| 1 | 不超过 20 000 元的 | 20 | 0 |
| 2 | 超过 20 000 元至 50 000 元的部分 | 30 | 2 000 |
| 3 | 超过 50 000 元的部分 | 40 | 7 000 |

**个人所得税税率表三**

(非居民个人工资、薪金所得,劳务报酬所得,稿酬所得,特许权使用费所得适用)

| 级数 | 应纳税所得额 | 税率(%) | 速算扣除数 |
| --- | --- | --- | --- |
| 1 | 不超过 3 000 元 | 3 | 0 |
| 2 | 超过 3 000 元至 12 000 元的部分 | 10 | 210 |
| 3 | 超过 12 000 元至 25 000 元的部分 | 20 | 1 410 |
| 4 | 超过 25 000 元至 35 000 元的部分 | 25 | 2 660 |
| 5 | 超过 35 000 元至 55 000 元的部分 | 30 | 4 410 |
| 6 | 超过 55 000 元至 80 000 元的部分 | 35 | 7 160 |
| 7 | 超过 80 000 元的部分 | 45 | 15 160 |

## 四、应纳税所得额

### (一) 应纳税所得额一般规定

个人所得税的应纳税所得额是个人取得的各项收入减去税法规定的扣除项目或扣除金额之后的余额。正确计算应纳税所得额,是依法征收个人所得税的基础和前提。

**1. 收入的形式**

个人取得的收入一般是货币形式。除现金外,纳税人的所得为实物的,应当按照所取得的凭证上注明的价格计算应纳税所得额;无凭证的实物或者凭证上所注明的价格明显偏低的,参照市场价格核定应纳税所得额;纳税人的所得为有价证券的,根据票面价格和市场价格核定应纳税所得额;所得为其他形式的经济利益的,参照市场价格核定应纳税所得额。

**2. 费用扣除的方法**

在计算应纳税所得额时,除特殊项目外,一般允许从个人的应税收入中减去税法规定的扣除项目或扣除金额,包括为取得收入所支出的必要的成本或费用。因为个人在取得收入过程中,大多需要支付一些必要的成本或费用。从世界各国征收个人所得税的实践来看,一般都允许纳税人从其收入、所得总额中扣除必要的费用,仅就扣除费用后的余额征税。

我国现行的个人所得税采取分项确定、分类扣除,根据其所得的不同情况分别实行定额、定率和会计核算三种扣除办法。

（1）对综合所得(工资、薪金所得,劳务报酬所得,稿酬所得,特许权使用费所得)涉及的个人生计费用,采取定额和定率扣除的办法;

（2）对经营所得(个体工商户的生产、经营所得和对企事业单位的承包经营、承租经营所得)及财产转让所得,涉及生产、经营有关成本或费用的支出,采取会计核算办法扣除有关成本费用或规定的必要费用;

（3）对财产租赁所得,因涉及既要按一定比例合理扣除费用,又要避免扩大征税范围等两个需同时兼顾的因素,故采取定额和定率两种扣除办法;

（4）利息、股息、红利所得和偶然所得,因不涉及必要费用的支付,所以规定不得扣除任何费用。

**（二）专项扣除**

专项扣除,包括居民个人按照国家规定的范围和标准缴纳的基本养老保险、基本医疗保险、失业保险等社会保险费和住房公积金等。

**（三）专项附加扣除规定**

个人所得税,一般是对个人取得的收入,减除符合规定的扣除额后的余额进行税款计算。也就是说,扣除项目越多、金额越大,个人所负担的所得税就越少。2018年新个人所得税改革,最大的亮点,就是对个人全年取得的工资薪金、劳务报酬、稿酬以及特许权使用费等四项收入,在征收个人所得税时,除了扣除之前规定的"三险一金"外,又增加了六项可以扣除的项目,即:子女教育、继续教育、大病医疗、住房贷款利息、住房租金、赡养老人。也就是说,这六个方面支出,如果符合相关法律法规规定的条件,今后征收个人所得税时,就可以从工资薪金、劳务报酬、稿酬以及特许权使用费收入中按规定标准扣除,这样对大多数人来讲,需缴纳的个人所得税又少了一部分。这就是2018年新个人所得税改革推出的六项专项附加扣除政策。

**1. 子女教育**

纳税人的子女接受全日制学历教育的相关支出,按照每个子女每月1 000元的标准定额扣除。

学历教育包括义务教育(小学、初中教育)、高中阶段教育(普通高中、中等职业、技工教育)、高等教育(大学专科、大学本科、硕士研究生、博士研究生教育)。年满3岁至小学入学前处于学前教育阶段的子女,比照接受全日制学历教育执行。

**2. 继续教育**

纳税人在中国境内接受学历(学位)继续教育的支出,在学历(学位)教育期间按照每月400元定额扣除。同一学历(学位)继续教育的扣除期限不能超过48个月。纳税人接受技能人员职业资格继续教育、专业技术人员职业资格继续教育的支出,在取得相关证书的当年,按照3 600元定额扣除。个人接受本科及以下学历(学位)继续教育,符合本办法规定扣除条件的,可以选择由其父母扣除,也可以选择由本人扣除。

**3. 大病医疗**

在一个纳税年度内,纳税人发生的与基本医保相关的医药费用支出,扣除医保报销后个人负担(指医保目录范围内的自付部分)累计超过15 000元的部分,由纳税人在办理年度汇算清缴时,在80 000元限额内据实扣除。纳税人发生的医药费用支出可以选择由本人或者其配偶扣除;未成年子女发生的医药费用支出可以选择由其父母一方扣除。

**4. 住房贷款利息**

纳税人本人或者配偶单独或者共同使用商业银行或者住房公积金个人住房贷款为本人或者其配偶购买中国境内住房,发生的首套住房贷款利息支出,在实际发生贷款利息的年度,按照每月1 000元的标准定额扣除,扣除期限最长不超过240个月。纳税人只能享受一次首套住房贷款的利息扣除。首套住房贷款是指购买住房享受首套住房贷款利率的住房贷款。

**5. 住房租金**

纳税人在主要工作城市没有自有住房而发生的住房租金支出,可以按照以下标准定额扣除:

(1) 直辖市、省会(首府)城市、计划单列市以及国务院确定的其他城市,扣除标准为每月1 500元;

(2) 除第一项所列城市以外,市辖区户籍人口超过100万的城市,扣除标准为每月1 100元;市辖区户籍人口不超过100万的城市,扣除标准为每月800元。

纳税人的配偶在纳税人的主要工作城市有自有住房的,视同纳税人在主要工作城市有自有住房。

**6. 赡养老人**

纳税人赡养一位及以上被赡养人的赡养支出,统一按照以下标准定额扣除:

(1) 纳税人为独生子女的,按照每月2 000元的标准定额扣除;

(2) 纳税人为非独生子女的,由其与兄弟姐妹分摊每月2 000元的扣除额度,每人分摊的额度不能超过每月1 000元。可以由赡养人均摊或者约定分摊,也可以由被赡养人指定分摊。约定或者指定分摊的须签订书面分摊协议,指定分摊优先于约定分摊。具体分摊方式和额度在一个纳税年度内不能变更。被赡养人是指年满60岁的父母,以及子女均已去世的年满60岁的祖父母、外祖父母。

**7. 专项附加扣除记忆表**

如表8-7所示。

表 8-7 专项附加扣除记忆表

| 名称 | 子女教育 | 继续教育 | |
|---|---|---|---|
| 明细 | 每个子女 | 学历(学位)继续教育 | 职业资格继续教育 |
| 扣除额 | 每月 1 000 元 | 每月 400 元 | 一次性 3 600 元 |
| 扣除人 | 父母 | 本人(本科及以下可由父母按子女教育扣除 1 000) | 本人 |
| 扣除期限 | 3 周岁当月—教育结束当月 | 入学当月—教育结束当月,不超 48 个月 | 取得资格证书日期所属年度 |
| 扣除方式 | 按月一方扣 1 000 或双方各扣 500,一个纳税年度不能变更 | 按月扣除 | 年度一次性扣除 |
| 资料留存 | 境内无需资料、境外需学校录取通知书、留学签证等 | 无 | 职业资格继续教育证书 |

| 扣除项目 | 住房贷款利息 | 住房租金 | | |
|---|---|---|---|---|
| 明细 | 首套住房贷款 | 直辖市、省会、计划单列市、国务院确定的其他城市 | 上述之外市辖区户籍超 100 万人口的城市 | 市辖区户籍人口 100 万及以下 |
| 扣除额 | 每月 1 000 元 | 每月 1 500 元 | 每月 1 100 元 | 每月 800 元 |
| 扣除人 | 本人或配偶 | 承租人 | | |
| 扣除期限 | 贷款合同约定还款当月—贷款全部归还或贷款合同终止当月,不超过 240 个月 | 租赁期开始当月—租赁期结束当月 | | |

| 扣除项目 | 赡养老人 | | 大病医疗 |
|---|---|---|---|
| 明细 | 独生子女 | 非独生子女 | |
| 扣除额 | 每月 2 000 元 | 分摊每月 2 000 元,每人不超 1 000 元 | 基本医保相关的医药费用,医保报销后个人负担费用(医保目录范围内的自付部分)15 000 元以上,且在 80 000 元以内的部分据实扣除。 |
| 扣除人 | 赡养人 | 赡养人 | 本人或配偶,未成年子女大病由父母一方扣除 |
| 扣除期限 | 被赡养人年满 60 周岁的当月至赡养义务终止的年末 | 被赡养人年满 60 周岁的当月至赡养义务终止的年末 | 每年 1 月 1 日至 12 月 31 日 |
| 扣除方式 | 按月扣除 | 分摊方式有均摊、约定、指定。按月扣除 | 年度终了汇算清缴时扣除 |
| 资料留存 | 无 | 除均摊外,其余方式需留存分摊协议 | 医药服务收费及医保报销相关票据原件或复印件;或者医疗保障部门出具的医药费用清单等 |

## （四）其他扣除规定

个人将其所得对教育、扶贫、济困等公益慈善事业进行捐赠，捐赠额未超过纳税人申报的应纳税所得额百分之三十的部分，可以从其应纳税所得额中扣除；国务院规定对公益慈善事业捐赠实行全额税前扣除的，从其规定。

个人将其所得对教育、扶贫、济困等公益慈善事业进行捐赠，是指个人将其所得通过中国境内的公益性社会组织、国家机关向教育、扶贫、济困等公益慈善事业的捐赠；所称应纳税所得额，是指计算扣除捐赠额之前的应纳税所得额。

可全额扣除的有：

（1）对个人通过非营利性的社会团体和政府部门向福利性、非营利性的民办养老机构的捐赠，在缴纳个人所得税前准予全额扣除。

（2）纳税人通过中国境内非营利的社会团体、国家机关向教育事业的捐赠，准予在个人所得税前全额扣除。

（3）个人捐赠北京2022年冬奥会、冬残奥会、测试赛的资金和物资支出可在计算个人应纳税所得额时予以全额扣除。

（4）个人通过公益性社会团体、县级以上人民政府及其部门向受灾地区的捐赠，允许在当年个人所得税前全额扣除（汶川地震、鲁甸地震、芦山地震、舟曲泥石流）。

（5）对企事业单位、社会团体和个人等社会力量，通过非营利性的社会团体和国家机关对公益性青少年活动场所（其中包括新建）的捐赠，在缴纳个人所得税前准予全额扣除。

（6）对企业、事业单位、社会团体和个人等社会力量，向中华健康快车基金会和孙冶方经济科学基金会、中华慈善总会、中国法律援助基金会和中华见义勇为基金会的捐赠，准予在个人所得税前全额扣除。

## （五）综合所得应纳税所得额

### 1. 综合所得应纳税所得额

（1）居民个人的综合所得，以每一纳税年度的收入额减除60 000元以及专项扣除、专项附加扣除和依法确定的其他扣除后的余额，为应纳税所得额。

（2）专项扣除、专项附加扣除和依法确定的其他扣除，以居民个人一个纳税年度的应纳税所得额为限额；一个纳税年度扣除不完的，不结转以后年度扣除。

（3）其他扣除，包括个人缴付符合国家规定的企业年金、职业年金，个人购买符合国家规定的商业健康保险、税收递延型商业养老保险的支出，以及国务院规定可以扣除的其他项目。

### 2. 工资、薪金所得应纳税所得额

非居民个人的工资、薪金所得，以每月收入额减除费用5 000元后的余额为应纳税所得额。

### 3. 劳务报酬所得、稿酬所得、特许权使用费所得

劳务报酬所得、稿酬所得、特许权使用费所得，以每次收入额为应纳税所得额。

劳务报酬所得、稿酬所得、特许权使用费所得以收入减除20%的费用后的余额为收入额。稿酬所得的收入额减按70%计算。

## （六）经营所得应纳税所得额

（1）经营所得，以每一纳税年度的收入总额减除成本、费用以及损失后的余额，为应纳

税所得额。

(2) 成本、费用,是指生产、经营活动中发生的各项直接支出和分配计入成本的间接费用以及销售费用、管理费用、财务费用;所称损失,是指生产、经营活动中发生的固定资产和存货的盘亏、毁损、报废损失,转让财产损失,坏账损失,自然灾害等不可抗力因素造成的损失以及其他损失。

(3) 取得经营所得的个人,没有综合所得的,计算其每一纳税年度的应纳税所得额时,应当减除费用60 000元、专项扣除、专项附加扣除以及依法确定的其他扣除。专项附加扣除在办理汇算清缴时减除。

(4) 从事生产、经营活动,未提供完整、准确的纳税资料,不能正确计算应纳税所得额的,由主管税务机关核定应纳税所得额或者应纳税额。

### (七) 财产租赁所得

财产租赁所得,每次收入不超过4 000元的,减除费用800元;4 000元以上的,减除20%的费用,其余额为应纳税所得额。财产租赁所得,以1个月内取得的收入为一次。

### (八) 财产转让所得

财产转让所得,以转让财产的收入额减除财产原值和合理费用后的余额,为应纳税所得额。财产原值,按照下列方法确定:

(1) 有价证券,为买入价以及买入时按照规定交纳的有关费用;
(2) 建筑物,为建造费或者购进价格以及其他有关费用;
(3) 土地使用权,为取得土地使用权所支付的金额、开发土地的费用以及其他有关费用;
(4) 机器设备、车船,为购进价格、运输费、安装费以及其他有关费用;
(5) 其他财产,参照前款规定的方法确定财产原值。

纳税人未提供完整、准确的财产原值凭证,不能按照本条第一款规定的方法确定财产原值的,由主管税务机关核定财产原值。

合理费用,是指卖出财产时按照规定支付的有关税费。

财产转让所得,按照一次转让财产的收入额减除财产原值和合理费用后的余额计算纳税。

### (九) 利息、股息、红利所得和偶然所得

利息、股息、红利所得和偶然所得,以每次收入额为应纳税所得额;偶然所得,以每次取得该项收入为一次。

## 五、应纳税额的计算

由于个人所得税采取分项计税的办法,每项个人收入的扣除范围和扣除标准不尽相同,应纳所得税额的计算方法存在差异,下面分别介绍应纳所得税额的计算方法。

### (一) 居民个人综合所得的计税方法

居民个人取得综合所得,按年计算个人所得税;有扣缴义务人的,由扣缴义务人按月或者按次预扣预缴税款;需要办理汇算清缴的,应当在取得所得的次年3月1日至6月30日内办理汇算清缴。

居民个人的综合所得,以每一纳税年度的收入额减除基本费用60 000元以及专项扣

除、专项附加扣除和依法确定的其他扣除后的余额,为应纳税所得额。计算公式如下:

$$\text{应纳税所得额} = \text{纳税年度的综合收入额} - \text{基本费用60 000元} - \text{专项扣除} - \text{专项附加扣除} - \text{其他扣除}$$

专项扣除、专项附加扣除和依法确定的其他扣除,以居民个人一个纳税年度的应纳税所得额为限额;一个纳税年度扣除不完的,不结转以后年度扣除。

年度计算个人所得税计算公式如下:

$$\text{应纳个人所得税税额} = \text{应纳税所得额} \times \text{适用税率} - \text{速算扣除数} - \text{减免税额}$$

**(二) 居民个人预扣预缴办法**

扣缴义务人向居民个人支付工资、薪金所得,劳务报酬所得,稿酬所得,特许权使用费所得时,按以下方法预扣预缴个人所得税,并向主管税务机关报送《个人所得税扣缴申报表》。年度预扣预缴税额与年度应纳税额不一致的,由居民个人于次年3月1日至6月30日向主管税务机关办理综合所得年度汇算清缴,税款多退少补。

**1. 支付工资薪金**

扣缴义务人向居民个人支付工资、薪金所得时,应当按照累计预扣法计算预扣税款并按月办理全员全额扣缴申报。具体计算公式如下:

$$\text{本期应预扣预缴税额} = (\text{累计预扣预缴应纳税所得额} \times \text{预扣率} - \text{速算扣除数}) - \text{累计减免税额} - \text{累计已预扣预缴税额}$$

$$\text{累计预扣预缴应纳税所得额} = \text{累计收入} - \text{累计免税收入} - \text{累计减除费用} - \text{累计专项扣除} - \text{累计专项附加扣除} - \text{累计依法确定的其他扣除}$$

其中:累计减除费用,按照5 000元/月乘以纳税人当年截至本月在本单位的任职受雇月份数计算。

上述公式中,计算居民个人工资、薪金所得预扣预缴税额的预扣率、速算扣除数,按表8-6个人所得税预扣率表一执行。

**2. 支付劳务报酬所得、稿酬所得、特许权使用费**

扣缴义务人向居民个人支付劳务报酬所得、稿酬所得、特许权使用费所得,按次或者按月预扣预缴个人所得税。具体预扣预缴方法如下:

(1) 劳务报酬所得、稿酬所得、特许权使用费所得以收入减除费用后的余额为收入额。其中,稿酬所得的收入额减按70%计算。

(2) 减除费用:劳务报酬所得、稿酬所得、特许权使用费所得每次收入不超过4 000元,减除费用按800元计算;每次收入4 000元以上的,减除费用按20%计算。

(3) 应纳税所得额:劳务报酬所得、稿酬所得、特许权使用费所得,以每次收入额为预扣预缴应纳税所得额。劳务报酬所得适用20%~40%的超额累进预扣率,稿酬所得、特许权使用费所得适用20%的比例预扣率。计算公式如下:

$$\text{劳务报酬所得应预扣预缴税额} = \text{预扣预缴应纳税所得额} \times \text{预扣率} - \text{速算扣除数}$$

$$\text{稿酬所得、特许权使用费所得应预扣预缴税额} = \text{预扣预缴应纳税所得额} \times 20\%$$

**(三) 非居民个人综合所得的计税方法**

非居民个人取得工资、薪金所得,劳务报酬所得,稿酬所得和特许权使用费所得,有扣缴义务人的,由扣缴义务人代扣代缴税款,不办理汇算清缴。

扣缴义务人向非居民个人支付工资、薪金所得,劳务报酬所得,稿酬所得和特许权使用费所得时,应当按以下方法按月或者按次代扣代缴个人所得税非居民个人的工资、薪金所得,以每月收入额减除费用 5 000 元后的余额为应纳税所得税额;劳务报酬所得、稿酬所得、特许权使用费所得,以每次收入额为应纳税所得额,适用月度税率表计算应纳税额。其中,劳务报酬所得、稿酬所得、特许权使用费所得以收入减除 20% 的费用后的余额为收入额。稿酬所得的收入额减按 70% 计算。计算公式如下:

$$\text{非居民个人工资、薪金所得,劳务报酬所得,稿酬所得,特许权使用费所得应纳税额} = \text{应纳税所得额} \times \text{税率} - \text{速算扣除数}$$

### (四) 无住所个人所得税计算

**1. 无住所个人工资薪金所得收入额计算**

无住所个人取得工资、薪金所得,适用"先分后税"(先分收入后计算税额)的原则,先计算在境内应纳税的工资、薪金所得的收入,再计算应纳个人所得税额。

1) 无住所个人为非居民个人的情形

非居民个人取得工资、薪金所得,除下文"3. 无住所个人为高管人员的情形"规定以外当月工资、薪金收入额分别按照以下两种情形计算。

(1) 非居民个人境内居住时间累计不超过 90 天的情形。在一个纳税年度内,在境内累计居住不超过 90 天的非居民个人,仅就归属于境内工作期间并由境内雇主支付或者负担的工资、薪金所得计算缴纳个人所得税。

当月工资、薪金收入额的计算公式如下(公式一):

$$\text{当月工资薪金收入额} = \text{当月境内外工资薪金总额} \times \frac{\text{当月境内支付工资薪金数额}}{\text{当月境内外工资薪金总额}} \times \frac{\text{当月工资薪金所属工作期间境内工作天数}}{\text{当月工资薪金所属工作期间公历天数}}$$

境内雇主包括雇佣员工的境内单位和个人以及境外单位或者个人在境内的机构、场所。凡境内雇主采取核定征收所得税或者无营业收入未征收所得税的,无住所个人为其工作取得工资薪金所得,不论是否在该境内雇主会计账簿中记载,均视为由该境内雇主支付或者负担。工资、薪金所属工作期间的公历天数,是指无住所个人取得工资、薪金所属工作期间按公历计算的天数。

上述公式中当月境内外工资、薪金包含归属于不同期间的多笔工资、薪金的,应当先分别按照规定计算不同归属期间工资、薪金收入额,然后再加总计算当月工资、薪金收入额。

【例 8-1】 假设美国 A 公司广州代表处的美国籍员工约翰每月会在广州工作 2 天,其他时间在美国 A 公司工作。约翰的月度工资薪金所得为 5 万元人民币(假设个人所得税由其自行负担)。

按照原来的规定,2018 年 12 月,约翰应纳税所得额=50 000−5 000=45 000(元),适用 30% 的税率,对应速算扣除数为 4 410,约翰 2018 年 12 月应纳税额为 (45 000×30%−4 410)×2÷31=586.45(元)。

按照新的"先分后税"规定,约翰 2019 年 1 月的应税收入为 50 000÷31×2=3 225.81

(元),低于5 000元的基本减除费用。也就是说,按35号公告的规定,在现有的收入水平下,约翰每月无需纳税。

(2) 非居民个人境内居住时间累计超过90天不满183天的情形。在一个纳税年度内,在境内累计居住超过90天但不满183天的非居民个人,取得归属于境内工作期间的工资、薪金所得,均应当计算缴纳个人所得税;其取得归属于境外工作期间的工资、薪金所得,不征收个人所得税。

当月工资薪金收入额的计算公式如下(公式二):

$$当月工资薪金收入额 = 当月境内外工资薪金总额 \times \frac{当月工资薪金所属工作期间境内工作天数}{当月工资薪金所属工作期间公历天数}$$

2) 无住所个人为居民个人的情形

在一个纳税年度内,在境内累计居住满183天的无住所居民个人取得工资、薪金所得,当月工资、薪金收入额按照以下规定计算:

(1) 无住所居民个人在境内居住累计满183天的年度连续不满6年的情形。在境内居住累计满183天的年度连续不满6年的无住所居民个人,符合《个人所得税法实施条例》第四条优惠条件的,其取得的全部工资、薪金所得,除归属于境外工作期间且由境外单位或者个人支付的工资、薪金所得部分外,均应计算缴纳个人所得税。

工资、薪金所得收入额的计算公式如下(公式三):

$$当月工资薪金收入额 = 当月境内外工资薪金总额 \times \left[ 1 - \frac{当月境外支付工资薪金数额}{当月境内外工资薪金总额} \times \frac{当月工资薪金所属工作期间境外工作天数}{当月工资薪金所属工作期间公历天数} \right]$$

(2) 无住所居民个人在境内居住累计满183天的年度连续满6年的情形。在境内居住累计满183天的年度连续满6年后,不符合《个人所得税法实施条例》第四条优惠条件的无住所居民个人,其从境内、境外取得的全部工资、薪金所得均应计算缴纳个人所得税。

3) 无住所个人为高管人员的情形

无住所居民个人为高管人员的,工资、薪金收入额按照上述"2)无住所个人为居民个人的情形"规定计算纳税。非居民个人为高管人员的,按照以下规定处理:

(1) 高管人员在境内居住时间累计不超过90天的情形。在一个纳税年度内,在境内累计居住不超过90天的高管人员,其取得由境内雇主支付或者负担的工资、薪金所得应当计算缴纳个人所得税;不是由境内雇主支付或者负担的工资、薪金所得,不缴纳个人所得税。当月工资、薪金收入额为当月境内支付或者负担的工资、薪金收入额。

(2) 高管人员在境内居住时间累计超过90天不满183天的情形。在一个纳税年度内,在境内居住累计超过90天但不满183天的高管人员,其取得的工资、薪金所得,除归属于境外工作期间且不是由境内雇主支付或者负担的部分外,应当计算缴纳个人所得税。当月工资、薪金收入额计算适用上述"(1)无住所居民个人在境内居住累计满183天的年度连续不满6年的情形"的计算公式如图8-4、8-5所示。

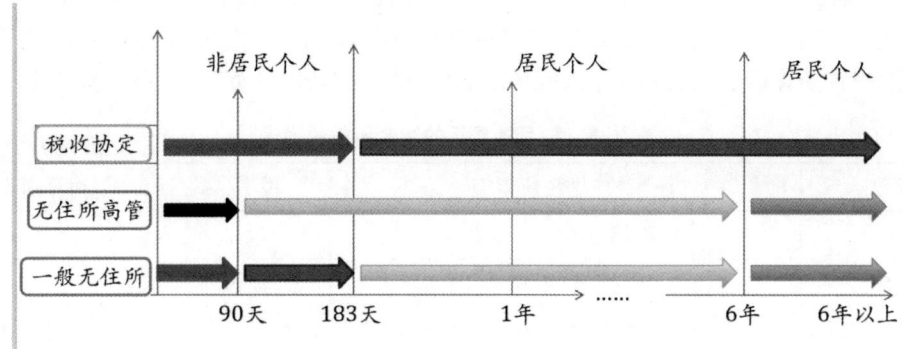

图 8-4　无住所个人纳税义务情形图

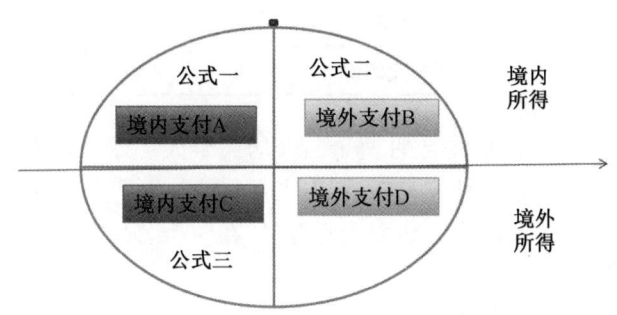

图 8-5　境内外所得分支付情况图

注：高管工资收入额比一般无住所增加 C 区，公式一对应 A 区，公式二对应 A 区＋B 区，公式三对应 A 区＋B 区＋C 区

## 2. 关于无住所个人税款计算

1) 无住所居民个人税款计算的规定

无住所居民个人取得综合所得，年度终了后，应按年计算个人所得税；有扣缴义务人的，由扣缴义务人按月或者按次预扣预缴税款；需要办理汇算清缴的，按照规定办理汇算清缴。

年度综合所得应纳税额计算公式如下（公式四）：

$$\text{年度综合所得应纳税额} = [(\text{年度工资薪金收入额} + \text{年度劳务报酬收入额} + \text{年度稿酬收入额} + \text{年度特许权使用费收入额}) - \text{基本减除费用} - \text{专项扣除} - \text{专项附加扣除} - \text{其他扣除}] \times \text{适用税率} - \text{速算扣除数}$$

无住所居民个人为外籍个人的，2022 年 1 月 1 日前计算工资薪金收入额时，已经按规定减除住房补贴、子女教育费、语言训练费等八项津补贴的，不能同时享受专项附加扣除。外籍八项补贴，只有取得工资薪金的外籍个人可以享受。

年度工资薪金、劳务报酬、稿酬、特许权使用费收入额，分别按年度内每月工资薪金以及每次劳务报酬、稿酬、特许权使用费收入额合计数额计算。

上述 3 项所得，先减去 20% 费用，稿酬所得在此基础上，再减征 30%，相当于对其收入额的 56% 征税。

2) 关于非居民个人税款计算的规定

(1) 非居民个人当月取得工资薪金所得。非居民个人当月取得工资薪金所得,按照上述规定计算的当月收入额,减去税法规定的减除费用后的余额,为应纳税所得额,适用35号公告所附按月换算后的综合所得税率表(以下称月度税率表)计算应纳税额,如表8-8所示。

表8-8　按月换算后的综合所得税率表

| 级数 | 全月应纳税所得额 | 税率(%) | 速算扣除数 |
| --- | --- | --- | --- |
| 1 | 不超过3 000元的 | 3 | 0 |
| 2 | 超过3 000元至12 000元的部分 | 10 | 210 |
| 3 | 超过12 000元至25 000元的部分 | 20 | 1 410 |
| 4 | 超过25 000元至35 000元的部分 | 25 | 2 660 |
| 5 | 超过35 000元至55 000元的部分 | 30 | 4 410 |
| 6 | 超过55 000元至80 000元的部分 | 35 | 7 160 |
| 7 | 超过80 000元的部分 | 45 | 15 160 |

(2) 非居民个人一个月内取得数月奖金。非居民个人一个月内取得数月奖金,单独按照35号公告第二条规定计算当月收入额,不与当月其他工资薪金合并,按6个月分摊计税,不减除费用,适用月度税率表计算缴纳个人所得税,在一个公历年度内,对每一个非居民个人,该计税办法只允许采用一次。

数月奖金计算公式如下(公式五):

$$\text{当月数月奖金应纳税额} = \left[ \left( \text{数月奖金收入额} \div 6 \right) \times \text{适用税率} - \text{速算扣除数} \right] \times 6$$

【例8-2】 A先生为无住所个人,2020年1月,A先生同时取得2019年第四季度奖金和全年奖金,当月取得数月奖金的收入额为20万元。该奖金是A先生当年度第一次取得数月奖金,可以选择按照35号公告第三条第(二)项第2点规定,按6个月分摊计税,不减除费用,适用月度税率表计算应纳税额。

2020年1月数月奖金应纳税所得额=200 000÷6=33 333.33(元)适用税率为25%,速算扣除数为2 660元

2020年1月数月奖金应纳税额=(33 333.33×25%-2 660)×6=34 040(元)

(3) 非居民个人一个月内取得股权激励所得。非居民个人一个月内取得股权激励所得,单独按照本公告第二条规定计算当月收入额,不与当月其他工资薪金合并,按6个月分摊计税(一个公历年度内的股权激励所得应合并计算),不减除费用,适用月度税率表计算应纳税额。

股权激励所得的计算公式如下(公式六):

$$\text{当月股权激励所得应纳税额} = \left[ \left( \text{本年股权激励所得合计收入额} \div 6 \right) \times \text{适用税率} - \text{速算扣除数} \right] \times 6 - \text{本年度内股权激励所得已纳税额}$$

(4) 非居民取得来源于境内的劳务报酬所得、稿酬所得、特许权使用费所得。非居民取得来源于境内的劳务报酬所得、稿酬所得、特许权使用费所得,以税法规定的每次收入额为

应纳税所得额,适用月度税率表计算应纳税额。

(五) 经营所得的计税方法

**1. 个体工商户个人所得税计税办法**

自2015年1月1日起,实行查账征收的个体工商户应当按照以下规定,计算并申报缴纳个人所得税。个体工商户以业主为个人所得税纳税义务人,个体工商户应纳税所得额的计算,以权责发生制为原则,属于当期的收入和费用,不论款项是否收付,均作为当期的收入和费用;不属于当期的收入和费用,即使款项已经在当收付,均不作为当期收入和费用。财政部、国家税务总局另有规定的除外。

(1) 应纳税所得额计算。个体工商户的生产、经营所得,以每一纳税年度的收入总额,减除成本、费用、税金、损失、其他支出以及允许弥补的以前年度亏损后的余额,为应纳税所得额。计算公式如下:

应纳税所得额=收入总额－成本－费用－税金－损失－其他支出－允许弥补的以前年度亏损

(2) 应纳税额计算。个体工商户的生产、经营所得适用五级超额累进税率,以其应纳税所得额按适用税率计算应纳税额。其计算公式如下:

应纳税额=应纳税所得额×适用税率－速算扣除数

(3) 按月预缴和汇算清缴计算。

由于个体工商户生产、经营所得的应纳税额实行按年计算、分月或分季预缴、年终汇算清缴、多退少补的方法,因此,在实际工作中,需要分别计算按月预缴税额和年终汇算清缴税额。其计算公式如下:

本月应预缴税额=本月累计应纳税所得额×适用税率－速算扣除数－上月累计已预缴税额

全年应纳税额=全年应纳税所得额×适用税率－速算扣除数

汇算清缴税额=全年应纳税额－全年累计已预缴税额

**2. 个人独资企业和合伙企业投资者征收个人所得税**

根据国务院的决定,自2000年1月1日起,个人独资企业和合伙企业不再缴纳企业所得税,只对投资者个人取得的生产经营所得征收个人所得税,对个人独资企业和合伙企业投资者取得种植业、养殖业、饲养业、捕捞业"四业"所得暂不征收个人所得税。

(1) 查账征收个税计算。凡实行查账征税办法的,其税率比照"个体工商户的生产、经营所得"应税项目,适用5%～35%的五级超额累进税率,计算征收个人所得税;个人独资企业和合伙企业的应纳税所得额,等于每一纳税年度的收入总额减除成本费用以及损失后的余额。

(2) 核定征收个税计算。实行核定应税所得率征收方式的按照应税所得率计算其应纳税所得额,再按其应纳税所得额的大小,适用5%～35%的五级超额累进税率计算征收个人所得税。核定征收方式,包括定额征收、核定应税所得率征收以及其他合理的征收方式。实行核定应税所得率征收方式的,应纳所得税额的计算公式如下:

应纳所得税额=应纳税所得额×适用税率

应纳税所得额=收入总额×应税所得率

或　　　　=成本费用支出额÷(1－应税所得率)×应税所得率

各行业的应税所得率如表 8-9 所示。

表 8-9 应税所得率表

| 行业 | 应税所得率(%) |
| --- | --- |
| 工业、交通运输业、商业 | 5~20 |
| 建筑业、房地产开发业 | 7~20 |
| 饮食服务业 | 7~25 |
| 娱乐业 | 20~40 |
| 其他行业 | 10~30 |

**3. 对企事业单位承包经营、承租经营所得的计税方法**

(1) 应纳税所得额。对企事业单位承包经营、承租经营所得是以每一纳税年度的收入总额,减除必要费用后的余额,为应纳税所得额。其中,收入总额是指纳税人按照承包经营、承租经营合同规定分得的经营利润和工资、薪金性质的所得。个人的承包、承租经营所得,既有工资、薪金性质,又含生产经营性质,但考虑到个人按承包、承租经营合同规定分到的是经营利润,生产、经营成本费用已经扣除,所以,税法规定,"减除必要费用"是指按月减除 5 000 元,实际减除的是相当于个人的生计及其他费用。其计算公式如下:

$$应纳税所得额=个人承包、承租经营收入总额-每月费用扣除标准$$

个人在承租、承包经营期间,按照企业所得税的有关规定,"凡承租经营后,未改变被租企业名称,未变更工商登记,仍以被承租企业名义对外从事生产经营活动,不论被承租企业与承租方如何分配经营成果,均以被承租企业为纳税义务人",即按照企业所得税的有关规定先缴纳企业所得税,然后才按个人承包所得的规定计算缴纳个人所得税。

(2) 应纳税额的计算方法。对企事业单位承包经营、承租经营所得适用五级超额累进税率,以其应纳税所得额按适用税率计算应纳税额。计算公式如下:

$$应纳税额=应纳税所得额\times适用税率-速算扣除数$$

实行承包、承租经营的纳税人,应以每一纳税年度的承包、承租经营所得计算纳税。纳税人在一个年度内分次取得承包、承租经营所得的,应在每次取得承包、承租经营所得后预缴税款,年终汇算清缴,多退少补。如果纳税人的承包、承租期在一个纳税年度内经营不足 12 个月,应以其实际承包、承租经营的期限为一个纳税年度计算纳税。计算公式如下:

$$应纳税所得额=该年度承包、承租经营收入额-(5\,000\times该年度实际承包、承租经营月份数)$$

$$应纳税额=应纳税所得额\times适用税率-速算扣除数$$

**(六) 利息、股息、红利所得的计税方法**

利息、股息、红利所得以个人每次取得的收入额为应纳税所得额,不得从收入额中扣除任何费用。其中,每次收入是指支付单位或个人每次支付利息、股息、红利时,个人所取得的收入。对于股份制企业在分配股息、红利时,以股票形式向股东个人支付应得的股息、红利(即派发红股),应以派发红股的股票票面金额为收入额,计算征收个人所得税。

**1. 上市公司股息红利差别化个人所得税政策**

(1) 个人从公开发行和转让市场取得的上市公司股票,持股期限超过 1 年的,其所得暂免征收个人所得税。

个人从公开发行和转让市场取得的上市公司股票,持股期限在1个月以内(含)的,股息红利所得全额计入应纳税所得额;持股期限在1个月以上至1年(含)的,暂减按50%计入应纳税所得额;上述所得统一适用20%的税率计征个人所得税。

上市公司是指在上海证券交易所、深圳证券交易所挂牌交易的上市公司;持股期限是指个人从公开发行和转让市场取得上市公司股票之日至转让交割该股票之日前一日的持有时间。

(2)上市公司派发股息红利时,对个人持股1年以内(含)的,上市公司暂不扣缴个人所得税;待个人转让股票时,证券登记结算公司根据其持股期限计算应纳税额,由证券公司等股份托管机构从个人资金账户中扣收并划付证券登记结算公司,证券登记结算公司应于次月5个工作日内划付上市公司,上市公司在收到税款当月的法定申报期内向主管税务机关申报缴纳。

(3)对个人持有的上市公司限售股,解禁后取得的股息红利,按照规定计算纳税,持股时间自解禁日起计算;解禁前取得的股息红利继续暂减按50%计入应纳税所得额,适用20%的税率计征个人所得税。

**2. 中小企业股份转让系统挂牌公司股息红利征税规定**

挂牌公司,是指股票在全国股份转让系统挂牌公开转让的非上市公众公司;持股期限是指个人取得挂牌公司股票之日至转让交割该股票之日前一日的持有时间。

(1)个人持有全国中小企业股份转让系统(以下简称全国股份转让系统)挂牌公司的股票,持股期限在1个月以内(含)的,其股息红利所得全额计入应纳税所得额;持股期限在1个月以上至1年(含)的,暂减按50%计入应纳税所得额;持股期限超过1年的,暂减按25%计入应纳税所得额。上述所得统一适用20%的税率计征个人所得税。

(2)挂牌公司派发股息红利时,对截至股权登记日个人已持股超过1年的,其股息红利所得,按25%计入应纳税所得额,直接由挂牌公司计算并代扣代缴税款。对截至股权登记日个人持股1年以内(含)且尚未转让的,税款分两步代扣代缴:第一步,挂牌公司派发股息红利时,统一暂按25%计入应纳税所得额,计算并代扣税款。第二步,个人转让股票时,证券登记结算公司根据其持股期限计算实际应纳税额超过已扣缴税款的部分,由证券公司等股票托管机构从个人资金账户中扣收并划付证券登记结算公司,证券登记结算公司应于次月5个工作日内划付挂牌公司,挂牌公司在收到税款当月的法定申报期内向主管税务机关申报缴纳。

**3. 沪港股票市场交易互联互通机制试点涉及的有关税收政策规定**

中国香港市场投资者(包括企业和个人)投资上交所上市A股取得的股息红利所得,在中国香港结算不具备向中国结算提供投资者的身份及持股时间等明细数据的条件之前,暂不执行按持股时间实行差别化征税政策,由上市公司按照10%的税率代扣所得税,并向其主管税务机关办理扣缴申报。

**4. 应纳税额的计算方法**

利息、股息、红利所得适用20%的比例税率。其应纳税额的计算公式如下:

$$应纳税额 = 应纳税所得额(每次收入额) \times 适用税率$$

### (七) 财产租赁所得的计税方法

**1. 应纳税所得额**

财产租赁所得一般以个人每次取得的收入,定额或定率减除规定费用后的余额为应纳税所得额。每次收入不超过4 000元,定额减除费用800元;每次收入在4 000元以上,定率减除20%的费用。财产租赁所得以一个月内取得的收入为一次。

个人出租财产取得的财产租赁收入,在计算缴纳个人所得税时,应依次扣除以下费用:

(1) 财产租赁过程中缴纳的税费。

(2) 向出租方支付租金。

(3) 由纳税人负担的该出租财产实际开支的修缮费用,允许扣除的修缮费用,以每次800元为限。一次扣除不完的,准予在下一次继续扣除,直到扣完为止。

应纳税所得额的计算公式如下:

(1) 每次(月)收入不超过4 000元

$$应纳税所得额=每次(月)收入额-准予扣除项目-修缮费用(800元为限)-800元$$

(2) 每次(月)收入超过4 000元

$$应纳税所得额=[每次(月)收入额-准予扣除项目-修缮费用(800元为限)]×(1-20\%)$$

**2. 应纳税额的计算方法**

财产租赁所得适用20%的比例税率。但对个人按市场价格出租的居民住房取得的所得,自2001年1月1日起暂减按10%的税率征收个人所得税。其应纳税额的计算公式如下:

$$应纳税额=应纳税所得额×适用税率$$

### (八) 财产转让所得的计税方法

**1. 应纳税所得额**

财产转让所得以个人每次转让财产取得的收入额减除财产原值和相关税、费后的余额为应纳税所得额。其中,"每次"是指以一件财产的所有权一次转让取得的收入为一次。

财产转让所得中允许减除的财产原值是指:

(1) 有价证券。其原值为买入价以及买入时按规定缴纳的有关费用。一般地,转让债权采用"加权平均法"确定其应予减除的财产原值和合理费用,计算公式如下:

$$\frac{一次卖出某一种类的债券}{允许扣除的买价和费用}=\frac{购进该种债券买入价和买进过程中缴纳的税费总和}{购进该种类债券总数量}×一次卖出的该种类债券数量+卖出该种类债券过程中缴纳的税费$$

(2) 建筑物。其原值为建造费或者购进价格以及其他有关税费。

(3) 土地使用权。其原值为取得土地使用权所支付的金额、开发土地的费用以及其他有关税费。

(4) 机器设备、车船。其原值为购进价格、运输费、安装费,以及其他有关费用。

(5) 其他财产。其原值参照以上方法确定。如果纳税人未提供完整、准确的财产原值凭证,不能正确计算财产原值,由主管税务机关核定其财产原值。

(6) 个人因购买和处置债权取得所得征收个人所得税。

个人通过招标、竞拍或其他方式购置债权以后,通过相关司法或行政程序主张债权而取得的所得,应按照"财产转让所得"项目缴纳个人所得税,个人购买和处置债权过程中发生的拍卖招标手续费、诉讼费、审计评估费以及缴纳的税金等合理税费,在计算个人所得税时允许扣除。所处置债权成本费用(即财产原值),计算公式如下:

$$\text{当次处置债权成本费用} = \frac{\text{个人购置"打包"债权实际支出}}{} \times \frac{\text{当次处置债权账面价值(或拍卖机构公布价值)}}{\text{打包债权账面价值(或拍卖机构公布价值)}}$$

**2. 应纳税额的计算方法**

财产转让所得适用20%的比例税率。其应纳税额的计算公式如下:

$$\text{应纳税额} = \text{应纳税所得额} \times \text{适用税率}$$

### (九) 偶然所得的计税方法

**1. 应纳税所得额**

偶然所得和其他所得以个人每次取得的收入额为应纳税所得额,不扣除任何费用。除有特殊规定外,每次收入额就是应纳税所得额,以每次取得该项收入为一次。

**2. 应纳税额的计算方法**

偶然所得适用20%的比例税率,其应纳税额的计算公式如下:

$$\text{应纳税额} = \text{应纳税所得额(每次收入额)} \times \text{适用税率}$$

## 六、房地产行业相关常见情况应纳税额计算

### (一) 特殊情况工资薪金的计税方法

**1. 向职工发放全年一次性奖金应纳税的计算**

(1) 向职工发放全年一次性奖金。向职工发放全年一次性奖金,符合《国家税务总局关于调整个人取得全年一次性奖金等计算征收个人所得税方法问题的通知》(国税发〔2005〕9号)规定的,在2021年12月31日前,不并入当年综合所得,以全年一次性奖金收入除以12个月得到的数额,按照按月换算后的综合所得税率表(月度税率表),确定适用税率和速算扣除数,单独计算纳税。计算公式如下:

$$\text{应纳税额} = \text{全年一次性奖金收入} \times \text{适用税率} - \text{速算扣除数}$$

向职工发放全年一次性奖金,也可以选择并入当年综合所得计算纳税。

自2022年1月1日起,居民个人取得全年一次性奖金,应并入当年综合所得计算缴纳个人所得税。

**【案例8-3】** 某房地产公司2019年12月向其职工张某(居民个人)发放全年一次性年终奖500 000元,请依照现行税法规定计算该房地产开发企业应代扣代缴张某2019年度全年性奖金的个人所得税。

(1) 每月奖金=500 000÷12=41 666.67(元);

对应月度税率:30%;

(2) 全年一次性奖金应缴纳个人所得税=500 000×30%−4 410= 145 590(元)。

(2) 中央企业负责人取得年度绩效薪金延期兑现收入和任期奖励。中央企业负责人取得年度绩效薪金延期兑现收入和任期奖励,符合《国家税务总局关于中央企业负责人年度绩效薪金延期兑现收入和任期奖励征收个人所得税问题的通知》(国税发〔2007〕118号)规定的,在2021年12月31日前,参照财税〔2018〕164号文件第一条第(一)项执行;2022年1月1日之后的政策另行明确。

### 2. 关于单位低价向职工售房的政策

单位按低于购置或建造成本价格出售住房给职工,职工因此而少支出的差价部分,符合《财政部 国家税务总局关于单位低价向职工售房有关个人所得税问题的通知》(财税〔2007〕13号)第二条规定的,不并入当年综合所得,以差价收入除以12个月得到的数额,按照月度税率表确定适用税率和速算扣除数,单独计算纳税。计算公式如下:

$$应纳税额 = 职工实际支付的购房价款低于该房屋的购置或建造成本价格的差额 \times 适用税率 - 速算扣除数$$

### 3. 关于向外籍个人发放有关津补贴的政策

2019年1月1日至2021年12月31日期间,外籍个人符合居民个人条件的,可以选择享受个人所得税专项附加扣除,也可以选择按照《财政部 国家税务总局关于个人所得税若干政策问题的通知》(财税〔1994〕20号)、《国家税务总局关于外籍个人取得有关补贴征免个人所得税执行问题的通知》(国税发〔1997〕54号)和《财政部 国家税务总局关于外籍个人取得港澳地区住房等补贴征免个人所得税的通知》(财税〔2004〕29号)规定,享受住房补贴、语言训练费、子女教育费等津补贴免税优惠政策,但不得同时享受。外籍个人一经选择,在一个纳税年度内不得变更。

2022年1月1日起,外籍个人不再享受住房补贴语言训练费、子女教育费津贴免税优惠政策,应按规定享受专项附加扣除。

### 4. 关于企业为纳税人负担税款的计税方法

1)《国家税务总局关于印发〈征收个人所得税若干问题的规定〉》(国税发〔1994〕89号)规定

单位或个人为纳税义务人负担个人所得税税款,应将纳税义务人取得的不含税收入换算为应纳税所得额,计算征收个人所得税。计算公式如下:

$$应纳税所得额 = \frac{不含税收入额 - 费用扣除标准 - 速算扣除数}{1 - 税率}$$

$$应纳税额 = 应纳税所得额 \times 适用税率 - 速算扣除数$$

应纳税所得额公式中的税率,是指不含税所得按不含税级距(详见税率表一、二、三)对应的税率;应纳税额公式中的税率,是指应纳税所得额按含税级距对应的税率。

2)《国家税务总局关于雇主为其雇员负担个人所得税税款计征问题的通知》(国税发〔1996〕199号)规定

(1) 雇主全额为其雇员负担税款的处理。对于雇主全额为其雇员负担税款的,直接按国税发〔1994〕089号文件中第十四条规定的公式,将雇员取得的不含税收入换算成应纳税所得额后,计算企业应代为缴纳的个人所得税税款。

(2) 雇主为其雇员负担部分税款的处理。雇主为其雇员定额负担税款的,应将雇员取

得的工资薪金所得换算成应纳税所得额后,计算征收个人所得税。工资薪金收入换算成应纳税所得额的计算公式如下:

$$应纳税所得额 = 雇员取得的工资 + 雇主代雇员负担的税款 - 费用扣除标准$$

雇主为其雇员负担一定比例的工资应纳的税款或者负担一定比例的实际应纳税款的,应将国税发〔1994〕089号文件第十四条规定的不含税收入额计算应纳税所得额的公式中"不含税收入额"替换为"未含雇主负担的税款的收入额",同时将速算扣除数和税率二项分别乘以上述的"负担比例",按此调整后的公式,以其未含雇主负担的收入额换算成应纳税所得额,并计算应纳税款。计算公式如下:

$$应纳税所得额 = \left(未含雇主负担的税款的收入额 - 费用扣除标准 - 速算扣除数 \times 负担比例\right) \div \left(1 - 税率 \times 负担比例\right)$$

$$应纳税额 = 应纳税所得额 \times 适用税率 - 速算扣除数$$

3) 根据《国家税务总局关于明确单位或个人为纳税义务人的劳务报酬所得代付税款计算公式的通知》(国税发〔1996〕161号)的规定。

(1) 不含税收入额为3360元(即含税收入额4000元)以下的,

$$应纳税所得额 = (不含税收入额 - 800) \div (1 - 税率)$$

(2) 不含税收入额为3360(即含税收入额4000元)以上的,

$$应纳税所得额 = (不含税收入额 - 速算扣除数) \times (1 - 20\%) \div [1 - 税率 \times (1 - 20\%)]$$

(3) 公式中的税率。

$$应纳税额 = 应纳税所得额 \times 适用税率 - 速算扣除数$$

此公式中的税率,是指应纳税所得额按含税级距对应的税率。公式(1)、(2)中的税率,是指不含税所得按不含税级距(详见国税发〔1994〕089号文件表三)对应的税率。如表8-10所示。

表 8-10 税率表三
(劳务报酬所得适用)

| 级数 | 含税级距 | 不含税级距 | 税率(%) | 速算扣除数 |
|---|---|---|---|---|
| 1 | 不超过20 000元的 | 不超过16 000元的 | 20 | 0 |
| 2 | 超过20 000元至50 000元的部分 | 超过16 000元至37 000元的部分 | 30 | 2 000 |
| 3 | 超过50 000元的部分 | 超过37 000元的部分 | 40 | 7 000 |

注:1. 表中的含税级距、不含税级距,均为按照税法规定减除有关费用后的所得额。
　　2. 含税级距适用于由纳税人负担税款的劳务报酬所得;不含税级距适用于由他人(单位)代付税款的劳务报酬所得。

**5. 向个人发放股票期权的计税方法**

(1) 居民个人取得股票期权股票增值权、限制性股票、股权奖励等股权激励(以下简称股权激励),符合《财政部　国家税务总局关于个人股票期权所得征收个人所得税问题的通知》(财税〔2005〕35号)、《财政部　国家税务总局关于股票增值权所得和限制性股票所得征收个人所得税有关问题的通知》(财税〔2009〕5号)、《财政部　国家税务总局关于将国家自主创新示范区有关税收试点政策推广到全国范围实施的通知》(财税〔2015〕116号)第四条、《财政部　国家税务总局关于完善股权激励和技术入股有关所得税政策的通知》(财税〔2016〕101号)第四条第(一)项规定的相关条件的,在2021年12月31日前,不并入当年综合所得,全额单独适用综合所得税率表计算纳税。计算公式如下:

$$应纳税额＝股权激励收入×适用税率－速算扣除数$$

(2) 居民个人一个纳税年度内取得两次以上(含两次)股权激励的,应合并按规定计算纳税。

(3) 2022年1月1日之后的股权激励政策另行明确。

**6. 股权激励递延纳税政策**

自2016年9月1日起,股权激励和技术入股按以下规定执行:

1) 对符合条件的非上市公司股票期权股权期权、限制性股票和股权奖励实行递延纳税政策

非上市公司授予本公司员工的股票期权、股权期权、限制性股票和股权奖励,符合规定条件的,经向主管税务机关备案,可实行递延纳税政策,即员工在取得股权激励时可暂不纳税,递延至转让该股权时纳税;股权转让时,按照股权转让收入减除股权取得成本以及合理税费后的差额,适用"财产转让所得"项目,按照20%的税率计算缴纳个人所得税。股权转让时,股票(权)期权取得成本按行权价确定,限制性股票取得成本按实际出资额确定,股权奖励取得成本为零。

2) 对上市公司股票期权、限制性股票和股权奖励适当延长纳税期限

(1) 上市公司授予个人的股票期权、限制性股票和股权奖励,经向主管税务机关备案个人可自股票期权行权、限制性股票解禁或取得股权奖励之日起,在不超过12个月的期限缴纳个人所得税。《财政部　国家税务总局关于上市公司高管人员股票期权所得缴纳个人所得税有关问题的通知》(财税〔2009〕40号)自《财政部　国家税务总局关于完善股权激励和技术入股有关所得税政策的通知》(财税〔2016〕101号)施行之日起废止。

(2) 上市公司股票期权、限制性股票应纳税款的计算,继续按照《财政部　国家税务总局关于个人股票期权所得征收个人所得税问题的通知》(财税〔2005〕35号)、《财政部　国家税务总局关于股票增值权所得和限制性股票所得征收个人所得税有关问题的通知》(财税〔2009〕5号)、《国家税务总局关于股权激励有关个人所得税问题的通知》(国税函〔2009〕461号)等相关规定执行。股权奖励应纳税款的计算比照上述规定执行。

3) 对技术成果投资入股实施选择性税收优惠政策

(1) 企业或个人以技术成果投资入股到境内居民企业,被投资企业支付的对价全部为股票(权)的,企业或个人可选择继续按现行有关税收政策执行,也可选择适用递延纳税优惠政策。

选择技术成果投资入股递延纳税政策的,经向主管税务机关备案,投资入股当期可暂不纳税,允许递延至转让股权时,按股权转让收入减去技术成果原值和合理税费后的差额计算缴纳所得税。

(2) 企业或个人选择适用上述任一项政策,均允许被投资企业按技术成果投资入股时的评估值入账并在企业所得税前摊销扣除。

（3）技术成果是指专利技术（含国防专利）、计算机软件著作权、集成电路布图设计专有权、植物新品种权、生物医药新品种，以及科技部、财政部、国家税务总局确定的其他技术成果。

（4）技术成果投资入股，是指纳税人将技术成果所有权让渡给被投资企业、取得该企业股票（权）的行为。

4）其他相关政策

（1）个人从任职受雇企业以低于公平市场价格取得股票（权）的，凡不符合递延纳税条件，应在获得股票（权）时，对实际出资额低于公平市场价格的差额，按照"工资、薪金所得"，参照《财政部 国家税务总局关于个人股票期权所得征收个人所得税问题的通知》（财税〔2005〕35号）有关规定计算缴纳个人所得税。

（2）个人因股权激励、技术成果投资入股取得股权后，非上市公司在境内上市的，处置递延纳税的股权时，按照现行限售股有关征税规定执行。

（3）个人转让股权时，视同享受递延纳税优惠政策的股权优先转让。递延纳税的股权成本按照加权平均法计算，不与其他方式取得的股权成本合并计算。

（4）持有递延纳税的股权期间，因该股权产生的转增股本收入，以及以该递延纳税的股权再进行非货币性资产投资的，应在当期缴纳税款。

（5）全国中小企业股份转让系统挂牌公司按照上述第①条规定执行。

适用上述第②条规定的上市公司是指其股票在上海证券交易所、深圳证券交易所上市交易的股份有限公司。

5）配套管理措施

（1）对股权激励或技术成果投资入股选择适用递延纳税政策的，企业应在规定期限内到主管税务机关办理备案手续。未办理备案手续的，不得享受递延纳税优惠政策。

（2）企业实施股权激励或个人以技术成果投资入股，以实施股权激励或取得技术成果的企业为个人所得税扣缴义务人。递延纳税期间，扣缴义务人应在每个纳税年度终了后向主管税务机关报告递延纳税有关情况。

（3）工商部门应将企业股权变更信息及时与税务部门共享，暂不具备联网实时共享信息条件的，工商部门应在股权变更登记3个工作日内将信息与税务部门共享。

（二）股权交易所得的计税方法

**1. 个人股权转让一般规定**

股权转让是指个人将股权转让给其他个人或法人的行为，包括出售股权、公司回购股权、发行人首次公开发行新股时，被投资企业股东将其持有的股份以公开发行方式并向投资者发售、股权被司法或行政机关强制过户、以股权对外投资或进行其他非货币性交易、以股权抵偿债务、其他股权转移行为。

1）应纳税所得额

个人转让股权，以股权转让收入减除股权原值和合理费用后的余额为应纳税所得额，按"财产转让所得"缴纳个人所得税。合理费用是指股权转让时按照规定支付的有关税费。

2）扣缴义务人

个人股权转让所得个人所得税，以股权转让方为纳税人，以受让方为扣缴义务人。扣缴义务人应于股权转让相关协议签订后5个工作日内，将股权转让的有关情况报告主管税务机关。

3) 被投资企业

被投资企业应当详细记录股东持有本企业股权的相关成本,如实向税务机关提供与股权转让有关的信息,协助税务机关依法执行公务。

4) 核定股权转让收入相关规定

(1) 税务机关可以核定的情况。股权转让收入应当按照公平交易原则确定。符合下列情形之一的,主管税务机关可以核定股权转让收入:

(a) 申报的股权转让收入明显偏低且无正当理由的;

(b) 未按照规定期限办理纳税申报,经税务机关责令限期申报,逾期仍不申报的;

(c) 转让方无法提供或拒不提供股权转让收入的有关资料;

(d) 其他应核定股权转让收入的情形。

(2) 符合下列情形之一,视为股权转让收入明显偏低:

(a) 申报的股权转让收入低于股权对应的净资产份额的。其中,被投资企业拥有土地使用权、房屋、房地产开发企业未销售房产、知识产权、探矿权、采矿权、股权等资产的,申报的股权转让收入低于股权对应的净资产公允价值份额的。

(b) 申报的股权转让收入低于初始投资成本或低于取得该股权所支付的价款及相关税费的。

(c) 申报的股权转让收入低于相同或类似条件下同一企业同一股东或其他股东股权转让收入的。

(d) 申报的股权转让收入低于相同或类似条件下同类行业的企业股权转让收入的。

(e) 不具合理性的无偿让渡股权或股份。

(f) 主管税务机关认定的其他情形。

(3) 符合下列条件之一的股权转让收入明显偏低,视为有正当理由:

(a) 能出具有效文件,证明被投资企业因国家政策调整,生产经营受到重大影响,导致低价转让股权。

(b) 继承或将股权转让给其能提供具有法律效力身份关系证明的配偶、父母、子女、祖父母、外祖父母、孙子女、外孙子女、兄弟姐妹以及对转让人承担直接抚养或者赡养义务的抚养人或者赡养人。

(c) 相关法律、政府文件或企业章程规定,并有相关资料充分证明转让价格合理且真实的本企业员工持有的不能对外转让股权的内部转让。

(d) 股权转让双方能够提供有效证据证明其合理性的其他合理情形。

(4) 主管税务机关应依次按照下列方法核定股权转让收入:

(a) 净资产核定法。股权转让收入按照每股净资产或股权对应的净资产份额核定。被投资企业的土地使用权、房屋、房地产开发企业未销售房产、知识产权、探矿权、采矿权股权等资产占企业总资产比例超过20%的,主管税务机关可参照纳税人提供的具有法定资质的中介机构出具的资产评估报告核定股权转让收入。

6个月内再次发生股权转让且被投资企业净资产未发生重大变化的,主管税务机关可参照上一次股权转让时被投资企业的资产评估报告核定此次股权转让收入。

(b) 类比法。参照相同或类似条件下同一企业同一股东或其他股东股权转让收入核定;参照相同或类似条件下同类行业企业股权转让收入核定。

（c）其他合理方法。主管税务机关采用以上方法核定股权转让收入存在困难的,可以采取其他合理方法核定。

（5）个人转让股权的原值依照以下方法确认:

（a）以现金出资方式取得的股权,按照实际支付的价款与取得股权直接相关的合理税费之和确认股权原值。

（b）以非货币性资产出资方式取得的股权,按照税务机关认可或核定的投资入股时非货币性资产价格与取得股权直接相关的合理税费之和确认股权原值。

（c）通过无偿让渡方式取得股权,具备《股权转让所得个人所得税管理办法(试行)》第十三条第二项所列情形的,按取得股权发生的合理税费与原持有人的股权原值之和确认股权原值。

（d）被投资企业以资本公积、盈余公积、未分配利润转增股本,个人股东已依法缴纳个人所得税的,以转增额和相关税费之和确认其新转增股本的股权原值。

（e）除以上情形外,由主管税务机关按照避免重复征收个人所得税的原则合理确认股权原值。

股权转让人已被主管税务机关核定股权转让收入并依法征收个人所得税的,该股权受让人的股权原值以取得股权时发生的合理税费与股权转让人被主管税务机关核定的股权转让收入之和确认。

个人转让股权未提供完整、准确的股权原值凭证,不能正确计算股权原值的,由主管税务机关核定其股权原值。

对个人多次取得同一被投资企业股权的,转让部分股权时,采用"加权平均法"确定其股权原值。

**2. 个人转让上市公司限售股**

1）限售股认定

（1）财税〔2009〕167号文件规定的限售股。分为两类:第一类,上市公司股权分置改革完成后股票复牌日之前股东所持原非流通股股份,以及股票复牌日至解禁日期间由上述股份孳生的送转股,统称为股改限售股;第二类,2006年股权分置改革新老划断后,首次公开发行股票并上市的公司形成的限售股,以及上市首日至解禁日期间由上述股份孳生的送转股,统称新股限售股;财政部、国家税务总局、法制办和证监会共同确定的其他限售股。

（2）个人从机构或其他个人受让的未解禁限售股。

（3）个人因依法继承或家庭财产依法分割取得的限售股。

（4）个人持有的从代办股份转让系统转到主板市场(或中小板、创业板市场)的限售股。

（5）上市公司吸收合并中,个人持有的原被合并方公司限售股所转换的合并方公司股份。

（6）上市公司分立中,个人持有的被分立方公司限售股所转换的分立后公司股份。

（7）其他限售股。

2）转让限售股的认定

对具有下列情形的,是个人转让限售股,应按规定征收个人所得税:

（1）个人通过证券交易所集中交易系统或大宗交易系统转让限售股。

（2）个人用限售股认购或申购交易型开放式指数基金(ETF)份额。

(3) 个人用限售股接受要约收购。

(4) 个人行使现金选择权将限售股转让给提供现金选择权的第三方。

(5) 个人协议转让限售股。

(6) 个人持有的限售股被司法扣划。

(7) 个人因依法继承或家庭财产分割让渡限售股所有权。

(8) 个人用限售股偿还上市公司股权分置改革中由大股东代其向流通股股东支付的对价。

(9) 其他具有转让实质的情形。

3) 应纳税所得额的计算

(1) 个人转让限售股所对应的公司在证券机构技术和制度准备完成前上市的：应纳税所得额的计算按照财税〔2009〕167号文件第五条第（一）项规定执行，即证券机构技术和制度准备完成前形成的限售股，证券机构按照股改限售股股改复牌日收盘价，或新限售股上市首日收盘价计算转让收入，按照计算出的转让收入的15%确定限售股原值和合理税费，以转让收入减去原值和合理税费后的余额，适用20%税率，计算预扣预缴个人所得税额。

(2) 在证券机构技术和制度准备完成后上市的：应纳税所得额的计算按照财税〔2009〕167号文件第五条第（二）项规定执行，即证券机构技术和制度准备完成后新上市公司的限售股，按照证券机构事先植入结算系统的限售股成本原值和发生的合理税费，以实际转让收入减去原值和合理税费后的余额，适用20%税率，计算直接扣缴个人所得税额。

**3. 转增股本个税**

个人股东获得转增的股本，应按照"利息、股息、红利所得"项目，适用20%税率征收个人所得税。

(1) 非上市公司规定

非上市及未在全国中小企业股份转让系统挂牌的中小高新技术企业以未分配利润、盈余公积、资本公积向个人股东转增股本，并符合《财政部 国家税务总局关于将国家自主创新示范区有关税收试点政策推广到全国范围实施的通知》（财税〔2015〕116号）有关规定的，纳税人可分期缴纳个人所得税；非上市及未在全国中小企业股份转让系统挂牌的其他企业转增股本，应及时代扣代缴个人所得税。

(2) 上市公司规定

上市公司或在全国中小企业股份转让系统挂牌的企业转增股本（不含以股票发行溢价形成的资本公积转增股本），按现行有关股息红利差别化政策执行。计算公式如下：

计税金额 =（未分配利润转增金额 + 盈余公积转增金额 + 资本公积转增金额）× 持股比例

应缴个人所得税 = 计税金额 × 20%

**4. 个人投资者收购企业股权后将原盈余积累转增股本个人所得税问题**

《国家税务总局关于个人投资者收购企业股权后将原盈余积累转增股本个人所得税问题的公告》（国家税务总局公告2013年第23号）中规定，"根据《个人所得税法》及有关规定，对个人投资者收购企业股权后，将企业原有盈余积累转增股本有关个人所得税问题规定如下：

一、一名或多名个人投资者以股权收购方式取得被收购企业100%股权，股权收购前，被收购企业原账面金额中的"资本公积、盈余公积、未分配利润"等盈余积累未转增股本，而在股权交易时将其一并计入股权转让价格并履行了所得税纳税义务。股权收购后，企业将

原账面金额中的盈余积累向个人投资者(新股东)转增股本,有关个人所得税问题区分以下情形处理:

(一)新股东以不低于净资产价格收购股权的,企业原盈余积累已全部计入股权交易价格,新股东取得盈余积累转增股本的部分,不征收个人所得税。

(二)新股东以低于净资产价格收购股权的,企业原盈余积累中,对于股权收购价格减去原股本的差额部分已经计入股权交易价格,新股东取得盈余积累转增股本的部分,不征收个人所得税;对于股权收购价格低于原所有者权益的差额部分未计入股权交易价格,新股东取得盈余积累转增股本的部分,应按照"利息、股息、红利所得"项目征收个人所得税。新股东以低于净资产价格收购企业股权后转增股本,应按照下列顺序进行,即先转增应税的盈余积累部分,然后再转增免税的盈余积累部分。

(三)新股东将所持股权转让时,其财产原值为其收购企业股权实际支付的对价及相关税费。

(四)企业发生股权交易及转增股本等事项后,应在次月15日内,将股东及其股权变化情况、股权交易前原账面记载的盈余积累数额、转增股本数额及扣缴税款情况报告主管税务机关。"

(三)房屋交易所得的计税方法

**1. 个人无偿受赠房屋产权的个人所得税处理**

以下情形的房屋产权无偿赠与,对当事双方不征收个人所得税:

(1)房屋产权所有人将房屋产权无偿赠与配偶、父母、子女、祖父母、外祖父母、孙子女、外孙子女、兄弟姐妹;

(2)房屋产权所有人将房屋产权无偿赠与对其承担直接抚养或者赡养义务的抚养人或者赡养人;

(3)房屋产权所有人死亡,依法取得房屋产权的法定继承人、遗嘱继承人或者受遗赠人。

除上述规定情形以外,房屋产权所有人将房屋产权无偿赠与他人的,受赠人因无偿受赠房屋取得的受赠所得,按照"经国务院财政部门确定征税的其他所得"项目缴纳个人所得税,税率为20%。

对受赠人无偿受赠房屋计征个人所得税时,其应纳税所得额为房地产赠与合同上标明的赠与房屋价值减除赠与过程中受赠人支付的相关税费后的余额。赠与合同标明的房屋价值明显低于市场价格或房地产赠与合同未标明赠与房屋价值的,税务机关可依据受赠房屋的市场评估价格或采取其他合理方式确定受赠人的应纳税所得额。

**2. 以企业资金为个人购房**

根据《中华人民共和国个人所得税法》和《财政部 国家税务总局关于规范个人投资者个人所得税征收管理的通知》(财税〔2003〕158号)的有关规定,符合以下情形的房屋或其他财产,不论所有权人是否将财产无偿或有偿交付企业使用,其实质均为企业对个人进行了实物性质的分配,应依法计征个人所得税。

(1)企业出资购买房屋及其他财产,将所有权登记为投资者个人、投资者家庭成员或企业其他人员的;

(2)企业投资者个人、投资者家庭成员或企业其他人员向企业借款用于购买房屋及其他财产,将所有权登记为投资者、投资者家庭成员或企业其他人员,且借款年度终了后未归还借款的。

### (四) 建筑安装业个人取得所得的计税方法

从事建筑安装业的个人取得收入的情况比较复杂,因此,国家税务总局制定《建筑安装业个人所得税征收管理暂行办法》对相关内容进行规定,各个省市也出台本地办法进行细化规定。

**1. 纳税人**

从事建筑安装业并取得个人所得的工程承包人、个体工商户及其他个人为纳税义务人。建筑安装业,包括建筑、安装、修缮、装饰及其他工程作业。

**2. 扣缴义务人**

承揽建筑安装业工程作业的单位和个人是个人所得税的代扣代缴义务人,应在向个人支付收入时依法代扣代缴其应纳的个人所得税。没有扣缴义务人的和扣缴义务人未按规定代扣代缴税款的,纳税人应自行向主管税务机关申报纳税。

**3. 应税项目的适用**

应区别承包人、个体工商户及其他个人取得所得的不同情况,确定应税项目。

(1) 凡建筑安装业各项工程作业实行承包经营,对承包人取得的所得,分两种情况处理:对经营成果归承包人个人所有的所得,或按合同(协议)规定,将一部分经营成果留归承包人个人的所得,按"对企事业单位的承包经营、承租经营所得"项目征税;对承包人以其他方式取得的所得,按"工资、薪金所得"项目征税。

(2) 从事建筑安装业的个体工商户和未领取营业执照承揽建筑安装业工程作业的建筑安装队和个人,以及建筑安装企业实行个人承包后,工商登记改变为个体经济性质的,其从事建筑安装业取得的收入,应依照"个体工商户的生产、经营所得"项目计征个人所得税。

(3) 对从事建筑安装业工程作业的其他人员取得的所得,分别按照"工资、薪金所得"项目和"劳务报酬所得"项目计征个人所得税。

**4. 核定征收**

从事建筑安装业的单位和个人应设置会计账簿,健全财务制度,准确、完整地进行会计核算。对未设立会计账簿,或者不能准确、完整地进行会计核算的单位和个人,主管税务机关可根据其工程规模、工程承包合同(协议)价款和工程完工进度等情况,核定其应纳税所得额或应纳税额,据以征税。具体核定办法由县以上(含县级)税务机关制定。部分省市建筑安装业个人所得税征收率如表 8-11 所示。

表 8-11 部分省市建筑安装业个人所得税征收率表

| 地区 | 包工(%) | 包工包料(%) |
|---|---|---|
| 青岛 | 1~2 | 0.5~1.5 |
| 四川 | 1.20 | |
| 浙江 | 不得低于 0.5 | |
| 江苏 | 0.80 | |
| 江西 | 2.50 | |
| 重庆 | 1 | |
| 湖南 | 2 | |

**5. 计税方法**

纳税人和扣缴义务人应按每月工程完工量预缴、预扣个人所得税,按年结算。一项工程跨年度作业的,应按各年所得预缴、预扣和结算个人所得税。难以划分各年所得的,可以按月预缴、预扣税款,并在工程完工后按各年度工程完工量分摊所得并结算税款。

### 七、税收优惠

**(一)法定所得免税**

《中华人民共和国个人所得税法》第四条规定,以下所得免税。

(1) 省级人民政府、国务院部委和中国人民解放军军以上单位,以及外国组织、国际组织颁发的科学、教育、技术、文化、卫生、体育、环境保护等方面的奖金;

(2) 国债和国家发行的金融债券利息;

(3) 按照国家统一规定发给的补贴、津贴;

(4) 福利费、抚恤金、救济金;

(5) 保险赔款;

(6) 军人的转业费、复员费;

(7) 按照国家统一规定发给干部、职工的安家费、退职费、退休工资、离休工资、离休生活补助费;

(8) 依照我国有关法律规定应予免税的各国驻华使馆、领事馆的外交代表、领事官员和其他人员的所得;

(9) 中国政府参加的国际公约、签订的协议中规定免税的所得;

(10) 经国务院财政部门批准免税的所得。

**(二)经批准可以减征个人所得税**

《中华人民共和国个人所得税法》第五条规定,以下所得减征。

(1) 残疾、孤老人员和烈属的所得;

(2) 因严重自然灾害造成重大损失的;

(3) 其他经国务院财政部门批准减税的。

**(三)暂免征个人所得税**

《财政部 国家税务总局关于个人所得税若干政策问题的通知》(财税字〔1994〕20号)规定,以下所得暂免征。

(1) 奖金。个人举报、协查各种违法、犯罪行为而获得的奖金;

(2) 手续费。个人办理代扣代缴税款手续费,按规定取得的扣缴手续费;

(3) 转让房产所得。个人转让自用达5年以上、并且是唯一的家庭生活用房取得的所得;

(4) 延期离退休工薪所得。达到离、退休年龄,但因工作需要,适当延长离退休年龄的高级专家,其在延长离退休期间的工资、薪金所得,视同离、退休工资免征个人所得税。

**(四)外籍个人的下列所得,免征个人所得税**

《财政部 国家税务总局关于个人所得税若干政策问题的通知》(财税字〔1994〕20号)规定,以下外籍个人所得免征。

(1) 生活费用。外籍个人以非现金形式或实报实销形式取得的住房补贴、伙食补贴、搬迁费、洗衣费；

(2) 出差补贴。外籍个人按合理标准取得的境内、外出差补贴；

(3) 其他费用。外籍个人取得的探亲费、语言培训费、子女教育费等，经审核批准为合理的部分；

(4) 股息红利所得。外籍个人从外商投资企业取得的股息、红利所得。

**(五) 外籍专家工薪所得免税**

《财政部 国家税务总局关于个人所得税若干政策问题的通知》（财税字〔1994〕20号）规定，下列外籍专家的工资、薪金所得，免征个人所得税：

(1) 根据世界银行专项贷款协议由世界银行直接派往中国工作的外国专家；

(2) 联合国组织直接派往中国工作的专家；

(3) 为联合国援助项目来华工作的专家；

(4) 援助国派往中国专为该国无偿援助项目工作的专家；

(5) 根据两国政府签订的文化交流项目来华2年以内的文教专家，其工资、薪金所得由该国负担的；

(6) 根据中国大专院校国际交流项目来华工作的专家，其工资、薪金所得由该国负担的；

(7) 通过民间科研协定来华工作的专家，其工资、薪金所得由该国机构负担的。

**(六) 非工薪所得免税**

下列不属于工薪性质的补贴、津贴或不属于本人工薪项目的收入，不征收个人所得税：

(1) 独生子女补贴；

(2) 托儿补助费；

(3) 差旅费津贴、误餐补助；

(4) 执行公务员工资制度未纳入基本工资总额的补贴、津贴差额和家庭成员的副食品补贴。

**(七) 其他**

(1)《财政部 国家税务总局关于发给见义勇为者的奖金免征个人所得税问题的通知》（财税字〔1995〕25号）规定，见义勇为奖免税。对乡镇以上政府或县以上政府主管部门批准成立的见义勇为基金会或者类似组织，奖励见义勇为者的奖金或奖品，经主管税务机关批准，免征个人所得税。

(2)《国家税务总局关于征用土地过程中征地单位支付给土地承包人员的补偿费如何征税问题的批复》（苏国税函发〔1997〕87号）规定，青苗补偿费免税。对于在征用土地过程中，单位支付给土地承包人的青苗补偿费收入，暂免征个人所得税。

(3)《国家税务总局关于股份制企业转增股本和派发红股征免个人所得税的通知》（国税发〔1997〕198号）规定，个人股本免税。股份制企业用资本公积金转增个人股本，不属于股息、红利所得，不征收个人所得税。

(4)《国家税务总局关于社会福利有奖募捐发行收入税收问题的通知》（国税发〔1994〕127号）规定，福利和体育彩票奖金免税。个人购买社会福利有奖募捐彩票和体育彩票，一次中奖收入不超过1万元的，免征个人所得税。超过1万元的，全额征收个人所得税。

(5)《财政部 国家税务总局关于个人转让股票所得继续暂免征收个人所得税的通知》

(财税字〔1998〕61号)规定,转让股票所得免税。对个人转让上市公司股票的所得,暂免征个人所得税。

(6)《财政部 国家税务总局关于证券投资基金税收问题的通知》(财税字〔1998〕55号)规定,国债利息和买卖股票价差收入免税。对个人投资者从证券投资基金分配中获得的国债利息、买卖股票价差收入,暂不征收个人所得税。

(7)《财政部 国家税务总局关于证券投资基金税收问题的通知》(财税字〔1998〕55号)规定,差价收入免税。对个人投资者从买卖证券投资基金单位获得的差价收入,暂不征收个人所得税。

(8)《财政部 国家税务总局关于住房公积金医疗保险金、基本养老保险金、失业保险基金个人账户存款利息所得免征个人所得税的通知》(财税字〔1999〕267号)规定,公积金和保险金免税。企业和个人按规定比例提取并缴付的住房公积金、医疗保险金、基本养老保险金和失业保险基金,免征个人所得税和利息所得税。

(9)《国家税务总局关于企业改组改制过程中个人取得的量化资产征收个人所得税问题的通知》(国税发〔2000〕60号)规定,股权资产缓税。对职工个人以股份制形式取得的拥有所有权的企业量化资产,暂缓征个人所得税。

(10)《财政部 国家税务总局关于个人与用人单位解除劳动关系取得的一次性补偿收入征免个人所得税问题的通知》(财税〔2001〕157号)规定,安置收入免税。国有企业职工因企业破产,从破产企业取得的一次性安置收入,免征个人所得税。

(11)《国家税务总局关于代扣代缴储蓄存款利息所得个人所得税手续费收入征免税问题的通知》(国税发〔2001〕31号)规定,扣缴利息税手续费免税。储蓄机构内从事代扣代缴工作的办税人员取得的扣缴利息税手续费所得,免征个人所得税。

(12)《国家税务总局关于外籍个人取得有关补贴征免个人所得税执行问题的通知》(国税发〔1997〕54号)、《国家税务总局关于外籍个人取得的探亲费免征个人所得税有关执行标准问题的通知》(国税函〔2001〕336号)规定,外籍个人探亲费免税。对外籍个人取得的探亲费,每年探亲不超过2次和支付的标准合理的部分,免征个人所得税。

(13)《财政部 国家税务总局关于开放式证券投资基金有关税收问题的通知》(财税〔2002〕128号)规定,个人申购和赎回基金单位的差价收入免税。对个人投资者申购和赎回开放式证券投资基金单位取得的差价收入,暂不征收个人所得税。

(14)《财政部 国家税务总局关于开放式证券投资基金有关税收问题的通知》(财税〔2002〕128号)规定,基金分配收入免税。对投资者(包括个人和机构投资者)从开放式证券投资基金分配中取得的收入,暂不征收个人所得税和企业所得税。

(15)《财政部 国家税务总局关于农村税费改革试点地区个人取得农业特产所得征免个人所得税问题的通知》(财税〔2003〕157号)规定,农村费改税地区农业特产所得免税。农村税费改革试点地区停止征收农业特产税,改为征收农业税后,对个体户或个人取得的农业特产所得,不再征收个人所得税。

## 八、征收管理

### (一)法定扣缴

税法规定,个人所得税以所得人为纳税人,以支付所得的单位或者个人为扣缴义务人。

纳税人有中国公民身份号码的,以中国公民身份号码为纳税人识别号;纳税人没有中国公民身份号码的,由税务机关赋予其纳税人识别号。扣缴义务人扣缴税款时,纳税人应当向扣缴义务人提供纳税人识别号。

**1. 扣缴义务人的法定义务**

扣缴义务人在向个人支付应纳税所得(包括现金支付、汇拨支付、转账支付和以有价证券、实物以及其他形式支付)时,不论纳税人是否属于本单位人员,均应代扣代缴其应纳的个人所得税税款。扣缴义务人依法履行代扣代缴税款义务,纳税人不得拒绝。

扣缴义务人在扣缴税款时,必须向纳税人开具税务机关统一印制的代扣代收税款凭证,并详细注明纳税人姓名、工作单位、家庭住址和身份证或护照号码(无上述证件的,可用其他能有效证明身份的证件)等个人情况。对工资、薪金所得和股息、利息、红利所得等,因纳税人众多,不便一一开具代扣代收税款凭证的,经主管税务机关同意,可不开具,但应通过一定的形式告知纳税人已扣缴税款。纳税人为持有完税依据而向扣缴义务人索取代扣收税款凭证的,扣缴义务人不得拒绝。扣缴义务人向纳税人提供非正式扣税凭证的,纳税人可以拒收。

扣缴义务人应设立代扣代缴税款账簿,正确反映个人所得税的扣缴情况,并如实填写《扣缴个人所得税报告表》及其他有关资料。扣缴义务人每月扣缴的税款,应当在次月15日内缴入国库,并向主管税务机关报送《扣缴个人所得税报告表》代扣代收税款凭证和包括每一纳税人姓名、单位、职务、收入、税款等内容的支付个人收入明细表,以及税务机关要求报送的其他有关资料。扣缴义务人未按照规定的期限向主管税务机关报送《扣缴个人所得税报告表》《支付个人收入明细表》和个人基础信息等有关情况的,依照《税收征管法》第六十二条的规定给予相应处罚。

**2. 扣缴义务人的法律责任**

(1) 属于2001年5月1日前发生的应税行为,如果纳税人拒绝履行纳税义务,扣缴义务人应当及时报告税务机关处理,并暂时停止支付其应纳税所得额。否则,纳税人应缴纳的税款由扣缴义务人补缴。同时,扣缴义务人还要承担应扣未扣、应收未收的税款应缴纳的滞纳金或罚款。扣缴义务人应补缴的税款计算公式如下:

$$应纳税所得额 = (支付的收入额 - 费用扣除标准 - 速算扣除数) \div (1 - 税率)$$
$$应纳税额 = 应纳税所得额 \times 适用税率 - 速算扣除数$$

(2) 属于2001年5月1日后发生的应税行为,按照《税收征管法》进行处理:扣缴义务人应扣未扣、应收而不收税款的,由税务机关向纳税人追缴税款,对扣缴义务人处应扣未扣应收未收税款50%以上3倍以下的罚款;纳税人、扣缴义务人逃避、拒绝或者以其他方式阻挠税务机关检查的,由税务机关责令改正,可以处10 000以下的罚款;情节严重的,处10 000元以上50 000元以下的罚款。

(3) 扣缴义务人的法人代表(或单位主要负责人)财会部门的负责人及具体办理代扣代缴税款的有关人员,共同对依法履行代扣代缴义务负法律责任。根据税法规定,扣缴义务人有偷税或者抗税行为的,除依法追缴税款、处以罚款(罚金)外,对情节严重的,还应追究直接责任人的刑事责任。

**3. 代扣代缴税款的手续费**

税务机关应根据扣缴义务人所扣缴的税款,付给2%的手续费,由扣缴义务人用于代扣代缴费用开支和奖励代扣代缴工作做得较好的办税人员。

**(二)自行申报**

**1. 申报纳税的所得项目**

税法规定,有下列情形之一的,纳税人应当依法办理纳税申报:

(1) 取得综合所得需要办理汇算清缴。

(2) 取得应税所得没有扣缴义务人。

(3) 取得应税所得,扣缴义务人未扣缴税款。

(4) 取得境外所得。

(5) 因移居境外注销中国户籍。

(6) 非居民个人在中国境内从两处以上取得工资、薪金所得。

(7) 国务院规定的其他情形。

**2. 申报纳税地点**

申报纳税地点一般应为收入来源地的税务机关。但是,纳税人在两处或两处以上取得工资、薪金所得的,可选择并固定在一地税务机关申报纳税;从境外取得所得的,应向境内户籍所在地或经常居住地税务机关申报纳税。

对在中国境内几地工作或提供劳务的临时来华人员,应以税法所规定的申报纳税日期为准,在某一地区达到申报纳税的日期,即应在该地申报纳税。但为了方便纳税,也可准予个人提出申请,经批准后固定在一地申报纳税。对由在华企业或办事机构发放工资、薪金的外籍纳税人,由在华企业或办事机构集中向当地税务机关申报纳税。纳税人要求变更申报纳税地点的,须经原主管税务机关备案。

**3. 申报纳税期限**

(1) 居民个人取得综合所得,按年计算个人所得税;有扣缴义务人的,由扣缴义务人按月或者按次预扣预缴税款;需要办理汇算清缴的,应当在取得所得的次年3月1日至6月30日内办理汇算清缴。

居民个人向扣缴义务人提供专项附加扣除信息的,扣缴义务人按月预扣预缴税款时应当按照规定予以扣除,不得拒绝。

非居民个人取得工资、薪金所得,劳务报酬所得,稿酬所得和特许权使用费所得,有扣缴义务人的,由扣缴义务人按月或者按次代扣代缴税款,不办理汇算清缴。

(2) 纳税人取得经营所得,按年计算个人所得税,由纳税人在月度或者季度终了后15日内向税务机关报送纳税申报表,并预缴税款;在取得所得的次年3月31日前办理汇算清缴。

纳税人取得利息、股息、红利所得,财产租赁所得,财产转让所得和偶然所得,按月或者按次计算个人所得税,有扣缴义务人的,由扣缴义务人按月或者按次代扣代缴税款。

(3) 纳税人取得应税所得没有扣缴义务人的,应当在取得所得的次月15日内向税务机关报送纳税申报表,并缴纳税款。

(4) 纳税人取得应税所得,扣缴义务人未扣缴税款的,纳税人应当在取得所得的次年6月30前,缴纳税款;税务机关通知限期缴纳的,纳税人应当按照期限缴纳税款。

(5) 居民个人从中国境外取得所得的,应当在取得所得的次年3月1日至6月30日内申报纳税。

(6) 非居民个人在中国境内从两处以上取得工资、薪金所得的,应当在取得所得的次月

15日内申报纳税。

(7) 纳税人因移居境外注销中国户籍的,应当在注销中国户籍前办理税款清算。

(8) 扣缴义务人每月或者每次预扣、代扣的税款,应当在次月15日内缴入国库,并向税务机关报送扣缴个人所得税申报表。

纳税人办理汇算清缴退税或者扣缴义务人为纳税人办理汇算清缴退税的,税务机关审核后,按照国库管理的有关规定办理退税。

**4. 申报纳税方式**

个人所得税的申报纳税方式主要有三种,即由本人直接申报纳税,委托他人代为申报纳税,以及采用邮寄方式在规定的申报期内申报纳税。其中,采取邮寄申报纳税的,以寄出地的邮戳日期为实际申报日期。

**(三) 反避税规则**

企业所得税法第八条规定,有下列情形之一的,税务机关有权按照合理方法进行纳税调整:

**1. 不符合独立交易原则**

个人与其关联方之间的业务往来不符合独立交易原则而减少本人或者其关联方应纳税额,且无正当理由。

**2. 通过受控外国公司避税**

居民个人控制的,或者居民个人和居民企业共同控制的设立在实际税负明显偏低的国家(地区)的企业,无合理经营需要,对应当归属于居民个人的利润不作分配或者减少分配。

**3. 一般反避税**

个人实施其他不具有合理商业目的的安排而获取不当税收利益。

税务机关依照前款规定作出纳税调整,需要补征税款的,应当补征税款,并依法加收利息。利息应当按照税款所属纳税申报期最后一日中国人民银行公布的与补税期间同期的人民币贷款基准利率计算,自税款纳税申报期满次日起至补缴税款期限届满之日止按日加收。纳税人在补缴税款期限届满前补缴税款的,利息加收至补缴税款之日。

**(四) 特殊情况征管规定**

**1. 股权转让征管规定**

1) 交易双方义务

股权交易各方在签订股权转让协议并完成股权转让交易以后至企业变更股权登记之前,负有纳税义务或代扣代缴义务的转让方或受让方,应到主管税务机关办理纳税(扣缴)申报,并持税务机关开具的股权转让所得缴纳个人所得税完税凭证或免税、不征税证明,到工商行政管理部门办理股权变更登记手续。

2) 被转让企业义务

股权交易各方已签订股权转让协议,但未完成股权转让交易的,企业在向工商行政管理部门申请股权变更登记时,应填写《个人股东变动情况报告表》并向主管税务机关申报。

3) 主管税务机关

个人股东股权转让所得个人所得税以发生股权变更企业所在地税务机关为主管税务机关。纳税人或扣缴义务人应到主管税务机关办理纳税申报和税款入库手续。主管税务机关应按照《个人所得税法》和《税收征管法》的规定,获取个人股权转让信息,对股权转让涉税事项进行管理、评估和检查,并对其中涉及的税收违法行为依法进行处罚。

4)主管税务机关责任

税务机关应加强对股权转让所得计税依据的评估和审核。对扣缴义务人或纳税人申报的股权转让所得相关资料应认真审核,判断股权转让行为是否符合独立交易原则,是否符合合理性经济行为及实际情况。

**2. 个人财产对外转移规定**

为落实《个人财产对外转移售付汇管理暂行办法》(中国人民银行公告〔2004〕第 16 号,以下简称《办法》),便利申请人办理业务,防止国家税收流失,现就《办法》所涉及个人财产对外转移提交税收证明或完税凭证的有关问题通知如下:

(1)税务机关对申请人缴纳税款情况进行证明。税务机关在为申请人开具税收证明时,应当按其收入或财产不同类别、来源,由收入来源地或者财产所在地税务局分别开具。

(2)申请人拟转移的财产已取得完税凭证的,可直接向外汇管理部门提供完税凭证,不需向税务机关另外申请税收证明。

(3)申请人拟转移的财产总价值在人民币 15 万元以下的,可不需向税务机关申请税收证明。

(4)申请人与纳税人姓名、名称不一致的,税务机关只对纳税人出具证明,申请人应向外汇管理部门提供其与纳税人关系的证明。

(5)申请人向税务机关申请税收证明时,应当提交的资料分别为:代扣代缴单位报送的含有申请人明细资料的《扣缴个人所得税报告表》复印件、《个体工商户所得税年度申报表》《个人承包承租经营所得税年度申报表》原件,有关合同、协议原件,取得有关所得的凭证,以及税务机关要求报送的其他有关资料。

(6)申请人发生财产变现的,应当提供交易合同、发票等资料。

(7)时税务机关应当对以上资料进行核实;对申请人没有缴税的应税行为,应当责成纳税人缴清税款并按照税收征管法的规定处理后开具税收证明。

## 第二节 个人所得税检查

### 一、个人所得税常见风险

#### (一)超标保险费用

单位和个人缴纳的补充医疗保险金、补充养老保险费和其他商业保险,未代扣代缴个人所得税的风险。

企事业单位按照国家或省(自治区、直辖市)人民政府规定的缴费比例或办法实际缴付的基本养老保险费、基本医疗保险费和失业保险费,免征个人所得税。根据《关于单位为员工支付有关保险缴纳个人所得税问题的批复》的规定,对企业为员工支付各项免税之外的保险金,应在企业向保险公司缴付时(即该保险落到被保险人的保险账户)并入员工当期的工资收入,按"工资、薪金所得"项目计征个人所得税,税款由企业负责代扣代缴。

#### (二)超标住房公积金

单位和个人超过规定比例和标准缴付的住房公积金,超过部分并入个人当期的工资、薪金收入,计征个人所得税的风险。

根据《住房公积金管理条例》《建设部 财政部 中国人民银行关于住房公积金管理若干具体问题的指导意见》(建金管〔2005〕5号)等规定精神,单位和个人分别在不超过职工本人上一年度月平均工资12%的幅度内,其实际缴存的住房公积金,允许在个人应纳税所得额中扣除。单位和职工个人缴存住房公积金的月平均工资不得超过职工工作地所在设区城市上一年度职工月平均工资的3倍,具体标准按照各地有关规定执行。单位和个人超过上述规定比例和标准缴付的住房公积金,应将超过部分并入个人当期的工资、薪金收入,计征个人所得税。

### (三) 职工福利

发放给个人的过节费、高温费(或购物卡),未代扣代缴个人所得税。

企业为职工提供的交通、住房、通讯待遇,已经实行货币化改革的,按月按标准发放或支付的住房补贴、交通补贴或者车改补贴、通讯补贴,应当纳入职工工资总额,不再纳入职工福利费管理;尚未实行货币化改革的,企业发生的相关支出作为职工福利费管理。企业给职工发放的节日补助、未统一供餐而按月发放的午餐费补贴,应当纳入工资总额管理。

### (四) 私车公用的车辆补贴和超标准的通讯补贴

私车公用方式变相发放补贴,未代扣代缴个人所得税风险。

日常经济业务中,很多企业会存在私车公用的情况,企业采用的形式亦各种各样,有的采取租赁的形式,有的采取直接发放现金车补的形式,有的则采取报销员工私车公用发生的费用(如汽油费、过路过桥费等)的形式补贴员工。根据规定,对于个人因公务用车制度改革而取得的公务用车补贴收入,扣除一定标准的公务费用后,按照工资、薪金所得项目计征个人所得税。同样的道理,企业向职工发放的通讯补贴,扣除一定标准的公务费用后,按照工资、薪金所得项目计征个人所得税,其中的标准由各省税务机关规定。

### (五) 旅游奖励

企业对业绩突出的员工给予旅游奖励,为员工报销旅游费用未代扣代缴个人所得税风险。

依据《财政部 国家税务总局关于企业以免费旅游方式提供对营销人员个人奖励有关个人所得税政策的通知》(财税〔2004〕11号)规定,按照我国现行个人所得税法律法规有关规定,对商品营销活动中,企业和单位对营销业绩突出人员以培训班、研讨会、工作考察等名义组织旅游活动,通过免收差旅费、旅游费对个人实行的营销业绩奖励(包括实物、有价证券等),应根据所发生费用全额计入营销人员应税所得,依法征收个人所得税,并由提供上述费用的企业和单位代扣代缴。其中,对企业雇员享受的此类奖励,应与当期的工资、薪金合并,按照工资、薪金所得项目征收个人所得税。

### (六) 为员工报销 MBA、EMBA 等学历教育费用

企业为员工报销 MBA、EMBA 等学历教育费用,未并入工资、薪金计算扣缴缴纳个人所得税风险。

公司为储备人才和加强经营管理的需要,由公司承担费用,安排员工参加 EMBA 等培训。企业为员工承担的 MBA、EMBA 等学历教育费用均属于员工取得的与任职或者受雇有关的其他所得,应并入工资、薪金计算缴纳个人所得税。

依据个人所得税法实施条例规定,各项个人所得的范围包括的工资、薪金所得,指个人

因任职或者受雇而取得的工资、薪金、奖金、年终加薪、劳动分红、津贴、补贴以及与任职或者受雇有关的其他所得。《财政部 全国总工会 发展改革委 教育部科技部 国防科工委 人事部 劳动保障部国资委 国家税务总局 全国工商联关于印发〈关于企业职工教育经费提取与使用管理的意见〉的通知》(财建〔2006〕317号)规定,企业职工参加社会上的学历教育以及个人为取得学位而参加的在职教育,所需费用应由个人承担,不能挤占企业的职工教育培训经费。

**(七) 发放赠品**

(1) 企业在产品促销活动中,以社会公众为对象,随意发放的促销礼品,未代扣代缴个人所得税。根据个人所得税法相关规定,企业在业务宣传、广告等活动中,随机向本单位以外的个人赠送礼品,对个人取得的礼品所得,按照"偶然所得"项目,全额适用20%的税率缴纳个人所得税。

根据《财政部 国家税务总局关于个人取得有关收入适用个人所得税应税所得项目的公告》(财政部 国家税务总局公告2019年第74号)的规定:企业在业务宣传、广告等活动中,随机向本单位以外的个人赠送礼品(包括网络红包,下同),以及企业在年会、座谈会、庆典以及其他活动中向本单位以外的个人赠送礼品,个人取得的礼品收入,按照"偶然所得"项目计算缴纳个人所得税,但企业赠送的具有价格折扣或折让性质的消费券、代金券、抵用券、优惠券等礼品除外。

(2) 企业对累积消费达到一定额度的顾客,给予额外抽奖机会,个人的获奖所得,按照"偶然所得"项目,全额适用20%的税率缴纳个人所得税。

(3) 企业赠送的礼品是自产产品(服务)的,按该产品(服务)的市场销售价格确定个人的应税所得;是外购商品(服务)的,按该商品(服务)的实际购置价格确定个人的应税所得。

**(八) 个人股东在公司借款逾期**

根据个人所得税法的相关规定,企业个人股东向企业借款,在纳税年度终了后既未归还,又未用于企业生产经营,应按照"利息、股息、红利所得"的20%税率计征个人所得税。

根据《财政部 国家税务总局关于规范个人投资者个人所得税征收管理的通知》(财税〔2003〕158号)规定,"纳税年度内个人投资者从其投资企业(个人独资企业、合伙企业除外)借款,在该纳税年度终了后既不归还,又未用于企业生产经营的,其未归还的借款可视为企业对个人投资者的红利分配,依照'利息、股息、红利所得'项目计征个人所得税。"

**(九) 股权转让价格明显偏低**

个人转让股权作价明显偏低又无正当理由,主管税务机关可以核定股权转让收入。

根据《股权转让所得个人所得税管理办法(试行)》(国家税务总局公告2014年第67号)第十二条的规定,符合下列情形之一,视为股权转让收入明显偏低:

(1) 申报的股权转让收入低于股权对应的净资产份额的。其中,被投资企业拥有土地使用权、房屋、房地产开发企业未销售房产、知识产权、探矿权、采矿权、股权等资产的,申报的股权转让收入低于股权对应的净资产公允价值份额的;

(2) 申报的股权转让收入低于初始投资成本或低于取得该股权所支付的价款及相关税费的;

(3) 申报的股权转让收入低于相同或类似条件下同一企业同一股东或其他股东股权转让收入的;

(4) 申报的股权转让收入低于相同或类似条件下同类行业的企业股权转让收入的;

(5) 不具合理性的无偿让渡股权或股份。

## 二、房地产开发企业个人所得税检查实务

### (一) 对纳税人的检查

(1) 对在中国境内任职的外籍人员,检查其与任职单位签署的合同、薪酬发放资料,对照个人护照记录,到进出境机关核实了解进出境时间,并根据相关税收协定的规定,判断其属居民纳税人还是非居民纳税人。

(2) 检查居民纳税人在境内、外取得的所得是否履行纳税义务时,需要通过与国际税收管理部门进行情报交换,调查其在境外取得所得的情况,核对其境内、外取得所得的申报资料,从中发现疑点,并将相关疑点呈交国际税收管理部门,由其负责查询个人所得税境外缴纳情况,确定是否存在居民纳税人按非居民纳税人履行纳税义务的情况。

(3) 检查企业"应付职工薪酬""应付利息""财务费用"等账户,对于在两处以上兼职取得收入的个人要采取函证、协查或实地核查等方式,检查确认个人在一个纳税年度取得的各项所得是否按规定进行申报和汇算清缴。

**政策依据:**《关于在中国境内无住所的个人居住时间判定标准的公告》(财政部 国家税务总局公告 2019 年第 34 号,以下简称"34 号公告")和《关于非居民个人和无住所居民个人有关个人所得税政策的公告》(财政部 国家税务总局公告 2019 年第 35 号,以下简称"35 号公告"),34 号公告对《中华人民共和国个人所得税法实施条例》第四条的"六年"概念作出进一步解释,调整了无住所个人在华居住时间的计算标准。35 号公告对旧的税法体系下散落在不同法规中的有关无住所个人的相关规定进行了整合、梳理和调整,从所得来源地判定、无住所个人工资薪金所得收入额计算、无住所个人税款计算、无住所个人适用税收协定、无住所个人相关征管规定等方面明确了新个人所得税法下无住所个人的相关个税政策。

### (二) 对扣缴义务人的检查

(1) 检查"应付职工薪酬""应交税费——应交个人所得税"等明细账,审查职工薪酬发放单,核实职工的月工资、薪金收入,对达到征税标准的,扣缴义务人是否按规定履行代扣税款义务。

(2) 检查"开发成本""管理费用""销售费用"等明细账,核查企业是否有支付给临时外聘的技术人员的业务指导费、鉴定费,是否有列支的邀请教授、专家的授课培训费、评审费等,是否按规定履行代扣税款义务。

(3) 检查"利润分配——应付股利""财务费用"等账户,核实对支付给个人的股息、红利、利息是否全额计算扣缴税款。

(4) 检查直接在各成本、费用账户中列支或通过其他渠道间接支付给员工的各种现金、实物和有价证券以及其他非货币性薪酬,是否按规定全部合并到工资、薪金中并计算应扣缴的税款。

(5) 检查企业"应交税费——应交个人所得税"明细账户、员工薪酬收入明细表和《个人所得税扣缴情况报告表》及完税证或缴款书,查看账表数额是否相符,代扣税款是否正确、完整,是否按规定期限解缴税款。

(6) 检查"其他应收款"明细账户,企业个人股东向企业借款,在纳税年度终了后既未归还,又未用于企业生产经营,是否应按照"利息、股息、红利所得"的20%税率计征个人所得税。

(7) 查核企业出资购买房屋和其他财产,将所有权登记为企业其他人员(除个人投资者和投资者家庭成员外);企业其他人员(除个人投资者和投资者家庭成员外)向企业借款用于购买房屋及其他财产,将所有权登记为企业其他人员,且借款年度终了后未归还借款的,是否按照"工资、薪金所得"项目扣缴个人所得税。

**政策依据**:《个人所得税法》第九条规定,个人所得税以所得人为纳税人,以支付所得的单位或者个人为扣缴义务人。

《个人所得税法》第十条规定,扣缴义务人应当按照国家规定办理全员全额扣缴申报,并向纳税人提供其个人所得和已扣缴税款等信息。

《中华人民共和国个人所得税法实施条例》第二十四条规定,扣缴义务人向个人支付应税款项时,应当依照个人所得税法规定预扣或者代扣税款,按时缴库,并专项记载备查。

### (三) 对征税范围的检查

**1. 劳务报酬所得和工资、薪金所得征税范围的检查**

通过检查员工薪酬发放花名册、签订的劳动用工合同和在社保机构缴纳养老保险金的人员名册等相关资料,核实个人与接受劳务的单位是否存在雇佣与被雇佣关系,确定其取得的所得是属于工资、薪金所得还是劳务报酬所得,如存在雇佣与被雇佣的关系,其所得应按工资、薪金所得的范围征税;如果是独立个人提供有偿劳务,不存在雇佣与被雇佣的关系,其所得应属于劳务报酬所得的征税范围。

**2. 企事业单位的承包经营,承租经营所得征税范围的检查**

根据承包(承租)合同内容、经营者的实际承包(承租)方式、性质和收益归属、工商登记情况确定是否属于企事业单位的承包经营、承租经营所得项目的征税范围。在检查中,一是审查被承包、承租企业的工商登记执照的性质,确认该企业发包或出租前后的变更情况。如工商登记仍为企业的,则应进一步审查其是否首先按规定申报企业所得税,然后按照承包、承租经营合同(协议)的规定只向发包、出租方交纳一定费用后,企业经营成果归其所有的,则承包承租人取得的所得属于对企事业单位承包经营、承租经营所得的征税范围。

**3. 稿酬所得和特许权使用费所得征税范围的检查**

检查出版单位账簿明细,结合相关的合同、协议,查看原始的支付凭证,按照经济行为的实质,分析、核实支付给个人的报酬属于特许权使用费所得征税范围还是稿酬所得征税范围;若作者将其作品的使用权因出版、发表而提供给他人使用,则此项所得属稿酬所得的征税范围;若作者将自己的文字作品手稿原件或复印件公开竞价拍卖而取得的所得,属于转让个人著作的使用权则此项所得属于特许权使用费所得的征税范围。

**4. 其他所得和偶然所得征税范围的检查**

检查企业"销售费用""营业外支出"等账户,针对支付给个人的支出,要正确区分是否属于其他所得和偶然所得征税项目,其他所得由国务院财政部门单独确定,偶然所得则强调其偶然性和不可预见性。如对企业在产品发布会、总结会议、业务往来等活动中向有关人员发放的赠品、纪念品等应按照其他所得代扣个人所得税。对于中奖、中彩或企业举办有奖销售等活动中的中奖者个人则按照偶然所得代扣税款。

**5. 利息、股息、红利所得征税范围的检查**

检查"应付股利""应付利息""财务费用"等账户，对照《扣缴个人所得税税款报告表》《支付个人收入明细表》等，核实企业有无把支付的利息、股息、红利性质的所得按照工资、薪金所得，少扣代缴个人所得税是否把不属于减税或免税范围的利息、股息、红利所得作为减税或免税处理，少代扣或未代扣代缴个人所得税。

**政策依据**：《个人所得税法》第二条规定，下列各项个人所得，应当缴纳个人所得税：（一）工资、薪金所得；（二）劳务报酬所得；（三）稿酬所得；（四）特许权使用费所得；（五）经营所得；（六）利息、股息、红利所得；（七）财产租赁所得；（八）财产转让所得；（九）偶然所得。个人所得税征收范围如表 8-12 所示。

表 8-12　个人所得税征收范围

| 税目、税率 | 征税范围 |
| --- | --- |
| 1. 综合所得（3%～45%） | 1. 工资、薪金所得，是指个人因任职或者受雇取得的工资、薪金、奖金、年终加薪、劳动分红、津贴、补贴以及与任职或者受雇有关的其他所得。<br>2. 劳务报酬所得，是指个人从事劳务取得的所得，包括从事设计、装潢、安装、制图、化验、测试、医疗、法律、会计、咨询、讲学、翻译、审稿、书画、雕刻、影视、录音、录像、演出、表演、广告、展览、技术服务、介绍服务、经纪服务、代办服务以及其他劳务取得的所得。<br>3. 稿酬所得是指个人因其作品以图书、报刊等形式出版、发表而取得的所得。<br>4. 特许权使用费所得是指个人提供专利权、商标权、著作权、非专利技术以及其他特许权的使用权取得的所得；提供著作权的使用权取得的所得，不包括稿酬所得 |
| 2. 经营所得（5%～35%） | 1. 个体工商户从事生产、经营活动取得的所得，个人独资企业投资人、合伙企业的个人合伙人来源于境内注册的个人独资企业、合伙企业生产、经营的所得；<br>2. 个人依法从事办学、医疗、咨询以及其他有偿服务活动取得的所得；<br>3. 个人对企业、事业单位承包经营、承租经营以及转包、转租取得的所得；<br>4. 个人从事其他生产、经营活动取得的所得 |
| 3. 利息、股息、红利所得（20%） | 是指个人拥有债权、股权而取得的利息、股息、红利所得 |
| 4. 财产租赁所得（20%） | 是指个人出租不动产、机器设备、车船以及其他财产取得的所得 |
| 5. 财产转让所得（20%） | 是指个人转让有价证券、股权、合伙企业中的财产份额、不动产、机器设备、车船以及其他财产取得的所得 |
| 6. 偶然所得（20%） | 是指个人得奖、中奖、中彩以及其他偶然性质的所得 |

**（四）计税依据的检查**

（1）通过调查人力资源信息资料、签署的劳动合同，社会保险机构的劳动保险信息，结合考勤花名册、岗位生产记录、人员交接班记录等，核实单位的用工人数、用工类别、人员构成结构及分布，要特别注意检查高管人员、外籍人员等高收入者的有关信息；然后审查财务部门"工资结算单"中发放工资人数、姓名与企业的实际人数、姓名是否相符,企业有无为降低高收入者的工资、薪金收入,故意虚增职工人数、分解降低薪酬,或者编造假的工资结算表,人为调剂薪酬发放月份,以达到少扣缴税款或不扣缴税款的目的。

(2)检查"开发成本""开发费用""管理费用""销售费用""开发产品""应付职工薪酬"等账户,核实有无通过以上账户发放奖金、补助等情况;还应注意职工食堂、工会组织等发放的现金伙食补贴、实物福利、节假日福利费等,是否合并计入工资、薪金收入总额中计算扣税。

(3)检查《个人所得税扣缴情况报告表》中的工资、薪金总额与"工资结算单"工资总额,审查企业有无扣除水电费、住房租金、托儿费、补充养老保险企业年金等费用后的实发工资扣缴税款的情况。

(4)通过检查劳动保险部门保险缴纳清单和工资明细表,核实企业是否有扩大劳动保险交纳的基数、比率,降低计税依据的问题。如提高住房公积金的缴纳比例,降低计税依据。对效益较好的经营单位,要查看是否为员工建立企业年金计划,是否将为员工缴纳的补充商业险等合并计入工资、薪金所得计税。

(5)对单位外派分支机构人员,要通过人力资源部门获取详细的薪酬发放信息,通过函证、协查方式检查员工同时从两处或两处以上取得的工资、薪金所得,是否仅就一处所得申报或在两处分别申报,重复扣除税前扣除项目,而未进行合并申报。

(6)通过调查劳务报酬的支付方,了解具体的支付情况,审查劳务报酬所得的真实性;核实劳务项目的组成及其支付方式、支付时间,与支付单位的会计记录、《个人所得税扣缴税款报告表》相对照,从中发现是否存在故意隐瞒劳务报酬数额的问题。

(7)通过审核劳务报酬协议、合同等,核查其对"每次收入"政策界定的执行情况,有无将"一次收入"人为分解减少应纳税所得。

(8)通过检查劳务报酬协议,核实纳税人有无将本属于一个人单独取得的收入,虚报为两个或两个以上的个人共同取得收入,进而导致纳税人利用分别减除费用的规定,多扣减费用少缴税款。

(9)检查纳税人与接受方签署的合同、协议,根据合同、协议约定的劳务报酬支付时间、支付方式、支付金额等资料,与《个人所得税扣缴税款报告表》对照,核实取得的劳务报酬金额是否符合加成征收条件,是否按规定计算申报。

**政策依据**:《个人所得税法》第六条规定,应纳税所得额相关规定:(一)居民个人的综合所得,以每一纳税年度的收入额减除费用六万元以及专项扣除、专项附加扣除和依法确定的其他扣除后的余额,为应纳税所得额。(二)非居民个人的工资、薪金所得,以每月收入额减除费用五千元后的余额为应纳税所得额;劳务报酬所得、稿酬所得、特许权使用费所得,以每次收入额为应纳税所得额。(三)经营所得,以每一纳税年度的收入总额减除成本、费用以及损失后的余额,为应纳税所得额。(四)财产租赁所得,每次收入不超过四千元的,减除费用八百元;四千元以上的,减除百分之二十的费用,其余额为应纳税所得额。(五)财产转让所得,以转让财产的收入额减除财产原值和合理费用后的余额,为应纳税所得额。(六)利息、股息、红利所得和偶然所得,以每次收入额为应纳税所得额。劳务报酬所得、稿酬所得、特许权使用费所得以收入减除百分之二十的费用后的余额为收入额。稿酬所得的收入额减按百分之七十计算。个人将其所得对教育、扶贫、济困等公益慈善事业进行捐赠,捐赠额未超过纳税人申报的应纳税所得额百分之三十的部分,可以从其应纳税所得额中扣除;国务院规定对公益慈善事业捐赠实行全额税前扣除的,从其规定。

专项扣除,包括居民个人按照国家规定的范围和标准缴纳的基本养老保险、基本医疗保险、失业保险等社会保险费和住房公积金等;专项附加扣除,包括子女教育、继续教育、大病医疗、住房贷款利息或者住房租金、赡养老人等支出,具体范围、标准和实施步骤由国务院确定,并报全国人民代表大会常务委员会备案。

《中华人民共和国个人所得税法实施条例》第八条规定,个人所得的形式,包括现金、实物、有价证券和其他形式的经济利益;所得为实物的,应当按照取得的凭证上所注明的价格计算应纳税所得额,无凭证的实物或者凭证上所注明的价格明显偏低的,参照市场价格核定应纳税所得额;所得为有价证券的,根据票面价格和市场价格核定应纳税所得额;所得为其他形式的经济利益的,参照市场价格核定应纳税所得。

### (五) 税收优惠的检查

(1) 通过核实政府的有关文件,依据政府奖励的人员名单及奖金发放的有关情况,对企业"其他应付款""其他应收款""银行存款""现金"等账户进行检查,对照《个人所得税扣缴税款报告表》,审查有无将该项奖励混同免税所得未扣缴个人所得税。

(2) 检查企业"应付职工薪酬——职工福利""应付职工薪酬——工会经费"等账户,有无对员工采取实物方式发放福利的行为;对企业以"生活补助"名义发放的项目,要逐项审查原始资料,核对受助人员是否符合条件,有无名为补助、实为变相福利的情况,混同免税所得未扣缴个人所得税。

(3) 检查员工薪酬发放明细表,对允许税前扣除的基本养老保险、医疗保险、住房公积金、失业保险等项目是否按规定比例计算扣除,核实有无提高计算比例增加扣除额或变相为员工增加薪酬的问题。

**政策依据:**个人所得税分类优惠如表 8-13 所示。

表 8-13 个人所得税分类优惠表

| 分类 | 文件号 |
| --- | --- |
| 与民生相关的优惠 | 财税字〔1999〕267 号(三险一金)<br>财税〔2006〕10 号(三险一金)<br>财税〔2008〕8 号(生育津贴和生育医疗费)<br>财税〔2012〕40 号(工伤职工取得的工伤保险待遇)<br>财税〔2013〕103 号(企业年金 职业年金)<br>财税〔2018〕22 号(个人税收递延型商业养老保险) |
| 与房子相关的优惠 | 财税〔2000〕125 号(调整住房租赁市场税收政策)<br>财税〔2005〕45 号(城镇房屋拆迁)<br>财税〔2007〕13 号(低价向职工售房)<br>财税〔2008〕24 号(廉租住房 经济适用住房和住房租赁)<br>财税〔2009〕78 号(无偿受赠房屋)<br>财税〔2013〕101 号(棚户区改造)<br>财税〔2018〕135 号(易地扶贫搬迁)<br>财政部 税务总局公告 2019 年第 61 号(公共租赁住房税收优惠政策) |

（续表）

| 分类 | 文件号 |
|---|---|
| 与农业相关的优惠 | 国税函发〔1995〕079号（青苗补偿费收入）<br>财税〔2004〕30号（农村税费改革试点地区）<br>财税〔2010〕96号（个人独资企业和合伙企业投资者取得四业经营所得） |
| 与促进科技、教育、专家相关的优惠 | 财税字〔1999〕45号（促进科技成果转化）<br>国税发〔1999〕125号（促进科技成果转化）<br>国税发〔2000〕149号（律师事务所从业人员取得收入）<br>财税〔2004〕39号（教育税收政策）<br>财税〔2007〕93号（建立亚洲开发银行协定）<br>财税〔2008〕7号（高级专家延长离休退休期间取得工资薪金所得）<br>财税〔2016〕101号（股权激励和技术入股）<br>财税〔2018〕58号（科技人员取得职务科技成果转化现金奖励） |
| 与外籍人员相关的优惠 | 财税字〔1980〕第189号（外国来华工作人员）<br>财税〔2004〕29号（外籍个人取得港澳地区住房等补贴）<br>国税函〔2004〕808号（国际组织驻华机构、外国政府驻华使领馆和驻华新闻机构雇员） |
| 与资本相关的优惠 | 国税发〔1997〕198号（股份制企业转增股本和派发红股）<br>财税字〔1998〕55号（证券投资基金）<br>财税字〔1998〕61号（个人转让股票所得）<br>国税函〔1998〕289号（原城市信用社在转制为城市合作银行过程中个人股增值所得）<br>国税发〔2000〕60号（企业改组改制过程中个人取得的量化资产）<br>财税〔2005〕103号（股权分置试点改革）<br>财税〔2008〕132号（储蓄存款利息所得）<br>财税〔2008〕140号（证券交易结算资金利息所得）<br>财税〔2013〕5号（地方政府债券利息）<br>财税〔2014〕81号（沪港股票市场交易互联互通机制试点）<br>财税〔2015〕41号（个人非货币性资产投资）<br>财税〔2015〕101号（上市公司股息红利差别化） |
| 与资本相关的优惠 | 财税〔2015〕116号（企业转增股本）<br>财税〔2015〕125号（内地与中国香港基金互认）<br>财税〔2016〕100号（行政和解金）<br>财税〔2016〕127号（深港股票市场交易互联互通机制试点）<br>财税〔2017〕78号（沪港股票市场）<br>财税〔2018〕21号（货物期货对外开放）<br>财税〔2018〕55号（创投和天使投资）<br>财税〔2018〕137号（个人转让全国中小企业股份转让系统挂牌公司股票）<br>财税〔2018〕154号（内地与中国香港基金互认）<br>财政部 税务总局公告2019年第57号（铁路债券利息收入所得税）<br>财政部 税务总局 证监会公告2019年第52号（创新企业CDR） |

(续表)

| 分类 | 文件号 |
|---|---|
| 与奖金和中奖相关的优惠 | 国税发〔1994〕127号（社会福利有奖募捐发行收入）<br>国税函发〔1994〕376号（曾宪梓教育基金会教师奖）<br>财税字〔1995〕25号（见义勇为奖金）<br>财税字〔1997〕051号（国际青少年消除贫困奖）<br>财税字〔1998〕12号（体育彩票中奖所得）<br>国税函〔1998〕632号（长江学者奖励计划）<br>国税函〔1999〕525号（特聘教授奖金）<br>国税函〔2000〕688号（长江小小科学家奖金）<br>国税函〔2003〕961号[母亲河（波司登）奖]<br>国税函〔2006〕561号（陈嘉庚科学奖）<br>财税〔2007〕34号（有奖发票奖金）<br>国税函〔2010〕74号（刘东生青年科学家奖和刘东生地球科学奖学金）<br>国税函〔2010〕78号（全国职工职业技能大赛奖金）<br>国税函〔2010〕130号（中华宝钢环境优秀奖奖金）<br>国家税务总局公告〔2011〕68号（2011年度李四光地质科学奖）<br>国家税务总局公告〔2012〕4号（第五届黄汲清青年地质科学技术奖）<br>国家税务总局公告〔2012〕28号（明天小小科学家奖金） |
| 与军队相关的优惠 | 财税字〔1996〕14号（军队干部工资薪金收入）<br>财税〔2000〕84号（随军家属就业）<br>财税〔2003〕26号（自主择业的军队转业干部）<br>财税〔2011〕109号（退役士兵退役金和经济补助）<br>财税〔2017〕46号（退役士兵） |
| 与特定地区相关的优惠 | 财税字〔1994〕021号（西藏）<br>财税字〔1996〕91号（西藏特殊津贴）<br>财税〔2019〕31号（粤港澳大湾区个人所得税优惠） |
| 与特定事项相关的优惠 | 财税〔2008〕62号（抗震救灾及灾后重建）<br>财税〔2015〕27号（支持鲁甸地震灾后恢复重建）<br>财税〔2017〕60号（北京2022年冬奥会和冬残奥会）<br>财税〔2018〕119号（关于第七届世界军人运动会税收政策） |
| 综合类优惠 | 财税字〔1994〕020号（若干政策问题）<br>国税发〔1994〕089号（若干问题的规定）<br>国税发〔1999〕58号（内部退养交通补贴等）<br>国税函〔2001〕84号（个人独资企业和合伙企业投资者）<br>财税〔2001〕157号（解除劳动关系取得的一次性补偿收入）<br>国税发〔2009〕121号（董事会征税等若干问题）<br>财税〔2011〕50号（企业促销展业赠送礼品）<br>财税〔2018〕164号（个人所得税法修改后有关优惠政策衔接）<br>财税〔2019〕21号（进一步扶持自主就业退役士兵创业就业）<br>财税〔2019〕22号（进一步支持和促进重点群体创业就业）<br>《关于个人取得有关收入适用个人所得税应税所得项目的公告》（财政部 税务总局公告2019年第74号） |

### (六) 特殊计税方法的检查

**1. 纳税人取得的全年一次性奖金的检查**

核查单位的个人所得税计算明细表,核实是否按税法规定正确计算扣缴税款,是否存在多次使用全年一次性奖金的计税办法,少计税款;是否存在将全年一次性奖金按所属月份分摊、重复减除费用、降低适用税率的现象。

**政策依据**:《财政部关于个人所得税法修改后有关优惠政策衔接问题的通知》(财税〔2018〕164号)和《国家税务总局关于调整个人取得全年一次性奖金等计算征收个人所得税方法问题的通知》(国税发〔2005〕9号)相关规定:居民个人取得全年一次性奖金,符合《国家税务总局关于调整个人取得全年一次性奖金等计算征收个人所得税方法问题的通知》(国税发〔2005〕9号)规定的,在2021年12月31日前,不并入当年综合所得,以全年一次性奖金收入除以12个月得到的数额,按照本通知所附按月换算后的综合所得税率表(以下简称月度税率表),确定适用税率和速算扣除数,单独计算纳税。计算公式为:

$$应纳税额 = 全年一次性奖金收入 \times 适用税率 - 速算扣除数$$

居民个人取得全年一次性奖金,也可以选择并入当年综合所得计算纳税。

自2022年1月1日起,居民个人取得全年一次性奖金,应并入当年综合所得计算缴纳个人所得税。

在一个纳税年度内,对每一个纳税人,该计税办法只允许采用一次。

**2. 外商投资房地产开发企业工作的中方人员取得的工资、薪金的检查**

对于在外商投资企业、外国企业和外商驻华机构工作的中方人员取得的工资、薪金所得,凡是由雇佣单位和派遣单位分别支付,而且工资、薪金所得的一部分按照规定需上交派遣单位(介绍单位)的,应审查纳税义务人提供的两处支付单位的工资、薪金发放单据和完税凭证原件,以及有效的合同或有关证明材料,审核纳税人是否按税法规定将两处取得的工资、薪金收入合并申报个人所得税。

**政策依据**:《征收个人所得税若干问题的规定》(国税发〔1994〕89号)规定:(一)在外商投资企业、外国企业和外国驻华机构工作的中方人员取得的工资、薪金收入,凡是由雇佣单位和派遣单位分别支付的,支付单位应依照税法第八条的规定代扣代缴个人所得税。按照税法第六条第一款第一项的法规,纳税义务人应以每月全部工资、薪金收入减除规定费用后的余额为应纳税所得额。为了有利于征管,对雇佣单位和派遣单位分别支付工资、薪金的,采取由支付者中的一方减除费用的方法,即只由雇佣单位支付工资、薪金时,按税法法规减除费用,计算扣缴个人所得税;派遣单位支付的工资、薪金不再减除费用,以支付全额直接确定适用税率,计算扣缴个人所得税。上述纳税义务人,应持两处支付单位提供的原始明细工资、薪金单(书)和完税凭证原件,选择并固定到一地税务机关申报每月工资、薪金收入,汇算清缴其工资、薪金收入的个人所得税,多退少补。具体申报期限,由各省、自治区、直辖市税务局确定。(二)对外商投资企业、外国企业和外国驻华机构发放给中方工作人员的工资、薪金所得,应全额征税。但对可以提供有效合同或有关凭证,能够证明其工资、薪金所得的一部分按照有关法规上交派遣(介绍)单位的,可扣除其实际上交的部分,按其余额计征个人所得税。

### 3. 对个人取得的经济补偿金的检查

通过审核劳动合同,检查职工档案和缴纳劳动保险的时间来确认解除劳动关系的实际工作年限,确认是否虚构工作年限;到劳动部门、统计部门确认当地上年度职工平均工资、各项保险金金额,确定是否存在降低平均收入,少缴或不缴个人所得税的现象。

**政策依据:**《财政部 税务总局关于个人所得税法修改后有关优惠政策衔接问题的通知》(财税〔2018〕164号)规定:个人与用人单位解除劳动关系取得一次性补偿收入(包括用人单位发放的经济补偿金、生活补助费和其他补助费),在当地上年职工平均工资3倍数额以内的部分,免征个人所得税;超过3倍数额的部分,不并入当年综合所得,单独适用综合所得税率表,计算纳税。

### 4. 单位或个人为纳税人负担税款的检查

(1) 单位或个人为纳税人的劳务报酬所得负担税款的检查。检查企业与纳税人是否签订了代付税款合同或协议,区分纳税人申报的所得额是含税收入额还是不含税收入额,并据此确定相应的计税方法,防止扣缴义务人混淆这两种不同内涵的所得,少代扣代缴税款。

(2) 单位或个人为其雇员的工资、薪金所得负担税款的检查。首先检查工资发放单,确定代扣个人所得税税款是个人负担还是单位负担。在确认由单位负担后,再根据具体情况按税收政策规定的计算公式进行还原计算,确定实际应代扣代缴税款。

**政策依据:**《国家税务总局关于印发〈征收个人所得税若干问题的规定〉》(国税发〔1994〕89号)、《国家税务总局关于雇主为其雇员负担个人所得税税款计征问题的通知》(国税发〔1996〕199号)、《国家税务总局关于明确单位或个人为纳税义务人的劳务报酬所得代付税款计算公式的通知》(国税发〔1996〕161号)。

详细计算过程见本节第六点房地产行业相关常见情况应纳税计算一关于企业为纳税人负担税款的计税方法。

### 5. 股票期权所得个人所得税的检查

认真查阅企业的股票期权计划或实施方案、股票期权协议书、授权通知书等资料,结合员工花名册,核实个人接受或转让的股票期权以及认购的股票情况(包括种类、数量、施权价格、行权价格、市场价格、转让价格等),检查适用的税目、税率是否正确,有无混淆,代扣代缴的个人所得税计算是否正确等。

**政策依据:**《财政部 国家税务总局关于个人股票期权所得征收个人所得税问题的通知》(财税〔2005〕35号)、《财政部 国家税务总局关于股票增值权所得和限制性股票所得征收个人所得税有关问题的通知》(财税〔2009〕5号)、《财政部 国家税务总局关于将国家自主创新示范区有关税收试点政策推广到全国范围实施的通知》(财税〔2015〕116号)第四条、《财政部 国家税务总局关于完善股权激励和技术入股有关所得税政策的通知》(财税〔2016〕101号)、《国家税务总局关于个人以股权参与上市公司定向增发征收个人所得税问题的批复》(国税函〔2011〕89号)。

## 三、个人所得税检查案例

### (一) 工资薪金转为劳务费被查出

**【例 8-4】** 某市税务局稽查局在对辖区内某企业检查时识破该公司形式上利用劳务公司开具劳务费发票,实质是发放正式员工奖金、补助的违法手段,税务机关最终对该公司的涉税违法行为作出了补扣缴个税 1 600 多万、罚款 800 多万元的税务处理处罚决定。

稽查人员在对该公司的账簿凭证资料进行仔细核查时发现该公司存在巨额劳务费用支出,虽然附有合同、发票及转账记录,但是财务及人力部门均不能很好地解释该项目的具体情况。为谨慎起见,稽查人员前往开具发票的人力资源公司进行外调取证,发现人力资源公司除为该公司提供真实的劳务之外,还将该公司汇来的部分款项直接汇给 5 个私人银行账户,经过比对地税系统该公司的个人所得税申报表,发现 5 人均属于该公司的在职员工。稽查人员将从银行查询得来的 5 个私人账户的流水明细与该公司的工资表、申报个税数据一一比对,核实资金的最终去向为该公司的在职员工。

在确凿的证据及稽查人员耐心的辅导下,该公司不得不承认利用私人账户发放奖金、补助的税收违法行为,并积极补扣缴了个税款及缴纳由此产生的罚款。

根据《中华人民共和国个人所得税法实施条例》第六条第一项的规定"工资、薪金所得,是指个人因任职或者受雇取得的工资、薪金、奖金、年终加薪、劳动分红、津贴、补贴以及与任职或者受雇有关的其他所得",本案中该公司员工获得的补助、奖金虽然从形式上比该公司直接发放"多转了几手",但实质仍然是受雇于该公司的所得,应该并入工资、薪金所得合并计缴个人所得税;而根据《中华人民共和国个人所得税法》第九条中"个人所得税,以所得人为纳税义务人,以支付所得的单位或者个人为扣缴义务人"的规定,税务机关以实质重于形式的原则判定该公司负有扣缴税款的义务,并根据《中华人民共和国税收征收管理法》第六十九条"扣缴义务人应扣未扣、应收而不收税款的,由税务机关向纳税人追缴税款,对扣缴义务人处应扣未扣、应收未收税款百分之五十以上三倍以下的罚款"的规定对该公司进行了处罚,税务部门在此提醒各位纳税人应严格履行税法规定的扣缴义务,以免产生严重的涉税风险。

### (二) 企业承担个税未还原应税所得额被查处

**【例 8-5】** 2014 年,某市地税局第五稽查局对辖区内某制造业企业实施了立案稽查。该公司主要从事塑胶模具、塑胶制品、滑雪用具等的设计、制造,产品全部外销。

稽查人员详细核对该公司的工资表、明细账以及用工合同等资料后发现,该公司已缴纳的个人所得税并非由员工个人负担,而是由公司全额负担,所缴纳的个人所得税款在会计处理上直接计入了"管理费用"科目。该公司申报计算个人所得税的计税依据为发给员工的不含税应发工资,未将不含税收入换算成含税工资收入后再计算缴纳个税,造成少缴个人所得税 90 万余。最终,深圳市地税局第五稽查局依法追补了该公司少缴纳的已扣个人所得税 90 万余元,并处相应罚款、加收滞纳金合计 69 万余元。

依据《国家税务总局关于印发〈征收个人所得税若干问题的规定〉》(国税发〔1994〕89号)、《国家税务总局关于雇主为其雇员负担个人所得税税款计征问题的通知》(国税发〔1996〕199 号)、《国家税务总局关于明确单位或个人为纳税义务人的劳务报酬所得代付税款计算公式的通知》(国税发〔1996〕161号),单位或个人为纳税义务人负担个人所得税税款,应将纳税义务人取得的不含税收入换算为应纳税所得额,计算征收个人所得税。

### (三) 发放员工补贴未按工资薪金扣缴个税

**【例8-6】** 某市稽查局对某实业有限公司展开稽查。该公司经营范围为投资兴办工业实业和其他实业,注册类型为合资经营企业。

稽查人员调取了该公司的账册、凭证、会计报表等涉税资料,就相关的涉税问题以及公司的经营情况、纳税情况进行了询问。经检查发现,该公司的财务人员对个人所得税税收政策规定不甚清楚,尤其是对支付董事会费、赠送给员工个人礼品、住房补贴等方面具体税收政策竟毫不知晓。该公司对在公司任职受雇的部分董事会成员发放董事会费,依然按劳务报酬税目代扣代缴个人所得税,未按规定与其当月发放的工资薪金合并计入当月应纳税所得额计算代扣代缴个人所得税。稽查人员还发现该公司在某高级管理人员生日时赠送价值几万元的礼物,并未按照规定计入当月应纳税所得额代扣代缴个人所得税,同时还存在以现金形式发放员工住房补贴,未按照规定代扣代缴个人所得税的情形。检查结束,该公司未按税法规定处理造成少代扣代缴个人所得税的行为,被处以罚款14万余元。

依据《国家税务总局关于明确个人所得税若干政策执行问题的通知》(国税发〔2009〕121号)第二条关于董事费征税问题规定:(一)《国家税务总局关于印发〈征收个人所得税若干问题的规定〉的通知》(国税发〔1994〕89号)第八条规定的董事费按劳务报酬所得项目征税方法,仅适用于个人担任公司董事、监事,且不在公司任职、受雇的情形。(二)个人在公司(包括关联公司)任职、受雇,同时兼任董事、监事的,应将董事费、监事费与个人工资收入合并,统一按工资、薪金所得项目缴纳个人所得税。

《中华人民共和国个人所得税法实施条例》第六条第一项规定:工资、薪金所得,是指个人因任职或者受雇取得的工资、薪金、奖金、年终加薪、劳动分红、津贴、补贴以及与任职或者受雇有关的其他所得。

《财政部 国家税务总局关于住房公积金医疗保险金养老金征收个人所得税问题的通知》(财税字〔1997〕144号)第三条的规定:企业以现金形式发放给个人的住房补贴,应全额计入领取人的当期工资、薪金收入计征个人所得税。但对外籍个人以实报实销形式取得的住房补贴,仍按照《财政部 国家税务总局关于个人所得税若干政策问题的通知》(财税字〔1994〕20号)的规定,暂免征收个人所得税。

### (四) 留存收益转增资本未代扣代缴个人所得税

**【例8-7】** 某软件公司主要生产开发各种办公软件,是由10名自然人股东发起设立的有限公司,设立时每名股东等额出资50万元,公司注册资本500万元。公司自2009年12月成立以来发展迅速,至2015年年末累计实现利润1 500万元,其中计入盈余公积600万元,其余900万元为未分配利润。公司从2015年年末开始策划新三板上市,首先进行股权改革,2016年6月其所在地市地方税务局税务稽查局对该公司依法进行税务稽查。

(1) 税务人员检查该公司的纳税申报资料、会计报表、账簿和凭证资料,由于该公司在策划新三板上市,加强了内部控制制度的建设,上述资料均反映出公司账面财务数据清晰,会计核算准确,业务处理程序规范。税务人员将检查重点确定为与公司新三板上市有关的股权改革业务的税务处理。

（2）税务人员认真查阅了企业董事会决议、总经理办公会记录、股利分配相关问题纪要、公司高层管理人员内部报告等材料后发现,该公司董事会于 2015 年 12 月 30 日做出决定,公司首先进行企业改制,经济性质由有限责任公司变更为股份有限公司。然后公司进行增资扩股,除将实收资本转换为股本外,将 600 万元盈余公积和 900 万元未分配利润全部转为股本,企业已于 2016 年 1 月办理了相关手续。经查,该公司并没有对增资扩股业务代扣代缴自然人股东的个人所得税。

税务人员指出,该公司以留存收益转增资本的增资扩股行为应代扣代缴自然人股东的个人所得税。公司财务人员提出,公司没有向自然人股东支付任何现金,不需要代扣代缴个人所得税。

最终稽查局根据《中华人民共和国个人所得税法》和《中华人民共和国个人所得税法实施条例》的相关规定,要求该企业补缴代扣代缴的个人所得税 300 万元。

依据国税发〔2010〕54 号《国家税务总局关于进一步加强高收入者个人所得税征收管理的通知》第二条第二项第一款"加强股息、红利所得征收管理"规定:重点加强股份有限公司分配股息、红利时的扣缴税款管理,对在境外上市公司分配股息红利,要严格执行现行有关征免个人所得税的规定。加强企业转增注册资本和股本管理,对以未分配利润、盈余公积和除股票溢价发行外的其他资本公积转增注册资本和股本的,要按照"利息、股息、红利所得"项目,依据现行政策规定计征个人所得税。

根据上述规定,该公司以留存收益转增资本,要按照"利息、股息、红利所得"项目,依据现行政策规定计算代扣代缴个人所得税。个人获得的股息、红利所得,以每次收入额为应纳税所得额,适用 20% 的比例税率。

该公司应代扣代缴的个人所得税 =(600+900)×20% = 300(万元)

# 第九章

# 印花税稽查实务

## 第一节 印花税基本政策

### 一、纳税人

在中华人民共和国境内书立、领受《中华人民共和国印花税暂行条例》所列举凭证的单位和个人,都是印花税的纳税义务人,应当按照规定缴纳印花税。单位和个人,是指国内各类企业、事业、机关、团体、部队以及中外合资企业、合作企业、外资企业、外国公司企业和其他经济组织及其在华机构等单位和个人。

### 二、征税范围

现行印花税只对《中华人民共和国印花税暂行条例》中列举的凭证征收,未列举的凭证不征税。列举的凭证分为 5 类,即经济合同(购销、加工承揽、建设工程勘察设计、建筑安装工程承包、财产租赁、货物运输、仓储保管、借款、财产保险、技术合同或者具有合同性质的凭证)、产权转移书据、营业账簿、权利、许可证照和经财政部确定征税的其他凭证。

(一)经济合同

经济合同是指根据《中华人民共和国经济合同法》《中华人民共和国涉外经济合同法》和其他有关合同法规订立的合同。具有合同性质的凭证,是指具有合同效力的协议、契约、合约、单据、确认书及其他各种名称的凭证。

**1. 购销合同**

包括供应、预购、采购、购销结合及协作、调剂、补偿、易货等合同;还包括各出版单位与发行单位(不包括订阅单位和个人)之间订立的图书、报刊、音像征订凭证。

**2. 加工承揽合同**

包括加工、定做、修缮、修理、印刷、广告、测绘、测试等合同。

**3. 建设工程勘察设计合同**

包括勘察、设计合同的总包合同、分包合同和转包合同。

**4. 建筑安装工程承包合同**

包括建筑、安装工程承包合同的总包合同、分包合同和转包合同。

**5. 财产租赁合同**

包括租赁房屋、船舶、飞机、机动车辆、机械、器具、设备等合同;还包括企业、个人出租门店、柜台所签订的合同,但不包括企业与主管部门签订的租赁承包合同。

**6. 货物运输合同**

包括民用航空运输、铁路运输、海上运输、内河运输公路运输和联运合同。

#### 7. 仓储保管合同

包括仓储、保管合同或作为合同使用的仓单、栈单（或称入库单）对某些使用不规范的凭证不便计税的，可就其结算单据作为计税贴花的凭证。

#### 8. 借款合同

包括银行及其他金融组织和借款人（不包括银行同业拆借）所签订的借款合同。

#### 9. 财产保险合同

包括财产、责任、保证、信用等保险合同。

#### 10. 技术合同

包括技术开发、转让、咨询、服务等合同。其中技术转让合同包括专利申请转让、非专利技术转让所书立的合同，但不包括专利权转让、专利实施许可所书立的合同。后者适用于"产权转移书据"合同。

技术咨询合同是合同当事人就有关项目的分析、论证、评价、预测和调查订立的技术合同，而一般的法律、会计、审计等方面的咨询不属于技术咨询，其所立合同不贴印花。

技术服务合同的征税范围包括技术服务合同、技术培训合同和技术中介合同。

### （二）产权转移书据

产权转移书据，是指单位和个人产权的买卖、继承、赠与、交换、分割等所立的书据。我国印花税税目中的产权转移书据包括财产所有权、版权、商标专用权、专利权、专有技术使用权共5项产权的转移书据。其中，财产所有权转移书据，是指经政府管理机关登记注册的不动产、动产的所有权转移所书立的书据以及企业股权转让所立的书据，包括股份制企业向社会公开发行的股票，因购买、继承、赠与所书立的产权转移书据。其他4项则属于无形资产的产权转移书据。另外，土地使用权出让合同、土地使用权转让合同、商品房销售合同按照产权转移书据征收印花税。

### （三）营业账簿

印花税税目中的营业账簿归属于财务会计账簿，是按照财务会计制度的要求设置的反映生产经营活动的账册。按照营业账簿反映的内容不同，在税目中分为记载资金的账簿（简称资金账簿）和其他营业账簿两类，以便于分别采用按金额计税和按件计税两种计税方法。

(1) 资金账簿。是反映生产经营单位"实收资本"和"资本公积"金额增减变化的账簿。

(2) 其他营业账簿。是反映除资金资产以外的其他生产经营活动内容的账簿，即除资金账簿以外的，归属于财务会计体系的生产经营用账册。

### （四）权利、许可证照

权利、许可证照是政府授予单位、个人某种法定权利和准予从事特定经济活动的各种证照的统称。包括政府部门发给的房屋产权证、工商营业执照、商标注册证、专利证、土地使用证等。

### （五）经财政部门确定征税的其他凭证

这部分凭证一般是指按照《印花税暂行条例施行细则》第二十六条的规定，即"纳税人对凭证不能确定是否应当纳税的，应及时携带凭证，到当地税务机关鉴别。纳税人同税务机关对凭证的性质发生争议的，应报请上一级税务机关核定。"

### （六）特别关注

除了税法列举的以上五大类应税经济凭证之外，在确定应税经济合同的范围时，特别需要注意以下三个问题。

**1. 具有合同性质的凭证应视同合同征税**

具有合同性质的凭证,是指具有合同效力的协议、契约、合约、单据、确认书及其他各种名称的凭证。它们从属于10个经济合同税目的分类,而非独立列举的征税类别。这类凭证具有与10类经济合同大致相同的内容、形式和作用,虽未采用规范的合同名称,但对当事各方仍具有特定的民事法律约束力。因为这些凭证一经凭证当事人书立,就发挥着合同的作用,其书立行为和实施行为具有民事法律意义,是发生法律后果并以涉及权利义务关系为目的的行为。因此,鉴于这类凭证的上述性质和特点,印花税除对依法成立的具有规范内容和名称的10类合同书征税外,还规定具有合同性质的凭证亦应纳税。对于企业集团内具有平等法律地位的主体之间自愿订立、明确双方购销关系、据以供货和结算、具有合同性质的凭证,应按规定征收印花税。对于企业集团内部执行计划使用的、不具有合同性质的凭证,不征收印花税。

**2. 未按期兑现合同亦应贴花**

印花税既是凭证税,又具有行为税性质。纳税人签订应税合同,就发生了应税经济行为,必须依法贴花,履行完税手续。所以,不论合同是否兑现或能否按期兑现,都应当缴纳印花税。

**3. 同时书立合同和开立单据的贴花方法**

办理一项业务(如货物运输、仓储保管财产保险、银行借款等),如果既书立合同,又开立单据,只就合同贴花;凡不书立合同,只开立单据,以单据作为合同适用的,其使用的单据应按规定贴花。

### (七) 常见不缴纳印花税的情形

**1. 企业注册资本认缴未缴不需要缴纳印花税**

根据国税发〔1994〕25号文件规定:① 生产经营单位执行"两则"后,其"记载资金的账簿"的印花税计税依据改为"实收资本"与"资本公积"两项的合计金额。② 企业执行"两则"启用新账簿后,其"实收资本"和"资本公积"两项的合计金额大于原已贴花资金的,就增加的部分补贴印花。

**2. 划拨形式取得土地使用权合同**

划拨形式取得土地使用权所签订的书据不属于印花税列举的应税凭证,不需要缴纳印花税。

**3. 既有订单又有购销合同的,订单不贴花**

在购销活动中,有时供需双方只填制订单,不再签订购销合同,此时订单作为当事人之间建立供需关系、明确供需双方责任的业务凭证,根据《国税总局关于外商投资企业的订单要货单据征收印花税问题的批复》(国税函〔1997〕505号)的规定,该订单具有合同性质,需按照规定贴花。但在既有订单,又有购销合同情况下,只需就购销合同贴花,订单对外不再发生权利义务关系,仅用于企业内部备份存查,根据《国家税务局关于印花税若干具体问题的规定》(国税地字〔1988〕25号)的规定,无须贴花。

**4. 非金融机构之间签订的借款合同**

根据《印花税暂行条例》的规定,银行与其他金融组织和借款人所签订的借款合同需要缴纳印花税,和非金融性质的企业或个人签订的借款合同不需要缴纳印花税。企业向股东贷款是企业进行融资的常见方式,和股东所签订的借款合同,如果双方都不属于金融机构无须贴花。

**5. 现金池业务无须缴纳印花税**

即以中国投资公司作为母账户,以各子公司作为子账户,依托银行系统每日自动划转资金,当子账户有多余资金时自动转入母账户,子账户可取得利息收入;当子账户缺少资金时母账户自动补足,母账户可取得利息收入。各子公司加入资金池时会和母公司签一份协议,但协议里没有金额和期限,协议长期有效。非金融机构之间签订的借款合同,如果双方都不属于金融机构,无须贴花。

**6. 股权投资协议**

股权投资协议是投资各方在投资前签订的协议,只是一种投资的约定,不属于印花税征税范围,无须贴花。

**7. 继续使用已到期合同无须贴花**

企业所签订的已贴花合同到期,但因合同所载权利义务关系尚未履行完毕,需继续执行合同所载内容,即继续使用已到期合同,只要该合同所载内容和金额没有增加,无须再重新贴花。但如果合同所载内容和金额增加,或者就尚未履行完毕事项另签合同的,需要按照《印花税暂行条例》的规定另行贴花。

**8. 委托代理合同**

代理单位和委托方签订的委托代理合同,凡仅明确代理事项、权限和责任的,根据《国家税务局关于印花税若干具体问题的解释和规定的通知》(国税发〔1991〕155号)规定,不属于应税凭证,无须贴花。

**9. 货运代理企业和委托方签订的合同**

在货运代理业务中,委托方和货运代理企业签订的委托代理合同,根据《国家税务局关于印花税若干具体问题的解释和规定的通知》(国税发〔1991〕155号)和《国家税务局关于货运凭证征收印花税几个具体问题的通知》(国税发〔1990〕173号)的规定,不属于印花税应税凭证,无须贴花。

**10. 承运快件行李、包裹开具的托运单据**

根据国税地字〔1988〕25号文件的规定,对铁路、公路、航运、水路承运快件行李包裹开具的托运单据,暂免贴花。

**11. 电网与用户之间签订的供用电合同**

根据《财政部 国家税务总局关于印花税若干政策的通知》(财税〔2006〕162号)的规定,电网与用户之间签订的供用电合同不属于印花税列举征税的凭证,不征收印花税。

**12. 会计、审计合同**

根据《国家税务总局关于对技术合同征收印花税问题的通知》(国税地字〔1989〕34号)的规定,一般的法律、法规、会计、审计等方面的咨询不属于技术咨询,其所立合同不贴印花。

**13. 工程监理合同**

建设工程监理,是指具有相关资质的监理单位受建设单位(项目法人)的委托,依国家批准的工程项目建设文件等相关规定,代替建设单位对承建单位的工程建设实施监控的一种专业化服务活动。技术咨询合同,是当事人就有关项目的分析、论证、评价、预测和调查订立的技术合同。因此,工程监理合同并不属于"技术合同"税目中的技术咨询合同,无须贴花。

### 14. 三方合同中的担保人、鉴定人等非合同当事人不需要缴纳印花税

《印花税暂行条例》列举的财产保险合同系保险公司办理的财产、责任、信用保证等保险合同,担保企业不属于保险公司,因此上述担保合同不属于印花税征税范围,根据《印花税暂行条例》第八条的规定,同一凭证,由两方或者两方以上当事人签订并各执一份的,应当由各方就所执的一份各自全额贴花。根据《印花税暂行条例施行细则》第十五条的规定,所说的当事人,是指对凭证有直接权利义务关系的单位和个人,不包括保人、证人、鉴定人。

### 15. 商业票据贴现

企业向银行办理商业承兑汇票等商业票据贴现,从银行取得资金,但贴现业务并非是向银行借款,在贴现过程中不涉及印花税。

### 16. 集团内部使用凭证

集团内部具有独立法人资格的各公司之间,总、分公司之间,以及内部物资、外贸等部门之间使用的调拨单(或卡、书、表等),若只是内部执行计划使用,不用于明确双方供需关系,据以供货和结算的,根据《关于企业集团内部使用的有关凭证征收印花税问题的通知》(国税函〔2009〕9号)、《国家税务局关于印花税若干具体问题的解释和规定的通知》(国税发〔1991〕155号)、《国家税务总局关于外商投资企业的订单要货单据征收印花税问题的批复》(国税函〔1997〕505号)的规定,不属于印花税应税凭证的,无须贴花。

### 17. 实际结算金额超过合同金额不需补贴花

根据《印花税暂行条例》的规定,印花税的征税对象是合同,征税依据是合同所载金额,而不是根据实际业务的交易金额。如果已按规定贴花的合同在履行后,实际结算金额和合同所载金额不一致,根据国税地字〔1988〕25号文件规定,不再补贴花,也不退税。

### 18. 培训合同

企业签订的各类培训合同,只有属于技术培训合同的,才需要按照"技术合同"贴花,其他的培训合同,不属于印花税征税范围,不需要贴花。

### 19. 演出合同

企业签订的演出合同,不属于印花税征税范围,不需要贴花。

### 20. 审价咨询合同

企业签订的审价咨询合同,不属于印花税征税范围,不需要贴花。

### 21. 法律咨询合同

根据国税地字〔1988〕34号文件的规定,一般的法律、法规、会计、审计等方面的咨询不属于技术咨询,其所立合同不贴印花。

### 22. 单位和员工签订的劳务用工合同及招聘合同

企业签订的劳务用工合同及招聘合同,不属于印花税征税范围,不需要贴花。

### 23. 供应商承诺书

企业签订的供应商承诺书,不属于印花税征税范围,不需要贴花。

### 24. 保密协议

企业签订的保密协议,不属于印花税征税范围,不需要贴花。

### 25. 物业管理服务合同

由于在《印花税税目税率表》中未列举物业管理费相关的服务项目,故物业管理费不属于印花税征税范围。

### 26. 保安服务合同

企业签订的保安服务合同,不属于印花税征税范围,不需要贴花。

### 27. 日常清洁绿化服务合同

企业签订的日常清洁绿化服务合同,不属于印花税征税范围,不需要贴花。

### 28. 杀虫服务合同

企业签订的杀虫服务合同,不属于印花税征税范围,不需要贴花。

### 29. 翻译服务合同

企业签订的翻译服务合同,不属于印花税征税范围,不需要贴花。

### 30. 广告代理合同

签订的广告代理合同,不属于应税凭证,不必贴花。

### 31. 债务互抵合同

债务互抵合同不属于《中华人民共和国合同法》所列合同,应根据债务互抵合同具体内容判定其是否有属于印花税征税范围的部分,如有,则应按规定征收印花税。没有,则不征。

### 32. 土地租赁合同

根据《印花税暂行条例》的规定,只有列举的合同或合同性质的凭证才交纳印花税。土地租赁合同不属于《印花税暂行条例》及其施行细则列举的印花税征税范围,不征收印花税。

## 三、税率

现行印花税采用比例税率和定额税率两种税率。

### (一)比例税率

印花税的比例税率分为4档,即1‰、0.5‰、0.3‰和0.05‰。按比例税率征收的应税项目包括:各种合同及具有合同性质的凭证、记载资金的账簿和产权转移书据等。这些凭证一般都载有金额,按比例税率纳税,金额多的多纳,金额少的少纳,可以体现合理负担原则。如表9-1所示。

表9-1 印花税税率表

| 税目 | 范围 | 税率(‰) | 纳税人 | 说明 |
|---|---|---|---|---|
| 购销合同 | 包括供应、预购、采购、购销、结合及协作、调剂、补偿、易货等合同 | 按购销金额0.3贴花 | 立合同人 | |
| 加工承揽合同 | 包括加工、定作、修缮、修理、印刷广告、测绘、测试等合同 | 按加工或承揽收入0.5贴花 | 立合同人 | |
| 建设工程勘察设计合同 | 包括勘察、设计合同 | 按收取费用0.5贴花 | 立合同人 | |
| 建筑安装工程承包合同 | 包括建筑、安装工程承包合同 | 按承包金额0.3贴花 | 立合同人 | |
| 财产租赁合同 | 包括租赁房屋、船舶、飞机、机动车辆、机械、器具、设备等合同 | 按租赁金额1贴花。税额不足1元,按1元贴花 | 立合同人 | |

（续表）

| 税目 | 范围 | 税率(‰) | 纳税人 | 说明 |
|---|---|---|---|---|
| 货物运输合同 | 包括民用航空运输、铁路运输、海上运输、内河运输、公路运输和联运合同 | 按运输费用0.5贴花 | 立合同人 | 单据作为合同使用的，按合同贴花 |
| 仓储保管合同 | 包括仓储、保管合同 | 按仓储保管费用1贴花 | 立合同人 | 仓单或栈单作为合同使用的，按合同贴花 |
| 借款合同 | 银行及其他金融组织和借款人（不包括银行同业拆借）所签订的借款合同 | 按借款金额0.05贴花 | 立合同人 | 单据作为合同使用的，按合同贴花 |
| 财产保险合同 | 包括财产、责任、保证、信用等保险合同 | 按保险费收入1贴花 | 立合同人 | 单据作为合同使用的，按合同贴花 |
| 技术合同 | 包括技术开发、转让、咨询、服务等合同 | 按所载金额0.3贴花 | 立合同人 | |
| 产权转移书据 | 包括财产所有权和版权、商标专用权、专利权、专有技术使用权等转移书据、土地使用权出让合同、土地使用权转让合同、商品房销售合同 | 按所载金额0.5贴花 | 立据人 | |
| 营业账簿 | 生产、经营用账册 | 记载资金的账簿，按实收资本和资本公积的合计金额0.5贴花，其他账簿按件贴花5元。 | 立账簿人 | 自2018年5月1日起，减半征收。按件贴花五元的其他账簿免征印花税。 |

### （二）定额税率

适用定额税率的是权利、许可证照和营业账簿中的其他账簿，采取按件规定固定税额，单位税额均为每件5元。对其他营业账簿、权利、许可证照，单位税额均为每件5元。由于这类凭证没有金额记载，规定按件定额征税，可以方便征纳，简化手续。自2018年5月1日起，对按件5元贴花征收的其他账簿免征印花税。

## 四、计税依据

印花税根据不同征税项目，分别实行从价计征和从量计征两种征收方式。

### （一）从价计税情况下计税依据的确定

实行从价计税的凭证，以凭证所载金额（不含增值税）为计税依据。具体规定如下各类经济合同，以合同上所记载的金额、收入或费用为计税依据。

**1. 各类经济合同**

以合同上所记载的金额、收入或费用为计税依据。

1）购销合同

计税依据为购销金额,不得作任何扣除,特别是调剂合同和易货合同应包括调剂、易货的金额。

在商品购销活动中,采用以货换货方式进行商品交易签订的合同,是反映既购又销双重经济行为的合同。对此,应按合同所载的购、销金额合计数计税贴花。合同未列明金额的,应按合同所载购、销数量,依照国家牌价或市场价格计算应纳税额。

购销合同计算印花税时是否包括增值税,一般而言,其计税依据按以下原则确定:

（1）凡是签订的订货合同,分别填写价款、税款的,以价款数额计税贴花;

（2）在签订订货合同时,如价格内注明是含税价,在计算缴纳印花税时,应按税率从价款数额中减除后计税;

（3）在签订订货合同时,没有注明含税价或增值税税款的,应按合同所载金额计税贴花。

2）加工承揽合同

计税依据为加工或承揽收入,对于由受托方提供原材料的加工、定做合同,凡在合同中分别记载加工费金额和原材料金额的,应分别按加工承揽合同、购销合同计税,两项税额相加数,即为合同应贴印花;若合同中未分别记载,则应就全部金额依照加工承揽合同计税贴花。

3）建设工程勘察设计合同

计税依据为勘察、设计收取的费用（即勘察、设计收入）。

4）建筑安装工程承包合同

计税依据为承包金额,不得扣除任何费用。如果施工单位将自己承包的建设项目再分包或转包给其他施工单位,其所签订的分包或转包合同,仍应按所载金额另行贴花。

5）财产租赁合同

计税依据为租赁金额（即租金收入）,但不包括企业与主管部门签订的融资租赁合同,根据《财政部　国家税务总局关于融资租赁合同有关印花税政策的通知》财税〔2015〕144号的规定,对开展融资租赁业务签订的融资租赁合同（含融资性售后回租）,统一按照其所载明的租金总额依照"借款合同"税目,按万分之零点五的税率计税贴花。在融资性售后回租业务中,对承租人、出租人因出售租赁资产及购回租赁资产所签订的合同,不征印花税。

6）货物运输合同

计税依据为取得的运输费金额（即运费收入）,不包括所运货物的金额、装卸费和保险费等。

对国内各种形式的货物联运,凡在起运地统一结算全程运费的,应以全程运费为计税依据,由起运地运费结算双方缴纳印花税;凡分程结算运费的,应以分程的运费作为计税依据,分别由办理运费结算的各方缴纳印花税。

7）仓储保管合同

计税依据为仓储保管的费用（即保管费收入）。

8）借款合同

计税依据为借款金额,针对实际借贷活动中不同的借款形式,税法规定了不同的计税方法。

（1）凡是一项信贷业务既签订借款合同，又一次或分次填开借据的，只以借款合同所载金额为计税依据计税贴花；凡是只填开借据并作为合同使用的，应以借据所载金额为计税依据计税贴花。

（2）借贷双方签订的流动资金周转性借款合同，一般按年（期）签订，规定最高限额，借款人在规定的期限和最高限额内随借随还，为避免加重借贷双方的负担，对这类合同只以其规定的最高额为计税依据，在签订时贴花一次，在限额内随借随还不签订新合同的，不再另贴印花。

（3）对借款方以财产作抵押，从贷款方取得一定数量抵押贷款的合同，应按借款合同贴花；在借款方因无力偿还借款而将抵押财产转移给贷款方时，应再就双方书立的产权书据按产权转移书据的有关规定计税贴花。

（4）对银行及其他金融组织的融资租赁业务签订的融资租赁合同，应按合同所载租金总额，暂按借款合同计税。

（5）在贷款业务中，如果贷方系由若干银行组成的银团，银团各方均承担一定的贷款数额，借款合同由借款方与银团各方共同书立，各执一份合同正本，对这类合同，借款方与贷款银团各方应分别在所执的合同正本上，按各自的借款金额计税贴花。

（6）在基本建设贷款中，如果按年度用款计划分年签订借款合同，在最后一年按总概算签订借款总合同，且总合同的借款金额包括各个分合同的借款金额的，对这类基建借款合同，应按分合同分别贴花，最后签订的总合同，只就借款总额扣除分合同借款金额后的余额计税贴花。

（7）委托贷款合同中，A 公司委托银行贷款给 B 公司，签订三方合同，包括委托人、受托人、借款人。此项合同包括两项内容，其一为 A 公司与银行之间的委托事项，其二为 A 公司对 B 公司的贷款事项。鉴于委托合同不属于印花税征税范围，而借款合同属于印花税征税范围，但借款合同仅针对一方为金融机构，因此集团公司与子公司不应按借款合同贴花完税。

9）财产保险合同

计税依据为支付（收取）的保险费金额，不包括所保财产的金额。

10）技术合同

计税依据为合同所载的价款、报酬或使用费。为了鼓励技术研究开发，对技术开发合同，只就合同所载的报酬金额计税，研究开发经费不作为计税依据。

**2. 产权转移书据**

计税依据为书据中所载的金额。

**3. 记载资金的营业账簿**

计税依据为实收资本和资本公积的两项合计金额。

对跨地区经营的分支机构的营业账簿在计税贴花时，为了避免对同一资金重复计税，规定上级单位记载资金的账簿，应按扣除拨给下属机构资金数额后的其余部分计算贴花。

企业启用新账簿后，实收资本和资本公积两项的合计金额大于原已贴花资金的，就增加的部分补贴印花。凡"资金账簿"在次年度的实收资本和资本公积未增加的，对其不再计算贴花。

**4. 无确定金额合同**

有些合同在签订时无法确定计税金额，如技术转让合同中的转让收入，是按销售收入的一定比例收取或是按实现利润分成；财产租赁合同只是规定了月（天）租金标准而无期限。

对于这类合同,可在签订时先按定额 5 元贴花,以后结算时再按实际金额计税,补贴印花。

### (二) 从量计税情况下计税依据的确定

实行从量计税的其他营业账簿和权利、许可证照、以计税数量为计税依据。

## 五、税金和会计处理

### (一) 税金计算

**1. 经济合同的应纳税额的计算**

纳税人书立、领受的各种应纳印花税的经济合同和具有合同性质的凭证,都应根据合同的性质和规定的适用税率,计算应纳税额,自行购买印花税票,自行粘贴并注销,履行纳税手续。

经济合同和具有合同性质的凭证计算应纳税额的基本公式如下:

$$应纳税额 = 计税金额 \times 适用税率$$

**2. 其他凭证的应纳税额的计算**

应计征印花税的其他凭证,主要是指营业账簿、产权转移书据和权利许可证照。

营业账簿的印花税,分别按资金账簿和其他账簿计征。

资金账簿应纳印花税的计算公式如下:

$$应纳税额 = (实收资本金 + 资本公积金) \times 0.5‰$$

其他账簿应纳印花税的计算公式如下:

$$应纳税额 = 账簿件数 \times 单位税额$$

产权转移书据应纳印花税的计算公式如下:

$$应纳税额 = 产权转移书据金额 \times 0.5‰$$

权利许可证照应纳印花税的计算公式如下:

$$应纳税额 = 证照件数 \times 单位税额$$

对同一凭证载有两个或两个以上经济事项的,如分别记载金额的,应分别按适用税率计算应纳税额,并按合计税额贴花。如未分别记载金额的,应按其中最高税率计算纳税。

### (二) 会计核算

企业缴纳的印花税不需要通过"应交税金"科目核算,可直接通过"管理费用"科目核算。缴纳印花税时应借记"管理费用"科目,贷记"银行存款"或"现金"科目。如果一次缴纳印花税税额较大,需要分期摊入成本费用的,可通过"待摊费用"科目进行核算。即:缴纳印花税时应借记"待摊费用"科目,贷记"银行存款"科目,分期摊销已缴纳的印花税时,应借记"管理费用"科目,贷记"待摊费用"科目。

## 六、税收优惠

### (一) 一般优惠

**1. 已缴纳印花税的凭证副本或抄本**

由于这种副本或抄本属于备查性质,不是正式文本,对外不发生法律效力,所以对其不应再征收印花税。但副本或者抄本作为正本使用的应另行贴花。

**2. 财产捐赠书据**

财产所有人将财产赠给政府、社会福利单位、学校所立的书据,免征印花税。其中,社会福利单位是指抚养孤老伤残的社会福利单位。

**3. 农业产品收购合同**

国家指定的收购部门与村民委员会农民个人书立的农业产品收购合同免纳印花税。

**4. 无息、贴息贷款合同**

外国政府或国际金融组织向我国政府及国家金融机构提供优惠贷款所书立的合同。

### (二) 房地产开发企业印花税优惠

(1) 房地产管理部门与个人订立的租房合同,凡房屋属于用于生活居住的,暂免贴花。

(2) 对公共租赁住房经营管理单位免征建设、管理公共租赁住房涉及的印花税。在其他住房项目中配套建设公共租赁住房,依据政府部门出具的相关材料,按公共租赁住房建筑面积占总建筑面积的比例免征建设、管理公共租赁住房涉及的印花税。

(3) 对公共租赁住房经营管理单位购买住房作为公共租赁住房,免征契税、印花税;对公共租赁住房租赁双方免征签订租赁协议涉及的印花税。

## 七、征收管理

### (一) 纳税环节和地点

印花税应当在书立或领受时贴花。具体是指,在合同签订时、账簿启用时和证照领受时贴花。

印花税一般实行就地纳税。对于全国性商品物资订货会(包括展销会、交易会等)上所签订合同应纳的印花税,由纳税人回其所在地后及时办理贴花完税手续。

### (二) 缴纳方法

印花税的纳税方法较其他税种不同,是由纳税人根据税法规定,自行计算应纳税额,自行购买印花税票,自行贴花和画销,自行完成纳税义务。同时,对特殊情形采取特定的纳税贴花方法。

**1. 一般纳税方法**

印花税实行由纳税人根据规定自行计算应纳税额,购买并一次贴足印花税票(以下简称贴花)的缴纳办法。印花税票应当粘贴在应纳税凭证上,并由纳税人在每枚税票的骑缝处盖戳注销或者画销。已贴用的印花税票不得重用。

**2. 简化纳税方法**

1) 以缴款书或完税证代替贴花的方法

一份凭证应纳税额超过五百元的,应向当地税务机关申请填写缴款书或者完税证,将其中一联粘贴在凭证上或者由税务机关在凭证上加注完税标记代替贴花。

2) 按期汇总缴纳印花税的方法

同一种类应纳税凭证,需频繁贴花的,纳税人应向当地税务机关申请按期汇总缴纳印花税。经税务机关核准发给许可证后,按税务机关确定的限期(最长不超过1个月)汇总计纳税。应纳税凭证应加注税务机关指定的汇缴戳记、编号并装订成册后,将已贴印花或者缴款书的一联粘附册后,盖章注销,保存备查。

3）代扣（代收）税款汇总缴纳的方法

税务机关为了加强源泉控制管理，可以委托某些代理填开应税凭证的单位（如代办运输、联运的单位）对凭证的当事人应纳的印花税予以代扣（代收），并按期汇总缴纳。

**3. 其他关注事项**

（1）在应纳税凭证书立或领受时即行贴花完税，不得延至凭证生效日期。

（2）贴花印花税票应粘贴在应纳税凭证上，并由纳税人在每枚税票的骑缝处盖戳注销或画销，严禁揭下重用。

（3）已经贴花的凭证，凡修改后所载金额增加的部分，应补贴印花。

（4）对已贴花的各类应纳税凭证，纳税人须按规定期限保管，不得私自销毁，以备纳税检查。

（5）凡多贴印花税票者，不得申请退税或者抵扣。

（6）纳税人对凭证不能确定是否应当纳税的，应及时携带凭证，到当地税务机关鉴别。

（7）纳税人与税务机关对凭证的性质发生争议的，应检附该凭证报请上一级税务机关核定。

（8）纳税人对纳税凭证应妥善保存。凭证的保存期限，凡国家已有明确规定的，按规定办理；其他凭证均应在履行纳税义务完毕后保存1年。

**（三）法律责任**

《税收征收管理法》《税收征收管理法实施细则》重新修订颁布后，《印花税暂行条例》第十三条及《印花税暂行条例施行细则》第三十九条、第四十条、第四十一条的部分内容已不适用。

印花税的违章处罚适用条款，根据《税收征管法》《税收征管法实施细则》的有关规定。印花税纳税人有下列行为之一的，由税务机关根据情节轻重予以处罚：

（1）在应纳税凭证上未贴或者少贴印花税票的或者已粘贴在应税凭证上的印花税票未注销或者未划销的，适用《税收征管法》第六十四条的处罚规定。

（2）已贴用的印花税票揭下重用造成未缴或少缴印花税的，适用《税收征管法》第六十三条的处罚规定。

（3）伪造印花税票的，适用《税收征管法实施细则》第九十一条的处罚规定。

（4）按期汇总缴纳印花税的纳税人，超过税务机关核定的纳税期限，未缴或少缴印花税款的，视其违章性质，适用《税收征管法》第六十三条或第六十四条的处罚规定，情节严重的，同时撤销其汇缴许可证。

（5）纳税人违反以下规定的，适用《税收征管法》第六十条的处罚规定：①违反《印花税条例施行细则》第二十三条的规定："凡汇总缴纳印花税的凭证，应加注税务机关指定的汇缴戳记，编号并装订成册后，将已贴印花或者缴款书的一联粘附册后，盖章注销，保存备查"；②违反《印花税条例施行细则》第二十五条的规定："纳税人对纳税凭证应妥善保存。凭证的保存期限，凡国家已有明确规定的，按规定办；没有明确规定的其余凭证均应在履行完毕后保存一年"。

**（四）核定征收**

**1. 一般规定**

税务机关可以根据《税收征管法》及相关规定核定纳税人应纳税额。税务机关应分行业对纳税人历年印花税的纳税情况、主营业务收入情况、应税合同的签订情况等进行统计、测算,评估各行业印花税纳税状况及税负水平,确定本地区不同行业应纳税凭证的核定标准。实行核定征收印花税的,纳税期限为一个月,税额较小的,纳税期限可为一个季度,具体由主管税务机关确定。主管税务机关核定征收印花税,应当向纳税人送达《税务事项通知书》,并注明核定征收的方法和税款缴纳期限。

纳税人应当自纳税期满之日起15日内,填写国家税务总局统一制定的纳税申报表申报缴纳核定征收的印花税。纳税人对主管税务机关核定的应纳税额有异议的,或因生产经营情况发生变化需要重新核定的,可向主管税务机关提供相关证据,主管税务机关核实后进行调整。

**2. 广东规定**

1) 核定印花税的情形

根据《广东省地方税务局印花税核定征收管理办法》规定,有下列情形之一的,主管税务机关可以核定纳税人印花税计税依据:

(1) 未按规定建立《印花税应纳税凭证登记簿》,或未如实登记和完整保存应纳税凭证的;

(2) 拒不提供应纳税凭证或不如实提供应纳税凭证致使计税依据明显偏低的;

(3) 采用按期汇总缴纳办法的,未按主管税务机关规定的期限报送汇总缴纳印花税情况报告,经主管税务机关责令限期报告,逾期仍不报告的或者主管税务机关在检查中发现纳税人有未按规定汇总缴纳印花税情况的。

2) 核定印花税的依据

税务机关根据纳税人的实际生产经营收入,参考纳税人各期印花税纳税情况及合同签订情况确定纳税人印花税计税依据,具体如下:

(1) 工业企业的购销合同,购销环节应征的印花税合并按销售收入的70%作为计税依据。

(2) 商业及其他企业的购销合同,购销环节应征的印花税合并按销售收入的50%作为计税依据。

(3) 外贸综合服务企业的购销合同,购销环节应征的印花税合并按销售收入30%作为计税依据。

(4) 税务机关规定的其他应纳税凭证核定计税依据及税目。

实行印花税核定征收的纳税人,对于税务机关已核定凭证类型以外的其他应纳税凭证,仍应按规定据实计算、缴纳印花税。

# 第二节 印花税检查

根据《中华人民共和国印花税暂行条例施行细则》规定,印花税的检查,由税务机关执行。税务人员进行检查时,应当出示税务检查证。纳税人不得以任何借口加以拒绝。税务人员查获违反条例规定的凭证,应按有关规定处理。如需将凭证带回的,应出具收据,交被检查人收执。

# 一、印花税常见风险

## (一) 应税合同的计税依据

**1. 购销合同风险**

(1) 购销合同或具有合同性质的凭证(包括供应、预购、采购、购销结合及协作、调剂、补偿、易货等合同),除另有规定外,在签订时是否按购销金额依"购销合同"税目计税贴花。

(2) 企业开具或取得的各种名称、各种形式的订单、要货单据、调拨单(或其他名称的单、卡、书、表)如具有合同性质或作用的,在开具或取得时是否按单据上所载的购销金额依"购销合同"税目计税贴花。

(3) 企业商品购销活动中,采用以货换货方式进行商品交易签订的合同,该合同是反映既购又销双重经济行为的合同,在签订时是否按合同所载的购、销两项合计金额依"购销合同"税目计税贴花。

**2. 工程建筑合同**

(1) 企业"修缮"是否未按"加工承揽",错按"建筑安装"缴纳印花税。

(2) 企业签订由受托方提供原材料的加工、定制合同,合同中不划分加工费金额与原材料金额的,除另有规定外,在签订时是否按全部金额,依照"加工承揽合同"计税贴花。

(3) 建设工程勘察设计合同:企业签订的建设工程勘察合同、建设工程设计合同(包括总包合同、分包合同和转包合同),除另有规定外,在签订时是否按收取费用依"建设工程勘察设计合同"税目计税贴花,税率万分之五,有无错按"建筑安装工程承包合同"税目少贴花。

(4) 建筑安装工程承包合同:审核企业签订的建筑安装工程承包合同(包括总包合同、分包合同和转包合同),除另有规定外,在签订时是否按承包金额依"建筑安装工程承包合同"税目计税贴花,税率万分之三。

**3. 财产租赁合同**

(1) 审核企业签订财产租赁合同或具有合同性质的凭证(包括租赁房屋、船舶、飞机、机动车辆、机械、器具、设备等),除另有规定外,在签订时是否按租赁金额依"财产租赁合同"税目计税贴花。

(2) 企业在飞机租赁业务中,对采取经营租赁方式签订的租赁合同,在签订时是否按租赁金额依"财产租赁合同"税目计税贴花。

(3) 企业签订仓储保管合同或作为合同使用的仓单、栈单,除另有规定外,在签订时是否按仓储保管费依"仓储保管合同"税目计税贴花。

**4. 借款合同**

(1) 企业向外国政府或者国际金融组织借款所书立的借款合同未贴花的,是否符合税法规定的外国政府或者国际金融机构向国家金融机构提供优惠贷款所书立的借款合同,否则不得免税,应补贴花。

(2) 企业签订借款合同或单据的,除免税规定外,在签订时是否按借款金额依"借款合同"税目计税贴花。

(3) 企业在签订流动资金周转借款合同时,是否按合同规定的最高借款限额计税贴花。以后,只要在限额内随借随还,不再签新合同的,就不另贴印花。上述流动资金周转借款合同是指一般按年(期)签订,规定最高限额,借款人在规定的期限和最高限额内随借随还。

(4) 企业签订的借款合同中既有应税金额又有免税金额的,凡合同中能划分免税金额与应税金额的,只就应税金额计税贴花;如不能划分清楚的,是否按借款总金额计税贴花。

(5) 企业借款合同由借款方与银团各方共同书立,各执一份合同正本的,在签订时是否按借款方与贷款银团各方分别在所执合同正本上各自的借贷金额计税贴花。

(6) 企业对先签订分合同,后签订总合同,总合同的借款金额中包括各分合同的借款金额的借款合同,在签订时是否按分合同分别贴花,最后签订的总合同,是否就借款总额扣除分合同借款金额后的余额计税贴花。

(7) 企业签订的"拨改贷"借贷合同和实行差别利率的基本建设借款合同,在签订时是否按借款金额依"借款合同"税目计税贴花。税法规定财政等部门的拨款改贷款签订的借款合同,凡直接与使用单位签订的,暂不贴花;凡委托金融单位贷款,金融单位与使用单位签订的借款合同应按规定贴花。

(8) 企业签订的借款展期合同或其他凭证,未贴花的,是否符合税法规定的按信贷制度规定,仅载明延期还款事项的,否则不得免税,应补贴花。

(9) 企业签订的混合贷款合同,在签订时是否按借款金额依"借款合同"税目计税贴花。

(10) 审核企业签订的买方信贷合同,在签订时是否按借款金额依"借款合同"税目计税贴花。

(11) 审核企业签订的转贷合同,在签订时是否按借款金额依"借款合同"税目计税贴花。

(12) 审核企业在飞机租赁业务中,对采取融资租赁方式签订的租赁合同,在签订时是否按租金总额依"借款合同"税目计税贴花。

(13) 企业签订的资本金贷款合同,不属于免税凭证范围,在签订时是否按借款金额依"借款合同"税目计税贴花。

**5. 保险合同**

(1) 企业签订财产保险合同或单据的,除另有规定外,在签订时是否按保险费金额依"财产保险合同"税目计税贴花,税率千分之一。税法规定的应税财产保险合同包括:企业财产保险、机动车辆保险、货物运输保险、家庭财产保险(包括家庭财产两全保险)等,但不包括对农林作物、牧业畜类财产保险合同。

(2) 企业签订的责任保险、保证保险和信用保险合同,在签订时是否按定额五元贴花。

(3) 企业签订的远洋船舶保险合同(或保险单据),在签订时是否按保险费金额依"财产保险合同"税目计税贴花,税率千分之一。

**6. 技术合同**

(1) 企业签订的技术开发合同或具有合同性质的凭证,除另有规定外,在签订时是否按合同所载的报酬金额依"技术合同"税目计税贴花。税法规定研究开发经费不作为计税依据。但对合同约定按研究开发经费一定比例作为报酬的,应按一定比例的报酬金额计税贴花。

(2) 企业签订的技术转让合同或具有合同性的凭证,除另有规定外,在签订时是否按合同所载金额依"技术合同"税目计税贴花。税法规定的应税技术转让合同包括:专利申请权转让、非专利技术转让所书立的合同,但不包括:专利权转让、专利实施许可所书立的合同、书据。

(3) 企业签订的技术咨询合同或具有合同性质的凭证,除另有规定外,在签订时是否按合同所载金额依"技术合同"税目计税贴花。税法规定的应税技术咨询合同是指当事人就有关项目的分析、论证、评价、预测和调查签订的技术合同。有关项目包括:①有关科学技术与经济、社会协调发展的软科学研究项目;②促进科技进步和管理现代化,提高经济效益和社会效益的技术项目;③其他专业项目。但一般的法律、法规、会计、审计等方面的咨询不属于技术咨询,其所立合同不贴印花。

(4) 审核企业签订的技术服务合同或具有合同性质的凭证,除另有规定外,在签订时是否按合同所载金额依"技术合同"税目计税贴花。税法规定的应税技术服务合同包括:技术服务合同、技术培训合同和技术中介合同。技术服务合同是指当事人一方委托另一方就解决有关特定技术问题,如为改进产品结构、改良工艺流程、提高产品质量、降低产品成本、保护资源环境、实现安全操作、提高经济效益等,提出实施方案,进行实施指导所签订的技术合同。但以常规手段或者为生产经营目的进行一般加工、修理、修缮、广告、印刷、测绘、标准化测试以及勘察、设计等所书立的合同,不属于技术服务合同。技术培训合同是指当事人一方委托另一方对指定的专业技术人员进行特定项目的技术指导和专业训练所签订的技术合同。但对各种职业培训、文化学习、职工业余教育等签订的合同,不属于技术培训合同,不贴印花。技术中介合同是指当事人一方以知识、信息、技术为另一方与第三方签订技术合同进行联系、介绍、组织工业化开发所签订的技术合同。

### 7. 产权转移书据

(1) 企业持有的产权转移书据(包括财产所有权和版权、商标专用权、专利权、专有技术使用权等转移书据)是以合同方式签订的,除另有规定外,在签订时是否按合同所载金额全额依"产权转移书据"税目计税贴花。税法规定"财产所有权"转移书据的征税范围是:经政府管理机关登记注册的动产、不动产的所有权转移所立的书据,以及企业股权转让所立的书据。

(2) 企业接受持有以单方订立的产权转移书据(包括财产所有权和版权、商标专用权、专利权、专有技术使用权等转移书据),除另有规定外,如立据人未贴或者少贴印花的,企业接受持有时是否按规定负责补贴花。税法规定"财产所有权"转移书据的征税范围是:经政府管理机关登记注册的动产、不动产的所有权转移所立的书据,以及企业股权转让所立的书据。

(3) 企业因无力偿还借款而将抵押财产转移给贷款方,双方书立的产权转移书据,在立据时是否按所载金额依"产权转移书据"税目计税贴花。

(4) 企业签订的专利权转让合同、专利实施许可合同或书据,在签订时是否按合同所载金额依"产权转移书据"税目计税贴花。有无错用税目计税贴花。

(5) 企业签订的土地使用权出让或转让合同,在签订时是否按合同所载金额依"产权转移书据"税目计税贴花。

(6) 企业签订的商品房销售合同,在签订时是否按合同所载金额依"产权转移书据"税目计税贴花。

### 8. 权利、许可证照

企业取得的各类权利、许可证照(包括政府部门发给的房屋产权证、工商营业执照、商标注册证、专利证、土地使用证等其他权利、许可证照),除另有规定外,在领受时是否按件贴花五元。

### (二) 计税依据的特殊事项

(1) 企业已贴花的凭证,修改后所载金额增加的,是否对其增加部分金额补贴印花税票。

(2) 企业的同一应税凭证,因载有两个或者两个以上经济事项而适用不同税目税率,如分别记载金额的,是否分别计算应纳税额,相加后按合计税额贴花;如未分别记载金额的,是否按税率高的计税贴花。

(3) 企业以副本或者抄本视同正本使用的应税凭证,是否按税法规定另贴印花税票。税法规定已缴纳印花税的凭证的副本或者抄本免纳印花税,是指凭证的正式签署本已按规定缴纳了印花税,其副本或者抄本对外不发生权利义务关系,仅备存查的免贴印花。副本视同正本使用是指纳税人的已缴纳印花税凭证的正本遗失或毁损,而以副本替代的,即为副本视同正本使用,应另贴印花。

(4) 未注明金额或暂时无法确定金额的应税合同,是否先按5元贴花,在最终结算实际金额后,按规定补贴了印花。

(5) 企业应纳税凭证所载金额为外国货币的,是否按照凭证书立当日的中华人民共和国国家外汇管理局公布的外汇牌价折合人民币,计算应纳税额。

(6) 企业合同在签订时无法确定计税金额,如技术转让合同中的转让收入,是按销售收入的一定比例收取或是按实现利润分成的;财产租赁合同,只是规定了月(天)租金标准而却无租赁期限的。对这类合同,是否在签订时先按定额五元贴花,以后结算时再按实际金额计税,补贴印花。

(7) 企业是否有已签订合同或具有合同性的凭证因未兑现或不按期兑现未按税法规定贴花。税法规定不论合同是否兑现或能否按期兑现,都一律在签订时按照规定贴花。

(8) 企业在代理业务中,代理单位与委托单位之间签订的委托代理合同未贴花的,是否符合税法规定的仅明确代理事项、权限和责任的委托代理合同,否则不得免税,应按相关税目计税贴花。

(9) 企业在全国性商品物资订货会(包括展销会、交易会等)上所签合同,是否由企业回其所在地后即时计税贴花,有无漏贴花现象。

(10) 企业以电子形式签订的各类应税凭证是否按税法规定的相关税目征收印花税。

(11) 企业按期汇总缴纳印花税方式的,是否申请并取得税务机关发放的许可证。

(12) 企业如果(购销)合同金额中包含增值税额,增值税税额是否多缴印花税。

(13) 企业逾期申报印花税,是否缴纳滞纳金尤其采取汇总缴纳方式的企业。

(14) 企业与关联方之间签订的包购包销合同,是否按照实际发生的金额足额缴纳印花税。

(15) 租赁合同是否按合同总金额及时申报纳税贴花,而不是按每年租金的金额申报,少申报缴纳印花税。

(16) 企业是否存在可供出售的金融资产因公允价值变动而增加的资本公积,如果存在,是否按年计算,对增加的部分按规定补贴印花。

(17) 企业印花税票是否粘贴在应纳税凭证上,并由企业在每枚税票的骑缝处盖戳注销或者画销,有无将已贴用的印花税票重复使用。

### (三) 营业账簿

(1) 企业日常用单页表式记载资金活动情况，以表代账的，在装订成册时，是否按册贴花五元。

(2) 跨地区经营的分支机构，其记载资金的账簿是否按上级单位核拨的账面资金数额计税贴花。其他账簿按定额贴花；对上级单位不核拨资金的分支机构，只就其他账簿按定额贴花。

(3) 企业对记载资金的营业账簿是否按照实收资本和资本公积的两项合计金额为计税依据。

(4) 跨地区经营的分支机构的上级单位，其记载资金的账簿是否按扣除拨给下属机构资金数额后的其余部分计税贴花。

(5) 审核企业对其他账簿是否按件贴花。包括日记账簿和各明细分类账簿，在账簿启用时是否按税法规定按件贴花五元。税法规定上述账簿还包括财会部门设置在其他部门和车间的明细分类账、电子计算机会计核算输出打印装订账册。但不包括：车间、门市部、仓库设置的不属于会计核算范围或虽属会计核算范围，但不记载金额的登记簿、统计簿、台账。

(6) 企业是否对资产评估增值后增加的"资本公积"金额按照规定就增加部分补贴印花税票。

### (四) 企业改制中的印花税问题

(1) 企业是否有改制行为，其新启用的资金账簿记载的资金或因企业建立资本纽带关系而增加的资金，凡原已贴花的部分可不再贴花，未贴花的部分和以后新增加的资金是否按规定贴花。

(2) 企业是否有合并或分立行为，其新启用的资金账簿记载的资金，凡原已贴花的部分可不再贴花，未贴花的部分和以后新增加的资金是否按规定贴花。合并包括吸收合并和新设合并。分立包括存续分立和新设分立。查看企业债权转股权新增加的资金是否按照税法规定贴花。

(3) 企业改制中经评估增加的资金是否按照税法规定贴花。

(4) 企业其他会计科目记载的资金转为实收资本或资本公积的资金是否按照税法规定贴花。

### (五) 在国外签订的应税合同

审核企业是否将在国外签订国内使用的合同贴花。

## 二、印花税检查实务

印花税通常是财税人员眼中的"小税种"。但对于房地产开发企业而言，除了零星的费用支出外，大量经济活动都需要通过签订合同来完成。这就需要财税人员熟练掌握印花税相关政策，准确判断各项合同是否属于应税凭证以及适用哪一税目计征印花税并进行正确的会计处理。

### (一) 房地产各环节印花税检查

**1. 产权转移书据**

(1) 房地产开发企业取得土地使用权后，要依"产权转移书据"税目，按 0.05% 的税率缴纳印花税，其计税依据为土地使用权出让合同上注明的合同价款。

**政策依据**：《中华人民共和国印花税暂行条例》(国务院令第 11 号)附件《印花税税目税率表》(以下简称《印花税税目税率表》)规定,产权转移书据包括财产所有权和版权、商标专用权、专利权、专有技术使用权等转移书据。

(2) 房地产开发企业销售商品房,也适用"产权转移书据"税目,按 0.05％的税率缴纳印花税,而不适用 0.03％的"购销合同"税目。

**政策依据**：《财政部 国家税务总局关于印花税若干政策的通知》(财税〔2006〕162 号)第四条规定,对商品房销售合同按照产权转移书据征收印花税。

(3) 开发商与业主已经签订购房合同,在交房之前又发生退房,那未执行的合同仍需要缴纳印花税。

**政策依据**：《国家税务总局关于印花税若干具体问题的规定》(国税地字〔1988〕25 号)第七条规定,依照印花税暂行条例规定,合同签订时即应贴花,履行完税手续。因此,不论合同是否兑现或能否按期兑现,都一律按照规定贴花。

(4) "以房抵工程款"的业务,此时视同销售房产,适用"产权转移书据"税目,缴纳印花税。

(5) 涉及棚户区改造的安置住户的销售,免征印花税。

在商品住房等开发项目中配套建造安置住房的,依据政府部门出具的相关材料、房屋征收(拆迁)补偿协议或棚户区改造合同(协议),按改造安置住房建筑面积占总建筑面积的比例免征城镇土地使用税、印花税。

**政策依据**：《财政部 国家税务总局关于棚户区改造有关税收政策的通知》(财税〔2013〕101 号)第一条规定,对改造安置住房经营管理单位、开发商与改造安置住房相关的印花税以及购买安置住房的个人涉及的印花税予以免征。

因此,房地产开发企业在拿地阶段、售房阶段,都会涉及"产权转移书据"的印花税,企业要按 0.05％缴纳印花税。

**2. 借款合同**

房地产开发企业最重要的就是资金流的运转,所以快速融通资金成为房地产开发企业永恒的主题。房地产开发企业最典型的融资方式是借款,但并不是所有的借款合同都要缴纳印花税。

**政策依据**：《印花税税目税率表》借款合同的范围规定,银行及其他金融组织和借款人(不包括银行同业拆借)所签订的借款合同,税率为 0.005％。

另外:如果涉及抵押贷款问题,因借款方无力偿还借款而将抵押财产转移给贷款方,要按"产权转移书据"缴纳印花税。

**政策依据**：国税地字〔1988〕30 号第三条:借款方以财产作抵押,与贷款方签订的抵押借款合同,属于资金信贷业务,信贷双方应按"借款合同"计税贴花。因借款方无力偿还借款而将抵押财产转移给贷款方,应就双方书立的产权转移书据,按"产权转移书据"计税贴花。

因此,企业向银行及其他金融组织借款,要按 0.005％缴纳印花税;企业向个人及其他非金融机构的借款,不适用印花税"借款合同"的税目,不需要缴纳印花税。

**3. 加工承揽合同**

房地产开发企业的广告支出占"营销费用"的绝大部分,广告支出要按"加工承揽合同"税目缴纳 0.05％的印花税。另外,房地产开发企业的测绘费也适用"加工承揽合同"税目,应依0.05‰缴纳印花税。

**政策依据**:《印花税税目税率表》加工承揽合同范围:包括加工、定作、修缮、修理、印刷、广告、测绘、测试等合同,税率0.05%。

需要注意的是:"加工承揽合同"税目的范围包括"修理",但是企业日常发生的到4S店、汽车修理厂的零星修理业务是不需要缴纳印花税的。

**政策依据**:《国家税务总局关于印花税若干具体问题的规定》(国税地字〔1988〕25号)第二条:对商店、门市部的零星加工修理业务开具的修理单,不贴印花。

### 4. 购销合同

企业采购货物,适用"购销合同"税目,要依0.03‰缴纳印花税。

**政策依据**:《印花税税目税率表》规定,购销合同包括供应、预购、采购、购销结合及协作、调剂、补偿、易货等合同。

### 5. 建设工程勘察设计合同/建筑安装工程承包合同

房地产开发企业发生的勘察、设计适用"建设工程勘察设计合同"税目,按0.05‰缴纳印花税,主体工程建安合同适用"建筑安装工程承包合同"税目,按0.03‰缴纳印花税。

在施工过程中必然伴随着企业的监理,提醒纳税人:监理合同不在印花税税目范围之内,不需要缴纳印花税。

在实务中,有很多合同在签订时,并未注明合同金额,可在签订时先按定额5元贴花,以后结算时再按实际金额计税,补贴印花。(国税地字〔1988〕25号)

### 6. 财产保险合同/财产租赁合同

(1)房地产开发企业为财产购买的保险,适用"财产保险合同"税目,按保险费金额的1‰缴纳印花税。

(2)房地产开发企业自留物业用于出租的,适用"财产租赁合同"税目,按租赁金额的1‰缴纳印花税。

**政策依据**:《印花税税目税率表》规定,财产保险合同包括财产、责任、保证、信用等保险合同;财产租赁合同:包括租赁房屋、船舶、飞机、机动车辆、机械、器具、设备等。

### 7. 营业账簿

记载资金的账簿,按实收资本和资本公积合计金额0.5‰贴花,其他账簿按件贴花5元。提醒纳税人:股东认缴但并未实际缴纳的注册资本,其计税依据并没有增加,所以不需要缴纳印花税。

### 8. 权利、许可证照

房地产开发企业的房屋产权证、工商营业执照、土地使用证适用"权利、许可证照"税目,按件贴花五元。

实行"五证合一"后,新更换的营业执照,应按规定贴花。

**政策依据**:《税目税率表》规定,权利、许可证照的范围包括政府部门发给的房屋产权证、工商营业执照、商标注册证、专利证、土地使用证。

国税地字〔1988〕113号第五条:对因各种原因更换营业执照正本的,均视为新领营业执照正本,应按法规纳税。

《印花税暂行条例》中的《税目税率表》一共有13个印花税税目,房地产开发企业在一般情况下,会涉及以上10个税目,建议房地产开发企业根据合同建立印花税台账,根据税目分类登记台账,以便完整系统地反映企业缴纳印花税的全貌。

**(二) 印花税检查案例**

**1. 房地产开发企业未按规定冲减印花税计税依据**

【例9-1】 某市房地产公司,集体所有制企业,注册资本3 000万元,在职人员30人,经营范围:开发销售公寓、办公用房和商业用房。2006年度销售商品房收入5 500万元,利润105万元。

2007年5月20日,该市地税稽查分局对该公司实施了税务稽查,发现该公司2006年1月与某建筑工程公司签订甲工程施工合同,金额为6 500万元,合同签订后,印花税已缴纳。该工程于2006年11月竣工,因工程建筑图纸重大修改,原商业用房由五层改为三层,实际工程决算金额为4 800万元,该公司2006年12月签订乙工程建筑施工合同后,以甲工程多缴印花税为由,冲减合同金额1 700万元,然后计算缴纳印花税,检查中还发现甲、乙两工程的建筑设计合同金额200万元,电力安装工程合同金额400万元,消防安装合同300万元,建设技术咨询合同20万元,均未申报缴纳印花税。

案例分析及税务处理:《印花税暂行条例》第二条、第三条规定,建筑工程承包合同为应纳税凭证,建筑工程承包合同包括建筑工程勘察设计合同和建筑安装工程承包合同,分别适用0.5‰、0.3‰的印花税税率。所以追征建筑施工合同印花税5 100元(17 000 000×0.3‰),追征建筑设计合同印花税1 000元(2 000 000×0.5‰),追征电力安装工程合同印花税1 200元(4 000 000×0.3‰),追征消防安装工程合同印花税900元(3 000 000×0.3‰),追征建设技术咨询合同印花税60元(200 000×0.3‰),共计追补印花税8 260元。

该案表面看似乎有一定合理性,该公司甲工程建筑施工合同金额比实际决算金额多出1 700万元,多缴了印花税,因而在乙工程建筑施工合同金额中予以抵消,但实质是不合法的缴法,是公司对税法规定掌握不正确的表现。印花税是一种凭证税,只要符合应税凭证的建筑施工合同一经签订,不论其合同是否履行或完全履行,都要按合同金额计算缴纳印花税。而且该公司建筑设计合同等未缴纳印花税,属偷税行为。

**2. 印花税记录,牵出股权交易避税秘密**

【例9-2】 某电子有限公司(以下简称A公司)2012年9月的纳税申报中有一条印花税记录——申报产权转移书据印花税9 000余元。而在征管系统中,该公司同期并未申报与产权转移书据印花税相关的其他税费。

根据规定,印花税税目中的产权转移书据涉及财产所有权、版权、商标专用权、专利权和专有技术使用权共5项产权的转移。另外,土地使用权出让合同、土地使用权转让合同、商品房销售合同也按照产权转移书据征收印花税。风险监控人员分析认为,工业企业正常业务一般不会涉及产权转移书据印花税,如果涉及,从产权转移书据税目的构成来看,很可能会产生营业税等相关税费。对比A公司的情况,风险监控部门初步判断这家企业存在高等涉税风险。

接到相关风险信息后,当地稽查部门立即启动稽查程序。

通过查询征管系统,稽查人员了解到,A公司2007年3月成立,法定代表人为张某某,注册资本500万元,经营范围是电子科技产品技术开发、技术咨询、技术转让和服务,电子产品及配件的安装、保养、维修,以及机电产品的安装和配件销售。2012年9月,A公司申报城市维护建设税15 437.23元、教育费附加和地方教育附加费11 026.59元、购销合同印花税15 360.7元、产权转移书据印花税9 690元。其2012年度收入总额为50 112 742.41元，应纳税所得额为1 413 756.82元，申报缴纳2012年度企业所得税353 439.21元。调阅A公司2012年9月的资产负债表，稽查人员发现该企业的长期股权投资金额当月减少1 938万元，这些资金被用于投资当地一家房地产开发企业（以下简称B公司）的股权，对B公司的股权比例占到51%。

这验证了A公司2012年9月申报产权转移书据印花税9 690元的事实。

根据相关政策，股权转让应不涉及流转税，但股权转让若有所得应申报缴纳企业所得税。从A公司签订的股权转让协议来看，相关股权是以平价转让给了B公司。

"商业交易通常建立在盈利基础上，A公司为何平价转让股权？会不会存在避税问题？"稽查人员心生疑惑。查询征管系统，检查人员发现，B公司注册资本为3 800万元，其中A公司投资1 938万元，个人股东张某投资1 862万元。这表明，A公司与B公司是关联企业。

B公司的税源登记信息显示，B公司于2009年9月取得开发用地138.54亩，取得该地块的价格为21 200万元，折合每亩153万元。

"近年来，土地价格不断上升，B公司资产的公允价值应随之上升，作为B公司的投资主体，A公司的长期股权投资公允价值也应该增值，而A公司却仍按投资原价转让其对B公司的长期股权投资，不符合常理。"稽查人员分析后做出了判断。随即，稽查人员把检查重点放在A公司与B公司的股权转让事项上。

通过调阅A公司的财务报表等涉税资料，向财务人员了解A公司的经营状况和财务核算情况，稽查人员进一步确认了A、B两关联公司之间平价转让股权的事实，断定相关转让价格明显偏低，存在人为避税的嫌疑。

面对稽查人员的质疑，A公司相关负责人解释说，近几年土地价格是有所上升，但A公司不知道2012年B公司持有地块的市场价值到底应该是多少，为避免交易争议，就按投资原价转让了股权。

"是呀，在2012年9月A公司转让其对B公司的股权投资时，B公司持有地块的公平市场价格是多少？相关股权的公允价值是多少？的确不好确定。"稽查人员犯了难。

针对这个问题，稽查局内部展开了大讨论。有人认为，根据税法规定，针对A公司的相关股权交易情况，税务机关可以直接核定其股权交易价格。有人提出，为了规避税收执法风险，税务机关可以要求A公司根据土地市场情况自行确定并申报其股权交易价格。还有人表示，为保证客观公正，税务机关可以引进中介机构对A公司的相关股权交易公允价格进行鉴定。

权衡各方意见后，该局最终决定通过中介机构求解。

依据企业所得税法及实施细则规定，税务机关有权按照可比非受控价格法、再销售价格法、成本加成法、交易净利润法、利润分割法、其他符合独立交易原则的方法调整。为确保股权交易价格核定客观公正，该局从符合独立交易原则出发，先委托有资质的土地评估机构，按市场价格法对A公司转让股权时B公司的土地价格实施评估。在确定土地价格的基础上，再委托有资质的资产评估机构评估B公司当时的整个资产负债情况，确认其净资产。此后，根据评估出的B公司净资产确认相关股权转让的价格。此方案得到股权交易双方的认可。

  经专业评估,土地评估机构和资产评估机构确认,2012年9月16日,B公司持有土地的市场价格为3.06亿元,较2009年9月增值9 400万元;资产公允价值扣除负债后的净资产为78 501 024.46元,扣除实收资本3 800万元后,净资产增值40 501 024.46元。依据我国税收征管法第三十五条、税收征管法实施细则第四十七条、企业所得税法第四十一条、企业所得税法实施条例第一百一十条规定,稽查局最终核定A公司转让B公司股权的公允价值为78 501 024.46×51％＝40 035 522.47元,股权成本为1 938万元,转让所得应为20 655 522.47元。最终,该局按规定要求A公司补缴企业所得税5 163 880.62元。

# 第十章

# 契税稽查实务

## 第一节 契税基本政策

### 一、纳税人

在中华人民共和国境内转移土地、房屋权属,承受的单位和个人为契税的纳税人。单位,是指企业单位、事业单位、国家机关、军事单位和社会团体以及其他组织;个人,是指个体经营者及其他个人。以招拍挂方式出让国有土地使用权的,纳税人为最终与土地管理部门签订出让合同的土地使用权承受人。

### 二、征税范围

契税的征税对象为发生土地使用权和房屋所有权权属转移的土地和房屋。具体征税范围包括:国有土地使用权出让;土地使用权转让,包括出售、赠与和交换;房屋买卖。

#### (一) 国有土地使用权出让

国有土地使用权出让是指国家以土地所有者的身份将土地使用权在一定年限内让渡给土地使用者,并由土地使用者向国家支付土地使用权出让金的行为。可以使用拍卖、招标、双方协议的方式。

#### (二) 土地使用权转让

土地使用权转让是指土地使用者将土地使用权再转移的行为。可以使用出售、交换、赠与的方式。土地使用权转让,不包括农村集体土地承包。

#### (三) 房屋买卖

**1. 以房产抵债或实物交换房屋**

经当地政府和有关部门批准,以房抵债和实物交换房屋,均视同房屋买卖,应由产权承受人按房屋现值缴纳契税。如以实物(金银首饰等等价物品)交换房屋,应视同以货币购买房屋。

**2. 以房产作投资或作股权转让**

这种交易业务属房屋产权转移,应根据国家房地产管理的有关规定,办理房屋产权变更登记手续,视同房屋买卖,由产权承受方按投资房产价值或房产买价缴纳。

以自有房产作股投入本人经营企业,免纳契税。因为以自有的房地产投入本人独资经营的企业,房屋产权所有人和土地使用权人未发生变化,无须办理房产变更手续,也不办理契税手续。

**3. 买房拆料或翻建新房,应照章征收契税**

不论其目的是取得该房产的建筑材料或是翻建新房,实际构成房屋买卖的,都应首先办理房屋产权变更手续,并按买价缴纳契税。

**(四) 房屋赠与**

赠给他人房屋的法人和自然人,称作房屋赠与人;接受他人房屋的法人和自然人,称为受赠人。房屋的受赠人要按规定缴纳契税。

对于个人无偿赠与不动产行为,应对受赠人全额征收契税,在缴纳契税时,纳税人须提交经税务机关审核并签字盖章的《个人无偿赠与不动产登记表》,税务机关(或其他征收机关)应在纳税人的契税完税凭证上加盖"个人无偿赠与"印章,在《个人无偿赠与不动产登记表》中签字并将该表格留存。以获奖方式取得房屋产权的,其实质是接受赠与房产,应照章缴纳契税。

**(五) 房屋交换**

房屋交换,是指房屋住户、用户、所有人为了生活工作方便,相互之间交换房屋的使用权或所有权的行为。行为的主体有公民、房地产管理机关,以及企事业单位、机关团体。交换的标的性质有公房(包括直管房和自管房)、私房;标的种类有住宅、店面及办公用房等;行为的内容是:① 房屋使用权交换。经房屋所有人同意,使用者可以通过变更租赁合同,办理过户手续,交换房屋使用权。交换房屋的价值相等的不征收契税。② 房屋所有权交换。交换双方应订立交换契约,办理房屋产权变更手续和契税手续。房屋产权相互交换,双方交换价值相等,免纳契税,办理免征契税手续。其价值不相等的,按超出部分由支付差价方缴纳契税。

## 三、税率

契税实行幅度比例税率,税率幅度为3‰~5‰。具体执行税率,由各省、自治区、直辖市人民政府在规定的幅度内,根据本地区的实际情况确定。

(1) 对个人购买家庭唯一住房(家庭成员范围包括购房人、配偶以及未成年子女,下同),面积为90平方米及以下的,减按1‰的税率征收契税;面积为90平方米以上的,减按1.5‰的税率征收契税。

(2) 对个人购买家庭第二套改善性住房,面积为90平方米及以下的,减按1‰的税率征收契税;面积为90平方米以上的,减按2‰的税率征收契税。

## 四、计税依据

契税的计税依据不含增值税,具体金额按照土地、房屋交易的不同情况确定:

**(一) 土地使用权出售、房屋买卖**

其计税依据为成交价格。这样规定的好处:一是与城市房地产管理法和有关房地产法规规定的价格申报制度相一致;二是在现阶段有利于契税的征收管理。

**(二) 土地使用权赠与、房屋赠与**

其计税依据由征收机关参照土地使用权出售、房屋买卖的市场价格核定。这是因为土地使用权赠与、房屋赠与属于特殊的转移形式,无货币支付,在计征税额时只能参照市场上同类土地、房屋价格计算应纳税额。

**(三) 土地使用权交换、房屋交换**

其计税依据是所交换的土地使用权、房屋的价格差额。对于成交价格明显低于市场价格且无正当理由的,或者所交换的土地使用权、房屋的价格差额明显不合理且无正当理由的,由征收机关参照市场价格核定。其目的是防止纳税人隐瞒、虚报成交价格。

**(四)出让国有土地使用权的**

其契税计税价格为承受人为取得该土地使用权而支付的全部经济利益。

**1. 以协议方式出让的**

其契税计税价格为成交价格,成交价格包括土地出让金、土地税补偿费、安置补助费、地上附着物和青苗补偿费、拆迁补偿费、市政建设配套费等承受者应支付的货币、实物、无形资产及其他经济利益。

没有成交价格或者成交价格明显偏低的,征收机关可依次按下列两种方式确定:

(1)评估价格。由政府批准设立的房地产评估机构根据相同地段、同类房地产进行综合评定,并经当地税务机关确认的价格。

(2)土地基准地价。由县以上人民政府公示的土地基准地价。

**2. 以竞价方式出让的**

其契税计税价格,一般应确定为竞价的成交价格,土地出让金、市政建设配套费以及各种补偿费用应包括在内。

**3. 先以划拨方式取得土地使用权,后经批准改为出让方式取得该土地使用权的**

应依法缴纳契税,其计税依据为应补缴的土地出让金和其他出让费用。

**4. 房屋买卖的**

契税计税价格为房屋买卖合同的总价款,买卖装修的房屋,装修费用应包括在内。

**(五)房屋附属设施有关契税政策**

(1)对于承受与房屋相关的附属设施(包括停车位、汽车库、自行车库、顶层阁楼以及储藏室,下同)所有权或土地使用权的行为,按照契税法律、法规的规定征收契税;对于不涉及土地使用权和房屋所有权转移变动的,不征收契税。

(2)采取分期付款方式购买房屋附属设施土地使用权、房屋所有权的,应按合同规定的总价款计征契税。

(3)承受的房屋附属设施权属单独计价的,按照当地确定的适用税率征收契税;与房屋统一计价的,适用与房屋相同的契税税率。

(4)对承受国有土地使用权应支付的土地出让金,要征收契税。不得因减免出让金而减免契税。

(5)对纳税人因改变土地用途而签订土地使用权出让合同变更协议或者重新签订土地用权出让合同的,应征收契税。计税依据为因改变土地用途应补缴的土地收益金及应补缴政府的其他费用。

(6)土地使用者将土地使用权及所附建筑物、构筑物等(包括在建的房屋、其他建筑物构筑物和其他附着物)转让给他人的,应按照转让的总价款计征契税。

(7)土地使用者转让、抵押或置换土地,无论其是否取得了该土地的使用权属证书,无论其在转让、抵押或置换土地过程中是否与对方当事人办理了土地使用权属证书变更登记,只要土地使用者享有占有、使用、收益或处分该土地的权利,且有合同等证据表明其实质转让、抵押或置换了土地并取得了相应的经济利益,土地使用者及其对方当事人应当依照税法规定缴纳契税。

(8) 企业承受土地使用权用于房地产开发,并在该土地上代政府建设保障性住房的,计税价格为取得全部土地使用权的成交价格。

### 五、税金和会计处理

契税实行 3‰~5‰的幅度税率,适用税率由省、自治区、直辖市人民政府在规定的幅度内按照本地区的实际情况确定,并报财政部和国家税务总局备案。转移土地、房屋权属以外汇结算的,按照纳税义务发生之日中国人民银行公布的人民币市场汇率中间价,折合成人民币计算。

$$应纳税额 = 计税依据 \times 税率$$

纳税人应当自纳税义务发生之日起 10 日内向土地、房屋所在地的契税征收机关办理纳税申报,并在契税征收机关核定的期限内缴纳税款,索取完税凭证。

企业和事业单位取得契税凭证应计入所取得土地使用权和房屋的成本。

企业取得土地使用权、房屋按规定交纳的契税,借记"固定资产"、"无形资产"等科目,贷记"银行存款"科目。

### 六、税收优惠

#### (一) 契税优惠的一般规定

(1) 国家机关、事业单位、社会团体、军事单位承受土地、房屋用于办公、教学、医疗、科研和军事设施的,免征契税。

(2) 城镇职工按规定第一次购买公有住房,免征契税。

(3) 因不可抗力灭失住房而重新购买住房的,酌情减免。

(4) 土地、房屋被县级以上人民政府征用、占用后,重新承受土地、房屋权属的,由省级人民政府确定是否减免。

(5) 承受荒山、荒沟、荒丘、荒滩土地使用权,并用于农、林、牧、渔业生产的,免征契税。

(6) 经外交部确认,依照我国有关法律规定以及我国缔结或参加的双边和多边条约或协定,应当予以免税的外国驻华使馆、领事馆、联合国驻华机构及其外交代表、领事官员和其他外交人员承受土地、房屋权属。

#### (二) 契税优惠的特殊规定

(1) 对金融租赁公司开展售后回租业务,承受承租人房屋、土地权属的,照章征税。对售后回租合同期满,承租人回购原房屋、土地权属的,免征契税。

(2) 市、县级人民政府根据《国有土地上房屋征收与补偿条例》有关规定征收居民房屋,居民因个人房屋被征收而选择货币补偿用以重新购置房屋,并且购房成交价格不超过货币补偿的,对新购房屋免征契税;购房成交价格超过货币补偿的,对差价部分按规定征收契税。居民因个人房屋被征收而选择房屋产权调换,并且不缴纳房屋产权调换差价的,对新换房屋免征契税;缴纳房屋产权调换差价的,对差价部分按规定征收契税。

(3) 单位、个人以房屋、土地以外的资产增资,相应扩大其在被投资公司的股权持有比例,无论被投资公司是否变更工商登记,其房屋、土地权属不发生转移,不征收契税。

(4) 个体工商户的经营者将其个人名下的房屋、土地权属转移至个体工商户名下,或个体工商户将其名下的房屋、土地使用权转回原经营者个人名下,免征契税。

(5) 合伙企业的合伙人将其名下的房屋、土地权属转移至合伙企业名下,或合伙企业将其名下的房屋、土地权属转回原合伙人名下,免征契税。

(6) 对国家石油储备基地第一期项目建设过程中涉及的契税予以免征。

(7) 对已缴纳契税的购房单位和个人,在未办理房屋权属变更登记前退房的,退还已纳契税;在办理房屋权属变更登记后退房的,不予退还已纳契税。

(8) 对公租房经营管理单位购买住房作为公租房,免征契税。

(9) 在婚姻关系存续期间,房屋、土地权属原归夫妻一方所有,变更为夫妻双方共有或另一方所有的,或者房屋、土地权属原归夫妻双方共有,变更为其中一方所有的,或者房屋、土地权属原归夫妻双方共有,双方约定、变更共有份额的,免征契税。

(10) 对经营管理单位回购已分配的改造安置住房继续作为改造安置房源的,免征契税。

(11) 对经营性文化事业单位转制中资产评估增值、资产转让或划转涉及的契税,自2014年1月1日至2018年12月31日,符合现行规定的享受相应税收优惠政策。

(12) 对饮水工程运营管理单位为建设饮水工程而承受土地使用权,免征契税。

(13) 对个人住房征收契税的优惠。

① 对个人购买家庭唯一住房(家庭成员范围包括购房人、配偶以及未成年子女),面积为90平方米及以下的,减按1%的税率征收契税;面积为90平方米以上的,减按1.5%的税率征收契税。

② 对个人购买家庭第二套改善性住房,面积为90平方米及以下的,减按1%的税率征收契税;面积为90平方米以上的,减按2%的税率征收契税。

家庭第二套改善性住房是指已拥有一套住房的家庭,购买的家庭第二套住房。个人住房契税优惠税率如表10-1所示。

表10-1 个人住房契税优惠税率表

| 购房情况 | 建筑面积 | 调整前税率(%) | 调整后税率(%) |
| --- | --- | --- | --- |
| 各地市 | | | |
| 首套住房 | 90(含)平方米以下 | 普通1,非普通3 | 1 |
| 首套住房 | 90~144平方米 | 普通1.5,非普通3 | 1.50 |
| 首套住房 | 144平方米以上 | 3 | 1.50 |
| 第二套改善性住房 | 90(含)平方米以下 | 3 | 1 |
| 第二套改善性住房 | 90平方米以上 | 3 | 2 |
| 北上广深暂不实行契税新政策第一条第二项改善住房政策,其余地区均适用本政策。 | | | |

③ 个人首次购买90平方米以下改造安置住房,按1%的税率计征契税;购买超过90平方米,但符合普通住房标准的改造安置住房,按法定税率减半计征契税。

④ 个人因房屋被征收而取得货币补偿并用于购买改造安置住房,或因房屋被征收而进行房屋产权调换并取得改造安置住房,按有关规定减免契税。

(14) 新增:对于《中华人民共和国继承法》规定的法定继承人(包括配偶、子女、父母、兄弟姐妹、祖父母、外祖父母)继承土地、房屋权属,不征契税。

按照《中华人民共和国继承法》规定,非法定继承人根据遗嘱承受死者生前的土地、房屋权属,属于赠与行为,应征收契税。

契税优惠如表 10-2 所示。

表 10-2 契税优惠表

| 序号 | 减免项目名称 | 政策名称 |
| --- | --- | --- |
| 1 | 已购公有住房补缴土地出让金和其他出让费用免征契税 | 《财政部 国家税务总局关于国有土地使用权出让等有关契税问题的通知》财税〔2004〕134 号 |
| 2 | 经营管理单位回购经适房继续用于经适房房源免征契税 | 《财政部 国家税务总局关于廉租住房经济适用住房和住房租赁有关税收政策的通知》财税〔2008〕24 号 |
| 3 | 军建离退休干部住房及附属用房移交地方政府管理的免征契税 | 《财政部 国家税务总局关于免征军建离退休干部住房移交地方政府管理所涉及契税的通知》财税字〔2000〕176 号 |
| 4 | 个人购买家庭唯一普通住房减半征收契税 | 《财政部 国家税务总局 住房和城乡建设部关于调整房地产交易环节契税个人所得税优惠政策的通知》财税〔2010〕94 号 |
| 5 | 城镇职工第一次购买公有住房 | 《中华人民共和国契税暂行条例》中华人民共和国国务院令第 224 号 |
| 6 | 经营管理单位回购改造安置住房仍为安置房免征契税 | 《财政部 国家税务总局关于棚户区改造有关税收政策的通知》财税〔2013〕101 号 |
| 7 | 夫妻之间变更房屋、土地权属或共有份额免征契税 | 《财政部 国家税务总局关于夫妻之间房屋土地权属变更有关契税政策的通知》财税〔2014〕4 号 |
| 8 | 土地使用权、房屋交换价格相等的免征,不相等的差额征收 | 《中华人民共和国契税暂行条例细则》财法字〔1997〕52 号 |
| 9 | 土地、房屋被县级以上政府征用、占用后重新承受土地、房屋权属减免契税 | 《中华人民共和国契税暂行条例细则》财法字〔1997〕52 号 |
| 10 | 因不可抗力灭失住房而重新购买住房减征或免征契税 | 《中华人民共和国契税暂行条例》中华人民共和国国务院令第 224 号 |
| 11 | 个人购买 90 平方米及以下家庭唯一普通住房减按 1% 征收 | 《财政部 国家税务总局 住房和城乡建设部关于调整房地产交易环节契税个人所得税优惠政策的通知》财税〔2010〕94 号 |
| 12 | 棚户区个人首次购买 90 平方米以下改造安置住房减按 1% 征收契税 | 《财政部 国家税务总局关于棚户区改造有关税收政策的通知》财税〔2013〕101 号 |
| 13 | 棚户区购买符合普通住房标准的改造安置住房减半征收契税 | 《财政部 国家税务总局关于棚户区改造有关税收政策的通知》财税〔2013〕101 号 |
| 14 | 棚户区被征收房屋取得货币补偿用于购买安置住房免征契税 | 《财政部 国家税务总局关于棚户区改造有关税收政策的通知》财税〔2013〕101 号 |

（续表）

| 序号 | 减免项目名称 | 政策名称 |
|---|---|---|
| 15 | 棚户区用改造房屋换取安置住房免征契税 | 《财政部 国家税务总局关于棚户区改造有关税收政策的通知》财税〔2013〕101号 |
| 16 | 公共租赁住房经营管理单位购买住房作为公共租赁住房免征契税 | 《财政部 国家税务总局关于公共租赁住房税收优惠政策的通知》财税〔2015〕139号 |
| 17 | 个人购买家庭唯一住房90平方米及以下减按1%征收契税 | 《财政部 国家税务总局 住房城乡建设部关于调整房地产交易环节契税 营业税优惠政策的通知》财税〔2016〕23号 |
| 18 | 个人购买家庭唯一住房90平方米以上减按1.5%征收契税 | 《财政部 国家税务总局 住房城乡建设部关于调整房地产交易环节契税 营业税优惠政策的通知》财税〔2016〕23号 |
| 19 | 个人购买家庭第二套改善性住房90平方米及以下减按1%征收契税 | 《财政部 国家税务总局 住房城乡建设部关于调整房地产交易环节契税 营业税优惠政策的通知》财税〔2016〕23号 |
| 20 | 个人购买家庭第二套住房90平方米以上减按2%征收契税 | 《财政部 国家税务总局 住房城乡建设部关于调整房地产交易环节契税 营业税优惠政策的通知》财税〔2016〕23号 |
| 21 | 青藏铁路公司承受土地、房屋权属用于办公及运输主业免征契税 | 《财政部 国家税务总局关于青藏铁路公司运营期间有关税收等政策问题的通知》财税〔2007〕11号 |
| 22 | 企业改制契税优惠 | 《财政部 国家税务总局关于中国邮政储蓄银行改制上市有关税收政策的通知》财税〔2013〕53号 |
| 23 | 企业改制后公司承受原企业房屋权属免征契税 | 《财政部 国家税务总局关于进一步支持企业事业单位改制重组有关契税政策的通知》财税〔2015〕37号 |
| 24 | 事业单位改制企业承受原单位土地、房屋权属免征契税 | 《财政部 国家税务总局关于进一步支持企业事业单位改制重组有关契税政策的通知》财税〔2015〕37号 |
| 25 | 公司合并后承受原合并各方土地、房屋权属免征契税 | 《财政部 国家税务总局关于进一步支持企业事业单位改制重组有关契税政策的通知》财税〔2015〕37号 |
| 26 | 公司分立后承受原公司土地、房屋权属免征契税 | 《财政部 国家税务总局关于进一步支持企业事业单位改制重组有关契税政策的通知》财税〔2015〕37号 |
| 27 | 企业破产承受破产企业抵偿债务的土地、房屋权属免征契税 | 《财政部 国家税务总局关于进一步支持企业事业单位改制重组有关契税政策的通知》财税〔2015〕37号 |

（续表）

| 序号 | 减免项目名称 | 政策名称 |
| --- | --- | --- |
| 28 | 国有资产划转单位免征契税 | 《财政部　国家税务总局关于进一步支持企业事业单位改制重组有关契税政策的通知》财税〔2015〕37号 |
| 29 | 同一投资主体内部所属企业之间土地、房屋权属的划转免征契税 | 《财政部　国家税务总局关于进一步支持企业事业单位改制重组有关契税政策的通知》财税〔2015〕37号 |
| 30 | 债权转股权后新设公司承受原企业的土地、房屋权属免征契税 | 《财政部　国家税务总局关于进一步支持企业事业单位改制重组有关契税政策的通知》财税〔2015〕37号 |
| 31 | 中国电信收购CDMA免征契税 | 《财政部　国家税务总局关于中国电信集团公司和中国电信股份有限公司收购CDMA网络资产和业务有关契税政策的通知》财税〔2009〕42号 |
| 32 | 被撤销金融机构接收债务方土地使用权、房屋所有权免征契税 | 《财政部　国家税务总局关于被撤销金融机构有关税收政策问题的通知》财税〔2003〕141号 |
| 33 | 农村信用社接收农村合作基金会的房屋、土地使用权免征契税 | 《中国人民银行　农业部　国家发展计划委员会　财政部　国家税务总局关于免缴农村信用社接收农村合作基金会财产产权过户税费的通知》银发〔2000〕21号 |
| 34 | 中国东方资产管理公司处置港澳国际(集团)有限公司过程中规定的免征契税 | 《财政部　国家税务总局关于中国东方资产管理公司处置港澳国际(集团)有限公司有关资产税收政策问题的通知》财税〔2003〕212号 |
| 35 | 4家金融资产公司接受相关国有银行的不良债权,借款方以土地使用权、房屋所有权抵充贷款本息的免征契税 | 《财政部　国家税务总局关于中国信达资产管理股份有限公司等4家金融资产管理公司有关税收政策问题的通知》财税〔2013〕56号 |
| 36 | 农村饮水工程承受土地使用权免征契税 | 《财政部　国家税务总局关于继续实行农村饮水安全工程建设运营税收优惠政策的通知》财税〔2016〕19号 |
| 37 | 农村集体经济组织股份制改革免征契税 | 《财政部　国家税务总局关于支持农村集体产权制度改革有关税收政策的通知》财税〔2017〕55号 |
| 38 | 农村集体经济组织清产核资免征契税 | 《财政部　国家税务总局关于支持农村集体产权制度改革有关税收政策的通知》财税〔2017〕55号 |
| 39 | 承受荒山等土地使用权用于农、林、牧、渔业生产免征契税 | 《中华人民共和国契税暂行条例细则》财法字〔1997〕52号 |
| 40 | 社会力量办学、用于教学承受的土地、房屋免征契税 | 《财政部　国家税务总局关于社会力量办学契税政策问题的通知》财税〔2001〕156号 |
| 41 | 国家石油储备基地第一期项目免征契税 | 《财政部　国家税务总局关于国家石油储备基地建设有关税收政策的通知》财税〔2005〕23号 |

(续表)

| 序号 | 减免项目名称 | 政策名称 |
|---|---|---|
| 42 | 国家石油储备基地第二期项目免征契税 | 《财政部 国家税务总局关于国家石油储备基地有关税收政策的通知》财税〔2011〕80号 |
| 43 | 售后回租期满,承租人回购原房屋、土地权属免征契税 | 《财政部 国家税务总局关于企业以售后回租方式进行融资等有关契税政策的通知》财税〔2012〕82号 |
| 44 | 国家机关、事业单位、社会团体、军事单位公共单位用于教学、科研承受土地、房屋免征契税 | 《中华人民共和国契税暂行条例》中华人民共和国国务院令第224号 |
| 45 | 个人购买经济适用住房减半征收契税 | 《财政部 国家税务总局关于廉租住房经济适用住房和住房租赁有关税收政策的通知》财税〔2008〕24号 |
| 46 | 个人房屋被征收用补偿款新购房屋免征契税 | 《财政部 国家税务总局关于企业以售后回租方式进行融资等有关契税政策的通知》财税〔2012〕82号 |
| 47 | 个人房屋征收房屋调换免征契税 | 《财政部 国家税务总局关于企业以售后回租方式进行融资等有关契税政策的通知》财税〔2012〕82号 |
| 48 | 外交部确认的外交人员承受土地、房屋权属免征契税 | 《中华人民共和国契税暂行条例细则》财法字〔1997〕52号 |

## 七、征收管理

### (一)纳税义务发生时间

契税的纳税义务发生时间是纳税人签订土地、房屋权属转移合同的当天,或者纳税人取得其他具有土地、房屋权属转移合同性质凭证的当天。

### (二)纳税期限

纳税人应当自纳税义务发生之日起10日内,向土地、房屋所在地的契税征收机关办理纳税申报,并在契税征收机关核定的期限内缴纳税款。

### (三)纳税地点

契税在土地、房屋所在地的征收机关缴纳。

# 第二节 契税检查

## 一、契税常见风险

### (一)税收政策执行风险

**1. 纳税义务发生时间政策执行风险**

根据《中华人民共和国契税暂行条例》规定,契税的纳税义务发生时间为纳税人签订土地、房屋权属转移合同的当天,或者纳税人取得其他具有土地、房屋权属转移合同性质凭证的当天。但在实际征收过程中,对于纳税义务发生时间,在执行过程中标准不统一,有的按合同签订的日期,有的按约定交房(交地)的日期,有的则按约定交款日期,有的连市内各县区的执行标准都不一致,存在着很大的争议,还有的地区以"优化服务"为由不征收滞纳金。由于纳税义务发生时间不统一等因素,不利于国家契税征收政策的落实和税收公平。

**2. 拆迁协议抵免契税主体及相关政策执行风险**

有地方文件规定,被拆迁的产权人不重新购房,由其子辈、孙辈或其他非拆迁产权人重新购房的,不能按拆迁安置的有关政策缴纳契税。根据上述政策规定,拆迁人不重新购房而由其子孙辈重新购房的,是不能享受税收优惠的。基层税务部门在落实拆迁相关政策时,征纳双方往往争议较大。目前有的税务机关在执行相关政策的过程中,所采取的凡是祖辈或父辈房屋拆迁,儿、女、孙、孙女均可凭拆迁协议享受减免政策的办法,进行契税抵免,存在执法风险。

**3. 征收契税加收的滞纳金能否超过税款金额的风险**

目前,税务机关在征收纳税人逾期缴纳税款加收滞纳金时,实际加收的滞纳金不超过应纳税款金额。这样做的依据是《行政强制法》第四十五条"加处罚款或者滞纳金的数额不得超出金钱给付义务的数额"的规定来执行的。而税收征管法对于加收的滞纳金的金额超过应纳税款的则没有相关限制规定。工作中,此项业务经常会出现,处理的结果不同,往往会出现征管风险。

**(二) 相关部门信息不对称、不规范,造成税款流失的风险**

**1. 家庭唯一住房证明相关风险**

纳税人在房屋交易缴纳税收过程中,根据相关规定提供家庭唯一住房证明可享受契税或个人所得税等税收优惠,"家庭唯一住房"的判定权交由房地产管理部门来执行,在实际工作中存在税款的流失和执法风险。存在的主要风险有:

(1) 目前很多省辖市住建局房地产系统没有联网,每个县(区)住建局房地产系统只能查到本县(区)范围内的房产,有的地方住房信息系统上线以前的存量房屋没进系统,造成各县(区)出具的家庭唯一住房证明并不能真正反映家庭拥有住房的唯一性。

(2) 因民政部门的婚姻登记信息系统上线晚,导致部分持有"单身证明"的公民不单身,也可造成"家庭唯一住房"的住房不唯一。

(3) 家庭唯一住房证明的有效期限不规范,有的地方家庭唯一住房证明自开具后规定的查询之日起二日内(不含国家法定节假日)有效,有的地方有效期限是一周、一个月,有的则更长甚至没有期限限制。

**2. 拆迁补偿契税抵免风险**

(1) 拆迁主体不符合契税抵免条件。有的乡镇甚至村居私自进行拆迁,向被拆迁户出具拆迁协议。不符合契税抵免条件,但有的地方凡是有拆迁协议的全部给予抵免。

(2) 拆迁协议出具不规范。拆迁协议因没有编号,有的没有地籍、房号,合法性也难以确认,不法分子易伪造拆迁协议偷逃税款。

(3) 拆迁协议丢失无法查证可能造成重复抵免。拆迁协议丢失只需提供拆迁办的证明和登报声明,对于拆迁协议是否已经抵免,其他税务机关无法查证,可能造成重复抵免。

**3. 存量房评估系统数据不完整或不全面的风险**

目前因部分非住房存量房数据没有进入评估系统导致系统的数据不完整，加上一些房屋中介市场不规范，纳税人为了逃避税收，往往隐瞒其实际交易价格；有的评估机构因利益驱动，故意降低评估价格造成税款的流失。

**（三）纳税人伪造、变造证明、合同等资料偷逃税款滞纳金的风险**

目前征管过程中发现，纳税人通过种种手段伪造、变造"家庭唯一住房承诺书""家庭唯一住房证明""近亲属关系证明""婚姻证明""购房购地合同""存量房交易合同"等现象时有发生，有的甚至伪造房产证、土地使用证，改变房屋用途，将"商用"改为"住宅"；有的缴纳契税多年因开发商原因没有办理产权登记，房屋再转卖给新房主，伙同开发商作退房处理，再到地税申请办理契税退税，没有有效的相关政策遏制，造成相关税收的流失。

## 二、契税检查实务

**（一）房地产开发企业各环节契税检查**

**1. 拆迁补偿费是否并入成交价格缴纳契税**

房地产开发企业支付拆迁补偿的形式包括货币资金、实物、无形资产以及其他经济利益。依据财税〔2004〕134号文件规定，房开企业受让国有土地使用权所支付的拆迁补偿费不管是何种形式均应并入成交价格计征契税。

拆迁补偿费契税处理需要注意以下问题：

（1）以非货币资金的形式支付的拆迁补偿费应并入成交价格纳税，如拆迁还房支出。

（2）拆迁补偿费的金额应正确确认。以货币资金支付的拆迁补偿费以实际支付金额确认。以非货币资金形式支付拆迁补偿费的，相关合同协议约定的金额公允的，按其约定的金额确认。相关合同协议没有约定金额或约定的金额明显偏低且无正当理由的，对房地产开发企业以该宗土地上开发的开发产品外的实物、无形资产等支付拆迁补偿费的，由税务机关参照该实物、无形资产等的公允价值核定其金额；对房开企业以该宗土地上开发的开发产品支付拆迁补偿费的，由税务机关参照该开发产品的实际建造成本核定其金额。

（3）国有土地使用证办理完毕后发生的拆迁补偿费也应申报缴纳契税。

**2. 市政建设配套费是否并入成交价格缴纳契税**

目前房地产开发业务中，市政建设配套费通常有两种支付方式。一种是房开企业按照政府确定的市政建设配套费征收标准，以货币资金的形式缴纳。另一种是房开企业按照与政府签订的《国有土地使用权出让合同》约定，直接出资建设市政配套设施。

依据财税〔2004〕134号文件规定，房地产开发企业受让国有土地，契税计税价格为其取得该土地使用权而支付的全部经济利益，包括其为取得土地使用权而缴纳的市政建设配套费和发生的建设市政配套设施支出。

市政建设配套费契税处理需要注意以下问题：

（1）直接出资建设市政配套设施的支出通常在办理了国有土地使用权证之后、房开项目开发过程中发生。房开企业应在该项支出实际发生后向税务机关申报缴纳契税。

（2）房开企业直接出资建设市政配套设施的，应以其实际发生的市政配套设施建设支出作为契税计税依据。

### 3. 土地前期开发成本是否从契税成交价格中扣除

房地产开发企业通过"招、拍、挂"取得的国有土地,通常已经进行过一级开发,即已由生地变为熟地(已完成三通一平、五通一平、七通一平等前期开发的土地)。土地出让价款中通常包含前期开发成本。依据国税函〔2009〕603号文件规定,对通过"招、拍、挂"程序承受国有土地使用权的,应按照土地成交总价款计征契税,其中的土地前期开发成本不得扣除。

### 4. 转让划拨的土地补交的土地出让金是否缴纳契税

房地产开发企业将原划拨取得的国有土地使用权再转让的,需补交土地出让金或土地收益。依据财税〔2000〕14号文件规定,以划拨方式取得的国有土地使用权,经批准再转让,需由取得划拨土地使用权者补缴土地出让费用或土地收益,并缴纳契税。

需要注意的是,房地产开发企业将原划拨取得的国有土地使用权再转让的,应缴纳契税,该项国有土地使用权的承受者也应按规定缴纳契税。

### 5. 未建成房地产转让是否缴纳契税

房地产开发企业因各种原因转让未建成房地产的,依据财税〔2007〕162号文件规定,土地使用者将土地使用权及所附建筑物、构筑物等(包括在建的房屋、其他建筑物、构筑物和其他附着物)转让给他人的,应按照转让的总价款计征契税。

### 6. 代建保障性住房所承受的土地是否缴纳契税

依据财税〔2012〕82号文件规定,房地产开发企业承受土地使用权用于房地产开发,并在该土地上代政府建设保障性住房的,契税计税价格为取得全部土地使用权的成交价格。即房地产开发企业受让代建保障性住房用地也应缴纳契税。

### 7. 改变国有土地性质契税处理是否正确

房地产开发过程中,房地产开发企业受让国有土地使用权后,因开发的需要变更国有土地用途的,比如由工业用地变更为商业用地、由商业用地变更为居住用地等,需变更《国有土地使用权出让合同》或重新签订出让合同,并补交土地收益金及相关规费。依据国税函〔2008〕662号文件规定,对纳税人因改变土地用途而签订土地使用权出让合同变更协议或者重新签订土地使用权出让合同的,应征收契税。计税依据为因改变土地用途应补缴的土地收益金及应补缴政府的其他费用。

### 8. 零地价出让国有土地使用权是否缴纳契税

依据国税函〔2005〕436号文件规定,对承受国有土地使用权所应支付的土地出让金,要计征契税。不得因减免土地出让金,而减免契税。

需要注意的是,部分省份对于房地产开发企业享受减免的市政建设配套费的契税征收比照减免土地出让金执行。即对于房地产开发企业承受国有土地使用权所应支付的市政建设配套费要计征契税,不因减免市政配套设施费而减免契税。

### 9. 合作建房契税的处理是否正确

合作建房是指一方出地,一方出资金,共同建房,建成后按约定的方式分配房屋。合作建房涉及房地产权属转移的是出地方,实质上是出地方以转让部分土地使用权换取了部分自建的住房。双方分配自建住房环节不涉及房地产权属转移。

财税〔2000〕14号文件规定,甲单位拥有土地,乙单位提供资金,共建住房。乙单位获得了甲单位的部分土地使用权,属于土地使用权权属转移,根据《中华人民共和国契税暂行条例》的规定,对乙单位应征收契税,其计税依据为乙单位取得土地使用权的成交价格。上述甲乙单位合建并各自分得的房屋,不发生权属转移,不征收契税。

**10. 出售房屋使用权契税处理是否正确**

国税函〔1999〕465号文件规定,房屋使用权与房屋所有权是两种不同性质的权属。根据现行契税法规的规定,房屋使用权的转移行为不属于契税征收范围,不应征收契税。

**11. 回迁安置房建造支出契税处理是否正确**

回迁安置房建造支出指房地产开发企业受让土地使用权时,按《国有土地使用权出让合同》约定在受让的土地之外配套修建房屋,建成后无偿转让给回迁安置户,或由政府按约定的价格回购,其发生的建设支出。

上述回迁安置房建造支出属于房地产开发企业为承受国有土地使用权所支付的经济利益,依据财税〔2004〕134号、国税函〔2009〕603号文件规定,应征收契税。

**12. 融资性售后回租房地产契税的处理是否正确**

融资性售后回租业务是指承租方以融资为目的将资产出售给经批准从事融资租赁业务的企业(以下简称金融租赁公司)后,又将该项资产从金融租赁公司租回的行为。融资性售后回租业务中,承租方出售房地产给金融租赁公司时需将房地产过户到金融租赁公司名下。

依据财税〔2012〕82号文件规定,对金融租赁公司开展售后回租业务,承受承租人房屋、土地权属的,照章征税。对售后回租合同期满,承租人回购原房屋、土地权属的,免征契税。即融资性售后回租业务中,房地产开发企业将房地产出售给金融租赁公司时,金融租赁公司应缴纳契税;房地产开发企业回购前述房地产的,免征契税。

**13. 房地产开发业务契税申报缴纳时间确定是否正确**

(1) 一般情形契税申报缴纳时间的确定。

契税的申报时间和缴纳时间不同。《契税暂行条例》第九条规定:纳税人应当自纳税义务发生之日起10日内,向土地、房屋所在地的契税征收机关办理纳税申报,并在契税征收机关核定的期限内缴纳税款。

部分省份统一规定了契税的缴纳期限,如《四川省地方税务局关于契税纳税期限问题的批复》(川地税函〔2004〕208号)规定,四川省缴纳契税的期限统一规定为:自纳税义务发生之日(即为纳税人签订土地、房屋权属转移合同的当天,或纳税人取得其他具有土地、房屋权属转移合同性质凭证的当天)起到办理土地、房屋权属登记手续之前。

(2) 特殊情形契税申报时间的确定。

土地、房屋权属证办理之后房地产开发企业发生的以下支出也应申报缴纳契税:① 拆迁还房支出;② 市政配套设施建设支出;③ 回迁房建设支出;④ 未建成房地产转让;⑤ 划拨土地转让补交的土地出让金。

上述支出应在实际发生(或结算)之日起十日内向契税征收机关办理纳税申报,并在契税征收机关核定的期限内缴纳税款。结合现行地方各税申报管理的实际情况,实务中也可参照增值税申报缴纳期限,在上述支出实际发生(或结算)之日的次月十五日前向主管税务机关申报缴纳该项契税。

**(二) 房地产开发企业契税检查案例**

**1. 旧城改造项目的契税处理**

1) 案情介绍

某公司在拆迁改造旧城工程项目中,涉及包括划转出让、用途改变、容积率调增等费用支出,对这些费用应该如何处理?是否直接计入开发成本?另外,在办理土地过户手续时,因土地证都在各住户手中,该公司需要收齐后再到国土局办理过户,办理过户涉及缴纳契税,那契税的计税依据如何确定?

2) 税务分析

(1) 费用的处理分析。根据《国家税务总局关于印发〈房地产开发经营业务企业所得税处理办法〉的通知》(国税发〔2009〕31号)规定,土地征用费及拆迁补偿费,指为取得土地开发使用权(或开发权)而发生的各项费用,主要包括土地买价或出让金、大市政配套费、契税、耕地占用税、土地使用费、土地闲置费、土地变更用途和超面积补交的地价及相关税费、拆迁补偿支出、安置及动迁支出、回迁房建造支出、农作物补偿费、危房补偿费等。所以,因划转出让、用途改变、容积率调增等内容缴纳的费用,属于取得土地的成本,但不包括被行政处罚的金额。账务处理上,可直接计入开发成本。

(2) 契税的计税依据分析。《财政部 国家税务总局关于国有土地使用权出让等有关契税问题的通知》(财税〔2004〕134号)规定,出让国有土地使用权的,其契税计税价格为承受人为取得该土地使用权而支付的全部经济利益。如果以协议方式出让的,其契税计税价格为成交价格。成交价格包括土地出让金、土地补偿费、安置补助费、地上附着物和青苗补偿费、拆迁补偿费、市政建设配套费等承受者应支付的货币、实物、无形资产及其他经济利益。没有成交价格或者成交价格明显偏低的,征收机关可依次按评估价格、土地基准地价(由县以上人民政府公示的土地基准地价)两种方式确定。

因此,该公司应按支付的成交价格作为契税依据。若价格明显偏低,主管税务机关可核定成交价格。

**2. 减免土地出让金契税处理**

【例10-1】 金利远房地产以竞价方式获得出让的土地一宗,经批准减免土地出让金1 000万元,已支付土地出让金5 000万元,已支付市政建设配套费800万元,已支付各种补偿费用700万元。金利远房地产公司承受该宗土地使用权,应按4%的税率缴纳多少契税?

《国家税务总局关于免征土地出让金出让国有土地使用权征收契税的批复》(国税函〔2005〕436号)对北京市地方税务局《关于对政府以零地价方式出让国有土地使用权征收契税问题的请示》(京地税地〔2005〕166号)的批复如下:根据《契税暂行条例》及其细则的有关规定,对承受国有土地使用权所应支付的土地出让金,要计征契税。不得因减免土地出让金,而减免契税。

因此,金利远房地产公司应缴纳契税:$(1\,000+5\,000+800+700)\times 4\% = 300$(万元)不得因减免土地出让金而减免契税。

**3. 土地使用权分割比例发生变化契税处理**

【例10-2】 甲、乙两公司共同竞拍取得一块土地,土地使用证上的土地使用权人为甲、乙两公司,共有比例为35∶65。

(1) 如果甲、乙两公司按上述比例进行土地使用权分割,是否征收契税?

《契税暂行条例》第一条规定:"在中华人民共和国境内转移土地、房屋权属,承受的单位和个人为契税纳税人,应当依照本条例的规定缴纳契税。"本案例中已明确了双方的土地使用权比例,只是按照比例进行了分割,并没有发生土地权属的转移,因此,不应当征收契税。

(2) 如果甲、乙两公司土地使用权分割的比例发生变化,比如甲公司得土地使用权的70%,乙公司取得土地使用权的30%,是否征收契税。

土地使用权比例发生变动,如果没有补偿价款,相当于乙方赠与5%的土地使用权给甲方。《契税暂行条例》第四条规定,土地使用权赠与,由征收机关参照土地使用权出售的市场价格核定。本案例中,应由受赠方——甲方按税务机关核定价款申报缴纳契税。

### 4. 划拨土地转让各方契税处理

**【例10-3】** 甲企业用地为无偿划拨工业用地,2017年经政府审批同意转让给金利远房地产公司,双方合同约定,金利远地产公司承担应补缴的土地出让金2 000万元,另外支付甲企业土地补偿款1 000万元。问:双方应如何缴纳契税?

本案例中,划拨用地转让双方甲企业与金利远房地产公司均应缴纳契税。

(1) 划拨土地转让双方均计征契税。

《中华人民共和国契税暂行条例细则》(以下简称《契税暂行条例细则》)第十一条规定:"以划拨方式取得土地使用权的,经批准转让房地产时,应由房地产转让者补缴契税。其计税依据为补缴的土地使用权出让费用或者土地收益。"

(2) 承受方契税计税依据。《财政部 国家税务总局关于土地使用权转让契税计税依据的批复》(财税〔2001〕62号)规定,根据国家土地管理相关法律法规和《契税暂行条例》及其细则的规定,土地使用者将土地使用权及所附建筑物、构筑物等(包括在建的房屋、其他建筑物、构筑物和其他附着物)转让给他人的,应按照转让的总价款计征契税,参照《关于委托代征土地使用权出让、转让契税几个具体问题的复函》[成地税函发(1998)85号]的规定,纳税人即土地受让人应纳契税=(土地出让金总额+土地交易价款总额)×4%。因此,甲企业转让土地给金利远地产公司,契税计税依据应按照转让总价款3 000万元(2 000+1 000)计算,金利远房地产公司应纳契税为120万元(3 000×4%)。

(3) 转让方契税计税依据。根据财税〔2004〕134号文件的规定,先以划拨方式取得土地使用权,后经批准改为出让方式取得该土地使用权的,应依法缴纳契税,其计税依据为应补缴的土地出让金和其他出让费用。因此,甲企业在转让土地时,应当按照支付的土地出让金计算补缴契税。土地出让金由承受方缴纳,但契税纳税人仍然是甲企业,其应当将购买方实际支付的土地出让金2 000万元作为契税的征收依据,甲企业应纳契税为80万元(2 000×4%)。

# 第十一章

# 房产税稽查实务

## 第一节 房产税基本政策

### 一、纳税人

**(一) 房屋产权所有人**

房产税是财产税性质的一种税,房产税暂行条例规定,房产税由产权所有人缴纳。

**(二) 经营管理的单位**

房产的产权属于全民所有的,房产税的纳税人是经营管理单位。

**(三) 承典人**

产权出典的,在出典期间,因为房产的产权所有人已无权支配房产,房产税由承典人缴纳。

**(四) 房产代管人或使用人**

(1) 为了便于征收管理,保证房产税及时入库,产权所有人、承典人不在房产所在地的,或者产权未确定及租典纠纷未解决的,房产税暂行条例规定,由房产代管人或者使用人缴纳。

(2) 凡以分期付款方式购买使用商品房,且购销双方均未取得房屋产权证书期间,应确定房屋的实际使用人为房产税的纳税义务人,缴纳房产税。

**(五) 承租人**

融资租赁的房产由承租人缴纳房产税。

**(六) 使用人代缴**

(1) 军队无租出借的房产,由使用人代缴房产税。

(2) 纳税单位和个人无租使用房产管理部门、免税单位及纳税单位的房产,应由使用人代缴纳房产税。

(3) 对居民住宅区内业主共有的经营性房产,由实际经营(包括自营和出租)的代管人或使用人缴纳房产税。

在具体实务中,无偿使用房产的现象相当普遍,由于无偿提供了房产,导致无出租收入,无法进行从租征收房产税。为此,《财政部 国家税务总局关于房产税若干具体问题的解释和暂行规定》(财税地字〔1986〕8号)第七条明确规定:"纳税单位和个人无租使用房产管理部门、免税单位及纳税单位的房产,应由使用人代缴纳房产税。"另《财政部 国家税务总局关于房产税城镇土地使用税有关问题的通知》(财税〔2009〕128号)第一条规定:"无租使用其他单位房产的应税单位和个人,依照房产余值代缴纳房产税。"也就是说,在无租使用情况下,房产税的纳税义务主体仍为产权所有人,只是由使用人代为缴纳房产税。房产税属于财产税,无租使用的房产,即使是使用人缴纳,也属于代扣代缴。而采用房产余值征收,也是为了便于管理。

要特别关注,在经营租赁中的免租期与无租使用是有区别的。所租用的房产不用缴纳租金即为无租使用房产。而提供免租期的最终目的还是为了获得租金,并不是以不获取租金为目的的无租租赁。尽管免收租金期间没有租金收入,但该房产用于出租,属营业用房,应缴纳房产税。《财政部 国家税务总局关于安置残疾人就业单位城镇土地使用税等政策的通知》(财税〔2010〕121号)第二条规定:"对出租房产,租赁双方签订的租赁合同约定有免收租金期限的,免收租金期间由产权所有人按照房产原值缴纳房产税。"

### (七) 其他

(1) 纳税单位与免税单位共同使用的房屋,按各自使用的部分划分,分别征收或免征房产税。

(2) 不论是否取得房产证,若属于房产税的纳税义务人,则应按规定缴纳房产税。

(3) 由于转租者不是产权所有人,因此对转租者取得的房产转租收入不征收房产税。房产转租,不需要缴纳房产税。

## 二、征税范围

《房产税暂行条例》规定,房产税在城市、县城、建制镇和工矿区征收。其中城市是指经国务院批准设立的市,其征税范围为市区、郊区和市辖县县城,不包括农村。县城是指县人民政府所在地。建制镇是指经省、自治区、直辖市人民政府批准设立的建制镇。建制镇的征税范围为镇人民政府所在地,不包括所辖的行政村。工矿区是指工商业比较发达、人口比较集中,符合国务院规定的建制镇标准,但尚未设立镇建制的大中型工矿企业所在地。开征房产税的工矿区须经省级人民政府批准。

### (一) 房产

(1) 房产是以房屋形态表现的财产。

(2) 房屋是指有屋面和围护结构(有墙或两边有柱),能够遮风避雨,可供人们在其中生产、工作、学习、娱乐、居住或储藏物资的场所。

(3) 独立于房屋之外的建筑物,如围墙、烟囱、水塔、变电塔、油池油柜、酒窖菜窖、酒精池、糖蜜池、室外游泳池、玻璃暖房、砖瓦石灰窑以及各种油气罐等,不属于房产。

### (二) 附属设施

(1) 为了维持和增加房屋的使用功能或使房屋满足设计要求,凡以房屋为载体,不可随意移动的附属设备和配套设施要交房产税。主要有:暖气、卫生、通风、照明、煤气、消防、中央空调、电气及智能化楼宇等设备;各种管线,如蒸气、压缩空气、石油、给水排水等管道及电力、电讯、电缆导线;电梯、升降机、过道、晒台等。其中消防设施中:企业配置的凡是以房屋为载体、不可以随意移动的消防设施性质上属于应缴纳房产税的配套设施,无论是否计入固定资产原值,均应纳入房产原值缴纳房产税。如果是可以随意移动的灭火器材,则不需要缴纳房产税。

(2) 属于房屋附属设备的水管、下水道、暖气管、煤气管等从最近的探视井或三通管算起,电灯网、照明线从进线盒连接管算起。

(3) 无论在会计核算中是否单独记账与核算,都应计入房产原值,计征房产税。

(4) 对于更换房屋附属设备和配套设施的,在将其价值计入房产原值时,可扣减原来相应设备和设施的价值;对附属设备和配套设施中易损坏、需要经常更换的零配件,更新后不再计入房产原值。

### （三）土地

（1）对按照房产原值计税的房产，无论会计上如何核算，房产原值均应包含地价，包括为取得土地使用权支付的价款、开发土地发生的成本费用等。

（2）计入房产原值缴纳房产税的土地价款根据房产所在宗地的容积率确定。容积率小于0.5的，以"单位土地成本×房产建筑面积×2倍"计算的价款并入房产原值，按10%～30%的扣除率计算出计税余值计税；容积率大于0.5的，将整宗土地价款并入房产原值，按10%～30%的扣除率计算出计税余值计税。

### （四）其他

（1）房地产开发企业建造的商品房，在售出前，不征收房产税；但对售出前房地产开发企业已使用或出租、出借的商品房应按规定征收房产税。

（2）凡在房产税征收范围内的具备房屋功能的地下建筑，包括与地上房屋相连的地下建筑以及完全建在地面以下的建筑、地下人防设施等，均应当依照有关规定征收房产税。

（3）加油站罩棚不属于房产，不征收房产税。

## 三、税率

房产税采用比例税率，其计税依据分为两种：依据房产计税余值计税的，税率为1.2%；依据房产租金收入计税的，税率为12%。从2001年1月1日起，对个人居住用房出租仍用于居住的，其应缴纳的房产税暂减按4%的税率征收；从2008年3月1日起，对个人出租住房，不区分实际用途，均按4%的税率征收房产税。对企事业单位、社会团体以及其他组织按市场价格向个人出租用于居住的住房，减按4%的税率征收房产税。房产税税率如表11-1所示。

表11-1　房产税税率表

| 情形 | 税率（%） |
| --- | --- |
| 从价计征（经营自用） | 1.2 |
| 从租计征（出租） | 12 |
| 对个人出租住房，不区分用途 | 4 |

## 四、计税依据

### （一）房产原值为计税依据

1）房产税依照房产原值一次减除10%至30%后的余值计算缴纳。具体减除幅度，由省、自治区、直辖市人民政府规定，税率为1.2%。

（1）房屋原值的确定。房屋原值是指纳税人按照会计制度规定，在账簿"固定资产"科目中记载的房屋原价。对依照房产原值计税的房产，不论是否记载在会计账簿固定资产科目中，均应按照房屋原价计算缴纳房产税。房屋原价应根据国家有关会计制度规定进行核算。

（2）对地价的规定。对按照房产原值计税的房产，无论会计上如何核算，房产原值均应包含地价,包括为取得土地使用权支付的价款、开发土地发生的成本费用等。宗地容积率低于0.5的,按房产建筑面积的2倍计算土地面积并据此确定计入房产原值的地价。

宗地容积率＝建筑面积÷土地面积

如一块土地的面积是10万平方米,在土地上建造了2万平方米的房屋,此时宗地容积率＝2÷10＝0.2;如果建造8万平方米的房屋,则宗地容积率是0.8。如果是宗地容积率是0.2的房屋是需要按照房产建筑面积的2倍即2×2＝4万平方米计算地价的。

（3）房屋附属设备和配套设施的计税规定。房产原值应包括与房屋不可分割的各种附属设备或一般不单独计算价值的配套设施。

凡以房屋为载体,不可随意移动的附属设备和配套设施,如给排水、采暖、消防、中央空调、电气及智能化楼宇设备等,无论在会计核算中是否单独记账与核算,都应计入房产原值,计征房产税;

对于更换房屋附属设备和配套设施的,在将其价值计入房产原值时,可扣减原来相应设备和设施的价值;对附属设备和配套设施中易损坏、需要经常更换的零配件,更新后不再计入房产原值。

（4）改扩建对房屋原值的影响。纳税人对原有房屋进行改建、扩建的,要相应增加房屋的原值。

（5）地下建筑应税房产原值的确定。凡在房产税征收范围内的具备房屋功能的地下建筑,包括与地上房屋相连的地下建筑以及完全建在地面以下的建筑、地下人防设施等,均应当依照有关规定征收房产税。

工业用途房产,以房屋原价的50%～60%作为应税房产原值。

应纳房产税的税额 ＝ 应税房产原值×[1－10%(或10%至30%)]×1.2%

商业和其他用途房产,以房屋原价的70%～80%作为应税房产原值。

应纳房产税的税额 ＝ 应税房产原值×[1－10%(或10%至30%)]×1.2%

房屋原价折算为应税房产原值的具体比例,由各省、自治区、直辖市和计划单列市财政和地方税务部门在上述幅度内自行确定。

对于与地上房屋相连的地下建筑,如房屋的地下室、地下停车场、商场的地下部分等,应将地下部分与地上房屋视为一个整体,按照地上房屋建筑的有关规定计算征收房产税。

如果是单独建造的地下建筑物是可以享受折扣优惠的,但是如果是与地上建筑物相连的建筑物则是没有折扣优惠需要按照地上建筑物的相关规定计算房产税的。房产税计税依据如表11-2所示。

表11-2 房产税计税依据表

| | 应税房产原值 | 应纳税额 |
| --- | --- | --- |
| 工业用途房产 | 房屋原价的50%～60% | 应税房产原值×[1－10%(或10%至30%)]×1.2% |
| 商业和其他用途房产 | 房屋原价的70%～80% | 应税房产原值×[1－10%(或10%至30%)]×1.2% |

| | 应税房产原值 | 应纳税额 |
|---|---|---|
| 折算具体比例,由各省、自治区、直辖市和计划单列市财政和地方税务部门在上述幅度内自行确定 | | |
| 对于与地上房屋相连的地下建筑,如房屋的地下室、地下停车场、商场的地下部分等,应将地下部分与地上房屋视为一个整体按照地上房屋建筑的有关规定计算征收房产税 | | |

2) 对依照房产原值计税的房产,不论是否记载在会计账簿固定资产科目中,均应按照房屋原价计算缴纳房产税。房屋原价应根据国家有关会计制度规定进行核算。对纳税人未按国家会计制度规定核算并记载的,应按规定予以调整或重新评估

3) 没有房产原值作为依据的,由房产所在地税务机关参考同类房产核定

4) 无租使用其他单位房产的,无租使用其他单位房产的应税单位和个人,依照房产余值代缴纳房产税

5) 出典房产的房产税:由承典人依照房产余值缴纳房产税

6) 融资租赁的房产,由承租人依照房产余值缴纳房产税

7) 自2010年12月21日起,对出租房产,租赁双方签订的租赁合同约定有免收租金期限的,免收租金期间由产权所有人按照房产原值缴纳房产税

**(二) 以房屋租金为计税依据**

1) 房屋出租房产出租的,以房产租金收入为房产税的计税依据,税率为12%

2) 房产用于出租的,以房产租金收入为房产税的计税依据

3) 房产出租的,计征房产税的租金收入不含增值税

4) 出租房屋的租金应包括出租的房屋及其他不可分割、不单独计价的各种附属设施及配套设施的租金收入。对租金收入中包含的水电费、电话费、煤气费等,凡单独计价的可予以扣除;凡不能单独计价或者计价明显偏高及划分不清的,由税务部门核定扣除

5) 出租的地下建筑,按照出租地上房屋建筑的有关规定计算征收房产税

6) 对个人出租住房,不区分用途,以房产租金收入为房产税的计税依据,按4%的税率征收房产税

7) 自有商业房产部分自用部分出租征收房产税。自用的按照房产余值计征房产税,出租的按照从租计征,按租金收入计征房产税

具体计算公式如下:

(1) 自用部分按房产原值×(自用面积÷总面积)来作为计税房产原值。

(2) 出租部分,按租金收入12%计算缴纳房产税。

8) 对出租房产,租赁双方签订的租赁合同约定有免收租金期限的,免收租金期间由产权所有人按照房产原值缴纳房产税

**(三) 其他情况**

(1) 对投资联营的房产,在计征房产税时应予以区别对待。对于以房产投资联营,投资者参与投资利润分红,共担风险的,按房产的计税余值作为计税依据计征房产税;对以房产投资,收取固定收入,不承担联营风险的,实际是以联营名义取得房产租金,应根据《房产税

暂行条例》的有关规定，由出租方按租金收入计算缴纳房产税。

（2）对融资租赁房屋的情况，由于租赁费包括购进房屋的价款、手续费、借款利息等，与一般房屋出租的"租金"内涵不同，且租赁期满后，当承租方偿还最后一笔租赁费时，房屋产权一般都转移到承租方，实际上是一种变相的分期付款购买固定资产的形式，因此在计征房产税时应以房产余值计算征收。融资租赁的房产，由承租人自融资租赁合同约定开始日的次月起依照房产余值缴纳房产税。合同未约定开始日的，由承租人自合同签订的次月起依照房产余值缴纳房产税。

（3）居民住宅区内业主共有的经营性房产的计税依据，对居民住宅区内业主共有的经营性房产，由实际经营（包括自营和出租）的代管人或使用人缴纳房产税。其中自营的，依照房产原值减除10%～30%后的余值计征，没有房产原值或不能将共有住房划分开的，由房产所在地税务机关参照同类房产核定房产原值；出租的，依照租金计征。

## 五、税金和会计处理

### （一）税金计算

（1）地上建筑物房产税应纳税额的计算公式为：

$$应纳税额＝房产计税余值（或租金收入）\times 适用税率$$

其中：

$$房产计税余值＝房产原值\times(1－原值减除比例)$$

（2）独立地下建筑物房产税应纳税额的计算公式为：

① 工业用途房产，以房屋原价的50%～60%作为应税房产原值。

$$应纳税额＝应税房产原值\times(1－原值减除比例)\times 1.2\%$$

② 商业和其他用途房产，以房屋原价的70%～80%作为应税房产原值。

$$应纳税额＝应税房产原值\times(1－原值减除比例)\times 1.2\%$$

房屋原价折算为应税房产原值的具体比例，由各省、自治区、直辖市和计划单列市财政和税务部门在上述幅度内自行确定。

③ 出租的地下建筑，按照出租地上房屋建筑的有关规定计算征收房产税。

### （二）会计核算

《财政部关于印发〈增值税会计处理规定〉的通知》（财会〔2016〕22号）规定：全面试行营业税改征增值税后，"营业税金及附加"科目名称调整为"税金及附加"科目，该科目核算企业经营活动发生的消费税、城市维护建设税、资源税、教育费附加及房产税、土地使用税、车船使用税、印花税等相关税费；利润表中的"营业税金及附加"项目调整为"税金及附加"项目。

**1. 计提房产税**

借：税金及附加
　　贷：应交税费——应交房产税

**2. 实际缴纳**

借：应交税费——应交房产税
　　贷：银行存款

期末将税金及附加科目余额转入本年利润科目,结转后本科目应无余额。

## 六、税收优惠

### (一) 减免税基本规定

依据《房产税暂行条例》及有关规定,下列房产免征房产税。

**1. 国家机关、人民团体、军队自用的房产**

人民团体,是指经国务院授权的政府部门批准设立或登记备案的各种社会团体。如从事广泛群众性社会活动的团体,从事文学艺术、美术、音乐、戏剧的文艺工作团体,从事某种专门学术研究团体,从事社会公益事业的社会公益团体,等等。

自用的房产,是指这些单位本身的办公用房和公务用房。

**2. 国家财政部门拨付事业经费单位自用的房产**

事业单位自用的房产,是指这些单位本身的业务用房。

实行差额预算管理的事业单位,虽然有一定的收入,但收入不够本身经费开支的部分,还要由国家财政部门拨付经费补助。因此,实行差额预算管理的事业单位,也属于由国家财政部门拨付事业经费的单位,对其本身自用的房产免征房产税。

由国家财政部门拨付事业经费的单位,其经费来源实行自收自支后,应征收房产税,但为了鼓励事业单位经济自立,由国家财政部门拨付事业经费的单位,1990年以前经费来源实行自收自支后,从事业单位经费实行自收自支的年度起,免征房产税3年。1990年1月1日后,对经费来源实行自收自支的事业单位,不再享受3年免税照顾,应照章征收房产税。

**3. 宗教寺庙、公园、名胜古迹自用的房产**

宗教寺庙自用的房产,是指举行宗教仪式等的房屋和宗教人员使用的生活用房屋。公园、名胜古迹自用的房产,是指供公共参观游览的房屋及其管理单位的办公用房屋。

公园、名胜古迹中附设的营业单位,如影剧院、饮食部、茶社、照相馆等所使用的房产及出租的房产,应征收房产税。

对国家机关、人民团体、军队、国家财政部门拨付事业经费的单位,以及宗教寺庙、公园、名胜古迹自用的房产免征房产税,主要是考虑到这些单位的经费来源由国家财政部门拨款,本身没有纳税能力。至于这些单位非自用的房产,例如,出租或作营业用的,因为已有收入来源和纳税能力,所以应按照规定征收房产税。

**4. 个人拥有的非营业用的房产**

对个人所有的非营业用房产给予免税,当时主要是为了照顾我国城镇居民住房的实际状况,鼓励个人改善居住条件,配合城市住房制度的改革。但是,对个人所有的营业用房或出租等非自用的房产,应按照规定征收房产税。

**5. 经财政部批准免税的其他房产**

这类房情况特殊,范围较小,是财政部根据实际情况确定的。大体有以下几类:

(1) 企业办的各类学校、医院、幼儿园、托儿所自用的房产,可以比照由国家财政部门拨付事业经费的单位自用的房产,免征房产税。

(2) 为鼓励利用地下人防设施,暂不征收房产税。

(3) 经有关部门鉴定,对毁损不堪居住的房屋和危险房屋,在停止使用后,可免征房产税。

(4)对微利企业和亏损企业的房产,依照规定应征收房产税,以促进企业改善经营管理,提高经济效益。但为了照顾企业的实际负担能力,可由地方根据实际情况在一定期限内暂免征收房产税。

(5)企业停产、撤销后,对他们原有的房产闲置不用的,经省、自治区、直辖市税务局批准可暂不征收房产税;如果这些房产转给其他征税单位使用或者企业恢复生产的时候,应依照规定征收房产税。

(6)凡是在基建工地为基建工地服务的各种工棚、材料棚、休息棚和办公室、食堂、茶炉房、汽车房等临时性房屋,不论是施工企业自行建造还是由基建单位出资建造交施工企业使用的,在施工期间,一律免征房产税。但是,如果在基建结束以后,施工企业将这种临时性房屋交还或者估价转让给基建单位的,应当从基建单位接收的次月起,依据规定征收房产税。

(7)房屋大修停用在半年以上的,经纳税人申请,税务机关审核,在大修期间可免征房产税。

(8)从1988年1月1日起,对房管部门经租的居民住房,在房租调整改革之前收取租金偏低的,可暂缓征收房产税。对房管部门经租的其他非营业用房,是否给予照顾,由各省、自治区、直辖市根据当地具体情况按税收管理体制的规定办理。

(二)房地产行业减免规定

**1. 出售前的商品房**

对房地产开发企业建造的商品房,在出售前不征收房产税。但对出售前房地产开发企业已使用或出租、出借的商品房应按规定征收房产税。

**2. 公有住房和廉租住房**

从2001年1月1日起,对按政府规定价格出租的公有住房和廉租住房,包括企业和自收自支事业单位向职工出租的单位自有住房;房管部门向居民出租的公有住房;落实私房政策中带户发还产权并以政府规定租金标准向居民出租的私有住房等,暂免征收房产税。

暂免征收房产税、增值税的企业和自收自支事业单位向职工出租的单位自有住房,是指按照公有住房管理或纳入县级以上政府廉租住房管理的单位自有住房。

**3. 公租房收入**

经营公租房所取得的租金收入,免征房产税。公租房租金收入与其他住房经营收入应单独核算,未单独核算的,不得享受免征房产税优惠政策。

**4. 向个人出租住房**

从2001年1月1日起,企事业单位向个人按市场价格出租的居民住房,房产税暂减按4%的税率征收(财税〔2000〕125号)。

**5. 老年服务机构免税**

从2000年10月1日起,对政府部门和企事业单位、社会团体以及个人等社会力量投资兴办的福利性、非营利性的老年服务机构,包括老年社会福利院、敬老院、养老院、老年服务中心、老年公寓、老年护理院、康复中心、托老所等,其自用的房产,免征房产税。

**6. 基建临时性房屋**

凡是在基建工地为基建工地服务的各种工棚、材料棚、休息棚和办公室、食堂、茶炉房、汽车房等临时性房屋,不论是施工企业自行建造还是由基建单位出资建造,交施工企业使用的,在施工期间,一律免征房产税。但是,如果在基建工程结束以后,施工企业将这种时性房屋交还或者估价转让给基建单位的,应当从基建单位接收的次月起,依照规定征收房产税。

**7. 企业办的各类学校、医院、托儿所、幼儿园自用的房产,免征房产税**

**8. 对高校学生公寓免征房产税**

## 七、征收管理

### (一)纳税义务发生时间

将原有房产用于生产经营的,从生产经营之月起,计征房产税。

自建的房屋用于生产经营的,自建成之日的次月起,计征房产税。

委托施工企业建设的房屋,从办理验收手续之日的次月起,计征房产税。对于在办理验收手续前已使用或出租、出借的新建房屋,应从使用或出租、出借的当月起按规定计征房产税。

购置新建商品房,自房屋交付使用之次月起计征房产税。

### (二)纳税期限

房产税实行按年征收,分期缴纳。纳税期限由省、自治区、直辖市人民政府规定。各地一般按季或半年征收。

### (三)纳税申报

房产税的纳税申报,是房屋产权所有人或纳税人缴纳房产税必须履行的法定手续。纳税义务人应根据税法要求,将现有房屋的坐落地点、结构、面积、原值、出租收入等情况,据实向当地税务机关办理纳税申报,并按规定纳税。如果纳税人住址发生变更、产权发生转移,以及出现新建、改建、扩建拆除房屋等情况,而引起房产原值发生变化或者租金收入变化的,都要按规定及时向税务机关办理变更登记。

### (四)纳税地点

房产税在房产所在地缴纳。房产不在同一地方的纳税人,应按房产的坐落地点分别向房产所在地的税务机关缴纳。

## 八、个人住房房产税

### (一)上海规定

**1. 征收对象**

征收对象是指《上海市开展对部分个人住房征收房产税试点的暂行办法》施行之日(2011年1月28日)起本市居民家庭在本市新购且属于该居民家庭第二套及以上的住房(包括新购的二手存量住房和新建商品住房,下同)和非本市居民家庭在本市新购的住房。

除上述征收对象以外的其他个人住房,按国家制定的有关个人住房房产税规定执行。

新购住房的购房时间,以购房合同网上备案的日期为准。

居民家庭住房套数根据居民家庭(包括夫妻双方及其未成年子女,下同)在本市拥有的住房情况确定。

**2. 计税依据**

计税依据为参照应税住房的房地产市场价格确定的评估值,评估值按规定周期进行重估。试点初期,暂以应税住房的市场交易价格作为计税依据。

房产税暂按应税住房市场交易价格的70%计算缴纳。

**3. 税收减免**

(1) 本市居民家庭在本市新购且属于该居民家庭第二套及以上住房的,合并计算的家庭全部住房面积(指住房建筑面积,下同)人均不超过60平方米(即免税住房面积,含60平方米)的,其新购的住房暂免征收房产税;人均超过60平方米的,对属新购住房超出部分的面积,按本暂行办法规定计算征收房产税。

合并计算的家庭全部住房面积为居民家庭新购住房面积和其他住房面积的总和。

本市居民家庭中有无住房的成年子女共同居住的,经核定可计入该居民家庭计算免税住房面积;对有其他特殊情形的居民家庭,免税住房面积计算办法另行制定。

(2) 本市居民家庭在新购一套住房后的一年内出售该居民家庭原有唯一住房的,其新购住房已按本暂行办法规定计算征收的房产税,可予退还。

(3) 本市居民家庭中的子女成年后,因婚姻等需要而首次新购住房、且该住房属于成年子女家庭唯一住房的,暂免征收房产税。

(4) 符合国家和本市有关规定引进的高层次人才、重点产业紧缺急需人才,持有本市居住证并在本市工作生活的,其在本市新购住房、且该住房属于家庭唯一住房的,暂免征收房产税。

(5) 持有本市居住证满3年并在本市工作生活的购房人,其在本市新购住房、且该住房属于家庭唯一住房的,暂免征收房产税;持有本市居住证但不满3年的购房人,其上述住房先按本暂行办法规定计算征收房产税,待持有本市居住证满3年并在本市工作生活的,其上述住房已征收的房产税,可予退还。

(6) 其他需要减税或免税的住房,由上海市政府决定。

**(二) 重庆规定**

**1. 试点区域**

试点区域为渝中区、江北区、沙坪坝区、九龙坡区、大渡口区、南岸区、北碚区、渝北区、巴南区(以下简称主城九区)。

**2. 征收对象**

(1) 试点采取分步实施的方式。首批纳入征收对象的住房为:① 个人拥有的独栋商品住宅。② 个人新购的高档住房。高档住房是指建筑面积交易单价达到上两年主城九区新建商品住房成交建筑面积均价2倍(含2倍)以上的住房。③ 在重庆市同时无户籍、无企业、无工作的个人新购的首套及以上的普通住房。

新购住房是指《暂行办法》施行之日起购买的住房(包括新建商品住房和存量住房)。新建商品住房购买时间以签订购房合同并提交房屋所在地房地产交易与权属登记中心的时间为准,存量住房购买时间以办理房屋权属转移、变更登记手续时间为准。

(2) 未列入征税范围的个人高档住房、多套普通住房,将适时纳入征税范围。

**3. 纳税人**

纳税人为应税住房产权所有人。产权人为未成年人的,由其法定监护人纳税。产权出典的,由承典人纳税。产权所有人、监护人、承典人不在房产所在地的,或者产权未确定及租典纠纷未解决的,由代管人或使用人纳税。

应税住房产权共有的,共有人应主动约定纳税人,未约定的,由税务机关指定纳税人。

**4. 计税依据**

应税住房的计税价值为房产交易价。条件成熟时,以房产评估值作为计税依据。

独栋商品住宅和高档住房一经纳入应税范围,如无新的规定,无论是否出现产权变动均属纳税对象,其计税交易价和适用的税率均不再变动。

属于本办法规定的应税住房用于出租的,按本办法的规定征收房产税,不再按租金收入征收房产税。

**5. 税率**

(1) 独栋商品住宅和高档住房建筑面积交易单价在上两年主城九区新建商品住房成交建筑面积均价 3 倍以下的住房,税率为 0.5%;3 倍(含 3 倍)至 4 倍的,税率为 1%;4 倍(含 4 倍)以上的税率为 1.2%。

(2) 在重庆市同时无户籍、无企业、无工作的个人新购首套及以上的普通住房,税率为 0.5%。

**6. 应纳税额的计算**

(1) 个人住房房产税应纳税额的计算公式如下:

$$应纳税额 = 应税建筑面积 \times 建筑面积交易单价 \times 税率$$

应税建筑面积是指纳税人应税住房的建筑面积扣除免税面积后的面积。

(2) 免税面积的计算。

扣除免税面积以家庭为单位,一个家庭只能对一套应税住房扣除免税面积。

纳税人在本办法施行前拥有的独栋商品住宅,免税面积为 180 平方米;新购的独栋商品住宅、高档住房,免税面积为 100 平方米。纳税人家庭拥有多套新购应税住房的,按时间顺序对先购的应税住房计算扣除免税面积。

在重庆市同时无户籍、无企业、无工作的个人的应税住房均不扣除免税面积。

**7. 税收减免与缓缴税款**

(1) 对农民在宅基地上建造的自有住房,暂免征收房产税。

(2) 在重庆市同时无户籍、无企业、无工作的个人拥有的普通应税住房,如纳税人在重庆市具备有户籍、有企业、有工作任一条件的,从当年起免征税,如已缴纳税款的,退还当年已缴税款。

(3) 因自然灾害等不可抗力因素,纳税人纳税确有困难的,可向地方税务机关申请减免税和缓缴税款。

# 第二节 房产税检查

## 一、房产税常见风险

### (一) 出租房产不按租金计缴房产税

根据《中华人民共和国房产税暂行条例》的有关规定,房产税分为从价征收和从租征收两种类型。从价征收的房产税,是对自用房产征税,其计税依据是房产原值一次减除 30% 后的余值。从租征收的房产税,其计税依据为租金收入,企业申报纳税时由于按租金收入纳税的税负较高,故以自用房产按房产原值申报纳税,混淆纳税依据,达到少交房产税的目的。

### (二) 更新改造支出未计入房产税计税依据

更新改造支出、满足固定资产确认条件的装修费用、修理费用等,计入"固定资产"科目计提折旧,却不作为房产税的计税依据。根据国税发〔2005〕173号《国家税务总局关于进一步明确房屋附属设备和配套设施计征房产税有关问题的通知》的规定:对于更换房屋附属设备和配套设施的,在将其价值计入房产原值时,可扣减原来相应设备和设施的价值;对附属设备和配套设施中易损坏、需要经常更换的零配件,更新后不再计入房产原值。

### (三) 出租的房产在停租期间没有按房产原值计缴房产税

因整顿或者装修等停租房产,以没有租金收入为由未申报缴纳房产税。根据《中华人民共和国房产税暂行条例》、财税〔2004〕140号《财政部 国家税务总局关于调整房产税有关减免税政策的通知》的有关规定,对闲置未用的房产,需要按房产原值。

### (四) 临时建筑或者违章建筑出租未按租金计缴房产税

在围墙外自行搭建多家商铺、车库等出租,收取一定的租金,因属违章建筑未取得房产证,企业以此理由拒绝缴纳房产税。根据《中华人民共和国房产税暂行条例》第二条规定,房产税由产权所有人缴纳,产权未确定的,由房产代管人或者实际使用人缴纳。企业自盖的附属厂房商铺、车库等,虽未办理房产证,没有取得房屋产权,但是属于房产的实际使用人,因此,应当照章缴纳房产税。

### (五) 无租使用其他企业或者个人的房产未缴纳房产税

无租使用其他企业或者个人的房产,以该房产产权不属于企业,没有计入固定资产,也未提取折旧费为由,不缴纳房产税。根据财税地字〔1986〕8号文《财政部 国家税务总局关于房产税若干具体问题的解释和暂行规定》第七条的规定,纳税单位和个人无租使用房产管理部门、免税单位及纳税单位的房产,应由使用人代缴纳房产税。财税〔2009〕128号文《关于房产税城镇土地使用税有关问题的通知》明确规定,无租使用其他单位房产的应税单位和个人,依照房产余值代缴纳房产税。也就是说,从2009年12月1日开始,无租使用房产按照房产余值、由房产使用人代缴房产税。

### (六) 将中央空调、电梯等设备从房产原值中剥离,减少房产计税依据

将中央空调、电梯等设备从房产原值中剥离,减少房产计税原值;所谓房产原值,指的是纳税人按照会计制度规定,在账簿"固定资产"科目中记载的房屋原价。根据国税发〔2005〕173号《国家税务总局关于进一步明确房屋附属设备和配套设施计征房产税有关问题的通知》的规定,凡以房屋为载体,不可随意移动的附属设备和配套设施,如给排水、采暖、消防、中央空调、电气及智能化楼宇设备等,无论在会计核算中是否单独记账与核算,都应计入房产原值,计征房产税。因此,企业配置的凡是以房屋为载体、不可以随意移动的消防设施性质上属于应缴纳房产税的配套设施,无论是否计入固定资产原值,均应纳入房产原值缴纳房产税。如果可以随意移动,如移动失灭火器材,则不需要缴纳房产税。

### (七) 抵消交易少交房产税

实际出租的房产与账面记载的不一致,将房产租金通过抵费用、消费等方式抵消,账面上没有现金或转账收入,直接影响了增值税和房产税的计税依据,少交房产税。

### (八) 转变租金性质少交房产税

签订虚假的联营承包合同,将租金收入"化装"成"联营利润"。如某地产公司将自持商

业地产出租给某酒店,签订的"联营承包合同",合同注明:"该酒店自主经营,自负盈亏,地产公司不参与经营,不共享利润,不承担风险等",酒店每月向酒店上缴的租金变成了"联营利润",从而偷逃房产税。

### (九) 基建结束后已移交的基建临时房屋未缴纳房产税

根据《财政部 国家税务总局关于房产税若干具体问题的解释和暂行规定》(财税地〔1986〕8号)规定:"凡是在基建工地为基建工地服务的各种工棚、材料棚、休息棚和办公室、食堂、茶炉房、汽车房等临时性房屋,不论是施工企业自行建造还是由基建单位出资建造交施工企业使用的,在施工期间,一律免征房产税。但是,如果在基建工程结束以后,施工企业将这种临时性房屋交还或者估价转让给基建单位的,应当从基建单位接收的次月起,依照规定征收房产税。"

### (十) 土地单独入账未计入房产税计税依据

将土地价值单独入账计入无形资产,误认为土地价值无需缴纳房产税。根据《财政部 国家税务总局关于安置残疾人就业单位城镇土地使用税等政策的通知》(财税〔2010〕121号)规定:"对按照房产原值计税的房产,无论会计上如何核算,房产原值均应包含地价,包括为取得土地使用权支付的价款、开发土地发生的成本费用等。宗地容积率(注:容积率是指房屋总建筑面积与用地面积的比率)低于0.5的,按房产建筑面积的2倍计算土地面积并据此确定计入房产原值的地价。"因此,房产税从价计征的,房产原值应当包括土地价值。

### (十一) 地下车位等地下设施未缴纳房产税

根据《财政部 国家税务总局关于具备房屋功能的地下建筑征收房产税的通知》(财税〔2005〕181号)规定:"凡在房产税征收范围内的具备房屋功能的地下建筑,包括与地上房屋相连的地下建筑以及完全建在地面以下的建筑、地下人防设施等,均应当依照有关规定征收房产税。上述具备房屋功能的地下建筑是指有屋面和维护结构,能够遮风避雨,可供人们在其中生产、经营、工作、学习、娱乐、居住或储藏物资的场所。"文件中还明确:对于与地上房屋相连的地下建筑,如房屋的地下室、地下停车场、商场的地下部分等,应将地下部分与地上房屋视为一个整体按照地上房屋建筑的有关规定计算征收房产税。完全建在地面以下的工业用途自用房产,以房屋原价的50%到60%作为应税房产原值;商业和其他用途房产,以房屋原价的70%到80%作为应税房产原值。实践中,纳税人对地下车位等地下设施未申报房产税的情况较为常见,应引起纳税人足够重视。

## 二、房产税检查实务

### (一) 房产税检查要点

**1. 自用房产**

(1) 审核属于房产税征税区域的企业所有产权的房产除符合免税外,是否按税法规定申报缴纳房产税。

(2) 审核企业承典的房产除免税规定外,是否按税法规定申报缴纳房产税。

(3) 审核企业代管或使用的产权所有人不在房产所在地的房产,除免税外是否按税法规定缴纳房产税。

(4) 审核企业代管或使用的产权未确定及租典纠纷未解决的房产,除免税外是否按税法规定申报缴纳房产税。

(5) 审核企业无租使用房产管理部门、免税单位及纳税单位的房产,除免税外是否按规定申报缴纳房产税。

(6) 审核企业所有、使用的在房产税征税范围内有屋面和围护结构(有墙或两边有柱),能够遮风避雨,可供人们在其中生产、工作、学习、娱乐、居住或储藏物资的房产,除独立于房屋之外的建筑物,如围墙、烟囱、水塔、变电塔、油池油柜、酒窖菜窖、酒精池、糖蜜池、室外游泳池、玻璃暖房、砖瓦石灰窑以及各种油气罐、加油站罩棚等外,是否按税法规定申报缴纳房产税。

(7) 审核企业所有、使用的在房产税征税范围内具备房屋功能的地下建筑,包括与地上房屋相连的地下建筑以及完全建在地面以下的建筑、地下人防设施等(如房屋的地下室、地下停车场、商场的地下部分等,应将地下部分与地上房屋视为一个整体,按照地上房屋建筑的有关规定计算征收房产税),除免税外是否按税法规定申报缴纳房产税。

(8) 审核企业是否在房产改造、扩建等更新改造过程中,房产价值是否发生变化,企业是否按照按增加的房产原值计算缴纳房产税。

(9) 审核企业是否把房屋资产与其他资产混淆,未纳房产税。

(10) 审核企业取得的土地使用权后,改变土地使用权用途,用于赚取租金或资本增值的,是否将其转为投资性房地产,并按税法规定计算申报缴纳房产税。

(11) 审核企业依照房产原值计税的房产,不论是否记载在会计账簿固定资产科目中,是否均应按照房屋原价作为计税依据计算缴纳房产税。房屋原价应根据国家有关会计制度规定进行核算。对企业未按国家会计制度规定核算并记载的,应按规定予以调整或重新评估。

(12) 审核企业依照房产原值一次减除10%至30%幅度后的余值计算缴纳房产税的,其一次减除幅度是否准确,有无减除幅度错误造成少缴或多缴房产税。

(13) 审核企业对于与地上房屋相连的地下建筑,如房屋的地下室、地下停车场、商场的地下部分等,是否将地下部分与地上房屋视为一个整体,按照地上房屋建筑的有关规定计算征收房产税,有无错按独立自用的地下建筑折算计征房产税。

(14) 审核企业自用的不与地上房屋相连的地下建筑,是否按房屋原价准确折算应税房产原值计算缴纳房产税。

(15) 审核企业按照房产原值计税的房产,无论会计上如何核算,房产原值是否均包含地价,包括为取得土地使用权支付的价款、开发土地发生的成本费用等。土地容积率低于0.5的,按房产建筑面积的2倍计算土地面积并据此确定计入房产原值的地价。

(16) 审核企业计算缴纳房产税时,适用的税率是否准确。税法规定依照房产余值计算缴纳的,税率为1.2%。

**2. 纳税义务发生时间**

(1) 审核企业购置新建商品房,是否自房屋交付使用之次月起计征房产税。审核企业购置存量房,是否自办理房屋权权属转移、变更登记手续,房地产权属登记机关签发房屋权属证书之次月起计征房产税。

(2) 审核企业出租、出借房产,是否自交付出租、出借房产之次月起计征房产税。

(3) 审核企业自建的房屋,是否自建成之次月起计征房产税。

(4) 审核企业委托施工企业建设的房屋,是否从办理验收手续之次月起计征房产税。

(5) 审核企业在办理验收手续前已使用或出租、出借的新建房屋,是否按税法规定计征房产税。

(6) 审核企业接收建筑施工企业各种工棚、材料棚、休息棚和办公室、食堂、茶炉房、汽车房等临时性房屋的,是否从接收的次月起,依照规定计征房产税。

(7) 审核企业因房产的实物或权利状态发生变化而依法终止房产税纳税义务的,其应纳税款的计算是否截止到房产的实物或权利状态发生变化的当月末。

(8) 审核企业以融资租赁租入的房产,是否自融资租赁合同约定开始日的次月起依照房产余值缴纳房产税。如合同未约定开始日的,是否自合同签订的次月起依照房产余值缴纳房产税。

**3. 附属设施**

(1) 审核企业计征房产税的房产原值是否包括以房屋为载体,不可随意移动的附属设备和配套设施的价值。税法规定如给排水、采暖、消防、中央空调、电气及智能化楼宇设备等;暖气、卫生、通风、照明、煤气等;各种管线,如蒸气、压缩空气、石油、给水排水等管道及电力、电讯、电缆导线;电梯、升降机、过道、晒台等,无论在会计核算中是否单独记账与核算,都应计入房产原值,计征房产税。属于房屋附属设备的水管、下水道、暖气管、煤气管等从最近的探视井或三通管算起。电灯网、照明线从进线盒连接管算起。

(2) 审核企业更换房屋附属设备和配套设施的,除附属设备和配套设施中易损坏、需要经常更换的零配件,更新后不再计入房产原值外,是否按税法规定将其价值计入房产原值,并可扣减原来相应设备和设施的价值后计征房产税。

**4. 出租房产**

(1) 审核企业是否将房产租金的收入、转租收入缴纳房产税,除地方法规特别规定外,审核企业是否存在将出租房屋作为自用房屋从而少缴房产税的情况。

(2) 审查企业是否存在无租使用的房产、承典房产及融资租赁的房产,是否计缴房产税。

(3) 审核企业出租房产,租赁双方签订的租赁合同约定有免收租金期限的,免收租金期间产权所有人是否按照房产原值缴纳房产税。

(4) 审核企业把房屋提供给关联交易企业无偿使用,是否按照市场价格计价缴纳出租房屋房产税。如无偿提供给子公司、第三产业、劳动服务公司使用房屋。

(5) 审核企业计算缴纳房产税时,适用的税率是否准确。依照房产租金收入计算缴纳的,税率为12%。

(6) 审核企业对于以房产投资联营,投资者参与投资利润分红,共担风险的情况,是否按房产原值作为计税依据计征房产税;对于以房产投资,收取固定收入,不承担联营风险的情况,实际上是以联营名义取得房产的租金,应根据《中华人民共和国房产税暂行条例》的有关规定由出租方按租金收入计缴房产税。

**5. 纳税地点**

(1) 审查企业纳税地点,是否在房产所在地纳税。

(2) 如果企业的房产不在同一地方,审查企业是否按房产的坐落地点分别向房产所在地的税务机关缴纳。

**6. 减免政策**

(1) 审核免征房产税企业出租的房产以及非本身业务用的生产、营业用房产等不属于免税范围的,是否按税法规定计算申报缴纳房产税。

(2) 审核企业与免征房产税企业共用房产的,是否按各自使用的部分准确划分,分别征收或免征房产税。

(3) 审核企业是否准确划分免税房产与应税房产,有无将应征房产税的房产误作为免税房产少缴房产税。

(4) 审核企业是否准确划分开征房产税区域和不开征房产税区域的房产,有无将开征区域的房产作为不开征房产税区域的房产少缴房产税。

(5) 审核企业免税房产备查资料是否齐全符合减免税规定。

### (二) 房产税案例

**【例 11-1】** 变租金为"物业管理费"少交房产税

房屋出租人的房产税计税依据为租金收入,在实务中许多房屋出租人通过签订虚假合同、阴阳合同的方式隐瞒部分租金收入从而不当地减少其房产税应纳税额。根据税法中实质重于形式原则,房屋出租人从承租人处取得的收入如果不具有其收入形式所对应的经济实质的,税务机关通常会认定该收入属于租金收入。本案即是房屋出租人将租金收入变为物业管理费后被税务机关调整房产税税款的典型案例。

(1) 案情简介

A公司名下持有三层的商厦房产一套,并进行对外出租经营。2007年11月10日,A公司与乙方王某、李某签订一份《租赁协议》,约定乙方承租甲商厦一至三层进行商业零售,租期为十年,自2008年3月1日至2017年12月31日,前五年每年租金为60万元,后五年每年租金为70万元。王某、李某承租该商厦后将该商厦用于经营超市。2009年11月22日,A公司与乙方签订了一份《补充协议》,约定将剩余租期内的房租的一半变更为物业管理费。

2012年9月10日,B区地税局稽查局接到他人举报认为A公司有税收违法嫌疑,决定对其进行立案查处。2012年10月22日,B区地税局稽查局向A公司发出《税务检查通知书》,告知A公司税务检查事宜,并要求A公司依法接受检查,如实反映情况,提供有关资料。其后,B区地税局稽查局对A公司2004年6月1日至2011年12月31日期间地方各税缴纳情况进行检查。

2014年10月28日,B区地税局稽查局对A公司作出《税务处理决定书》,认定A公司向王某、李某收取的物业管理费实质上属于商厦租金,A公司2010年、2011年度房产税计税依据计算错误,应补缴房产税70 052.45元,滞纳金14 075.20元。

A公司对《税务处理决定书》不服,向C市地税局提起行政复议。2015年2月2日,C市地税局作出复议决定,维持了B区地税局稽查局的《税务处理决定书》。A公司不服该复议决定,向法院提起诉讼,请求法院判决撤销B区地税局稽查局作出的《税务处理决定书》。

(2) 法院观点

法院经审理认为,《中华人民共和国物业管理条例》第三十二条、第六十条规定,国家对从事物业管理活动的企业实行资质管理制度。违反该条例的规定,未取得资质证书从事物业管理活动的,应没收违法所得并处以罚款。至2013年12月31日,A公司并未取得物业管理的相应资质。同时,A公司也未向法院提交A公司代有关部门、企业、单位向承租户收取的水费、电费、取暖(冷)费、卫生(清洁)费、保安费等有效合法收费凭证,以及自己产生上述费用的证据。地税局稽查局提交的证据显示,王某、李某经营的超市的物业管理一直由其自行安排,也并非由A公司提供。A公司与王某、李某签订的《补充协议》约定的物业管理费实际应为商厦租金,地税局稽查局将此作为房产税的计税依据有事实和法律依据,法院予以支持。依据《中华人民共和国行政诉讼法》第六十九条之规定,判决驳回A公司的诉讼请求。

# 第十二章 城镇土地使用税稽查实务

## 第一节 城镇土地使用税基本政策

1988年9月27日国务院发布了《中华人民共和国城镇土地使用税暂行条例》,并于当年11月1日起施行。2006年12月31日,国务院颁布了第483号令,修订了《中华人民共和国城镇土地使用税暂行条例》(以下简称《城镇土地使用税暂行条例》),主要是提高了城镇土地使用税税额标准,将征税范围扩大到外商投资企业和外国企业。此后2011年、2013年又先后对《城镇土地使用税暂行条例》进行了第一次、第二次修订;2019年3月2日,根据《国务院关于修改部分行政法规的决定》,对《城镇土地使用税暂行条例》进行第三次修订,将地方税务机关修改为税务机关,其他内容不变。

### 一、纳税人

凡在城市、县城、建制镇、工矿区范围内使用土地的单位和个人,为城镇土地使用税的纳税义务人。单位包括国有企业、集体企业、私营企业、股份制企业、外商投资企业、外国企业以及其他企业和事业单位、社会团体、国家机关、军队以及其他单位。个人包括个体工商户及其他个人。由于在现实经济生活中,使用土地的情况十分复杂,为确保将城镇土地使用税及时、足额地征收入库,税法根据用地者的不同情况,对纳税人作了如下具体规定:

(1) 城镇土地使用税由拥有土地使用权的单位或个人缴纳。
(2) 土地使用权未确定或权属纠纷未解决的,由实际使用人纳税。
(3) 土地使用权共有的,由共有各方分别纳税。

### 二、征税范围

城镇土地使用税的征税范围为城市、县城、建制镇和工矿区。其中,城市是指经国务院批准设立的市,其征税范围包括市区和郊区;县城是指县人民政府所在地,其征税范围为县人民政府所在地的城镇;建制镇是指经省、自治区、直辖市人民政府批准设立的,符合国务院规定的镇建制标准的镇,其征税范围一般为镇人民政府所在地;工矿区是指工商业比较发达,人口比较集中的大中型工矿企业所在地,工矿区的设立必须经省、自治区、直辖市人民政府批准。

由于城市、县城、建制镇和工矿区内的不同地方,其自然条件和经济繁荣程度各不相同,税法很难对全国城镇的具体征税范围作出统一规定,因此,国家税务总局在《关于土地使用税若干具体问题的解释和暂行规定》中确定:"城市、县城、建制镇、工矿区的具体征税范围,由各省、自治区、直辖市人民政府划定。"

## 三、税额

### (一) 每平方米税额

城镇土地使用税实行分级幅度税额。每平方米土地年税额规定如下：

（1）大城市 1.5 元至 30 元；

（2）中等城市 1.2 元至 24 元；

（3）小城市 0.9 元至 18 元；

（4）县城、建制镇、工矿区 0.6 元至 12 元。

上述大、中、小城市是以登记在册的非农业正式户口人数为依据，其中，市区及郊区非农业人口在 50 万以上的，称为大城市；市区及郊区非农业人口在 20 万至 50 万的，称为中等城市；市区及郊区非农业人口在 20 万以下的称为小城市。

### (二) 税额标准

（1）各省、自治区、直辖市人民政府应当在法定税额幅度内，根据市政建设状况、经济繁荣程度等条件，确定所辖地区的适用税额幅度。

（2）市、县人民政府应当根据实际情况，将本地区土地划分为若干等级，在省、自治区、直辖市人民政府确定的税额幅度内，制定适用税额标准，报省、自治区、直辖市人民政府批准执行。

（3）经省、自治区、直辖市人民政府批准，经济落后地区的城镇土地使用税适用税额标准可以适当降低，但降低额不得超过规定的最低税额的 30%。

（4）经济发达地区城镇土地使用税的适用税额标准可以适当提高，但须报经财政部批准。

## 四、计税依据

城镇土地使用税以纳税人实际占用的土地面积（平方米）为计税依据。

### (一) 纳税人实际占用土地

纳税人实际占用的土地面积，以房地产管理部门核发的土地使用证书与确认的土地面积为准；尚未核发土地使用证书的，应由纳税人据实申报土地面积，据以纳税，待核发土地使用证以后再作调整。

### (二) 土地使用权共有的各方

土地使用权共有的各方，应按其实际使用的土地面积占总面积的比例，分别计算缴纳土地使用税。

### (三) 地下建筑

对在城镇土地使用税征税范围内单独建造的地下建筑用地，按规定征收城镇土地使用税。其中，已取得地下土地使用权证的，按土地使用权证确认的土地面积计算应征税款；未取得地下土地使用权证或地下土地使用权证上未标明土地面积的，按地下建筑垂直投影面积计算应征税款。对上述地下建筑用地暂按应征税款的 50% 征收城镇土地使用税。

### (四) 公用多层建筑

纳税单位可按其占用的建筑面积占建筑总面积的比例计征土地使用税。

## 五、税金和会计处理

### (一) 税金计算

**1. 一般规定**

城镇土地使用税的应纳税额依据纳税人实际占用的土地面积和适用单位税额计算。计算公式如下：

$$年应纳税额 = 计税土地面积(平方米) \times 适用税额$$

土地使用权由几方共有的，由共有各方按照各自实际使用的土地面积占总面积的比例，分别计算缴纳城镇土地使用税。

**2. 房地产开发企业规定**

项目竣工后，房屋并非已经全部销售完毕。尚未销售的房屋所分摊的土地使用面积仍然具有纳税义务；已经销售的房屋可以交付使用，如果未交付使用，一样具有纳税义务。

（1）完全以土地使用证所载面积计算纳税。

房地产开发企业已销售房屋，由于种种原因，房产所有权证书、土地使用权证书分割往往滞后。那么，此时房地产开发企业仍然是名义上的权属拥有者，城镇土地使用税按照土地使用权证书所载面积确定计税依据。

（2）已售房屋计税依据准予按比例扣除。

对于已经销售的房屋，由于房地产开发企业不再拥有所有权及使用权，如果仅因为尚未办理土地使用权分割而还由房地产开发企业纳税，既不合情也不合理。准予已售房屋按照比例扣减土地使用税计税依据符合现实状况。

《国家税务总局关于房产税、城镇土地使用税有关政策规定的通知》（国税发〔2003〕89号）规定，购置新建商品房，自房屋交付使用之次月起计征房产税和城镇土地使用税。购置存量房，自办理房屋权属转移、变更登记手续，房地产权属登记机关签发房屋权属证书之次月起计征房产税和城镇土地使用税。交付方自房屋交付使用次月起不再计征房产税和城镇土地使用税。

《关于房地产开发企业开发用地征收土地使用税的通知》（京地税地〔2005〕550号）、《北京市地方税务局关于2007年度征收城镇土地使用税的通告》（京地税地〔2007〕322号）规定，对拥有土地使用证的房地产开发企业，按土地使用证所载面积计税，没有土地使用证的按实际使用面积计税。已售房屋占地面积可以抵扣。

《河南省地方税务局房地产开发企业城镇土地使用税征收管理办法》（豫地税发〔2006〕84号）规定，房地产开发企业是城镇土地使用税纳税人，开发商品房已经销售的，应自房屋交付使用之次月，按照交付使用商品房的建筑面积所应分摊的土地面积相应调减应税土地面积。房屋交付使用是指房地产开发企业按照售房合同的规定，将房屋已销售给购房人且购房人已办理房屋土地使用权证或者房屋产权证，房屋所占有的土地已发生实际转移的行为。对购房人非个人原因无法及时取得土地使用权证或房屋产权证的，只要房地产开发企业按照销售合同的规定，已将房屋销售发票全额开付给购房人且购房人的购房款项已全部结清，或者已将房屋的钥匙交付给购房人，经主管地方税务机关审查同意后，也可视同为房屋已交付使用，房地产开发企业应纳城镇土地使用税计算公式如下：

$$\text{应纳城镇土地使用税} = \text{开发初期应税土地总面积} \times \text{城镇土地使用税单位税额标准} \times \left(1 - \text{累计售出房屋建筑面积} \div \text{房屋建筑总面积}\right) \div \text{缴纳期限}$$

累计售出房屋建筑面积,是指按照该办法交付使用的规定,已经售出房屋的建筑面积之和。

### (二) 会计处理

根据财会〔2016〕22号文,全面试行营业税改征增值税后,"营业税金及附加"科目名称调整为"税金及附加"科目,该科目核算企业经营活动发生的消费税、城市维护建设税、资源税、教育费附加及房产税、土地使用税、车船使用税、印花税等相关税费;利润表中的"营业税金及附加"项目调整为"税金及附加"项目。

(1) 计提城镇土地使用税:

借:税金及附加
　　贷:应交税费——应交城镇土地使用税

(2) 实际缴纳:

借:应交税费——应交城镇土地使用税
　　贷:银行存款

## 六、税收优惠

自2019年5月23日起,纳税人享受城镇土地使用税、房产税、耕地占用税、车船税、印花税、城市维护建设税、教育费附加(以下简称"六税一费")优惠实行"自行判别、申报享受、有关资料留存备查"办理方式,申报时无须再向税务机关提供有关资料。纳税人根据具体政策规定自行判断是否符合优惠条件,符合条件的,纳税人申报享受税收优惠,并将有关资料留存备查。纳税人缴纳土地使用税确有困难需要定期减免的,由县以上地方税务机关批准。

### (一) 减免税优惠基本规定

**1. 国家机关、人民团体、军队自用的土地**

(1) 人民团体,是指经国务院授权的政府部门批准设立或登记备案,并由国家拨付行政事业费的各种社会团体。

(2) 国家机关、人民团体、军队自用的土地,是指这些单位本身的办公用地和公务用地。

**2. 由国家财政部门拨付事业经费的单位自用的土地**

(1) 由国家财政部门拨付事业经费的单位,是指由国家财政部门拨付经费、实行全额预算管理或差额预算管理的事业单位。不包括实行自收自支、自负盈亏的事业单位。

(2) 事业单位自用的土地,是指这些单位本身的业务用地。

(3) 企业办的学校、医院、托儿所、幼儿园,其自用的土地免征城镇土地使用税。

**3. 宗教寺庙、公园、名胜古迹自用的土地**

(1) 宗教寺庙自用的土地,是指举行宗教仪式等的用地和寺庙内的宗教人员生活用地。

(2) 公园、名胜古迹自用的土地,是指供公共参观游览的用地及其管理单位的办公用地。

(3) 公园、名胜古迹中附设的营业场所,如影剧院、饮食部、茶社、照相馆等用地,应征收城镇土地使用税。

**4. 市政街道、广场、绿化地带等公共用地**

非社会性的公共用地不能免税,如企业内的广场、道路、绿化等占用的土地。

**5. 直接用于农、林、牧、渔业的生产用地**

指直接从事种植、养殖、饲养的专业用地。农副产品加工厂占地和从事农、林、牧、渔业生产单位的生活、办公用地不包括在内。

**6. 开山填海整治的土地**

自行开山填海整治的土地和改造的废弃土地,从使用的月份起免缴城镇土地使用税 5 年至 10 年。开山填海整治的土地是指纳税人经有关部门批准后自行填海整治的土地,不包括纳税人通过出让、转让、划拨等方式取得的已填海整治的土地。

**7. 由财政部另行规定免税的能源、交通、水利用地和其他用地**

此外,个人所有的居住房屋及院落用地,房产管理部门在房租调整改革前经租的居民住房用地,免税单位职工家属的宿舍用地,集体和个人举办的各类学校、医院、托儿所幼儿园用地等的征免税,由各省、自治区、直辖市税务局确定。

### (二) 房地产减免税规定

**1. 对改造安置住房建设用地免征城镇土地使用税**

在商品住房等开发项目中配套建造安置住房的,依据政府部门出具的相关材料、房屋征收(拆迁)补偿协议或棚户区改造合同(协议),按改造安置住房建筑面积占总建筑面积的比例免征城镇土地使用税、印花税。

**2. 易地扶贫搬迁贫困人口安置住房用地,免征城镇土地使用税**

在商品住房等开发项目中配套建设安置住房的,按安置住房建筑面积占总建筑面积的比例,计算应予免征的安置住房用地相关的契税、城镇土地使用税,以及项目实施主体、项目单位相关的印花税。

**3. 对公租房建设期间用地及公租房建成后占地,免征城镇土地使用税**

在其他住房项目中配套建设公租房,按公租房建筑面积占总建筑面积的比例免征建设、管理公租房涉及的城镇土地使用税。

**4. 已售房改房占地免城镇土地使用税**

应税单位按照国家住房制度改革有关规定,将住房出售给职工并按规定进行核销账务处理后,住房用地在未办理土地使用权过户期间的城镇土地使用税政策征免,比照各省、自治区、直辖市对个人所有住房用地的现行政策执行。

### (三) 其他减免税规定

**1. 城镇土地使用税与耕地占用税的征税范围衔接**

为避免对一块土地同时征收耕地占用税和城镇土地使用税,税法规定,凡是缴纳了耕地占用税的,从批准征收之日起满 1 年后缴纳城镇土地使用税;征收非耕地因不需要缴纳耕地占用税,应从批准征收之次月起缴纳城镇土地使用税。

**2. 免税单位与纳税单位之间无偿使用的土地**

对免税单位无偿使用纳税单位的土地(如公安、海关等单位使用铁路、民航等单位的土地),免征城镇土地使用税;对纳税单位无偿使用免税单位的土地,纳税单位应照章缴纳城镇土地使用税。

**3. 房地产开发公司开发建造商品房的用地**

房地产开发公司开发建造商品房的用地,除经批准开发建设经济适用房的用地外,对各类房地产开发用地一律不得减免城镇土地使用税。

**4. 企业的绿化用地**

对企业厂区(包括生产办公及生活区)以内的绿化用地,应照章征收城镇土地使用税,厂区以外的公共绿化用地和向社会开放的公园用地,暂免征收城镇土地使用税。

**5. 老年服务机构自用的土地**

对政府部门和企事业单位、社会团体以及个人等社会力量投资兴办的福利性、非营利性的老年服务机构自用土地,暂免征收城镇土地使用税。

老年服务机构是指专门为老年人提供生活照料、文化、护理、健身等多方面服务的福利性、非营利性的机构,主要包括:老年社会福利院、敬老院(养老院)、老年服务中心、老年公寓(含老年护理院、康复中心、托老所)等。

**(四) 由省、自治区、直辖市税务局确定征免税**

(1) 个人所有的居住房屋及院落用地;

(2) 房产管理部门在房租调整改革前经租的居民住房用地;

(3) 免税单位职工家属的宿舍用地;

(4) 集体和个人办的各类学校、医院、托儿所、幼儿园用地;

(5) 对增值税小规模纳税人可以在50%的税额幅度内减征。

## 七、征收管理

**(一) 纳税义务发生时间**

**1. 购置新建商品房**

自房屋交付使用之次月起计征城镇土地使用税。

**2. 购置存量房**

自办理房屋权属转移、变更登记手续,房地产权属登记机关签发房屋权属证书之次月起计征城镇土地使用税。

**3. 出租、出借房产**

自交付出租、出借房产之次月起计征城镇土地使用税。

**4. 以出让或转让方式有偿取得土地使用权**

应由受让方从合同约定交付土地时间的次月起缴纳城镇土地使用税;合同未约定交付土地时间的,由受让方从合同签订的次月起缴纳城镇土地使用税。

**5. 纳税人新征用的耕地**

自批准征用之日起满1年时开始缴纳城镇土地使用税。

**6. 纳税人新征用的非耕地**

自批准征用次月起缴纳城镇土地使用税。

**7. 通过招标拍卖挂牌方式取得的建设用地**

不属于新征用的拼地,纳税人应按《财政部 国家税务总局关于房产税城镇土地使用税有关政策的通知》(财税〔2006〕186号)第二条规定,从合同约定交付土地时间的次月起缴纳城镇土地使用税;合同未约定交付土地时间的,从合同签订的次月起缴纳城镇土地使用税。

（二）纳税义务终止时间

纳税人因房产、土地的实物或权利状态发生变化而依法终止房产税、城镇土地使用税纳税义务的，其应纳税款的计算应截止到房产、土地的实物或权利状态发生变化的当月末。

（三）纳税期限

城镇土地使用税按年计算，分期缴纳。缴纳期限由省、自治区、直辖市人民政府确定。各省、自治区、直辖市税务机关结合当地情况，一般分别确定按月、季、半年或1年等不同的期限缴纳。

（四）纳税地点

城镇土地使用税的纳税地点为土地所在地，由土地所在地的税务机关负责征收。纳税人使用的土地不属于同一省（自治区、直辖市）管辖范围内的，由纳税人分别向土地所在地的税务机关申报缴纳。在同一省（自治区、直辖市）管辖范围内，纳税人跨地区使用的土地，由各省、自治区、直辖市税务局确定纳税地点。

（五）纳税申报

纳税人应依照当地税务机关规定的期限，填写《城镇土地使用税纳税申报表》，将其占用土地的权属、位置、用途、面积和税务机关规定的其他内容，据实向当地税务机关办理纳税申报登记，并提供有关的证明文件资料。纳税人新征用的土地，必须于批准新征用之日起30日内申报登记。纳税人如有住址变更、土地使用权属转换等情况，从转移之日起，按规定期限办理申报变更登记。

# 第二节　城镇土地使用税检查

## 一、城镇土地使用税常见风险

（一）应税土地面积

（1）纳税人应税土地面积不符合税法的规定，纳税人实际占用的土地面积超过申报面积风险。

（2）纳税人使用的土地与其他单位和个人共用的，未按纳税人实际使用的土地面积占总面积的比例准确计算缴纳土地使用税风险。

（3）纳税人使用免税单位的土地，未照章缴纳土地使用税风险。

（二）单位税额

（1）纳税人使用的土地处在不同税额的地段，未按照不同地段的适用单位税额准确缴纳土地使用税。将应适用较高单位税额的错按低的单位税额少计征城镇土地使用税的风险。

（2）纳税人使用的土地等级调整后，纳税申报时未及时作相应调整的风险。

（三）纳税义务发生时间

（1）纳税人征用耕地的，未自批准征用之日起满1年时开始缴纳城镇土地使用税的风险。

（2）纳税人征用非耕地的，未自批准征用次月起缴纳城镇土地使用税的风险。

（3）纳税人以出让或转让方式有偿取得土地使用权的，合同未约定交付土地时间的，受让方未从合同签订的次月起缴纳城镇土地使用税的风险。

（4）纳税人办的学校、医院、托儿所、幼儿园用地未与企业其他用地明确区分的，错误享受免征城镇土地使用税优惠政策的风险。

**(四) 纳税人和纳税地点**

（1）不在征税区域范围的纳税人，拥有在征税区域范围内土地使用权，代管人或实际使用人未申报缴纳城镇土地使用税的风险。

（2）纳税人未准确划分征税区域范围内和非征税区域范围内的土地面积。将在征税区域范围内的土地误作为非征税区域范围内的土地从而少征城镇土地使用税或未申报缴纳城镇土地使用税的风险。

（3）纳税人基建项目正在建设期间使用的土地，未按税法规定照章申报缴纳城镇土地使用税的风险。

## 二、城镇土地使用税检查实务

**(一) 大数据风险分析**

税务机关通过开展大数据下分析，实施城镇土地使用税的风险管理。

（1）不同纳税期申报缴纳税额差异分析。将纳税人本期申报缴纳的城镇土地使用税金额与上期缴纳金额进行比较，核查纳税人是否存在转出土地或少缴税款的情形。

（2）权属登记面积与申报面积差异分析。将第三方涉税信息中的纳税人土地权属登记面积与税源明细申报的土地面积进行比较，核查纳税人是否存在少申报土地面积的情况。

（3）土地面积增减变化趋势分析。将纳税人企业所得税年度纳税申报表的《资产折旧、摊销情况及纳税调整明细表》中"无形资产—土地使用权"的同比增减情况，与税源明细申报中的土地总面积同比增减情况进行比较。对二者变动趋势不一致的，核查纳税人是否存在未如实申报土地面积的情况。

（4）新增土地纳税情况分析。将税收征管信息系统中纳税人申报缴纳的契税信息，与税源明细申报信息进行比较，核查纳税人是否存在新增土地但未如实申报的情况；将第三方涉税信息中的纳税人受让土地信息，与税源明细申报信息中的土地面积比较，核查纳税人是否存在新增土地但未如实申报的情况。

（5）关联税种纳税信息分析。将税收征管信息系统中纳税人申报缴纳的房产税信息与城镇土地使用税信息进行比对，核查纳税人是否存在申缴缴纳了房产税而未申报缴纳城镇土地使用税的情况。

（6）减免税资格和期限核查。核查纳税人是否具备减免税资格，是否存在隐瞒有关情况或者提供虚假资料等手段骗取减免税的情况；核查纳税人享受城镇土地使用税困难减免税的条件是否发生变化，发生变化的，根据变化情况重新核准；减免税有规定减免期限的，核查纳税人是否有到期继续享受减免税的情况。

（7）应税面积和免税面积核查。在划分城镇土地使用税应税和免税面积、应税单位和免税单位的实际使用面积时，核查纳税人是否存在多申报免税面积或少申报应税面积的情况。

（8）申报的初次取得土地时间与土地登记日期比对核查。将第三方涉税信息中的土地登记日期,与纳税人税源明细申报信息中的初次取得土地日期进行比较,核查纳税人是否存在申报初次取得土地日期晚于土地登记日期的情况。

(9) 申报的初次取得土地时间与土地出让合同中的约定交付土地日期比对核查。将土地出让合同约定的土地使用权交付日期,与纳税人税源明细申报信息中的初次取得日期进行比较,核查纳税人是否存在申报初次取得土地日期晚于土地使用权交付日期的情况。土地出让合同未约定交付土地时间的,与合同签订日期进行比较,核查纳税人是否存在初次取得土地日期晚于合同签订日期的情况。

(二) 检查要点

**1. 应税土地面积审查要点**

表 12-1　应税土地面积审查要点

| 核发的土地使用证书 | 土地面积为应税土地面积 |
| --- | --- |
| 尚未核发土地使用证书 | 据实申报的土地面积 |

将"土地使用税纳税申报表"中填报的应税土地面积与实际测定的土地面积、土地使用证书确认的土地面积进行比对,如表 12-1 所示。

**2. 计税依据和税率的检查**

城镇土地使用税以纳税人实际占用的土地面积为计税依据,依据规定税率计算征收。

年应纳城镇土地使用税税额=实际占用土地面积×适用税额

(1) 检查纳税人计算应纳税额使用的土地面积是否正确。检查、调阅原征地凭证、土地管理机关的批文、土地使用证红线图等。

(2) 检查纳税人使用税额等级是否正确。核实地段等级划分是否正确,将土地证宗地图与本市土地使用税等级划分地图核对,核对有无串用低税额计算应纳税额的现象。

**3. 检查纳税人纳税期限是否正确**

(1) 审核土地出让合同、是否取得相关协议。审核城镇土地使用权纳税义务发生时间是否正确。

(2) 审核城镇土地。

(3) 审核是否有取得土地未纳税的现象。

**4. 减免税的检查**

(1) 对照政策正确界定征免界限,检查纳税人是否超出免税范围少缴税款的现象。

(2) 对免税优惠文件进行审核,是否符合减免税条件。

(三) 城镇土地使用税检查案例

**1. 转租集体土地、城镇土地使用税该由谁缴纳**

【例 12-1】　金利源房地产公司开发某项目,顺便将项目周边 50 亩土地长期承租下来一并开发,一次性支付村委会 2 000 万元,但是实际土地没有用完,闲置土地转租给了大牛公司存放物料,每年收取租金 100 万元。问:城镇土地使用税应由金利源房地产公司缴纳还是大牛公司缴纳?

分析:《财政部　国家税务总局关于承租集体土地城镇土地使用税有关政策的通知》(财税〔2017〕29 号)规定,在城镇土地使用税征税范围内,承租集体所有建设用地的,由直接从集体经济组织承租土地的单位和个人,缴纳城镇土地使用税。

**2. 取得土地使用权后何时开始缴纳城镇土地使用税**

【例12-2】 某市税务机关2017年8月对某房地产开发企业进行纳税检查,检查时从该企业的会计账簿、会计凭证及纳税申报记录中没有发现异常,但在复核各税种纳税的计税依据时发现该企业签订的《国有土地使用权转让合同》涉及的日期存在问题。

该企业2015年通过出让方式取得一宗国有土地,与国土资源局签订的《国有土地使用权出让合同》日期为2015年5月31日,合同未约定土地的具体交付时间。据查,2015年6月30日该宗土地才实际办理交付手续。该企业缴纳城镇土地使用税的开始日期为2015年7月1日。

该企业认为,2015年5月31日与国土资源局签订了土地使用权出让合同,合同执行应当自2015年6月1日起开始,土地的实际交付日期以交付证明书为准,即2015年7月1日。也就是说,该企业实际使用土地的有效期限开始时间为2015年7月1日。根据《中华人民共和国城镇土地使用税暂行条例》的规定,在城市、县城、建制镇、工矿区范围内使用土地的单位和个人,为城镇土地使用税的纳税人,应当缴纳城镇土地使用税。因此本企业自2015年7月1日起按实际使用土地的日期缴纳城镇土地使用税是正确的,企业这样理解对吗?

分析:根据财税〔2006〕186号文件的规定,从2007年1月1日起,以出让或转让方式有偿取得土地使用权的,应由受让方从合同约定交付土地时间的次月起缴纳城镇土地使用税;合同未约定交付土地时间的,由受让方从合同签订的次月起缴纳城镇土地使用税。该企业2015年5月31日签订合同且合同中未约定土地具体的交付时间,应当自2015年6月1日起计算缴纳城镇土地使用税。

# 第十三章 耕地占用税稽查实务

## 第一节 耕地占用税基本政策

国务院于1987年4月1日发布了《中华人民共和国耕地占用税暂行条例》(以下简称《耕地占用税暂行条例》)。2007年12月1日,国务院重新修改并公布了《耕地占用税暂行条例》,2008年2月26日,财政部、国家税务总局公布了《中华人民共和国耕地占用税暂行条例实施细则》。2018年12月29日第十三届全国人民代表大会常务委员会第七次会议通过了《中华人民共和国耕地占用税法》(以下简称《耕地占用税法》),2019年8月29日,为贯彻落实《耕地占用税法》,财政部、税务总局、自然资源部、农业农村部、生态环境部发布了《中华人民共和国耕地占用税法实施办法》(以下简称《实施办法》),《耕地占用税法》和《实施办法》,自2019年9月1日起施行,《耕地占用税暂行条例》同时废止。

### 一、纳税人

**(一)一般规定**

在中华人民共和国境内占用耕地建设建筑物、构筑物或者从事非农业建设的单位和个人,为耕地占用税的纳税人,应当依照本法规定缴纳耕地占用税。所称单位,包括国有企业、集体企业、私营企业、股份制企业、外商投资企业、外国企业以及其他企业和事业单位、社会团体、国家机关、军队以及其他单位;所称个人,包括个体工商户以及其他个人。

耕地占用税纳税人按下列情形依次确定:经申请批准占用耕地的,纳税人为农用地转用审批文件中标明的建设用地人;农用地转用审批文件中未标明建设用地人的,纳税人为用地申请人。未经批准占用耕地的,纳税人为实际用地人。

**(二)特别关注**

据《中华人民共和国土地管理法》(以下简称《土地管理法》)和《国务院关于促进节约集约用地的通知》(国发〔2008〕3号)的有关规定,未利用的土地出让前,应当完成必要的前期开发,经过前期开发的土地,才能依法由市、县人民政府国土资源部门统一组织出让。这里必要的前期开发即应包括征用耕地时应当缴纳的耕地占用税。

特别关注:城市和村庄、集镇建设用地审批中,按土地利用年度计划分批次批准的农用地转用审批,批准文件中未标明建设用地人且用地申请人为各级人民政府的,由同级土地储备中心履行耕地占用税申报纳税义务;没有设立土地储备中心的,由国土资源管理部门或政府委托的其他部门履行耕地占用税申报纳税义务。

### 二、征税范围

**(一)一般规定**

耕地占用税法范围包括纳税人为建房或从事其他非农业建设而占用的国家所有和集体

所有的耕地。此外,耕地占用税的征税范围还包括如下两种情况:

(1) 占用园地建房或者从事非农业建设的,视同占用耕地征收耕地占用税。

(2) 占用林地、牧草地、农田水利地、养殖水面以及渔业水域滩涂等其他农用地建房或从事非农业建设,比照占用耕地征收耕地占用税。

### (二)临时占用耕地规定

临时占用耕地,是指经自然资源主管部门批准,在一般不超过2年内临时使用耕地并且没有修建永久性建筑物的行为。

因挖损、采矿塌陷、压占、污染等损毁耕地属于税法所称的非农业建设,应依照税法规定缴纳耕地占用税;自自然资源、农业农村等相关部门认定损毁耕地之日起3年内依法复垦或修复,恢复种植条件的,可办理退税。

依法复垦应由自然资源主管部门会同有关行业管理部门认定并出具验收合格确认书。

### (三)耕地范围

**1. 园地**

园地包括果园、茶园、橡胶园、其他园地,其他园地包括种植桑树、可可、咖啡、油棕、胡椒、药材等其他多年生作物的园地。

**2. 林地**

林地包括乔木林地、竹林地、红树林地、森林沼泽、灌木林地、灌丛沼泽、其他林地,不包括城镇村庄范围内的绿化林木用地,铁路、公路征地范围内的林木用地,以及河流、沟渠的护堤林用地。其他林地包括疏林地、未成林地、迹地、苗圃等林地。

**3. 草地**

草地包括天然牧草地、沼泽草地、人工牧草地,以及用于农业生产并已由相关行政主管部门发放使用权证的草地。

**4. 农田水利用地**

农田水利用地包括农田排灌沟渠及相应附属设施用地。

**5. 养殖水面**

养殖水面包括人工开挖或者天然形成的用于水产养殖的河流水面、湖泊水面、水库水面、坑塘水面及相应附属设施用地。

**6. 渔业水域滩涂**

渔业水域滩涂包括专门用于种植或者养殖水生动植物的海水潮浸地带和滩地,以及用于种植芦苇并定期进行人工养护管理的苇田。

**7. 直接为农业生产服务的生产设施**

直接为农业生产服务的生产设施是指直接为农业生产服务而建设的建筑物和构筑物。具体包括:储存农用机具和种子、苗木、木材等农业产品的仓储设施;培育、生产种子、种苗的设施;畜禽养殖设施;木材集材道、运材道;农业科研、试验、示范基地;野生动植物保护、护林、森林病虫害防治、森林防火、木材检疫的设施;专为农业生产服务的灌溉排水、供水、供电、供热、供气、通讯基础设施;农业生产者从事农业生产必需的食宿和管理设施;其他直接为农业生产服务的生产设施。

## 三、税率

由于我国不同地区之间人口和耕地资源的分布极不均衡,有些地区人烟稠密,耕地资源相对匮乏;而有些地区则人烟稀少,耕地资源比较丰富。各地区之间的经济发展水平也有很大差异。考虑到不同地区之间客观条件的差别以及与此相关的税收调节力度和纳税人负担能力方面的差别,耕地占用税在税率设计上采用了地区差别定额税率。税率规定如下:

(1) 人均耕地不超过1亩的地区(以县、自治县、不设区的市、市辖区为单位,下同),每平方米为10~50元。

(2) 人均耕地超过1亩但不超过2亩的地区,每平方米为8~40元。

(3) 人均耕地超过2亩但不超过3亩的地区,每平方米为6~30元。

(4) 人均耕地超过3亩以上的地区,每平方米为5~25元。

各地区耕地占用税的适用税额,由省、自治区、直辖市人民政府根据人均耕地面积和经济发展等情况,在规定的税额幅度内提出,报同级人民代表大会常务委员会决定,并报全国人民代表大会常务委员会和国务院备案。在人均耕地低于0.5亩的地区,省、自治区、直辖市可以根据当地经济发展情况,适当提高耕地占用税的适用税额,但提高的部分不得超过上述确定的适用税额的50%;占用基本农田的,应当按照确定的当地适用税额,加按150%征收。各省、自治区、直辖市耕地占用税适用税额的平均水平,不得低于耕地占用税法所附《各省、自治区、直辖市耕地占用税平均税额表》规定的平均税额。各地平均税额见表13-1所示。

表13-1 各省、自治区、直辖市耕地占用税平均税额表

| 省、自治区、直辖市 | 平均税额(元/平方米) |
| --- | --- |
| 上海 | 45.00 |
| 北京 | 40.00 |
| 天津 | 35.00 |
| 江苏、浙江、福建、广东 | 30.00 |
| 辽宁、湖北、湖南 | 25.00 |
| 河北、安徽、江西、山东、河南、重庆、四川 | 22.50 |
| 广西、海南、贵州、云南、陕西 | 20.00 |
| 山西、吉林、黑龙江 | 17.50 |
| 内蒙古、西藏、甘肃、青海、宁夏、新疆 | 12.50 |

## 四、计税依据

耕地占用税以纳税人实际占用的耕地面积为计税依据。在实际征管中,耕地占用税的计税依据应按照批准面积和实际占地面积孰大的原则确定,即实际占地面积大于批准面积的,按实际面积计税;实际面积小于批准面积的,按批准占地面积计税。

## 五、税金和会计处理

### (一) 税金计算

(1) 耕地占用税以纳税人实际占用的属于耕地占用税征税范围的土地(以下简称"应税土地")面积为计税依据,按应税土地当地适用税额计税,实行一次性征收。

耕地占用税计算公式如下:

$$应纳税额＝应税土地面积×适用税额$$

应税土地面积包括经批准占用面积和未经批准占用面积,以平方米为单位。

当地适用税额是指省、自治区、直辖市人民代表大会常务委员会决定的应税土地所在地县级行政区的现行适用税额。

(2) 按照《耕地占用税法》第六条规定,加按150%征收耕地占用税的计算公式为:应纳税额＝应税土地面积×适用税额×150%。

(3) 纳税人占地类型、占地面积和占地时间等纳税申报数据材料以自然资源等相关部门提供的相关材料为准;未提供相关材料或者材料信息不完整的,经主管税务机关提出申请,由自然资源等相关部门自收到申请之日起30日内出具认定意见。

### (二) 会计处理

由于耕地占用税是在实际占用耕地之前一次性交纳的,不存在与征税机关清算和结算的问题,因此企业按规定交纳的耕地占用税,可以不通过"应交税金"科目核算。企业为购建固定资产而交纳的耕地占用税,作为固定资产价值的组成部分记入"在建工程"科目。

企业应纳耕地占用税＝适用的单位税额×实际占用的耕地面积,企业在实际缴纳时,借记"在建工程"科目,贷记"银行存款"科目。

补缴耕地占用税时:

(1) 对于工程尚未完工的,或已完工尚未投入生产经营的,按补缴税额借记"在建工程"科目,贷记"银行存款"科目。

(2) 对于工程已完工并投入生产经营的,按补缴税额借记"在建工程"科目,贷记"银行存款"科目,同时,还需借记"固定资产"科目,贷记"在建工程"科目。

工程已完工但尚未投入生产经营,公司在实际补缴税款时,作分录为:

借:在建工程
　　贷:银行存款

工程已完工并投入生产经营,在实际补缴税款时,作分录为:

借:在建工程
　　贷:银行存款

同时作:

借:固定资产
　　贷:在建工程

企业多缴税款,在收到退税时,可直接用"红字"冲减。

工程尚未完工,企业在收到退税款时,作分录为:

借：在建工程
　　贷：银行存款

工程已完工并已投入使用，则企业在收到退税款时，作分录为：

借：在建工程
　　贷：银行存款

同时，

借：固定资产
　　贷：在建工程

工程尚未完工，公司在缴纳滞纳金时，作会计分录为：

借：递延资产
　　贷：银行存款

工程已完工并投入生产经营，则公司在缴纳滞纳金时，应作会计分录为：

借：以前年度损益调整
　　贷：银行存款

免征耕地占用税的单位和企业，也不存在相应的会计核算。

(三) 会计处理案例

【例 13-1】 某地稽查局在日常检查中发现：某企业 2016 年 1 月缴纳了 2015 年 12 月竣工并投入使用的厂房应缴纳的耕地占用税 108 510 元，企业将这笔税列支在"管理费用"中。该厂房的最低折旧年限是 20 年，固定资产残值率为 5%。企业当年盈利并缴纳了企业所得税。

稽查局认为企业的账务处理不正确，因为这笔耕地占用税是企业因新建厂房而一次性缴纳的，应将其资本化。(按该房产剩余折旧年限 10 年计提折旧)按照稽查局的处理方式，企业的账务调整如下：

(1) 结转耕地占用税。

借：固定资产　　　　　　　　　　　　　　　　　　　　　　　　　108 510
　　贷：以前年度损益调整　　　　　　　　　　　　　　　　　　　　108 510

(2) 补提耕地占用税应计折旧额。

$$(108\,510 - 108\,510 \times 5\%) \div 10 = 10\,308.45(元)$$

借：以前年度损益调整　　　　　　　　　　　　　　　　　　　　　10 308.45
　　贷：累计折旧　　　　　　　　　　　　　　　　　　　　　　　　10 308.45

(3) 补提耕地占用税应缴纳房产税＝

$$108\,510 \times (1 - 30\%) \times 1.2\% = 911.48(元)$$

借：以前年度损益调整　　　　　　　　　　　　　　　　　　　　　　911.48
　　贷：应交税金——应交房产税　　　　　　　　　　　　　　　　　　911.48

企业缴纳时：

借：应交税金——应交房产税　　　　　　　　　　　　　911.48
　　　贷：银行存款　　　　　　　　　　　　　　　　　　911.48

（4）补缴企业所得税。

$$[108\,510-(10\,308.45+911.48)]\times 25\%=24\,322.52(元)$$

借：以前年度损益调整　　　　　　　　　　　　　　　24 322.52
　　　贷：应交税金——应交企业所得税　　　　　　　　　　24 322.52

企业缴纳时：

借：应交税金——应交企业所得税　　　　　　　　　　24 322.52
　　　贷：银行存款　　　　　　　　　　　　　　　　　　34 322.52

（5）结转"以前年度损益调整"账户贷方余额

借：以前年度损益调整　　　　　　　　　　　　　　　72 967.55
　　　贷：利润分配——未分配利润　　　　　　　　　　　　72 967.55

## 六、税收优惠

### （一）免征耕地占用税

**1. 免税的军事设施**

免税的军事设施是指《中华人民共和国军事设施保护法》第二条所列建筑物、场地和设备。具体包括：指挥机关地面和地下的指挥工程、作战工程；军用机场、港口、码头；营区、训练场、试验场；军用洞库、仓库；军用通信、侦察、导航、观测台站、测量、导航、助航标志；军用公路、铁路专用线，军用通信、输电线路，军用输油、输水管道；边防、海防管控设施；国务院和中央军事委员会规定的其他军事设施。

**2. 免税的社会福利机构**

免税的社会福利机构，是指依法登记的养老服务机构、残疾人服务机构、儿童福利机构及救助管理机构、未成年人救助保护机构内专门为老年人、残疾人、未成年人及生活无着的流浪乞讨人员提供养护、康复、托管等服务的场所。

养老服务机构，是指为老年人提供养护、康复、托管等服务的老年人社会福利机构。具体包括老年社会福利院、养老院（或老人院）、老年公寓、护老院、护养院、敬老院、托老所、老年人服务中心等。

残疾人服务机构，是指为残疾人提供养护、康复、托管等服务的社会福利机构。具体包括为肢体、智力、视力、听力、语言、精神方面有残疾的人员提供康复和功能补偿的辅助器具，进行康复治疗、康复训练、承担教育、养护和托管服务的社会福利机构。

儿童福利机构，是指为孤、弃、残儿童提供养护、康复、医疗、教育、托管等服务的儿童社会福利服务机构。具体包括儿童福利院、社会福利院、SOS儿童村、孤儿学校、残疾儿童康复中心、社区特教班等。

社会救助机构，是指为生活无着的流浪乞讨人员提供寻亲、医疗、未成年人教育、离站等服务的救助管理机构。具体包括县级以上人民政府设立的救助管理站、未成年人救助保护中心等专门机构。

### 3. 免税的医疗机构

免税的医疗机构是指县级以上人民政府卫生健康行政部门批准设立的医疗机构内专门从事疾病诊断、治疗活动的场所及其配套设施。

### 4. 减税的公路线路

减税的公路线路是指经批准建设的国道、省道、县道、乡道和属于农村公路的村道的主体工程以及两侧边沟或者截水沟。具体包括高速公路、一级公路、二级公路、三级公路、四级公路和等外公路的主体工程及两侧边沟或者截水沟。

### 5. 免税的耕地占用

（1）农田水利占用耕地的；

（2）建设直接为农业生产服务的生产设施占用林地、牧草地、农田水利用地、养殖水面以及渔业水域滩涂等其他农用地的；

（3）农村居民经批准搬迁，原宅基地恢复耕种，凡新建住宅占用耕地不超过原宅基地面积的。

## （二）减征耕地占用税

### 1. 铁路线路、公路线路、飞机场跑道、停机坪、港口、航道占用耕地，减按每平方米2元的税额征收耕地占用税

（1）减税的铁路线路，具体范围限于铁路路基、桥梁、涵洞、隧道及其按照规定两侧留地。

专用铁路和铁路专用线占用耕地的，按照当地适用税额缴纳耕地占用税。

（2）减税的公路线路，具体范围限于经批准建设的国道、省道、县道、乡道和属于农村公路的村道的主体工程以及两侧边沟或者截水沟。

专用公路和城区内机动车道占用耕地的，按照当地适用税额缴纳耕地占用税。

（3）减税的飞机场跑道、停机坪，具体范围限于经批准建设的民用机场专门用于民用航空器起降、滑行、停放的场所。

（4）减税的港口，具体范围限于经批准建设的港口内供船舶进出、停靠以及旅客上下、货物装卸的场所。

（5）减税的航道，具体范围限于在江、河、湖泊、港湾等水域内供船舶安全航行的通道。

根据实际需要，国务院财政、税务主管部门商国务院有关部门并报国务院批准后，可以对前款规定的情形免征或者减征耕地占用税。

### 2. 农村居民占用耕地新建住宅，按照当地适用税额减半征收耕地占用税

农村居民占用耕地新建住宅，是指农村居民经批准在户口所在地按照规定标准占用耕地建设自用住宅。

农村居民经批准搬迁，原宅基地恢复耕种，凡新建住宅占用耕地不超过原宅基地面积的，不征收耕地占用税；超过原宅基地面积的，对超过部分按照当地适用税额减半征收耕地占用税。

农村烈士家属、残疾军人、鳏寡孤独以及革命老根据地、少数民族聚居区和边远贫困山区生活困难的农村居民，在规定用地标准以内新建住宅缴纳耕地占用税确有困难的，经所在地乡（镇）人民政府审核，报经县级人民政府批准后，可以免征或者减征耕地占用税。

**3.** 上述免征或者减征耕地占用税后,纳税人改变原占地用途,不再属于免征或者减征耕地占用税情形的,应当按照当地适用税额补缴耕地占用税

## 七、征收管理

### (一)纳税义务发生时间

纳税人改变原占地用途,需要补缴耕地占用税的,其纳税义务发生时间为改变用途当日,具体为:经批准改变用途的,纳税义务发生时间为纳税人收到批准文件的当日;未经批准改变用途的,纳税义务发生时间为自然资源主管部门认定纳税人改变原占地用途的当日。

未经批准占用应税土地的纳税人,其纳税义务发生时间为自然资源主管部门认定其实际占地的当日。

### (二)纳税环节

在各级土地管理部门农用地转用审批文件下达后,发放征(占)土地批准证书前。土地管理部门凭耕地占用税完税凭证或者免税凭证和其他有关文件发放建设用地批准书。严格执行"先税后证"制度。

### (三)纳税期限

耕地占用税纳税人依照税收法律法规及相关规定,应在获准占用应税土地收到土地管理部门的通知之日起30日内向主管地税机关申报缴纳耕地占用税;未经批准占用应税土地的纳税人,应在实际占地之日起30日内申报缴纳耕地占用税。对超过规定期限缴纳耕地占用税的,应按《税收征管法》的有关规定加收滞纳金。

### (四)纳税地点

耕地占用税由税务机关负责征收。土地管理部门在通知单位或者个人办理占用耕地手续时,应当同时通知耕地所在地同级税务机关。纳税人在通知地点税务机关缴纳税款。

# 第二节 耕地占用税检查

## 一、耕地占用税常见风险

### (一)未按规定申报的风险

(1)各地制定的涉及耕地占用税文件,包括各种会议纪要、办公纪要等,不符合国家税法和统一的政策规定,导致整个地区少交不交耕地占用税的风险。

(2)纳税人改变原占地用途,不再属于免征或者减征耕地占用税情形,未按照规定进行申报的风险。

(3)纳税人已申请用地但尚未获得批准先行占地开工,未按照规定进行申报的风险。

(4)纳税人实际占用耕地面积大于批准占用耕地面积,未按照规定进行申报的风险。

(5)纳税人未履行报批程序擅自占用耕地,未按照规定进行申报的风险。

### (二)未按规定执行税收政策风险

(1)对税法规定的减免税项目,未按《耕地占用税法》规定,错误享受优惠风险。

(2)纳税人申报的土地面积与土地登记资料记载面积以及实际占用面积不一致,未足额交纳耕地占用税风险。

（3）行政事业单位取得的土地，因未将耕地占用税纳入或完全纳入资金预算上报财政部门审批，造成欠税风险。

（4）集中征收、跨市占地导致本地少交耕地占用税风险。

## 二、耕地占用税检查实务

### （一）运用大数据分析

分析运用县级以上地方人民政府自然资源、农业农村、水利、生态环境等相关部门提供的农用地转用、临时占地等信息，包括农用地转用信息、城市和村庄集镇按批次建设用地转而未供信息、经批准临时占地信息、改变原占地用途信息、未批先占农用地查处信息、土地损毁信息、土壤污染信息、土地复垦信息、草场使用和渔业养殖权证发放信息等。引入"大数据"检查思维，积极探索耕地占用税申报数据与其他部门数据的勾稽关系，提升检查准确性和效率。加强对非法占用耕地处罚信息的关注，发现非法占用耕地而缴纳耕地占用税的情况。

### （二）检查案例

**【例13-2】** 检税联手156万耕地占用税被追回

近日，某省某市高新技术产业开发区检察院收到了某市高新区税务局对检察建议的回复，对7家企业和个人违法占地漏征的156万元耕地占用税和滞纳金已成功追回，国有财产得到了有效保护。

2019年3月末，高新区检察院第二检察部在履职中发现，2016年至2018年间，有7家企业和个人因违法占用耕地受到了处罚。依据耕地占用税暂行条例相关规定，这7家企业和个人的行为属于占用耕地行为，依法需要缴纳耕地占用税。他们是否已经缴纳了这笔税款呢？该院副检察长、主办检察官带领第二检察部工作人员，带着查询函来到高新区税务局进行核实。

高新区税务局在收到查询函后，当日召开会议研究讨论，同时成立工作组，根据检察机关提供的资料对7家企业进行全面摸排、约谈。经核查，这7家企业和个人在未经相关行政主管部门批准的情况下，擅自占用农用土地建房或从事非农业建设，且未向税务部门缴纳耕地占用税，致使国家税款流失。

为切实保护国有财产，高新区检察院向税务部门发出诉前检察建议，建议及时采取有效措施，查清7家企业和个人的违法事实，积极履行税务征收行政管理职责，按照法律规定督促当事人限期缴纳耕地占用税及滞纳金，挽回国家经济损失。该区税务局立即行动，多次约谈相关当事人，宣讲相关政策，组织税款入库。日前，7家欠缴税款的企业和个人已将应纳税款及滞纳金156万元缴纳入库。